U0554026

和平、战争和战略经典译丛

时殷弘　主编

腓力二世的大战略

〔英〕杰弗里·帕克　著

时殷弘　周桂银　译

商　务　印　书　馆

2010年·北京

Geoffrey Parker

The Grand Strategy of Philip II

Yale University Press

New Haven and London

《和平、战争和战略经典译丛》总序

战争是历史最悠久、往往也是最重要的人类行为方式之一，而且在它与最为基本的人类社会存在形态即和平之间，有着非常深刻和广泛的内在联系。战争与和平问题的根本，是在社会、政治、军事、经济、文化和人类心理等类基本动因的复杂作用下(1)战争的酝酿和形成；(2)战争的进行和操作；(3)和平的缔造和维持；(4)在所有这些事态的展开过程中，战争与和平的具体性质的塑造以及上述所有基本动因的演化。

与此同时，关于战争的原本意义上的"战略"不仅一向在政治/军事史上占有重要地位，还随着对于战争与和平两者的一体性探究的进步，在现当代逐渐升华为更高层次上的"大战略"观念和"大战略"理论。它们涉及的，主要是把握"手段和大目标之间经过深思熟虑的关系"，综合认识、动员和协调政治、经济、军事、外交、精神文化等各类国家资源，在此前提下确定(1)如何维持有利的和平或准备必要的战争；(2)如何在确保本国总的战后处境优于战前的意义上(或者说在"战争是政治的另一种手段的继续"的意义上)打赢战争；(3)如何为了实现国家的根本政治目的而缔造有利的和尽可能稳定的战后和平。它们的基石，则在于自觉或不自觉的大战略思考和实践，而对这些可谓构成了人类政治最悠久传统之一的行为方式的微观和宏观阐释，提供了关于政治行为和治国方略的学问的一大关键内容。

从克劳塞维茨开始，无论是以抽象和普遍的思想理论形态，还是以具体和特殊的历史考察方式，凡就和平、战争和战略分别所做的真正优秀的探究，都基于对这三者的一体化理解。如此的探究总是深入到具体的政治方针、军事战略和作战方式的表层下面，探究作为一个整体的和平、战争和战略，考察它们的统一构造和内在动力，揭示它们与它们以外的整个社会/政治存在的联系。这就是实际上由克劳塞维茨首次开启的关于战争与和平、政治与军事的总体视野和总体分析。它们在经典马克思列宁主义那里得到了辉煌的创造性发展，也在一些非常优秀的西方战争史和战略史著作中得到了杰出的体现。

正如第一流的战略史家和战略思想家保罗·肯尼迪和约翰·刘易斯·加迪斯所言，"只有研习历史，才能产生对于什么是大战略、它如何能动地起作用、大战略的操作者在一个个具体环境中如何思考和行动的本质性理解。"换句话说，一定意义上"超越时间和环境"的战略逻辑和战略理论，只要是略微复杂的，一般而言只能依靠对于具体时间和环境中的战略行为的具体考察得到，也就是只能依靠历史考察得到，而纯抽象的理论思维和推理在这方面所能成就的颇为有限。就战争与和平这两个比战略更广泛、更基本的范畴而言同样如此。然而，这样的历史考察不同于一般的史事叙说，它以理论性思考之始终不渝的主导作用和战略主题之首尾一贯的"聚焦"效应为特征，其很大部分目的就在于揭示"超越时间和环境"的战略逻辑和战略理论。

作为有机整体的统一运动，在政治、军事和社会等类基本要素的交互作用下，和平、战争和战略三者形成并展示其动能和机理：这就是本套译丛的主题，一个以活生生的历史来展现和说明的主题。本译丛由皆可称为经典或至少准经典的当代名著组成。它们的作者皆为战争史、战略史、战略理论、国际政治理论或者政治理论思想领域的世界一流学者，有的人甚至是其所在专业领域的当代头号泰斗。不仅如此，这些著作大多是他们的最重要代表作。可以相信，在当今中国，由于显而易见和非同小可的政治、社会和学术需要，翻译出版本套译丛既具有不应低估的学理意义，也具有相当重大的现实价值。

时殷弘
2007年8月于北京

目　　录

致　谢 xi

30 年前,黑利·柯尼斯贝格尔提醒我需要确定腓力二世是否有一个大战略,由此提示了应当提出的问题的种类,加上可能找到的某些证据。然而,直到 1987 年回应两项邀请时为止,我一直未曾认真地去考虑这个问题。首先,威廉森·默里请我为他打算编写的"缔造战略"一书撰写一章;我被安排的任务是写哈布斯堡西班牙。是年晚些时候,紧随保罗·肯尼迪《大国的兴衰》出版,唐·希金博特姆请我评论其第二章(题为"哈布斯堡的霸权图谋"),作为他就这部重要著作举行的研讨会的一部分。我无法相信,没有我在伊利诺斯大学厄巴纳－尚佩恩分校(我当时刚开始在那里授课)的同事约翰·林恩的推荐,默里或希金博特姆会提到我的名字。因此,我首先感谢所有这些历史学家,他们鼓励我去考察腓力二世是否确实有一个大战略,并且帮助我去寻找重现这一大战略的途径。

本书内有四章的原型业已在他处面世:第四章的原型载于 E. 拉德维希·彼得森、K. J. V. 耶斯佩森和 H. 斯特芬博尔格合编《文化冲突:尼尔斯·斯滕加尔德纪念文集》(欧登塞 1992 年版);第七章的原型载于 K. 尼尔森和 B. J. C. 麦克切尔合编《侦察国土》(纽约 1992 年版);第八章的原型载于 H. 索莱伊和 R. 费尔梅伊尔合编《旧尼德兰的政策和治理:米沙尔·巴尔德教授友人文集》(根特 1993 年版);第九章的原型载于《海员之镜》杂志第 82 卷(1996 年)。我感谢允许我在此复用某些由其委托撰写的著述的编者和出版商。

我还想感谢那些与我分享其特殊洞察的人们。除了在每章内予以致谢的帮助之外,我还须举出四位学者的贡献,他们使我知晓了该主题的一些重要方面,没有他们我便可能忽视掉。克拉拉·加西亚－艾卢阿尔多和南希·范德森尽其所能,使图景内始终保有腓力的美洲领地;马里奥·里索启示我考察西属意大利;还有费尔南多·博萨,他与我分享他所掌握的关于腓力一生与其统治的种种错综复杂和内幕隐情的知识。

xii 本书的构想、研究和写作是在1987年一次多发性硬化症诊断改变了我的生活之后。虽然我希望我的健康问题没有影响最后成果的质量,但它肯定使得准备过程复杂化了。我所以能够努力做完,很大程度上归因于一批图书馆员和档案馆员的好心相助和善解人意,他们为方便我查阅馆藏而竭尽所能;还要归因于我在过去十年里就教的三所美国大学,它们给予了慷慨的研究资助;最后还归因于帮助我准备资料的研究助手们(由同一些大学出资)的蓬勃精力,他们是伊利诺斯大学的杰弗里·麦基格、玛丽·斯普朗奇和爱德华·特纳斯,耶鲁大学的保罗·艾伦、保罗·多弗、玛莎·霍夫曼-斯特罗克和迈克尔·莱文,还有俄亥俄州立大学的查尔斯·夏普。我感谢他们所有人,也感谢有求即应地为我取得种种资料的贝特尼·阿拉姆、克里斯蒂娜·博雷古埃罗·贝尔特兰、理查德·卡根和凯瑟琳·劳伦斯,连同帮助编排索引的保罗·希本。

最后,我极其感谢那些对我的打字稿做出评论和给予宝贵评注和建议的人们:保罗·艾伦、托姆·阿诺尔德、马克·乔特、埃利奥特·科恩、约·杰尔马丁、迈克尔·莱文、菲尔·泰特洛克和南希·范德森阅读了第一部分,罗伯特·鲍多克、杰里米·布莱克、费尔南多·博萨、罗伯特·考利、德里克·克罗克斯顿、安东尼奥·费罗斯、费尔南多·贡萨莱斯·德莱翁、黑利·柯尼斯贝格尔、内德·勒波、彼得·皮尔逊、玛丽亚·何塞·罗德里格斯-萨尔加多和马修·韦克斯曼阅读了全篇。我在每章的附注中记载了其他学术借鉴。

本书献给我的四个孩子——苏茜、埃德、理查德和杰米,感谢他们带入我的生活的爱和快乐。

平装版前言

我利用此次重印的机会改正了少量错处，并且更新了几项参考文献。在其他方面，我决定保持原貌，尽管将见于一些著作的新资料包括进来非常诱人，这些著作像本书一样在 1998 年——腓力去世四百周年——出版。对原本的西班牙文引语感兴趣的人可以在本书的西班牙文版本 *La Gran Estrategia de Felipe II*（Madrid：Alianza，1998）中找到。

我极其感谢费尔南多·博萨、彼得·皮尔逊、斯塔福德·普尔和南希·范德森，他们协助我做出了这些修改。我感谢伦敦耶鲁大学出版社的罗伯特·鲍多克、凯文·布朗和阿历克斯·内斯比特，因为他们很有经验和满怀同情地处理了一部难弄的文本，连同我这个苛求的作者。

关于几类习语的说明

对于有约定俗成的英语形态的外国地名(例如科伦纳、海牙、布鲁塞尔、威尼斯、维也纳),我便沿用之,否则我倾向于当今在该地本身使用的名称。与此类似,对于人名我采用标准的英语形态(例如奥兰治的威廉、奥地利的唐·约翰,当然还有腓力二世),但此外我采用有关人士自己使用的名字和头衔。

为避免混淆和便于比较,本书内述及的所有货币数目皆以西班牙钱币达克特表示,一个达克特在16世纪晚期大致等于一个埃斯库多(或克朗),或两个弗罗林。大约四个达克特值一英镑。

1581年2月24日,教皇格雷戈里十三下令日历前推10天。然而,不同国家采用"新历"的时间不同:例如西班牙在1582年10月4(15)日,大多数(而非全体)对腓力二世造反的尼德兰省份在1582年12月14(25)日,"效忠"的省份在1583年2月11(22)日,等等。本书中的所有日期从1582年10月起皆用新历表示,除非另有说明,而且通贯全书我始终假定每个历年自1月1日开始(而不像在朱利安旧历中那样自3月25日开始)。

前　　言

1543年腓力二世年方十六，开始行使权力，当时他的父亲查理五世任命他为西班牙摄政。1554年他成为那不勒斯和英国的国王，翌年查理又使之成为尼德兰统治者。1556年他继承父亲在美洲和在欧洲大多数地方的领地，并于1580年取得葡萄牙及其海外属地。从那时起，直至1598年驾崩，腓力统治着历史上第一个全球性帝国。然而迄今为止，没有人试图去精确地研究他如何进行其统治：在他的种种政策之下有着怎样的战略轻重缓急次序，何种惯例和偏见影响了他的决策，什么外部因素影响了他的目的的实现。

这一忽视大有原因。首先，数十万份保存下来的由这位国王撰写或别人进呈的文件和资料堆积如山，令人望而却步。恰如腓力承认无法充分摄入有关其帝国内多个国家和它们面对的种种难题的所有有用信息一样，没有任何单个的历史学家可能找到时间去阅读和考查所有有用资料，即那些就其整个统治时期内所有各地区而言可得的资料。也没有谁在如此行事方面必定聪明过人，首先因为大量重要文件业已遗失，其次因为大量有关政策形成的重要事情永无可能为人所知。用约翰·肯尼迪总统的话说，“最终决定的本质是观察者——确实往往还有决策者本人——始终无法看透的……决策过程中总会有隐晦不清、错综复杂的情节，它们甚至对那些可能最密切地介入其中的人来说也神秘莫名”。[1]

因此，本书通过一系列调查探讨腓力二世的大战略。第一部分（犹如）横向展开，考察西班牙战略文化的一般环境：这位国王的与众不同的政府体系；有将其淹没之险的“信息超载”；还有用以克服目的与手段之间抵牾的、战略上种种不同的轻重缓急规定和前提假设。在此，资料来自所有各个时期和所有各个操作区域。然而,不可能在同样的规模上考察腓力大战略的实际缔造或贯彻——不仅是因为文件的遗失和决策过程的
xvi “神秘莫名”性质,也是因为要恰当地考虑这位国王的政策,就需要考察他的盟友和敌手的战略和目的。如同冷战史学家们已清楚地显示的那样,一种基于所有参与者的档案记录的“对称的研究”,一种能够对照“现实”来衡量每个国家关于别国的知觉(和误觉)的研究,是探索国际关系的唯一可行的方法。[2] 因而,本书其余部分的调查“纵向”展开,只是详细探究对称方式能够在其中得到应用的那些领域。第二部分考察留存下来的——从哈布斯堡家族及其盟友和敌手那里留存下来的——战略缔造文件,以便探明仅仅三个实例:腓力 1555 至 1577 年期间维持他在尼德兰的权威的徒劳努力(第四章);1558 至 1585 年期间他就与苏格兰和英格兰关系所作的大有缺陷的和平时期处理(第五章);他从 1585 至 1588 年为其半途夭折的征服英国图谋而对外交、经济和陆海军资源的动员(第六章)。第三部分考察大战略之执行的三个方面(特别涉及那些选定的领域),在那里显然国王的政策由于下述致命的弊端而注定失败:他未能阻止外国情报人员探得他的规划(第七章);他未能在作战层面协调后勤和沟通(第八章);最后,他对改变着的战争技术和战术认识不周(第九章)。第十章考察国王及其大臣从无敌舰队的失败中汲取的教训,结论部分则讨论假如采取别的政策选择,或者换一位统治者或有一种不同的战略文化,最后结果是否可能两样。

挑选这些特殊实例来做研究既反映了文件留存格局,也反映了作者的语言能力局限。首先,1559 年里一艘载运腓力的个人文件的船只从尼德兰驶往西班牙途中沉没,使得实际上不可能重现他在那时以前的大战略。相反,国王 1573 年指定马特奥·巴斯克斯担任其私人秘书的决定引入了这么一位管理者:他的有条不紊的习惯——特别是给经过他书桌的差不多每份文件都标上日期的习惯——使人有可能重现国王政策之逐日,甚至有时是逐时的演化。数以万计的皇家“短简”(备忘录)井然有序地留存下来,直到 1591 年巴斯克斯去世为止。同样重要的是,腓力将自

己内心最深处的希望、恐惧和沮丧吐露给巴斯克斯(后者兼任其私人神父),因此他们之间的书信往往透露了这位国王的目的和动机,以及他做出决定的过程。然而,在考察哈布斯堡政策方面“对称”的需要意味着我只能使用这些丰饶成果的某些部分:最重要的是,腓力的地中海战略大多处于本书考察范围之外,因为其敌手——土耳其苏丹及其北非附庸的记录是用当今极少人能读的语言写的。完全依据西方资料再度叙述西班牙的地中海战略全无意义;关于这一课题的恰当研究须待一位在语言学和古文书学方面造诣深厚的学者。[3] 然而与之相反,腓力的另外两个主要敌手——英国和荷兰共和国的公私档案丰富,有如任何 16 世纪国家在这方 xvii
面的情况(英国的还编排得好得多)。它们不但透露出腓力及其幕僚对于敌手怀抱严重的误觉,而且表明这两个国家的战略决策受损于许多同样的问题。不仅如此,腓力的大战略在这两个国家手里碰到了克星。在地中海,如同在美洲,国王达到了他的大多数政策目的;但在尼德兰和英国却并非如此,从而开始了西班牙作为一个强国的衰落。理解这一失败的种种原因至关重要。

在方法论上,本书结合了三类证据。首先,就 1570 年代和 1580 年代而言留存丰富的国王手书政策陈述得到了广泛的引用。补足它们的是各个不同政府机构的记录,连同一些重臣的记录(因为阿尔瓦公爵和梅迪纳·西多尼亚公爵或格朗维勒红衣主教等人汇集起来的私人档案,包含许多现今会被储存在国家档案馆内的文件)。其次,笔者考察了常驻西班牙宫廷的十多个大使的公函。虽然过度依赖外国外交官的看法有时会导致历史学家犯错,但大使报告在被拿来与经仔细调查的政府行为和政府政策辩论秘录进行有力的比较时,它们(如利奥波德·冯·兰克在一个多世纪以前显示的)构成研究现代早期政治史的一个具有基本重要性的资料来源。[4] 最后,来自其他国家的比较性资料被大量使用。为了评价腓力作为一项复杂的“跨国”事业之首席执行官的表现,三个领域的类似物都被包括了进来。第一,现代战略研究得到了利用,那基于一个前提,即在20世纪全球性帝国面对的种种挑战中,有许多大概与它们的16世纪先驱所面对的相像。于是,腓力1574年不靠掘开海堤淹没反叛诸省来结束荷兰造反的决定,被拿来与四百年后的一件事情对照,即林登·约翰逊总统非常相似地不愿为淹没美国政策敌对者居住的地区而摧毁越南的红河堤岸。第二,现今商业经营理论得到了考察,依据的理由类似,即相隔几个世纪的“全球性企业”的首席执行官们大概也处理许多相似的问题,并且以相似的方式处理。此中也援引了彼得·德鲁克之类分析家论说什么造就出一名“高效经理”的著作,以便表明腓力的某些(虽然并非所有)经管方法符合现代标准。的确,有些事情永恒不变:“人是时间消费者,大多数人是时间浪费者”——此乃德鲁克的警句之一,腓力亦衷心赞同,因而他大被诟病地坚持规避开会。最后,为了评价腓力所遇问题的性质与其反应的性质,本书借鉴了别个世纪里的别个专权统治者的行为。这位国王(如同其他领导人)太经常地由那些没有权势行使经历的人评
xviii 判。他的某些行政习惯——例如创设分立的、往往互相竞争的机构去处理类似的问题,或者坚持他的信息必须来自许多独立的渠道——令麾下官员不知所措,也将过重的负担放在他自己肩上。可是,由于别的国务活动家,包括富兰克林·罗斯福和温斯顿·丘吉尔完全一样行事,因而历史学家们不应当过快地去指责腓力。

这些比较还有助于避免一种通常的诱惑,那就是将失败当作不可避免而不予考虑,并且假定只要当事者多一点儿“理性”,他们本会将自己的规划调整得比较接近自己的资源。另一个日不落帝国的统治者、遭人谤议远甚的乔治三世,在美国独立战争期间致其首席大臣诺思勋爵的一封信中,雄辩地谈论了这种谬见:

> 没有任何摆脱目前困难的倾向……能够诱使我步入在我看来是毁坏帝国之途。我常听到诺思勋爵随意发话,说这场较量永远得不偿失。我承认,不管战争有多成功,只要人们坐下来衡量一下代价,他们就会发现……它使国库枯竭,个人中饱,并且或许仅仅抬高了征

服者的名声。然而,这只是用柜台后面的商人之秤称量此类事件。在虔信之士看来,由我权衡度算必使神圣上帝喜悦:我会掂估代价尽管甚大,却是否有时实属必须,以阻止可能比丧失钱财更令一国毁伤之事。

为了理解在现代早期国务活动家和战略家看来什么显得符合理性,就必须将他们的心理世界和前提假设考虑进来。[5]

本书试图供三类读者研读。首先,显然是那些与作者一样对腓力着迷的人,他们当会在此发现某些有趣的东西。自从我首次费劲阅读这位国王的笔画曲折的手书,至今已有 32 年;那些资料留存如此之多,以至许多他写的东西依然无人问津。然而我相信,由这位国王及其亲密幕僚创作的足够多的资料得到了研读,据此能够提供一幅内在连贯的图景,显示他们如何看待变化中的国际形势,如何力争使事态变得对他们有利。第二,那些使我获学良多的战略分析家们可能会惊奇地发现,他们在现代世界研究的一些问题和难点也是四百年前的国务活动家和官员们所面对的。因而,他们也可以在本书中发现某些有价值的东西。最后,对大国兴衰感兴趣的人有许多将受到本书的"非线性"结论的挑战,因为在经考察的每项研究实例中,小因素显然造成了相对迅速和完全不成比例的后果。

历史因果联系的非线性理论许久以来总不时髦。例如,20 世纪最著 xix
名的欧洲历史学家费尔南德·布罗代尔就轻率地将"事件"贬为不值得考虑的,说它们仅是"表面扰动,历史大潮在其强有力的波峰上携带的表层泡沫";他则是在往昔的复杂结构中就重大现象探求解释。在 1946 年 5 月撰写的一则文字中,他发出了如下明确的警告:

历史学家设身处地阅读腓力二世文件,发现自己被载运进了一个古怪的单维世界,一个的确有着强烈激情的世界,如同任何其他生命世界(包括我们自己的)一样盲目,昧然不知历史的更深刻现实,茫然不觉涌动奔腾的洋流,在其上我们那脆弱的帆船如同蛤壳一般

> 颠簸摇摆。这是个危险的世界，但也是个我们应当驱除其魅力感惑和魔法迷乱的世界，办法是首先确保探明那些深层洋流，它们往往悄然无声，其方向只有通过观察其长时期状态才能予以辨识。显赫的事件往往只是瞬息即逝的迸发，只是这些更大的运动的表面显示，而且只有根据它们才可予以说明。[6]

然而，“往往”有别于“总是”。我不相信历史总是一种线性过程，在其中对每个重大事件的解释都必须求索于即使不需上溯几世纪也需上溯几十年的事态发展；相反，相对微小的事态发展有时产生了大得不成比例的，甚至决定性的影响，而不仅仅是更大的运动的“表面显示”。在我看来，见于自然界的非线性过程也运行于历史之中，因为一个小事件——有时被称为“触发点”——有时能够开启一个新趋势；而且，在战争中甚于在任何其他场合，小的、看来微不足道的因素更经常地产生意外的重大变化。战斗分明如此，但它也影响到战略，后者涉及人员、金钱、军火和辅助性战力（即后勤、通讯、情报）的如此巨量的部署，以至难得能够依据任何理性预见到结局和结果。[7]

在腓力的同代人中间，有许多亦持此见。在阿姆斯特丹行政长官科尔内利斯·皮特尔索恩·霍夫特眼里，西班牙的失败即使事后来看也显得异常夺目：“我们源自青萍之末，”他在 1617 年写道，“与西班牙国王相比，我们有如一只与大象争斗的小鼠。”[8] 在本书集中考察的 1570 年代和 1580 年代，腓力一次又一次地动员起充足的资源——不仅有陆海军资源，还有外交、经济和精神资源——以确保胜利，但到头来由于某种他未能预见到、他的规划也未为之留有余地的事情而遭到失败。当然，这不是说结构性因素没有对结果的形成起任何作用：腓力的决策风格没有给突发事件或“退路战略”留有余地，这一事实被证明是个关键的缺陷；他不得不捍卫的帝国缺乏地理内聚性，事实也已证明，以致若干暴露在外的部
xx 分反复遭到不同敌手的威胁。事情说到底是个平衡问题：一如既往，单位和结构都须予以恰如其分的考虑。然而对笔者来说，首先，在挫败一个表

面上极富成功可能的大战略方面,相对微小的因素看来起了大得不成比例的作用;其次,腓力二世本人的个性似乎也提供了一个最好的解释,说明历史的“小鼠”(霍夫特的比喻)怎样能够与大象较量并且取胜,从而转变了西方历史的整个进程。

年　　表

	西班牙、葡萄牙、意大利和地中海	法国、德意志和尼德兰	英格兰、苏格兰和海外
1548		奥格斯堡交易	
1549 – 50		腓力在尼德兰	
1550 – 51	在地中海与土耳其人的战争开始(至1578年)	腓力在德意志;在奥格斯堡达成哈布斯堡家族协议	
1554	腓力二世离开西班牙(直至1559年);锡耶纳战争(至1555年);查理五世逊那不勒斯国王之位,将其让予腓力		腓力娶玛丽·都铎并居住在英格兰(至1555年)
1555	保罗四世被选举为教皇(至1559年)	查理五世在布鲁塞尔逊位,该地成为腓力的首都(至1559年)	
1556	查理逊西班牙国王之位,将其让予腓力;保罗四世对腓力和查理宣战(至1557年)	与法国的休战(2月)和战争(7月)	
1557	第一次"破产敕令";法国人入侵意大利	圣昆廷战役	腓力短暂地返回英格兰,后者对法国和苏格兰宣战(至1559年)

	西班牙、葡萄牙、意大利和地中海	法国、德意志和尼德兰	英格兰、苏格兰和海外	
1558		格拉夫林战役;法国王太子弗朗索瓦娶苏格兰的玛丽女王;查理逊神圣罗马帝国皇帝之位,其弟斐迪南继承(至1564年)	玛丽·都铎驾崩,伊丽莎白继位(至1603年);苏格兰新教徒开始反叛玛丽·吉斯领导的摄政府;苏格兰的玛丽女王嫁给法国的弗朗索瓦	
1559	与法国媾和;腓力返回西班牙;就意大利西属各国设立"总巡视";庇护四世被选举为教皇(至1565年)	《卡托—堪布累齐和约》;腓力娶伊丽莎白·德·瓦卢瓦(至1568年);法王亨利二世驾崩;弗朗索瓦二世继位;腓力离开尼德兰前往西班牙	《卡托－堪布累齐和约》;法国增援部队击退苏格兰新教徒,直至英国舰队将其阻断;腓力返回西班牙;弗朗索瓦二世和玛丽·斯图亚特成为苏格兰和法国的共同君主(至1560年),宣称领有英格兰和爱尔兰	
1560	第二次"破产敕令";吉尔巴远征	法王弗朗索瓦二世驾崩,查理九世继位(卡特琳娜·美第奇摄政)	英军进入苏格兰,遂使法军撤离(《利思条约》),并导致宽容新教	xxii
1561	腓力将宫廷移至马德里		玛丽·斯图亚特返回苏格兰	
1562	特兰托宗教会议重开,为其最后一次(至1563年)	第一次法国内战(至1563年)		
1563	土耳其人围困奥兰;腓力在阿拉贡	西班牙远征军帮助法国王室镇压胡格诺教派;英国与尼德兰的贸易战(至1565年)	英国与尼德兰之间的贸易战(至1565年)	

	西班牙、葡萄牙、意大利和地中海	法国、德意志和尼德兰	英格兰、苏格兰和海外
1564	佩尼翁·德贝莱斯远征；最后一批法国驻防部队撤离意大利；科西嘉人造访热那亚（指1569年）	格朗维勒离开尼德兰；马克西米连二世被选举为神圣罗马帝国皇帝（至1576年）	法国殖民者定居于佛罗里达
1565	土耳其人围困马耳他		西班牙部队攻击在佛罗里达的法国定居者；米格尔·洛佩斯·德·莱加兹皮宣告菲律宾隶属西班牙
1566	庇护五世被选举为教皇（至1572年）；苏莱曼苏丹在匈牙利作战，但死于该地；谢里姆二世继位（至1578年）	在尼德兰的“反崇拜偶像怒潮”和叛乱；腓力决定派遣阿尔瓦公爵率军恢复秩序	在佛罗里达的法国人被囚禁或被处死
1567		第二次法国内战（至1568年）阿尔瓦及其军队到达布鲁塞尔；创立“靖乱法庭”	玛丽·斯图亚特被废黜并被囚禁
1568	唐·卡洛斯被捕身亡；摩里斯科人造反爆发（至1571年）；伊丽莎白·德·瓦卢瓦亡故	第三次法国内战（至1570年）；奥兰治的威廉及其诸弟入侵尼德兰未遂	玛丽·斯图亚特越狱，逃往英格兰；西班牙“大政务会”就美洲殖民地确立新政策；约翰·霍金斯和弗朗西斯·德雷克在圣胡安瓦败北；腓力命英国召回其大使约翰·曼；伊丽莎白夺取从西班牙驶往佛兰德的财宝船

	西班牙、葡萄牙、意大利和地中海	法国、德意志和尼德兰	英格兰、苏格兰和海外
1569	《王国法令大全》出版	奥兰治及其诸弟与法国胡格诺教派并肩战斗;西班牙部队帮助法国王室镇压胡格诺教派;腓力与英国之间的贸易战(至 1573 年);阿尔瓦对尼德兰征新税	英国与腓力属地之间的新贸易战(至 1573 年);反伊丽莎白的"北方叛乱" xxiii
1570	土耳其人入侵威尼斯属地塞浦路斯;土耳其附庸国夺占突尼斯	查理九世开始与胡格诺教派合作(至 1572 年);腓力娶奥地利的安娜(至 1580 年);阿尔瓦改革尼德兰司法制度	教皇敕令宣告废黜伊丽莎白并将其革出教门
1571	西班牙占领菲纳莱,并且签订(与威尼斯和教皇的)"神圣联盟";土耳其人完成对塞浦路斯的征服;勒班陀海战	阿尔瓦颁令为尼德兰征收新销售税("阿尔卡巴拉")	反伊丽莎白的"里多尔菲阴谋案";莱加兹皮夺占马尼拉;试图在墨西哥征收"阿尔卡巴拉"
1572	格雷戈里十三被选举为教皇(至 1585 年)	奥兰治的威廉及其诸弟入侵尼德兰,但仅在荷兰和泽兰两省取得长久的成功;在巴黎屠杀胡格诺教徒("圣巴托罗缪之夜"),在其他法国城市亦然;第四次法国内战(至 1573 年)	英格兰和苏格兰向荷兰造反者发送初始援助;唐·佩德罗·德·托莱多开始征战在秘鲁的最后一些印加人据点

	西班牙、葡萄牙、意大利和地中海	法国、德意志和尼德兰	英格兰、苏格兰和海外
1573	威尼斯与土耳其单独媾和；西班牙重占突尼斯，但将菲纳莱让予帝国专员	西班牙人占领哈勒姆，但攻阿尔克马尔失利；阿尔瓦被召回，由唐·卢伊斯·德·雷克森斯取代（至1576年）	德雷克袭击巴拿马；腓力与伊丽莎白之间的贸易局部恢复
1574	土耳其人夺占突尼斯和拉古莱特	西班牙人未能夺取莱顿；查理九世向荷兰人提供财政援助，但旋即驾崩，由亨利三世继位；第五次法国内战（至1576年）	伊丽莎白与腓力达成《布里斯托尔和约》
1575	第三次“破产敕令”；《地志》在卡斯提尔编纂	腓力与荷兰人之间流产了的布雷达和会；西班牙国库宣告破产	
1576		在尼德兰的西班牙军队哗变；尼德兰大多数省份与荷兰和泽兰媾和；独立的联省议会召开；奥地利的唐·约翰到达以治理尼德兰（至1578年）；鲁道夫二世被选举为神圣罗马帝国皇帝（至1612年）	
xxiv 1577		唐·约翰先与联省议会媾和，然后毁和（战事继续下去，直到1607年为止）；第六次法国内战	德雷克开始“环球航行”（至1581年）；西属美洲《地志》奉命编纂

	西班牙、葡萄牙、意大利和地中海	法国、德意志和尼德兰	英格兰、苏格兰和海外
1578	与土耳其人休战一年(延长至两年);苏丹谢里姆二世驾崩;葡萄牙国王塞巴斯蒂安驾崩(红衣主教亨利继位)	亨利三世之弟安茹引领法国对荷援助;帕尔马亲王替国王统治尼德兰(至1592年)	
1579		腓力与荷兰人之间流产了的科隆和会	腓力秘密主使斯梅西克远征
1580	与土耳其人休战一年;葡萄牙的亨利一世驾崩;腓力宣告有权继位,入侵并移驾葡萄牙(至1583年);多姆·安东尼奥(葡萄牙王位要求者)在英法两国寻求支持	第七次法国内战	斯梅西克驻防部队投降,被处死
1581	与土耳其人休战三年;腓力加冕为葡萄牙国王	联省议会废黜腓力二世,承认安茹为“尼德兰君主和领主”;安茹与英王伊丽莎白订婚;法国部队占领康布雷(至1595年)	葡萄牙海外帝国承认腓力继位
1582	亚速尔战役	法国支持在亚速尔的多姆·安东尼奥	爱德华·芬顿前往摩鹿加的航行在巴西夭折
1583	腓力返回卡斯提尔;特尔赛拉岛战役	帕尔马重新征服佛兰德沿岸地区	腓力秘密支持思洛克莫顿和法国天主教徒策划的反伊丽莎白阴谋

	西班牙、葡萄牙、意大利和地中海	法国、德意志和尼德兰	英格兰、苏格兰和海外
1584	与土耳其人休战一年（最后一次休战）	安茹去世，纳瓦尔的亨利遂成为法国王位假定继承人；奥兰治的威廉被刺杀；亨利·介斯领导的法国天主教徒组成一个联盟，并与西班牙签订《茹安维尔条约》；帕尔马重新征服佛兰德大部	思洛克莫顿阴谋被发现；门多萨大使遭驱逐；英国殖民地在罗阿诺克建立（至1585年）；西班牙试图通过在欧洲、墨西哥、马尼拉和澳门同时观察一次月食来测量经度
xxv 1585	那不勒斯造反；西克斯图五世被选举为教皇（至1590年）；萨伏依公爵娶卡塔尼娜公主；腓力在阿拉贡（至1586年）；德雷克袭击加利西亚、加那利群岛和佛得角群岛	亨利三世与法国天主教联盟订立《奈穆尔条约》；帕尔马重新征服布拉邦特大部；英王伊丽莎白与联省议会签订《农苏齐条约》	德雷克袭击腓力的西班牙领地、加那利群岛、佛得角和（1586年）加勒比地区；英国与荷兰人签订《农苏齐条约》；派遣莱斯特伯爵为荷兰共和国总督（至1588年）。与西班牙的战事一直延续到1603—1604年为止
1586	开始准备无敌舰队	第八次法国内战（至1598年）	霍金斯封锁西班牙海岸；反伊丽莎白的巴宾顿阴谋；卡文迪什开始“环球航行”（至1589年）
1587	德雷克袭击加的斯	胡格诺教派召集的德意志新教部队被法国天主教联盟和西班牙军击败；帕尔马准备入侵英国	德雷克袭击加的斯，俘获一名葡属东印度人

	西班牙、葡萄牙、意大利和地中海	法国、德意志和尼德兰	英格兰、苏格兰和海外
1588	西班牙无敌舰队；萨伏依公爵兼并萨卢佐	帕尔马完成侵英准备；亨利三世逃出巴黎，天主教联盟取得控制	布尔伯格和会；西班牙无敌舰队
1589	英国人袭击拉科鲁尼亚和葡萄牙	亨利三世被刺杀；胡格诺教派领袖纳瓦尔的亨利成为亨利四世，但不被天主教联盟承认；纳瓦尔在阿尔克击败天主教联盟；帕尔建议与荷兰人和谈	英国人袭击拉科鲁尼亚和葡萄牙
1590	乌尔班七世（1590 年）和格雷戈里十四（至 1591 年）被选举为教皇；"百万"税在卡斯提尔付诸表决	纳瓦尔在伊夫里击败天主教联盟；西班牙远征军在布列塔尼登陆；帕尔马击破纳瓦尔对巴黎的围困；萨伏依公爵入侵普罗温斯	英国舰队巡航于亚速尔群岛外
1591	英诺森九世被选举为教皇；阿拉贡造反；在亚速尔群岛外俘获"复仇号"	荷兰人在拿骚的摩理斯领导下开始夺回尼德兰北部；腓力与荷兰人之间流产了的科隆和会	英国舰队巡航于亚速尔群岛外，丧失"复仇号"；英军征战布列塔尼（至 1595 年）
1592	克莱门特八世被选举为教皇（至 1605 年）；腓力访问老卡斯提尔和阿拉贡	英军征战诺曼底；帕尔马击破纳瓦尔对鲁昂的围困，但不久后身亡	英军征战诺曼底（至 1593 年）
1593	葡萄牙的骚乱（在阿连特如、贝雅）		

	西班牙、葡萄牙、意大利和地中海	**法国、德意志和尼德兰**	**英格兰、苏格兰和海外**
xxvi 1594		亨利四世获得巴黎和鲁昂	在爱尔兰爆发蒂龙叛乱（至1603年）
1595	法国宣战（至1598年）	亨利四世对腓力二世宣战（至1598年），击败来自米兰的西班牙远征军	德雷克和霍金斯率舰队对加勒比地区进行大远征（至1596年）；荷兰舰队首赴东印度
1596	英荷舰队夺占并洗劫加的斯；西班牙向爱尔兰叛乱者发送援助；西班牙大舰队奔袭英国，但被逐退；第四次“破产敕令”	阿尔贝尔大公成为西属尼德兰统治者（至1621年）并从法国夺得加来；西班牙国库发布“破产敕令”	英荷舰队夺占并洗劫加的斯；西班牙援助送达爱尔兰叛乱，后者决定继续抵抗（至1603年）
1597	教皇国兼并费拉拉；第三轮西班牙大舰队驶往布列塔尼而未遂		英国远征亚速尔群岛
1598	《弗尔万和约》；腓力二世驾崩	《南特敕令》结束法国内战；《弗尔万和约》结束对西战争；西班牙人离开布列塔尼和加来；腓力将尼德兰政府“移归”作为共主的阿尔贝尔与女儿伊萨伯拉（阿尔贝尔娶其为妻），不久后驾崩；腓力三世继承其父的帝国的其余部分	蒂龙打败英国人；英国人袭击波多黎各；若干荷兰舰队驶往东印度
1601			西班牙远征军在金塞尔登陆（1602年撤出）

	西班牙、葡萄牙、意大利和地中海	法国、德意志和尼德兰	英格兰、苏格兰和海外
1602			爱尔兰叛乱结束；伊丽莎白驾崩，苏格兰的詹姆士六世继承，命令停止对西战争
1603			《伦敦和约》
1607		在尼德兰停火（1609年达成“十二年休战”协议）	

导言:腓力二世是否有一个大战略? 1

某些学者断然否认腓力二世——历史上第一个日不落帝国的统治者——拥有一个大战略。按照费尔南德·布罗代尔在1946年的说法,“他不是个有远见的人:他将自己的任务视为细微末节的无休止的接续交替……我们从未在他笔下发现什么总观念或大战略”。“他从未替他的统治勾勒过什么规划或纲领”,H. G. 克尼斯贝尔格在1971年的一项富有洞察的论著中写道,“他的随便哪个大臣也未如此……对这缺陷只能有一个合理的解释,那就是他们没有这样的规划或纲领。”这位国王之缺乏“帝国蓝图”构成了关于哈布斯堡西班牙一般政策目的的大多数著述依据的前提。保罗·肯尼迪在他《大国的兴衰》(1987年)论“哈布斯堡的霸权图谋”一章内完全接受了这一前提:“用‘哈布斯堡的霸权图谋’做标题可能显得有点儿牵强,”他写道,因为“尽管某些哈布斯堡廷臣偶尔就‘世界帝国’夸夸其谈,但不存在任何像拿破仑或希特勒那般统治欧洲的自觉计划。”[1]

然而,并非所有大战略都是侵略性的,亦非大战略只涉及战争。大战略可以定义为一个既定国家有关其总体安全的决策——它设想的威胁、它对付威胁的方式、它为了使目的与手段匹配而采取的步骤。它涉及“整合国家在平时和战时的总的政治、经济和军事目的,以维护长期利益,包括目的和手段的管理操作、外交以及军政两大领域内的国民士气和政治文化”。据巴兹尔·利德尔·哈特所说,

> 大战略既应当估算,也应当开发国家的经济资源和人力,以便维持作战军队。它还应当估算和开发道义资源,因为鼓舞人民的志愿

> 精神往往就像拥有最可见的力量形态一样重要……不仅如此，作战力量只是大战略的工具之一，它还应当考虑并应用财政压力、外交压力、商业压力以及（并非最次要）伦理压力的力量来削弱对手的意志。

2 按照爱德华·勒特韦克的说法，大战略主要应当按照下列标准予以评判，即“与凭借外交（‘武力为后盾的说服’）、凭借引诱（津贴、馈赠、名誉）、凭借蒙骗和宣传的潜在强力杠杆相比，它们依赖高代价强力的程度”，因为米斯·范德罗黑的建筑学格言“少则益”在此同样适用：最有效的大战略所做的恰如为击败或遏阻挑战者而必须做的一样少。[2]

虽然腓力二世逢年隔载地担忧现金周转问题（见原书第 199 页），但由于他掌握的巨大的人力和物资资源，他分明在自己的整个统治期间始终经得起使用“高代价强力”——确实他有时同时几线作战（图表 1）。至少到 1580 年代为止，帝国中心西班牙的经济依然富有活力，产出丰饶（起码与欧洲其余部分相比是如此），而且其他领地（尤其意大利南部和美洲）为帝国预算贡献多多。可是，腓力在追求自己的战略目的方面，还部署外交、引诱、蒙骗、威慑和（较小程度上）宣传，连同财政、商业和伦理压力。[3]

在腓力及其廷臣的文件中间缺乏一份广泛的总规划，但这并不证明他们没有广泛的野心：有如保罗·肯尼迪精明地承认的那样，“假设哈布斯堡统治者实现了他们所有有限的地区性目标——即使是他们的防御性目标——欧洲的霸权实际上将归他们所有”。[4] 腓力属地的规模本身意味
3 着一件事，那就是他几乎总能听似有理地辩说某事或某人威胁了这个或那个地区的安全。尽管他未能继承查理的皇帝称号，但到 1577 年时，他的帝国的“旗幡所至超过了世界三分之一，从西西里到库斯科再到基多省，其间包括九个时区……而且，如果我们从北到南度量它的范围，那么它涵盖了地表的四分之一”。到他在位末年，随着对菲律宾的征服充分展开和葡萄牙及其全球性属土被兼并，腓力的领地遍布世界所有24个时

图表1　腓力二世的帝国只享有了6个月的和平：从1577年2月到9月，其时在尼德兰和地中海两地的交战皆告停止。此后，虽然国王从未再度投入对土耳其人的战争，但冲突重返尼德兰（持续到1609年为止），与英国的战火亦经启燃（1585至1603年），涉及对西班牙、大西洋海岛和美洲的侵袭，连同在公海上的攻击。1589年后，腓力变得愈益卷入法国宗教战争，直至1598年的《弗尔万和约》。与此同时在海外，在非洲和南亚的葡萄牙前沿据点从事了各种各样的交战行动：先是对它们的当地敌人，然后是对荷兰人。

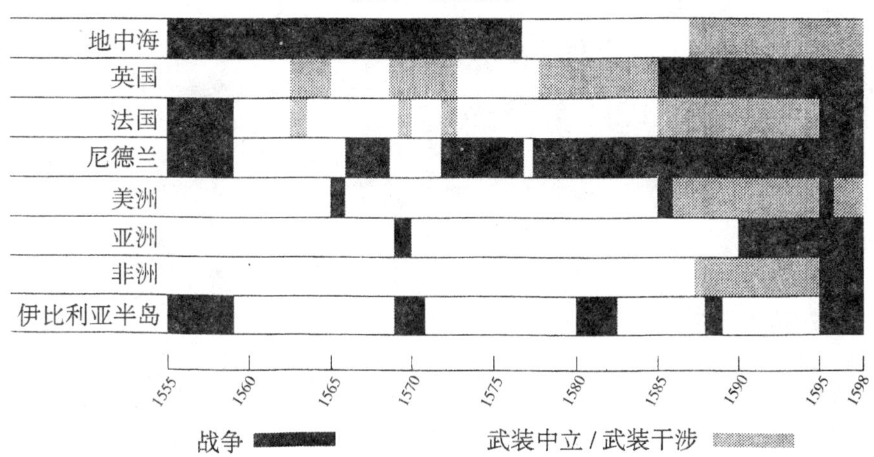

区，使之成了（按照一位当时人的说法）“创世以来所知的最大帝国”（插图1）。[5] 用威廉·卡姆登——一名刚健有力的反对者——很不情愿的话说，腓力已成为“一位其帝国扩展得那么远大广袤，超过了先前所有皇帝的君主，以至他确实可以说，*Sol mibi simper lucet*（太阳总是照耀我）。”[6]

与此同时，与较粗糙的宣传相结合的文化帝国主义将这位国王的势力扩展到远超出帝国本身疆界之外。由王朝臣民和拥戴者撰写的许多著作公开呼吁哈布斯堡建立一个“普遍帝国”。查理五世1519年被选举为神圣罗马帝国皇帝，唤起了邀请这位新统治者模仿其同名人查理曼的成就和统一整个基督教世界的种种论辩，而他作为皇帝于1530年由教皇加冕，这激起了新一批潮水般涌现的预言性小册子，那将查理描绘为第二个奥古斯都。以后被任命为未来腓力二世导师的胡安·希尼斯·德·塞普 4

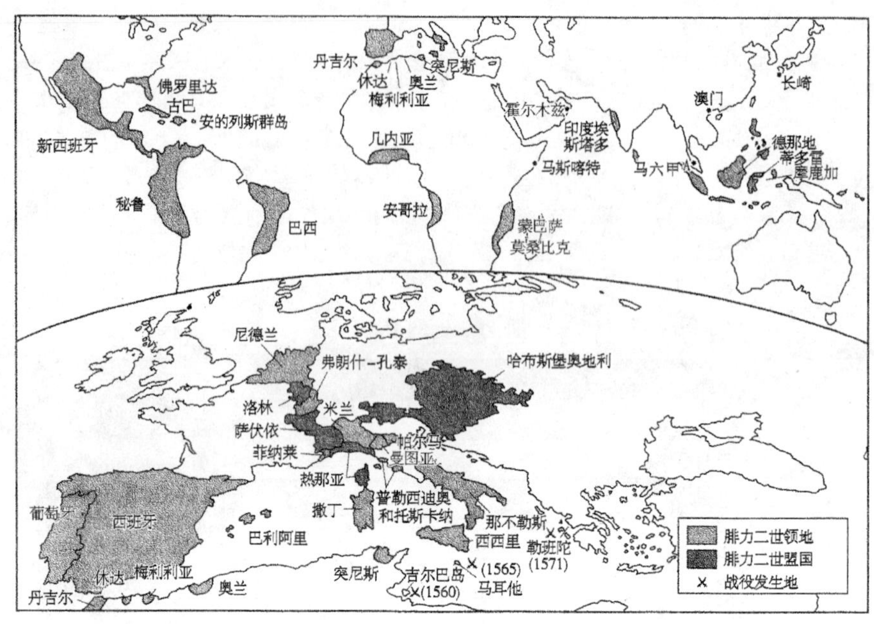

插图 1　腓力二世的帝国。1580 年兼并葡萄牙及其海外帝国使得腓力二世成了历史上第一个日不落帝国的统治者。虽然它的核心——与它的国王——仍在欧洲,但有关非洲、亚洲和美洲的问题经常性地涌上腓力的御案,要求做无数决定。

尔维达撰写了这些帝国主义呼吁文中间比较极端的一篇,而且无疑试图将自己的思想灌输到他那年轻学生的脑中。[7]1548 年腓力从西班牙到尼德兰的巡游、1571 年勒班陀海战的胜利和 1580 年对葡萄牙的兼并,都激起了类似的敦促哈布斯堡获取一个“普遍帝国”的文潮。1590 年代,既在意大利也在西班牙,涌现出进一步的普世主义文献喧嚣,它在托马索·康帕内拉 1600 年开始撰写的启示录式的《西班牙君主国》中达到了最高潮。[8]

帝国主义主题同样见于腓力二世及其宫廷指定制作的工艺品。描绘这位国王 1581 年大张旗鼓进入里斯本的图像绘有一座凯旋门,显示两面门神亚努斯交出其庙宇钥匙,“就像交给统治牢固的世界之主”,而所绘的另一座上面载有如下铭文:“世界曾在您的曾祖父天主教斐迪南国王与您的祖父葡萄牙曼努埃尔国王之间一分为二,现在则合为一体,因为您是东方和西方万物之主。”[9] 1583 年铸造的一种勋章将这一点表达得更简明:正面是国王肖像,题铭“腓力二世——西班牙和新世界之王”,反面是个地球,围有毫不客气的拉丁铭文 NON SUFFICIT ORBIS(世界不足我欲)(插图 2)。此种大胆无羞的设计很快变得流行起来。当弗朗西斯·德雷克及其属下 1586 年进入圣多明各总督宅邸时,他们发现了一个带西班牙王室纹章的盾牌,刻有一个地球和一条铭文饰带,“那上面写着拉丁字:‘世界不足我欲’”。这些英国人自然认为它是“西班牙国王及其国家之无限野心的非常显著的标志和表征”(插图 3),而且德雷克将它带走时显然满怀厌恶。[10]分明意欲超越查理五世的格言 PLUS ULTRA(“飞扬腾升”),1585 年铸造的另一种勋章展示了附有下述铭言的天文黄道带:ULTRA ANNI SOLISQUE VIAS(“超越年度日周线”,那大同小异地借用了维吉尔的言辞,后者在长诗《埃尼德》中以此赞颂罗马皇帝奥古斯都的空前权势),“因为上帝给了他(腓力)更大的世袭占有;而且,以他的伟大权势,只要他想要,他就可以是柬埔寨和中国以及其他巨大行省的统治者”。[11]西班牙的艺术、戏剧、服装甚至滑稽剧在全欧各处都有热切的模仿者。[12]

尽管如此,腓力不断试图令其邻国放心,要它们完全不用害怕他。在登基伊始,他就毫不含糊地申明“我很愿意向全世界辩说我的行为正当,并且表明我不对别国提出权利要求”(虽然他忙不迭补充说“我也希望下面一点得到清晰的理解:我将捍卫他[查理五世]传给了我的领土”)。1572 年,当他动员巨量军队去镇压荷兰造反,同时又令他在欧洲其他地方的兵力处于戒备状态时,这位国王向意大利的统治者们保证说“我无意破坏普遍和平,那是我本人极希望维持,并且强烈要求我的所有大臣们致力维持的。然而,倘若心怀歹意者图谋利用(在尼德兰的)风潮,以便攻击我的领地和扰乱和平,那么当他们见到我陈兵以待时便不得不安分 6
守己”。[13]他的克制在他以后的统治期间大致一如当初:“我全无理由要受野心驱使——受取得更多王国或国家或扬名天下的野心驱使,因为在所有此类东西中间,上帝已经仁慈地给了我这么多,以至我心满意足”,他

插图 2 和 3

“世界不足我欲”。1580 年“王朝合并”后，出现了一种新的自大自傲，厚颜纪念腓力二世全球性帝国的创立。大概在 1583 年铸造的一种勋章正面为国王肖像，反面为被一匹马踏在蹄下的地球，连同毫不客气的铭文 NON SUFFICIT ORBIS ——“世界不足我欲”。3 年后，马、地球和铭文一齐被并入西班牙王家纹章，作为君主国的官方“标识图案”（至少在圣多明各总督宅邸内）。

在1586年写道;在1590年代他则宣称:“上帝见证,我进行战争从来就不是为了取得更多的王国,而只是为了保持其(天主教)信仰及其和平。”[14]如果西班牙仍不免投入与外国的战争,这位国王便总是声辩他的唯一动机是自卫,说他只是在他自己遭到攻击时才打仗。于是,他确实能够声称哈布斯堡与法国的冲突总是始于法国的最后通牒或宣战:1521、1536、1542、1552和1556年俱如此,而另一场计划于1572年对西班牙的攻击只是因为其主谋加斯帕尔·德·科利尼被刺杀才得以避免。腓力还能够声称,他对奥斯曼土耳其的诸场战争主要是防御性的,西班牙动员兵力只是在自己或盟友遭到袭击之后:在从圣约翰骑士团夺取的黎波里(1551年)之后,或在从威尼斯人那里征服塞浦路斯(1570年)之后。[15]

然而,16世纪欧洲各国面对影响其20世纪后继者们的同样的“安全两难”:优势国为了维持现状而迈出的每一步伐看来都必不可免地威胁其邻国,从而加剧国际紧张。[16]1567年以后国王在附近的尼德兰驻扎大军,法国、德意志诸邦和英国政府都由此感到直接遭受威胁。这种感觉并非无理,因此这支大军于1569年和1590年代期间在法国进行过干涉,1580年代期间在莱茵地区也是如此,而且它于1571、1576–1577年间和1587–1588年间数次立意入侵英国。有如伊丽莎白一世的首席大臣伯利勋爵曾说的那样,“倘若他(腓力二世)一旦将低地国家置于绝对从属地位,我就不知道有任何裁判者能对他的伟大施加什么限制。”英国将被掠食,葬送于腓力“那念之极为可怕、受之极为痛苦的永无满足的恶欲”。甚至在西班牙无敌舰队失败后,伯利依然相信腓力旨在“成为整个基督教世界的主宰和统帅”。[17]从巴黎的角度看,哈布斯堡的环形巨臂显得同样吓人,它囊括的范围从纳瓦尔经意大利北部和弗朗什孔泰到尼德兰。按照法国新教领袖科利尼的说法,“在明眼人看来”,腓力意图“使自己成为基督教世界的君主,或至少要统治基督教世界”;其后继者纳瓦尔的亨利在1585年抱怨“西班牙人的野心,他们在获取了那么多陆海支配权以后,相信普天之下无不可归其囊括”;法国驻马德里使节则在下一年告诫他的政府:腓力“谋求使自己成为基督教世界一切君主中间最伟大的(君

主)”。16世纪初,法国的若干小册子作者呼吁发动先发制人的打击,以便击破他们设想的哈布斯堡包围圈:

> 7 在(法国的)一边是弗朗什-孔泰,另一边是那不勒斯和米兰。眼见西班牙在前,佛兰德在后,你难道不会说“**安全何在**”?在此,对面是纳瓦尔,它过去是法国边陲之地,紧邻西班牙,今天却是西班牙边陲之地,紧邻法兰西。**安全何在**?[18]

教皇也对西班牙的世俗权势感到不安,因为腓力的领土包围着教皇国,后者严重依赖由哈布斯堡属地西西里供应的谷物。不仅如此,没有任何教皇可以忽视查理五世的部队1527年洗劫罗马,或者忽视他的儿子1556至1557年间以无情使用饥饿和武力打击教皇保罗四世。因此,对西班牙哈布斯堡的“十字军征伐”,不管是针对异教徒还是针对异端发动的,教廷都倾向于保持缄默,不予支持,唯恐哈布斯堡的任何成功可能加强该王朝的欧洲优势。有讽刺意味的是,腓力本人最好地表达了这一战略两难。1580年,在一次大动肝火时,他告诉教皇:“落到我的领地上的大多数不幸所以发生,是因为我那么努力地试图捍卫教会和驱逐异端。然而,这些(不幸)变得越严重,陛下你就越将它们丢在脑后!”教皇依然无动于衷,国王翌年再度就此问题大作诘难,这次是对一位大臣:

> 我向你保证,(教皇的无动于衷)已经令我恼火,近乎失去耐心……我相信,假如尼德兰诸省属于别的什么人,教皇就会施展奇迹去阻止它们脱离教会;然而,由于它们是我的属邦,我相信他准备听任此事发生,因为我会失去它们。

“我本将并能够据此再多多议论,”这位国王最后说,“但现在已是半夜,我疲惫交加,而这些想法令我甚至更加恼火。”[19]

英国、法国和教廷对西班牙侵略性抱负的恐惧并非全然不当。尽管他们做了种种相反的宣示,但腓力及其廷臣显然相信至少有时“为防卫就须进攻”,因为与目标准确地打击任何公然的(甚至潜在的)敌人相比,保护所有易受伤害地区会付出远为高昂的代价,所获却远为有限。[20]他的政府时常收到,并且例行考虑那些建议通过武力扩张帝国的文件。因而1571年11月,在勒班陀海战过后,一项野心勃勃的“策论”送达宫廷,解释如何以先攻突尼斯(那事实上在1573年被攻占)后袭比塞大、布日伊和阿尔及尔的办法来利用西班牙的意外优势,因为在西地中海的这些成功将不可避免地变动欧洲的力量对比,使之有利于西班牙。西班牙头号将领阿尔瓦公爵完全赞同这一看法,尽管是出于其他原因:在被问到对于如何利用勒班陀大捷有何主张时,他强烈建议作战“清扫”巴巴里海
岸——然而是作为攻击君士坦丁堡的根本的预备行动,因为“对一项高 8
效的征服来说,不在侧翼留下任何可能导致分兵的东西至关紧要。那是所有投身此业(即从戎)的人的‘最初级常识’”。[21]1574年,当得知法王查理九世驾崩时,西属伦巴第总督极力主张腓力抓住这个“势将多年难逢的”有利机会以攫取沙卢佐、土伦、马赛“以及其他因为防守薄弱和无法援救的而容易夺占的法国地盘”。他论辩说,这单单一击将解决腓力的所有战略困难,因为法国人

> 庇护和激励那导致——并且总是导致了——土耳其人(攻击)基督教世界的异端……他们武装北非和支持阿尔及尔,向其供应武器、装备和别的东西;他们鼓动并援助奥兰治亲王和叛乱者反对陛下;他们煽惑并支持帝国邦君的敌对意图。

因而,这位总督论断说,对他们发动一次预防性打击完全正当。[22]

类似的好战建议周期性地从天涯海角涌入。1583年,菲律宾总督敦促其主子准许远征中国;翌年,在澳门的一名官员声称“用不足五千西班牙人,陛下您就能征服这些领土[中国],成为它们的主宰,或至少占取在

世界上任何部分最重要的海区”;同一年里,马六甲主教提倡汇集西班牙和葡萄牙的资源,以便首先征服东南亚,然后兼并华南,以致“陛下成为世界所曾有过的最伟大君主”。[23]1585 年,在马尼拉的腓力手下官员之一呼吁国王“将穆斯林从菲律宾群岛全境驱逐出去,或至少使之臣服和交纳贡金,消灭那些在爪哇、苏门答腊、亚齐、婆罗洲、棉兰老、梭罗、摩鹿加、马六甲、暹罗、帕塔尼、勃固和其他崇拜穆罕默德的王国的人”。翌年,主教和总督领导的菲律宾西裔居民“议事大会”起草了一篇长备忘录,主张征服中国,并且派遣一名信使赴西班牙,命令此人将他们的论辩当面呈送国王。[24]1590 年代期间,更多的帝国主义计划接踵而来:曼诺埃尔·德·安德拉达·卡斯泰尔·布朗科,一位长期住在美洲和非洲的葡萄牙神父,向国王提出了一种野心勃勃的全球战略,论辩说在六个相隔遥远的据点——柔佛、圣海伦娜岛、布日伊、塞拉利昂、巴伊亚和圣卡塔利娜岛——构筑要塞将保障伊比利亚半岛的全球商业霸权;不仅如此,在东亚的热衷扩张者继续鼓吹伊比利亚人可以轻而易举地征服中国和日本。[25]

虽然腓力决定不按这些扩张主义建议行事,但其政府采取的其他较
9 有节制的主动行动分明基于一种“全球”战略眼界。例如 1559 年,在创设了一个新的、就其广大意大利领地的行政管理给他出谋划策的议事会之后,这位国王为他的三个主要的半岛属地——伦巴第、那不勒斯和西西里——指定了一个总稽查团,旨在改良和精简它们的官僚机构。[26]1567 年,他又为西印度议事会设立了一个总稽查团,由胡安·德·奥凡多为首。这位大臣据他的一名同僚所言,“通常如此处理付托给他的一切公事:剖析任务,创设新的构架和提议,直到他发现它们的所有症结为止;然后他研究这些症结并掌控之”。奥凡多发觉要注意的问题简直成百上千,但他(很有特征地)将仅仅两大急需改良的方面分隔出来:第一,议事会成员极少关于美洲的知识,因而不懂其问题;第二,议事会与其驻美洲长官都不显得熟悉现行立法。为了改进第一方面的情况,奥凡多建议创设一个“西印度记事官”,并且指定进行一系列地理和领土调查,以便获取关于新世界的信息(见本书第二章的部分内容);就第二方面,他提议

汇集和出版所有现行法律(该项工作随即开始,虽然到1680年才完成)。与此同时,在1568年,随谣传教皇可能废除国王在新世界的庇荫权,并且为美洲任命一位教皇使节,腓力创设了一个权力很大的议事会,负责改组西班牙海外殖民地的全部行政管理。这个人称“大政务会”的机构就殖民政策的一切领域提出建议:为改进教规遵守状况,它主张任命在美洲大陆出生的主教,创设四个新的宗教裁判所;为改善土著臣民的遭遇,它提议改革土地占有制度;为刺激经济,它设计了关于采矿、商业和制造业的新规章;为增加王室岁入,它提倡双管齐下,即对社团而非个人征收贡金和施行一种新的销售税(“阿尔卡巴拉”)。[27]

并非“大议政会”的所有建议都立竿见影或充分见效,然而其中有些
构成了一项甚至更广泛的政策创举的组成部分。大致同时,腓力在低地
国家的辅臣们开始改组司法体系,并在那里亦引入新税。1568年1月,
恰在“大议政会”举行之前,腓力在尼德兰的总督阿尔瓦公爵写道他打算
执行国王的指令,“将这些省份置于单一的法律和惯例(体系)之下”,创
造(如阿尔瓦所说)“一个新世界”。仅两年多时间里,新的立法既统一了
刑法,又将低地国家各处的刑事法庭程序标准化,此外则有百多项惯例被
制定为法规。[28]与此同时,在腓力坚持下,阿尔瓦向尼德兰代议大会提议
创设新税,以便平衡他的预算,结束他对西班牙财政的依赖。一项是“百
一金”(Hundredth Penny),即对所有资本收税百分之一,按照1569至
1570这一年度的每项投资产出的百分比而非其所报价值征收(从而阻止
低报价值):它被赞美为“在现代早期欧洲所曾征收过的最现代的赋 10
税”。[29]这位公爵还提议创设一项10%的销售税,人称“什一金”(Tenth
Penny)或“阿尔卡巴拉”(*alcabala*)。他为这些新税提出了一些辩解理
由,它们显著类似于不久后在腓力就整个西属美洲颁布的1571年11月
敕令中所用的那些,该敕令命令“秘鲁、新西班牙、智利、波帕扬、新格拉
纳达等省和我们西印度的所有其他部分的总督、法院院长和法官以及省
督”征收一项销售税:

> 你等明白，朕之国库耗用殆尽，度支拮据，皆因朕多年在此开销不断，数额巨大，用于维持陆海大军，以捍卫基督教世界和朕之王国，以保持并弘扬朕之邦国王权。朕之岁入、所行计划及权宜、此等（卡斯提尔）王国之援助和赋税，皆不敷所需。

因此，这位国王命令全美洲一切“西班牙人、西裔混血人和自由黑人臣民”缴纳新销售税，以此承担其自身防务所费。[30]西班牙帝国政府能够以单独一项命令和单独一种辩解理由，将一项新税加之于数千公里之外的一整个大陆，而且同时在另一方向上相距数百公里之遥的低地国家引入创新性的征收：这样一个帝国政府既拥有眼界，也拥有操作体系去施行一种大战略。[31]

在军事和外交领域，虽然腓力的某些图谋失败了，但另一些引人注目地大为成功。腓力的手下征服了大半个菲律宾，收复了尼德兰的颇大部分，并且获取了整个葡萄牙帝国。1587 至 1588 年间，这位国王以每天耗费 3 万达克特的惊人代价，汇集了一支两栖大军，那代表（按照朋友和敌人的共同说法）“自创世以来在这些海域见过的最大舰队”，“就我所知在基督教世界所曾集结过的最大最强的混成兵力”。[32]在他统治的后 25 年里，他在低地国家保持驻扎 7 万至 9 万军队——屯集于某些热衷者称呼的 *Castra Dei*（“上帝军寨”）之中——同时或许还拥有同样多的兵力在全球其他地方的驻防要塞服役。1593 年时，即使他的经久死敌之一、拿骚的威廉·路易也不得不承认腓力可算“世界最伟大的君主”。[33]可是，他为何未能达到他的那么多重大的对外政策目标？

第一部分:战略文化环境 11

> 肯尼迪和约翰逊政府所以未能采取一种井然有序、合乎理性的方式对待蕴于越南之下的种种基本问题,原因之一在于我们面对的其他问题惊人地多样和复杂。简言之,我们面对暴风雪般扑面打来的众多难题,而一天只有24个小时,我们往往没有时间正确地进行思考。这一困境并非我在其中效力的行政当局独有,亦非美国独有。它存在于所有时代和大多数国家。我从未见过有对难题的深思熟虑的审视。它存在于那时,也存在于今天,在组织一个政府时应当认识到它,并且有规划地准备对付它。[1]

如同腓力,发出上述哀叹的罗伯特·斯特兰奇·麦克纳马拉总的来说留下了很差的形象。他俩都未能达到自己的大多数政策目标;他俩都以巨大的规模牺牲了生命、资源和声望;他俩都使得自己的国家弱于他们上台时的状况。不仅如此,麦克纳马拉对于自己的失败的“解释”——那在他的回忆录中反复重现——忽视了一个明显的事实,即每个强国都必须预料会面对“暴风雪般扑面打来的众多难题”,因而通常无法经久地集中对付单单一个威胁。像麦克纳马拉看似的那般作别样的预料,是不现实、不合理和不明智的。

腓力二世政府自然大有别于四个世纪后的美国政府。最明显的是,其统治者依据世袭权利行使专制权力,依据基因而非“脑细胞”登基掌权,而且那出自一个多少狭窄的基因库,因为以哈布斯堡为首的众多欧洲王朝显著偏向于近亲结婚。或许由于这近亲繁殖,格外成功、特别聪明和非常令人喜爱的世袭君主始终相当少。不仅如此,16 世纪的通讯也极不同于当今:来自遥远战场的音信即使不要几个月,也要长达几周才到达(而且决策需要同样长的时间往回发送),但一位当代的总司令能够与他在前线的下属“即时”磋商。最后,16 世纪的国务活动家面对宗教改革释
12 放出来的宗教激情,发觉他们的迂回余地受到意识形态的严重制约。诚然,某些领导人设法克服这一制约:法国新教徒领袖纳瓦尔的亨利 1593 年皈依天主教,以求该国首都俯首称臣;据称,他在这么做时说道“巴黎值得一个弥撒”。腓力二世及其大多数同代人绝不可能如此。

然而,这些相反情势更多地是表面上的而非真实的。在任何时代,格外成功、特别聪明和非常令人喜爱的国务活动家都甚为罕见,不管他们通过什么途径上台掌权;虽然按照 20 世纪标准,腓力二世的通讯体系速度极慢,但其运行仍快于和好于任何敌对国家的;还有,共产主义释放出来的意识形态激情有力地影响了现当代国际关系。最重要的是,在 16 世纪恰如在 20 世纪,同样三项因素塑造了战略文化:第一,通行的指挥和控制结构——每个政府选择来制定和实现其战略目标的手段;第二,通讯和情报网络,它们被创设出来以汇聚关于现行威胁的信息,以克服时间和距离设置的障碍;第三,填充其战略想象、影响其战略轻重缓急次序选择的那些前提假设,据此他们尽管面对“暴风雪般扑面打来的众多难题”,却仍有时间“正确地进行思考”。

临近他那旨在自利的 1960 年代回忆录的尾端,罗伯特·麦克纳马拉再次转而谈论结构问题——他认为要为他的越南政策失败负很大责任的结构问题:

> 至此,读者必定会奇怪——假如他们并未早就被弄得大惑不解的话——据信聪明、勤勉和富有经验的官员们(文职官员和军官们)怎么竟未能系统透彻地对待问题,其答案那么深刻地影响我们公民的生活和我们国家的福祉。简言之,出自下述事实的“排挤”取消了

> 这么一种井然有序、合乎理性的路径,那就是越南只是我们面对的众多难题中的一个。在华盛顿于1960年代期间面临的种种问题中间,任何一个问题都有理由占据总统及其助手的全部注意力。[2]

以下三章考察四个世纪以前腓力二世及其"据信聪明、勤勉和富有经验的官员们"怎样对待"众多难题",那是他们统治之下的全球性帝国面对的,并且考察他们用以对付这一任务的指挥结构、通讯体系和前提假设的性质,还有其合适程度。

第一章 “世上最大头脑”

腓力二世与其同代人伊丽莎白·都铎一样，在一生很大部分时间里缺乏一位合适的继承人。假如他在1555年，即以他祖父腓力一世的寿数(28岁)死去，他就绝不会继承王位；假如他在1570年，即以他唯一活下来的儿子腓力三世的寿数(43岁)驾崩，那么他的领地就将传给他4岁的大女儿；假如他在1585年，即以他父亲查理五世的寿数(58岁)驾崩，他便会将其巨型帝国留给一名7岁的有病的儿子。[3] 事实上，如同伊丽莎白，腓力二世寿命之长，超过其王朝的先前任何一位君主，但自然当时没有哪个人——无论是友是敌——能预见到这一点。因此在1574年，一名忧心忡忡的朝臣恳求道：“陛下您的生命和健康乃当前一切事业成败所依，敬请休息，勿过操劳”；还有在1580年，当阿尔瓦公爵发觉主子犯病发烧时，他责备他在宫廷的首要盟友：“阁下，但凡陛下患病，哪怕仅仅稍有不适，我皆须在几小时内得知，否则不合情理”。[4]1583年时，按照在低地国家的一位大臣的说法，荷兰造反者“将他们的一切希望寄托于国王驾崩”；三年后，驻马德里的法国大使写道：“西班牙知情人士预计倘若腓力死去，整个帝国就将剧变”；此后不久，威尼斯大使论辩说整个西班牙帝国“靠国王的权威和智慧结为一体，如果他驾崩，那么一切将沦入混乱和危险”。[5]

到头来，从1555至1556年其父逊位直至1598年他本人享年71岁驾崩，腓力始终专权统治。他在位伊始，有一次把一位出身卑微之士提拔为全西班牙的大主教时，某个近臣的妻子不敬地评论道：“此乃国王现在希望表演的奇迹，它们似乎很像以泥造人的基督的奇迹”；然而到最后，他的许多仆从和臣民真的将他视为尘世的上帝化身，相信他是一位圣人，将奇迹归之于他。[6] 腓力本人并未如此宣称——有一次他写道“我不知（人们）是否认为我乃金刚之身。真实在于，他们需要认识到我像其他每个人那样命有尽头”——然而他对行使他的绝对生杀大权很少犹豫。一
14 方面，他于 1571 年赦免了在西班牙和西印度的许多被监禁者，以庆祝一名王子和继承人的诞生；还有，在 1580 年，随他胜利地进入他的新王国葡萄牙，他一路大开牢门释放囚徒。[7] 另一方面，在 1566 至 1576 这十年里，他令他的 1 200 名低地国家臣民被一特别法庭判决处死，因为他们不同意他的宗教观点和政治看法。1580 年，他悬赏要他的头号荷兰臣属——奥兰治亲王拿骚的威廉的首级；四年后，他又重赏刺杀这位亲王的凶手一家。反对他的那些外国人倘若落到他手上，同样不能指望他心生怜悯。1572 年，当他在尼德兰的军队俘获某些支持奥兰治亲王的法国显贵时，腓力下令将其严厉监管，但“若出现他们可能被劫救的任何忧惧时，就必须宰了他们”。无论如何，一年后他便下令将其秘密杀害。[8]

不过，这些是不常见的极端情况。腓力通常非常当心，力求经由确立已久的合法渠道来行使自己的权威。有一次，他退回了一套未获他签署的命令，原因是“在我看来那里面有问题，因为那些为阿拉贡君主三王国而拟的，特别是那项为阿拉贡本身而拟的不会得到服从，并且违背当地习俗”。这位国王指出为其东部各王国所撰的一切皇家书简皆须由阿拉贡议事会发出，并且下令重新起草。[9] 这种谨慎使腓力在他的大多数臣民中间深得人心。1583 年，在身居葡萄牙差不多三年之后，他返回久违的马德里，热烈的百姓迅即涌出城去欢迎他，人流“从王宫开始延伸一英里以上，城外和城内皆万头攒动，还有无数男女站在窗口和屋顶瞻望。此景简直不可置信。我本来绝不会认为这座城市容有一半我当时看到的那么多人口”。[10]

尽管遭遇过至少七次刺杀，腓力在其统治的大部分时间里还是穿行闹市而不携刀枪，驰骋荒原而不带武装；他喝过沿途百姓递上的饮水，吃过当地渔民奉献的鲜鱼；当他访问一个大学市镇时，他和学生一起出席公共讲座，当他步行街头逢有一列宗教队伍从旁经过时，他跪倒在群众之中

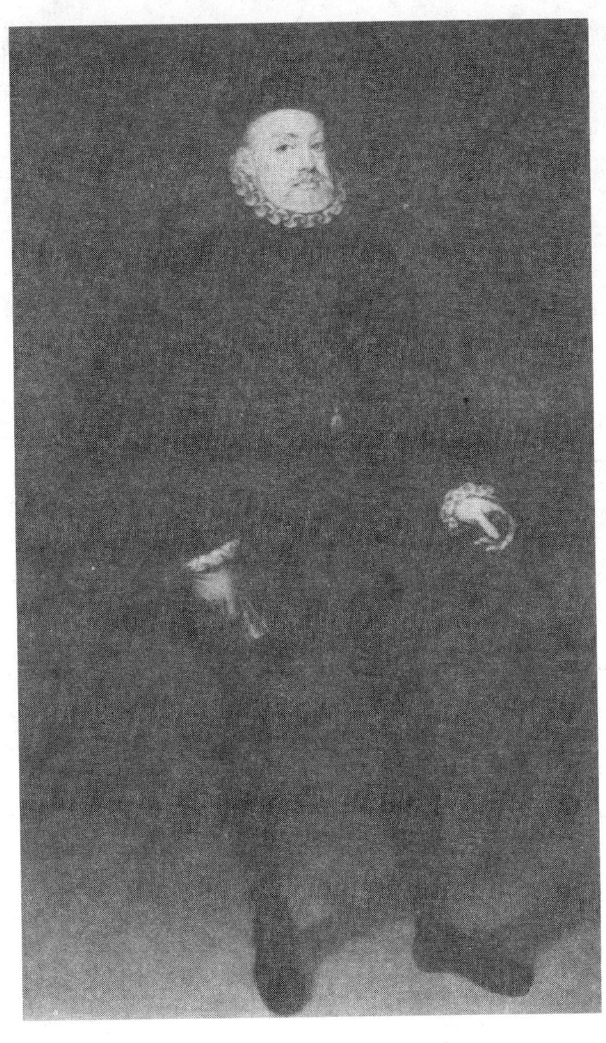

插图4 腓力二世在1587年，阿隆索·桑切斯·科埃洛绘。在后期岁月里，腓力二世的肖像通常显示他简朴地身着黑色服装，不是通过王者的外在象征表达他的威仪，而是通过庄严和“平静”。他在此的唯一装饰是金羊毛骑士团徽章。桑切斯·科埃洛打算让教皇西克斯图五世拥有他主人（时年60岁）的这幅低调肖像，但托斯卡尼的斐迪南大公见到了它，要求拥为己有。画家同意了，但表示希望收受者运用在罗马教廷的影响为他经常身无分文的儿子取得一份圣俸。

以共表尊崇。[11]腓力工作时总是将书房的门开着；而且，大臣们有时会惊恐地看到他“完全独自一人进入这座建筑的庭院”，全无防袭保护。他犹如伊丽莎白，可以骄傲地夸口道：“让暴君们去恐惧吧，我一向坦荡自如；在上帝之下，我将我的首要力量和防护寄托在臣民们的忠心和善意之中。”[12]

在大多数场合，腓力穿着简朴：确实，对某些人来说，这位国王的朴素服装使之看起来“恰如一个医生”,甚或“恰如一个市民”。虽然他过分讲究个人整洁,但他在品味方面一直是保守的:他每个月都要做一套新外衣,可是样式和颜色(黑色)始终不变,是为卡斯蒂格利奥内在其颇有影响的《廷臣手册》中所倡“低调得尊严”的一个极好例子。[13]当他权势鼎盛
15 时节,他显现在阿隆索·桑切斯·科埃洛1587年所绘肖像中的模样就是如此(插图4)。然而,腓力使得所有见到他的人无不顿时肃然起敬。当阿维拉的特蕾莎1570年代里某一天入宫觐见时,“开始满怀激情地与他说话,因为他以极具穿透力的目光凝视着我,仿佛洞察了我的灵魂……我尽可能快地告诉他我想要什么”。威尼斯大使利奥纳多·多纳在觐见之前,用了好几个小时“十遍以上反复诵读”他收到的函件和指令,以备腓力提问。这位国王的最早传记作者之一证实,“历经千险而无恙的勇者在他面前战栗,没有谁看着他而不情感洋溢”。[14]人人都还注意到他那引人注目的自制:在不得不于1573年当众告诉国王威尼斯业已径自脱离西班牙同盟而与土耳其人单独媾和后,多纳惊异地记述说国王面无表情地听取和约条款,只是“他的嘴唇讽刺地微微动了一下,含有一丝嘲笑”(插
17 图5)。大多数人还同样赞美腓力的智力。在其统治末期,甚至一位批评者也承认“陛下的头脑必定是世上最大的”;紧随他驾崩,一名宫廷布道者(此人还写道“仅斜眼一瞟,他就将某些人送进了坟墓”)将腓力的智慧与所罗门相比,说“因此倘若一个人要成为国王就不得不投身一场竞争,如同竞争一个大学教席……那么我们的竞争者就会轻而易举并且优势巨大地赢得王国教授职位”。[15]

然而,所有这些例子所涉及的都是腓力的官方“躯体”,那代表他对于世界而言的威严和权势。如同所有国王,腓力还有一个有血有肉的凡人躯体。正如巴伦西亚的人文主义者(和皇家议事会成员)法德里克·富里奥·塞利奥尔1559年所写:

> 每一位君主都像由两个人格构成:一个是自然人格,由自然塑造,如此被赋予像其他人一样的本质;另一个出自幸运的惠顾和上天

插图5 腓力二世接见利奥纳多·多纳并听他讲话,马可·韦尔塞利奥绘。多纳在1570年33岁时成为威尼斯驻西班牙大使,任此职三年之久。他最终成为威尼斯最高长老(1606至1612年),这可能解释了为何他委托绘制的这幅肖像显示他在腓力的众多接见之一中竟高出腓力半头。按照惯例,腓力站着接见大使,显出注意听讲的样子;多纳(他事后将国王说的每个字都记下来)收到的答复中极少会多过一句不表态的空话。

的青睐,被创造出来治理和保护公益,为此我们称之为公共人格……因而,每一位君主可以被按照两种迥然不同的方式审视:作为一个人和作为一个君主。

腓力为自己两个“人格”中的每一个创设了一套独特的体制。到1560年代,由于西班牙宫廷遵循精致的勃艮第礼仪,差不多有1 500人服侍国王(府内约800人,马厩200多人,小教堂100多人,等等),与此同时数百名官员充当政府中央机构人员:宫廷特别警官队(*Alcaldes de Casa y Corte*)100多人,财政议事会及其各附属厅局79人,卡斯提尔议事会53人,阿拉贡议事会39人,西印度议事会25人,等等。人员如此集中(连同其家庭、仆人和僚属,他们可能总共达4 000人)使之很难跟随国王巡游,因而腓力决定为自己的政府建立一个固定的中心。[16]他试着挑选巴利阿多里德和托莱多,但在1561年6月选中了马德里,因为它位处中央,供水状况极好,而且拓展余地大为宽广,那将使王宫和城市两者的扩展遇到最少困难。它们确实扩展了:据留存下来的马德里城六教区登录册,1560年有242次洗礼,但1561和1562年分别有410和627次;到腓力统治结束时,马德里已成为(在塞维利亚之后)西班牙的最大城市。与此同时,1560年代和1580年代的大建造计划将王宫的规模增大了一倍多(插图6)。[17]

正如马里亚·胡塞·罗德里格斯-萨尔加多敏锐地指出的,这位国王在马德里建筑一座精致的王宫的决定有个附带,那就是创设一个位于边缘的私人隐居处,用以周期性地躲闭其中较为随便地度日。国王交替往来于这两处机构平台。在马德里王宫楼上那些四侧置有其壮观收藏——挂毯、油画和其他基督教君主饰物——的宽敞的厅室里(楼下有他的忙碌劳作的廷臣们),

18

> 正式和非正式的觐见者们容易见到他。国王将他的部分时间拨出来见人和接收请愿。他确保那些并无公务或正规觐见渠道的人能够在他日常步行往返教堂时接近他。他每日与他的幕僚和议事会成员联络沟通。他天天忙得要命,饱受直接压力,处理五花八门的大量事务。[18]

插图6 马德里王宫,约1569年,安通·范登温加尔德绘。腓力在1561年将马德里定为首都,并且马上开始扩建王宫(阿尔卡萨尔宫)。“多拉达塔楼”(图上最左端)和新画廊的建造都差不多立即开工,前者有个弗莱芒风格的尖耸石板厦顶,下面是三个高窗楼层,后者位于正南面最初两座塔楼右边:它们按照国王亲自修改过的蓝图建造。(范登温加尔德的素描显示,在王宫体系东北角的“雷纳塔楼”仍在建造之中。)国王喜欢从“黄金塔楼”和从正西面各房间眺望曼萨纳雷斯山谷的风景,他在那些地方工作和见人,他的臣僚则在楼下他们各自的办公室操劳。

1577年的一件事表明此说属实,当时国王在马德里。腓力的私人秘书询问胡安·费尔南德斯·德·埃斯皮诺萨——从事一次关键的西班牙债务重整的金融家之一——能否在下午两点觐见他,然而国王抗议说:

> 让他三点半来,因为现在已经是两点,我还未有时间去看王后和孩子,除非现在就去。还有,让他明白他必须四点就离开,因为那时我还要见许多人——虽然我今天(已经)见了30个。而且非但如此,看看那一大堆我还必须处理的文件![19]

自然,这样狂热忙碌的节奏不可能被无限持续下去,国王周期性地在他的乡间宫殿之一寻求安慰:阿兰胡埃斯宫、巴尔塞恩宫(塞哥维亚附近)、帕尔多宫和(首要的)埃斯科里亚尔宫。在那里,他的生活——连同他的治国风格——有了一个全然不同的方面。当同一位胡安·费尔南德斯·德·

埃斯皮诺萨携着财政议事会的一份特许状抵达阿兰胡埃斯宫，以便与国
19 王讨论重要生意时，他得到了大为不同的对待：

> 我确实希望胡安·费尔南德斯已安排在马德里觐见，因为他本可在那里有一次，尽管我那时更忙……我带了这么多文件到这里来，以至倘若我开始给予接见，我就别想能阅读其中任何一份……我需要时间和安静，给予接见的话我就肯定得不到这两者。

这则御笔尖刻地结束道："我现在正答复这一请求，因而胡安·费尔南德斯不会老是希望得到我不能给予他的接见。"[20]

腓力限制会见数目的愿望容易解释。首先，会见可能持续很长时间。因而，在 1588 年 9 月，胡塞·德·阿科斯塔获得接见，呈交了一份关于西班牙耶稣会面对的种种问题的长篇文件。国王阅读了每个部分，其后阿科斯塔做了澄清；有时国王还提问（例如在讲到"干事博吉亚神父时，国王插问'哪个博吉亚神父'？我答道'就是我会会长'。'你指的是弗朗西斯神父'，国王说。'是的，陛下，弗朗西斯科·德·博吉亚神父，我们的会长'"）。阿科斯塔对此次会见的极详细叙述布满了四面写得密密麻麻的大页书写纸；它持续的时间几乎不可能少于一小时。尽管如此，到头来腓力没有作任何决定，只是宣布以后某个阶段一位特定的大臣将传达他的看法。[21]

接见大使一样靡费时间，而且证明并非更有效果：国王到头来总是只答应"考虑考虑"。然而，多达 14 个使节常驻宫廷，其中每个都不断寻求机会将其主公的关切当面告知国王，难怪国王有时抱怨大使们的访问"使我浪费了这一天"。[22]然而，外交接见无法全然规避：它们中的大多数所以发生，是因为一个外国政府指示其代表解释一项特定的政策，试图澄清西班牙的意图或就腓力的一项行为提出抗议，而且是当面这么做。国王可能拖延，但最终不得不见大使并听其言。诚然，有时可以利用这个机会取得或传送信息。因而在 1571 年 10 月 31 日，多纳大使从维也纳收到

了关于三周前勒班陀大捷的详述。他赶忙去见恰好在其小教堂里的国王,告诉一名近臣他要干什么。腓力立即邀请他坐同一排靠背长凳。“紧随焚香之后”,多纳将这一新闻告之,国王专心听讲,然后他俩在宫廷唱诗班的《感恩赞美诗》吟唱中并肩跪下,“那是我曾听过的最和美的歌声”。在那天剩下的时间里,腓力始终让大使陪伴他,为的是确知每个细节。[23]接见的另一种用处见于几天之后,其时法国大使富尔克沃克斯前来抱怨在巴黎的西班牙大使的行为。腓力专心听讲,但随后便开始就某些最新的谣传紧紧盘问富尔克沃克斯:纳瓦尔王后珍妮·德阿尔布勒是否 20
真的已从她在波城的宫廷出发前往巴黎,去会见查理九世?拿骚的路易(奥兰治亲王之弟)是否在她的随从行列?富尔克沃克斯不得不对这两个问题给予肯定回答,并且或许鲁莽地继之以冒昧之言:若干胡格诺教派领头人物想说服法国国王接受路易入宫效劳,因为他是个德意志亲王,不在腓力的属地内拥有任何领土。无疑,腓力答道,胡格诺教派领头人物想要查理九世干许多蠢事,但他提醒富尔克沃克斯,路易曾于1568年在尼德兰对他公然开战,言下之意分明是查理因而应当将他撵走。[24]

然而,通常腓力在接见时几乎闭口不言:多纳——受接见后他总是在给最高长老和元老院的报告中记下每个字——难得记录到一句以上(“虽然一如往常,他的措辞极为雅致”)。这种缄默寡言可能出自一个事实,那就是国王有时难以记住别人在正式会面中对他说了些什么。有一天,当拒绝又一项个人会晤请求时,他对自己的秘书吐露说:“我几乎无法从接见中记住什么——不要将这话告诉任何人!我是指大多数接见。”书面请求使他有较多时间去考虑最好如何回应。[25]因此,在任何可能的场合,这位国王都宁愿要别人用书面与他沟通。当一位显赫的贵族请求觐见时,腓力答道:“假如你离王宫较近,那么当面从你听取详情可能合适,可是……由于你可以很保险地写(一封信)给我单独一个人看,因而我认为你最好那么做。”[26]那些精明的大使迁就国王的偏好。例如,富尔克沃克斯有时无视其主公要他谋求腓力接见的指令,特别是在夏天:“我知道,如果我与他通信联系,会令他较为高兴,”他解释说,因为“当他住在他的乡间宅邸时，他喜欢大使们通过书信而非当面与他打交道”。[27]

并非每个人都如此老练通达。腓力的自保清静这一可理解的愿望同样并不意外地惹恼了某些人，他们想见他但无法如愿。国王坚持要收到书面行事请求，这很好，教皇使节（外交使团长）抱怨道，只要他其后给予答复，然而“令人颇为生气的是虽然国王住得这么近［在埃斯科里亚尔宫］，而且不操心任何要事［！］，我却四个月来一直无法获得接见，同时我此次呈送他的那些备忘录全未（或极少）得到答复”。[28]某些西班牙人也持有这样的受挫感。传统上，王宫文化一直大致是口头的，因而凡事皆经书面联络看来是新花样：“上帝不愿陛下您和其他一切国王在尘世消磨时间，以致能躲得远远地阅读和写作，甚或冥思和祷告”，国王的施赈官唐·卢伊斯·曼里克吼道，而且他进一步批评“陛下您采取的事务处理
21 方式，即一成不变地坐在您的文件堆旁……以便有个较好的理由避开人们”。按照另一名宫廷批评者的说法，“看来仿佛陛下您的努力已逐渐使您全然不可接近，像是建造了一座全无门窗的高塔，以致您无法看见别人，别人也无法看见您”。[29]

尽管如此，国王仍我行我素，确信依靠自己可以比会晤别人办理更多的事。于是在1576年，国王的私人秘书趁提交一堆来自埃尔南多·德·阿瓦洛斯（一位被指定将复式簿记引入卡斯提尔国库的政府审计官）的文件时，谨慎地建议：

> 开始（当面）听某一些人［即廷臣］说，可能对陛下您和您的臣子都大有好处……因为如此他们能够澄清陛下您怀疑或不理解的任何事情；而且，陛下您仍然能够为避免立即决策和做进一步考虑，要求他们将说过的事情写下来，并且在以后将您的决定用书面答复他们。

腓力立即将其驳回：“［我要说］作为一个已有差不多33年公务处理经验的人，听他们讲，然后为予回应再见他们，此乃多事，特别是那些像阿瓦洛斯一般喋喋不休的人。”[30]几年后，一位近臣提议国王应当用两倍于写的

时间去听;格朗维勒红衣主教——一位甚至比国王本人有更多政府经验的大臣叹道,腓力是那么难得采用盛大壮观的勃艮第宫廷庆祝仪式,“以便更受其臣民的尊敬。然而”,格朗维勒厌烦地接着说,“他已经立意与世隔绝地过活,因而在 56 年之后,我几乎完全不抱目睹任何变化的希望”。[31]

可是,这种批评并不公平。阿兰胡埃斯宫、帕尔多宫和埃斯科里亚尔宫固然可能“与世隔绝”,国王随在位越久亦可能在那里度过越多时间,然而它们并非起到国王在那里猎射垂钓、消磨时光的度假别墅作用(虽然他周期地沉溺于猎射垂钓)。相反,它们为他提供了(如他所说)以经验业已证明最高效的方式去治理的机会。在其一生后 20 年就近目睹国王的胡塞·德·西根萨声称,他在居于埃斯科里亚尔宫的时候设法处理了四倍公务;还有一位大使写道,“尽管国王在宫廷以外度过他的大部分时间,部分为躲避累人的接见,部分为较好地照料国事,但他从未停止读和写,甚至在他坐车旅行时也是如此”。[32]

腓力处理的大多数文件来自马德里的各个议事会,其数目在他统治期间从 11 个增加到 14 个(表格 1)。议事会的首要功能是讨论在一个既定责任范围内的来函和备忘录,并且提议国王应当采取什么行动,如果要有所行动的话;也就是说,它们从不创设政策。不仅如此,有严格的分隔 22
界限界定它们的责任。于是,战争议事会审议和报告关于西班牙境内皇家陆海军的来函,国务议事会则单独负责西班牙在欧洲的一切利益,无论是外交、商业还是军事利益,因而监督在尼德兰和意大利的皇家武装力量。与此相似,西印度议事会处理在西属美洲的陆海军事务,而 1583 年以后一个新的议事会就葡萄牙及其海外属地的防务直接向国王报告。一切军事行动预算经由另一个机构审视,那就是财政议事会。[33]

帝国各处的政府大臣被严令向合适的中央机构送交文书。在位伊始,国王曾命令驻意大利各总督将一切有关“行政管理、司法、王室遗产和国库岁入、其他日常公务以及涉及个人事务(例如赦免、酬赏、评价和

腓力二世的议事会

（附其创建年份）

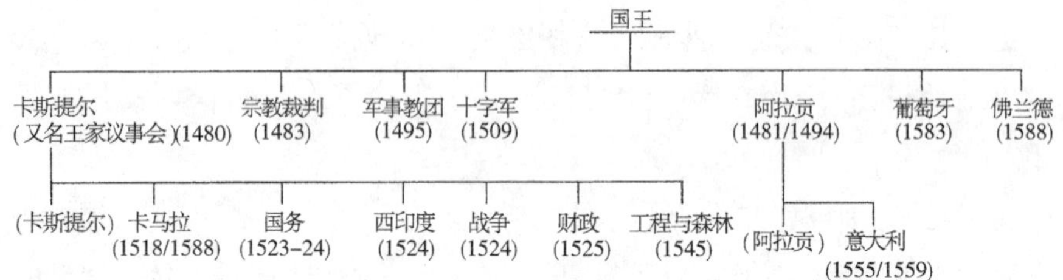

表格 1　查理五世及其幕僚在 1520 年代创立议事会治理制度，对腓力二世十分有用。尽管腓力和中央官僚机构不得不处理的问题不断扩展，但他发觉只有必要设立三个新机构，即 1550 年代设立的意大利议事会和 1580 年代设立的葡萄牙议事会与佛兰德议事会。然而，腓力在位越久，每个机构开会的时间就越长，由此而来的书面工作量惊人地增长。

官饷）”的问题提交新创设的意大利议事会，而战争或和平问题以及与其他统治者的关系问题提交国务议事会。事实上，事情不久就变得更复杂：在国外的大臣还不时通过财政议事会、阿拉贡议事会、卡斯提尔议事会、军事教团议事会和宗教裁判议事会与国王通信。的确，一位中央政府成员在 1570 年代编撰的一份备忘录——关于如何在各不同议事会之间分派所提交的公务的备忘录——包含不下 326 个范畴，其中每个都有其自身的行政管理程序。在下一个十年里，腓力创设了两个新的议事会，即葡
23 萄牙议事会和佛兰德议事会，还改组了一个（卡马拉·德·卡斯蒂拉议事会，处理庇护、司法上诉、与王国议会谈判事务），从而创造出了甚至更多的范畴，直到 1590 年代做出简化这一制度的种种尝试为止。例如，在美洲的臣子接到指令，要求简化他们给西印度议事会的书信，以至“你等现在必须按照其内容，将你等惯常在众多函件中写的每件事情浓缩进四个（范畴），即行政管理、司法、战争和财政”。[34]

国王本人难得参加议事会会议：人人都注意到他非同寻常地光临国务议事会 1566 年关于在尼德兰要遵循的正确政策的辩论。[35]除了按照传统一周一次在御前开会的卡斯提尔议事会是个例外，腓力以一份书面报

告(称为“商议录”)的方式接收每个机构的建议,对于该报告他会亲笔写下或口授适当的回应。[36]然后,议事会秘书会起草一个答复待国王批准,并且呈送一份最终文本让他签字。议事会考虑的困难问题或紧迫问题将在与其秘书或主席的个别会晤(可能持续两小时)中得到讨论,或经“短简”——给我们提供关于国王的思想和决策之主要资料来源的大量备忘录——得到处理(插图7)。[37]

议事会秘书大有权势。首先,他们直接与那些就议事会事务前来宫廷的人打交道,在事关国务议事会的场合甚至是与大使(热那亚代表在国务秘书安东尼奥·佩雷斯1579年倒台后领教了一点,亦即直到国王任命他的后继者为止,没有任何意大利政治事务能得到解决)打交道。[38]其次,秘书们奉命突出急事,将其提交国王以立即注意:有如国王1583年给一名议事会秘书的手谕所言,“虽然我忙,但若事情紧急,急需审视,便速呈我处,即使草稿”。在看来时间决定一切的场合,腓力甚而允许径直呈送一则命令或信函的最后文本让他签字,附上所依的“商议录”即可。[39]最后,议事会秘书不仅选定哪些信函和文件需送给国王亲阅,有哪些需概要介绍,而且决定国王将在什么时候看到它们。1574年5月,虽然在尼德兰的战争占据了国王的差不多全部工作时间,但他的私人秘书仍然呈送了一宗文件,封皮上附有如下说明:“尽管我看到您是如何忙于低地国家事务,而且那里的危机几乎耗尽了处理其他事情的时间,但我想我仍应当将这份来自唐·迭戈·德·门多萨的信函提请陛下您注意……”[40]有时,秘书们还可以不让国王读到写给他的信件。1576年,安东尼奥·佩雷斯通知奥地利的唐·约翰(腓力之弟):他已“决心不向陛下出示”一封信,在其中唐·约翰“说(那不勒斯总督)蒙德哈尔侯爵的坏话,那对于写这话的人与其通信对象来说都大不相称”;三年后,他通知驻巴黎的西班牙大使:“我们的主人对您的来信甚为喜悦,且已统统看过——我是说那些他应当看的。”[41]1588年,佩雷斯的后继者唐·胡安·德·伊迪亚克斯同样阻截和压下了梅迪纳·西多尼亚公爵给国王的一封信,其中拒绝由他 24
指挥西班牙无敌舰队的任命,并且表达了对于此役是否明智的严重怀疑。

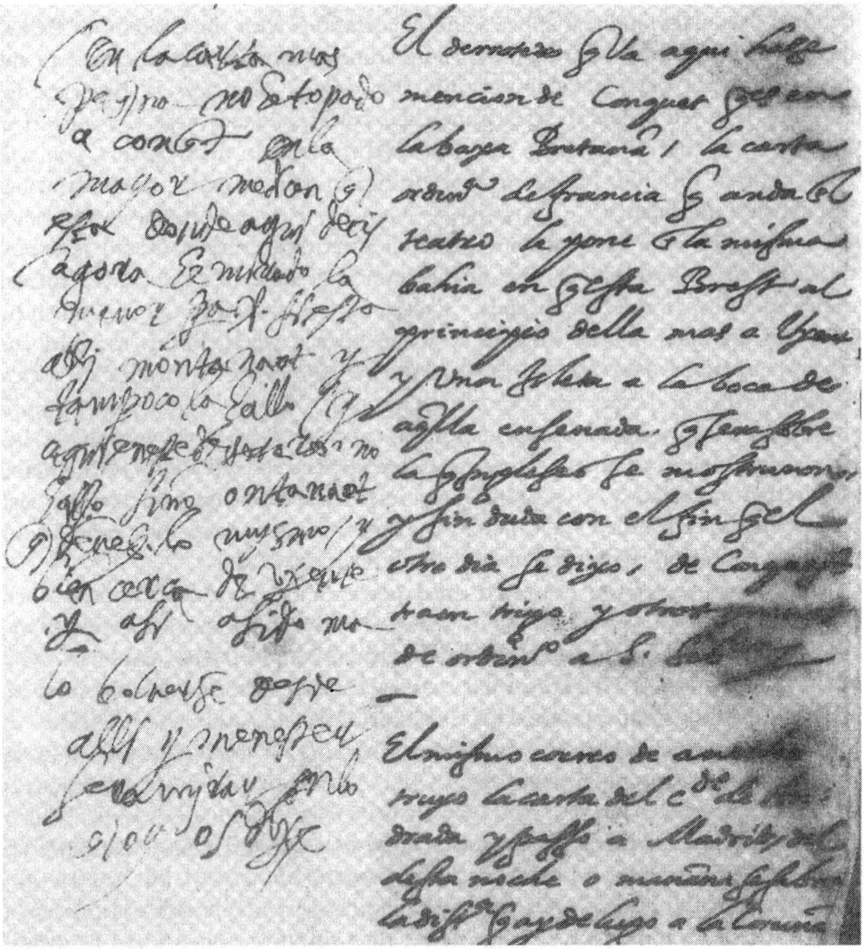

插图7 一份“短简”。西班牙政府的内部备忘录(被称为“短简”)在边上留下宽阔的空白,以供书写答复。这份出自1588年春天,显示国王及其国务大臣试图辨识出一封信函内提到的各个地点,该信函报告说一支英国舰队潜伏在布列塔尼附近海面。唐·胡安·德·伊迪亚克斯(写在右侧)将为无敌舰队从里斯本航行至英吉利海峡作准备而印制的预定行程呈送国王,指出“在下布列塔尼的征服”地点,并且坚称他已核对过《舞台》(亚伯拉罕·奥特利乌斯《世界舞台》[*Theatrumobis terrorum*])中的一幅法国地图。在左侧空白处,腓力答道他也亲自核对过两幅地图和预定行程(在那里他发现一个地名拼写错了)。

“我们不敢向陛下出示您刚写的东西”，伊迪亚克斯与其同僚唐·克里斯托巴尔·德·莫拉宣称，接着还申斥这位公爵优柔胆怯：“不要以对无敌舰队命运的恐惧来使我们丧气，因为在这么一场（正义）事业中，上帝将 25
保证它大获成功。”[42]

其他弊病也损坏了议事会制度。例如，某些议事会成员利用自己的地位去偏袒或贬损其他臣子，特别是那些在国外任职的。在 1560 年代，形成了两个宗派：一派以总侍从官（*sumiller de corps*）鲁伊·戈梅斯·达·西尔瓦为中心，他按照宫廷礼规要求时刻伴随国王；另一派以阿尔瓦公爵为中心，他是皇家内务总管。[43]他俩各自试图以对方为代价来替自己的候选人和政策取得国王支持，从而令所有大臣都小心翼翼，如履薄冰。1565 年，阿尔瓦公爵拒不将他关于要在尼德兰遵循的正确政策的看法告诉鲁伊·戈梅斯，虽然他俩都是国务议事会成员；该议事会秘书则告诉国王“我不知道他是否会告诉我”。[44]10 年后，尼德兰总督（帝国内最有权势的海外行政官职）唐·卢伊斯·德·雷克森斯忧虑能否保住自己在宫廷的信誉。为此目的，他开始直接给国王写信，以便对其前任阿尔瓦公爵的政策的批评不会被（阿尔瓦在其中拥有席位的）国务议事会看到；[45]他还用了许多时间去分析他的行为是否可能冒犯哪个显赫的近臣，后者会因此抨击他的政策，从而危害其成果（以及他在君主那里的地位）。[46]几年后，安东尼奥·佩雷斯之不得人心变得如此严重，以至他的一位同僚马特奥·巴斯克斯（国王的私人秘书和神父）离开了宫廷，另一名同僚加布里埃尔·德·萨亚斯（也是一位神父和佩雷斯作为国务秘书的前任，后降为意大利议事会秘书）在王宫与之相遇时拒绝与之说话。这一僵局直到佩雷斯被撤职才告终。[47]即使假定大臣们之间关系和谐，混乱也能油然而生，因为那么多人直接和单独地向国王报告。按照一位幕僚在 1565 年的说法，

> 在许多问题上陛下犯错，而且将继续犯错，因为他和不同的人一起处理它们，有时和这个，有时和那个，对一位大臣隐瞒某些事情，同

> 时又向其透露另一些事情。因而不足怪，不同的甚至相反的命令被发出……这不能不引起国务操作的严重问题和众多不便。[48]

在其统治过程中，腓力引入了某些程序去对付各式各样的弊病。首先，一些关键性幕僚同时在几个议事会效力：兼有国务和战争两个议事会席位，既参加西印度议事会又参加财政议事会乃是常见之事；同时在国务、战争和财政三个议事会拥有席位亦非闻所未闻。如此，他们知道其他咨询机构内正在发生什么，能够（至少在理论上）帮助协调国事。例如，到1559年，弗朗西斯科·德·埃拉索——他为西班牙哈布斯堡王室效劳达30年——已担任过不少于六个议事会的秘书和另两个议事会的成员。如此
26 重叠任职是有益的，因为非如此各议事会就差不多全然在黑暗中操作：每个机构直接与国王打交道，昧于其他机构可能在做什么。于是，用一位现代历史学家的妙语来说，"财政议事会不知钱花在何处，战争议事会不知钱何时来到"。[49]

然而，随着所呈文件的量开始增大，像埃拉索那样兼职众多者所受的压力变得难以忍受了，因而腓力引入了另一个行政创新。1566至1572年期间，卡斯提尔议事会主席、宗教法庭庭长迭戈·德·埃斯皮诺萨红衣主教成了"另一个朕"——用富尔克沃克斯大使的话说——"这个宫廷里的另一位国王"，而近臣们建议其国外朋友经过埃斯皮诺萨去办每件要事，因为"在全西班牙，他是国王最信任的人，国王同他讨论大多数国事，无论是内政还是外交"。不过，这位红衣主教并非在许多议事会占有席位：相反，他经过一系列被称为"政务会"（juntas）的非正式委员会知晓国事。因而在1571年，继与威尼斯和教皇国缔结反土耳其人的"神圣联盟"之后，一个"两人委员会"（其中一人是埃斯皮诺萨）审视所有从意大利送达的报告，并且就海战中采取何种适当的行动提出建议，最终臻于勒班陀海战。埃斯皮诺萨死去时，大臣们纷纷猜测谁将接过"监管战争、国务和财政，处理商议录以及其余一切由这位红衣主教肩负的（国事）重担"。[50]然而，国王决定不将同样大的权力下放给其他任何一个人。"我相

信将有关我的君主政府的许多事务付托给红衣主教是对的”，他告诉作为卡斯提尔议事会主席的埃斯皮诺萨后继者。“而且当时或许有种种好理由要这么做。但经验表明，这不是一件好事；虽然这意味着我闲暇较多，劳作较少，但我并不认为应当继续下去。”[51]

1572年后，腓力不愿有“另一个朕”或大宠臣（那是他的儿子和孙子以后将采取的体制），而是选择与一位“参谋长”共事；埃斯皮诺萨的高级办事人马特奥·巴斯克斯差不多立即成了国王的私人秘书，并且在直至1585年为止的大部分时期里，就决定何事应当由政务会——埃斯皮诺萨体制在他死后留存下来的部分——处理以及谁应当在其中任职起一种主要作用。他还往往作为其秘书来行事，安排其时间表和议程。[52]此外，巴斯克斯还处理国王广泛的“私人”通信。他有时接到命令，要他将所有事情统统丢下，立即阅读重要呈文——“在我吃饭和稍作午休之际读它们，然后在我醒来时将它们送来，这样我就能看，并且决定就它们做什么”——因为几乎从他在位伊始起，腓力就允许宫廷内外的大臣们直接给他写信，只要他们有什么他们认为是秘密的问题，这实际上是绕过整个中央官僚体系。[53]他告诉他们：“你等还可以在信封上写‘国王亲启’，因为我已下令这样的信件必须密封送到我面前，因而在我看过内容后，我可以 27
安排对我最便利的处置。”[54]

某些大臣必不可免滥用了这一体制，但为时不长。1574年，国王严厉申斥米兰总督：

> （当我任命你时）我告诉过你，就什么你可以写“国王亲启”：它只适用于我在那封信里说的事情。这些事不应当被混同于那些要由议事会处理的，它们能够更好地答复你。“国王亲启”函件只限于能使我更了解情况的细节，连同那些你能确保不应让别人知道的事。

10年后，国王对另一位大臣忍不住发了脾气，后者坚持直接对他谈太多事情：“发送‘国王亲启’信是件可怕的事，因为我往往甚至没有时间去打开。事实上,它只起了延宕国务的作用,因为我已有两封这样的信搁了几天,只是现在才能启封。”[55]尽管如此,当翌年一位高级大臣建议停止这一做法时,国王拒绝了,因为它在防止高级幕僚任何操纵其信息渠道的企图方面起了至关紧要的作用。[56]

国王准备阅读经过他书桌的差不多任何东西,不管是不是他所要的,而某些不索自来的信息和提议——往往来自并非直接介入政府的人(特别是教士)——分明影响了他此后的决定。或许最突出的例子发生在1586年,其时一位神父和宗教法庭成员贝尔纳迪诺·德·埃斯卡兰特送来一份旨在推翻伊丽莎白·都铎的详细计划(附有地图),那就是后来变成了整个“英国大业”(Enterprise of England)的蓝图(见本书第六章)。[57]国王显得特别关心他在美洲的臣民能够随时给他上书,“以便我们能收到(他们的信函),得知他们希望告诉我们的事情”,并且反复威胁将严惩任何试图扣下或转移致国王函件的官员。[58]1588年,一位住在普埃布拉(位于墨西哥)的方济各会修道士赫罗尼莫·德·门迭塔成功地将一宗关于美洲土著人权利的文件送上了国王书桌,从而证实了国王在此问题上的诚意。门迭塔依靠一位特别的廷臣呈送其信息,后者(经由马德里方济各会会长)将它直接交给马特奥·巴斯克斯,因为“西印度议事会的档案满是有利于可怜的印第安人的论著和文书”,而(门迭塔担心)国王从未见过它们。腓力适时研究了这宗文件,而且要求面见将它从墨西哥带来的教士。在两天后的一次接见中,带信人胡塞·德·阿科斯塔提供了关于美洲的有趣的信息,国王命令巴斯克斯对它们作进一步探究。[59]

这与腓力争取“开放式政府”的其他努力肯定有助于阻止行政体系
28 过于碎化,并提供对其行政幕僚的某种独立性,但做到这一点只是以亲阅文书潮水般涌来为代价。1559年,甚至在他返回西班牙之前,驻其宫廷的法国大使就评论说腓力看来“精通国务,时刻勤勉,整天伏案阅读文书”;在他统治的其余岁月里,这位国王阅读和评论了无数来函、商议录、请愿书和备忘录。[60]每个范畴内的文书数量在他在位期间始终持续增长。战争议事会在1560年代每年只产生了两捆工作文件,1590年代期间却一年产出30捆以上(15倍增长),与此同时该议事会的秘书们准备了近两千封陆海军事务信函。其他机构的产出以类似的速度增长:财政议事会1550年代里一周仅碰头两次,到1580年以每天上午用三四个小时处理事务,有时还延续到下午;西印度议事会从1571年起每周追加开会三个下午,而不是仅在每天上午开会三小时。[61]每天,一摞摞来自各议事会的商议录堆上腓力的书桌,他不得不亲自决定如何处理其中每一项。他还收到看似无穷无尽的请愿书。例如,在1571年3月一个月,就有超过1 250份个别请愿书(即平均每天40份以上)抵达待国王考虑;1583年8月至1584年12月,有大约16 000份请愿书经过其书桌——平均每月1 000份,仍每天超过30份。[62]不仅如此,国王还阅读,并在必要情况下校订外发信函文本;此外至少直到1570年代为止,他似乎亲自签署以他的名义发布的每一项命令,无论巨细。[63]有一次,他通知他的私人秘书:“今天没有召你进来,我可以干完我的文书活——其中最少的就是签名约400个”。[64]到1580年代,据威尼斯大使说:

> 我从经常光顾其私人厅室的某人可靠地得知,他从不懒惰,因为他除了意欲亲阅所有领域的所有来往信函,连同来自所有大使与其巨大领地的所有臣下的文书……除了做多次祷告,还每日亲笔书写大量信件,间以不断以此方式向他的议事会成员、法官、秘书和大臣们发送的短简、商议录和命令,还有他与其他人一起处理的无数秘密事务。难以相信他在签署函件、许可状、专利证和于其他尊严正当之事方面费了多少时间:有些天里事情多达2 000(桩)。

到此时,这位国王事实上已是口授他关于商议录的众多决定(往往是口授给马特奥·巴斯克斯),仅加上他的简缩签名,并且用一枚图章代签常规函件。1594年,他开始让王储代他签署命令,而1597年后,他难得再拿笔书写了。然而,在其在位的大部分时间里,用一名英国间谍的说法,
书写构成腓力的“通常活计,因而他撰写的发文超过三位秘书中的任何 29

一位;他正是以此方式,用他的笔和钱袋统治世界”。[65]

用他的笔统治世界代价高昂。“我面前有10万份文件……”,一项写给一名秘书的十分激动的短简如是开头,而另一项写道:“至此我一直无法摆脱这些恶魔——我的文件,而且我仍有一些要在今夜处理;我甚至要带一些到我们现正前往的乡下去读。”[66]有时,工作的压力驱使他心境绝望。1578年的一天夜里他抱怨说:

> 你刚给我一包文件,但我既没有时间、也没有气力去看。直到明天为止,我不会打开它。现在已是10点以后,我仍未进晚餐。我的桌上满是明天要看的文件,因为我今天已精疲力竭。

同一年晚些时候,他哀叹那么多“不能被漠视的事情涌了过来,我不相信同时对付所有这些事情乃人力所及——特别并非我能力所及,因为我很虚弱,并且由不得不干的万事缠身,正一天天变得愈益虚弱。[67]”几年后,他面对那么多决定,反而脾气好了些:

> 有些事将不得不等,因为任何事都无法一蹴而就。尝试并做些什么将它们缓一缓,因为我无法再干更多的了。任何见我如何度过今天的人会看到,仅仅两个人就将我扣住了两小时以上,并且给我留下了那么多文件,超过我在多得多的小时里能够处理的。于是,我崩溃了:愿上帝给我力量和耐心。

尽管如此,一摞摞文件照旧抵达,一次又一次地使腓力无暇进晚餐(通常在9点奉上):

> 现在是10点,我腹中空空,而且整天未能抬头:看看给(联合国务秘书)萨亚的那宗文件的体积,你就能明白。因此,你应当在明天将来自(西印度议事会主席)埃尔南多·德·维加的那包文件送回

> 我处……因为(此刻)我的双眼和大脑已不堪承受。[68]

在打字机、复印机和文字处理机问世以前很久,腓力便已淹在文海之中,而随统治时间的推移,他试过各种各样的救生衣。在1560年代,他命令他的秘书为长信写概要,哪怕是来自被围困在尼德兰的副手的长信,因为他无法找到时间去全文阅读。到1570年代,他已常规式地接收每封函件的要义概述,如此他一瞥就能断定自己是否想看它。然而,由于文件处理负担仍然加重了,因而国王所受的压力继续增长:“我从未见过有像现在这么多的文件堆积”,他在1584年抱怨道。[69]因而,翌年他开始依靠一种由高级大臣组成的小型常设“指导委员会”去审视——而且最重要的是去浓缩——需要他考虑的档案文件:起初是巴斯克斯为秘书的“九人 30
委员会”(Junta de Noche),从1588年起是“政府委员会”(Junta de Gobierno),再后是“大议政会”(Junta Grande)。实质上,这些机构从所有各议事会(唯国务议事会除外)收到商议录,接着准备一份简短的概要,连同建议,因而国王就能立即看到问题所在、议事会提议的解决办法及其高级幕僚们提出的行动建议。那些直接致函国王的人现在被敦促“尽可能少用字句”,因为他不再“敢看”长文。[70]

腓力仍然坚持亲自做一切决定。按照法国大使在1588年的叙述,“国王照旧刻苦勤奋,所有公务都经过他手,不信任也不下放给任何人,就像他仍是40岁”。他工作时有两座照明时钟“日夜在他眼前”,“他生活极有规律也极精确,以至他的日常行为和劳作以分钟计算和确定”。虽然如此,压力依然无情。1587年有一天,国王叹道尽管他一直在埋头处理一宗文件,但他的贴身男仆又拿来了“另外10宗或12宗”,而在1596年的某四天里,“大委员会”向国王呈送了不少于55份商议录,每一份都需要做多个决定。[71]甚至在1598年8月,即他生命的最后一个月,国王仍将某些重要决定保留给他亲自去做,而鉴于他的彻底衰竭,决策延宕必不可免:他一旦驾崩,他的儿子立即命令所有议事会马上解决个人请愿书堆积如山之状,它们由于国王“久病不已、身衰力薄”而一直未被答复。[72]

然而，种种证据经比较提示，在位期间，腓力始终设法立即注意真正重要的事项。因而在1586年5月，当他奋力处理德雷克在加勒比海地区的袭击带来的破坏时，这位国王命令巴斯克斯确保他只看到关于防务问题的文件，“而不是关于个人的，除非事情紧急”。在1588年6月，由于一心关注使无敌舰队出海攻打英国，他指示财政议事会讨论找到必要的资金的办法，“不得处理任何其他事情，不得为任何其他目的开会”；他还命令在马德里的其他大臣“将递文放缓若干天”。倘未如此，巴斯克斯应当延后呈送一切来函，“直到我们能够驾驭这些如此重要的事情为止”。[73]“优先函件”体制有时带来了它本身的问题：同一年晚些时候，国王在接到特快信使送来的一包文件时大为沮丧。“这些急信毁了我，”他叹道，“因为它们阻止我去干我已计划要在今天处理的事情。”尽管如此，他立即处理紧迫问题，将其他文档撇在一边。[74]

对此，国王的许多仆从始终不予同情。腓力刚即位，他的堂弟和首要
31 将领、萨伏依的伊曼纽尔·菲利贝尔就抱怨说，国王试图亲自干太多的事；1571年，国王的一名显赫随从唐·迭埃戈·德·科尔多巴遗憾地说，宫廷生活已沦入“越来越多、其数日增的文件”，因为国王“每小时都写备忘录，而且甚至在他起床、进食或就寝之际，他的（贴身男仆）也进来送文件……到头来一钱不值的文件”。三年后，唐·迭埃戈评论说“陛下近来在读写文件方面一直比通常干得更多，直至文件随他屁滚尿流（愿上帝宽恕我）……因为在星期六早晨三点钟他腹泻不止”；还有，当1575年谣传国王将领军亲征阿尔及尔时，科尔多巴热切希望他会去，“这样他就会有一段时间停止处理那么多文件。看见他在怎么糟蹋自己肯定令人悲伤”。[75]

他为什么这么做？腓力的行政风格（坚持使中央政府保持块块分割，坚持书面处理每件事情，坚持将那么多事情留待他本人仔细审视）招致了时人和历史学家的许多批评。那些有直接的治理经历的人或许会不那么苛刻；确实，许多别的国务活动家采取了类似的做法。举两个20世

纪的例子。在1930年代,富兰克林·罗斯福总统蓄意创设出互相重叠的政府机构,在它们中间分割权威,往往将它们付托给性情彼此冲突的人,以便既保证他的属下会总是希冀他做决定,又保证他预先得知那些不得不作的选择。像在腓力的场合一样,这造成了对行政首脑的巨大压力。因而,罗斯福建立两个分立的机构去处理新的公共工程政策。这一决定意味着,他不得不应付所有彼此竞争的权利要求,于是在1935至1938年间,“大约25万项个别工程——从吊桥到排污环道等等——经过了……总统那堆满了文件的书桌”。1944年,当有47个战时机构直接向他报告时,罗斯福曾宣称“这个工作的细节在要我的命”;然而,他准备付出这一代价,以便保持权力去做出那些在他看来至关重要的决定。[76]与此相似,温斯顿·丘吉尔在1940年成为英国首相和国防大臣时,引入了若干行政程序,那与腓力二世的如出一辙。一方面,他尽可能多地书面处理公务,“很少花时间与人面谈……所有人都不得不书面进言,他的答复或指示则以书面返回”。[77]丘吉尔早就告知战时内阁:

> 应当明白无误地懂得:出自我的所有指令都以书面做出,或应在其后立即以书面得到确认;凡据称我给了指令的有关国防的事项,我不负任何责任,除非它们得到书面记录。

这些“指令”涵盖的范围远超过国防。用一位亲近的合作者的话说: 32

> 文书之流滥觞所及如此广泛的一系列主题,它犹如探照灯光束,无休无止地环绕扫射,透入行政当局的最幽远深处,以致每个人无论其级别或职能如何卑微,都觉得某一天这光束可能停留在他身上,照亮他正在做的。在白厅,这一影响立竿见影,效果显著。行政机器立即呼应他的领导。

诚然,丘吉尔的某些关切似乎微不足道(“第一次世界大战中的战利品能否得到改造以便使用？……在遭轰炸时（伦敦）动物园里的动物干什么？"）；而且，尽管"无人抱怨他巨细不分，因小失大"，如同腓力二世那样，但是"有一些人叹惜他事无大小皆全神贯注于细节"。[78]

国王不断地"全神贯注于细节"，不仅是因为意欲保持对决策的控制，也因为深虑他的大臣们会试图欺骗他，或者不让他知道不悦的信息。威尼斯大使多纳告诫他的主人们"（国王）生性异常谨慎也异常多疑"，而在1573年他的使团结束之际给元老院的"外交报告"中，他反复申说腓力从不完全信任任何人："他们说国王像他父亲一般患有同样的毛病，即疑心病。"与此相似，克里斯托瓦尔·佩雷斯·德·埃雷拉（他很了解国王）也在国王驾崩后不久声称，腓力"乃极喜保密之人"。甚至洛伦佐·范德尔·哈门的奉承有加的传记（在西班牙出版的最早的腓力二世传记之一）也承认，"他的审慎基于猜忌、不信任和怀疑"。[79]

同样，许多后来的国务活动家因为对其下属表现出一种健康的不信任而受赞扬；另一些国务活动家所以犯了严重错误是因为并非如此。关于晚近白宫占有者们的一项富有影响和所知甚多的研究著作称，"总统们总是被告知应该将细节留给别人去管。这是一项可疑的劝告"。相反，

> 为了自助，他必须尽其所能，主动打听对他作为总统的利益和关系有影响的那些事实、舆论和传言的每个细节。他必须成为他自己的中央情报局的局长本人……一方面，他绝不能假定有什么人或什么系统会给他供应他最需要的那些详细信息；另一方面，他必须假定他所需要的有许多不会由他的正式幕僚们自愿提供。[80]

在腓力那里，猜疑和保密似乎成了它们本身的目的。这一倾向特别明晰地从国王与马特奥·巴斯克斯之间的巨量来往信函中表现出来："你和我必须像忏悔者，"腓力有一次告诉巴斯克斯，而这位"头号秘书"经常接
33 到命令，要他誊写文件（甚至被中途截取的不是呈送国王的文件）"以便

无人知道”,或者要他就一位议事会成员的行为与另一位议事会成员秘密通信。[81]腓力有一次神秘兮兮地告诉巴斯克斯:一件事“应当甚为秘密和大加掩饰地予以处理,以致不仅被讨论的事不会为人所知,而且甚至有任何事在被讨论这一点也如此”。[82]“秘密和掩饰”确实构成国王辞典中最通常的用语之一,许多人则发觉它令人沮丧。据富尔克沃克斯大使说,

> 他不是一位说心里话的君主;相反,他是举世最大的掩饰者之一。我肯定地说——因为他自己的臣属们这么说——他比任何别的国王都更懂得如何假装,如何隐瞒自己的意图……假装和隐瞒到适合他让他们得知的时刻。[83]

腓力还担心,若不处于无休止的监督之下,他的官员们就可能贪污金钱,或者以其他方式滥用他们的权力。西班牙已经有两个标准程序以保证行政正直。一方面,作为例行公事,所有行政官员皆须在交出职责后立即经受一个称为 *residencia* 的“审查”期:在此延续达两个月的公开过程中,任何人都能提出指控,法官(通常为该官员的后继者)有责任调查其中每一项。另一方面,每逢王室怀疑有不轨行为,它就确定做一番更系统更深入的秘密审视,亦即 *visita*(“秘查”)。一位总督曾将“秘查”比做“通常在广场和街道刮起的小小尘暴,其结果无非是在那里扬起尘土、麦秆和其他垃圾,让它们重新落到人们头上”,然而他说轻了:这一程序——或仅其威胁,因为“秘查”可以在任何时候全无预警地被启动——无疑有助于遏阻和发现腐败、低效和压迫。[84]国王将这两个程序从西班牙输出:输出到美洲(那里从 1559 到 1581 年,发生了对于诸殖民地种种不同机构 60 次以上“大秘查”),输出到西属意大利(腓力于 1559 和 1581 年两度下令对米兰公国行政当局进行“大秘查”,且延续了数年),输出到尼德兰(从 1594 至 1602 年,整个西班牙行政当局经受了一次深入的细致审查)。[85]

这些方法有助于在置身帝国边陲的王朝官员们中间维持相对较高的
标准。国王还做出努力,以便查明(或至少暗示他已查明)甚至关于置身
宫廷的大臣们的详细信息。按照一名教廷外交官的说法,腓力"不仅了
解有关王室内务的每项细节,而且把握整个宫廷和各个不同领地的情势
动态,其消息之灵通、知情之广泛到了令人惊异的地步。他甚至知道这里
34 的每位大臣吃什么和如何消磨时间"。[86]更重要的是,多亏他坚持亲自审
视每一件事,官员们永不能肯定国王的目光可能盯住什么,因而无疑必须
有所顾忌,在执行国王的命令和营私舞弊两方面都谨慎行事。[87]

在腓力看来,他个人能力不及的事寥寥无几。其中之一是法律:在
1587 年,当一位秘书询问应当采取什么步骤去对付马德里的一名"广场
先知"米格尔·德·彼德罗拉的大灾变说教时,国王厉声顶了回去:"我
不是一名法学家,因而我不知道对此类事要说什么。"[88]在其他一些场合,
他声称自己搞不懂一项文件的字体或语言,因而无法做决定(虽然他通
常要求大臣们修改这些缺陷,以便他以后能亲自处理)。[89]对政府的实际
上每个方面,腓力都亲自干涉。他花几个小时去澄清——或试图澄
清——他读到的进进出出的文件。他有时将一份拟毕待他签署的、写得
整洁的命令一笔勾销,因为他圈点出了某个含糊或不准确之处,再带上一
句学校教师用语:"重做"(*Buélbase a hazer*)(插图 8);还有一些时候,他
35 改正他收到的信上的错误,或者注解将发函件的最终文本。[90]1585 至
1586 年间,除了处理其他的事务,他广泛地插手《礼仪诏书》的至少六个
草稿,将他本人的头衔从"神圣的天主教国王陛下"简化为"陛下",直至
最后即使他也思竭词穷。在他已起草和再起草了若干次的一个句子里,
即在决定谁应当有权利将冠冕置于其印玺这一重要问题的句子里,他最
后放弃了句法方面的努力,告诉秘书"写上任何看似最好的词——'para'
或'por',因为我无法决定"(插图 9)。[91]他还坚持要亲自决定一大堆别的
显然并非重要的事情:教会俸职的处置(例如由格朗维勒红衣主教去世
而空缺的那些);王宫礼节问题(谁应当被允许进入哪个房间;谁应当坐
哪个车旅行;他在正式访问场合应当得到怎样的迎接)和建筑问题(各不

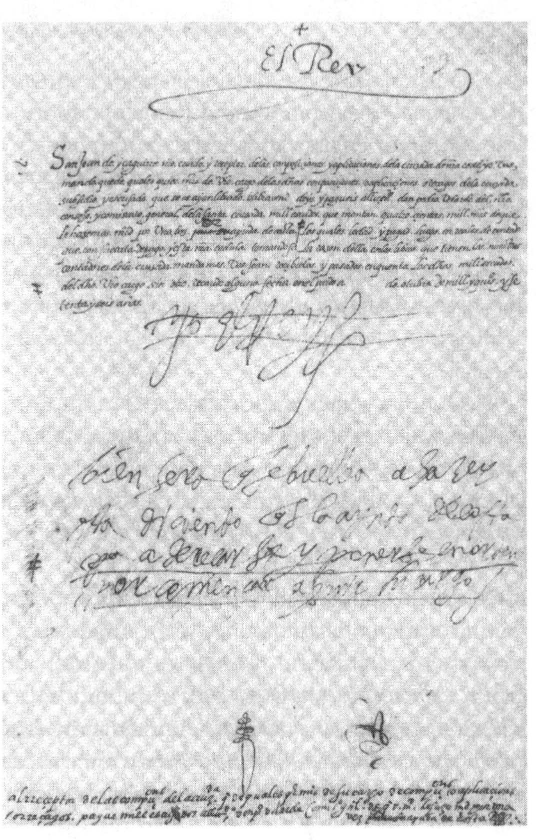
El Rey

插图8 腓力二世改正案头文书。1576年10月,一份给一名官员报销1 000埃斯库多垫付钱款的例行命令送经御案。腓力盖上了他的“名玺”(一项新发明,省得他要亲自签署每份文件),但接着批注说没写支付原因。他因此划掉了他的签名,写出要添上的词句。有几百份与此类似的文件可以要求国王在一天内予以批准,他竟有时间看出并改正此类错误和含糊之处,十分令人惊讶。

同王宫里的每个房间应当派什么用场);还有内府用人问题(甚至往下一 36
直到谁应当被挑选为王子和公主膳房的厨师——能够吸引20名申请者的一个差事)。[92]

或许,国王对这些专门问题(教会赞护、宫廷礼节、住所和用人)的执迷可以由它们内在的敏感性得到解释。例如,《礼仪诏书》发布时,在廷臣和大使们中间激起了愤怒,教皇则威胁要将国王革出教门,并且将他的诏书列入《禁书目录》。[93]不仅如此,那个时代的人仍然预期国王亲自参加所有国务,恰如他们先前一向所做的那样。然而,一旦要处理的事务增加了10倍或15倍,这一前提假设就成了不现实的。“我们写得那么多,派遣信使那么多,以至我不知道我们怎能有时间做任何别的事情”,如一位

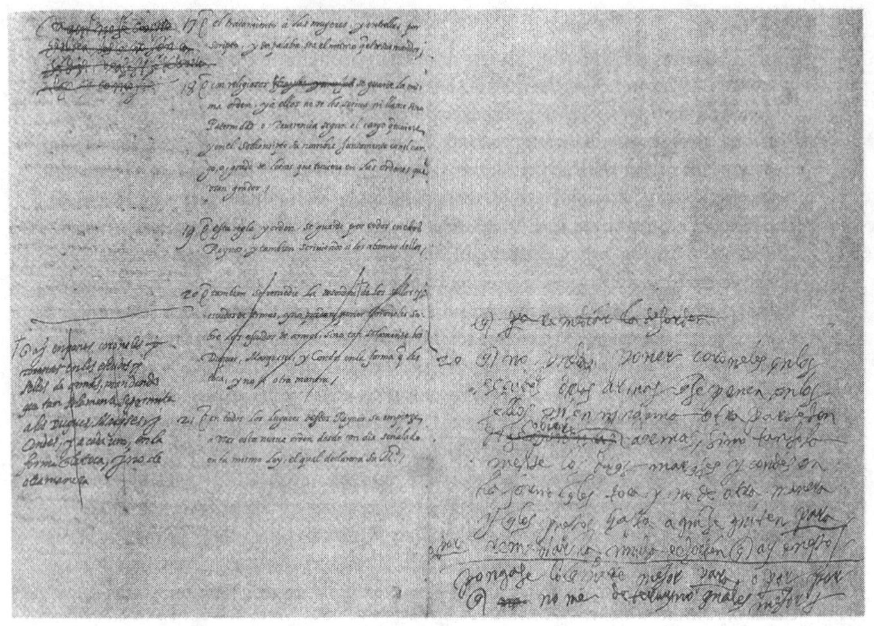

插图 9 腓力放弃了改正《礼仪诏书》的尝试。腓力花了大量时间去准备 1586 年颁布的《礼仪诏书》,那简化了已在西班牙兴起的精致繁缛的言谈举止样式。这里显示了最后草案中的一页,但国王仍然不满意。他试图修改关于如何称呼宗教会团成员的第 18 条,但经考虑后决定放弃;然后,他移至第 20 条,关于谁能在自己的印玺里将冠冕置于纹章之上的一条。起初,他的私人秘书马特奥·巴斯克斯添上了几处修改(左下方),然后国王将原文和改正都划掉,整个重写这一条(右下方),结果在句法上绊住了脚。

沮丧的国王秘书所说的那样。[94]诚然,这一转变影响到所有现代早期欧洲统治者——伊丽莎白的大臣们也抱怨他们愈益沉重的工作负担(见本书第七章),可是腓力通过他那不可救药的干预冲动加剧了困难。他的大臣们经常试图约束其主子要得知一切、从事一切的热情。“我抱歉以如此的鸡毛蒜皮之事令陛下您疲倦……”,一位大臣在 1562 年作此尝试,但纯属徒劳:“它们没有令我疲倦,反而令我高兴!”国王答道。有时,腓力似乎就是为了动笔而动笔。1565 年某一天,在已经给他的一位秘书写过两次书简之后,他突然想起另一件事:“在我今天发给你的两份书简内,我想说我现在将告诉你的某件事，但我一直忘了，虽然话在舌尖（*teniéndolo en el pico de la lengua*）。”这一点迫不及待地要说的话是什么？是他已决定不将一本三语版的《圣经》送至埃斯科里亚尔宫，因为那里的图书馆已有了一本。两年后，他很费劲地亲自将一封长信译成密码，因为他不信任其他任何人去做；而在另一个场合，他亲自誊写从一名驻英特务收到的两封信函的某些部分，以便只是片断而非全文能被传到一名大臣那里。[95]在后来一个夜里，腓力开始写一份给马特奥·巴斯克斯的长简，说“我仍有某些事要做，但我非常累了，因而我不认为我今夜会见你。可是，让我现在告诉你一些事……”接着就是三页半亲笔书简。[96]这位国王可以用整整一大段去思索一份指令函件中是否漏掉了一个词；他可以费劲去改善一份法文报告的翻译；有一次，他还潦草涂写了整整一页给他的秘书，在看出一份教皇晚近短简中的一个“显著错误”时沾沾自喜地要人注意到他的细心（扉页所称事项与文件本身内涵风马牛不相及）。[97]

国王相信，他总是比任何别人更了解他的国务。1559 年 7 月，当他既受到他的尼德兰幕僚要他留在布鲁塞尔的紧张压力、又受到他的西班牙大臣要他返回的有力敦促时，腓力愤怒地拒绝了一封新的建议文件，命令“此函不准由议事会看：不得将其展示给任何人……我只想做我知道对我来说最好的事，那就是走[返回西班牙]——而不环顾四周寻求任何 37
人的建议”。20 年后，当一位大臣提议就结束荷兰造反的一项关键举动与国务议事会磋商时，“陛下说不，因为这些是他们（议事会成员）不懂的事情，因为他们没有关于尼德兰的信息……因而最好是先做决定，然后告诉议事会”。[98]

创建一种有如“圆形监狱”（其中只有位于中心的人才能看到一切）的政府体系有显而易见的吸引力；可是，这么做的危险同样显而易见。现代公司组织理论强调，首席执行官需要具备两项关键素质：清晰的远见和下放职权的能力。首先，所有公司领导人都必须为其企业界定清晰的目标，形成旨在实现这些目标的规划，然后对照规划有系统地监察进展，必要时调整规划以适应环境。因而，公司领导人必须提出“开放性问题”——什么、何时和为何，并且设想企业在接下来的几年里应当怎样演进。可是除此之外，他们必须挑选和指导下属，以便实现上述目标。公司的成功依靠首席执行官挑选和训练的那些领头人授予广泛的自主权。在任何情况下，他或她都不应试图微观操控。政策与操作必须始终被完全分开：领导人确定目标，发放指令，与此同时经理人员贯彻之，并且总的来说鼓励效率。按照现代理论，最糟糕的公司组织形态乃“危机处理”型的，在其中首席执行官试图以一种独裁的和秘密的方式包办一切，将所有各个层次的雇员统统降为纯粹的职能小吏，然后被此种责任负担压倒，从而将公司组织的目标限制为一种消极目的，即应付每项接连到来的挑战，力图避免犯错：这有时被称作“零缺陷心态”(zero-defects mentality)。对他的帝国来说不幸的是，这恰恰成了腓力二世在其统治期间各个关键时刻采取的领导风格。[99]

诚然，这里的模式并非划一不二。国王对他追求的目标差不多总是有一种清晰的观念：正义、臣属们的裨益，还有上帝和他本人的事业的推进(见本书第三章)；而且，他往往主持给人印象深刻的、有助于实现这些目标的合理化努力和规划尝试。因而在1568年，他同时实施措施，以改组和精简尼德兰与美洲两地的司法制度(见本书导言)；翌年，在他的允许和支持下，一部题为《王国法令大全》(*Leyes del reyno*，后称为 *Nueva Recopilación*)的浩大的著作发表了卡斯提尔的一切现行法，加上约300项国王诏书。直到1805年为止，它始终是所有国王宫廷的标准法典。1582年，紧随他加冕为葡萄牙国王，腓力责成将所有现行法予以类似的法典化，结果《菲律宾法令大全》(*Ordenações Philipinas*)于1593年付梓，通行达半个世纪。

在他统治期间，腓力始终精于选择能干的下属去贯彻他的战略规划。
38 首席执行官的这部分职责的难度往往被低估，因为在一个指挥层次上成功的人可能证明在另一个层次上无能，而且往往一位领导人发现下属个人能力和个人弱点的唯一途径，在于将他们试用于新任务。腓力通常将他的舰队付托给职业武将:唐·加尔西亚·德·托莱多,他指挥了成功的马耳他解围战(1565年),自1535年起就指挥战舰中队,而且担任过若干陆上指挥要职;佩德罗·梅嫩德斯·德·阿维莱斯,在1574年被任命统率国王的大西洋舰队以前,指挥过对尼德兰的两栖远征、西班牙与加勒比地区之间的护航船队以及佛罗里达远征(1565至1566年);唐·阿尔瓦罗·德·巴桑(后来的圣克鲁斯侯爵、1584年起任大西洋舰队总司令),在负责指挥对亚速尔群岛(1582年)和特尔塞拉岛(1583年)的胜利的联合作战行动之前,曾带领战舰中队参加了许多地中海战役(包括勒班陀海战),并且谋划了征服葡萄牙之举(1580年)的海军行动。甚至梅迪纳·西多尼亚公爵,国王有争议地选来接替圣克鲁斯担任无敌舰队司令官的人,也将他的大部分成年生涯花费在帮助准备西印度舰队的派遣上面,该舰队每年一度从安达卢西亚出发;他还在1587年有力和审慎地回应了德雷克对加的斯的袭击。(至少在一个方面,国王的选择证明是有灵感的:梅迪纳1588年抵达里斯本时发现无敌舰队一团混乱,但他设法在仅仅两个月后就率其出海。)[100]

只要见到能人,就愿给以承认和奖掖:这一点同样是腓力的陆军用人的特征。虽然阿尔瓦公爵可以自夸其最高贵族地位,但他由查理五世亲自推荐统领陆军:他是个彻头彻尾的职业军人。国王的大多数其他指挥官同样有广泛的军事经验,特别是那些由阿尔瓦在意大利和尼德兰训练的,而大多数例外是王室血亲,国王显然假定他们会自动擅长陆海军指挥。[101]国王的异母兄弟、奥地利的唐·约翰在国王任命他为地中海舰队总司令(1568年和1571至1576年)和镇压阿尔普哈拉叛乱的靖乱军长官(1569至1571年)时,从未见过任何陆战或海战。1577年,腓力不顾在马德里的国务议事会的反对,派遣侄子帕尔马亲王亚历山大·法尔内塞前去协助尼德兰总司令唐·约翰,其辩解理由是“因为我兄弟强烈坚持要如此,而且因为我根据我迄今关于他个人的听闻所作的判断,相信他能够效力”。唐·约翰一死,国王便立即指定帕尔马继任(他已参加过勒班陀海战和其他地方的战役)。[102]作为司令官,这两个人都以胜利证实了国王的期望(尽管腓力留心在他们周围设置了专家顾问)。不仅如此,腓力对那些他将自己的武装力量托付给他们的人表现出可赞的信用。虽然他于1573年将阿尔瓦从尼德兰召回,因为他对这位公爵结束荷兰造反的能力丧失了信心,然而他顶住压力,拒不为其布鲁塞尔政权被指控的“过头行为”施加某种惩罚;还有,虽然许多人将无敌舰队的失败归咎于帕尔马
39 和梅迪纳·西多尼亚,但国王不在其列(见本书第八章)。[103]

腓力还花费时间“训导”他选择的下属。他认识到,一个指挥结构不仅是一个构架,也是一套关系;他既很当心避免任命“出现需要时我们无法依靠来协助我们的人”,也很注意“训导”他确实信赖的人。例如,当1586年帕尔马的双亲过世时,国王写了一封富有同情心的慰问函,敦促其侄子“以基督徒的坚毅接受之”,并且“照顾好你自己的健康”,同时还亲笔添了一句:“虽然你在这么短的时间里失去了双亲,但我仍然在此替代他们。”[104]这样的训导在腓力的帝国里有特殊的重要性,因为为节省时间,他期望他的高级官员们在调动岗位时免回宫廷晤谈。诚然,阿尔瓦公爵在1566年被任命为尼德兰总督后,逗留宫廷达六个月,与国王讨论形势的所有方面和指望他起的作用;总督唐·佩德罗·德·托莱多1568年推迟前往秘鲁,以便参加会商美洲种种问题之解决办法的“大政务会”(见本书导言);佩德罗·梅嫩德斯在1574年启程赴任公海舰队司令以前,收到国王的手令;奥地利的唐·约翰在1574年圣诞节返回马德里,与国务议事会讨论他将在翌年指挥的地中海战役的适当战略和资金问题。[105]然而,所有这些出自腓力在位前半期的例子证明是例外。远为典型的是唐·卢伊斯·德·雷克森斯的经历,他1571年在担任阿尔普哈拉平乱和勒班陀海战中唐·约翰的副手之后,径直前去治理伦巴第,两年后又调往尼德兰(关于他作为阿尔瓦的接替者如何履行这最艰难的职能,他被告知指令将在布鲁塞尔等待他)。与此相似,雷克森斯的兄弟唐·胡安·德·苏尼加1568至1579年担任驻罗马大使,然后于1579至1582年担任那不勒斯总督而未返回西班牙,而奥利瓦雷伯爵先后接连担任驻罗马大使(1582至1591年)、西西里总督(1591至1595年)和那不勒斯

总督(1595 至 1599 年),全未在西班牙落脚。甚至在半岛境内,国王也不认为有必要与其高级指挥官当面晤谈:梅迪纳·西多尼亚 1588 年奉命从他在塞维利亚附近的宅邸直接赴任,接管在里斯本的无敌舰队指挥权;又如雷克森斯,他被告知他将在他的旅行终点见到全部指令。[106]腓力通常还拒绝参加他的幕僚中间的战略讨论。1588 年,负责在里斯本掌管无敌舰队分舰队之一的马尔丁·德·贝尔滕多纳疾呼:“我多么希望陛下您能出席我们的辩论,因为在您面前讨论问题将大不同于在此地讨论:在您面前我们不可能看不到真理,而在此地那些懂得(自己在说些什么)的人和那些不懂的人都发表意见,有时还耳闻可耻之言。”可是,贝尔滕多纳徒然一厢情愿。[107]

的确,除了在他渴望亲率大军赢得胜利的 1550 年代,腓力刻意在作战期间远离自己的部队。虽然摩里斯科叛乱期间他去了安达卢西亚 40
(1570 年),后来去了刚被兼并的葡萄牙(1580 至 1583 年)和反叛过后的阿拉贡(1592 年),但他只访问战事已完全停止了的地区。诚然,他在 1588 年 3 月告诉梅迪纳·西多尼亚:“假如这里不是如此需要我去提供为那[大业]和其他许多事情所必需的东西,那么我本来会非常高兴参加[无敌舰队]——而且会满怀它对我来说将大为顺利的信心这么做。”[108]然而,这番引人注目的话看来是纯粹的夸张,意在鼓励一位心绪低落的司令官。腓力对这一问题的通常看法在一封早些时候写的信里表述出来,那是写给萨伏依女公爵、他的女儿卡塔利娜的,当时她丈夫打算亲自率军出征:

> 公爵绝不应当亲征,甚至也绝不应当靠近[他的部队]。虽然我说这话部分地是由于我希望他活着,而且由于你需要他活着,但我相信我更多地是出于关心他的声誉,因为倘若此事成功,那么即使他不在场,他也会获得犹如他在场一样大的威望(或许甚至更大,如果他不在场);倘若他败于他规划的事情(那可能发生,因为这些事情由神而非由人主宰),那么他的威望损失在他亲临情况下将大得多。[109]

或许如此。然而,更成功的战争统帅——包括16世纪他的父亲查理五世和他的对手亨利四世、19世纪林肯、20世纪克列孟梭和丘吉尔——发觉没有任何东西可以替代亲眼目睹战区形势,或可以替代通过经常性的个人会晤确立和强化与战场指挥官的信任纽带。无疑,在1560年代,腓力本应回銮尼德兰,以恢复他的政府的被破坏了的权威;在1587至1588年,他本应返抵里斯本,以便确保竭尽可能使无敌舰队及时出海。

自然,没有任何首席执行官能够立即亲临一切危机现场,但是(同样有如其他战争统帅)腓力还本应将重要的指示和政策提议付托给信赖的助手,他们能够将此类通讯的文字和精神传达给那些他无法亲自会晤的人。这在1550年代期间是惯常做法,当时腓力(无论是在西班牙还是在英格兰或尼德兰)与其父亲之间关于战略的紧要意见交换通常由阿尔瓦、卢伊·戈梅斯和埃拉索等重臣传递,这些人就有关问题获得广泛的情况介绍,从而能解释书面意见中的任何不明之处。[110]然而,在以后的岁月里,甚至关键性的通信,例如给予被挑选去执行"攻英大业"的司令官帕尔马和圣克鲁斯的最后指令,竟被付托给对内容一无所知的纯粹的信使。[111]

政府惯例的这一显著改变,加上国王之不愿丢开卡斯提尔各王宫的
41 舒适,使他丧失了有效决策的一个紧要成分,即可靠的反馈。既不亲眼目睹,又不听取心腹助手的详实叙述,腓力变得完全依赖他向其下达了命令的那些臣属告诉他的信息(而且他甚至对他们也并非总是倾听:见本书第六章)。因而,他始终无法检验他决策依据的前提假设是否仍然成立,或它们是否已经过时而需重新审视。昧于现场事实一次又一次地导致这位国王坚持"一项行动方针——在它已不再合适或合理之后",造成许多严重的、代价高昂的错误。[112]

然而,腓力作为首席执行官的最大失败,或许在于他缺乏对自身财政的理解力。诚然,他有时显得很有远见。在1582年,1583年,他命令财政官员准备随后两年的帝国预算,以便保证他的所有事业能够得到较稳

定、较可预见的资金供应;他还在米兰和马德里两地建设铸币“战略性储备”。虽然后来1585年做出的推翻伊丽莎白·都铎的决定损坏了这些慎计良方,但“攻英大业”也导致了很大部分长期规划,因为国王从一开始就认识到那将花费两年时间去动员必需的资源(见本书第六章)。[113]然而,腓力通常总是大发牢骚,说搞不懂手下财政官员呈送的分析:“我在其他一些场合告诉过你,我对这些事情懂得那么少;而在眼下,我肯定对这份文件懂得很少或简直完全不懂,尽管我读了它不止两遍。”有时,他根本不读就退回艰涩难懂的备忘录,还带上一句粗率之辞以表不予考虑:“作者必定比我更理解这[文件],因为我根本不懂”;或者,“我读了胡安·费尔南德斯[·德·埃斯皮诺萨]写的这份文件,但没有读其他那些,因为我不懂它们谈论的一切,不知道我要说什么”。[114]他承认财政考虑“是那么多,又那么重要,以至我对于自己不知怎么处理它们真的感到沮丧,因为那对于成功地做出正确决策是那么重要”,然而他往往虽经奋力而徒然无功。[115]“老实说,”他在读过一份特别复杂的建议后抱怨道,

> 我不懂其中任何一处。我不知道我该做什么。我是否应该将它送给别的什么人做评论?如果是,那么送给谁?时间一点点过去:告诉我你的意见如何。或者,我是否最好面见作者(虽然我担心我会理解不了他)?也许如果我面前有文件,事情就可能不会太糟。[116]

在1588年,资金短缺变得如此严重,以至国王开始每星期六从其财政幕僚收到一份特别陈述,显示他们手里有多少现钱——总额往往少于30 000达克特,即无敌舰队的仅仅一天的开销,连同有多少欠债依然待还。然后,通常被誉为世界最富君主的腓力二世费上几小时,去“平衡他的支票簿”,以便决定他的债务当中哪些他还得起,哪些他将不得不拖欠。[117] 42

腓力的“零缺陷心态”与其对失败的恐惧(反映在他反复对大臣们说的“搞对是多么重要”一语中)部分地出于一种自卑感。[118]查理五世为其

太子提供了在治理艺术方面的细致的教育，使得腓力有强烈的需要成功意识——以成功证明他本人无愧于他的父亲和他的使命，连同强烈的失败可耻意识。1556 年查理逊位后不久，法国人宣战，教皇则宣布将腓力革出教门：这两件事严重地震撼了年轻国王的自信，他请求查理“帮我助我，不仅以其劝导和提议——那是我可有的最大力量，而且以其人身和权威之亲临”。腓力恳求他父亲离开退隐其中的修道院，出山重新统治，因为“我完全确信，只要这一件事变得为世界所知，我的敌人就会立即改弦易辙”。[119]结果，法国人在圣昆廷的大败和对罗马的成功封锁很快令人放下心来。然而，尽管这位国王对自己统治能力的信心随年岁渐长，但深刻的不安全感仍然在较小和较为个人的事情上表现出来。例如，1566 年时（39 岁），他才第二次成了一名自豪的父亲，很想亲自抱着婴儿前去圣水盘为其洗礼，但担心如何做得最好。洗礼仪式前几天，他练习抱一个同等大小和重量的玩偶转悠；可是，尽管这样，他最后一刻仍然将此荣耀让给了一名亲戚，因为他显然害怕在实际的仪式进行期间犯错。[120]

危机——其时有那么多的事情可能出错——急剧地增大掌权者的心理压力，腓力也不例外。因此在 1565 年春，随尼德兰强烈酝酿麻烦和土耳其人在地中海的进攻迫在眉睫，他向他的一名大臣坦陈“国务重担如此地压在我身上，以至我语无伦次，行无定见”。尽管如此，他照旧驱使自己竭力劳作，伏案直至“（凌晨）一点，周围每个人都去睡了”。稍后他叹道：

> 我如此忙碌，如此缺睡，因为我需要用大半夜来处理白天其他事情令我无法去看的文件。因此我刚开始看你的那些文件——今天和昨天的那些，而现在已是午夜过后，因为我无法在此以前这么做。[121]

10 年后，深受在地中海和尼德兰两地失败之辱，同时国库近乎空空如也，国王再度驱使自己拼命劳作以至筋疲力尽。“我眼皮打架［却仍在写］”，他的一封信如此开头；“虽然不如昨天那么疲劳，但我的眼睛处于可怕状态”,他在另一封信中写道。当他虽然竭尽全力、他的事业却继续滑坡时,他向秘书保证:“如果上帝不行奇迹(那是我们因为自己的罪而不配 43
有的),我们就将不能支撑多个月,更不用说多年。我也没有精力或健康去抵挡我就此感到的忧惧,而且想想可能发生什么吧——在我有生之年发生。于是,恐惧之中我在拼意志。”几个月后,形势依然黯淡,国王读着关于卡斯提尔纳税人中间的不满的报告时深感“心境恶劣,一无是处”;其增多的贡赋是“救治万事的依靠,如果仍可觅得救药的话,虽然实际上我怀疑,因为万事似乎皆将崩溃。我多么希望我能够死,以便瞑目不见我害怕的事”。打开他书桌上的另一些信件甚至使他更加忧郁。“当我看到它们如何开头,我就不再看下去,”他写道,然后绝望地补充说:“如果这还不是世界末日,那么我想我们一定非常接近世界末日了;上帝啊,请让它是整个世界的末日,而不仅仅是基督教世界的末日。”[122]不久,腓力就感到“那么精疲力竭”,以至放弃了自己的文案工作:“因为我没有给你发去任何东西,你能够想象此刻这里一定在发生什么。无疑,我不知道我怎么还活着。”[123]

决策过程的任何一个方面都不可能长期免受心理压力的影响。根据一项近来的研究:

> 心理压力能损害注意力和理解力:危机形势的一些重要方面会被漏掉而得不到仔细审视,所攸关的互相冲突的价值和利益会被忽视,被设想的替代性办法的范围很可能狭窄,但不一定狭窄到就是最佳选择,对适切的选择的寻求倾向于被往昔的经验支配。

就腓力而言,有如就以后的国务活动家而言那样,危机时节的严重心理压力加剧了“认识僵化”(“cognitive rigidity”),从而损害“即时应付能力,降低创造力,减小对那些质疑现存信念的信息的接受程度,加强陈规性思维,减弱对含糊不明的容忍,以至过早地停止寻求信息”。一次又一次,在遭受心理压力时,国王首先变得执迷于现今关切和未来近忧,牺牲长远考虑;接着,他专注于单单一个方略,甚至在它的可行性已变得可疑时仍照旧使用之;最后,他放弃一切寻找替代性战略的努力,颓然听天由命。[124]

身体疾病也不时阻止腓力在危机期间处理国务。他的有些病完全正常:关节炎("我今天迟起床,因为我的一只腿痛风"),不消化("我今天腹痛"),当然还有许多次感冒。"我现在无法处理任何更多事务",有一天他通知秘书,"因为我严重感冒——昨夜就如此——肯定不适于阅读或写字"。然而尽管如此,更多的文件依然到达,国王便忍不住发火,在卷宗上(当他将其退回时)涂写道"看看我拿来治感冒的药!"[125]更多时候
44 他抱怨双眼疲劳,至少直到他在1580年代开始戴眼镜为止。他对眼镜的依赖由这么一件事情显示出来:有一天,他决定在一趟旅行时不带任何国务文件,因为"我的视力不如往常那么好,难以在车上阅读",而且"我羞于在公开场合戴眼镜"。他还试图少读一些,开始坚持在深夜不得给他送上更多活干:"昨夜当这(文件包)送来时,我已在床就寝",他责骂他的秘书,"而且你知道,御医不希望我在吃过晚饭后看任何文件"。在另一个场合,他抱怨读那么多文件引得他咳嗽:"我患了非常严重的咳嗽感冒,我确信它来自那些文件,因为我刚把它们取来就开始咳嗽了。"[126]

在此显而易见,腓力找到了规避工作的借口,而且看来可以怀疑,碰到不便或不受欢迎的消息抵达,他有时就上床抱怨身体不适,或者周期性偏头痛发作,那被他叙述为"头脑暴疼"(ruin cabeza)。国王本人也承认这一点:他在1573年告诉阿尔瓦公爵,"恰如我认为我对那里(尼德兰)事态的担忧是我发热的部分病因,我确信你最近送来的好消息已令我康复如常"。[127]

然而,不管病因是什么,国王病患的后果可能极为严重,而随他愈益年老就更是如此。因而在1587年2月,腓力(差不多60岁)被关节炎搞得卧床不起,直到翌年7月为止。虽然德雷克4月里对加的斯的袭击要求采取紧急措施,但腓力之无法视事大大加剧了他的行政当局内在固有的延宕,到5月间未决之事的压力已变得非常严重。用国王贴身男仆的揭示性话语说,"愿上帝赐予陛下彻底健康,长寿无疆。他的病痛伤及

我，因为当他腿痛时，我们就头痛，于是万事皆停”。几天后，战争议事会秘书——他不仅拼命试图组织无敌舰队起航，还竭力要拼凑紧随德雷克袭击之后的帝国防务——激烈地抱怨道：“许多时间正浪费在磋商之中，国王反应缓慢；因而我们正在丧失无法回返的时间。”他提议将更多事情下放给他的议事会决定，“因为形势非常，所以看来合乎事理的是国务处理方式也应当非凡”。[128]然而，看来什么也没有改变。6 月间，同样据国王的贴身男仆说，“看到陛下如此疲劳羸弱，国家机器陷于停顿，我的心都碎了”；过了两周，“陛下的双眼仍然转动，双腿疲弱无力，手在康复；世界在等待之中”。这一状态持续几周之后，国王的大臣们变得像其主子一样精疲力竭：“陛下说，因为他异常疲累至此，他无法返还他今夜留有的文件”，“九人委员会”的一名成员报告说；接着他补充道：“阁下，告诉你老实话，我们全都在分崩离析。”[129]

严重的心理压力间或引发心理危机。1569 年初，随太子唐·卡洛斯和王后伊丽莎白·德·瓦卢瓦去世，加上格拉纳达的摩里斯科人公然造反，国王显然渴望逊位。在一封给首席大臣的信中他吐露道：

> 这些事情不能不导致痛苦和衰竭，而且——请相信我——我被 45
> 它们，被这个世界上发生的事搞得筋疲力尽，痛苦不堪，以至要不是为了不能被放弃的格拉纳达事务和其他国事，我就不知道我本来会怎么做……我肯定不适合今天的世界。我很清楚我应当在人生的其他某个驿站，一个与上帝赐给了我的（对我一个人来说可怕的）相比不那么显赫的驿站。许多人为此批评我。倘若幸运，在天堂里我们的遭遇会好些。

他的尼德兰政策在 1574 至 1575 年间的失败，还有他的反英政策在 1588 年的破产，都招致了严重忧郁再度发作。[130]

不过，在一种纵贯半个世纪的活跃的政治生涯中，几度由心理压力引发的“灵魂黑暗之夜”肯定必不可免。倘若一位国务活动家，统治一个近乎不断处于战争中的全球性帝国,却从未经历过一刻怀疑、忧郁,甚至绝望,那就会非同凡响,或许甚而凶险不祥。不仅如此,这些痛苦的插曲所以变得为世人所知,只是因为这位国王有个引人注目的习惯,那就是将他内心袭来的最深处感念写在纸上,加上一个同样引人注目的偶然性,即此等文书中有那么多留存了下来。饶有意义的问题不在于腓力是否感到,甚或有多频繁地感到与他面对的国家任务不相称,而在于这些以及他的其他难处在多大程度上损害了"世上最大头脑"的能力——像一位高效的首席执行官那样去行事的能力:去处理涌过他书桌的愈益高涨的信息潮,为他统治的世界范围帝国制订一个内在连贯的战略,将权威下放给他的副手们,从而让他们能够有效地实行这一战略。

第二章　距离：头号公敌？

“从柏拉图到北约”，马丁·范雷菲尔德指出，

> 战争指挥史本质上包含一种对确定性的无尽追求……为了使绝大多数细节中的每一个都确定无疑……它们中的每一个都必须与所有其他协调一致，以便取得最佳结果：这就是任何指挥体系的目的……确定性本身被最佳地理解为两个因素的产物：可得的信息数量与有待完成的任务的性质。[1]

但是，“可得的信息数量”并非随时间推移保持恒定有常。相反，信息技术的发展周期性地变更其质量和数量：20 世纪的硅片和卫星；19 世纪的电报和电话；16 世纪的定期信使和常驻大使。信息技术方面的所有改善既有澄清情势的作用，也有混淆认识的潜能，因为它们产生的资讯（至少一时间）多得超过人类大脑能够处理的。

就他相信触发了第一次世界大战的事件压力，奥斯瓦尔德·斯宾格勒（多少傲慢地）写道：“在古典世界，岁月年头不起作用，在印度世界，数十春秋难得计数。无论是一名希腊人，还是一名印度人，都无法想象 1914 年 8 月那类历史危机的悲剧性紧张，当时甚至一时一刻都似乎有莫大的重要性。”在欧洲境内，没有最新的信息技术造就的紧张，危机的爆发似乎就不可理解。随战争进入了第四个可怕的年头，一位外交官爱德华·萨托爵士在 1917 年写道：

> 国务活动家和各民族的精神素质——审慎、远见、理解力、智

> 慧——未跟得上他们掌握的行动手段的发展，包括军队、舰船、枪炮、炸药、陆上运输的发展，但甚于所有这些的是电报和电话导致的通讯
> 48 速度的飞跃。后两者取消了思考或磋商的时间，要求就至关紧要之事做出即时的，往往是草率仓促的决定。[2]

当然，在腓力二世时代，通讯要慢得多；对于那时消息通常传送之相对慢速已有很多谈论。国王本人在给他儿子的最后训导文书中，将他遭遇的许多困难归咎于"将一国与另一国隔开的距离"；费尔南德·布罗代尔后来则提出，在16世纪"距离是'头号公敌'"，它解释了这位"审慎之王"做出的相当大一部分决定。[3] 尽管如此，这个问题仍可被夸大。虽然按照当今标准衡量，那时消息传送慢，但就其接受者的利益而言，它仍然到达得太快、太多。如果用"信使和外交官"取代"电报和电话"，那么爱德华·萨托爵士的分析对腓力二世和伊丽莎白·都铎来说，就像它对特奥巴尔德·冯·贝特曼·霍尔维克和爱德华·格雷爵士一样合适。危机时节抵达其书桌的"至关紧要之事"同样使他们得不到足够的"思考或磋商的时间"。

腓力二世能够指靠一套素质史无前例的邮政服务。塔克西家族在勃艮第的腓力于1504年成为卡斯提尔国王以后不久，创设了西班牙与尼德兰之间途经法国的一条直接信使联线，沿线布置有106个接力站（每个站至少供应两匹马）。1516年，他的儿子查理与塔克西公司签订合同，提供将他与他在德意志、意大利、西班牙和尼德兰的代表联接起来的各种保障性定期服务；两年后，查理与法王弗朗索瓦一世达成协议，赋予这一服务外交豁免权，允许所有承担公务的信使在和平时期自由通过其领土，于是每周有大量文书沿此联线安全通过。[4] 自1560年起，每月第一天（后来还有第十五天）一名"普通"信使离开马德里前往布鲁塞尔（另一名则离开布鲁塞尔前往马德里），加上每逢必要时还派遣另外的"特别"信使；与此同时，类似的服务也将马德里与罗马和维也纳联结起来。1567年，阿

尔瓦公爵在他沿着以后所称的“西班牙道”向尼德兰进军期间，建立了一条从马德里到布鲁塞尔的新的邮政联线，沿途每个接力站两匹马，从而提供了一条与西班牙的替代性联接，每当内战导致途经法国不安全时便可使用。1572年，他开始发送他给国王的所有信函的两份文本：一份经法国，另一份沿西班牙道至意大利，再从那里走海上至巴塞罗那。[5]

著名外交史学家查尔斯·霍华德·卡特指出：

> 对外政策本质上是个做决定的问题；这些决定的质量（也因而对外政策的质量）由做决定的人的质量和它们所据信息的质量支配；对决定的质量来说，信息的质量甚至比人的质量更重要。[6]

腓力所持信息的“优越素质”在别国使节的通信中清晰地浮现出来，这些 49
使节一次又一次地发觉自己在西班牙宫廷处于不利境地，因为腓力先于他们得知事态发展。例如，1569年10月15日，腓力在一次接见时“面带微笑地”向法国大使富尔克沃克斯宣布，其主子的军队赢得了对新教徒的一场重大胜利（10月3日在普瓦蒂埃附近的蒙孔图尔）：在里昂的一名特务派来的送信人适才持此消息抵达。对此胜利的确认于21日到来，西班牙驻法大使派遣了一位特快信使。然而，富尔克沃克斯只是后来才从他本国政府那里听到这一消息。几个月后，在疑虑携有重要文件的信使是否已到达法国宫廷而坐立不安之际，富尔克沃克斯从西班牙的国务秘书得知他已经到了：腓力在巴黎的大使适才报告他安全抵达。1576年，佛罗伦萨使节大为尴尬，因为国王在意大利的特务发送的消息抵达马德里，说统治该地的美第奇家族有两名成员在几天里指控他们的妻子通奸，并已将其杀害。对这位外交官来说不幸的是，两位夫人都属于有权有势的托莱多家族（以阿尔瓦公爵为首），而且在随后四周里他一直是“世上最困惑的人”，全无他主子的信函来确认（更不用说解释）这故事，结果不得不每当瞧见阿尔瓦或其亲戚之一时，急忙躲在王宫内的柱子和帘幕后面。[7]

另一做法更尴尬并且有害得多,外国大使有时缺乏自己的信使携送紧急函件,因而将送函付托给为西班牙效劳的信差。例如,当1571年查理九世(以代价过高为由)责备富尔克沃克斯太频繁地使用特快信使时,这位外交官诚实地汇报说在五年半时间里,他仅18次派遣特快信使,加上另外14次派遣较便宜的差役,携带他的信函步行前往巴荣纳,在那里再付托给法国普通邮政。在他的其他紧急信函中间,他申辩说,有许多留给了经巴黎到布鲁塞尔或经里昂到维也纳的哈布斯堡信使。他没有谈论这一做法如何可能损害他与主子之间通讯的安全,虽然这有助于说明为何驻巴黎的西班牙大使总是似乎知道富尔克沃克斯的发函内容。[8] 威尼斯大使利奥纳多·多纳(1570至1573年)的经历大体相同:腓力及其大臣们总是似乎更加消息灵通。1571年6月6日,一名来自罗马的皇家特快信差带来消息,说西班牙、威尼斯和教廷18天前刚缔结了一个旨在击败奥斯曼土耳其人的联盟:一趟非常快的旅行。一名教皇信使于10日抵达证实此事,多纳本人却迟至28日才从他的上司那里得到消息。同年晚些时候,虽然他在宫廷是收到勒班陀大捷之完整叙述的第一人,但他赶到国王身边以让其分享这一消息时,他发现腓力在半小时前就已得到了风声。正如富尔克沃克斯,多纳也经常让西班牙信使携带他的紧急发函
50 (多半未使用密码);有时,他甚至预先将它们送交国务秘书安东尼奥·佩雷斯,以便逢到国王的特快信差前往意大利时可现成拿上。即使以此方式发送的两个文包之神秘消失也未动摇多纳的信任:他断定他的消息根本等不及"普通"信使,似乎从未想到佩雷斯有可能一直在偷读他的信件。[9]

宫廷与其海外领地之间的通讯通常跟随年度贸易船队的节奏。船队每年3月或4月驶离里斯本前往果阿,为的是7月间进入印度洋时赶上西季风,从而在9月或10月到达(因此,在果阿档案馆中的皇家信函卷宗至今仍被称作"季风书卷");载有复函的船只会试图在每年12月或1月驶离印度,以便乘东季风返回。季风还主宰"马尼拉大帆船"的航行,它每年春天驶离墨西哥的阿卡普尔科,约过三个月抵达菲律宾,而后在翌年

6 月或 7 月返程，但需用六个月时间（因为东风浩荡）。由多达 150 艘船只组成的舰队每年夏天驶离塞维利亚前往加勒比海，翌年秋天返回。甚至恰逢这些船队启程之际在墨西哥写的信件，也难得在不足四个月时间里抵达西班牙；那些从秘鲁的利马发送的信件往往要用 6 到 9 个月时间，而那些从菲律宾发送的可能长达两年。[10]

但是，紧急消息往往能在其他时间得到发送。例如，1580 年 11 月 7 日，腓力在巴达霍斯签署函件，通知他的各个新海外领地他已继承葡萄牙王位：它们在 1581 年 9 月 1 日抵达葡属印度首府果阿（先由陆路信使送至波斯湾口的霍尔木兹，然后由船载送），于 11 月 23 日抵达马六甲（由船载送）。引人注目的是，到函件于 1582 年 3 月抵达澳门时，腓力继位的消息业已经过墨西哥和马尼拉传到了。“消息船”还能在任何时候迅速横越大西洋。1585 年，一艘载有急送函件的船只 4 月间驶离塞维利亚前往巴拿马，在 3 个月零 12 天内抵达并返回，虽然一份报告此项成就的函件指出“此乃多年来见到过的最快速度”。不可预见性同样是与远东通讯的特征：1588 年 12 月 31 日，马六甲主教坐下来回复 1586 年春天、1587 年春天和 1588 年春天写的国王信函，它们全都同时到达。[11]

这些偏差使人很难可靠地再现国王与其臣属之间例行通信的平均速度，然而新西班牙（墨西哥）总督府缙绅衙门的档案提供了出人意外的启示，因为它们间或登记了国王来函的充分细节。1583 年 8 月，一名信使从维拉克鲁斯（年度船队适才驶至该地）到达墨西哥城，带来了 4 封信函和 46 项命令，它们是国王给缙绅衙门或总督的（总督适才去世，因而缙绅衙门也打开了给他的邮件：见图表 2）。信函时间为 1582 年 6 月和 7 51
月（未赶上那年的年度船队）与 1583 年 3 月和 4 月，答复 1580 年 2 月至 1582 年 11 月从墨西哥城发出的公文——晚了 9 至 42 个月。那些命令同样展现了“往返时间”方面的很大差异：1583 年 8 月收到的 46 项命令中间，7 项在前一年 5 月颁发（只隔了 3 个月），20 项在是年 4 月颁发（隔了 4 个月），7 项在是年更早一些时候颁发（隔了 5 到 8 个月）；还有 7 项在 1582 年下半年签署，从而未赶上 7 月初离开西班牙的前一年的船队。然

图表2 1583年8月27日,国王的4封信和46项命令抵达墨西哥城。它们由来自西班牙的年度护航船队载至维拉克鲁斯港,在那里一名王家信使以最快速度将它们送达首府。尽管如此,国王信中的很大部分信息必定被视为“过时的”,因为它们答复的是1580年2月至1582年11月在墨西哥写的信件,少则拖迟9个月,多则拖迟3年半。命令表现了同样的种种时间差别;其中1583年8月收到的一项在1583年5月31日——不到3个月以前——离开腓力御案,但另一项签署于1581年3月5日,即两年多以前。资料来源:AGNM *CRD*II/15-36。

腓力二世与墨西哥之间的通讯(1583年)

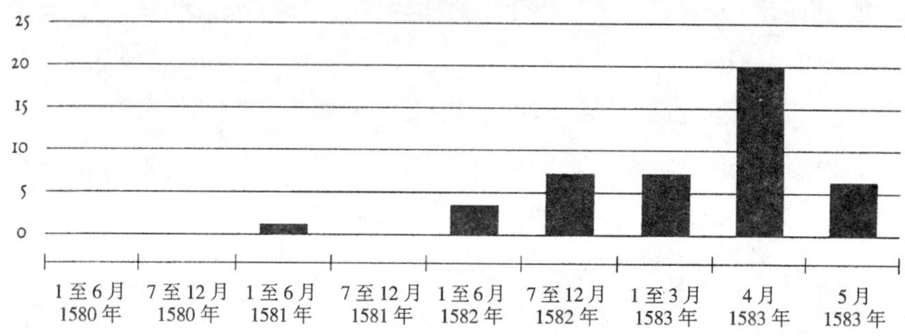

国王答复的墨西哥来函

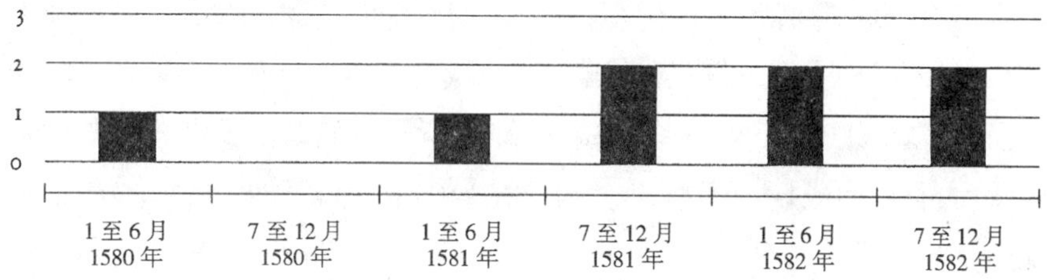

而,为什么1581年签署的一项命令和1582年上半年签署的另4项竟会由迟至1583年6月驶离的船队携送,始终是个谜。显然,国王政府的某个部分没有合格地履行职能。1590年11月,缙绅衙门再度记录了有关国王邮件抵达的详情——这次只有两封信函和五项命令。这些信函在早先6月和7月间签署,处理1587年2月至1590年2月上报国王的事情:
52 时间差距又一次大得惊人;与此同时,送达的命令的颁发时间为1587年
11月、1588年5月、1589年11月和1590年2月及7月:相隔时间为4个

月到4年。[12]

腓力帝国在欧通讯的“通常效率”同样难以确认。在西班牙驻巴黎大使1578年期间收到的32封宫廷来函中间,最快的只用了7天,而最慢的用了49天;16封(总数的一半)用了10至14天。至今还未有依据政府档案的系统的研究,然而对于世纪初大约1万封抵达威尼斯的信函所用的时间,有一项细致的分析,它提供了一个有用的参照框架(见表格2)。尽管有被记录的最快和最慢时间之间的显著差异,资料(或许并非惊异地)表明地点越近,就有越多的信函在“正常的”(即最常见的)时间抵达:发自伦敦和巴利阿多里德的只有12%,而发自那不勒斯的增至26%,发自罗马的增至38%。[13]

这些非常引人注目的差异表明,16世纪政府面对的首要信息弊端不那么在于文书迟到(尽管这当然能引起困难),而在于文书的抵达证明全然无法预期——后来由卡尔·冯·克劳塞维茨讲述的“摩擦”(见本书第三部分引言)的一个经典例子。它证实了腓力本人的看法,即“信使要么疾飞要么大睡”,并且解释了为什么有时他梦想有一种“飞函”服务:1576年,当他指定奥地利的唐·约翰(其时在那不勒斯)执掌在尼德兰的指挥权时,他痴心妄想似地说:“我衷心希望送这封信的人能够插翅飞翔——希望你也能这样,从而你能更快地赶到那里。”[14]事实上,重要信息往往确实传送得极快:在1566年,即尼德兰“奇迹之年”,沿布鲁塞尔与西班牙宫廷之间的邮政联线,信使们设法用11天、10天和在一个场合仅仅9天(平均速度每天150公里)传送紧要文书。[15]1571年勒班陀大捷的消息在不到24天时间里,传送到3 500多公里之外(平均速度又是每天150公里以上);翌年,一艘大帆船载着出自腓力在墨西拿的舰队的信函,“飞翔而非航海”似地抵达1 500公里之外的巴塞罗那,只用了8天时间。[16]一艘船载送1583年法国试图夺取安特卫普的新闻,8天驶至里斯本;另一艘带有关于1588年帕尔马入侵英国之准备的信息,只用5天便抵达。[17]但这些都是例外,人们记下它们恰恰是因为它们引起惊奇。

不到两星期就从尼德兰抵达西班牙宫廷的信差相对甚少,有时——

1497 至 1522 年抵达威尼斯的消息

来源地	信函数目	最短时间(天)	最长时间(天)	正常时间(天)	正常情况	
					数目	百分比
布鲁塞尔	138	9	35	10	24	17
布尔戈斯	79	11	42	27	13	16
君士坦丁堡	365	15	81	34	46	13
伦敦	672	9	52	24	78	12
那不勒斯	682	4	20	8	180	26
巴黎	473	7	34	12	62	13
罗马	1 053	1.5	9	4	406	38
巴利阿多里德	124	12	63	23	15	12
维也纳	145	8	32	13	32	22

表格 2 一位爱管杂事的市民马里奥·萨努多的“日记”,记录了大约 1 万封抵达威尼斯的信函的日期,连同其撰写日期。依据这一原始资料,皮埃尔·萨尔德拉计算出了 1497 年至 1522 年间出自不同地点的信函所用的最长、最短和“正常”时间。他的发现显露出“正常”是个无意义的范畴,特别就比较遥远的地点来说是如此:在所收到的 124 封发自西班牙行政首府巴利阿多里德的信函中间,仅有 15 封在 23 天“正常”时间间隔后抵达,其他一些用了不到两周,有一封用了两个月。如此无法预期的通讯损害了政府的规划工作。资料来源:Braudel, *Mediterranean*, I. 362。

由于桥梁断裂、天气恶劣、土匪猖獗、邮政接力站马匹患病或缺乏等
等——他们可能用三星期、三个月，或者更久。一位西班牙主教在 1557
年抱怨说，一封尼德兰来函那么久才到，以至“它能前往美洲两三次，仍
然更快抵达此地”；国王 1573 年 7 月命令从对荷兰人的“硬仗”政策转为 54
和解政策的决定用了六星期才传到尼德兰，结果太迟而无法施行。[18]甚至还有更糟的情况。1568 年，两名西班牙信使在法国南部被杀害，他们的信件（来自在布鲁塞尔和巴黎的大臣）被拆封和销毁。法国南部道路常年不安全，时常迫使西班牙驻巴黎大使将发函付托给普通的徒步旅行者。[19]同样的不确定性也见于其他邮路。1570 年 8 月，信使们几乎同时从西西里、罗马、佛罗伦萨和威尼斯抵达西班牙宫廷，但在他们到来之前的整整一个月里，全无任何文书从意大利被传送过来；1582 年，同样也在 1591 年，西班牙信使从那不勒斯行至罗马途中遇害；而且，在大多数邮路上，信函间或被截取和拆读。甚至跨越较短距离的通讯有时也会瘫痪：在尼德兰 1566 危机之年，边远的弗里斯兰省省督试图从布鲁塞尔的中央政府获得援助，结果发现“徒步信差走得更快”；而在西班牙，宫廷与帕伦西亚城（不到 200 公里远）之间的通讯也依靠步行——能费两周之久！西班牙帝国的指挥体系可谓慢如蹝步。[20]

气候恶劣和自然灾难可以更进一步延宕通讯，特别是经海路。例如，在 1567 和 1568 年之交的冬季，坏天气意味着来自驻伦敦大使的信函经过三个月才抵达马德里（国王的复函又要费两个月），而西班牙支持在爱尔兰的叛乱的努力所以反复陷入困难，是因为紧要文书费了太长时间才到达终点。一名携有给蒂龙伯爵的援助许诺的信使于 1596 年 8 月 19 日离开马德里，但直到 10 月 7 日才递交，而伯爵的答复抵达马德里迟至 11 月 26 日；虽然另一位爱尔兰人首领于 1596 年 5 月写信给国王，国王则于 8 月签署复函，但它只是在 1597 年 6 月才到达爱尔兰。[21]在大陆，1574 年时驻布鲁塞尔的西班牙大臣指望在六周之内，经普通信使收到发至罗马的信函的答复，然而 1575 年意大利北部爆发瘟疫，意味着他们不得不等上七周甚至八周。1581 年，腓力派驻布拉格（当时皇帝首都）的大使发至

里斯本（国王住地）的信函在夏季约走一个月，但在冬天要走差不多两个月。[22]

某些官员蓄意利用邮政延宕和通讯无常，在贯彻一项不受欢迎的指令以前拖时间，而且有人已经注意到在哈布斯堡帝国流行的格言："我服从但不执行"（*obedezco pero no cumplo*）。因而在 1569 年，墨西哥缙绅衙门拒不执行一项直接来自国王的命令，即以杀人罪逮捕"某个埃斯皮诺拉"，因为此人的身份和名字未被告知。然而，这样的有克制的不服从只能走得这么远：翌年国王提供了缺漏的资料，要求立即行动，并说"你等
55 不应有此顾忌，因为这个埃斯皮诺拉犯了如此（滔天）罪行"。更认真（也更有效），面对国王在 1585 年 12 月发出的一项要他为征服英国准备战略的命令，帕尔马公爵竭尽可能一拖再拖，并且在四个月后他最终完成评估时，将此付托给一名（他告诉国王）他将"按最直接路线"派遣的个人信差：到头来证明，这路线竟然是走西班牙道，从布鲁塞尔经贝桑松、尚贝里和都灵到热那亚，接着渡海到巴塞罗那，然后再到马德里，迟至又两个月后才于 1586 年 6 月抵达：到那时当然已经太晚，无法在那年实施征服。[23]

然而事实上，大臣们难得将重要通信付托给单独一个信差：每当邮政服务有延迟或中断的危险（例如在战时），至关紧要的信件就以原件加一个甚至两个复本送出（附上先前发函的副本也成了常规做法）。[24]不仅如此，消息很少只沿一条路线传送：它们通常散布到多个中心，以便再往下传至其他地方；如此，只经一个渠道可能传送缓慢的信息就可能经另一个较快地抵达。[25]1572 年，一批荷兰造反者先夺取了布里尔，然后夺取了弗吕斯欣，但阿尔瓦公爵（在布鲁塞尔）希望不让国王得知，直到他处理了这一麻烦为止："这里的事态比我正告诉陛下的糟得多"，他向在宫廷的一名亲戚吐露说。然而，甚至未及他写下这些话，来自在尼德兰的商人和其他臣下的、包含所受挫败之充分详情的信函就已经送到了国王那里；当阿尔瓦最终向其主子报告情况时，他为拖延迟报而遭到了一顿严厉的斥责。公爵的（相当虚弱无力的）回应是："由于商人和其他喜欢动笔的人在许多领域积极主动，因而我并不惊奇在我就其动笔以前，陛下您会已经

得知在布里尔和瓦尔谢伦发生的事。”[26]

这位公爵有一点说得很对：16 世纪的人们渴望“最新消息”，不喜欢坐而待之。1561 年，新西班牙总督通知维拉克鲁斯（所有西班牙来船的入口港）行政长官：墨西哥城的商人抱怨“习惯上只是在陛下的命令被发送到此之后两三天，才（在维拉克鲁斯）发放来自卡斯提尔王国的给此等商人和其他私人的信函和订单，因而它们的收件人不得在皇家缙绅衙门见到它自己的信函以前见到它们”。商人们声称这些延宕损害他们的商业利益，因而总督颁令携带国王信函离开维拉克鲁斯的第一或第二名信使亦可携带私人信函，只要他们的邮袋还装得下；然而，他接着规定，信使们在抵达墨西哥城时必须照旧“径直前来我的府邸，首先给我和皇家缙绅衙门送交陛下给我和他们的信函和包裹”。任何违背此令的信使将在首次违令时被逐出首府，两年不得进入，再次违令时将被鞭打一百下，而后逐出永不得复入。很难找到比这更好的证言，来证明腓力的大臣与他的臣民都珍视最新信息。[27]

归功于数以百计的信使的努力，腓力二世就晚近事态发展掌握种类 56
（和数量）多得史无前例的信息。在顶端是他的大使们收集的资料。西班牙维持着至此任何国家所曾有的规模最大的外交机器，在罗马、威尼斯、热那亚、维也纳、瑞士各州和萨伏依（还有 1580 年以前在里斯本、1584 年以前在伦敦）驻有常设大使馆，并且在需要时向其他地方派遣临时使团。腓力的使节们——大多数是贵族的次子（许多有大学、行政管理或军事经历）——似乎能渗透一切机密：在 1560 年代，驻伦敦或巴黎的使馆官员设法搞到并复制了一幅佛罗里达各法属定居地的地图（大大有助于佩德罗·梅嫩德斯此后摧毁它们的战斗），而在 1580 年代，教廷密码官、英国驻巴黎大使和伊丽莎白的内府审计官（仅列举最突出的）都从腓力的外交官那里接受过金钱。[28]国王至少每周一次从每个大使收到一份报告，如果不是更频繁的话，而他期望收到关于每件事——绝对是每件事——的信息。1563 年，当在特兰托宗教会议上的特使未能在来函中述及一个情况，即西班牙感兴趣的一个问题得到了讨论时，国王申斥了他好一番："我现在禁不住要告诉你，我惊奇你竟然没有发现某件如此重要的事发生了，因为我相信在那会议上不应当去做任何事情，无论其大小，如果你没有全盘得知它。"国王还期望他的总督、将领和其他指挥官们不断向他报告，使他保有对事态发展的细致了解。在其1580年征服葡萄牙的战役期间，阿尔瓦公爵差不多每天都给国王撰写进展报告（有些天里他发送两封、三封甚而四封信函，给宫廷重臣们发送的更多）；晚些时候，圣克鲁斯侯爵（驻里斯本的无敌舰队司令）在英国保有他自己的间谍，向国王发送他们的（有时更优秀的）报告，以便与他从驻巴黎大使收到的报告作比较。[29]

腓力还期望他在国外的臣子与其同僚广泛通信。他于1595年给驻萨伏依宫廷新大使的指令强调，不仅需要经常与马德里通信，而且需要"不断"接触米兰、弗朗什－孔泰、那不勒斯、西西里和尼德兰的各位总督，加上驻罗马、热那亚、威尼斯和维也纳的各位西班牙大使。腓力为这些官员中的每一位准备了一份特别信函，将在那位新大使抵达都灵时由特使送去，其中以国王的名义嘱咐他们与其新同僚通信。他还期望他本人收到这些往来函件的副本。[30]事实上，国王的许多臣下已经有充分的原因要交流信息。有些人是近亲：托马斯·佩雷诺特·德·昌通奈（60年代腓力手下先后驻巴黎和维也纳的大使）为红衣主教格朗维勒的兄弟；尽管姓氏不同，唐·卢伊斯·德·雷克森斯与唐·胡安·德·苏尼加也是兄弟，每个月都彼此通信好几次（1573年里，当国王指定前者统治尼德兰时，苏尼加起草了若干不同信件，在其中他兄弟力图拒绝这倒霉的挑
57 选）。[31]还有些人是依附者：当1577年苏尼加前往尼德兰为国王首次效力时，雷克森斯写了一封信，请求格朗维勒关照他，因为"我兄弟是您的大仆人，很懂得我俩为您效劳的义务"。渴望向上爬的廷臣们后来依附于腓力的这个或那个西班牙心腹幕僚，例如鲁伊·戈梅斯·达·西尔瓦、阿尔瓦公爵或埃斯皮诺萨红衣主教（他保有一本登记簿，详细地记着前途远大的年轻人，注上其庇护者的姓名和可得的合适差事）。[32]所有"依附者"都注意使其庇护者保持消息灵通。此外，60年代里，阿尔瓦主持了一

个在马德里的非正式“学院”，其成员包括整个未来一代的国王臣仆：伊迪亚克斯、莫拉、苏尼加、西尔瓦和奥利瓦雷（仅列举一些在本书内经常出现的）都在其列；而且，看来在他们的余生里一直保持互相间经常接触，既在官府之内，也在官府之外。[33]唐·胡安·德·苏尼加，驻罗马大使和后来的那不勒斯总督，其档案包含三十盒1571至1583年间与其同僚们的来往函件；腓力驻威尼斯共和国的大使则仅在1587至1588年，就从其他臣子那里收到了1 000多封信件。[34]

广泛的书信来往代表了一种巨量投资，因为每个携送尼德兰至西班牙文书的特快信使耗费400达克特，每个携送西西里至西班牙文书的耗费360达克特（远超过一名战舰舰长或大学教授的年薪）。腓力在位伊始，中央政府所派特快信使总耗费平均每月近乎3 000达克特（等于整整一个步兵团的薪饷），到期在位之末增至9 000达克特，而到80年代仅维持布鲁塞尔与萨伏依之间的邮政联线就一年耗费近1 000达克特。在每位大使的预算中，信使开支通常构成最大一项。[35]

商人们也维持他们自己的通讯网络，既交流商业信息，也交流政治信息。例如，梅迪纳德尔坎波的西蒙·卢伊斯经营一套商业商行，其价值从1561年到他1597年去世增长了近十倍，即从35 000达克特增至360 000达克特——以16世纪后期的标准衡量相对平平。然而，他的通信对象住在葡萄牙、尼德兰、法国和意大利（还有几个住在美洲和德意志），他每个月要用两天（“普通信差”启程前两天）撰写和口授信函，使每个通信对象都了解最新情况（往往给每封信附上前次去信的一个复本，如果丢失，有时还经不同路线为重要信函发送多达五个副本）。他的境外代理人忠实不渝地予以回报：他们通常至少每两周给他写一封信，而在突然出现某件对其主人的生意至关重要的事情时，还委派另外的特快信差。他们还与腓力二世的臣下们保持密切接触，尤其在卢伊斯于70年代开始借钱给政府以后，在监察市场波动之外监察帝国命运成为必不可少的。他们的共同努力最终产生了一个收藏5万多封信件的档案库，在位于梅迪纳德尔坎波的卢伊斯总部，并且造就了政府可以利用的一大信息交换所。卢伊 58

斯和其他商人的信差，连同一般的旅行者，还能够不经意地获得并传布额外的消息，其中许多也传到宫廷，帮助了国王了解事件。[36]最后，虽然腓力将拆阅他人信函谴责为“反上帝罪”，但他本人也不时犯下此罪。他有时下令截取和抄录邮件，“从而无人知道，同时在我想要的情况下留一个副本”，或者“全无活人得知或瞧见……虽然信件不是写给我的”，有时甚至“用任何人都认不出来的字迹”抄写。[37] 1590 年，西班牙特务搞到了法国驻马德里特使发给亨利四世的四封信，每封都被送到宫内一名“密码破译者”那里，他破译后将译文呈送腓力。[38]

这些通讯大多涉及与一项眼前问题有关的讲究时效的资料，某些人便担心它们没有提供用于长期性决策的足够信息。用修士赫罗尼莫·德·门迭塔在 60 年代从新西班牙写来的话说，“陛下您犹如一位盲人，有极好的理解力，但只能通过那些向您描述的人的眼睛去看外在事物……”[39]然而这一说法过头了：尽管腓力从未访过美洲（门迭塔特指这一点），但 1548 至 1559 年间他在德意志呆了一年，在英格兰度过了两年，在尼德兰呆了差不多五年（包括一次穿行几乎所有各个省份的广泛巡游）。他还访问过意大利，两次跨越阿尔卑斯山脉。此外，他走遍了伊比利亚半岛，在阿拉贡（总共）住过三年以上，在葡萄牙也住过差不多同样长时间。这位国王对自己所读所见持有非常丰富的记忆，就此许多当时人有过谈论，那大大帮助了他勉力履行他的王位的所有责任。当 1575 年西班牙宗教法庭庭长试图驳回对该庭的某些批评时，腓力反诘道“过去我们都知道（陋习）多多，我可以向你保证在巴伦西亚我亲眼见过它们”。[40]

腓力不断试图“通过那些描述人的眼睛”更新和扩展他个人的知识，既有关于他自己的属地、也有关于邻国的属地的知识。例如，在 1588 年 6 月，这位国王签署了一份典型的“事实调查”问单发给墨西哥总督。该总督之前提醒国王，对土著人口征收的一种特别的“博爱税”资助了在乡下宣讲基督教教义的托钵修士和其他人等的工作；但他指出，“由于 1576

年往后在上述印第安人中间发生的疫病,他们的很大一部分已经死亡,而虽然税得下降了,要教诲的人数也减少了,但(讲道者们)仍享受同样多的酬报”。因而,总督建议支付给有关的教士们的津贴“应当按照土著人数目下降的比例予以削减”。可是,国王做决定以前,要求就此事的每个方面提供更多信息。在力争对付遭风暴袭击后无敌舰队之意外折回西班 59
牙引起的危机之际——也是在他们渴求在一切可能之处节省金钱的时刻——腓力及其大臣们仍抽出时间去发动上述调查:这个事实极有启示性。甚至在1598年,死神迅速临近,但国王仍抽出时间去申斥葡属印度总督,因为后者未能呈送在果阿收到的埃塞俄比亚皇帝的一些来函,其原因在于没有人能将它们译成葡文。“这里不缺能做这种工作的人”,他恼火地写道,并且命令未来任何类似的通信须呈送不误。[41]

更有甚者,腓力还索求其游历广泛的幕僚们的个人知识:大臣唐·卢伊斯·德·雷克森斯和鲁伊·戈梅斯·达·西尔瓦、秘书贡萨洛·佩雷斯和加布里埃尔·德·萨亚斯都在其1548至1551年的“欧洲大游历”期间伴随过腓力,而且除了雷克森斯,他们也都和他一起在英国住过;奥利瓦雷伯爵去过英国,在意大利和圣昆廷打过仗,执行过一次赴法外交使命,接着成为驻罗马大使、西西里总督、而后那不勒斯总督,最后任国务议事会成员;唐·胡安·德·伊迪亚克斯在成为国务秘书以前,作为驻意大利的大使效劳过五年;阿尔马桑男爵,一位讲话直率的战争议事会成员,先前在皇帝宫廷代表腓力,并且担任纳瓦尔总督;另一位显赫的战争议事会成员唐·埃尔南多·德·托莱多,访问过英国和法国,在佛兰德和意大利打过仗,还担任过加泰罗尼亚总督。弗朗西斯科·德·埃拉索、阿尔瓦公爵和格朗维勒红衣主教都获得过关于西欧的近乎每个部分的第一手知识:当国王在1566年就西班牙行至尼德兰的最佳途径寻求咨询时,格朗维勒依据自己的亲身经验,描述和评估了每一种可能的旅行路线,既有陆上的,也有海上的。[42]国王与其议事会成员们还拥有悠长的体制性记忆,经常援引先例和史例,有时回溯到几十年前。在1559年,同样在10年后,当有人提议法国和西班牙应当合力征服英国然后将其瓜分时,阿尔瓦公爵否决了这一主意,因为“晚近的”经验已表明此种安排不会成功:他提到1500年的格拉纳达条约,那是关于在两个“超级大国”之间瓜分那不勒斯王国的。[43]

此外,腓力还系统地着手收集有关他的属地的新资料。1559年,他就他的意大利半岛三领地中的每一个同时设立“总巡视(General Visitation”),这部分地是为了积累和核对关于它们的信息。不久后,他在他的西班牙诸王国发起三个有关项目。首先,他派遣荷兰艺术家安通·范登温加尔德绘制一系列市景图:约50个西班牙城镇的62幅市景定稿和若干其他素描草稿留存了下来,全是从一个稍高的俯视点以类似的全景方式画成的(插图10)。[44]

60 除了录下这些城镇面貌外,腓力还责成从事第二个项目:绘制规模史无前例的伊比利亚半岛全图。首要制图师佩德罗·德·埃斯基维尔——阿尔卡拉德埃纳大学数学教授和勘测专家——在60年代开始工作,而据一位当时人的多少过分热情的赞誉,

> 可以毫不夸张地说,那是创世以来就任何地区所曾从事过的最仔细、最勤勉和最准确的描绘……整个西班牙没有一寸地面未被(埃斯基维尔)看过、走过或踏过,一切是否准确皆由他(在数学工具使之可能的限度内)亲手测量和亲目勘查。

埃斯基维尔的工作大体“在他去世时已完成,陛下将它放在自己的房间里”。[45]这件东西当今大概构成现藏于埃斯科里亚尔图书馆的引人注目的21幅地图之一:第一幅(也是极完整的一幅)全半岛地图(插图11)。其余地图提供了一系列局部概览,全都以同样的比例绘制,其中葡萄牙被绘制得最好,阿拉贡和加泰罗尼亚最差。值得在此成就面前流连徘徊,因为埃斯科里亚尔地图集以1: 430 000的比例(类似于当今的标准航空图),
61 包含了那个时代最大的、依据地面详细勘查的欧洲地图。没有其他哪个16世纪西方重要国家拥有任何与之类似的东西,因为阿皮安的巴伐利亚

插图 10　巴塞罗那 1563 年市景图,安通·范登温加尔德绘。弗莱芒"宫廷画家"范登温加尔德 1561 至 1562 年间来到西班牙,从此直到他 1571 年去世一直在西班牙和北非各地旅行,绘制城市风景画。62 幅"已完成的"城镇地形景观图留存了下来,其中巴塞罗那市景图(如写在胡伊奇山顶监察塔上的拉丁文所述,系现场写生而成)属于最早绘制的那些。腓力打算将它们刻版刊印,大概印在某种地图册里,但它们后来分散在维也纳、伦敦和牛津数地,直到 19 世纪为止大多不为人知。防御工事控扼了巴塞罗那:10 世纪时的城墙,连同其外著名的拉姆布拉"河渠大道",还有将阿拉巴尔郊区围在其内的 14 世纪延伸墙。令人印象深刻的"阿塔拉萨纳"(船厂)位于城市东南角,那里建造和维修王家大型划桨帆舰。

地图(依据 1554 至 1561 年进行的一番勘查)囊括 43 000 平方公里,塞科的葡萄牙地图(1560 年刊印)囊括近 90 000 平方公里,而埃斯科里亚尔地图囊括了一个不少于 497 000 平方公里的地区。[46]

腓力的关于西班牙的第三个地理学项目由一系列后来被称为《地志》(*Relaciones topográficas*)的问答书构成,它们在 70 年代被发至各不同社区。该想法似乎源于皇家编年史官胡安·帕雷斯·德·卡斯特罗,他准备了一个要被送往卡斯提尔每个地方的问题单,就其地理、历史、经济、人口和"古迹"征求信息,作为撰写一部该王国的详史和详述的筹备工 62
作;然而,在问题单能被分发出去以前,帕雷斯于 1570 年去世。可是五年后,胡安·德·奥万多——财政议事会和西印度议事会主席、腓力手下最

插图 11　埃斯科里亚尔地图集：全半岛地图。在 16 世纪七八十年代，一群制图员先由佩德罗·德·埃斯基维尔带领，后由霍奥·巴蒂斯塔·德·拉万阿和胡安·洛佩斯·德·维拉斯科领导，勘查了整个伊比利亚半岛——差不多 500 000 平方公里——将勘查结果绘制为一部由 21 幅地图组成的地图集。第一幅地图（在此被展示）虽然因为制图员们未给地球表面的弯曲留下余地而稍有扭斜，但提供了对西班牙和葡萄牙的物质地理和城市分布的一个甚为准确的概览。地图集的其余部分包含当时最大的依据地面详细勘查的欧洲地图。

富精力的大臣之一——将一份基于帕雷斯问题单的问答书发至新卡斯提尔的所有社区。关于大约 600 个村庄和托莱多城的各项回执留存了下来，汇成八巨卷手稿（至少还曾有过另外五巨卷）。[47]大臣们讨论过将此调查延展到阿拉贡和葡萄牙。

与此同时，奥万多开始为西属美洲的各不同社区准备类似的问答书（1569 年时 37 个问题，1571 年时 200 个，1573 年时 135 个），并且派遣科

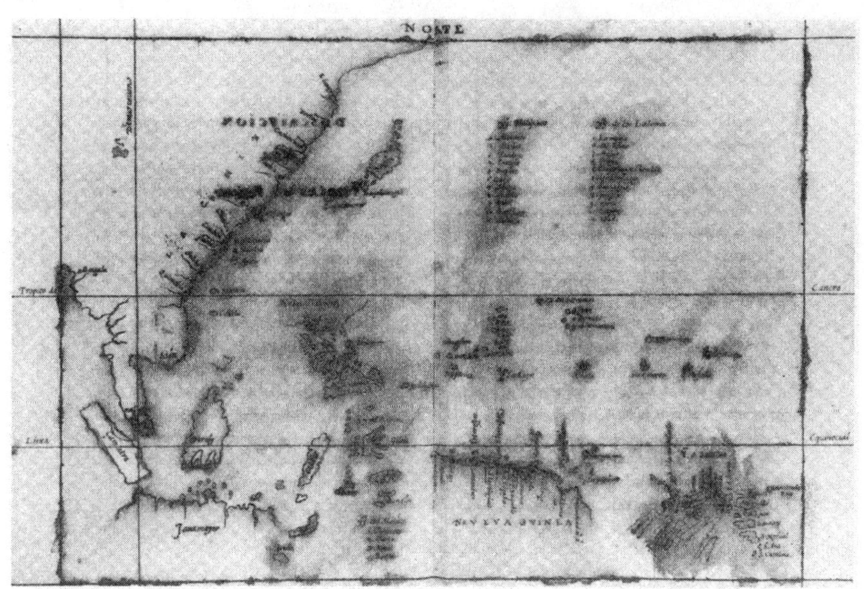

插图12　胡安·洛佩斯·德·维拉斯科的太平洋地图。1574至1575年,腓力的"皇家宇宙志者兼西印度编年史官"维拉斯科编撰一部论著,其中包含关于1494年确立的"分界线"的一切知识(制图的和文字书写的),这一"分界线"将葡萄牙与西班牙各自的海外领地分隔开来。在此过程中,维拉斯科绘出了前所未有的第一幅西太平洋地图,范围从爪哇至日本。虽然该地图以惊人的准确性展示了纬线,但所有经线都显著地有利于西班牙:因而马六甲被准确地显示为北向紧靠赤道,但差不多跨在180度子午线(名为"分界线"的那条线)上,暗示往西的一切都"属于"西班牙。事实上,马六甲的位置仅在东经103度,因而这张地图上显示的一切实际上都"属于"葡萄牙。

学家即植物学家、动物学家、草药学家和制图学家去采集标本、绘制动植 63
物群图和准备腓力海外属地地图。[49]他还委派他先前的秘书、现在的"皇家宇宙志者兼西印度编年史官"胡安·洛佩斯·德·维拉斯科编纂两项著作——"西印度地理和综述"与"西印度划界和分区",它们以制图和撰文形式展示关于西半球已知的所有资料。这两项著作于1574至1575年被提交西印度议事会,包含准确得令人惊异的美洲和加勒比地图,还有世上所曾绘制的第一幅西太平洋地图(插图12)。[50]

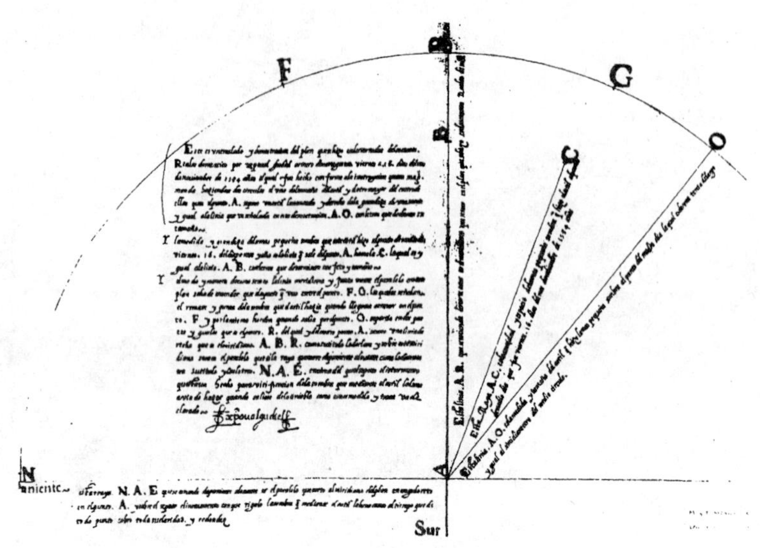

插图13　记录1584年11月17日月食的圆盘。在一个确定经度、从而"固定"东半球分界线的项目中，维拉斯科也起了关键作用。据预测1584年11月17和18日之交将发生月食，用于记录它的材料分发到欧洲不同城市，同时也送至墨西哥和马尼拉，可能还有澳门，以便测得月食开始和结束之际以及月亮刚升至地平线一刻的当地时间，希望对这些当地时间的比较将揭示它们之间的差别——因而距离。在上面说的那个深夜，墨西哥城里的一队天文学家及时地记录了自己的观察，记在一系列完全按照维拉斯科要求的大小画的圆盘上；然而，对他的计划来说不幸的是，到月亮升起在墨西哥上空时，月食已经开始，而且无论如何可得的时钟并不准确。固定经线不得不再等两个世纪，直到能在海上保持准确时间的航海天文钟被发明为止。

然而，问答书和调查的结果令人失望，因而在1577年洛佩斯·德·维拉斯科决定发出一个较简单的、列有55个问题的表格（这次是印制），并且伴有如下要求：提供一幅地图、一篇本社区叙述和（抱负之大首屈一指）一番经度计算，那应当依据对两项被预期的月食的同时观察。大量资料再度涌入，包括众多详述和差不多100幅单个社区地图。[51]可是，无人在经度计算方面取得成功，而政府这样做，既为了改善制图的精确性，更为了准确地确立葡萄牙与西班牙在东亚的势力范围分野（那由1494年托尔德西拉斯条约规定，但只就西半球做了固定划分）。于是，腓力新设的

“数学院”组织了又一次努力。在1582和1583年之交的冬季，专家们为观察预测将在1584年11月17日发生的月食准备了一包资料（包括关于如何准备同样大小的记录圆盘的指示：见插图13），将其不仅预先送往安特卫普、托莱多和塞维利亚，也预先送往墨西哥城、马尼拉，或许还有澳门。为了保证观察准确，他们还预先许久派遣著名的巴伦西亚天文学家豪梅·胡安去墨西哥城，以便装配必需的工具和联络当地专家。1584年11月17日，恰如计划安排，并有两座时钟和一大堆其他工具在侧，豪梅·胡安及其助手们在墨西哥城内大主教府邸的屋顶上记录了他们的月食观察。[52]

插图14　墨西哥境内伊克斯卡兰地图。作为“皇家宇宙志者兼西印度编年史官”，维拉斯科被责成编撰一部西属美洲领地详志，既包括地理和历史概述，也包括经济和自然概览。因此，他于1577年发出一份3页的经印制的问题表，要求每个社区提供同类的信息。55个问题中有3个涉及绘制地图：一幅地区示意图，显示街道和广场分布，还有主要建筑物，加上（对海滨城镇而言）一幅海岸和邻近岛屿地图。最终差不多有100幅地图反馈回来，然而只有寥寥几幅证明有用，它们是由像维拉斯科那样熟悉制图规范的欧洲人绘制的。圣玛丽亚·伊克斯卡兰（属瓦哈卡省）的地方行政官绘制的一流地图看似版画，带有在顶部清晰地标出的“东”字样，还有“赴瓦哈卡皇家大道”，它跨越阿尔瓦拉多河，并在山丘社区（每个有一座教堂代表）中间蜿蜒伸展。 64

65 诚然，这些各种各样的创举都未能达到预想的目的。正当国王要将范登温加尔德的市景图送往尼德兰刻版和发表之际，荷兰爆发叛乱，令他只得作罢；“西班牙地图集”有如拟基于《地志》的详史和详述，始终未完成亦未发表；1583 年，弗朗西斯科·多明格仍未绘制完他的墨西哥地图。此外，实际从美洲送出的资料有许多都无法理解，特别是大多由因循陌生习俗的印第安制图员准备的地图（见插图 14 和 15）；而且，甚至豪梅·胡安也未能做出有用的观察，因为当月亮刚在墨西哥露脸时，月食已经开始，从而他只能记录到它的末尾（不仅如此，鉴于可得的时钟不精确，他对于究竟何时当然难有把握）。[53]尽管如此，虽有这些缺陷，由腓力组织的各种不同信息流的综合影响仍给每个人留下了深刻的印象。用在西班牙宫廷的一位观察家 1566 年写给他在尼德兰的主人中的敬畏之辞说：“正如大人您所知，凡在那里发生之事，无不在这里被立即得知。”[54]

既如此，为何腓力未能将这么多知识——比他的任何对手拥有的多得那么多的知识——转化为不可抵挡的权势？无论如何，有如米歇尔·福柯曾说，“知识总是引发权势效应……没有知识，权势就不可能得到行使，有了知识，就不可能不产生权势”。然而，腓力二世自己的官员取笑他的无能，开玩笑说“如果我们不得不等死，那么让我们希望死亡来自西班牙，因为那样它永不会到来”，而国王未能做出决定并传送决定的例子（以及对此而发的牢骚）在留存下来的档案中比比皆是。[55]当 1546 年腓力尚不及 20 岁、担任西班牙摄政仅三年时，有些人抱怨说“他处理事务费时太久”，而 1560 年时他的国务秘书报告说“我在这过去几天里一直生病，但那没有阻止我准时参与国事，因为决定做得那么慢，以致跛子都能赶得上他们”。五年后他说得更具体，对一位同僚悲叹国王的“天性是从不决定任何事”；确实恰在此时，腓力有意六个月之久不将下面一点告诉他的在尼德兰的摄政：他希望她奉行一条对异端的强硬路线（实际上他根本难得给她写信）。[56]1571 年，时任地中海舰队副司令的唐·卢伊斯·德·雷克森斯烦躁地说：“我们宫廷的原罪——从不适时完成或适时去

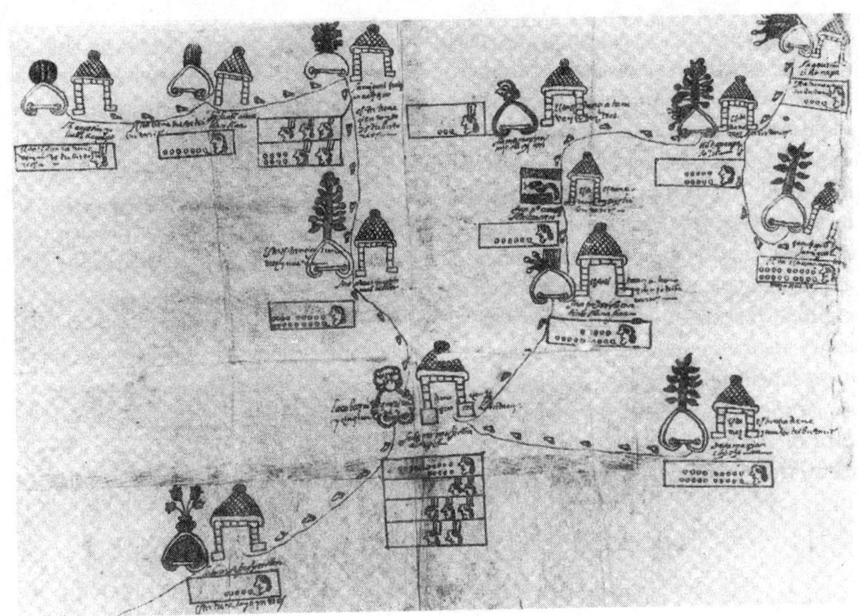

插图 15　墨西哥境内穆齐迪兰地图。为回应 1577 年问题表而准备的大多数地图出自土著艺术家之手,他们使用阿兹特克帝国的制图规范和“象形书写”。穆齐迪兰(属格雷罗省)有 13 个聚居地,其中每个都由一座传统建筑代表,连同它的既用西班牙语书写又用图像表征的名称。于是,在图左下方,我们见到圣卢卡斯·特佩乔科兰,其表征(大概是阿兹特克人在征服该地区和强索贡赋时加诸的)显示了在山(*tepetl*)顶上的一罐花果(*xocotli*),因为特佩乔科兰(Tepechocotlan)意为“花果山之地”(*-tlan* 在纳瓦特尔语中意为“……的地方”)。无疑,维拉斯科丝毫不知其意,也丝毫不懂纳瓦特尔族画家所绘的 70 余种制图象征。

做任何事情——业已大大加剧……并且正在与日俱增”。四年后,现正统率八万大军力争压倒荷兰造反的同一个雷克森斯声称,他已有九个月未从国王那里直接得到指示;他抗议“陛下在解决他的一切事务方面都如此大为拖延,以致他后来不得不在没有足够时间或足够思考的情况下这么做”。[57]外国的观察家们也持有与此相同的看法。按照法国大使在 1560 年的说法,腓力决心“君主、大臣和秘书一身三任,这很好,可是它造成了显著的延宕和困惑,使得所有那些住在此地有所企求者都感到绝 66
望”。十年后,他的继任者抱怨:“西班牙宫廷的决策那么不确定,并且费时那么久，以至那些以为会在一星期内收到文书的人在一个月内都收不到。”1577 年，徒然等待国王为入侵爱尔兰拨出资源的教廷国务秘书怒气冲冲地说道：“此种拖拉的唯一原因，在于陛下犹豫不决。”[58]

然而，在他整个漫长的统治期间，腓力每日每天都做出大量决定。例如 1566 年 8 月 31 日（诚然是在一段旷日持久的沉默时期以后），一名信使离开马德里，带着 100 多封法文和荷兰文函件，那是腓力给他在尼德兰的行政当局的成员们的，与此同时另一名信使携带另外的西班牙文函件。十年后，腓力声称有一次坐下来就一连签署了 400 封信函；在 1587 年，有时他仅就无敌舰队事务就一天签署 20 多封，而在 1588 年春，每天这方面的总量增至近 50 封。[59]不仅如此，他创设或改造了不少于三个档案馆，分明为了保存他的行政当局产生和需要的文件：当他仍是为他父亲代劳的西班牙摄政时，他就采取步骤，为卡斯提尔王室在西曼卡斯城堡中系统地储存国务文件（1545 年），为阿拉贡王室在一座特意建于巴塞罗那的建筑中做同样的事（1552 年）；1558 年，他下令在罗马的“西班牙人的圣詹姆士教堂”内开辟一个档案馆，以保存所有对他有利的教皇敕书和教皇训令。他还确保重要的和例行公事式的文件都被储存在便利处，使得他的大臣们在需要时总能够参阅或抄录之。[60]

关于腓力的决策拖延，已经有了许多解释——既由当时人、也由历史学家提供。在当时被提出的最常有的解释涉及国王坚持自己要操办一切。1584 年，在供职于马德里五年、经常与国王密切接触之后，格朗维勒红衣主教大发牢骚：

> 我在所有事情上都见到这些拖延，它们那么有害，在那么多方面损伤我们自己的国务，包括那些由于众多拖延而变得不被注意的首要国务。究其原因，在于陛下想亲躬一切而不信任其他任何人，忙于如此众多的鸡毛蒜皮之事，以至他没有空余时间去解决最重要的。

晚些时候，驻西班牙的教皇使节抱怨道：“陛下想亲躬一切，但那是不可能的，即使他有三头六臂。”最全面的指责于1589年出自唐·胡安·德·西尔瓦，他作为侍从、军人、大使和议事会成员已为国王效劳了半个多世纪：

> 我们多年来知道，陛下对鸡毛蒜皮之事的细致的关注令人遗憾，
> 因为当一个人为了躲避工作而找事干的时候我们称之为消遣，但是
> 当他为了找事干而工作的时候那就无法被给个适当的名称。无疑，67
> 陛下的头脑虽然必定是世上最大的，但它像任何别人的头脑一样，若
> 不在那些应当亲自处理的与不得不下放给别人的之间做某种区分，
> 就没有办法组织自己的众多事务。同样无疑，陛下不做这种区
> 分……相反，他不留任何事情撒手不管，从每个人那里取走应予下放
> 的（关于个人和细节的）资料，从而不集中于大事要事，因为他发觉
> 它们太累人。

唐·胡安对其主题越说越起劲：

> 于是，没有任何人负责那些在陛下与其大臣之间游移不定的最重要问题，每件事都被随意胡乱决定，耗费巨大却从无回报。结果，我们费时费力去规避所需措施，去采取此等措施却已缺乏时间、金钱和机会，去做出所费多出所省三倍的节约，去仓促动手因为我们为时已晚，去拙劣开局因为我们仓促上阵。谁看不到这一点谁就一定是瞎子。[61]

然而，是否应当相信这些批评者？其中某些人毕竟是在愤怒和沮丧之中下笔：格朗维勒到1584年已是个忿忿不平的老头，已两度被蛮横地从权力中心撇到权力边缘：一是20年前腓力罢免了他的驻尼德兰首席大臣之职，二是1583年国王从葡萄牙返回导致他被边缘化了；西尔瓦在1589年就自己的乡村宅地产闷闷不乐，因为国王没有像他觉得自己该当

地那般酬赏他。[62]大使们据本义，是在至少部分地昧于腓力真正如何统治的情况下动笔。他们全都不满这么一个事实：他没有集中关注对他们来说是首要关切的问题。

国王本人从不否认拖延：他将"时间和我可敌一切"（*Yo con el tiempo*）作为自己的格言，并在密函中以"费边"为密码代称（即沿用那靠拖延策略击败了汉尼拔的罗马大将之名），并非没有理由。当耶罗尼莫修道会会长在1589年抱怨早先给国王的一封信没有得到答复时，腓力立即承担全部责任，告诉秘书"此项拖延过错在我，因为国事压力我一直未能看它或下令给个答复。你最好告诉会长：一个人无法总是做一个人想做的事情。"还有，当国王的赞助事务秘书不久后同样抱怨一些日子以前呈送的若干文件还未返回时，腓力再度认错："我很抱歉，国事压力竟如此，以至没有给我留下时间去注意这些或其他许多我应当注意的东西，而我无法再处理更多的了。不过，我将尽力而为。"[63]然而，拖延的原因不在于低效或"胡乱干预"（如格朗维勒和西尔瓦所称），而是恰好相反，在于腓力的"优先函件"体制（见原书第30页）。这位国王知道自己缺乏时间去照
68 管每件事，因而在其秘书们的协助下，他首先照管最重要的事。在国王的优先事项单上，安抚一位耶罗尼莫修道会会长和赞助事务秘书占不了优先位置，因而他将它们撇在一边。与此相似，1588年夏天，当一位大贵族抱怨他未收到对较早时候一项请愿的任何回应时，腓力毫不犹豫地通知秘书：

> 你可以告诉他，你已（就此）提醒过我几次，而且我也很想看；然而，成就在葡萄牙的无敌舰队出海和相关事务已经并仍然使我那么忙，以至我始终没有时间用在它上面。此外，一些天来我苦于痛风（虽然那本不会令我不去管，要不是有我刚说了的事），而且已经并仍然必须费很多时间和麻烦去凑集金钱：已经花费并仍需花费的所有金钱。

几个月后,同一位秘书呈上军事教团议事会新任主席的首批商议录,恳求国王至少审视其中某一些,“从而不使他丧气”,尽管他认识到这是个非同小可的过分要求,因为现在有那么多商议录等着国王的关注——“在马德里人们说陛下您在此有 800 份。”腓力疲倦地答道事情还未接近那么糟,因为在他书桌周围只堆着 300 份商议录:一旦他处理了更紧迫的事项,他就会立即审视之。[64]

看一下被晚近的白宫占据者们采用去对付其职位压力的行政方法,就能以一种有益的视角看待腓力的困难及其解决办法。据一位分析家所说:

> 总统本人对时间的使用,他对他个人注意力的分配,被他日复一日不得不干的事情主宰……(他的)轻重缓急次序并非按照一项任务有多重要确定,而是按照对他来说去干此事有多大必要决定。他最先处理接下来要他命的事。不可逾越的时限支配他的个人日程。在他工作周的大部分日子和他一年的大部分季节里,他遭遇足够多的不可逾越的界限,以致耗尽他的精力和塞满他的时间,而不管别的一切……什么构成一条不可逾越的界限?回答很简单:它是一个日期,或一个事件,或这两者的结合……日期愈确定,事件愈严重,就愈倾向于构成不可逾越的界限。单独或结合地,愈益迫近的日期和愈益加剧的严重性点着在白宫底下燃烧的火焰。试图灭火是总统们最先干的事情。它占用了他们的大部分时间。[65]

归功于他的秘书们的奉献和他的“优先函件”体制,腓力二世通常知道他不得不灭哪些“火”。那么,为什么他有时未能迅速行动以扑灭它们?

尤其在其统治的前半期,这位国王的文件存放体制中的缺陷间或导 69
致了延宕。1566 年夏,当腓力希望考虑来自西印度议事会的一份关于米格尔·洛佩斯·德·莱加兹皮远航菲律宾的报告时,他找不到任何地图向他显示这个群岛在哪里。“告诉(西印度)议事会成员”,他显然恼火地

指示他的秘书弗朗西斯科·德·埃拉索，

> 他们要尽全力找到就此现存的所有文件和图表，并且将它们安然保存在议事会办公处；确实，原件应当被置于在西曼卡斯的档案馆，保真副本被拿到议事会。我想我自己有一些（该地区地图），当我另日在马德里时我曾试图找到它们，因为如果我确实有，那就是它们会在的地方。我返回那里时，如果我记得，而且如果我有时间（此刻没有），我就会再找。埃拉索，你是否认为你能就此找到什么？我希望你去搜寻，并且保证你找到的任何东西都像我刚说了的那样被照管好，同时议事会总是拥有副本。[66]

几年后，国王想找他父亲1543年给他的手谕的副本，“但我不知道我是否有，或它们在哪里，我也没有时间去找它们或去找十万份其他文件”。1576年，在又一次放错了某些文件后，国王承认：

> 我今天很不当心。昨夜他们给我拿来了这个出自富埃马约尔（一名国库官员）的卷宗，今天上午又拿来了另一个出自规程（议事会）主席的卷宗。我将它们放在了一个书桌上，那里有我的另一些文件，因而我以后可以看它们；然而，由于我有许多接见，还有我给了你的其余卷宗，连同我较早时候签署了的许多其他文件，因而我忘了它们。由此，虽然我们今晚谈到了富埃马约尔的文件，但我直到现在才想起它们，而现在已经是九点了。

可是接着国王突然碰上了运气：“恰在要求（送上）晚餐之后，我四处溜达，走近那个书桌，碰巧见到并阅读了它们。”他马上交还这些卷宗，连同他的决定。然而，1581年里有一天，腓力的文件存放体制使他完全失望：他既找不到他给堂兄弟、提罗尔的斐迪南大公已写的信函的副本（“虽然我一定写了，因为他来信承认收到了它”），也找不到关于这位大公的代

理人送给他的一部铸币机的说明书（“我认为他将此与其他文件一起给
了我，但我找不到”）。他问他的秘书接下来怎么办。[67]尽管如此，正像灵
魂经历几个黑夜并不表明患狂郁症（见原书第45页），几份文件被错放
和几封信函被延误也不表明官僚极端低效；而且，无论如何，在腓力统治 70
的后半期内，关于丢失文件的抱怨减少了。

同样特别在其统治的前半期，延宕的一个更严重的原因出于腓力在危机期间有意决定一度无所作为。例如，1565年夏季，他试图在集中精力击败土耳其人对马耳他的袭击之际，拖延一切重大决定；一位富有经验的海外外交官坐等指令而不得，遂发怒言道：“对我们的主子来说，每件事都被延后到未来，就每件事做的主要决定都是绝不做决定。”国王本人赞同此说。3月间，埃格蒙的拉莫拉尔伯爵抵达宫廷，奉布鲁塞尔政府之命要弄清国王对尼德兰的意图，而此时正好传来土耳其大舰队西进的消息。腓力有意拖延，告诉他的秘书“我已如此地起草了我的答复，因而埃格蒙将无法迫使我做决定……我的意图有如你会猜出的那样，既不是解决伯爵的这些要求，也不是令他失望，因为倘若如此他就会把我们烦得要死，我们就绝对摆脱不了他”。[68]

虽然对危机现场的代理人来说，危机期间在投放资源方面的某些拖延非常令人沮丧，但这么做是有道理的，国王由此能够得益于最佳的可得信息，从而将犯错的风险降至最低程度。“助长仓促”，如一位现代分析家指出，“无疑是可被导入军队的最大一项危害”。用另一位的话说：“经理决策的精致艺术在于，不就眼下不相干的问题做决定，不过早地做决定，不做无法被搞得行之有效的决定。”在整个1565年夏季，直到马耳他已被解围的消息抵达为止，腓力拖后所有其他问题上的决定，即使是在尼德兰问题上，因为它们有很大风险成为不相干的、过早的和无效的。[69]

然而，随统治时间的推移，国王似乎愈愿冒风险。出自其境外臣属们的抱怨较少针对令人沮丧的忽视，而是愈益针对不受欢迎的干预。甚至在早先的岁月里，也有紧张出现，那是在向其当地代理人下放权力的明显需要与腓力对放弃控制的大不乐意之间。1557年，在听说佛罗里达可能

适于建立定居点之后，国王决定废弃他早先不准在美洲作任何新的探险远征的禁令，并且通知新西班牙总督："鉴于我们对你个人的巨大信任，我们已决定将此事移交给置身现场的你，因而你能够判断什么最有益于上帝和我的事业以及国家的福祉。去做这方面在你看来最好的一切。"与此相似，在1569年，作为控制新世界臣属开支的努力的一部分，国王下令任何支付倘无他签署的特许状，都将从总督的薪金中扣除；然而这一命令的愚蠢很快就一目了然——"因为你没有我的命令去这么做，你就不
71 可做我们的职责需要做的事情"——因而国王在两年后扭转了他的政策。[70]后来在1576年，当他可得的一切信息都显示土耳其海军第二年不会西进时，国王决定急剧削减舰队。大臣们为地中海司令官准备了关于如何实施"改组"的详细指令，可是当他签署指令的最后文本时，腓力突然心生狐疑，亲笔添上了如下关键性的保留意见："尽管如此，如果在你看来这不合适，如果现在削减我们的舰队可能招来敌人(的舰队)，那么你可将它维持到夏季结束为止。"[71]

到1580年代，一旦他的信息搜集技术得到了扩展，国王便坚持他应当依据他掌握的丰度无与伦比的资料亲自做一切重大决定，这就倾向于导致旷日持久的拖延。例如，当他力求为无敌舰队的征战协调帝国的全部资源时，他敦促他的境外使节们提供涌流不断的消息，"因为现在是分秒不停地就每件事给我提供咨询的时候了"。[72]由这样的命令招致的、他全都力图亲自审视的空前巨大的信息潮看来使腓力确信，他手中真的掌握一切相关资料，而且归功于他那独特的信息网络，只有他才能评估总体局势，尽管某个既定的战区司令官对当地环境的理解可能不亚于任何人。1587年10月，他通知无敌舰队司令官圣克鲁斯侯爵"大业成败系于眼前"，敦促后者"相信我拥有对所有领域当前状况的完全了解"，因而任何情况下都不能允许对他的宏伟计划有任何偏离。[73]对于圣克鲁斯的后继者梅迪纳·西多尼亚，他就此强调得更厉害。甚至在1588年8月中旬，即无敌舰队已在战斗中失败、被向北驱入苏格兰水域后一周，腓力仍旧坚持大业成功取决于只字不差地遵从他的指令。只是在9月中旬(随被风

暴摧垮的舰队的残余临近西班牙海岸)他才松手:大臣们现在起草给梅迪纳·西多尼亚的命令,要他在苏格兰登陆,与当地的天主教徒结盟并在那里过冬。[74]这当然全都是胡说。腓力没有、也不可能有“关于一切领域内当前事态的全部信息”;而且,即使假定他不知怎地竟有如此本领,大多数信息到他传给他的战区司令官时,也会严重过时。

减慢西班牙帝国的脉动的第三个、也是最后一个因素,出自腓力的“零缺陷心态”。他坚持“事事全都搞对是多么重要”,加上意欲亲自做一切重要决定,从而未给犯错留下任何余地。在最终授权采取任何重大行动以前,这位国王试图确保事事全都井然有序,安排完美。1571 年,在焦急地等待西班牙地中海舰队出海之际,威尼斯大使利奥纳多·多纳既烦躁又惊异地注意到国王坚持在发动战役以前必须绝对万事齐备:

> 我见到,在有关海战的场合,每件鸡毛蒜皮之事都经久不定,阻 72
> 绝起航;因为桨橹篷帆尚未齐备,或烤饼炉子数量不足,或缺乏仅仅
> 十根桅杆或帆桁,就在许多场合拖上几个月,中断了舰队的进展。

或许更糟的是,一旦最后一把桨、一面帆、一座炉子和一根桅杆已被凑集,国王便期望事事全都像钟表那般绝对规则地运行。有如 1588 年正当神经紧张地带领无敌舰队进入英吉利海峡的梅迪纳·西多尼亚公爵所说,“计划是在我抵达(佛兰德海岸外)之际,帕尔马公爵应当立即率其舰只出来而不使我等他片刻。战役成功皆系于此”。[75]鉴于 16 世纪信息技术的局限,这一前提假设当然完全不合情理。

或许可以为之辩解,说腓力只是一名“空想”战略家,因为他极少(1558 年以后完全没有)亲身体验战争,因而不能真正懂得 19 世纪中叶普鲁士参谋总长赫尔穆特·冯·毛奇的一句格言,即“没有任何计划在与敌遭遇二十四小时以上还存活下去”。然而,在腓力的同代人中间,有许多表现得更为现实主义。英国的伊丽莎白及其幕僚们都像这位国王一样,实际上不懂战争,但他们肯定预感到毛奇说的道理。例如,伊丽莎白

就无敌舰队战役给埃芬厄姆的霍华德的指令看来是审慎的楷模。在概览了她的王国面对的各项潜在威胁之后，她以一种大不同于腓力给梅迪纳·西多尼亚的命令的语调——现实得多的语调——结尾：

> 最后，可能发生许多变故，那可驱使你采取另一方针，而非你奉我们的指令要采取的那些；因而我们认为，在此情况下，最合宜的是你按照你自己的判断和斟酌处置权，去做你可能认为可最趋于推进我们事业的事。

而且，她的大臣们认识到，有时还婉转地提醒她，“你无法在每时每刻筹虑一切”。[76]

有如一切国务活动家，腓力类似于一艘江河航船的船长：只有在他的船行快于水流的时候，他才能维持船舵的效能。随着要求评估的信息和需要他做出的决定愈益增多，解决就必然来得愈益缓慢。他对取得越来越多信息的坚持，还有他持有的这使他能够——使他有资格——微观管理其全球性帝国所有各处运作的幻想，自相矛盾地促成减弱他的控制。
73 他从未显得把握了认识他自身局限性的必要，尤其是在任何急剧地增多了所需的紧迫决定的危机期间，尽管事实上（用我们时代一位著名的战略分析家的话说）：

> 任何人在一个既定的时段里，只能吸取、消化和处理那么多。越是紧张，个人就越会忽视或误述资料，误解和误构信息，思绪紊乱、方向错误和出乎意外的可能性也就越大……（不仅如此，）与战时决策相干的、信息的空间分布和它的根本地时间分布意味着一件事，那就是在任何既定地点多项关键信息将始终不可得。那些在公司或军队据有高级职位的人只需要反思一下关于他们自己的组织内发生着的事情他们不知道的有多少，就可以认识到信息在空间或时间方面不

可得这一现实。

简言之，“出自更多来源的、比先前任何时候都更快地成为可得的更多信息，等于系统超载……处理技术和传送技术远超过我们吸收、筛选和分配信息的能力”。[77]

不过，正是关于这一危险的警告唾手可得。归功于他在漫长的一生里始终聆听的讲道，腓力必定不止一次地听到希伯来人领袖摩西在出埃及去巴勒斯坦时领受的、他的岳父叶忒罗的教诲。叶忒罗坚决认为事必躬亲，“做得不好。你和这些百姓必都疲惫，因为这事太重，你独自一人办理不了”。诚然此哉。但并非只有腓力一个人忽视了该文的意义。举一个很晚的例子：1914 年 6 月 27 日到 8 月 3 日期间，在圣彼得堡、柏林、维也纳、巴黎和伦敦的五国政府互相间产生了至少 6 000 份文件，评估愈益加剧的国际危机，总共远不止 1 500 000 个词——远超过能够消化和把握的。不仅如此，信息流并不均衡：五国中每一国的外交大臣从大使们收到的来函总量从危机伊始的平均每天 4 份增至危机末端的 40 多份，在各个国家元首之间直接来往的文书则从每天两份增至 20 多份。由此产生的压力压倒了欧洲所有各国的决策结构，从而助成它们跌入战争。[78]

然而，腓力二世的战略规划所以糟糕，并非只因为他像 1914 年时的国务活动家那样，积累了超过他能够及时吸收、筛选和消化的知识；真正的问题在于一个事实，即他的政府体制要求所有这些过程皆由国王亲自实行。有如摩西，腓力确信只有他才能向他的人民传递神恩，只有他才能恰当地处理一切问题。虽然他统治的帝国由那么多不同的和分散的领土组成，其中每个领土都有其独自身份和独立情绪，但他坚决要求处于中央的所有议事会和政务会——就像处于边缘的各不同臣属、机构和社
团——应当等着接收来自国王个人的命令。必不可免，即使没有危机，随 74
着每个机体产生的事务增多，腓力能够准时发挥其特定作用的可能性也变得越来越小。

由此而来的信息超载——处置多得超过能被单独一个大脑处理的资

料——给腓力的帝国造成了三个问题。在操作层次上，正如已经指出的，它导致了微观管理企图。这些企图显然注定失败，因为像约翰·吉尔马丁写的那样，“没有任何数量的通讯能够取代在现场的一位能干和负责任的指挥官。试图这么做等于自招灾难”。[79]腓力未能认识到“关于一切领域内当前事态的全部信息”——即使他拥有之——仍不可能使他有能力从他那遥远的大本营去微观指挥一场复杂的军事行动。在规划层次上，信息超载产生了两个进一步的严重后果。第一，腓力寻求隐居，至少部分地为了增加可得的时间，以便不受干扰地研究涌入的信息；然而，这使他与“现实世界”隔开，以至到了一个危险地步。第二，并且远更有害，由于再多的时间或努力也不足以消化全部巨量的可得资料，这位国王便形成了某些战略去只挑选那些与业经采纳的计划大致吻合的信息。

维持一个人的信念、行动和反应之间的和谐，其吸引力显而易见：它们的互相一致有助于每个人去解释、保持和回忆信息，并且使行为模式具有连续性。然而，其危险同样显而易见：它能导致“认识僵化”，使人青睐与已经做出的决定相吻合的信息，排斥质疑它们的任何资料。符合现存计划的信息会被用来肯定已经做出的选择：这一事实本身促成阻绝替代性信念的形成。举一个经典的例子：关于敌方的战备纯系恫吓的信念会耽误一种认识，即它们是“动真格的”，因为这两种设想彼此是那么相像。[80]最后，追求一致引发错误的努力，去按照被青睐的选择注解一切政策：不是认识到只有以牺牲其他某些目的为代价才能达到目标，而是使一切考虑都被搞得去支持已被采纳的决定。的确，以后还可能添上新的辩解，以便加强被青睐的政策的理由，使之显得像是唯一合理的抉择。[81]

当然，在一场危机期间，任何国务活动家可得的证据通常都可有多种解释——确实有时大多数证据可能不支持正确的解释，因而预感和经验起颇大作用。设法做出正确决定的统治者往往与其不那么成功的对手一样顽固和怀抱偏见。然而，处于严重心理压力状态的领导人（如1587至1588年的腓力）似乎异常强烈地决意接受那些支持其先入之见的信息，规避与之相反的任何东西，无论是通过将凶事预言者逐出其宫廷，还是通

过贬斥或无视持有异见的报告，或是通过（一切办法中最糟糕的）曲解一 75
切进来的信息，使之支持他们先前的前提假设。[82]

尽管如此，所有国务活动家都需要一个理论架构、一个这样或那样的参照框架，既是为了得知正义之事与仅仅合乎时宜之事的区别，也是为了确立（并维持）轻重缓急次序和维护广泛的政策；否则，“不可逾越的界限”和“试图灭火”会不给任何别的事情留下时间。这一参照框架一部分出自实际经验——出自与操作细节和政策细节的长期接触。然而，信念、价值观和先入之见也起作用。由其父亲灌输的帝国想象，连同他从事上帝的工作的简直不可动摇的信念，帮助腓力去解释他掌握的数量空前的信息，并且帮助他去做决定。有如这位国王 1573 年高傲地对一名沮丧的下属说的：“你在为上帝效劳和为我效劳——它们是一回事。”他的议事会成员们很快就来帮腔。翌年，其中的一位就工作和健康给国王写道：“我已献身于效劳陛下，因为这与效劳上帝一样。”腓力与其大臣们变得深深确信上帝将提供超越人类预见力或执行力的一切，并且反复指望奇迹降临以弥合意图与成就之间的差距，以填补战略计划中的裂缝。[83]不仅如此，他们的热烈信仰还鼓励了树立野心过大的目的，造就了一种“救世式帝国主义”，那证明既是西班牙大战略的最大力量之一，同时又是它的最大弱点之一。

77

第三章 “上帝在我们这边”

尽管无论是腓力二世，还是其大臣们，都未曾制定自己的“帝国蓝图”，但他们确实继承了一幅，并且时常参考它。1548 年 1 月，腓力的父亲查理五世准备了一份全面审视他面对的种种问题的文件，送给他 20 岁的，当时作为摄政在西班牙效力的儿子腓力。这份有时被称作查理的“政治遗嘱”的长篇文件很快在政府圈内变得众所周知。至少有 28 份手书副本留存下来，而且在 1600 年，西班牙驻萨伏依大使还提醒其君主“皇帝陛下在给已故国王陛下（腓力二世）的指示中所说”，同时认为它的战略分析依然适用。腓力本人也满怀敬意地提到他父亲给他的种种训喻文书：“我记得（查理）陛下许多年前教给我的一项教益”，他在 1559 年告诉一位议事会成员，“每当我遵循它就诸事顺遂，每当我不遵循便处处倒霉”；当他在 1574 年开始为他自己的继承人起草指示时，他力求使之依据“皇帝亲笔给我写的”那些。[1] 1606 年，普鲁登西奥·德·桑多瓦尔在其畅销书《查理五世皇帝生平和行为史》（*History of the life and deeds of the Emperor Charles V*）内，全文刊印了查理对帝国大战略的全面审视。[2]

查理在“政治遗嘱”篇首敦促太子“将你的所有愿望和行为从属于上帝的意志”，以捍卫天主教信仰作为其主要责任。然后，他对于为保卫帝国“我被迫那么多次和在那么多地方打的战争”的代价表示遗憾，虽然他有点沾沾自喜地说“有上帝相助（为此让他得到感激）我保住、捍卫和增添了其他优质和紧要的［土地］”。因此，头号需要在于保证它们有个在其中养息复兴的和平时期。然而，

78

> 避免战争和不让它迫近并非总是那些向往者力所能及……尤其

> 对于那些统治着像上帝恩赐给我，而且——如果他乐意——我将传给你的那般巨大、众多和遥远的领地的人来说是如此。宁可说，能否做到这一点取决于邻国和其他国家是持善意还是持恶意。 78

皇帝接着投入了一番很有洞察力的广泛的概览，那是关于主要国际形势和最适于维护腓力继承所得之完整的大战略的。[3]

“常识和经验表明”，查理一上来说，

> 除非你注意监察和费心理解其他国家和统治者的行为，并且拢住在所有各个领域的朋友和其他通风报信者，就难以——假如不是不可能——和平生活或避免、抵挡和纠正被图谋来针对你和你的领地的任何事情……尤其是因为（正如我已经指出）它们互相隔开，并且遭到嫉妒。[4]

因此，“你首先的和最牢靠的友谊和信任”必须是与查理之弟、被指定继承神圣罗马帝国皇帝位的斐迪南之间的。一方面，他的叔父斐迪南将是一位可贵的顾问；另一方面，作为皇帝，他的支持对腓力控制北意大利和低地国家（两者皆为帝国采邑）以及维持它们之间便利和安全的交通而言将证明必不可少。腓力分毫不差地遵循了这一训喻。他与斐迪南的通信显露出敬爱交加，两位君主都力求实行即使并非总是相同、也至少彼此吻合的政策；当他叔父驾崩时，腓力甚为悲恸。[5]20 多年后，腓力仍然怀着爱慕之情回想起斐迪南：当时一名秘书呈送上一份赞美他叔父虔诚有加、信仰坚定的文书，“因为我认为陛下您愿意读它”，国王随后热烈地涂写道：“我了解斐迪南皇帝。我们在一起度过了差不多一年，即 1551 年在德意志的奥格斯堡，陪伴着我的父皇；我常常见到他，因为我们相处得很好。”[6]

不过，国王的记忆已变得有选择性。他提到的奥格斯堡聚会实际上造就了哈布斯堡家族内的严重不和，因为查理使用咆哮和威胁，先试着迫

79 **查理五世家族**

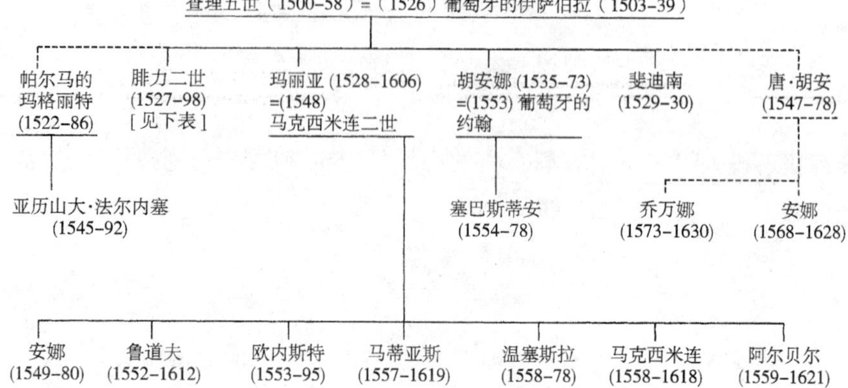

腓力二世家族

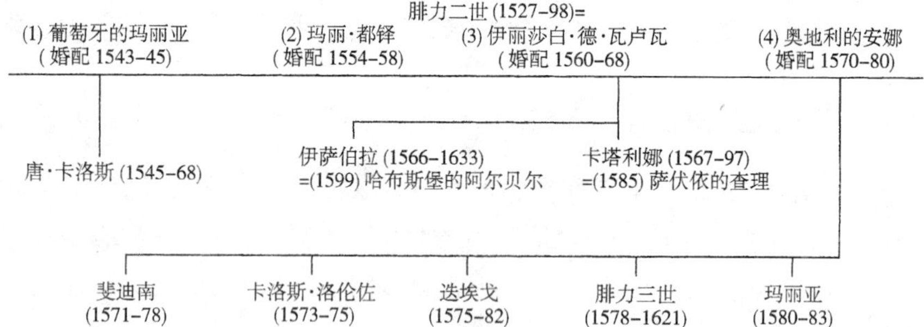

表格 3a 和 3b 在 16 世纪，哈布斯堡倾向于要么家族繁盛，要么无嗣而绝。腓力二世的妹妹玛丽亚和她丈夫马克西米连有许多孩子，其中仅安娜生有后代；在查理五世的其他合法的孙子孙女中间，除安娜外，只有两个产生继承人：卡塔利娜和腓力三世。

使其弟放弃继承皇帝这一权利要求以利腓力，失败后又力图迫使他指定腓力——而非斐迪南自己的儿子马克西米连——为下一位继承人（见表格 3a 和 3b）。斐迪南最终抵挡不住垮下来，但是德意志的公众舆论坚决反对这一交易，而腓力在 1555 年即成为英格兰国王之后正式放弃了继承其叔父的权利要求。[7] 1558 年斐迪南刚取得皇帝称号，便立即背弃了他在奥格斯堡被勒索做出的另一项许诺：承认腓力为他在意大利的“皇帝代理”。相反，他坚持他的代理人必须住在意大利半岛；虽然他提出“在殿下前往意大利之际”予以这一头衔，但他俩都知道这依然是张空头支票。[8]然而，在所有其他方面，斐迪南都将腓力当作“恰如他自己的儿子之一”对待，担当“家族和平团结的保障者”。[9]他的继承人马克西米连二世（1564至1576年的皇帝）一度似乎承认了他的表兄兼妹夫为王朝老大， 80
于1569年将他两个女儿的婚姻契约谈判付托给腓力，其中一个嫁给了法王查理九世，另一个嫁给了腓力本人。翌年，一位西班牙大臣笔谈“陛下您（腓力）与皇帝之间的兄弟情谊，那责成您将他的事情当作恰如您自己的事情对待”。[10]这一切在1571年急剧改变，其时西班牙部队入侵帝国小采邑菲纳莱利古雷。未被征求意见的马克西米连先是组织了一场外交攻势，以迫使这些部队退出，然后非但根本不提名腓力为“皇帝代理”，反而开始在米兰常驻他自己的代表，以便照看他在意大利的利益，制住西班牙的野心。更糟的是，1572年尼德兰爆发内战后，马克西米连反复拒绝援助腓力，甚至公开劝告表兄应该向荷兰造反者做出让步。[11]他的儿子们甚至更少合作：马蒂亚斯公开藐视腓力，担任反叛的尼德兰诸省的总长官达四年之久（1577至1581年），鲁道夫二世（1576至1612年的皇帝）则利用西班牙的暂时羸弱，以图迫使腓力与其荷兰造反者在1579年的一次正式和会上谈判。直到1620年代为止，哈布斯堡家族两分支之间一直没有恢复密切的政治合作。

因此，查理“政治遗嘱”中旨在稳定的第一条训喻未像预计的那样生效；第二条起初也没有。“你已经知道当今的教皇保罗三世如何对待我”，皇帝抱怨道，同时表达了改换教皇将会改善境况的希望。他预见到两个潜在冲突领域，一是教皇对那不勒斯和西西里的宗主权要求，二是国王对西班牙教会和美洲教会的广泛庇护权；他训导他的继承人“以一个教会的好儿子应当表现的谦恭去行事，不给教皇们任何正当的对你生气的理由。但是，要这么做而且不能损害上述各王国的显尊、繁荣与和平”。[12]换言之，腓力不应放弃任何东西。然而，腓力在1556年继承其父以后不久，新教皇保罗四世将他（和查理）革出教门并且宣战。国王感到

愤怒,对其叔父斐迪南大发怨言,说新教皇的行为

> 如全世界所见,无理无由,因为我不仅没有给他提供这么做的任何正当缘由,而且教皇陛下他反倒欠我泽惠和尊荣,因为在使英国恢复信仰和我力所能及的每件事情上面,我是那么为他和教廷效力并尊崇之。

这证明是腓力与教廷关系的谷底:1557 年 9 月,在阿尔瓦公爵以堪称楷模的克制进行的一场战役之后,保罗四世同意不对腓力开战,也不援助别的对他开战者,并且不在教皇国内修筑进一步的防御工事。[13]保罗死后,国王着手铸造与罗马的同盟,那将有利于双方。他开始给地位显赫的红
81 衣主教们提供丰厚的津贴和礼物(新教皇的侄子卡尔洛·博罗梅奥 1562 年接受了值 15,000 达克特的西班牙有俸神职),有时还给教皇本人(1579 年在腓力的主要幕僚之一变为红衣主教时,教皇据称收到了一笔 50,000 达克特的礼金)。到 1591 年,70 名红衣主教中有 40 名在腰包里塞了西班牙津贴。国王还在必要时向罗马供应西西里的谷物和葡萄酒;因教皇请求,他还提供战船以摆脱海盗,并且(在一个场合)派遣了部队去扑灭一次抗税造反。[14]另一方面,腓力每每试图阻止选出一位对他怀抱敌意的教皇,有时威胁中止海运谷物,有一次(在 1590 年)甚至调动部队和战船至边境,以便影响选举教皇的秘密会议的结果。[15]教皇国实际上成了西班牙的卫星国。

作为所有这一切的回报,国王得到了许多实惠:对西班牙教会课征重税所得(每年值 100 万达克特以上);他对欧美各处他的领地内一切有俸要职的提名之获批准;在他的战船上服役的罗马监狱囚犯;甚至还有从 1588 年迭埃戈·德·阿尔卡拉开始的西班牙圣徒之封(在下一个世纪里封的 27 位圣徒中,有 15 位是西班牙国王的臣民)。然而,正如他的父亲指示的那样,他全无出让。在一次就那不勒斯管辖权与教皇的争端期间,国王给他的驻罗马大使断然写道:“我的权利,连同我的先王们传给我的

权利，不会有任何改变。”腓力可能没有从罗马得到他认为他理应得到的全面支持，但他得到了远甚于他的父亲所曾获取过的支持。[16]

查理 1548 年对意大利世俗权势的评估证明是个视事精明的楷模。这位皇帝以回顾他与半岛六个主要独立国家的关系的历史开头。威尼斯共和国先前反对西班牙，他指出，但 1529 年的一项条约解决了所有早先的分歧；他告诫他的儿子要维护其条款，“保持与(威尼斯人)的良好友谊，将他们当作好盟友尽可能施惠”。同一年，佛罗伦萨的公爵们变得对他心存感激，当时帝国军队围困了他们的反叛的首都，而且(在翌年)扶持美第奇家族重掌权力；查理指出自此往后，公爵们一直“非常牵挂我和我的事务”，他嘱咐腓力也要维持与他们的良好关系。在其他主要独立国家中间，费拉拉的忠诚看来不那么确定，因为虽然皇帝也为维护该公国的完整作过干涉，但其统治者系法国皇家亲戚；曼图亚一向是皇帝在意大利的最忠实伙伴；卢卡的压倒一切的政治目的在于维持意大利普遍和平。最后，热那亚共和国构成西班牙在意大利的最重要盟友，这既是因为它与各个哈布斯堡领地多有经济联系，也是因为它敞开通道——从那不勒斯、西西里、撒丁尼亚和西班牙到伦巴第、德意志和尼德兰的通道：腓力因而必须尽最大努力，维持和加强将热那亚政府与他结合在一起的关系纽带。[17]

腓力忠实地遵循他父亲的训喻，使用多种多样工具去维持半岛和平，82
巩固他在那里的权势，抑制他人的一切主动权，因为“西班牙的生存、和平和伟大取决于意大利事务得到妥善安排”。[18]由于缺乏仅靠武力达到其全部目的的资源，腓力创造了一个精致复杂的“外交体系”——或许是现代早期的第一个——以维持西班牙在意大利的统治。一系列婚姻联盟助成了将曼图亚保持在哈布斯堡轨道内：贡萨加家族的公爵们属于哈布斯堡家族时常从中挑选配偶的少数王朝，腓力则命令他在意大利的代理人照看曼图亚的利益，“就像它们是我们自己的一样……因为我们有大责任去关爱上述公爵的事务，如同我们自己的事务”。[19]商业、政治和战略考虑将热那亚的贵族寡头们同样紧紧地与西班牙绑在一起：该共和国 80%

的远程海上贸易涉及腓力的领土，与此同时热那亚的商人银行家们变得深深地介入了他的财政（到1575年，给西班牙国王的贷款已吮吸了热那亚贵族阶级或许40%的财富）；而且，每逢经管共和国的寡头们遭遇反对，无论是来自他们自己的公民（在1574至1576年的市民骚动期间），还是来自外国（在1559至1569年的科西嘉叛乱期间），腓力都急忙予以救援。西班牙在热那亚保持一名常驻大使（其他常驻意大利的大使只是在罗马、在威尼斯以及1570年起在都灵）以照看其利益，并且（每逢需要时）保证选出一位有利的最高长老。[20]

然而，曼图亚和热那亚只是北意大利近乎300个“帝国采邑”中的两个。它们大多数处于约60个王朝手中，而腓力以酬赏加威胁主宰这些王朝。[21]在酬赏方面，他可以提出将某块邻近的西班牙领土让予某个忠诚的盟友（例如他以可能归还皮亚琴察引诱帕尔马公爵，以示意割让托斯卡尼的某些要塞眩惑佛罗伦萨公爵），或者许愿安排与某个哈布斯堡公主成婚（1585年萨伏依的查理·埃曼努埃尔公爵娶了腓力的小女儿卡塔利娜）。他还可以资助一个受青睐的附庸的军事努力，而被形容为“陛下在意大利所据各邦的门户和堡垒”的萨伏依干得特别好：从1582到1592年，萨伏依公爵收到了700 000达克特，在位的其余时间里每年收到66 000达克特。如果有需要，西班牙甚至可以将一个国家置于它的正式保护之下。[22]国王还将某些意大利统治家族成员指派到显赫的帝国行政职位上去：萨比奥内塔公爵韦斯帕芗·贡萨加（先后）成了纳瓦尔、巴伦西亚和那不勒斯总督；出身罗马显贵家族的马尔科·安托尼奥·科隆纳担任过西西里总督多年；热那亚的统治贵族世家头目胡安·安德雷阿·多里亚指挥西班牙地中海舰队，并且成了国务议事会成员；帕尔马亲王和后来的帕尔马公爵亚历山大·法尔尼塞从1578至1592年担任佛兰德大军总司令。[23]意大利统治家族的其他成员（特别是统治爵位的未来继承人）也在西班牙宫廷居住过一段时间，在那里他们既享受奢侈豪华的娱
83 乐，又不断被鼓励用西班牙眼光看待世界。例如，亚历山大·法尔尼塞1557至1566年栖身于腓力宫廷——在英国、尼德兰和西班牙。国王还

可以出示多种多样其他酬赏:年金、礼物、土地、官位和最高为金羊毛骑士爵位的荣誉,那是欧洲骑士最高等级,其成员被腓力(金羊毛骑士团团长)称为"我的表弟"。[24]

所有这些伎俩都是旨在以和平的手段维持"西班牙治下的和平"(pax hispanica),因为——用一位大臣的话说——倘若意大利各国"失去了对言辞的尊敬,就难以用行动去恢复之"。[25]国王因而维持一个遍及半岛的广泛的特务和间谍网络,收买其他统治者的仆人,甚至有时诉诸于暗杀,以便达到自己的目的。[26]此外,他时常主动提出充当调停人,调停半岛好骚动的统治者——特别是他的盟友中间那些彼此仇视的统治者——之间的领土争端,告诫每一方帮助维持"意大利的和平,不容可能威胁其安宁的变更"。[27]1568 至 1570 年,他在一场与罗马的激烈争端中支持费拉拉,告诫教皇"维持意大利今日享有的和平符合每个人的利益,陛下不会赞成任何人发动一场战争";十年后,弗拉纳大使携带"39 或 40 个卷宗"以及一幅地图出现在马德里,以谋求西班牙支持一项武力兼并建议——兼并与卢卡共和国争执的一个地区,对此一名皇家大臣直率地反复强调西班牙"不会容忍任何人扰乱意大利和平",提出以具有约束力的仲裁取代。[28] 1588 年,腓力的女婿萨伏依公爵入侵和占领依法应归还给法王亨利三世的萨卢佐男爵领地,腓力(对此感到吃惊)先是命令他撤出,以免破坏意大利的和平,接着只是在听说亨利暗杀了法国天主教联盟领袖吉斯公爵后才予以赞同。[29]

自然,腓力与其父一样并不是只相信外交。许多意大利人毕竟渴望重见一个"没有任何君主能将自己的意志强加于另一君主"的意大利,而这位国王对任何独立迹象都不掉以轻心。各半岛统治者建造的给人印象深刻的新防御工事特别令腓力担忧,因为要是战争爆发的话,它们就可以成功地抵抗西班牙部队的围困。有如一位军事工程师向曼图亚公爵夸口的那样,"阁下您将您的城市完全设防之际,您就能回答那些问'谁是您的朋友'的人,说'(我是)上帝的朋友和其他每个人的敌人。'"[30]针对如此的潜在威胁,哈布斯堡家族在其自身领地——西西里、那不勒斯、撒丁尼亚，首先是米兰——建筑先进的防御工事，并且在其中每个地方驻扎一支规模小但训练有素的常备军，连同在其各个主要的地中海港口驻扎分舰队。查理的“政治遗嘱”敦促腓力不要忽视这些防务：“即使你将继承大笔债务和令各地财力告罄，并将在你能够的所有场合寻求节蓄，你也决
84 不能由此规避时刻在意大利保持某些西班牙驻防军”，他告诫说，因为它们提供了最佳防备去对付“战争爆发和攫取领土图谋”。他还颂扬舰队的价值。[31]腓力再度倾听并且服从了，虽然其代价确实使（至少）那不勒斯和米兰深深陷入债务：前者的财政在腓力统治期间除一年外年年赤字，后者的财政则尽管有来自西班牙、那不勒斯和西西里的不断资助，却从未达到平衡。[32]一方面，国王将他的各地中海邦国维持的战舰数目从1562年的55艘增加到1574年的155艘，使得他的海军实力具有如此的压倒性优势，以致若干意大利国家（包括热那亚、教皇国和萨伏依）实际上将自己非军事化，选择解散自己的舰队，转而使自身防务依赖腓力的战舰。[33]另一方面，国王在他直接统治的各邦国的众多要塞驻扎大量兵力。米兰公国被国王及其大臣们视为“陛下在意大利拥有的一切的军事中心和军事边界”，到1572年，其境内17个市镇已夸耀有驻防军；该公国境外友好邦国里的10余个据点也是如此。[34]尽管位置易受伤害，但由于这些强有力的防御，米兰充当了腓力欧洲资源的一个安全的编组调度场，其档案充斥着前去地中海舰队、德意志和首先是尼德兰的部队、武器、盔甲和硬币的通行许可书。[35]

腓力将其意大利驻防军视为对付其欧洲利益所受威胁的“快速反应兵力”。例如，1567年，1万名先前驻扎在西西里、那不勒斯、撒丁尼亚和米兰的西班牙老兵翻过阿尔卑斯山进军尼德兰，以便恢复秩序。1571年，这些现已经过历练和富有经验的部队登上腓力和威尼斯两方的战船，在对土耳其人的勒班陀大捷中表现卓著。[36]较有争议的是，同年早些时候，以伦巴第为基地的西班牙部队还入侵和兼并了菲纳莱利古雷男爵领地，该地虽小但战略价值重大：它将热那亚共和国的不同领土隔开；它可以提供一个到内陆国家曼图亚、萨伏依和米兰的地中海港口；它还可以供

法国用作一个颇有价值的跨阿尔卑斯基地。1566 年,菲纳莱臣民反叛其统治者,两年后萨伏依公爵趁机兼并了其边境的某些有争端的村庄。腓力对此未加反对,但在 1571 年情报显示法国准备占领其余地区。按照直接来自马德里的命令,米兰总督发动突然袭击,占领了菲纳莱,声称是为了抢先阻止法国前来。然而,缺乏“皇帝代理”头衔,国王不得不退却:马克西米连皇帝动员了意大利的差不多所有独立国家,众声谴责腓力的擅自先行之举,迫使西班牙部队撤出。[37]此后,国王再未对一个帝国采邑动武。当 1574 年西班牙的附庸之一吁请武力援助时,米兰新总督拒绝:“不管国王可能拥有多大权势”,他写道,“我无法说服我自己在意大利为任何人拿起武器(对我们来说)是安全或合适的”。是年晚些时候,当米兰南面另一块小小的独立领地爆发反对其统治者的叛乱时,腓力听任托斯 85
卡尼大公前去恢复秩序,虽然附近一个要塞的西班牙长官已经用其部队进行了干涉。[38]

除了这些小扰动外,1559 年《卡托—堪布累齐和约》缔结后五十年内意大利没有爆发任何战争——与此前和此后的各半个世纪截然相反。所以如此,部分地归功于腓力的和平政策,但也同样出自法国的羸弱。虽然最后一批法国驻防军于 1574 年撤离了意大利,但法国在 16 世纪晚期仍然构成对西班牙体系的最大潜在威胁,正如它在 1548 年查理写下其“政治遗嘱”时那样。在此文件内,皇帝声称总是试图与法国国王和平相处,而且训导自己的儿子也这么做。然而,他接着(带一声差不多可听到的叹息)说,法国人“与我缔结过多项和约和休战协议,众所周知其中没有一项他们信守,除了在他们无法重新开战或希望等个秘密机会伤害我的那些时期里”。无疑,他沉思道,他们将继续这么做,试图夺回他迫使他们在低地国家和意大利放弃的领土和权利。

(然而)你一定要坚持上述放弃须永久有效,且不得有任何背离,因为以充分的权利和明显的正当理由,我获取了其全部而你将以继承和拥有之。如果你就此任何部分显得软弱,那就会大开方便之

> 门，使一切都重新变得可疑……坚守一切为好，好于听任自己以后被迫捍卫其余，并且冒丧失它的风险。如果你的先人们在上帝恩顾下守住了那不勒斯和西西里以及低地国家，未让法国人得逞，你就应当坚信上帝会援助你保住你继承了的东西。[39]

除了对上帝的坚定不移的信任，皇帝只看到一种解决争斗的办法——腓力迎娶一位法国公主，并将法国须撤出1536年往后所占萨伏依公爵领土当作婚配的一项条件。诚然，现有的瓦卢瓦公主们都非常年少，但皇帝强烈地感到应当找出一个办法，使得他的忠实盟友萨伏依公爵恢复其继承领地，以此作为任何永久性解决的一个部分，这部分地是因为该公国具有将伦巴第与弗朗什-孔泰连接起来的战略位置，部分地是因为“所有人由此都将看到和知道你充分照管你自己的安全，还有（你的盟友）的安全”。[40]

皇帝的话再次证明料事如神。虽然用了又十年战争，但在1559年的《卡托—堪布累齐和约》中腓力的确迫使法国人承认了他在低地国家和意大利的一切权利和拥有；随后，他立即娶了伊丽莎白·德·瓦卢瓦；他还使得萨伏依公爵光复了领地。诚然，法国人也从该条约有所斩获，但只
86 是来自他方：从英国获得加来，从神圣罗马帝国获得在洛林的某些飞地，还得到了在萨伏依的几个工事设防基地。“确实”，格朗维勒红衣主教写道，“这些和谈系由上帝本人主使，因为尽管我们将事情解决得对我们那么有利，但法国人仍然开心”。[41]腓力令人赞叹地完成了其父的严格指示：他获得了经久的和平，娶了敌人的女儿，实现了盟友的光复，而且没有出让任何东西。

在接下来四十年的大部分时间里，法国遭受宗教冲突蹂躏。虽然这使西班牙的宿敌瘫痪，从而极大地改善了腓力的总的战略地位，但国王仍觉得受到法国新教徒的军事力量和公然敌意威胁。有如他在1562年所说：

> 为上帝效劳——最重要的效劳——以及我本人和我的各个邦国的福祉都不允许我忽视帮助(在法国的)天主教徒。我很明白其中不无风险,但若听任异端占据上风,肯定就有多得多的危难;因为如果他们得势,我们就可以肯定他们的一切努力都将针对我和我的邦国。

五年后他忧郁地说,“烈火在到处蔓延,因此(法国)王室若不赶紧扑灭它们就可能身葬火海”,而此后它们可能蔓延到西班牙。他两度派部队为他的内兄弟查理九世打仗。[42] 70 年代期间王权在法国崩解,加上害怕王室既缺乏手段也缺乏意志去消灭异端,腓力于是出钱资助主要的天主教权贵。有如一位西班牙大贵族所说,“法国的战争为西班牙带来和平,西班牙的和平为法国带来战争——多亏了我们的达克特。”1585 年后,金钱周期性地流向法国天主教联盟,而在 1589 年无嗣的亨利三世被刺杀后,腓力再度派遣部队。这次它们留在了那里,国王利用(虽然是笨拙地利用)其存在试图说服天主教徒接受他的女儿伊萨伯拉(亨利的大外甥女)为君主,而不接受新教徒领袖纳瓦尔的亨利;然而在三年公开战争后,他不得不认输。就像一位西班牙大臣在腓力统治末期所说,“如果一个人希望将(帝国)比作人体,那么法国就将是它的心脏”。腓力未能利用好四十年内战给他提供的种种裨益:法国在 1598 年依然是具有威胁的,就像它在五十年前查理编纂其政治遗嘱时的一样。[43]

皇帝以迅速回顾其他战略关切来结束其训喻。他主张应当与葡萄牙和英国维持良好关系,与此同时应当让丹麦国王——虽然其父废黜了查理的内兄弟并篡夺了王位——不受扰乱地平安统治。腓力又一次服从了:1554 年,在复杂的谈判之后,他娶了玛丽·都铎,成为英国国王,接着在她 1558 年驾崩之后的十年里,他保护了她的妹妹和继承者伊丽莎白(见原书第五章);他还给他年轻的葡萄牙外甥赛巴斯蒂安提供了密切的 87
支持,而在后者 1578 年驾崩后,为他自己和他的继承人取得了葡萄牙王位。许多世纪里第一次,单独一位君主统治了整个伊比利亚半岛。在波罗的海地区，腓力博弈于波兰、丹麦和瑞典之间，以便既在需要时护卫对他领地的充足的谷物供应，又将(1573年后)该区域内对他的荷兰反叛者的支持抑制在最低程度。[44]在所有这些方面，查理同样会对他儿子感到自豪。

皇帝的"政治遗嘱"仅想到了三方面特别的困难。第一，查理对他的美洲殖民地土著人口被其征服者征服的方式感到烦恼：他的儿子必须争取在两者之间、即"你的君主威仪"与其他大陆上各不同居民群体的"最佳利益"之间找到一种平衡。[45]第二，他更担心缺乏资源去捍卫他那分布遥远的诸多领地：他的所有邦国都已经为他先前的各场战争支出甚巨，无法被期望继续以同样高的额度贡献税金。这不是新的难题，因为查理1543年给腓力的训喻已经告诫"你的国库(在你继承我时)将处于一种会给你带来许多麻烦的状态"，可是情况迅速恶化。[46]当他逊位时，查理留下了700万达克特的短期债务(差不多七倍于卡斯提尔岁入)，带利息支付，它吸收了一切可得的收入。

两个因素后来加剧了这些财政困难。一方面，在腓力42年在位期间，国家只享有6个月的完全和平(在1577年)，而且很大部分时间里他在不止一条战线作战：对土耳其人和荷兰人作战(1572至1577年)；对英国人和荷兰人作战(1585至1589年)；对英国人和荷兰人以及在法国作战(1589至1598年)。另一方面，在所有各战区作战的成本不断增长：军事开支飙升，不仅由于腓力为之耗资的部队、战舰和工事数目增加，也由于普遍的价格上涨。回顾1590年代，一位高级军事管理者说道：

> 如果在两者之间做比较，即一是在其陆海军内效力的部队目前使陛下耗费的成本，二是查理皇帝的部队的成本，那就会发现为了同样多的人，今天必须有三倍于那时通常花费的金钱。

因此军事预算猛增：1546至1547年间，击败德意志新教徒只需要来自西班牙的不到100万达克特，但1552至1557年间，部署在尼德兰的对法军

队每年吮吸200万达克特,而90年代的佛兰德大军年度耗费差不多300
万达克特。[47]因此,腓力在1557年采取剧烈步骤,暂停其国库一切支付
(此种措施往往被称为“破产敕令”),并且开始讨论改组债务偿付。三年
后,当发现卡斯提尔国库的债务总额高达290万达克特时,他重施故伎;
然而,政府借贷再度开始螺旋上升,直到1574年卡斯提尔的官员们估计 88
债务总额已达810万达克特,等于全部岁入的差不多15倍。翌年,腓力
再度中止一切支付,并且开始与他的银行家们谈判债务的新的一次改组。
1596年,他第四次重复了这一过程。[48]

诚然,这些“破产敕令”只影响到卡斯提尔——例如那不勒斯的财库在整个腓力统治期间始终继续支付,尽管其债务增加了四倍——但因为卡斯提尔起了整个帝国的财政镜像作用,它的周期性的财政崩溃便对国王的大战略有严重影响。[49]因此在1559年,腓力之所以决定返回西班牙,尽管欧洲北部的政治形势岌岌可危(见第五章),主要是因为威胁吞噬他的财政危机:“我们必须全都去寻救药”,他告诉他的大臣们,“就像我将竭力去做的那样。因为它不在这里(尼德兰),所以我要到西班牙去找”。[50]1575年的中止支付立即注定腓力大军粉碎荷兰造反的努力必告失败,因为倘无国际银行家们的效劳

> 即使国王找到一千万金钱,而且想将它全部送过来,由于破产敕令他也没法这么做,因为如果这钱以硬币方式海运,它就会被丢失,同时亦无可能像迄今为止的那样通过往来函件发送它,因为没有任何在那里(西班牙)的商人能够将它们发出,也没有任何在此地(低地国家)的人能够接受并支付之。

六个月内,断了饷的佛兰德大军军人确实不是闹哗变就是当逃兵;一年之内,国王的代表被迫接受一项与造反者的和约。[51]1596年的破产同样损害了西班牙试图击败三大对手——法王亨利四世、英王伊丽莎白和荷兰共和国——的同时努力。[52]信贷困难也许没有迫使腓力立即求和,确实他偶

尔还夸口他绝不会仅因为缺钱而妥协，但尽管如此，破产终究促使他至少展开谈判：1558 至 1559 年与土耳其人和法国人；1576 至 1577 年与土耳其人和荷兰人；1597 至 1598 年与法国人、英国人和荷兰人。[53]

第三个、也是最后一个令查理在 1548 年困惑不明的问题，是他的故土低地国家的未来。虽然到那时他已完全粉碎他在该地区的对手，但那些省份对外国统治的极端厌恶，连同从西班牙遥控它们的显著困难，使得他焦虑不安。因此，他考虑让腓力的姊妹玛丽亚与其丈夫、斐迪南之子马克西米连成为尼德兰的共同统治者。这些省份将由此与神圣罗马帝国联结起来，使西班牙解脱保卫它们的必要；然而他向腓力许诺“在你能够前来此地亲眼看看这个国度以前”他不会做最后决定。[54]

切断西班牙与尼德兰之间联系的可能性已在 1544 年有所考虑，当时查理承诺将他的女儿玛丽亚嫁给弗朗索瓦一世的小儿子奥尔良公爵，以
89 伦巴第或低地国家作为嫁妆，作为确保哈布斯堡与瓦卢瓦家族之间较为经久的和平的一个手段。只是奥尔良的突然亡故才解决了这个两难。[55] 1548 年的“移归计划”也依旧是一纸空文。诚然，50 年后，腓力实施了同样的计划，以利玛丽亚和马克西米连的小儿子阿尔贝特，让他娶了腓力的女儿伊萨伯拉；然而到那时，事已为时过晚：大造反已在 1566 年、后来又再度在 1572 和 1576 年震撼尼德兰，因而到 1598 年，17 个省份中已只剩 10 个仍处于西班牙控制下。

皇帝对离弃尼德兰犹豫不决主要出于战略考虑。有如查理手下的许多议事会成员在 1544 年提醒他的，低地国家“在保持对法国国王的制约方面起一个关键作用”；而且，有如查理早先在“政治遗嘱”中坚持的，放弃任何东西给任何人可能损害“名誉”；他还害怕放弃一个领地很可能导致在其他领地的骚乱。[56]在他儿子在位期间（以及其后），所有这三种论辩都反复重现。“我很明白”，腓力在 1558 年写道，“正是从尼德兰可以最好地攻击法国国王并迫其求和”；1582 年，腓力的头号对外事务顾问重申“我们有的保持制约法国的最可靠手段，是在尼德兰驻扎强大的兵力”；甚至在将权力下放给阿尔贝特和伊萨伯拉之后，西班牙国务议事会仍强

调低地国家照旧起“限制和约束法国人、英国人和荷兰人之权势的缰绳作用，倘若那屏障倒下，他们的兵力就会四面八方攻击陛下与其诸王国，那就会造成更大的花费和损害”。[57]

同样，丧失“名誉”的风险，不管是由于未能实现一项权利声称，还是由于做出了让步，令腓力如令他父亲一样担忧。因而在 1573 年，尽管他的主要盟友威尼斯已经脱逃，国王仍决定继续在地中海对土耳其人作战，因为求和将“丧失世界的普遍尊敬”。四年后，他的大臣们告诫他与荷兰反叛者谈判不符合“陛下您的尊严和名誉，那是您的最大资产”；除战争以外的一切都将“折磨陛下您的良心，损害您的尊严和威望”。[58] 1588 至 1589 年，西班牙再度拒绝随无敌舰队败北后与其北方敌人媾和：关于英国，一位议事会成员“欢迎陛下希望再次入侵的迹象，因为我认为，尝试恢复可能已被最近事业的结果损害了的名誉和权威大为重要”；关于荷兰，即使“力图用武力征服叛乱各省无异于一场没有尽头的战争”，但国王的高级幕僚们看不到有什么别的选择，因为“基督教责任要求维护一个人的名誉不被践踏”。[59]

查理说在一个地区的软弱迟早会损害他儿子在其他地区的统治：这一论辩也经常在以后的岁月里重现。1558 年，其妻玛丽·都铎驾崩后，90
一位议事会成员马上告诫国王：如果他未能保住英国，那么“低地国家，而且还有意大利和美洲，都将面临被丧失的巨大危险”；不久后，鉴于英国已经脱离哈布斯堡轨道，另一位大臣重申倘若丧失低地国家，腓力的其他领地——在美洲、地中海和伊比利亚半岛的领地——就会立即遭到陆海两面攻击。[60] 1566 年，随着混乱蔓延到整个尼德兰，在罗马的一位臣下警告说“全意大利正在直言倘若低地国家里的叛乱被允许继续下去，伦巴第和那不勒斯就会起而仿效”。在马德里的国务议事会完全同意这个论点：“如果尼德兰局势不予纠正”，它警告说，“它就将导致丧失西班牙和其他一切”。其他许多人——他们绝非全是腓力的官员——接受这“多米诺骨牌论”。按照教廷国务秘书在 1567 年的看法，“如果失去尼德兰，西班牙就既无和平亦无安全可享，因而保住西班牙以及(陛下的)其他邦国的真正途径、或许唯一途径，是现在做出最大和最终努力去匡正尼德兰(问题)”。驻马德里的法国大使附和说：“米兰、那不勒斯和西西里见到在尼德兰的如此可怕的风暴，就将有起而造反的危险。”几年后，米兰总督告诫道：“我非常害怕到头来会丢掉尼德兰，随此其他每个地方都会反叛。”[61]没有多久，甚至腓力的主要财政幕僚也争辩说，尽管有对国库的难以承受的压力，西班牙仍必须既在地中海、也在尼德兰战斗，“以便制约和击败我们的穆斯林和新教敌人，因为如果我们不击败他们，他们就肯定将击败我们”；与此同时，国王本人变得害怕“若失去低地国家，(帝国)其余部分就不会延续许久”。[62]

当 1577 年腓力的议事会成员们又一次讨论在尼德兰打仗、还是做出让步以取得和平时，他们再度告诫说仁慈将被视为软弱，并将“危及其他臣属的服从，这些臣属非常令人担心会将此当作他们自己反叛的楷模”。[63]腓力驾崩后不久，国务议事会告诉他的儿子和继承人：“陛下的其余邦国的安全很大程度上取决于维持(在尼德兰的)‘顺从诸省’，并且收复那些业已反叛的省份”；它还告诫说：“以一种向世界提示我们缺乏保有它们的兵力的方式”放弃低地国家，“就会导致他人失去尊敬”，以致国王在意大利、葡萄牙、阿拉贡、甚至卡斯提尔的反对者“会暴露他们的邪恶意图，那或许是他们只因为害怕受到惩罚而没有显露的”。最后，在 1605 年，按照一位老资格的议事会成员的看法，“保住尼德兰是那么紧要，如果丧失的话，那么我很担心西班牙君主国不会持续长久”。[64]

然而，腓力二世的大战略并非全然基于在其父统治期间定下的指导方针。首先，意大利和尼德兰不再构成引力中心。腓力 1559 年间其大本
91 营设在西班牙的决定反映了一个事实：半岛及其美洲殖民地的财政、经济和人力资源已成为其权势的主要依靠；而且，随时间的推移，他对它们的依赖增大了。南移后仅一年，一位前西班牙驻英大使就写下了如下怨言：“每星期都必须提醒(这里的)人：有着依赖我们、我们也依赖它们的其他王国和国家。”然而，到 1564 年，大多数廷臣的眼界已经改变。驳斥那些敦促国王回銮尼德兰的人，国务秘书贡萨洛·佩雷斯将西班牙帝国比作

人体，断言“我们大家都必须彻底理解，由于（西班牙）是首要器官，是我们必须由此出发去治愈其他器官的所在，因而我不知道陛下怎么能离开它”。[65]六年后，国王对卡斯提尔议会的演说向其保证：“陛下知道，陛下置身于此等王国不仅对它们自身的裨益非常必需和便利，也是为了体现和满足其他邦国的需要，因为此等王国乃陛下所有领地之中央、心脏和首要部分。”尽管如此，某些大臣仍然坚持帝国是个独特的政治实体，有其自身的轻重缓急次序，应超越各组成部分。因而在1573年，当一群红衣主教敦促腓力要么住在意大利以主导对土耳其人的战役、要么住在尼德兰以监察那里的战争准备时，他的驻罗马大使（唐·胡安·德·苏尼加）提醒他们：

> 因为陛下统治那么多王国和邦国，也因为基督教世界的全部福祉系于它们的维持和陛下的生命与幸福，所以相信此行应有益于全意大利或尼德兰事务是不够的，如果它不利于依赖陛下的整个全球性帝国。[66]

苏尼加指出了紧张的一个源泉，那影响了若干现代早期国家，它们由一些先前独立的成分组合而来的联盟（往往是王朝联盟）构成。虽然其中最强国家的战略轻重缓急次序遮盖了其他地区的此类次序，但极少能取消它们。诚然，在腓力二世治下，“亚帝国主义”从未像在他儿子在位期间那么有力，其时权势显赫的封疆大吏们发起为其统治区域，而非为卡斯提尔或整个帝国的利益服务的政策，但它始终是一股需要予以考虑的力量。某些强有力的总督有时将国王拖入一种只能产生地方裨益的政策（例如西西里总督热切希望的1560年吉尔巴远征，见第四章和第五章）；然而，他们当中更多的是设法损害不符合地区利益的国王创举（因而在90年代，米兰总督抗拒腓力将一切犹太人逐出该公国的明令达一年以上，见原书第十章）。在布鲁塞尔的各位摄政证明特别精于追求一种地区性战略。因而从1569至1571年，阿尔瓦公爵根本不赞成腓力推翻英

92 王伊丽莎白的愿望，那与尼德兰的经济和政治利益抵牾；他运用了一系列伎俩去挫败国王（见原书第五章）。

然而，尽管帝国各大组成部分的战略利益之间的抵触有时损害了有效的决策，腓力的大战略仍越来越反映了西班牙的传统对外政策目的。在它们中间，首要和最明显的在于这么一项绝对信念：伊比利亚半岛的利益必须优先于其余一切。正如一位议事会成员在1578至1580年的葡萄牙继承危机期间坦率直陈：“就西班牙的功利、裨益和实力并就陛下的伟大和权势而言，将葡萄牙和卡斯提尔王位合二为一比重新征服尼德兰重要”；而且在这些年里，从西班牙送往低地国家的资金据此直线下降。[67] 1592年，随阿拉贡反叛，另一位幕僚提醒腓力“西班牙是大帝国的中心和心脏”，半岛内的任何问题都应被赋予最优先位置，“因为如果西班牙固若金汤，西印度和陛下的其他领地都会（自动）得到维护”。[68]

在西班牙的传统战略目的中间，占第二位的来自于捍卫天主教会的决心，使之免遭其欧洲内外的一切敌人毁坏。这责成腓力——他从阿拉贡的斐迪南继承了“耶路撒冷之王”头衔——“使用我们的兵力和权势去反对异教徒”，驱退地中海的穆斯林大潮，保卫（如果不是扩展）在东方剩下的基督教据点。1559年，腓力虽然与法国达成了有利的和平，但搞糟了与奥斯曼土耳其人的休战谈判；在接下来的18年里，他将地中海防务置于所有其他外部义务之上。[69]甚至尼德兰造反的爆发，也未能改变这关键的战略抉择，虽然阿尔瓦公爵等人持续大声抗议，疾呼应与土耳其人媾和，以便集中打击内部敌人。在这位公爵看来粉碎异端似乎比击败异教徒重要，但国王不同意。虽然他的代理人在1578年取得了与苏丹的长期休战，但直到其在位之末为止，腓力继续谋求令土耳其人谦恭的办法，欢迎想象中的（即使徒劳无功）种种与奥斯曼的其他敌人在中东和巴尔干协调作战的企图。[70]

腓力犹如其父，还像反伊斯兰教那般热烈和坚决地反新教。1566年，他提醒教皇“我肩负的许多重大义务和负担：在维持和保卫我的各个王国方面，在对异教徒进行持续不断的战争方面，还有在捍卫基督教世界和天主教公共事业方面”。[71]腓力几次宣布自己随时准备若有必要就牺牲自己的全部领地,为了不危害天主教信仰的完整。“在一切之上,我首先将宗教问题付托给你照看”,他于1560年通知他在尼德兰的首席大臣,“因为你能够明白它多么必要,在这个世界上密切注意它的人又多么少。因此,所剩的我们很少数人必须更加关怀基督教世界,如果必要我们就将为自己在这方面应当做的事情去牺牲一切”。六年后,他向教皇保证“我 93
宁愿丢掉我的所有邦国,并且若有百命就百番献身,而不容忍天主教会和上帝的事业受到丝毫损害”。1585年,国王的决心依然坚定不移:

> (虽然)我希望我主——为其事业这场(在尼德兰的)战争用那么多鲜血和金钱为代价得以进行和坚持……会以其神意安排万事,或是通过战争,或是通过谈判,从而世界将依据快乐的结局明白信仰他的善果,并一贯在我们面前保持坚定的决心,但是如果上帝竟由于我们的罪而乐意允许另一种结局,那么在其事业中耗尽一切比出于任何原因动摇不定为好。

1590年,腓力哀叹他为“捍卫我们的神圣信仰和维持我的各个王国与君权”已经欠下的债务将进一步增加,因为“与英国的战争和在法国的事件,那是我照理不能、现在也无法忽视的,原因在于我对上帝和世界负有如此的去处理它们的特殊义务,也在于倘若异端得胜(我希望上帝不会允许),那就可能为更坏的损害和危险敞开大门,我们就会在国内打仗”。几个月后,当一位大臣满腔焦虑地吁请国王中止他在法国、尼德兰和大西洋的战争时,腓力提醒他“这些是不能撇开的问题……因为它们涉及宗教事业,而宗教事业必须被置于万事之先。”[72]

他强烈地感到,其他天主教统治者应当显示出类似的坚定。在整个60年代,他始终担忧法王查理九世及其幕僚“奔向坏得不能再坏的终点,那就是与其反叛的臣民做交易”,因而不断告诫他们采取坚定不移的反异端方针。腓力还警告表弟马克西米连(他作为神圣罗马帝国皇帝采取的宗教温和政策令腓力惊惧)："相信像围绕宗教选择的那么巨大的激情……能够靠温良和让步，或者靠其他缺乏坚定和规避惩罚的方式去解决，那就大受蒙骗了。"按照腓力，武力威胁（至少是其威胁）应当常在不绝。[73]

宗教原则应当永远凌驾于政治谋算之上：在这些毫不妥协的断言背
后，有着一种分明的、或可称为"救世式帝国主义"的政治哲学。在其最
简单的层次上，它意味着（如上述言论所表明）腓力二世觉得自己有一种
94 直接授命，要在近乎所有时候和近乎所有地方维护天主教信仰。他的许
多臣民都持同样看法。卢伊斯·卡布雷拉·德·科尔多巴用一幅堂皇的
版画作为其《西班牙国王腓力二世史》（*Historia de Felipe II, rey de*
España）一书首页，上画国王身着盔甲（还有吊袜带），挥剑捍卫一个人
95 物——"宗教"；题词为 SUMA RATIO PRO RELIGIONE（"宗教乃第一优
先"：见插图 16）。艺术家们经常将腓力塑造为直接与上帝沟通：描绘他

插图 16 卢伊斯·卡布雷拉·德·科尔多巴《西班牙国王腓力二世史》一书首页。科尔多巴所作研究的第一部分于 1619 年面世，提供了对腓力生平和统治的由一位同代人撰写的最佳的可得叙述。作者（有如其父先前）亲自侍候过腓力，将他通体描绘成一位信仰捍卫者——从载于首页的形象开始。在此，身穿铠甲的腓力已抽出利剑，去捍卫手持十字架和圣餐杯的圣母玛利亚，后面的背景是埃斯科里亚尔宫。题文宣告"宗教乃第一优先"。

做祷告时如此（格雷科的《腓力二世之梦》和博姆佩奥的精雕塑，显示他跪在埃斯科里亚尔宫长方形教堂的神坛前面），描绘他为死者向上帝说情（提香的《格洛里亚》和埃尔·格雷科的《奥尔加斯伯爵葬礼》），描绘他给上帝奉献华丽的祭品（提香的《腓力二世的献祭》），或者仅仅显示某种提示他虔诚的东西（如在70年代末期索法尼拔·安吉西奥拉的普拉多肖像上显示他的玫瑰园）。[74]

这些艺术作品——虽然很少人见过其大多数——构成一种强有力的宣传演示的一部分。每逢国王巡行，凯旋拱形物和廉价印刷品上有“神圣陛下”肖像，而讲道和勋章标榜上帝赐予他的成就（见前面插图2）。甚至一个世纪以后，被刊发的西班牙扩张编年史——包括修士加斯帕尔·德·圣阿古斯廷1698年对征服菲律宾的叙说（插图17）和胡塞·德·里

插图17　西班牙著作家继续久久地将腓力国王描绘为信仰捍卫者。修士加斯帕尔·德·圣阿古斯廷的《菲律宾群岛征服记；深谋远虑者腓力二世国王武装行世俗征服，圣奥古斯丁会修士行精神征服》1698年初版，显示国王率领其西班牙征服军，圣奥古斯丁则偕其修士行进。在中央，我们不仅见到菲律宾，而且见到婆罗洲、中国和暹罗，它们也是圣奥古斯丁会渴望为天主教会赢取的。一束神光投射到头戴王冠、手持权杖的腓力身上，同时太阳普照他的帝国。

弗拉·贝尔纳德斯1732年关于新西班牙境内萨卡特卡斯的史述(插图18)——仍然明确地将这位国王描绘为在贯彻上帝旨意时得到上帝的直接援助。[75]腓力似乎避而不用单纯的笔战去推进他的事业或为之辩解,而这方面为他做的很少努力通常平淡无味:奥兰治的威廉凶狠地抨击这位
96 国王的行事方式和道德,但对其抨击的辩驳犹如石沉大海,差不多未留下任何遗迹(只有匿名之作《反辩护》[*Antiapologia*]的一个复本留存了下来,远不如奥兰治:仅其1581年的《辩护》[*Apology*]就有五个法文版、两个荷兰文版、一个英文版、一个拉丁文版和一个德文版)。关于无敌舰队,腓力只授权了一项官方出版物,那是一份多少干涩无味的清单,开列了在舰队离开里斯本之前最后一次清点时记录下的所有舰船、补给品、部队和"显贵人士",英国人后来将它的一个复本用作基准以记录其损失。[76]

插图18 一幅插图,取自1732年胡塞·德·里弗拉·贝尔纳德斯的城市史《萨卡特卡斯简述:高贵非常忠心不二之城》,它同样显示国王(左)与该城的最早定居者(右)在一起。他们举着一个标有"腓力二世"字样的地球,站在太阳和月亮下方(西班牙帝国日月永久不落)。圣母玛利亚护卫和看管帝国大业,上悬格言"功德征服一切"。

也许，腓力之所以避而不用散文方式去解释或辩护自己的行为，是因为他确信没有必要，甚至认为如此会这样或那样地令其合法性成为问题（很像教廷起初讨厌针对路德派的抨击为自己的立场辩护）。然而，这位国王也许还认为此乃多余之举，因为一批天主教作者——非全是他的臣民——已为他代劳。在欧洲北部，1579年后，由国家主使的居住在科隆、杜埃和安特卫普的论战墨客们将国王的事业描述为上帝的事业。1588年，罗马的红衣主教阿伦制作了文献，其宗旨在于使英国的天主教徒确信无敌舰队前来解放他们；与此同时在西班牙，卢伊斯·德·贡戈拉和洛佩·德·维加（还有其他人）撰写诗篇，而佩德罗·德·里瓦德内拉发表了一本凶狠的《英国宗教分裂之神学史》（*Ecclesiastical history of the English schism*）和一本尖刻的《致攻英战役参战陆海官兵之告诫书》（*Exhortation to the soldiers and captains who are going on the campaign to England*），依据宗教和政治的双重理由为腓力推翻伊丽莎白的决定辩护。这两本小册子争辩说，西班牙的名誉和安全，连同天主教会，将得益于国王在教皇和（里瓦德内拉所属的）耶稣会的英勇支持下业已决定发动的“十字军征伐”。上帝的事业、腓力的事业和西班牙的事业被说成是一回事。[77]

某些天主教作者甚至走得更远，将腓力欢呼为新的大卫王：最先在他1554年成为英国国王后不久的一次讲道中做出的比拟。在他1581年作为葡萄牙国王的加冕典礼上，观礼者们觉得“头戴王冠，手持节杖，他看似大卫王”；若干后来的葬礼演说做了同样的比拟。[78]腓力肯定自视为“国王兼神父”（“rex et sacerdos”），在行使赋予其王位的神职庇护权上花费了大量时间和努力。首先，他亲自挑选所有主教和修道院院长，如他有一次对教皇夸口的那样：“我并不靠授予主教区酬赏效劳，相反我四处寻找最合适的臣民为我主效劳”——而且他在放逐“骚动不宁和可耻丑恶的”高级教士方面显得毫不犹豫。[79]在整个西班牙和美洲，没有他的明确允许，不得建立任何新的宗教会团或女隐修院，不得颁发任何教皇诏书。[80]有一次，国王告诉他的驻罗马大使：请教皇不要在没有首先询问他的情况下提升任何西班牙红衣主教（他还相当学究气地补充道，“告诉他‘西班牙'指的是整个西班牙,因为我相信在那里他们认为这仅仅指卡斯提尔")。有一次,当发现他为空缺的加那利群岛主教区提名的主教是个私生子时,他要求教皇忽视这一不正常情况;而当教皇拒绝时,国王干脆更决绝地再次要求。在得知教皇希望在罗马重审西班牙宗教法庭判过的某
97 些案件后,他断然拒绝合作("教皇陛下允许(司法重审)是不正当的,我不会准许");而在得知哈卡大教堂的神父圣职被几个家族垄断后,他实际上命令教皇停止这一做法。[81]西班牙驻罗马使馆档案库藏有数以百计的执着的函件,支持国王就他的各个领地内各种不同的神职空缺提出的人选,而在那不勒斯,腓力派出视察官,以保证教会庇护者完成其责任,保证教区神父恰当地履行其义务,"因为这些事情影响我们自己的利益"。至少有一位教皇抱怨"在国王的所有领地内,陛下的臣子们都太多地干预教会管辖权"。[82]

在较为个人的层次上,70 年代期间腓力使劲反对教廷的一项企图,即用帕莱斯特里纳谱写的较"生动"的音乐取代传统的无伴奏合唱,因为他不喜欢它;在 80 年代,他表示他不会允许"他的"主教们身着教皇命令穿的较短的彩色衣装,因为他喜欢传统的黑色长袍。[83]他还要求教皇特许他和他的子女们在"斋日"吃肉,"因为我不希望尝试改变我们的养生法";还有在埃斯科里亚尔宫长方形教堂举行的首次弥撒典礼上,国王坐在靠近主神坛的长凳上,密切注意典礼程序,"在整个弥撒期间对照他的弥撒书,以保证(典礼参加者)遵照规定办;如果他发现有任何不很对头的做法,就立即发出音信予以指出"。[84]

埃斯科里亚尔宫体现了腓力作为国王兼神父的双重角色所持的观念。在长方形教堂正面,他放置了《圣经》所载的六位以色列王的塑像,他们是大卫的后代和基督的祖上;在其背面,建造了他和家人的住房。他显然在仿照所罗门在耶路撒冷建造的神庙建筑整个大厦:这两位君主都贯彻了出自他们的父亲的一套观念,都使用黄金、青铜和宝石作为主要装饰,也都将一座王宫附于他们为尊崇上帝而设立的圣殿之旁。[85]然而,埃斯科里亚尔宫代表的远不止是所罗门神庙的一个虔诚复制。在政治方

面，它犹如一座彰显哈布斯堡击败其死敌的丰碑，因为它纪念了腓力对法国人的圣昆廷大捷。在宗教论争方面，它起了一个抗拒新兴异端大潮的有形堡垒的作用，因为它的礼拜仪式、它的圣物和它的宗教肖像画法无休无止地肯定了天主教教义的正确性。在王朝方面，它既提供了一个宏伟壮观的复合体，王室可在其内作为虔信反宗教改革的楷模去生活、统治、祷告和死亡，又提供了一座陵墓，国王可在那里埋葬他的亲戚，并且使得对他们的记忆神圣化。在世期间，腓力具体规定了一个为其已逝亲戚的灵魂作弥撒即念诵经文的大得惊人的次数，根据埃斯科里亚尔某位僧录所述为每年7,300次（不包括周年礼拜仪式）；他的遗嘱则要求在他驾崩后头九天内，埃斯科里亚尔宫所有教士为他的灵魂连续不断地作弥撒（连同“尽可能快地”在一个严格遵守教规的方济各会修道院另作弥撒30,000次）；在此之后直至基督再临日为止，埃斯科里亚尔宫的全体修道 98
士将为他的灵魂安息每日举行一次大型弥撒，此外还有在他的诞生日和驾崩日举行周年弥撒，并且在升天圣餐之前连续一整天“永无止境地”不断祷告。[86]

腓力的个人物品自然反映了他的虔敬：他的遗物目录记下了无数宗教书籍、宗教图画和其他宗教制品。位于所有这些之上，他在埃斯科里亚尔宫汇集了不下7,422件圣物，包括12具完整的躯体、144个完整的头颅和306条完整的肢体。[87]更重要的是，某些作者将腓力的生活风格描述为“recogido”，那是个意味隽永的用语，蕴含着追求内在神圣和宗教纯净的意思；确实，这位国王间或刻意地从政务完全抽身而出，以便集中于他的信仰。[88]在复活节前四十天的大斋期，在危机时节，他持续蛰居，而且在他一生里，他始终把每天相当大一部分时间花在做祷告上。作为原则，当他与上帝沟通时他中止一切公务，不管是在礼拜仪式期间中止一小时左右，还是在蛰居期间中止若干日子——他时常以此为借口对臣下辩解为何拖延决定：“我今夜无法再给你送更多的了，因为今天我们有个讲道”；“我昨天无法看其余（文件），直至今天眼下也不行，因为要作弥撒”；“我今夜不能再做任何更多的事，因为已经很晚了；我想明天也不行，因为明天是晚祷和晨祷日”。[89]

无疑,这些宗教活动使国王能暂时从政治关切退出来,廓清自己的头脑,从而更新了他处理国务难题的精力。(它们有时还使他能补充睡眠:1584年,当复活节前一周在埃斯科里亚尔宫时,他对女儿们承认说他刚听过“我一生最长的两番讲道,虽然其中部分时间我一直在打盹”。)或许,他的祈祷还为他提供了一个在上帝面前摊开选择和寻求指导的机会,那是他(有如其他西班牙国务活动家)还可以和他的忏悔神父一起做的。[90]然而,更重要的是,礼拜促使这位国王以宗教方式看待政治:以它们不仅对西班牙的利益,而且对上帝的事业来说必不可少为由辩护困难的政治抉择;将胜利归因于神的干预和悦意;将失败当作神对西班牙的坚定和忠诚的考验、或者当作对一时的人类傲慢的惩罚而予以合理化。

当然,这些因素当中有些在许多领导人那里屡见不鲜。在20世纪,夏尔·戴高乐、温斯顿·丘吉尔,首先是阿道夫·希特勒,都认为自己以某种方式受上天“召唤”,都相信自己在为本国效力方面的行为系由上帝指引。[91]在现代早期,差不多在所有国家的战略思维里,都有着一种甚至更强烈的“神意主义”因素。腓力的新教敌人也认为自己的胜利乃是神的直接干预的结果:这一信念在某个荷兰勋章的铭文上得到了体现,那是为纪念西班牙无敌舰队毁灭而铸造的,其铭文为GOD BLEW AND THEY WERE SCATTERED(“上帝吹风,彼等溃散”)。他们也将自己的历史视
99 为由神意事先设定,将对其信仰之敌的战争视为十字军征伐,很像腓力二世。例如,一位法国新教战将以纯粹的《圣经》式语言欢呼无敌舰队战役的结局:“帕尔马公爵的计划已被挫败,看看被打翻的埃及战车将他摔得头破血流,方寸大乱。上帝的事功胜似奇迹,在人们准备欢叫‘胜利’之时一举粉碎了此世的图谋。”[92]甚至腓力的穆斯林克星,苏丹苏莱曼大帝(1520–1526),也力图投放一种末世救主的意象;随伊斯兰千年(按照基督教的算法为1591年)临近,他的后继者以及同时代的萨非和莫卧儿统治者按照大灾变意味愈益浓厚的方式看待世界。[93]然而,救世观念在伊比利亚半岛影响特别强烈。16世纪初,葡萄牙国王曼努埃尔(腓力的祖父)

相信自己命中注定要成为东方皇帝，就像他的同代人阿拉贡的斐迪南（腓力的曾祖父）一样；查理五世则显然认为自己的大业命该成功，因为他们力求推进天主教信仰的事业。[94]腓力的某些臣民甚至争辩说，宗教构成将整个帝国维持在一起的黏合剂。据修士胡安·德·萨拉扎尔，“西班牙为何能获得它统治的各个王国的首要原因，连同它用以保持它们的根本国家理由，就是宗教”。甚于任何别国，托马索·康帕内拉写道，西班牙君主国“基于上帝的神意，而非基于审慎或人类力量”；他和其他许多人将它的历史视为一种英雄般的进程，在其中奇迹抵消灾难，即使是711 年摩尔人征服和最终无敌舰队惨败这样的灾难，与此同时西班牙朝着世界帝国继续其虽不平衡却是神定的前进步伐。[95]

腓力本人从很早的阶段开始，就根据神意方式看待自己的政治使命。1543 年，作为查理给他开始担任西班牙摄政的儿子的礼物，由巴蒂斯塔·阿格内塞为精美神坛制作的正面图画显示了人形上帝将年轻的王子（当时 16 岁）赐给世界（插图 19）。1557 年圣劳伦斯日的圣昆廷大捷令国王感动，遂在埃斯科里亚尔宫设立修道院和陵墓，将其献给这位圣人，“因为他懂得，他的统治有如此显赫的开端，是由于这位圣人的恩顾和干预”。1559 年，在焦急地等着顺风送他回西班牙时，他写道：“每件事都取决于上帝的意志，因而我们只能等着，看他能够得到何等最好的效劳。我相信这个，因为他已经消除了别的更糟的障碍，他也会消除这一障碍，赐给我维持我的各个王国的手段，从而它们不会被丧失。”[96]在他返回半岛后，国王关于他的利益与上帝利益两相吻合的信念更加增长。虽然他将它们明确地等同起来似乎只有一次——那次他给他的意志消沉的尼德兰总督唐·卢伊斯·德·雷克森斯打气说“你在为上帝效劳和为我效劳——它们是一回事”（见原书第二章末尾）——但在许多信函里他隐含地将它们联在一起。有一次，他敦促一名幕僚：“告诉我，在一切之中什么是你认为最利于奉侍上帝的——那是我的主要目的——因而奉侍我的”；当他听说有一名大臣身体不佳时，他写道：“我相信上帝将赐给他力量和健康，（去对付）一切伤及上帝事业和我的事业的大麻烦。”[97]他有时

100 **插图 19** 查理五世 1543 年给腓力二世的"地图集"的首页。当查理 1543 年离开半岛去指挥一场新的对法战争时，他将西班牙留给他 16 岁的儿子掌控。除了留下关于如何治理的详细"指令"，他还委托意大利制图师巴蒂斯塔 · 阿格内塞制作一部豪华的地图集。首页布满各种相称的表象：右边，一头鹰举着哈布斯堡纹章，与此同时海神尼普顿指挥一艘三列划桨战舰；左边，年轻的王子着装像罗马人，迎向上帝准备亲手交给他的地球。

甚至坚持认为，他自己的事应当优先于礼拜：他命令大臣们立即看某些财政文件，即使这意味着他们会误了上教堂，因为"了结这些事情比听每周讲道远更有利于上帝的事业"；他还反对让他的议事会成员们在复活节前四十天里更经常地参加礼拜活动，因为"对上帝的事业来说，他们料理（国务）也是重要的"。[98]

1571 年，与战胜土耳其人的勒班陀大捷同时，腓力喜得贵子兼继承人。双喜临门大大加强了这些救世式倾向。例如，它激发了出自国王首席大臣迭埃戈 · 德 · 埃斯皮诺萨的瀑布般涌来的函件，提请注意上帝对西班牙之特别天恩的如此不容怀疑的迹象，“那使我们极少欲望，但让我们大可期望主的圣悯”。埃斯皮诺萨甚至将勒班陀海战比作法老的军队 101
在红海惨遭灭顶之灾。与此同时在意大利，许多人猜测腓力有上帝眷顾，将乘胜再战，重征圣地，恢复“东方皇帝”头衔，而那个时代最有名的画家提香绘制了《腓力二世的献祭》，以纪念这两个事件。[99]翌年，圣巴托罗缪之夜屠杀（见第四章）作为上帝努力推进他自己的和西班牙的事业的清晰证据，甚至打动了通常心存怀疑的阿尔瓦公爵：

> 巴黎和法国的事件真是奇妙，确实显示了上帝一直乐意以这么一种方式改变和改组世事：他知道那将有利于保持真教会，弘扬他的神圣事业和他的荣光。此外，对我们的君主大人国王的事务来说，目前形势下这些事件来的时机再好不过了，为此我们对上帝的仁慈感激不尽。[100]

不久后，政府组织了一番遍及卡斯提尔的规模巨大的连锁祷告，以求上帝对国王作为天主教信仰的首要捍卫者的指导和保护。例如，塞维利亚大主教区被划为1,100个各自分开的祈祷站，其中每个每年（以严格的轮转方式）划出三天，用以背诵一篇特别的祈祷文。与此同时，各主教区收到指示，去寻找“其祈祷可能证明特别可接受的那些人”，恳求他们敬请上帝保佑在尼德兰的战役成功。尽管做了所有这些努力，形势却继续恶化，于是马特奥·巴斯克斯在1574年5月试图用下述想法安慰他的主子：

> 无所不能的上帝是我们在这些麻烦中的最大力量，因为我们已见到他总是关照陛下您，而且在您最必需的场合给予最伟大的恩顾征象：圣昆廷、勒班陀、格拉纳达……这些征象激起了大期望，期望上帝将为陛下您的利益而战——就像他一贯所做的那样——因为陛下您为他的事业而战。[101]

然而,在是年晚些时候失去突尼斯和拉古莱特之后,腓力的某些臣民开始批评国王及其政策。11 月里,忠诚的巴斯克斯报告说:“昨天,我(在宫廷)听到了我本人就拉古莱特大为怀疑的事,即人们相信(它的陷落)归因于上帝的愤怒。”破产、王权在尼德兰的崩溃以及 1575 至 1576 年从卡斯提尔议会索要的新一轮赋税煽起了不满的火焰,甚至在宫廷的教士们,例如国王的施赈官唐・卢伊斯・曼里克,也给批评火上浇油,说上帝已“后悔”支持腓力,“已开始给陛下引发大困难——在其各王国和邦国以及在他自己家里”(一位年轻王子在 1575 年亡故;王储则死于 1578 年)。马特奥・巴斯克斯也相当婉转地请他主子注意他的计划遭受的许
102 多挫折,并且提议“我们应当很仔细地审视上帝为何对我们发怒的原因”。[102]

塞巴斯蒂安国王与其众多贵族 1578 年死于阿勒卡扎基维尔战役,从而使腓力成为葡萄牙王位的宣称继承人,暂时中止了上述悲观主义。许多大臣将这灾难视为上帝所为,“因为神意不允许没有大原因就发生一桩像已经落到我们土地上的那么非凡的事件”。此后,1582 年圣安妮日西班牙军队在亚速尔取得一场胜利,翌年同一天特尔赛拉岛被重新夺回:这一吻合令腓力的一位秘书感到,除了圣安妮这位圣人,“一定是我们的已故安妮王后(她于 1580 年去世)向上帝祈祷胜利”。国王同意这一说法:“一年前我恰恰就是这么想的,虽然圣安妮在这些绝佳的事件中必定起了大作用,但我一向相信王后不可能不对我们的好运做了贡献。”甚至唐・洛佩・德・菲格罗阿,一位久经沙场的老军人,也持有同样见解:他指出腓力反对教廷企图从圣人历中取消安妮的名字,现在他得到了酬报。[103]有的军人雅兴大发,写诗赋词庆祝西班牙的被新发现的权势。据埃尔南多・德・阿库纳:

> 阁下,光荣的时刻或已临前
> 或已到来,当上天预言
> 世上一群绵羊和一位羊倌……

并向大地宣告，为其一统连绵，
只有一位君主、一个帝国和一把宝剑。

西班牙其他战士诗人的韵文（例如弗朗西斯科·德·阿尔达纳、阿隆索·德·埃尔西拉和费尔南多·德·埃雷拉的韵文，他们的作品在16世纪80和90年代期间广泛流传）也展示了一种自我陶醉的、要求西班牙征服世界的浮夸文辞。[104]

眼界如此引人注目地一致，部分地是源于国王的许多臣仆共有的共同背景。首先，在腓力任命担任中央政府要职的人们中间，一半以上不仅拥有法学学位，还就读于西班牙6个“研究生院”（*colegios mayors*），在那里他们大多继续自己的法律研习。这些人当中有75位卡斯提尔议事会成员和其若干位主席、39位西印度议事会成员和其所有主席（仅一人除外），等等。王室为“研究生院”毕业生预留了或许150个在卡斯提尔的高级任命。[105]不仅如此，颇大一个数目的大臣是教士，包括议事会主席（格朗维勒、埃斯皮诺萨和吉罗加这几位红衣主教，还有腓力的8位西印度议事会主席中的6位）、议事会秘书（贡萨洛·佩雷斯、马特奥·巴斯克斯和加布里埃尔·德·萨亚斯）、大使（驻神圣罗马帝国和英国的阿尔瓦罗·德·拉·瓜德拉；驻英国、热那亚和威尼斯的迭埃戈·古斯曼·德·西尔瓦），甚至还有总督（在那不勒斯的格朗维勒；在新西班牙的墨西哥大主教佩德罗·莫亚·德·孔特雷拉）。许多世俗臣子也持有关于 103
政治的同样的宗教虔敬眼界：例如，1564至1571年间担任驻法大使的唐·弗朗西斯·德·阿拉瓦抗议说，如果在他履行官方职责的过程中“我被（要求）成为一个工具，用以将人类考虑拔高到神圣考虑之上，那么我希望上帝将我驱出这个世界”；他与国务秘书萨亚斯（诚然是个教士）的通信发散出宗教狂热——一封信激励式地结尾道：“振作精神，上帝在我们面前，普天下的一切异端算得了什么。”[106]

政府高级官员队伍内信念如此一致，特别是它反映了国王的观点，无疑有助于促进目的和政策的和谐。当然,它还可能鼓励了僵硬,即顽固地墨守业已确立的政策,尽管越来越多的证据表明它们徒然无功。然而,甚至国王的某些西班牙批评者也持有同样的救世式眼界,并且运用类似的超自然观念去试图改变他的头脑。于是在1566年,当新教浪潮在尼德兰达到高峰时,一位有影响的天主教宣道者告诫国王:

> 您的父皇九泉有灵,正抱怨不已;如果您听任丧失舍此西班牙无法安然生活的这些省份,他的英灵就会要求上帝惩罚您。陛下您不仅从祖先承袭了您的各个邦国和王国,而且承袭了您的宗教、勇气和美德。我斗胆给陛下您恭谦进言:如果上帝竟在陛下您作为副手代理的那个地方(尼德兰)失去了他的尊严和地位,那么您就将废弃上帝的恩惠。

1580年,国王军队——甚至国王家庭——在进入葡萄牙时因瘟疫死亡惨重,一些人便推断那是来自上帝的、要求兼并作罢的警告;1586年,教皇使节声称在一次受接见时已提醒国王想起先知埃塞基尔的训谕,即辨识可能冒犯神灵的公罪。[107]西班牙无敌舰队失败后,里瓦德内拉(最热烈的支持者之一)正告政府:

> 上帝的判断极为隐秘,因而我们无法确知上帝陛下究竟为何要使国王的强大舰队遭遇那空前非凡的命运。尽管如此,鉴于这事业在那么大程度上是他的事业,以那么神圣的意图来发起,并且得到整个天主教会的那么大期盼和援助,因而一个事实——他不为那么多如此虔敬如此伟大的信徒的祈祷和眼泪所动——使我们害怕,害怕我主为何让我们遭受这打击有其严重的原因……因而寻找和考虑那可能驱使上帝如此惩罚我们的原因是必要的和合宜的。

里瓦德内拉接着提出了五个原因,解释为何上帝可能总的来说对西班牙,特别是对其国王感到气恼。[108]

甚至某些为其他统治者效劳的天主教徒也持有腓力的“神意”眼界。104
1585年,驻马德里的教皇使节虽然同情腓力因德雷克对西印度毁坏性袭击所遭受的难堪,但是仍提示其主子“我预料上帝不会放弃西班牙的事业”;1588年春,在西班牙宫廷的差不多所有意大利大使都公开表述了他们的希望,即无敌舰队会成功,因为(用他们当中一位的话说)“上帝在我们一边,要相信他不会放弃他的事业,在眼下的场合与国王陛下的事业一样”。[109]

在腓力二世的世界里,他认为每件事都有个直接原因。因而,每个人都在人类事务中寻找上帝之手,试图辨识和贯彻上帝的意旨。一次败北或一趟挫折的消息通常都激使腓力猜测什么时候“上帝会回过来支持他(上帝)的事业”,而如果他的运气得到一次意外的高扬,他就告诉他的臣下“此乃上帝所为”。[110]在就什么是要遵循的正确政策疑虑不定的时候,腓力与神学家委员会商议,他们以显然有能力解释上帝的意愿著称:例如,1565年时,他将恰当处置被尼德兰宗教法庭判罪的异端的问题送交一个“神学议政会”(Junta de Teólogos);1579年,就是否要强行贯彻他对葡萄牙王位的权利要求,他再次征求若干神学家的意见(有些是个别地征求,其他则是集体地征求)。[111]他的许多臣民去咨询预言家。在80年代,索尔·玛丽亚·德·拉·维西塔西翁(“里斯本修女”)、米格尔·德·彼得罗拉(“军人先知”)和卢克蕾西娅·德·勒翁(第一个在里斯本,另两个在马德里)以其预言赢得了广泛的追随者。他们(和其他预言家)的成功令胡安·奥罗兹科·伊·科瓦鲁比亚沮丧,因为西班牙“每个人”都开始预言“1588年西班牙将输”,“攻英大业”将败,这促使他发表了一项题为《真假预言论》(*Tratado de la verdadera y falsa profesía*)的著作,试图抑制这一流行做法,使大多数预言家名声扫地。[112]他失败了:同一年,梅迪纳·西多尼亚公爵在准备率无敌舰队下塔古斯河出海时,请“里斯本修女”为该舰队祝福;与此同时,约瑟夫·克雷斯维尔,一名被挑选在无敌舰队成功情况下将为其英格兰祖国的重新天主教化起突出作用的耶稣会士,在离开罗马以前动身去求教"一位圣人,他与我主有如此接触,以致很可能知道我主计划之两三事"。(这位"圣人"令人沮丧但准确地预言舰队将"冒烟烧毁"。)[113]

腓力及其支持者在"神意主义"方面并非独特无双。在整个现代早期,宗教改革造就的信仰鸿沟两边的统治者都力图辨识上帝旨意,据此去塑造他们的公私生活。[114]因而查理一世——从1625年起直到1649年死于断头台为止的英格兰、苏格兰和爱尔兰国王——反复采用神意观点看待公共事务。1642年,在与所有三个王国内的重要臣民群体的战争中,他宣告他的胜利将表明上帝宽恕了他的原罪,而失败将证明对他的惩罚会一直延续到他离开人世:"我已将我的余生付托给我的事业的正义性",他写道,"决心不屈服于任何极端或不幸;因为我将要么是一位光荣
105 的国王,要么是一位忍耐的殉道者"。过了三年,在他致命地输掉了纳斯比战役之后,查理拒绝了一项要他从敌人那里谋求尽可能最佳媾和条件的提议,因为

> 如果我从事的是任何别的争斗,而非捍卫我的宗教、王权和友人,那么你的劝告就有充分的理由;因为我承认,作为一名纯粹的军人或国务活动家去讲话,我必须说除了我的毁灭外没有任何别的可能性。但是,作为一名基督徒,我必须告诉你:上帝不会容忍叛贼昌盛,或容忍这个事业被倾覆……在此时与之妥协就是屈服,而我天恩在上决不屈服,无论这令我付出何种代价;因为我懂得我在良心和荣誉两方面的责任,那就是不放弃上帝的事业,不伤害我的后继者,不背弃我的友人。[115]

纳斯比战役的胜利者之一奥列弗·克伦威尔,同样完全自信其事业的正义性,从念小学的时候起就被教导"人世间没有任何事情出自偶然或投机,而只是并且总是由(上帝的)意志规定";十余年后,当他自己的一项事业("西方计划")遭遇失败时,他将此认作神意不悦的一个无可辩驳的

迹象。[116]

对上帝之手的如此依赖在某些情况下可以造成缺乏政策——如一位批评者写的克伦威尔“抛弃对活生生的说理、手段和体制的信任”那样——但腓力及其大臣们通常不犯这一错误。相反，一种“天助自助者”信念反复出现在他们的通信之中。[117]1588 年，当他百般力争使无敌舰队出海时，腓力折腾其财政议事会，强调必须竭尽可能找到必要的资金，从而“我能够说我履行了自己的责任”。几天后，他再度提醒一位大臣他投入了那么多“时间和辛劳”，去“发现已经花费和仍然需要花费的所有金钱，从而在（为完成）业已开始的事情方面尽我所能”。[118]

宁可说，腓力牌号的救世式帝国主义导致了采取种种不现实的政策这一错误，为实施它们做尽人力所能之事，然后依赖神的干预“弥补差距”。因而在 1571 年，当他支持一场英国天主教徒叛乱的计划开始崩溃时，腓力令自己确信，入侵构成上帝为其事业和为西班牙所设图谋的一部分，无论如何必须干下去。

> 我那么渴望完成这项事业，我从心底里那么依恋它，我那么深信我们的救世主上帝一定会将其认作他自己的事业，以致我无法被说服不去干。我也无法接受或者相信相反的情况，这导致我理解事物的方式不同（于别人），并且使我藐视冒出来的种种困难和问题，因
> 而本来可能令我分心或停止贯彻此事的一切对我来说都不显得那么 106
> 危险了。

在这个场合，腓力认识到如此假设的风险，补充说“我懂得这应当就是如何解释对上帝的这一信心的方式，而不让我们自己被导致去从事绝望的或不可能的事业，并且依凭就人而言虚弱不足的资源去这么做（因为那就将是试探而非信任上帝）”。[119]以后，他变得不那么审慎了。例如，当圣克鲁斯侯爵于 1571 年年末就隆冬时节率领无敌舰队攻英的危险发牢骚时，国王平静地答道：“我们完全明白冬季在无安全港口的情况下派一支

大舰队穿过英吉利海峡引起的风险,然而……由于这全是为了上帝的事业,上帝会送来好天气。"[120]

自然,尽管圣克鲁斯依旧不相信,但其他大臣在其他时候往往也像国王一样确信他能得到上帝青睐,从而使不可能之事成为可能。1574 年,当腓力在其资源似乎完全投入尼德兰和地中海之际再度设想入侵英国时,在布鲁塞尔的困惑不明的司令官断定,如此疯狂的念头"必定是神的启示"。1588 年,在审视了国王的无敌舰队战略固有的内在危险之后,该舰队的一个分队的指挥官作了这样的结论:"然而,因为是陛下您决定了一切,我们必须相信那是上帝的意愿。"大致同时,他或他的一名同僚告诉在里斯本的教皇代理人:

> 除非上帝以一个奇迹帮助我们,英国人——他们拥有比我们更快速更灵巧的舰船和多得多的长程火炮,并且像我们一样深知他们的长处——就决不会丝毫靠近我们,而会立于远处,用他们的火炮将我们击成碎片,与此同时我们却无法对他们造成任何严重伤害。因此,我们怀着对出现奇迹的坚定期望,驾舰前去攻打英国。[121]

从国王往下,西班牙差不多人人都像是预料上帝每逢所需之际将直接干预,奇迹成了西班牙战略文化的一个有机组成部分。例如,1574 年 12 月,经过一系列厄运(将突尼斯和拉古莱特丧失给土耳其人,未能从荷兰人手里夺取莱顿,支出一大笔钱以终止在尼德兰的西班牙老兵兵变),腓力告诉其秘书:"愿上帝用个奇迹来帮助我们。我告诉你,我们那么需要一个,以至在我看来他必定选择给我们一个奇迹,因为没有它我觉得每件事都处于可想象的最糟形势。"[122]80 年代期间,一名幕僚宣告"在米兰公国奇迹尤其必不可少,在那里一个人每时每刻都与命运作斗争",而在无敌舰队失败后,一名直言不讳的廷臣写道"人人都相信上帝可见地赐予陛下的种种奇迹和玄妙救方;而且,他可能继续这么做,因为不可否认这事业是他的"。[123]

然而，这种对奇迹的不断和过度的依赖使国王的某些幕僚感到不快。107
“我不知道上帝是否总是将行奇迹”，红衣主教格朗维勒在1585年告诫说。“到头来，我们无法以那么少去做那么多，上帝不会总是为我们造奇迹”，帕尔马公爵在翌年呼应道。[124]1588年6月，在一场风暴损坏了西班牙无敌舰队的某些舰船，将另一些逐入拉科鲁尼亚并且驱散了其余之后，其司令官梅迪纳·西多尼亚断定奇迹时代必定已经消逝。风暴如此厉害，他告诉国王，“在任何时候它都会引人注目；然而，由于只是6月末，而且由于那是我主的事业，在那么大程度上已经被——并且正在被——付托给我主的关照，因而已经发生的事看来必定是他的作为，出于某种正当的原因。”或许，这位公爵猜测道，是全能的上帝发出了一个警告即“攻英大业”应予放弃？腓力断然拒绝之。“如果这是一场不正义的战争（他答道），就确实可以将此风暴当作一个来自我主的要求停止冒犯他的信号；然而，它是那么正义，因而无法相信他会搞垮它，而不是会赐予它更多宠惠，超过我们所能希望的……我已将这一大业献给上帝”，国王最后振奋地说。“那么，干下去，尽你的职责！”引人注目的是，这番盲人瞎马、死不回头的表演似乎说服了公爵：仅两周后，他就兴奋地报告说“由于这是上帝自己的事业，由于他没有忘记陛下希望以这事业提供的伟大效劳，因而他已欣然使整个舰队重新集合起来而无一船一桨之失。我认为这是个伟大奇迹。”梅迪纳·西多尼亚如同其主子，现在信心十足地期望胜利。[125]

“认识僵化”的这一标准范例突出地表明了国王救世式帝国主义造就的两个致命弱点：一是将一切谨慎抛到九霄云外，二是（且同样危险）未能制订应急计划。1572年末，国务秘书萨亚斯起草了一封御函，祝贺阿尔瓦公爵战役成功，并就粉碎奥兰治亲王的最佳办法给予建议，该亲王据称“因受严厉逼迫，我相信将跨海前往英国”。腓力删去了这些话，添上“我从不想写下预言，或我认为会发生什么”。国王同样未能认真去思考“退路战略”：1572至1576年间，他拒绝了替代用常规战争结束荷兰造反的差不多所有选择（见原书第四章）；1588年，他拒绝考虑（直到它发生以后许久为止）如果梅迪纳·西多尼亚和帕尔马两公爵未能像被规划的那般两军会师（见原书第九章末尾），那么他俩应当做什么。[126]批评这些失败容易，但西班牙的战略文化绝对要求如此彻底的乐观主义：因为必须假定上帝站在西班牙一边战斗，从而会送去成功，任何为可能的失败作规划的企图都可被说成是“试探上帝”或意味着缺乏信仰。

然而，有如著名数学家约翰·冯·纽曼曾说的那样，“失败绝不可被认为是一种偏离，而必须被认作复杂体系之逻辑的一个本质的和独立的
108 部分。体系越复杂，它的构成部分之一就越可能会出错”。相反，救世式帝国主义不给失败留有任何位置，不承认人类事务有一种变得紊乱的趋向，也不承认它们对预定模式的无规则偏离要求不断地校正，特别是在战争之中，其时如克劳塞维茨写道，每项战略都由个人贯彻，“其中即使最次要的人也可能碰巧延误事情，或者以随便哪种方式使之出错”。[127]腓力未能考虑到这一点。

确实，许多20世纪的国务活动家和战略家犯了同样的错误：第一次世界大战前德国的施里芬计划、希特勒对俄国的巴巴罗莎行动以及日本对珍珠港的袭击都缺乏退路战略：在第一个案例中未能夺取巴黎，在第二个案例中未能夺取莫斯科，在第三个案例中未能摧毁整个美国太平洋舰队连同其燃料储存，而它们全都证明是致命的，因为从此开始，战略不得不被紊乱的临时应付、激动的浮夸高调和对出现奇迹的一厢情愿取代。[128]然而，与大多数国务活动家相比，腓力将更多的事留给偶然性，或“神意”，因为他完全相信上帝会弥补任何缺陷或错误。腓力的救世式自命不仅排除了为失败作规划，而且排除了做出那些最终不得不予以同意的妥协的意愿，不管是与新教徒还是与穆斯林。腓力永不可能像法国的亨利四世那样，在适合自己的时候改变自己的宗教（“巴黎值得一个弥撒”）；可是，由于他不愿在他那些基于教义的政策陷入困难时放弃甚或调整之，他就使得其他国家——法国、奥斯曼、英国、荷兰和若干意大利邦国——有了时间去动员其资源，以便挫败西班牙的战略目的。它们可能

没有能力阻止葡萄牙及其海外帝国被占，但它们能够也确实限制了西班牙从此汲取的裨益；它们还成功地挑战了腓力在其他地方的权势，首先在尼德兰和地中海，然后在北大西洋，最后在亚洲和美洲。

国王驾崩，尸骨未寒，便潮水般地涌出了大量文章和论战小册子，宣称他在位期间王室权势业已衰减，既在国内也在国外。1599 年，财政议事会主席罗德里戈·巴斯克斯·德·阿尔塞形象地通知卡斯提尔议会：“我们可以真实地说，陛下驾崩时，他的御体消失了，整个御库也是如此。”1600 年，为西班牙宗教法庭工作的一位法学家马丁·冈萨雷斯·德·塞洛里戈，刊印了一本为“西班牙之修复”而撰的非常著名的“记忆书”，论辩说西班牙君主国“已沦入一种我们大家都断定比过去任何时候都更糟的状态”，并且明确地使用了（也许是首次使用）“衰落”一词。为政府效力的另一位法学家巴尔塔萨尔·阿拉莫斯·德·巴里恩托斯编写了一部凶狠的评估西班牙地位的著作，差不多完全搬用恰好半个世纪前查理五世的相关概览。经长篇讲述除卡斯提尔外帝国每个邦国内的臣民怨愤——在北尼德兰的公然反叛和在南尼德兰的强烈反西班牙情绪，还有在葡萄牙、西属意大利、阿拉贡和美洲的不满，阿拉莫斯·德·巴列恩托斯无情地考察了帝国的差不多所有邻邦的敌意。法国虽然眼下和平，但自恃有一位强有力的国王（亨利四世），他统治了一个满布严守军纪、 109
经验丰富的部队的统一的国家：这个国家将欢迎任何机会，以便在意大利促成一场会更加削弱西班牙的战争。英国的刻骨仇恨已使它支持西班牙的反叛者，干涉美洲事务，甚至对半岛发动直接攻击。意大利的较大的独立国家全都怨恨西班牙统治，渴望目睹其结束；那里较小的国家，包括教皇国，不能指望再从其获得支持。[129]与五十年前查理五世满怀自信的想象相比，反差之大几乎莫过于此。恰如这位皇帝（虽然他在新旧两个世界取得了若干新领土）未能将其遗产原封不动地全部传给儿子，腓力（虽然他也增添了环绕地球的一些新属地）证明无法将他继承的所有土地完整无缺地传下去，更不用说达到他的战略目的。最重要的是，他丧失了尼德兰的很大部分和他在英国的影响。为什么？

第二部分：大战略的形成

1600年，腓力的一名高级外交官在罗马写信，向一位同事睿智地表达了看法：

> 确实，阁下，我认为我们正在逐渐成为众矢之的，全世界都想朝我们放箭；你知道，没有哪个帝国，不管有多大，能够在各不同地区长期地撑住多场战争。即使我们仅仅考虑自卫，永不设法图谋对我们的敌人之一施以大规模进攻性打击，以便在它结束时我们能转向其他敌人，我仍怀疑——虽然我可能是错的——我们是否能维持住一个我们这样的如此分散的帝国。

日不落帝国已开始显得像日不落靶子。同一年里，北尼德兰的一位国王前臣民安托尼斯·德伊克在其日记中多少沾沾自喜地回顾了“魔王撒旦”的种种失败和挫折，接着就同样开始“猜测西班牙人是否可能在17世纪丧失掉他们在16世纪获得的所有名誉”。[1] 这两位笔者都相信腓力未能达到他的战略目的，也都相信如此他便严重削弱了西班牙帝国的总体安全。

保罗·肯尼迪的《大国的兴衰》对此失败提出了三项解释。首先，该书将巨大的重要性赋予欧洲战争艺术方面的一系列变更，它们有时被称作“军事革命”。第一是15世纪里发展出了更强有力的火药武器，它们导致意在遏阻攻击的高耸的薄墙徒然无用，它们在数千年里曾构成人类定居地的标准防护。然而,从1520年代开始,起先在意大利,出现了一种新的工事防御体系,它们具有低矮的厚墙,按照布有棱堡和沟壑的星状格局修筑,被一条宽阔的护城河环绕。新防御体系的每个部分都密布以交叉火力场方式配置的火炮,随时可击倒任何试图正面攻击的足够鲁莽的围城者,同时令敌人的火炮始终远离城墙。这种新的防御工事式样在意
112 大利被称为"现代型",在其他地方则被称为"意大利型",它实际上杜绝了快速夺取任何大要塞的可能性。在尼德兰,安特卫普由密布十座棱堡的八公里城墙环绕,只是经过长达一年的围困才于1585年陷落,而奥斯坦德——由众多棱堡和强有力的外围据点防护的一个海港——在1604年投降以前扛住了三年包围。

部分地为回应经久封锁敌方据点(同时防守己方筑堡要塞)的需要,军队规模开始迅速增大。例如,哈布斯堡西班牙的武装部队在16世纪前半期增长了差不多十倍。人力的这一巨大膨胀,加上新防御工事本身的难以承受的代价,导致战争开支突飞猛进。[2] 保罗·肯尼迪认为,这些多样的事态发展构成了哈布斯堡霸权图谋失败的首要原因:由于步步攀升的军事成本,它"始终不改地以超过其平常岁入提供的两三倍花费"于战争。在可以赢得彻底胜利以前,国家就破产了。

肯尼迪还提出,另外两个难题加剧了西班牙的军事和财政危机。一方面,他将哈布斯堡帝国视为"历史上战略性过度伸展的最大实例之一":"哈布斯堡简直有太多的事情要干,太多的敌人要打,太多的防线要守"——在尼德兰、德意志、意大利、北非、地中海、大西洋、美洲以及1580年后的非洲和南亚沿岸。他论辩说,在军事革命时代,没有任何国家可望在这么多战线上打仗而且打赢。另一方面,肯尼迪指出,甚至对于为这一极其艰巨的努力而可得的有限的资源,哈布斯堡的动员也颇为低效。它不是去节省每个可得的达克特,而是一次又一次毫无必要地糟蹋资源:以重税毁伤工业成长;铸造一种被定值过高以至到了灾难性地步的铜币;1609年驱逐摩里斯科人;将巨量金钱投入修建宫殿和装饰宫廷。[3] 然而,这是不是整个故事?

诚然,许多当时人预示了肯尼迪的论辩。按照紧随1596年“破产敕令”发表的一篇英国文章,腓力的战役已变得完全过于靡费,以致无法打赢。

> (他的)陆上战争,如同那些在低地国家的战争……将使他付出比他的敌人高六倍的代价,因为还未等到他在西班牙征召一个士兵、将其部署在阿托瓦边境,并且准备好与一个法国人作战时,这些已经使他花费了100达克特,而一个法国士兵只会使其国王花费10达克特。

其他许多人严厉指责西班牙经济的低效、落后和欠发展。[4]

尽管如此,对西班牙帝国“低效”动员其资源的指责虽然如实,却忽视了时代差别。首先,在一个现代早期国家的任何“霸权图谋”的道路上,有着一批经久的和通常无法逾越的基本障碍。第一,没有哪个当时的 113
政府能够步入所有领域,或指挥在其边界内的所有臣民。现代早期欧洲的典型政治实体不是同质的、统一的民族国家;宁可说,它由不同领土的一种松散的凑合构成,而这些领土则是在几个世纪过程中通过婚约、谈判达成的接管和正式的合并形成。在差不多每个场合,一项协约详细规定了各不同构成部分的分立身份和具体特权。瓦卢瓦和波旁法国、斯图亚特英国和西班牙帝国都是“合成国家”,由王朝的而非民族的、地理的、经济的或意识形态的纽带联结起来。未遵守合并条款差不多总是并且往往迅速导致不满,甚而导致地方精英领导的反叛。此外,每个主要的成员邦国在合并后许久,仍然保持其自身的经济、社会和(最重要)防务利益,它们并非总是与中央政府的利益相符。因而,查理五世在1520和1530年代倾向与丹麦交战,因为其国王上台掌权靠的是废黜其前任,而其前任娶了查理的姊妹,皇帝便觉得王朝荣誉要求自己采取行动。然而,尼德兰政府希望与丹麦和平,因为该国的波罗的海商业(由于它养育了那么多其他的经济活动而俗称“母贸易”)是否兴旺取决于能否安全穿行丹麦海峡。出于类似的原因,布鲁塞尔政府想维持与英国的和平,反对查理或腓力毁坏和睦关系的任何企图。[5]

互相冲突的宗教忠诚也限制了许多现代早期国家里政府的有效性，在新教宗教改革浪潮兴起后尤其如此。若干对腓力的反叛很大程度上起于宗教少数派——尼德兰的新教徒和西班牙的穆斯林——反对他的政府力求强加的宗教一统政策，某些国际危机则出自他扑灭新教的渴望。然而，这位国王的信仰目的往往与别的利益冲突。在公共层次上，腓力对推进天主教事业的无保留的承诺使他失去了潜在的朋友，并给他制造了不必要的敌人：特别是出于宗教分歧，他与西班牙差不多两个世纪的盟友英国决裂。在私人层次上，它造成了原则与实践之间的紧张，从而引起了严重问题。腓力坚信（而且他的许多虔诚的幕僚经常提醒）他担任上帝在尘世的副手，因而有责任每时每刻施行与天主教会的需要相符的政策。这构成了一个关键的“底线”，他的所有政策和决定最终都需要满足之。尽管如此，间或在与新教臣民或新教邻邦打交道时，国王却显然一时未能
114 认识什么情况下一项政策——例如允许 1561 至 1566 年间尼德兰教会事务的改变——违反了这一关键的底线。到头来他发觉自己的错误想去改变方针时，却发现已激发了广泛的反对，因为他的许多臣民设想新政策反映了一种趋势而非暂时偏离，已立意——像腓力自己一样坚决地立意——信仰一种大不相同但同样好斗的教义。在英国问题上，国王也未能示意为了维持与一个新教国家的和睦关系能设想何种妥协，结果导致伊丽莎白两度做出错误的断定，先是依据他在 1560 至 1568 年间显著的无动于衷，后是依据他在这一共处时期结束时突如其来的威胁行为。不管是出于权宜还是出于忽视，他未能始终不渝地强调他的底线，结果国王走上了一条对抗道路，那将导致近八十年在尼德兰的战争和差不多二十年的对英战争。这两场冲突——它们共同将西班牙推上了衰落之路——花费极其巨大但大致可以避免，其仓促到来与军事革命、战略性过度伸展或资源运用低效几乎全无关系。宁可说，它们出自腓力对其行政职能的不善理解，出自周期性地减少其政策选择，同时加剧其认识僵化的严重心理压力，出自流行于他的宫廷的救世式战略文化。

第四章 “欧洲的大泥沼”：尼德兰（1555至1577年）[6]

查理五世1548年为他儿子编写的“政治遗嘱”对尼德兰显然只予以极少的注意，因为像这位皇帝坦然承认的那样，他不知道要做什么。他是否应当将它与西班牙一起传给他儿子，或者应当将它留下来附于神圣罗马帝国？“如我们已看到和发现的，那里的人们不能容忍被外人统治”；然而，如果腓力成为尼德兰统治者，“你就不能住在那里或经常访问之”。因而，查理决定这个年轻人应当“前来亲眼看一看这个国度”，并且许诺在他这么做以前不做出任何最终的决定。[7]

四大因素使得中央政府在低地国家行使有效控制复杂化了。首先，这些省份的地理状况造就了独特的难题。一方面，西部和北部的乡村很大部分低于海平面，并有大量河流、湖泊和沼泽，而一套精致的堤坝系统保护了出自围海造田的广阔土地，农夫们在那里维持着一种岌岌可危的生存。一位英国的游记作者欧文·菲尔塔姆后来将尼德兰称作“欧洲的大泥沼。世上没有另一个如此的沼泽，平浅广阔。它整个是个泥潭……世界的臀部，满布静脉和血而无骨头。”相反，西部地区比例异常大的一部分人口住在城镇：尼德兰自豪有200多个城镇，其中19个人口达一万或更多（与之相比在英国只有3个）；荷兰省一半人口为城镇居民，就此欧洲其他地方望尘莫及。所有现代早期政府都发觉难以控制自己的城镇，特别是在它们筑堡设防的情况下，而到1560年代，12个尼德兰城镇已拥有周边完整的“现代”意大利式工事防御环带，与此同时另外18个自夸有部分的防御环段。[8]

第二个因素进一步加强了尼德兰城镇的力量：中央政府只是在晚近

才取得其确定的形态。到 1548 年，查理统治 17 个各自分立的省份，其中最强有力的是南部的布拉邦特和佛兰德与北部的荷兰；然而尽管这 3 个（以及其他几个）省份从布鲁塞尔得到管理已有一个世纪以上，但别的省
116 份（例如格尔德兰）只是在几年前才被获取。缺乏一个公认的集体名称表征了该地区在政治上的七零八碎：当时的种种文件勉为其难地称之为“低地国家”或“彼处各邦”（[*Les pays de par delà*]，15 世纪获得若干尼德兰省份的勃艮第公爵们造出的一个用语，以便将它们与勃艮第本身即“此处各邦”[*Les pays de par deçà*]区别开来）。因而，皇帝决定加强那个将他统治的 17 个北尼德兰省份捆在一起的纽带。1548 年 6 月，他说服神圣罗马帝国议会承认它们是一个单独的政治单位（一个“集团”或曰 *Reichskreis*），使它们取得帝国管辖和帝国法律（包括允许所有领土统治者选定其臣民的宗教教义的“宗教和约”）豁免的，并且许诺在尼德兰遭到攻击的情况下发送军事援助。一年后，经最终决定允许他儿子继承尼德兰，他说服 17 个省份——个别地和集体地——同意自此它们都将接受同一个统治者，并承认腓力为他的继承人。然而，每个省都保持它自身的代表会议（“省议会”），在为一个“联省议会”开会所需时派遣代表；可是，这个机构的集体决定只有在每个省议会都予以批准的情况下才有约束力。此外，每个省都有它自己的法律和司法制度，因而极少允许向中央法院上诉，而且许多省份还为拥有一种正式契约而自豪，上面详细规定了每个统治者在其权威生效之前必须宣誓接受的种种“特权”。对此协议的任何违背可以引发（而且往往确实引发了）造反：有如腓力的西班牙幕僚之一后来惊呼，“我们在编年史上读到有过 35 次反对天然君主的叛乱，而且在每次叛乱之后，民众都照样比先前傲慢无礼得多”。[9]

假如上述两个因素构成在尼德兰有效统治的仅有障碍，那么无疑哈布斯堡到头来将能够克服之：毕竟，查理一直是位很得民望的统治者，尽管有某些孤立的反叛，最著名的是 1539 至 1540 年的根特反叛。然而，在他统治过程中，两项进一步的挑战初露端倪。一方面，新教教义在该地区找到了许多信奉者：到 1530 年，至少有 30 项路德的著作已见荷兰文译

本,而且查理在位期间,至少有两千个尼德兰人因为他们的宗教信仰而被处决,更多的人被判缴纳罚金、没收财产或放逐出境。尽管如此,当皇帝在1555年逊位时,部分地归因于无情的迫害,异端似乎在节节败退。因而,腓力从他父亲那里继承下来的尼德兰的唯一主要突出问题是财政。尽管税收巨量增长,但查理的开销远超过岁入,布鲁塞尔政府的短期债务从1544年的100万达克特飙升至1556年的350万达克特。翌年,腓力召集布拉邦特(最富庶省份)的省议会,要求征收新税,但该议会只是以它自行监督税款的征收和分配为条件才予以同意。国王强烈不满这一先例,但因深陷与法国和土耳其人的战争而别无他法;他还不得不在1559 117
年初做出同样的让步,以便从联省议会得到一笔更大的授金——“九年援助”(值360万达克特)。

在得到这些税入和与法国签署《卡托—堪布累齐和约》之后,腓力为了集中于南欧事务而返回西班牙。这本身不一定证明是个关键的错误:查理经常不在尼德兰,往往一次不在好多年(1522至1531年,1532至1540年,等等),将广泛的权威下放给他的作为摄政的一位亲戚。然而,腓力愚蠢地决定引入多项创新,在他离开时生效。他任命了一位缺乏经验的摄政,即他同父异母的姐姐帕尔马的玛格丽特,其权力极端有限;他命令她一切要事一概向他禀报,不先与他商议就不做任何决定;他甚至给了她一份候选人名单,他们是要在有俸神职空缺时按照严格的顺序被任命为替补的。为了保证她的服从,腓力还命令她凡事皆须遵循安图瓦尼·珀勒诺特·德·格朗维勒的忠告,此人是查理五世的一位重臣的儿子、经验丰富的外交家(曾任腓力在卡托—堪布累齐的三位谈判代表之一)。格朗维勒定期与国王直接通信,时常批评玛格丽特。这一切严重地损伤了她的权威,没有多久英法两国政府便撤离了它们在布鲁塞尔的代理人,“因为我们已经得知至今每件事都在西班牙被定”。[10]第二项创新是腓力决定留下两军团西班牙老兵作为永久驻防军,既是为了防备可能的法国侵略,也是为了在一旦西北欧发生危机时担任“快速反应部队”。许多尼德兰人对其驻扎深为猜疑,惧怕他们还可能被使用于一场国内危机。“我不认为这些人对这么多标新立异感到高兴”,埃格蒙的拉莫拉尔伯爵(一位国务议事会成员和著名的尼德兰贵族)告诉他的同僚奥兰治亲王拿骚的摩里斯。“国王下决心留下这些西班牙步兵,遣散所有其他部队;我让你自己猜他的用意。”晚些时候,格朗维勒更清楚地说出了这些担忧:“这里的人普遍表现出不满在这些省份的一切西班牙人。这似乎出自一种猜疑:可能希望令他们屈从西班牙,使之沦入到像西班牙王权之下意大利诸省的那种状态。”[11]

尼德兰的政治领导们不久就发现了一个表达其敌意的有效方法。鉴于西班牙驻防军依赖当地税收维持日用供应,鉴于政府同意省当局将控制这些税款的征收和分配,省议会便断然拒绝在西班牙人离开以前递交“九年援助”的任何部分。在激烈的内心斗争后,国王妥协了,1561 年初部队起航回国,尽管格朗维勒警告说“他们对这里的人们起了刹车作用:上帝啊,请不要让任何麻烦在他们走后发生”。[12]事态不久便证明他的惧
118 怕有理。1559 年,腓力与教皇秘密安排,要为只有四名主教照管 300 多万人的尼德兰创设一种新的教会等级体系;在这“新主教区计划”下,将增添 14 个教区(包括一个大主教区)。此外,每个新的主教管区神父会有两名成员将担任镇压异端的宗教裁判者,从而补充人手不够和工作负载过重的该地区宗教法庭的努力。新主教区计划两年里一直严格保密,与此同时教皇和国王共同任命的一个委员会制订新主教管区的边界划分。到 1561 年,万事似已齐备,教皇便全无预告地突然发表该计划,并且指定了新主教(他们全都由腓力提议)。格朗维勒成了这一新等级体系的大主教,同时成为一名红衣主教。

巨大的抗议吼声立即在尼德兰爆发。政治精英由于制订该计划的秘密性,油然而生被离弃感;许多高级教士也反对该计划,因为新主教的资金将出自对现存教会机构岁入(他们的岁入!)的重新分配;各城镇以世界主义的贸易大都市安特卫普为首,激烈反对扩展宗教裁判,理由是这将损害它们与新教国家的贸易。腓力于是取得了一项其父始终与之无缘的成就:先前,每个省的贵族、教士和城镇总是互掐喉咙,互相争斗,新主教

区计划现在却将他们团结起来。这次,尼德兰精英利用了国王宫廷内的宗派。按照一位法国观察者的看法,“(尼德兰)贵族在其争吵中的顽固立足于西班牙宫廷存在的偏袒亲近和派系分裂……阿尔瓦公爵和鲁伊·戈梅斯……将其翼翅伸展到尼德兰那样最遥远的地方,在那里公爵支持格朗维勒红衣主教,而鲁伊·戈梅斯从已故皇帝那时起一直是(该红衣主教的)敌人,则偏袒他的反对者”。[13]格朗维勒在布鲁塞尔的对手充分利用了自己在宫廷的人缘——首先是鲁伊·戈梅斯和弗朗西斯科·埃拉索——去败坏其名声,同时让国王放心尼德兰会恢复万事平安,只要以几个小让步为代价。面对他们顽强的有谱有序的反抗,腓力再次一败涂地:他先是废弃了“宗教裁判”设想,接着中止给若干个新教区(包括安特卫普)指定主教,最后同意召回格朗维勒——被每个人(错误地)怀疑为这项不得人心的计划的主谋者。

事后来看,这步步后退显然构成了 1566 年开始尼德兰大造反的序幕。为何腓力当时未认识到这一危险并采取一种较坚定的立场?首要的解释在于,国王认为有必要使他的原则(不对异端妥协,不向反对者让步,忠于自己的臣属)迁就尼德兰以外的一系列危机。1560 年夏,奥斯曼舰队伏击了西西里总督派往北非吉尔巴岛的一支西班牙远征军,俘获了约 30 艘战船和 6,000 名富有经验的官兵。因而,几个月后从尼德兰撤出
西班牙军团可被辩解为支撑基督教世界在地中海的防务以抗击穆斯林。119
1562 至 1563 年的情况依然如此:在尼德兰政治精英集中于摧毁新主教区计划和谋求召回格朗维勒的同时,腓力将他的所有资源和注意力首先聚焦于派遣一支远征军,帮助他的妻弟查理九世在第一次法国宗教战争中击败其新教臣民,然后聚焦于为奥兰解围(该城被穆斯林部队围困)。用一位廷臣的话说,“我们在这里只谈奥兰被围困一事,别无其他……它的结果将决定许多别的事情——甚至我们(即国王)是留在这里还是返回那里(即尼德兰)”。[14]在如此的情势下,鲁伊·戈梅斯、埃拉索及其同僚们可以宣称在尼德兰的让步、甚至宗教让步是正当的,理由就在于它们使腓力有能力在其他地方维护天主教信仰。

腓力错信了那些向他保证这些措施将恢复良善治理的人，因而他听任低地国家在他集中于另一场地中海大战役的时候自行其是：1564 年 4 月到 8 月，他没有给布鲁塞尔发送任何函件。到年底，尼德兰领导人受其新获的独立状态鼓励，亦受来自一小群新教支持者的压力，决定要求国王修改剩余的各项异端法，宽容在低地国家的新教，而此时正值腓力的表弟马克西米连在神圣罗马帝国驾崩。1565 年 3 月，埃格蒙伯爵行至西班牙，以求获取进一步的退让；在宫廷，他与鲁伊·戈梅斯过往甚密。在一个意义上说，这位伯爵撞上了好时刻：他抵达时正好消息传来，说土耳其人打算夺取马耳他，这迫使腓力集中于制订为之解围的计划。国王还安排了王后伊丽莎白·德·瓦卢瓦与她母亲、法国王太后兼摄政卡特琳娜·德·美第奇会面，有经过挑选的双方大臣参加，以便解决两个王室之间的突出分歧，并且搞出一个关于翦灭异端的共同政策。然而，埃格蒙的成功机会由于他的首要宫廷盟友势力衰减而受损：埃拉索已因欺诈嫌疑而倒台（后来的一项调查将中止他担任官职并处以一大笔罚金），鲁伊·戈梅斯的很大部分时间现在则用去管理王储唐·卡洛斯的家务，那是个多变莫测和难令人喜欢的家伙。此外，国王现在认识到他们的和解政策增加而非减少了他在尼德兰的困难：他大发脾气地给一位心腹幕僚写道，"我非常懊悔（埃格蒙）给了我的两个文件中包含的（事情）。我认为，我们应当更仔细地去看唆使他这么做的那些人——不管是在那里还是在这里——有何居心"。[15]

然而，此刻国王腾不出手来。"我心里有那么多事"，他在苦苦考虑要如何答复埃格蒙的时候哀叹道，"以致我几乎浑然不知自己在做什么和说什么"。他不能接受伯爵的宗教宽容要求；但是，"如果我们断然拒绝，我们就永不会见到他了结"。[16]腓力试图起草一个含糊其辞的答复，那
120 将维持他的原则的完整但不激起更多麻烦。他失败了。腓力的思虑总是被地中海事务占据这一点自然已变得在低地国家众所周知：玛格丽特的国务议事会（埃格蒙和奥兰治是其成员）记录表明，它仔细监察南欧的事态发展，从中推导出种种显而易见的结论。例如，1565 年 4 月奥兰治说

道“土耳其人今年狠逼我们,我们认为将意味着国王无法前来尼德兰”;下一个月里,新近从西班牙返回的埃格蒙证实,“陛下一心关注可能将攻击马耳他的土耳其人的战争,发觉今年无法前来低地国家”。在整个尼德兰,国王的臣民们借助于外国的消息简报,甚至还有廉价印制的马耳他地图,热切地跟踪地中海战役的进展,因为每个人都认识到这场围困战的结局将决定国王在北方的政策。几个月未从国王那里传来任何话语:除了 5 月里另一封含糊其辞的信函,腓力始终没有与他在尼德兰的大臣们沟通,直到 1565 年 10 月中旬为止,其时他给帕尔马的玛格丽特发信,以很难站住脚的借口开头:“夫人,我的好姐姐:过去几个月来大量五花八门的要事涌到了我头上,使得我久久地拖延答复您给我写的若干信件……”[17]

腓力对其北方属地的蓄意忽视导致一种极危险的形势得以兴起。埃格蒙返回后,极少有人在尼德兰去强行贯彻异端法,新教小群体在几百个社区发展起来,造就了原则与实践之间的一种截然反差,那是国王显然无法容忍的。因而,在他仔细起草、听说马耳他已被解围后立即发出的 1565 年 10 月信函中,腓力重申了他先前的所有政策:不宽容,立即充分落实新主教区,扩展宗教裁判。可是,事到如今,言辞已不够:一份要求废除宗教裁判、软化异端法的正式请愿书开始在尼德兰流传,不久就从贵族和缙绅吸引到了 400 多个签名。1566 年 4 月,约 300 名武装起来的建议支持者强行闯入玛格丽特的宫殿,要她在国王作出正式决定以前答应他们的要求。在缺乏部队、金钱和支持的情况下,她勉强答应,几周内数以千计的群众开始出席聆听新教(主要是加尔文教派)牧师作的公开讲道。难以置信的是,腓力仍然未能做出回应。虽然在 1565 与 1566 年之交的冬季,他考虑过由一支军队随同亲自前去尼德兰,但土耳其人将再次派其主力舰队西进的消息令他打消了这个想法。4 月里,他们夺取了热那亚人在爱琴海的最后据点希俄斯岛,只是到 1566 年 8 月才确知他们的战舰已进入亚得里亚海,因而大概不会进攻腓力的属地。他对尼德兰事态发展的缄默促使埃格蒙直接警告他说“陛下您就该国事务决策的散漫拖沓正在损害我们的天主教信仰和您的事业”。从罗马,教皇庇护五世反复向国王疾呼立即前往尼德兰,以便“在为时过晚以前”恢复秩序。[18]

在缺乏国王及其意志消沉的大臣之强有力领导的情况下,佛兰德省
121 的加尔文教派讲道者开始敦促其听众加入加尔文教会,并且强行拆除所有偶像——彩绘玻璃、塑像和油画,以便为经过宗教改革的礼拜“净化”建筑。当最初几次偶像破坏行动爆发而未受惩罚时,这一运动获得了势头;到月底,遍及尼德兰各地的约400个教堂和无数较小神坛已被非圣像化。为偶像破坏狂潮发生之轻而易举所误导,帕尔马的玛格丽特歇斯底里地警告他弟弟:尼德兰的一半人口被异端传染,20万人拿起武器反抗她的权威。她还断言,现在只剩两个选择:要么允许完全的宗教宽容,要么用武力恢复宗教和政治控制。[19]起初,腓力试图两面逢源。他虚弱地承认“真的,我无法理解如此的大邪恶怎么能在如此短的时间内兴起和蔓延”,同时他签署了一封给玛格丽特的信函,废除宗教裁判,中止反异端的法律,并且授权她赦免反对派领导人(虽然几天后他在一名公证员面前宣告,这些让步只是在压力下做出的,因而没有约束力);与此同时,他发出命令,征召13,000名在尼德兰服役的德意志兵,并且为其送出一张30,000达克特的兑换支票。

就像在宫廷的一位尼德兰贵族的代理人听到破坏偶像运动时阴郁地预言,“迟早,陛下不能不对如此的大不敬施以报复,而如果他确实离开西班牙,他随带的力量和权势将超过任何国王所曾带给低地国家的”。由于确证苏莱曼已亲自随同土耳其主力军入侵匈牙利,并且派遣其舰队驶入亚得里亚海而非西地中海,腓力就有了更大的回旋余地;接着在9月,传来消息说这位苏丹已在战役中身亡,由此激发了他的帝国内的兵变和行省造反。现在,自他1559年离开后第一次,国王终于能够集中精力于低地国家。这变化恰逢其时:正如他的西班牙幕僚在听到破坏偶像狂潮时所指出,“如果尼德兰的形势不被匡正,它就会招致丧失西班牙和其余一切”。[20]在一系列议事会会议之后,腓力(他例外地亲自出席)决心返回尼德兰,由一支强大的军队开步在先。因为尼德兰所有沿海省份的忠

诚看来可疑，部队将不得不从西班牙行至米兰，然后跨越阿尔卑斯山陆路跋涉；一旦他们结束了动乱，腓力就将起航返回尼德兰，监督恢复秩序。起初，国王打算其军队在冬雪封住阿尔卑斯山口以前进发，但萨伏依公爵和帕尔马公爵都不接受他的担任司令官的邀请。因而在 11 月 29 日，腓力改而任命阿尔瓦公爵。这不可避免地将整个行动推迟到春天，有人则担心地中海可能不会在新一年中保持和平，可是阿尔瓦于 1567 年 4 月离开西班牙，率领其一万西班牙老兵组成的大军于 6 月跨越阿尔卑斯山。1567 年 8 月 22 日，他未遇抵挡地进入布鲁塞尔。[21] 122

腓力现在终于有了一个大好机会，去修复他的忽视所导致的损害。尼德兰平安下来，造反者或死或逃；一场新的宗教战争于 9 月在法国爆发，提供了那个方位的某种安全；在桑坦德一支强大的舰队齐备待命，随时可将他和他的宫廷载往北方。然而 8 月 7 日，甚至在公爵到达布鲁塞尔以前，国王决定留在西班牙直至下一年春天。他希望将此决定完全保密，因而他亲自将发给阿尔瓦的八页解释函的很大部分译成密码，该函“无人知道是我写给你的”；他还详细审视了这一变卦的若干含义：帕尔马的玛格丽特作为尼德兰摄政要被撤换，腓力提出了派遣年少小弟唐·胡安的可能性，他可由阿尔瓦培训，从而将准备好在国王访问后接管；将需要进一步的资金以维持西班牙部队度过更多月份，公爵则必须找到办法去获取之；对于涉身动乱者的惩罚——阿尔瓦业已奉命立即执行——现在可被推迟到冬天，希望“这可能使奥兰治亲王感到放心，从而他会向往返回这些省份（虽然我怀疑），因为能够像他值得的那样与他打交道是件大好事，而如果我们首先惩罚其他人，那就会永远取消与他打交道。尽管如此”，国王最后说，“我仍将这一切交给你，作为将在现场的人，对于这一切可能产生的利弊有更好地理解，对于在那么多事所取决的惩罚问题上是迅速行动还是缓慢行动有更好地理解。”[22]

国王推迟出发和让阿尔瓦掌管的决定证明是个致命的错误。这位公爵毫不迟疑地推进“惩罚”：进入布鲁塞尔后仅仅五天，他就建立了一个秘密法庭去审讯被控异端和叛乱者；9 月初，他又逮捕了埃格蒙和其他尼德兰领导人。帕尔马的玛格丽特因其前幕僚被捕而大怒，立即辞职，迫使阿尔瓦本人接管各省民政。奥兰治恰如国王担心的那样，留在了德意志。然后在1568年春天，这位亲王及其支持者发动了一场大入侵，阿尔瓦只是在以巨大的代价动员了差不多七万部队和作战几个月之后，才将其击败。与此同时在西班牙，王位继承人唐·卡洛斯的行为变得如此古怪和放纵，国王最后将他逮捕，置于预防性囚禁之中。到阿尔瓦在尼德兰取胜时，唐·卡洛斯业已身亡，腓力的王后伊丽莎白·德·瓦卢瓦亦如此，她是他打算在自己重访尼德兰时留作摄政的。不仅如此，在1568年圣诞节，格拉纳达的摩里斯科人中间爆发了一场严重的反叛，翌年迅速蔓延，土耳其人则在1570年恢复了他们的地中海攻势，入侵塞浦路斯的威尼托岛。腓力不再能够离开西班牙。

123 作为替代，这位国王回复到“遥控”治理方法，那在过去已证明如此失当。像1559年时那般，他既坚持命令实施困难和脆弱的新政策，又坚持限制其副手的自主性。除了强加规模大得多的西班牙派遣军和要求充分实施新主教区计划外，国王命令阿尔瓦创设一个新的法庭去处理被控叛乱者（“靖乱法庭”从1567至1573年审案12,000项），精简整个司法体系，并且设立重要的新税以付其全部开支。有如阿尔瓦在抵达布鲁塞尔后不久所说，“如果陛下您细看要做的事，您就会看到那等于是创造一个新世界”。[23]虽然远在事件一千公里之外，腓力却力求亲自督察所有这些创举，将严格的指令加诸于阿尔瓦，并且要求他在境外的所有代理人提供详细信息，以便努力维持个人控制。“我责成你始终将你知道的一切告诉我”，他训诫他的驻巴黎大使，因为“我既希望也需要详细得知在那里（法国）和尼德兰发生着的事情”。1568年时，再度担心缺少消息，同一位外交官接到命令说“为结束国王发觉自己陷入的停顿”——就低地国家事态发展的消息停顿，阿尔瓦应当发送事务周报，“阁下能够经过各个不同途径将它呈交到我们这里”。在马德里的大臣们（有如其主子，见原书第二章）盼望有一种航空邮政：“如果阁下你知道国王是何等重视了解在那里（法国）和尼德兰发生着的事，我敢说你就会将它从空中飞送过来。”[24]

虽然国王的干预令公爵深为恼火,但他一度成功地创造着他在尼德兰的“新世界”,从而让腓力没有牵挂地去放手造就一支庞大的舰队(由他与威尼斯和教廷缔结的“神圣联盟”共同维持),它于1571年10月在勒班陀海战中粉碎性地击败了奥斯曼帝国海军。但是,土耳其人非常迅速地弥补了自己的海军损失,迫使国王在1572年将更大的一部分资源拨往地中海战区。他加强了对阿尔瓦的压力,要后者完全从当地税收,特别是从一种被称为“阿尔卡巴拉”或“什一金”的销售税中为其开支浩大的政权提供资金。阿尔瓦尽力而为:1572年3月,他破门而入,将各小队士兵开进了为了抗议(未经各省议会同意即征收的)销售税而罢市的那些店主和商人的房屋,但仍恳请国王继续从西班牙送钱来资助他的军队,直到他的剧烈措施生效为止。腓力一心关注地中海防务,证明不抱同情:“有神圣联盟和那么多别的事必须从这里给予支付,不可能以我们至今一直保持的那种程度满足尼德兰的需要。”随后的一些函件命令公爵立即开始征收什一金,因为“这么做非常必要,并且确实不可避免,原因在于我们无法从这里给你送任何更多的钱……我的财库已到告罄地步,不 124
剩下任何会产生仅仅一个达克特的收入来源或筹钱办法。”[25]

然而,腓力从远地微观操控政策的企图再度造就了致命的紧张。正如阿尔瓦向在马德里的一位高级同僚焦虑地指出的那样:“我毫不怀疑,国王财库必定是处于绝望境地,为此我正差不多急得发狂,因为我见事情以如此方式进行,那就是如果某个不管多小的新问题要冒出来,那么陛下的资源耗竭得使他可能无力去抵挡。”公爵在信尾希望他能亲自前来宫廷,“跪在陛下脚前,乞求看看他在干什么”——然而此刻,阿尔瓦较好地悟到了自己的生硬鲁莽,于是勾掉了最后几个词,代之以“乞求他仔细审视这些事情,因为他们危及上帝的和他自己的事业”。[26]

阿尔瓦政权令差不多人人愤而远之,既在国内,也在国外。1567年,还有1569年,奉腓力之命公爵遣军进入法国,以便帮助政府的兵力击败其新教臣民;他还在1569年没收了在尼德兰的所有英国人财产,并且在1571年卷入了(虽然并不乐意)腓力入侵英国的计划,该计划意在支持一个推翻伊丽莎白·都铎的阴谋。这些政策创举当中,没有任何一样给他在尼德兰周围各国赢得多少朋友。不仅如此,虽然他击败了奥兰治的威廉和其他造反者在1568年推倒其政权的努力,但约6万尼德兰人出逃流亡国外,等待能够复仇的一天。忠于奥兰治的部队以英国为基地试图入侵,其失败只是因为公爵在荷兰全境各战略要点部署了大约1,200名西班牙老兵(即守卫布里尔、哈勒姆、莱顿、阿尔克马尔等地的各连)以防突然袭击。可是,驻防军和有关城镇都抱怨这使其食物资源紧张得无法忍受,因而1571年10月阿尔瓦将部队召回,入乌得勒支城堡,在那里较舒服地度过了冬天。在尼德兰每个地方,对政权的不满都高涨——绝不仅仅因为公爵试图征收什一金:在1571和1572年初,一场瘟疫蹂躏了这个国度,贸易凋敝,面包价格飞涨,风暴令洪水泛滥,严寒大雪导致河流封冻。1572年3月,布鲁塞尔的一位敏锐的观察家审视了空前的经济危机,预言"倘若奥兰治亲王将其兵力保存到了现在这样的时候,他的事业就会成功"。[27]

这一危险未被阿尔瓦忽视,他决心一方面派遣4,000西班牙人重入荷兰海岸兵营,在那里度过夏天;另一方面在弗吕斯欣(泽兰省的最重要港口,控扼两个最富庶省份佛兰德和布拉邦特的河流系统的入口)建造一个城堡。[28]对他来说不幸的是,当被指派防卫海岸的西班牙部队仍在乌得勒支时,一支由约1,000名逃犯和流亡者组成的武力(人称"海上乞丐")正大胆登陆布里尔。

阿尔瓦与其副将们以令人印象深刻的快速和主动性回应叛乱的爆
125 发。腓力的坐探业已觉察"海上乞丐"的意图:2月3日,前西班牙驻英大使唐·格劳·德·斯佩斯抵达布鲁塞尔,告诫阿尔瓦"海上乞丐"打算袭击泽兰海岛之一;3月25日,他的后继者提供了更详细的情报,说他们潜伏在多佛附近,"在他们自己中间传播说他们等待某些朋友到来,以便汇合一起袭击福尔内岛上的布里尔"。这封信于4月2日送至布鲁塞尔,为时过晚无法据此行动，但荷兰省总督博苏伯爵已经听说有敌船在海岸外的传言，带领一支200人的兵力前往马絮吕伊，于2日凌晨抵达。在那里，听说布里尔已在前一天陷落，他立即从乌得勒支的西班牙兵营召唤援军。多亏他的迅速有力的行动，到4月4日（“海上乞丐”登陆的消息到达布鲁塞尔之日），博苏已经在离布里尔不到10公里的陆岸上，集合了一支约1,200名老兵组成的部队。[29]然而，等到足够的船只被集结起来将部队摆渡到福尔内岛时，逆风将其挡回；等风转向时，“海上乞丐”已获增援，数量占优，西班牙人被迫撤退。[30]

尽管如此，博苏沿马斯河的驻防军努力击退了造反者为扩展他们在荷兰南部的基地所作的差不多每项推进。甚至在泽兰，虽然“海上乞丐”设法于4月22日夺取了弗吕斯欣，但政府仍赶紧派援军进入米德尔堡（泽兰省会）和其他一些战略据点。只是在5月21日，工事强固的恩克霍伊森港被丢弃给“海上乞丐”时形势才恶化，因为这在政府将其部队完全投入更南面的时候，对造反者洞开了荷兰北部（先前安全的一个地区）。[31]有三个敌方桥头堡（布里尔、弗吕斯欣和恩克霍伊森）要争夺，博苏眼下拼命急需增援，因而他吁请阿尔瓦紧急援助。等待他的是巨大的失望。

假如“海上乞丐”依旧是公爵在1572年面对的唯一问题，那么无疑它本将相对迅速地被解决；可是到头来，另外四项袭击在布里尔被夺占后迅即接踵而来。1568年入侵失败后，奥兰治的威廉与其弟路易一直在流亡中为其事业动员外国支持，甚至在1569年移居法国，在反对查理九世的新教军队内亲自作战。翌年，尽管取得了若干胜利，查理仍与其叛乱臣民媾和，新教徒领袖加斯帕尔德·科利尼加入了国王的政务会，拿骚的路易则行至巴黎与之会合。法国新教徒终于许诺参加一场将由奥兰治组织的对尼德兰的新入侵，1572年5月24日即恩克霍伊森陷落三天后，拿骚的路易率领一群法国新教徒突袭占领位于埃诺的蒙斯城，那由一圈强固的意大利式工事守护（同时要夺占附近瓦朗谢讷的企图未遂）。[32]两星期 126
后，奥兰治的妻兄弟范登伯格伯爵带一支在德意志募集的军队跨过格尔德兰边境，占领了若干战略性城镇，包括该地区首府、同样拥有新型城防工事的聚特芬。7月7日，奥兰治本人带另一支军队从德意志越境，开始夺取在林堡的各城镇，五天后第二批法国新教徒兵力从巴黎出发，意欲增援蒙斯。大多数观察家都预料，在科利尼影响下查理不久将对西班牙宣战。[33]

面对如此多的不同威胁，阿尔瓦似乎一时惊惶失措：据一位消息灵通人士所说，他求教于“声称能够预见未来的某些神学家”，与此同时他的幕僚们拼命翻阅巫术书。按照这类（无疑还有其他）劝导，他不久便恢复了自制力，做出两个关键性决定。[34]第一，虽然知道其主子的资源已因为在地中海的战争而紧张到了极点，但公爵在回应每个新危机的过程中，自己主动将手下的武装力量从1572年3月里的13,000人增至8月里的67,000人。第二，鉴于法国宣战的危险，他决定南部边境防御必须拥有绝对优先地位。据此，尽管造反者在北部节节进展，阿尔瓦不仅拒绝增援在那里严重吃紧的下属，甚至将他们的最精锐部队往南后撤：6月15日，他命令博苏给他派遣在荷兰省的所有西班牙部队，10天后他又指使格尔德兰省督也向他派遣一个团。[35]这两位指挥官强烈抗议，（正确地）预言如此将导致丧失一些将证明以后收复起来极其困难和代价极高的地区；他们还尽可能长久地拖延执行阿尔瓦的命令。然而，公爵坚持成命。[36]

7月下旬，他的赌博开始得到回报，其时西班牙部队伏击并差不多消灭了进兵增援蒙斯的法国新教部队。接着，科利尼被刺杀，继之以在巴黎屠杀新教徒的圣巴托罗缪之夜惨案（8月23至24日），由此暂时消除了法国在尼德兰的进一步干涉。[37]两天后，阿尔瓦（如他在战役中惯常的那样）从头到脚着灿烂的蓝色披挂，终于启程前往蒙斯，两周后“在所曾见过的最美丽的日子之一”，亲自指挥击退奥兰治与其军队突破围城阵地解救蒙斯的一场拼命尝试。亲王败退，劝告被围的驻防部队谋求尽可能最好的投降条件。[38]

这标志了造反的一个转折点，因为随奥兰治全面撤退和来自法国的危险被消除，阿尔瓦与其庞大的军队现在能够反攻了。有几种可供选择的战略。第一,公爵可追击奥兰治的主力部队,力图将其逼入交战;然而,这不是他的风格。1568年,当这位亲王首次带军入侵尼德兰时,阿尔瓦行事大为谨慎。用他的一位战场指挥官的话说,

> 公爵特别努力避免硬打一场战役,尽管受到一些人的压力,这些 127
> 人忘了胜利乃幸运之礼,而幸运既能有利于好人,也能有利于坏人。如果奥兰治是一位强有力的君主,能较为长久地维持一支强大的军队,那么我将赞成硬打一场战役;但由于金钱短缺肯定将导致他的部队崩溃,然后他将无法重新集结兵力,因而我反对硬打。

到头来,公爵的人连续29天小打小闹,直到奥兰治的军队最终瓦解逃跑。[39]1572年时,其他一些考虑加强了阿尔瓦的审慎的军事方式:50多个城镇已宣布站在造反派这一边,因而赢得单独一场战役不一定会迫使它们投降(插图20)。可是,力图系统地攻克每个掌握在造反者手中的城镇同样不明智,因为其中许多自夸拥有意大利式防护,能够扛住长达数月的围攻。因而,阿尔瓦挑定了一种对造反城镇有选择的残暴打击的战略,估计树立少数恐怖范例将加速平定进程。起初,这一政策证明非常成功。6月里拒绝接受皇家驻防军、接着8月里欢迎奥兰治亲王部队的梅黑伦被猛攻夺占,并且遭受了一场延续三天的可怕洗劫。甚至在惨叫消退以前,佛兰德和布拉邦特的其他反叛城镇就赶紧投降。“因而现在马斯河这边的整个地区确保无虞”(如公爵营内的一名法国特使克劳德·德·蒙杜瑟以不乐意的赞扬写的那样)。[40]

奥兰治的部队仍然控制马斯河和莱茵河沿岸的差不多所有重要城镇,因此公爵无法直接突入荷兰,而不得不向东北进入格尔德兰省,重占那里的反叛地区,以保护他自己的交通线。11月里,他的部队向聚特芬进发,那是该地区最强的城镇,(像梅黑伦那样)不仅拒绝接受皇家驻防军,而且此后迅速倒向造反者。“兽性”再次得到回报:在对该城的残暴洗劫之后,阿尔瓦自豪地通知国王说“随聚特芬被夺取和引起的恐怖,格

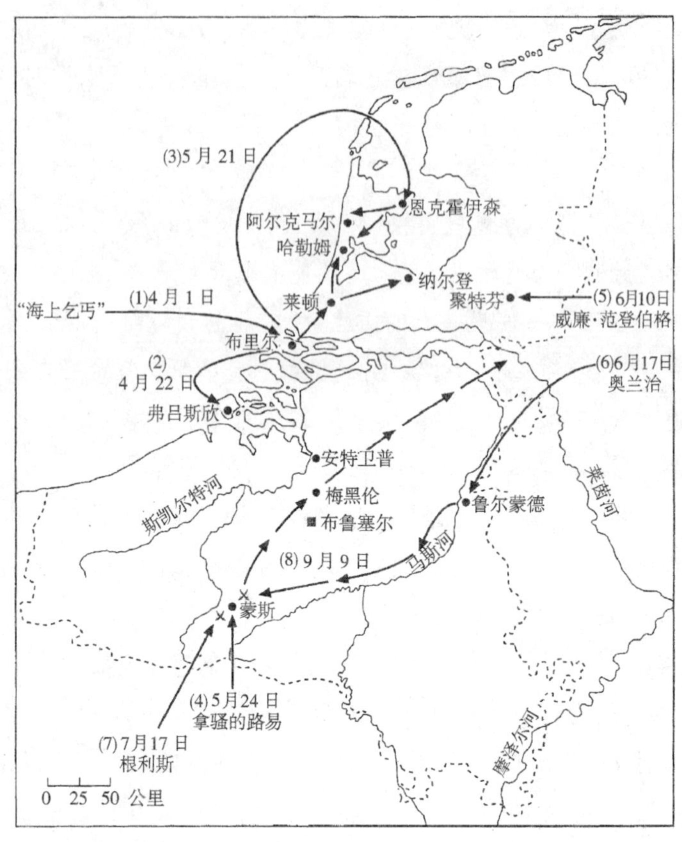

128 **插图 20** 1572 年战役。阿尔瓦公爵 1572 年期间面对五项各自独立的入侵。4 月，一支小舰队载着约 1,100 名人称“海上乞丐”的流亡者，以奥兰治亲王的名义占领了荷兰省南部小港布里尔。从那里，他们大力利用当地不满，以便取得对两个关键港口的控制，那就是在泽兰的弗吕斯欣和在荷兰北部的恩克霍伊森。5 月，由奥兰治之弟拿骚的路易带领，另一群流亡者和某些法国新教支持者夺取了南方有重重工事设防的城市蒙斯；一个月后，一支德意志部队在威廉·范登伯格伯爵（奥兰治的妻兄弟）指挥下，夺取了同样设防精良的东部城镇聚特芬。阿尔瓦为了集中兵力围困蒙斯，开始从边远省份撤军，这鼓励了荷兰省的若干城镇宣布拥护奥兰治。与此同时，在 7 月，亲王偕一支来自德意志的大军突入尼德兰东部，另一支法国新教徒兵力则跨过南部边境：两者的目的都在于解救蒙斯。它们未能做到。7 月，法国人遭到伏击，差不多被歼灭；9 月，奥兰治的一场拼命突破围城阵地的尝试失败。亲王与其部队向北撤退，让蒙斯——以及宣布拥护他的其余城镇——尽其所能谋求最好的投降条件。到 12 月，阿尔瓦的大军已靖平了除荷兰和泽兰两省部分地区外的全部尼德兰。

尔德兰和奥弗莱瑟已被征服”。[41]在弗里斯兰的诸造反中心也很快投降，而这次公爵全都宽恕了它们。[42]

现在，阿尔瓦终于能够处理“动乱”发端的省份了。没有任何人像是预见到了大困难：甚至蒙杜瑟(并非西班牙之友)也相信“由于荷兰人并不好战，缺乏斗志，因而当公爵的军队临近时，每个城镇都会求降”。尽管如此，阿尔瓦决心再拿一个反叛中心做例，以便促使其余城镇投降。纳尔登——过荷兰省界后的第一个城镇——在12月初被召时有礼貌地拒绝投降，结果用公爵自己的话说，“西班牙步兵占了城墙，屠杀市民和军人。没有一个男子躲过。”[43]差不多转眼之间，正如阿尔瓦预料，来自哈勒姆(最临近的造反据点)的特使抵达大营；然而他们请求谈判，而非提出无条件投降。在历经8个月血腥战役的艰苦后，西班牙人拒绝讨论条件， 129
将哈勒姆的代表遣回再行考虑。

这证明是个鲁莽的决定，原因有二。与在其他省份相比，造反事业已在荷兰和泽兰多地扎根。哈勒姆与其他主要城镇一样，不像梅黑伦或聚特芬那般因奥兰治部队出现而吃惊：内部的造反骨干已经自发地宣布站在亲王一边，洞开城门，允许大量流亡者(其中许多出自显赫的当地家族)回返故乡执掌政事。然后，由当地支持者相助，新统治者们清理和改革了市政府，关闭天主教会，允许加尔文教礼拜，并且向省三级会议派出代表，该会议差不多自发地召集并以奥兰治的名义统治大部分荷兰。这些情势自然产生了更大的抵抗决心，因为在政治和宗教两方面业已如此公然藐视国王权威的那些人明白，他们无法期望宽恕。如果有任何人怀疑这一点，纳尔登的命运很快便使之确信。[44]不仅如此，出于上面指出过的战略原因，阿尔瓦的部队最后才到达该地区，这就给了那里的造反政权长得多的时间去产生革命激情和不屈不挠，并且(同样重要)去建筑和驻防新的意大利式防御工事(像在哈勒姆和阿尔克马尔)，去开始水淹周围地区以阻止围攻者迫近(像在莱顿)。[45]

另一方面，到12月，西班牙的兵力已弱得多。阿尔瓦的战役成功本身急剧地减小了他的野战军规模，这既是因为战争的各不同“行动”，特别是对蒙斯和聚特芬的围困战在前线部队中间造成了相对高的伤亡率，也是因为每个被收复的造反城镇（无论其收复是依靠残暴还是依靠宽恕）都需要一支驻防军。攻陷纳尔登后，阿尔瓦的野战军的有效兵员不足 12,000 人。[46]设想以这么一支规模相对小的兵力，围困像哈勒姆那样的一个城镇——它自夸有一支 3,000 人的驻防军和强固的城防——任何时候都会是鲁莽的；何况在隆冬，还可能不得不在冻土上挖掘围城工事，那看来更是极端愚蠢。[47]

这样的行为在阿尔瓦公爵身上显得益发令人惊奇，因为他是一位拥有三十年指挥经验和众所周知以审慎著称的将领。[48]不仅如此，在这一特定场合，个人记忆本应加强他的本能，因为他曾在不成功的梅斯围困战中指挥哈布斯堡军队，该战役在进行了三个月以后于 1552 年 12 月中止，主要原因在于围困者无法继续忍受严寒。[49]若干原因解释了阿尔瓦对此先例的致命的无视。此外，在三个月领军而“睡不好”之后，公爵（现已 66 岁高龄）病了，不得不留在后方的尼曼根，让他缺乏经验却自负傲慢的儿子唐·法德里克·德·托莱多做出拒绝哈勒姆有条件投降提议这一致命的决定。[50]到公爵听说该决定时，宽恕的机会已经失而不返。但是，即使
130 假设他在场，阿尔瓦本人可能也会坚持无条件投降。首先，“有选择的残暴战略”看来再度见效：其他城镇代表团步哈勒姆后尘而来，它们同样渴望在佛兰德大军兵临城下以前媾和。因而，只要西班牙人能够再坚持几周，整个反叛就可能崩溃。[51]其次，阿尔瓦担心如果反叛延续到 1573 年春季，他就可能从西班牙的外部敌人——法国、英国和德意志新教徒——那里得到进一步的援助。他的少数外国盟友已经告诫他“在尼德兰制造战争的并非奥兰治亲王或拿骚伯爵，而是他的邻邦，因为它们仇恨阁下”。同样在这一点上，阿尔瓦觉得似乎值得冒险再显示一次武力以迅速结束造反。[52]第三，也是所有因素中最紧迫的，将战争坚持下去看来在财政上合理。所有现代早期军队在进入冬季战场以前，都期望会有某些饷金欠款，然而在 1572 年 12 月，阿尔瓦完全无钱支付。甚至在“动乱”开始以前，他就欠他的西班牙部队过去一年军饷，而到 12 月份已欠下了 20 个

月,与此同时他还欠新的(也是人数更多的)尼德兰部队 6 个月饷金。德意志诸团则自征召以来分文未得。因而在公爵看来,继续打下去不仅“比较便宜”,而且减小了部队哗变的风险,他们在被战争破坏了的荷兰因为食品代价高昂而大吃苦头,尽管在梅黑伦、聚特芬和纳尔登获取的劫掠物使之有所安慰。[53]

在一千公里之外的西班牙,有如 1566 年时,国王认识到他的政策已灾难性地搞错了。1571 年秋,在回应阿尔瓦要求允其返回宫廷的反复申请时,腓力就已指定梅迪纳塞利公爵——颇有军事和行政管理经验的一位大贵族——接替之;然而,他无法决定要他遵循何种正确的政策,甚至也无法确定何时是接管的恰当时机。于是,这位不幸的公爵接到互相矛盾的指令:那些由腓力的法语秘书起草的指令反映了鲁伊·戈梅斯和许多尼德兰人的观点,敦促梅迪纳塞利公爵实行一种和解和温和政策,而那些由西班牙国务秘书准备的却包含了阿尔瓦的宫廷盟友们的方针,命令梅迪纳塞利与其前任协作并遵循其政策,禁止他在未有马德里明令的情况下尝试任何新措施。为消除含糊暧昧,国王的私人秘书向梅迪纳塞利出示了“我保管的所有(针对阿尔瓦的)抱怨文件——我们到时候将使用之——供他了解、准备和秘密得知,以便使他确信他能清楚地向这里汇报。”[54]

如此常见地腓力试图同时做太多的事情。他决定梅迪纳塞利应走海路赴尼德兰,与一支载运给佛兰德大军的增援的大舰队一起去;然后,他反复推迟该舰队从西班牙启程,以便部队能被用来援助一场英国天主教徒对伊丽莎白女王的暴动(见原书第五章)。到他们最终于 1572 年 6 月抵达尼德兰时,阿尔瓦的政策已酿成了广泛的造反,使得无法替换继任 131
者,结果他的被指定后继者没有别的可干,开始讨好尼德兰头面贵族,并且像被指示的那样,在由他本人的特别信使携送的秘密通信中直接向国王传递他们的看法。这如马特奥·巴斯克斯(他处理这通信)所指出,“使得陛下您能够在无人知晓的情况下了解正在发生的事情”,国王则大为起劲地授权继续通信,补充说“我不想让任何一个人知道”。[55]

在这一插曲上值得逗留片刻，因为它表证了腓力的治理风格上有那么多固有弊端。将梅迪纳塞利的启程与一支为了全然不同目的筹备的舰队的启程绑在一起全无道理：即使没有将此舰队启程与西班牙无法控制的英国事态联系起来的愚蠢企图，要使任何重大远征出海也必不可免地有延宕风险（当腓力终于授权梅迪纳塞利出航时，逆风将他挡住，直至1572年5月1日为止；随即一场风暴袭击了他的舰队，将舰只分散驱入各不同港口；迟至6月13日，它才在尼德兰水域下锚）。梅迪纳塞利本可独自旅行，走海路或经法国，在造反爆发以前许久取代遭人痛恨的阿尔瓦公爵，从而也许能消除奥兰治获得的很大部分当地支持。让已被指派的尼德兰总督并无清晰地去发挥作用亦全无道理。在议事会和在给国王的密函中，他始终不渝地提倡和解路线，但纯属徒劳；阿尔瓦的论辩总是占上风。因而，在1572年9月阿尔瓦的作战议事会举行的一次会议上，随西班牙军向梅黑伦挺进，梅迪纳塞利极力主张应当尽可能多的放过无辜者，对此他的对手冷冰冰地答道“他不知道谁是无辜者，如果大人知道，就应当告诉他。此话一出，议事会随即散场。”[56]

在西班牙那头，国王无法决定做什么。当接到造反消息和法国可能介入的传闻时，腓力立即命令指挥神圣联盟舰队的奥地利的唐·胡安留在其所在地——西西里的墨西拿，在接到进一步的命令以前切勿对穆斯林军队采取任何行动（从而令威尼斯人和教皇都大为恼火）。不仅如此，国王批准了阿尔瓦的一项决定，即遵循哈布斯堡的传统作战战略，为速胜而使用占压倒优势的兵力（就像1543至1544年打击德意志新教徒、1552至1553和1557至1558年对法国、1568年入侵奥兰治），并且设法筹集巨款，以便为佛兰德大军规模的迅速增长提供资金，尽管他晚近就他的国库彻底告罄而接连骂人。但这一战略包含的大风险，在于绝对需要速胜：无论是哈布斯堡帝国的经济形势还是外交形势，都无法允许在一个地区无限期地从事一场大规模军事努力。为何拒绝哈勒姆的谈判提议意义那么重大，真正的原因就在于此，因为西班牙部队不搞封锁就无法夺取该
132 城，而封锁必将持续好几个月，耗尽国王的资源，并且使他在其他地方的

敌人能够利用这一形势。到头来,该城确实无条件投降了,但只是在1573年7月,一场持续7个月的围困之后,其间西班牙人丧失了几千兵员,造反者获得了在其他地方的众多据点,国王花掉了200万以上达克特。

在这以前许久,腓力就对阿尔瓦和那些在宫廷支持他的人失去了耐心。“我永不会有足够的钱去填满你的胃口”,国王以罕见的粗率通知公爵,“但我能够轻而易举地找到一位足够能干和坚定的接替者,以温和与宽恕去结束一场你始终未能用武力结束的战争”。[57]1573年1月,因为“有选择的残暴战略”的起初成功已使梅迪纳塞利名声扫地,而哈勒姆城下堑壕中的僵局现又损害了阿尔瓦,国王决定将这两位公爵一齐召回,同时通知他的少时游戏同伴唐·卢伊斯·德·雷克森斯——始终不受宫廷派系对立影响的一个人——应立即接管尼德兰事务,尝试“依靠温和与宽恕”结束战争。按照腓力的任命函,

> 战争、不幸和其他事件已使低地国家沦入如此惨境,我对此深为关切,尽管若论夺取和收复叛乱城镇(我相信上帝那将迅速和有力地完成)战争进程可谓成功。为了安慰我的良心,为了此等省份的安全和保存,也为了修复如此严重的损伤,我确信必须在那里找到一个持久的解决办法。

在国王看来,为尼德兰问题找到一个立即和持久的解决办法构成“我一直不得不处理、或者本来能够处理的最大最重要的事情”。[58]对国王的计划不幸的是,此时担任米兰总督的雷克森斯将其新任命视为一杯毒酒:“那里的形势毫无希望”,他向他的兄弟吐露说,与此同时他开始了一场说服国王找别人担任尼德兰总督的持久战。腓力发觉,在他那大不乐意的人选同意离开米兰以前,他竟必须写至少五封长篇亲笔信——哄诱与威吓交替。鉴于涉及的距离,每次通信往来都花费了近乎一个月;迟至1573年10月,雷克森斯才大不乐意地骑马进入布鲁塞尔。[59]

在替换阿尔瓦之事上发生了这一系列非同寻常的延宕,致命地损坏了将哈勒姆的陷落(在7月)变害为利的一切机会。奥兰治的威廉的最亲近幕僚菲利普·马尔尼克斯担心该城投降可能引起造反崩溃,梅迪纳塞利公爵(他仍在心怀恶意但无能为力地监察着阿尔瓦的战争操作)同意这看法。他告诫国王:

133 > 事情现在已到了要么该迅速了结、要么将长期延续的关头;在我看来,这取决于如何在荷兰进行下去所做的决定,因为在海洋和泽兰之外,(那里的)许多城镇仍然有待制服……[60]

然而,阿尔瓦和他的儿子像通常一样漠视梅迪纳塞利,将自己的机会一次次浪费掉。虽然他们对投降的哈勒姆仅处以一笔相对不大的罚金,但他们冷酷无情地下令处死了约60名市民和2,300名驻防军人(插图21)。诚然,不久后阿尔瓦提出有限赦免任何投降的造反者,这再次令荷兰领导人惊恐,但为时不长。公爵缺钱导致未获支付的西班牙各团哗变,直到他支付了至少一部分军饷欠款为止,由此他丢失了两周重要作战时间;此外,屠杀那么多守城者增强了其他造反城镇的抵抗决心。有如半流放在
134 意大利的格朗维勒红衣主教明智地指出的那样,“阿尔瓦公爵现在抱怨其他地区没有自发地投降,可是他应当记住有这么一些守卫(其他)城镇的士兵:他们害怕遭到像哈勒姆驻防军一样的对待,因而他们将战斗到最后一人”。[61]在这一点上,公爵的第二个关键性错误是前去攻打阿尔克马尔,一个位于荷兰北部的相对不重要的市镇,但新近修筑了意大利式工事设防,且由被淹土地环绕。阿尔瓦预料阿尔克马尔将可能轻取,确实该镇的许多居民起初赞成投降;然而,甚至他的别出心裁的浮动炮组和攻击浮桥也无济于事。同样严重的是,由于这场流产的围攻,腓力军队之进入造反中心即荷兰南部和泽兰又被往后拖延了六周。[62]

此刻,佛兰德大军每个月吞噬50万达克特,地中海舰队消耗也近乎同样巨大(表格4)。与此同时,法国开始再度暗中损害西班牙的地位:在

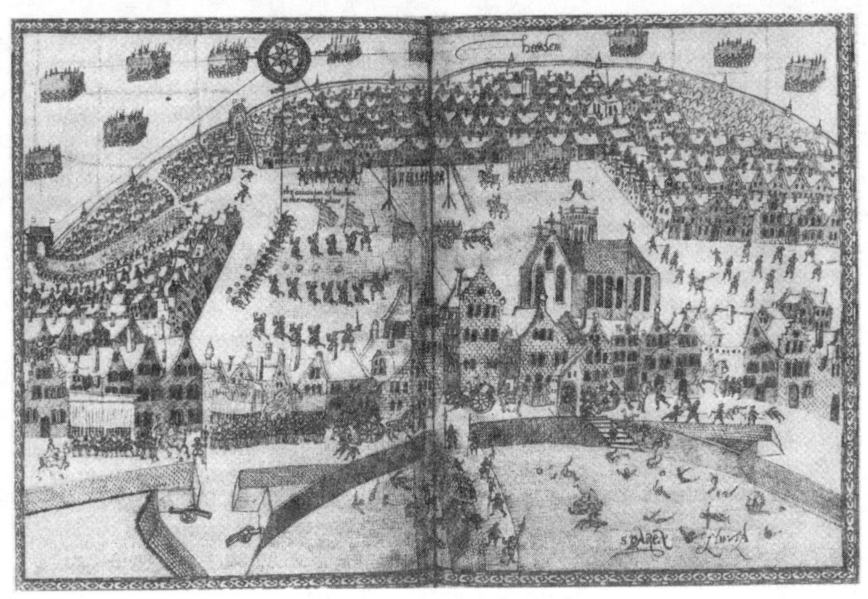

插图 21 处死哈勒姆驻防军。正值西班牙大军在 1572 年 12 月重入荷兰之际,奥兰治设法急遣德意志、法兰西、英格兰和苏格兰增援兵力开进哈勒姆,几个月前已宣布拥护亲王的市政领导人遂决定拒绝阿尔瓦的无条件投降要求。然而,过了 7 个月,在解围的所有各种企图统统失败后,该镇任凭西班牙人发落。他们处死了约 60 位市民和大多数驻防军人(2,000 多名),只饶某些英国人和德意志人活命。当时,一位为荷兰人从军的英国志愿兵沃尔特·摩根复制了若干关于西班牙人的战胜和暴行的印刷品,纳入他的“战役日志”,其中包括一幅素描,描绘 1573 年 7 月在哈勒姆的大规模处死。它显示市民被吊在绞架上绞死,驻防军人则要么在市场上被斩首,要么被扔进斯帕尔恩河(旁边是使该镇如此难被夺取的防御工事之一)。

君士坦丁堡,查理九世的特使从苏丹那里为威尼斯取得了和平条件(1573 年 3 月),并为教皇国取得了一项护卫保障(1573 年 6 月),留下西班牙国王实际上去独自抵挡土耳其在地中海的攻击;同时,查理与其王弟们全都向荷兰人发送援助。[63]这一危险的财政与外交交困自然导致腓力与其高级指挥官们都另想出路,积极考虑旨在赢得对荷战争的种种替代性战略。

在其中,首先浮现和最为明显的是与土耳其人媾和,为了集中力量对付低地国家。1572 年,国王滞留其舰队,直到他能够确信法国不打算对

两线战争成本(1571 至 1577 年)

年份	从卡斯提尔收到的金钱(达克特)	
	地中海舰队收到	佛兰德大军收到
1571	793,000	119,000
1572	1,463,000	1,776,000
1573	1,102,000	1,813,000
1574	1,252,000	3,737,000
1575	711,000	2,518,000
1576	1,069,000	872,000
1577	673,000	857,000
总计	7,063,000	11,692,000

表格 4 对西班牙而言,多亏了既来自腓力的盟国、又来自他的意大利属地的金钱贡献,1571 年在勒班陀击败土耳其人的成本保持相对低廉。下一年的战役虽然毫无战果,成本却翻了一番。威尼斯于 1573 年单独媾和后,腓力的臣民不得不肩挑地中海防务的差不多全部负担。与此同时,镇压荷兰造反的成本飙升。由于卡斯提尔王国的全部岁入不过 600 万达克特,其中一半被用来偿还先前的借款,因而国库很快就负债累累。1575 年 9 月,腓力发布"破产敕令",中止一切支付。

他宣战为止;然而从 7 月往后,他对神圣联盟的承诺依然坚定,甚至威尼斯退出的消息也未能使他改变。在尼德兰,阿尔瓦感到绝望,发动了若干吁请,要腓力仅仅加强土耳其人可能攻击的据点的工事筑防:

> 因为他们不能在干地上伤害陛下,而陛下更无法伤害他们,所以在神圣联盟上花费的一切全付之东流,舰队则面临风险……当我听到关于我们正在这里花费什么的谈论时,我气得用头撞墙,因为正在扰乱基督教世界的不是土耳其人,而是异端,而且他们已在大门之内。

在公爵(像在许多其他人)看来,捍卫尼德兰显得比攻击土耳其人更重要。腓力不同意这一看法:在他看来,必须维护上帝的事业免遭任何来访;此外,向奥斯曼苏丹求和会失去名誉。因而,他的地中海舰队依旧处于战争戒备状态,而且像是回报,在是年晚些时候从其土耳其附庸那里夺占了突尼斯。[64]

然而,这并不是说国王撇开了用常规手段压服荷兰造反的所有替代。例如,他和他的许多臣下策划了暗杀奥兰治的威廉的种种企图,希望没有 135
了他,造反就会失败。这一办法晚近被频繁地用于其他地方:在法国针对教派领袖(吉斯公爵、纳瓦尔的安东尼、加斯帕尔德·德·科利尼),在苏格兰针对国王亨利·达恩利。阿尔瓦的副手之一在谈到 1567 至 1570 年这个时期时,宣称“每逢我在佛兰德,我除了试图找到某个将杀死奥兰治的人以外别无所为”。1573 年,公爵派出“阿尔巴尼亚人尼科洛”等人去暗杀奥兰治与其弟路易,而且在哈勒姆投降之后,公爵还饶了驻防军苏格兰队长之一威廉·巴尔福一命,换取他许诺刺杀奥兰治。(巴尔福立即将他的使命透露给这位亲王,并且继续为荷兰事业战斗至死。)[65]同年晚些时候,腓力的国务秘书加布里埃尔·德·萨亚斯再度怀有希望地询问暗杀的可能性,西班牙驻罗马大使唐·胡安·德·苏尼加在 1574 年亦如此。[66]这一主题始终留在西班牙的议程内,直到奥兰治最终在 1584 年被暗杀为止;可是,在此以前许久,某些人就认识到搬掉这位亲王不足以结束造反。前西班牙驻法大使、严厉抨击在尼德兰最大程度使用武力政策的唐·弗兰塞斯·德·阿拉瓦,于 1574 年夏季指出虽然“结束奥兰治和路易(伯爵)的性命”有明显的吸引力,但“他们的死不会软化(荷兰)人民的精神,也不会一举复原那些正在反叛陛下您的地方”。[67]

然而,在这一替代办法的吸引力削减时,另一个替代办法展现在腓力的战略家们眼前。1574 年初,他们决定试一下自己在荷兰南部的运气,(正确地)认识到莱顿城提供了成功粉碎造反的关键,因为夺占该城既会将荷兰北部的造反者与泽兰的造反者隔开,又会削弱泽兰诸港对南方各 136
省贸易的控扼。莱顿拥有大量人口,由小堡垒和棱堡以及众多被淹田地护卫，因而只能依靠封锁夺取；不过，由该地区的一些提供建议甚而地图的支持者援助，战场指挥官弗朗西斯科·德·巴尔德设法在3月里包围了该城。可是，差不多与此同时，拿骚的路易又以一支在德意志募集的军队入侵东尼德兰，迫使大多数皇家部队为了击败他而放弃荷兰。这么做后，得胜的西班牙各团立即因其被欠饷金仍未支付而大怒，再度哗变：解决它们的要求花了一个多月和50多万达克特。佛兰德大军直到5月才恢复对莱顿的围困。[68]

毫不奇怪，所有这一切使得已作为总督接管的唐·卢伊斯·德·雷克森斯大为沮丧。他任职的头几个月并不愉快：尽管阿尔瓦在离去前向他保证胜利指日可待，但那是说谎。在泽兰剩下的唯一效忠城镇米德尔堡经一场长时间的围困几乎即刻投降，与此同时一个赴荷兰的事实调查团透露，阿尔瓦大吹大擂的“重新征服”大多是占取不设防的村庄。[69]雷克森斯在失望之中告诫国王：“如果我们要像至今接管类似的城镇那般，花费同样长的时间去制服其中每一个，那么世界上就不会有足够的时间或金钱去武力制服荷兰反叛的24个城镇。”[70]他提出一种非常新颖的战略：全面淹没荷兰和泽兰。

机会看来极好。众堤坝上，无止息地控制水位的众抽水坊起一种告诫作用，即不断地提醒造反地区大部分处于海平面以下；而且，极少有人能忘怀先前水淹的灾难性后果。[71]不仅如此，造反者自己打开过若干堤坝，以封锁在米德尔堡的皇家驻防军和阻碍对阿尔克马尔的围攻。莱顿于1572年11月开始淹没该城周围地区，造就了一条宽约250米的“护城河”，并且在随后15个月里进一步蓄意放水，导致被淹没的周边增加到超过一公里。[72]当西班牙人不顾这些而坚持封锁该城时，荷兰人打开了更多的堤坝，并且开启莱顿以南沿河水闸，直到周围水深变得足以行驶一支平底驳船队，于1574年10月3日将供应品船运入城，迫使西班牙人撤退。

甚至在这一大失败之前，沮丧的西班牙指挥官巴尔德就已提倡采取更严厉的措施。他告诉雷克森斯：

> 当我首次与军队一起进入荷兰时,我截获了奥兰治亲王(给他手下一名官员)的一封亲笔信……在其中他写了下面的话:“我曾命令你应当打开在马斯吕伊斯的水闸,以便淹没该地区,然而我们在此地集合了……一些有学问的人,他们发觉倘若这些水闸被打开,整个 137
> 乡村就将被淹没而永无可能再予以复原。因此,最好还是不要打开它们。”我认为我应当让阁下您知道此事(巴尔德继续说),从而你会明白,如果在任何时候你可能想淹没该国,那么你就有能力做到。而且,由于我们的敌人已主动这么做了,因而如果他们继续其顽固叛乱,他们就确实活该被洪水冲走。[73]

这个建议与越南战争期间的一项提议有惊人的相似处,那就是美国对红河三角洲的水坝和河堤进行空中打击(“滚雷”战役和“前锋”战役)。巴尔德的提议得到了布鲁塞尔大本营的赞同,后者开始做在荷兰北部实施该计划的准备,而荷兰北部当时是个低伏的半岛,仅由一条狭窄的沙丘带保护不被北海吞噬,人称“泽国”(Waterland)。不过,首先他们将此呈交国王以求批准。

令他们厌恶的是,国王——有如四个世纪后的约翰逊总统——禁止这一行动。

> 很清楚(他写道),叛乱者的激烈、邪恶和顽固已经达到了无可怀疑他们理应受到严厉的示范性惩罚的地步……而且(我们知道),我们能够通过掘开堤坝轻而易举地淹没荷兰。可是这个战略将引起一项很大的不利,那就是一旦掘开,该省就将永远丧失和毁坏,明显地有害于将不得不建造它们自己的新堤坝的邻近各省……因而采取这一战略实际上是不明智的,我们也并非必须这么做,因为(除了已说过的那些明显的大不利之外)我们还应当认识到它将给我们招致最好要予以避免的残暴名声,特别是对我们的臣属残暴,尽管他们罪恶昭彰,理应受惩。

诚然，腓力接着授权焚烧某些叛乱地区，以儆效尤（甚至还提议了可能最适合的焚烧地点和单位），但首先他希望叛乱者接受最后一次宽恕提议，因而他起草和发出了两套指令：一套为最终谈判，一套为最终“无情战争”；他还以一项罕见的提议结束他给雷克森斯的信：“你，负责这些事，可做你认为最适合于我的事业，并且最有利于推进你执掌之事的一切。”[74]看来，国王终于懂得了有效军事指挥的秘密在于将作战层次的决定权下放给他的下属，然而这个机会再次错过了。到国王的禁令抵达布鲁塞尔时，巴尔德及其副手已开始掘开在荷兰北部的几个堤坝，然而西班牙部队差不多立即再次哗变，放弃了该省，而不是在战场上度过又一个冬天，因此雷克森斯无法利用他那罕见的广泛权力。[75]当西班牙部队在1575
138 年春终于进入“泽国”，打算焚毁所有财物和（恰如国王所令）“杀死我们可能碰到的所有人”时，他们发觉造反者已经建造并布兵防守各种阻止进一步推进的工事。部队不得不撤退。[76]

腓力以道义和政治的双重理由，拒绝可能在数周内结束荷兰造反的军事解决。然而，并不奇怪，西班牙国务活动家们不时重新考虑通过“将他们淹回石器时代”去结束造反的设想。最值得注意的是，1602年，西班牙国务议事会的一位成员明确回忆起1574年的“替代办法”，同时另一位成员声称，腓力那时相信打开海堤将相当迅速地消灭叛乱。新国王腓力三世认为他们的论辩令人信服，下令实施这一战略；然而对荷兰人来说幸运的是，这次没有西班牙部队成功进入荷兰或泽兰。[77]

旨在结束叛乱的另一种替代性战略涉及创设一支皇家北海舰队，腓力对此给予了比较经久的注意。像心怀敌意的法国代理人蒙杜瑟在1572年底指出的那样，即使阿尔瓦设法夺取了哈勒姆和其他荷兰内陆城镇，奥兰治亲王仍拥有一支强有力的舰队和若干港口，靠此他能够维持造反不灭。看来，差不多人人从一开始就认识到，要成功地结束战争，西班牙就需获得海上霸权：确实，腓力手下官员之一不识相（但正确）地预言，除非西班牙取得制海权。但是，在如何取得它的问题上，意见就不那么一致了。[78]显然，海军力量对比无法仅靠当地资源就能转而有利于国王。从一开始,皇家军队在荷兰和泽兰的作战就严重受阻于缺乏战舰和弹药:“海上乞丐”于 1572 年夺占了在费雷的海军军火库,那里面满是铜炮、铁炮、火药和弹丸;5 月间,14 艘舰只刚在恩克霍伊森被装备起来以供服役;8 月间,又在齐里克泽装备了 8 艘战舰(带 27 门舰炮)。[79]这些斩获,加上河流、湖泊和运河构成的广泛水网,使得造反者能够随意调运其兵力,以便压倒孤立的皇家军分队,并且给看似准备宣布站在他们一边的城镇输送援助。例如博苏伯爵就认识到,皇家军队面临两个显著的海军难题:需要更多战舰保卫受威胁的各个省内一切可能的目标;为支持这些舰只,需要控制一个以上合适的军港,在那里舰只可以栖息、整修和装载补给。在这方面,丧失荷兰和泽兰的大多数大港证明是关键性的,因为那两个省拥有在整个尼德兰仅有的合适的深水设施:佛兰德和布拉邦特的那些不是离大海太远,就是水浅得无法作为合适的海军基地。“如果我们不赶快收复荷兰”,博苏忧郁(和准确)地警告道,“我们就会被逐出大海”。[80]不仅如此,虽然低地国家的皇家小舰队在战争头几个月设法取得了某些成功,但每次与造反者交战都导致了无法替换的损失和无法复原的伤害。 139
最终,没有剩下足够的战舰去获取胜利:一个皇家分舰队 1571 年 10 月在须德海遭到失败,另两个在 1574 年 1 月和 2 月试图解救米德尔堡时同样如此。其后 5 月在斯凯尔特河口湾又有一场不成功的交战,这多少耗光了国王在尼德兰的海军。[81]

现在,国王要从荷兰人手里夺得制海权,就只能依靠从西班牙派遣强有力的海军分舰队。腓力早就认识到一支海军对捍卫其南方属地的价值:在地中海,多亏了一项大规模的建造计划,他成功将舰队的规模翻了两番,即从 55 艘单层帆船增至 155 艘。与此同时,他发布了一系列命令,意在增加坎塔布连船坞中造船的数量并改善其质量,不管它们是北向赴佛兰德还是西向赴美洲从役。然而直到 80 年代为止,这一造船计划并不包括建造能在北海有效作战的战舰。[82]因此,当阿尔瓦开始吁请从西班牙派遣战船以便击败造反者时,他和国王起初想的都是单层帆船。然而到头来,由西班牙首席驾驶长规划的驶往佛兰德的单层帆船行程证明做不到：最短路线差不多长达1,000公里，安全路线1,300公里。腓力告诫阿尔瓦不要期望从这方面能得到什么帮助。[83]

相反，国王开始规划派遣西班牙远程战舰去重获北海制海权。因为他缺乏一支远洋舰队，必需的船只就将不得不从远洋商船队征用，由皇家提供军械、弹药和水兵。这个办法在1565至1566年运作得够好，当时国王责成他手下最有经验的大西洋指挥官佩德罗·梅嫩德斯·德·阿维勒摧毁在佛罗里达的一切法国基地，重新行使西班牙在西大西洋的控制；可是，虽然25艘舰只足以收复佛罗里达，但根本撼动不了荷兰人。[84]因而在1574年2月，国王签署命令，创建一支以桑坦德为基地的舰队，以便既扫清"英吉利海峡（的海盗），又收复被叛乱者占领的某些尼德兰港口"；他还下令征用在西班牙港口的224艘船只，梅嫩德斯能够从中挑选组成他的特遣舰队，同时征召11,000名士兵。[85]

自然，这构成了一项在单单一个作战季节里不可能达到的目标，因而提供了腓力缺乏战略意识的又一个例子。定位和将一艘商船转变为一艘战舰所需装配的火炮和其他装备要花几个月时间，而整个那么巨大的创建舰队工作（有如梅嫩德斯以及腓力手下若干议事会成员指出的那样）"可以费上几年"。不仅如此，一旦处于北方海域，如此大的一支舰队将需要一个安全的军港，以便需要时在其内栖身，而那是腓力不再控有的。[86]逐渐地，梅嫩德斯开始认识到这一点，于8月向国王提议与其去尼德兰，不如仅仅在布列塔尼与锡利群岛之间巡航，俘获和惩罚他碰到的所
140 有"海盗"；如果受到风暴威胁，舰队可在锡利群岛或某个爱尔兰港口躲避，而且翌年春天可从该基地派出一支分舰队直接前往尼德兰。国王立即同意了这个聪明的计划——实际上是封锁英吉利海峡进道，但他这么做并非只是因为舰队尚缺获取北海控制权的实力。[87]夏天早些时候，土耳其人派了一支大舰队西进，它围困了在拉古莱特和突尼斯的西班牙驻防军；腓力明白，如果它们陷落，地中海防务将变得比收复荷兰和泽兰更紧急。因而，他命令舰队留在西班牙近处，已备可能有需要去钳制土耳其人。到头来，它没有起作用，因为甚至在梅嫩德斯刚率领舰队于9月驶出

桑坦德去巡弋英吉利海峡时,一场流疫便夺走了他和他手下许多人的性命。国王取消了整个远征。[88]他已为此浪费了 50 万达克特。[89]

这一灾难,加上同时丧失突尼斯和拉古莱特两地及其所有防守者,再加上围困莱顿失败,导致国王及其幕僚考虑另一种替代性战略,即与荷兰人谈判解决。起先,腓力为两个原因在尼德兰采取强硬路线:“为保持宗教,并为维持在那里的(国王手下)臣属的服从,以免像在法国一般,叛乱者被那么缩手缩脚地对待,宽恕之,甚至还予以荣光。”[90]至少阿尔瓦公爵无意犯这个错误。他有一次向国王提议:“让这个叛贼(奥兰治)放下武器求饶,然后我们看看应当做什么”,另一次他说:“这些动乱必须用武力结束而不使用任何赦免、温和、谈判或对话:平定之际才是宽恕之时。”[91]然而,随形势恶化,国王的决心动摇了。他 1573 年将阿尔瓦召回的决定主要出自他的一项信念:武力从此必须由让步来淡化,以便为上帝,为其君主拯救尼德兰;是年 7 月,他试图实行一种较为和解的政策,即使当时公爵仍在掌权。由于他的兵力不可更动地投在地中海,国王告诉阿尔瓦尽可能最快地,并以差不多任何条件去结束在尼德兰的战争,现在它已成为最需要解决的事:

> (虽然我为你的所有胜利而欢欣,但)根本的是了结这些事情,既是因为我们在金钱方面面临无法克服的形势,也是为了避免丧失和毁掉这些省份。因此,我要求并需要你极认真地去安排,以致我们在为了实现(媾和)而必须有的作为方面可以争得时日,甚而分秒。[92]

然而,这种在 1,000 公里之外坚持要立即改变政策的要求再度证明是完全不现实的。递送这份关键函件的信使只是在六周后才抵达布鲁塞尔——即哈勒姆陷落以后许久,而哈勒姆的陷落本来提供了一个很好的宽恕机会——到那时西班牙军队已开始围困阿尔克马尔。其司令官仍然未看到妥协的必要;确实,他感到过去自己太宽纵。“如果阿尔克马尔被 141
武力攻占,我决心不让任何人活着,而是要割开他们所有人的喉咙。因为在哈勒姆全部市民(除了大约40个以外)被宽恕的示范没有导致任何好处,”他告诉国王,“或许一个残暴的示范能够慑服其余(反叛)城镇。”对其主题阿尔瓦越说越起劲:“我禁不住恳求陛下您弃脱在这些省里任何事都可以依靠宽恕办到的想法。事情已经到了这么一个地步:许多直到如今一直乞求宽恕的尼德兰人现在已认识到自己的错误,相信在阿尔克马尔的每个活口都应当被割断喉咙。”[93]

公爵的强横言论突出地表现了一个事实,那就是国王的政策再度与其原则相左。在鲁伊·戈梅斯和温和派的压力下,国王已处于就造反者颁布“大赦令”(尽管有许多例外)的边缘,但他一读阿尔瓦的反宽恕函件(在鲁伊·戈梅斯死后抵达),便决定再搁一阵子。尽管如此,他仍由于从他宫廷和尼德兰的不同宗派收到的矛盾意见而困惑不定。在一封非常费劲地力图说服雷克森斯接替阿尔瓦的亲笔信里面,国王概述了他已听到的各种论辩。站在一边的是公爵与其支持者,将造反视为主要是宗教性的,从而不可能通过妥协去结束,因为国王的良心不能允许他授予宽容。站在另一边的是效忠的尼德兰人与其宫廷支持者,“说为了宗教原因而行事的人极少,相反是由于他们在每件事上受到的虐待所致……万应灵药在于温和、善待和大赦”。究竟谁对?国王承认:

> 有那么多不同意见,我发觉自己处于困境之中,而且因为我不知道那里真的究竟在发生什么,我便不明白哪个救方合适,或者要相信谁;因而,在我看来最保险的是既不相信这个集团,也不相信那个集团,因为我认为它们都走了极端。我相信最好是采取中间立场,虽然带有彻底的掩饰。

为涵盖所有各种最终结局,国王决定为雷克森斯准备两套彼此矛盾的指令:“那些西班牙文的看来多少趋于一个方向,同时那些法文的很清楚指向另一个。”他对这可能导致的困难表示道歉,但最后说“我不想绞尽脑汁校改它们,除非小地方,因为你的真正指令将是你到那里时你看见和理解的”。然而,他的确明确禁止雷克森斯做出宗教让步或向造反领导人提出赦免。[94]

到雷克森斯最终抵达布鲁塞尔时,对敌非正式谈判已经开始。起初, 142
在荷兰南部的双方当地指挥官仅就赎金和对俘虏的未来处置交换信件(因为到那时为止被双方俘获的人都被处决);然而不久后,奥兰治的威廉抓住机会表达自己的解决条件。首先,他坚持,必须宽容所有加尔文派教徒;第二,从造反者没收的一切财产必须予以归还;第三,宪法政府必须恢复,外国部队必须统统撤走;第四也是最后,协议必须有一位外国统治者(例如皇帝或法国国王)予以保障。[95]这未经授权的交换与造反领导人的看法吓坏了阿尔瓦公爵,他迅速予以否定;然而,差不多与此同时,他决定跟踪一种报告,那就是某些个别的造反城镇可能愿意提出独自的条件。[96]

在马德里的国王幕僚们充分讨论了这些创议,得出结论说虽然“无疑如果陛下您有钱用武力平定那里的事情,那就更好”,但由于无法找到足够的资金,某些让步就显然是必要的。国务议事会因而提议无论如何应发布大赦令,唯奥兰治及其主要副手除外,阿尔瓦引入的不得人心的新赋税和法庭则应中止。国王充分授权做这些让步。他还同意与个别造反城镇的对话应继续下去。因此在 1574 年春夏,虽然使据点倒戈投靠西班牙人的各种努力失败了,但前后一连串秘密特使穿梭于布鲁塞尔与荷兰之间,以便确定荷兰人可能愿意讨论结束敌对行动和恢复效忠腓力的条件。[97]雷克森斯催逼国王授权实质性让步(以致腓力有一次抗议说“佛兰德不可能像他认为的那样两天内就被平定”),与奥兰治及其支持者的正式谈判 1575 年 3 月终于在布雷达城开始,正值造反爆发三年之后。[98]

经过四个月,双方就彼此间差不多一切政治分歧达成了协议,但这还不够。雷克森斯断定阿尔瓦一直是对的:宗教确实构成了造反者继续抵抗的真正原因。“如果我们在谈判一个可以靠转让四个城镇或四个王国达成的和平解决”,他在 1575 年 7 月悲哀地写道,那么有些事就肯定可以得到安排;“可是它全都取决于宗教,而宗教引起了这场战争”。因而,他忧郁地预言“我已对达成一项和解不抱任何希望,(因为)……我们不能满足在宗教问题上(叛乱者的)任何要求”。[99]西班牙仍拒绝在一个与之和解了的尼德兰邦国中容忍新教,荷兰造反者则不会在不宽容新教的情况下重新承认国王权威。虽然胜利在军事上已无可能,但对腓力及其主要幕僚来说谈判解决在意识形态上依旧不可接受。[100]在布雷达的会议事实
143 上只起了加强造反者的作用,因为它增强了他们因集体谈判而来的内聚力,并且创设了一个他们可以从那里辩护自身事业的新讲坛。[101]

这就是1572至1575年西班牙镇压荷兰造反的努力史,它因而部分地支持了保罗·肯尼迪对西班牙未能取得欧洲霸权的“战略性过度伸展”解释。关键性造反据点的堡垒防御,不管是事先由哈布斯堡自己的工程师准备(如在蒙斯),还是由荷兰人即时匆忙建造(如在阿尔克马尔),确实证明在挫败西班牙选择的、为求速胜而运用压倒性武力的战略上起了关键作用。一旦重新征服落入军事革命的罗网,腓力就变得没有可能长时间支撑如此规模的一支军队,特别是在他还依旧大力投身于地中海防御的时候。正如他在1574年7月告诉他的秘书的,“(尼德兰的命运)岌岌可危,有那么多部队但无金钱支付,因而我们必须毫不拖延地给它们发送某种财政帮助……我们在那里的事务没钱就无法得到改善,除非上帝造出一个奇迹”。的确,一些天后他叹道:“我认为由于缺钱将失去尼德兰,就像我一向担心的那样……我们那么快地在耗尽一切,以致我无言以述。”[102]经过两年秘密准备,卡斯提尔国库于1575年9月下令中止一切支付。从尼德兰去看,那标志了道路尽头。正如雷克森斯绝望地对他兄弟写的那样,

> 破产敕令如此巨大地打击了这里(安特卫普)的交易所,以致其中没有人还有任何信用……我无法找到哪怕一个小钱,也无法设想国王怎能送钱到此,即使假定他还很有钱。不出现一个奇迹,整个军事机器就将那么快地分崩离析,极可能我都来不及告诉你。[103]

然而没有奇迹出现,雷克森斯的悲观主义证明先知先觉:他本人于1576年3月因瘟疫而亡,未得支付的西班牙野战军于7月哗变并放弃荷兰。9月,效忠各省的省议会自行其是,与荷兰和泽兰的造反者就谈判解决内战开始对话。[104]

可是,这一整洁利落的军事-经济命定主义模式虽然至此为止准确无误,但由于三个原因仍然是不充分的。首先,它忽视了下列事实:尽管腓力在1559年和其后犯了巨大的错误,但他仍设法在1566至1568年重获全盘控制;而且,尽管在1572年春激起了一场甚至更严重的反叛,但王臣们到年底已离结束反叛仅差分毫。其次,它没有给挫败了国王所选战略的众多非经济因素留下余地:1560至1571年,他重蹈覆辙,未能返回 144
尼德兰以亲自督察他的“新世界”的创建;1571年底,唐·法德里克在哈勒姆一事上鲁莽地坚持无条件投降;1573年,阿尔瓦决定围困阿尔克马尔而非(例如)德尔夫特。最后,它没有解释对替代性战略的相对忽视:暗杀奥兰治;全面水淹;取得在北海的海军霸权;还有最重要的是,谈判解决西班牙诸场重大战争中的至少一场战争。

无论大小,所有这些构成了政治的、而非经济或军事的失败。不仅如此,它们全都出自腓力政府体系的两个“体系性”弱点。一方面,虽然这位国王有清晰的政策目的,但他未能清晰地显示“底线”,那会在他的代理人在执行他的政策方面经历困难时,表明什么是可接受的妥协(与不可接受的相对)。因而,每次新的危机、每次新的挫折都不得不从头予以处理,先由他在现场的副手,然后由国王本人,独自或与仅一两个幕僚一起苦苦搬弄其文件。另一方面,在马德里被仔细制订了的计划到抵达尼德兰时,一次又一次地变得过时:距离挫败了1573年7月提议重大让步的决定、1571和1573年两度要派遣一位不那么粗鲁的总督的决定,还有1574年要派遣一支舰队的决定。除了非常少的例外——1572年春的紧急状态期间和再度在1574年10月——腓力拒绝给予其战区司令官充分的权力。低地国家战争打得慢,其中每次围困都用那么长时间,以至有时间让信使几次来回,或许这鼓励了国王去微观操控作战;然而,在其他地区(地中海、大西洋、甚至美洲)大量的同一倾向的例子强烈地提示,渴望垄断权力是这位国王的本性,而不只是在尼德兰的特殊情势中。加在一起,它们造就了另一种"战略性过度伸展":心理和政治的,而非经济和军事的。

只是1575年的破产才似乎迫使腓力做出严酷的战略抉择,或许因为它使他怀疑自己不知怎地误读了上帝的计划。现在,他终于让自己准备"忍受那无法忍受的":1576年,在其国库仍然空空如也而荷兰人控制了实际上整个尼德兰的情况下,这位国王勉强决定不惜任何代价换得尼德兰和平。他与赞成为结束战争而作出深远让步的大臣们共事,而且在给新总督、奥地利的唐·胡安的秘密指令中承认:

> 如果事态是联省议会在承认你的权威以前要求单方面让步,那么看来我们将不得不做出一切必要的让步,以便能够了结,拯救我们能够拯救的;在尽可能大的程度上护卫宗教和我的权威,因为事情到了此等极端地步,有必要灭火,防止这些人采取更孤注一掷的行动,以致一切全都丧失掉。[105]

145 起初,唐·胡安似乎不乐意服从,而且置身尼德兰仅仅两个月后就威胁与荷兰造反者重新开战。但是,国王不允许他有任何自行其是的余地,以三个复本送去了一封快信:

> 以便告诉你——就像我在你(当面)讲时和以前我多次告诉你的——你必须不惜一切代价避免让谈判破裂……我不得不责成你——我的亲弟——避免破裂,令你自己迁就时间和必需;那是你在像眼前这么一件紧迫和困难的事情上面能够有的最好谋士。

唐·胡安及时软瘫下来,签署了一项协议,要求所有西班牙部队和官员离开尼德兰去意大利,停止宗教迫害,授权重新同意了的尼德兰的联省议会自主决定其未来宗教组织和政治机构。[106]

与此同时,国王进一步决定既解散很大一部分地中海舰队,让其处于纯防御态势,又派遣一位特使前往伊斯坦布尔,授权他立即与土耳其人缔结停战,从而在他统治期间整个帝国首次(也是唯一的一次)实现了全境和平。[107]然而,几个月后,形势再次变动。1577 年 7 月,唐·胡安单方面与荷兰人决裂,直接命令西班牙老兵从意大利返回尼德兰,声称这是国王的意愿。当消息传到西班牙时,腓力立即取消发至意大利的命令,禁止其臣下服从,部队因而留在了原地。唐·胡安接到了又一番长篇斥责:“没有我的明确通信和命令就对尼德兰诸省公然宣战,无论如何都不合适”,国王怒吼道:

> 相反,你必须遵循已指明的道路。如果事情到了如此极端地步,你必须将事实告知我,从而我能够决定何为上策,依据我的其他属地所处的形势,依据我不得不拨出的资源和资金,以便将此决心付诸实施;因为非如此,我们做的任何努力都将徒劳无功。[108]

然而,几天后,也许因为地中海和平和一支丰饶的财宝船队自美洲的幸运抵达使他放心,腓力觉得能够回到他的根本原则了,遂下令西班牙军团返回。低地国家内战复燃,一直持续到 1609 年腓力死后许久;他的孙子最终于 1648 年签署一项和约,承认尼德兰七个北部省份的政治和宗教独立。

到那时,欧文·菲尔塔姆已毫不怀疑,西班牙无力重获对整个尼德兰的控制导致了它作为强国的垮台。荷兰人菲尔塔姆写道,

> 是穿过红海的以色列人……他们长久与西班牙法老斗争,最终 146
> 迫使他让他们出走。他们是一支犹太勇士的军队,再度登程跋涉。他们是印度鼠,啮咬西班牙鳄鱼的肠子——当它张开大口吞噬它们时它们就啮咬它。他们是蛇,缠住了大象的巨足。他们是小小箭鱼,

> 猛刺鲸的肚腹。他们是伊萨伯拉[时期]增强、查理五世[时期]达到鼎盛的那个帝国的黄昏。他们是一面镜子,国王们在那里可以看到,虽然他们是主宰生命和财货的君主,但当他们篡夺上帝的权能和还妄图成为主宰良心的国王时,他们有时会受到一种惩罚,丧失他们的合法所有。过于严苛地强加宗教如同拉伸一根弦,直至它不仅轧轧作响而且绷断,绷断时(或许)还将拉伸者的眼珠打了出来。[109]

他还可以添上:同样是距离、宗教顽固和缺乏“底线”这几者的结合,还注定使腓力未能战胜他在西北欧的另一大敌——伊丽莎白·都铎。

第五章　“英国问题”(1558 至 1585 年)

16 世纪的宗教大动荡在三个重要方面改变了西欧的国际关系。首先,它们在差不多每个国家内部造就了一小撮狂热分子,这些人试图将其宗教的弘扬置于对其君主的忠诚之上。英格兰的伊丽莎白一世躲过了 20 次以上谋杀她的阴谋;在法国,亨利四世 1610 年死于第 20 次刺杀,而且宗教反对者还刺死了他的前任亨利三世(1589 年)和若干教派领袖(1563 年刺死纳瓦尔的安东尼和吉斯家族的亨利,1572 年刺死加斯帕尔·德·科利尼和其他许多新教头领)。其次,意识形态歧异愈益加剧,从而导致因强烈坚持各自信仰而对立的各方之间的正常外交交往严重复杂化——16 世纪就此如同 20 世纪:伊丽莎白驱逐了两名西班牙外交官,因为他们支持天主教反对派策划的谋杀她的阴谋,并于 1568 年从西班牙召回了她的最后一任常驻大使,因为腓力不允许他在他自己的使馆举行新教礼拜仪式。第三,宗教改革破坏了既定的国际同盟格局。在 15 世纪和 16 世纪初,卡斯提尔和尼德兰是英格兰的传统盟友,法国则与苏格兰站在一起,但英格兰和苏格兰先后与罗马的决裂引发了一场外交革命。正如伊丽莎白的首席大臣伯利勋爵 1589 年所说,“世界形势发生了绝妙的改变,我们真正的英格兰人有理由为了自己的安宁而希望法国国王和苏格兰国王大获成功。”[1]

这一重大转变始于 1553 至 1554 年,当时查理五世就谋求他的儿子和继承人腓力婚娶英格兰女王玛丽·都铎进行了成功的谈判。这一王朝外交妙举不但在西北欧造就了一个强有力的哈布斯堡新格局,而且完成了对法国的包围:北面是英格兰和尼德兰,东面是弗朗什-孔泰和帝国,伦巴第、撒丁和西班牙则在南面。[2]1557 年,英格兰尾随腓力,对法国和苏格兰宣战。然而,1558 年 11 月,玛丽无嗣而终,英国王位传给了她的同父异母妹妹伊丽莎白,后者很快就明确无误地显示出希望将英格兰重新变为新教国家的意向。腓力的“英格兰国王”头衔在玛丽死后黯然失色,
148 许多大臣力劝他重振地位,以便既维持那里的天主教信仰,又将英格兰保持在哈布斯堡轨道内,否则“低地国家以及随后意大利和美洲将处于被丧失的巨大危险”。[3] 伊丽莎白本人一度提出了一个解决办法,在登基之后即表示她可能乐意接受腓力的求婚。尽管腓力在西班牙的幕僚们“由于她的出生和宗教考虑”立即拒绝这一提议,但这位当时住在布鲁塞尔的国王还是决定要尝试一下,尽管显然没有什么热情。1559 年 1 月,“觉得自己像个有罪之人,不知道自己将向何处去”,他授权他信赖的驻伦敦大使费里亚伯爵向伊丽莎白积极回应,但只是“为了效劳上帝,同时看看这是否可能阻止那位女士做出她心想的宗教变更”(而且联姻的条件一定要比他娶玛丽·都铎时得到答应的更好)。“相信我”,他后来对费里亚私下透露,“如果不是看在上帝的分上,我决不会这么做。没有任何事情能使我或会使我这么做,除了清楚地知道这可能使天主教得到[英格兰]王国”。然而,几周之后,伊丽莎白拒绝了她的没有礼貌的求婚者,开始实施那将使英格兰重新成为新教国家的“宗教变更”。[4]

腓力现在处于进退维谷的尴尬境地。8 年来,与法国和土耳其人之间的战争几乎没有中断,规模前所未有的陆军和海军同时在几个战场打仗,使西班牙王室消耗殆尽,国王已经甚至被迫调整其债务计划(见上文第一章相关内容)。在这种情况下,特别是在与法国的战争还在继续的时候,发动一场像入侵英格兰以恢复天主教那样的大规模军事行动是不明智的。然而,他如不迅速采取行动,伊丽莎白的新的宗教方案就可能实施完毕,以后想要消灭就难上加难。1559 年 3 月,在给费里亚的一封秘密的亲笔信中,国王表露了他的沮丧:

> 这无疑是我一生中面临的最困难的决定……我忧心忡忡地看着那里(英格兰)正在发生的事情,无法采取如我所愿的措施予以阻

> 止,与此同时我能采取的措施与这些弥天大罪相比远为有限……此刻我缺乏资源去做任何事情。

在信的后一个地方,国王以一种更加有力和较有算计的方式回到他的主题:

> 英格兰王国正在发生的罪恶让我感到愤怒和沮丧,正如我已说过那样……但我认为我们必须采取补救措施而不让我和我的任何臣属卷入宣战,直至我们[暂时]享有了和平的裨益位置。[5]

然而,甚至在他写这些话的时候,其他人已在密谋一场针对伊丽莎白 149
的英格兰国内叛乱。费里亚告诉国王一桩废黜伊丽莎白、用一个信仰天主教的亲戚取而代之的秘密计划,并且请求腓力予以支持,因为"对一位君主要在上帝和世人眼里获得威望而言,不可能出现比这更好的机会"。费里亚还说,如果国王不采取行动,"整个泰晤士河的水也不能够洗净我良心上的污点"。不久后,法王亨利二世提议联合入侵计划,然后由两个战胜国瓜分英国。[6]

国王将这两个提议转给他的主要对外政策幕僚,包括格伦维尔、阿尔瓦和鲁伊·戈梅兹。他们也都认为这是恢复腓力在英国的权势的绝佳机会,并建议让业已集结以护送腓力返回西班牙的舰队随时待命,同时向费里亚送达经费以备不时之需。但是,他们既反对与法国进行任何合作(理由是法国在遵守协议方面不值得信任:在16世纪早些时候,这些大臣回忆说,法国就曾背弃了一项瓜分那不勒斯的条约),也不赞成腓力采取任何单方面的反伊丽莎白行动。他们最大的担心是英国天主教徒与新教徒之间可能爆发内战,交战的一方或另一方可能呼吁法国援助。为了避免这一情况,他们主张腓力应当使伊丽莎白知晓,他将保护她对付所有来敌。[7] 到头来,国王试图不做选择。他指示费里亚:

> 安排通过所有可能的渠道，就当前形势迅即给我提供咨询，我会告诉你必须做些什么。一旦发生意外的叛乱，以致你无法足够迅速地与我磋商，你就应该及时充当调停人以平息他们的纷争，而不在告知我并得到我的答复以前宣布支持两方中的任何一方。

只有在天主教明显占上风时，费里亚才能向他们提供财政支持，但即使那时也只能是“秘密的和不公开的”，同时表面上“要对异端们笑脸相迎，以免惊动他们，并且确保他们不会寻求召进法国人”。[8]

伊丽莎白充分认识到自己地位的脆弱。尽管她和平地继承了王位，并且享有相当的支持，但她是以天主教徒身份（至少表面上）才如此的。一旦她觉得能够表露出自己倾向新教，国内外的许多天主教徒就会在思想上转而支持她的亲戚玛丽·斯图亚特的王位继承要求，后者是一名彻底的天主教徒，几乎从出生起就在法国被培养长大，近来又嫁给了法国王储弗朗索瓦。1559年4月，弗朗索瓦以“苏格兰、英格兰和爱尔兰国王及法国王储”的名义批准了《卡托—堪布累齐和约》（它结束了法国和苏格兰对哈布斯堡和英格兰的战争）。因此，伊丽莎白再次打联姻牌：她表示会考虑嫁给斐迪南皇帝几个儿子中的一个，希望藉此在法国进攻时能确保得到哈布斯堡的援助。

三个事件拯救了她，使她免遭这一命运。6月，一群苏格兰新教徒进入爱丁堡，迫使摄政、吉斯家的玛丽出逃；7月，法王亨利二世在一场马术比武中被杀；8月，腓力起航返回西班牙。诚然，亨利刚死，法国新统治者就采用了一个毫不含糊的称号：“弗朗索瓦和玛丽，法国、苏格兰、英格兰和爱尔兰之全权君主”（见插图22），并准备派遣一支远征军去恢复苏格兰的秩序。诚然，腓力的若干高级幕僚提倡利用法国政权的突然更迭入侵英格兰；教皇也支持，甚至许诺授予腓力英国国王称号，从而使他的征服合法化。[9] 然而腓力拒绝。迟至1559年6月23日，他宣布打算留在北
151 方，“至少到翌年1月为止”，并给他的妹妹、西班牙摄政胡安娜写了一封长信作解释；他急切地要求资金，不仅为了他的经提议的对英干涉，也为

150

插图22 弗朗索瓦二世和玛丽·斯图亚特的国玺。1542年,玛丽·斯图亚特出生后仅仅一周就继承了苏格兰王位。她的法国母亲差不多立即将她带到法国,在宫廷里长大成人。1558年,她嫁给法国王位继承人弗朗索瓦,这对夫妇在她的亲戚玛丽·都铎驾崩时宣称成为英格兰和爱尔兰君主(玛丽是亨利八世的侄孙女,不承认新教徒伊丽莎白的女王称号)。即使在《卡托—堪布累齐和约》1559年4月结束苏格兰、法国和英国之间的战争后,这对夫妇仍保留着他们的全部称号,并将其刻在他们的国玺上:“弗朗索瓦和玛丽,蒙受天恩的法国、苏格兰、英格兰和爱尔兰之全权君主。”

了维持他在尼德兰的驻跸,“因为如果没有钱,这里的一切都将丧失,甚至包括我本人”。他要求回信,“由一名不为任何其他目的而来的特别信使递送”。当回信终于抵达时,它给了国王一记耳光:胡安娜直截了当地拒绝送交任何资金,她的幕僚们认为他的要求那么不切实际,以致(如腓力沮丧地所说)"他们大为嘲笑"他的开支计划。这些国务大臣理由充足:卡斯提尔国库空虚,阿拉贡王国的许多地区处于公开叛乱边缘,塞维利亚和巴利阿多里德(行政首都)发现有新教徒集聚。最重要的是,与土耳其缔结和约的努力已告失败,从而引起了对在西地中海遭受新的攻击的忧惧。西班牙迫切要求其国王返回并亲自主政;在这些情况下,腓力为延长虚位状态而专门要求更多金钱似乎荒诞可笑。另一方面,他的尼德兰幕僚则继续敦促他在北方至少再逗留几个月,因为他的离去可能导致"对陛下及其后继者造成不可挽回的损害。鉴于英国的当前状态和未经厘清的对法关系,离开尼德兰对他不可能是一件好事。我不确信西班牙的需要大得超过了我们的需要。"[10]最终,事情全都归结到金钱上。6 月 24 日,在他给西班牙发出急信之后一天,国王在布鲁塞尔召集一个特别财政委员会开会,委员们在会上劝他不要指望从尼德兰获取更多金钱;相反,他们论辩说,为有效实施他的北欧政策,从外面——即从西班牙——筹钱必不可少。这似乎使腓力下了决心:这周晚些时候他宣布打算返回西班牙,7 月间他离开布鲁塞尔前往海岸。甚至亨利二世的死讯也未能使他回心转意:1559 年 8 月,他起航前往他的出生地西班牙。[11]

腓力的决定无可厚非,因为他几乎没有多大的选择余地。他再也不能从远在 1,000 公里外的布鲁塞尔统治西班牙并有效地干涉地中海事务了。他缺乏资金,留在北方也会一事无成。另外,正如胡安娜所指出,持续不断的战争负担和他长达 5 年的虚位统治在南方各王国造成了种种问题,现在已到了直接处理它们的时候了。腓力的错误在于,他相信自己能够有效地从西班牙干涉英国(或尼德兰)的事务:由于他作为英国国王的亲身经历,腓力变得自认为是英国问题专家。他无法理解(例如)为什么在 1570 年教皇竟没有先和他商量就决定将伊丽莎白革出教门,"明明知道关于那个王国、关于它的事务和人民,我能向他提供更好的信息和建议,好于任何别人所能提供的。[12]"

同样的自信,即相信他对英国政治有无可匹敌的理解,还导致他忽视了第二个重要障碍:他在布鲁塞尔的各个下属有不同的议程。由其精力

充沛的境外代理人——尤其是布鲁塞尔的那些管理300万人口和一个复 152
杂经济体的总督们——实行的“亚帝国”政策证明是哈布斯堡君主国内部潜在紧张的一个常在源泉。例如,阿尔瓦对“英国问题”有非常坚定的看法。他同样在英国住过一段时间,其间他像他的主子那样,注意到了都铎社会的复杂性和新教情感的力量;同样像他主子那样,他似乎断定不可能与这么一个不稳定的国家(与其统治者)维持任何牢固的同盟,因此最好的政策是安抚伊丽莎白,从而使之保持中立。所以,他反对任何削弱或废黜女王的尝试。直到他于1567年离开西班牙,这位公爵与其主子之间的任何意见分歧都不很重要,因为腓力在作出一个决定之前可与其他人商量,这些人在英国问题上的意见亦为他尊重(首先是费里亚,担任过大使,娶了玛丽女王的一名侍女,使他与更为“干涉主义的”英国天主教舆论保持接触)。然而,一旦阿尔瓦抵达布鲁塞尔,分歧就变得极为重要。首先,这位公爵的看法得到他手下尼德兰辅臣们的强烈认可,他们都渴望与该国的主要贸易伙伴之一英国和平相处,17个省的繁荣、因而整个政权的稳定都有赖于此。其次,尽管腓力限制了帕尔马的玛格丽特的权威,并试图同样对待阿尔瓦,然而一旦与英国的贸易战于1568年底开始,他就无法避免将更大的权力下放给公爵。阿尔瓦眼下不仅在敦促腓力采纳他的意见时拥有更大的权威,而且拥有手段去阻挠实施任何他不同意的“干涉主义”创举。[13]

然而,惯性而非政策决定了腓力在位期间首次“英国危机”的结局。腓力一离开尼德兰,英国和法国就采取重大步骤,以确保苏格兰问题的有利解决。法国人派出一支远征军去支持吉斯家的玛丽:它很快夺回了爱丁堡,将新教徒往回驱至福思湾以远。伊丽莎白施以报复,动员了一支庞大的舰队——1588年以前最庞大的——驶往苏格兰,切断了与法国的联系。对腓力在尼德兰的首席幕僚格伦维尔红衣主教来说,看似一清二楚的是,为保住英国“我们应当去做像我们为保住布鲁塞尔去做的事情”,然而腓力不为所动;相反,他集中精力对北非的吉尔巴岛进行了一场合成作战。对他(和伊丽莎白)幸运的是,1560年初,风暴驱散了第二支法国远征军,损失惨重,以致弗朗索瓦二世请求妹婿腓力援助。“既然我们一致认为这整个关乎宗教”,法国国王便要求腓力警告伊丽莎白“如果她不放弃对苏格兰异端的保护,接受向她提出的最诚挚的条件,那么他[腓力]就会为了宗教事业,用他所有的力量和手段帮助和支持他的兄弟国王[弗朗索瓦二世]。”[14]这个请求来得太晚了:伊丽莎白已经派遣了一名特使,请求腓力在她的王国遭到法国人进攻时提供援助,1560 年 3 月,国
153 王答应了她的请求。“鉴于这对我们的重要性,鉴于她和她的王国灭亡之后我们的领地将面临的危险”,腓力命令他的驻尼德兰老兵做好准备,以便在法国进攻时援助伊丽莎白。[15]这就决定了法国人——以及天主教——在苏格兰的命运。远离本土,在莱斯遭苏格兰人陆上阻截,在海上遭英国人封锁,弗朗索瓦的 4,000 人的部队于 7 月间投降。随即在爱丁堡召开了一个代表大会,制定了宗教改革规定。[16]伊丽莎白几乎没有需要腓力的多少帮助就巩固了自身的独立地位(她与哈布斯堡的联姻热情迅速降温),而不久发生的两件事又增强了她的独立性。1560 年 12 月,弗朗索瓦二世去世,王位传给他的 10 岁的弟弟查理九世,这就暂时解除了英吉利海峡彼岸的法国进一步干涉的威胁;第二个月,驻尼德兰的所有西班牙军队启程回国,以取代那支在命运多舛的吉尔巴岛远征中损失惨重的军队。[17]

由于他决定集中精力关注西班牙和地中海事务,腓力错过了驯服都铎英国的首次机会,也是最佳机会,在随后的数年内尽管伊丽莎白依然羸弱,但国王因忙于与土耳其人的战争而忽视了英国(以及尼德兰)事务。他在 1562 年给驻伦敦大使的一封信函典型地表现了这一主导态度。在确认收到许多信件并要求保持信息畅通后,他宣布:

> 如果你的信函没有得到回复,而且目前没有像你期望的那样处理它们,原因不在于我们这方面缺乏意愿,而在于我们还不能就为了消除这些必须从根子上打击的邪恶而采取什么措施达成一致……[它们]必须予以深入考虑,与我们本国事务的状况一起考虑。我一

做出决定,就将立即告知详情。[18]

腓力看来没有认识到,他要使伊丽莎白依赖他的最好机会,是让她处于更加困难的境地——例如秘密支持她在英格兰和爱尔兰的天主教对手。相反,他采取一切可能的措施去保护她。1562 年,法国新教(通常被称为胡格诺教派)领袖企图控制查理九世,行动失败后开始武装斗争以获得宗教和政治特权,从而揭开了一场长达四分之一世纪的内战的序幕。伊丽莎白急忙向胡格诺教徒提供直接援助,并派遣一支远征军夺取勒阿弗尔港,因而再次激起了法国政府对她的敌意。尽管如此,阿尔瓦告诫腓力说,既然他缺乏足够的资源发动一场入侵(由于持续不断的地中海危机),他就不能利用伊丽莎白的困难处境;相反,他只能出面在英法之间居中调停。[19]阿尔瓦争辩说,试图废黜女王毫无意义,因为这只会有利于现已回到苏格兰的玛丽·斯图亚特,她对西班牙来说在现阶段甚至更少可接受性。玛丽的天主教徒身份已变得可疑。尽管她最终完美地表现为反宗教改革的殉道者,但那是后来的事。在 1560 年代,她的差不多苏格 154
兰大臣都是新教徒,而且她最终正式承认了新教,按照新教仪式嫁给了她的一个新教大臣(博思维尔伯爵)。此外,玛丽照旧是一位法国公主:她的所有信件几乎都是用法文写的,而且在她的 1566 年遗嘱中,前七名(以及前十二名中的十名)受益人都是她的法国亲戚。因此不足为奇,阿尔瓦看不到推翻不可靠但孤立无援的都铎女王有任何好处,那只能使英国变成玛丽·斯图亚特统治下的法国卫星国。因此,腓力继续保护伊丽莎白而不求任何回报。1563 年,“在一些英格兰主教和其他天主教徒的要求和坚持下”,特伦特宗教会议开始“讨论废黜英国女王”,但腓力下令停止讨论,“因为这可能导致很大的麻烦,激起新的情绪,最重要的是,这个时候讨论这件事不会有任何结果”。在这一年的晚些时候,甚至当英国和尼德兰之间爆发贸易战时,腓力仍拒绝让冲突扩大到西班牙。1565 年,玛丽首次写信向他求助,以对付天主教会的共同敌人,然而国王仅将给她的援助限制在苏格兰。[20]然而在 1567 年,一群苏格兰贵族叛乱反对玛丽,将其投入监狱。与此同时,阿尔瓦与其西班牙部队离开意大利前往布鲁塞尔去恢复秩序,国王宣布他本人将启程返回尼德兰,并开始在桑坦德集结一支舰队为他护航。

到头来,腓力仍留在西班牙,但他对英国问题的兴趣开始复兴。例如,1568 年 2 月,他写信询问驻伦敦大使古兹曼·德·西尔瓦,是否“存在这样的希望,即女王有一天会醒悟过来,并认识到她的错误(如信奉新教教义);在她周围或枢密院里是否有人能用他们的威望和尊严引导她认识到这些错误”。他不无沮丧地接着说道,“到目前为止,就她的言行判断,她似乎如此信奉异端,很难从其中解脱出来;但是,如果我能以任何一种有用的方式帮助她达到这个目标,我都会尽力而为”。[21]这封信没有表露出任何进攻性意图。然而,就在这个时候,一桩与伊丽莎白驻马德里代表有关的不幸的外交事件开始引发重大的政策转变。一位新教牧师约翰·曼博士,已在外交和行政低级岗位上为都铎王朝效力了 30 多年,直到 1566 年伊丽莎白任命他担任驻西班牙大使。虽然曼会说意大利语、法语和拉丁语,但作为在马德里的唯一新教大使(确实也是唯一“合法”的新教徒),他证明无法安然周旋在驻节西班牙宫廷的敌意重重的天主教外交同行中间。到 1567 年夏天,他发回国内的信函已记录了费里亚伯爵的敌意,这位伯爵先前是腓力派驻伦敦的使节,现在(阿尔瓦不在时)是腓力的首席英国事务幕僚,同时充当所有流亡到西班牙的英国天主教徒
155 的“自诩的保护者”。不久,一些流亡者证实,曼说过中伤天主教信仰的话,并且在一次晚宴上污辱了教皇(他将其称为“伪善的小和尚”)。也许是出于报复,曼的管家接到国王的命令,要他们停止在大使馆举行新教仪式,并参加天主教仪式。这违反了外交惯例(伦敦的天主教大使馆始终拥有做弥撒的权利,古兹曼·德·西尔瓦本人就是一名神父),但腓力坚持己见,并从 1568 年 3 月起拒不接见曼,甚至在曼还没有接到回国命令之前就将他逐出西班牙宫廷。国王虔诚地告诉教皇说,英国大使继续待下去可能冒犯上帝,“为他效劳,信守对他的神圣信仰,在我这里远比我自己的事务和行动优先,并且高于尘世的一切,甚至高于我自己的生命。”[22]

腓力挑选了一个不幸的时刻去做这一没有理由的忏悔姿态:曼蒙羞受辱的消息传到伦敦两周后,伊丽莎白得知玛丽·斯图亚特已在英格兰找到庇护所,那是在她逃出监狱并企图重掌苏格兰大权的努力失败之后。她的特工人员立即拘捕了这位苏格兰女王,并很快安排了一场“审判”。在其中,她的苏格兰敌人出示了她杀死她的第二任丈夫的证据,从而显然消除了(至少暂时如此)伊丽莎白的敌人企图将她推上英格兰王位的威胁。与此同时,法国又爆发一场内战,这就再度消除了未来两年干涉英国事务的危险。

更不明智的是,腓力起用脾气暴躁且缺乏经验的唐·格劳·德·斯佩斯,取代经验丰富且彬彬有礼的驻伦敦大使古兹曼·德·西尔瓦。诚然,腓力敦促他的新大使避开玛丽,并在接到苏格兰女王的紧急求助后,于 1568 年 9 月将此事转给审慎节制的阿尔瓦:“除非等到你告诉我你对她的事情有什么想法,还有你认为我应当用何种方式和在多大程度上援助她,我不会做出任何决定或回复她的亲笔信——我已附上该信的复件。”[23]然而,斯佩斯证明不能抵挡阴谋策划的诱惑:他竭力争取赢得玛丽的信任,使她与心怀不满的英国天主教徒接触,还鼓励他们推翻伊丽莎白的愿望;而且,他以同样大的劲头,力图夸大和利用英国的任何怠慢和看似损害西班牙利益的行为。事后来看,似乎至少对一位外交官来说,只要古兹曼继续留任,与伊丽莎白的和睦关系本可得到维持。[24]

与英国的“冷战”始于一些相对微小的问题。1568 年阿尔瓦公爵成功地打败了奥兰治的威廉(见原文第 122 页),但战役耗费了大量钱款,其中大多来自西班牙,其转移靠的是马德里的银行家开出、可在安特卫普兑现的支票。然而,鉴于数以百万计的达克特转手,大多数银行家需要以硬币方式转移其贷款资金的某个部分。1568 年 11 月,法国海盗追逐 5
艘载运一批此类现金的船只(由某些为国王效力的热那亚银行家从西班 156
牙运给其尼德兰代理人的),迫使这些船只寻求在英国港口避难。斯佩斯在伦敦,要求伊丽莎白保护这批珍贵的货物,办法是要么提供一支直接去安特卫普的护航舰队，要么允许它经陆路被运至多佛。女王同意，而鉴于海盗的威胁仍然存在，大部分贵金属被卸到岸上。然而，它留在岸上未被运送。运钞船刚在英国避难，立即就有消息传来，说在加勒比海的圣胡安港，普利茅斯的约翰·霍金斯指挥下的一支贸易船队遭到规模更大的西班牙部队袭击，并且大体上被摧毁。西班牙宣称有权垄断美洲的内外贸易，因而自动地将所有其他国家的人当作海盗（1565 至 1566 年，在佛罗里达的法国殖民地被摧毁，所有幸存者要么被处死，要么被监禁）；然而，伊丽莎白不能承认这一权利。尽管她向古兹曼郑重承诺她将尽其所能阻止霍金斯航行，但她正式地称他为舰队“将军”，甚至以投资形式，从她的海军拨出两艘战舰借给他。[25]伊丽莎白的宫廷和腓力的一样，存在持有不同的政策目标的若干派别，女王的某些幕僚主张一种更具进取性的新教政策——英国 1560 年对苏格兰的干涉和 1562 年对法国的干涉便是他们所为。现在，他们主张没收西班牙船上的贵金属，以便阻碍阿尔瓦对他们在尼德兰的宗教同仁作战，而对霍金斯（女王及其若干大臣在他那里投了资）的袭击为如此行事提供了声称报复的借口。尽管如此，这些事件被本可轻而易举地得到解决：一方面，这些钱（它们只是阿尔瓦的总预算中的一小部分）不属于西班牙而属于其银行家；另一方面，女王将不得不对她的军舰为何伴随霍金斯去加勒比海作出解释，虽然她做出过相反的保证。然而，差不多单枪匹马，斯佩斯就将一场危机转变成战争。12 月，他（错误地）断言伊丽莎白已经没收钱财，敦促阿尔瓦征用在尼德兰的所有英国财产以作报复；他还要求国王在西班牙做同样的事情。两人都迅速答应。女王得知后立即以牙还牙；她还将斯佩斯软禁起来。[26]

英国和西班牙之间的直接交往现在实际上告停。伊丽莎白最终召回了曼博士，但是没有派人接任，因而她在腓力的宫廷就缺乏声音去解释她的意图；斯佩斯处于拘禁之中，差不多与外隔绝达 6 个月。[27]这时，腓力做出了一个决定，使得距离造成的困难愈益严重：在他自己的外交联系不复存在的情况下，他决定让在布鲁塞尔的阿尔瓦公爵以及较小程度上他的驻法大使唐·弗朗西斯·德·阿拉瓦参与制定对英政策。这大大增加了做出决定并予以实施需要的时间。不仅如此,恰在此时一个新问题冒出来,转移了国王处理北方危机的注意力:格拉纳达的摩尔人在1568年圣诞节发动反叛,镇压他们的努力在差不多两年里拖住了一支大规模的军队,消耗了宝贵的资源。

尽管如此,1569年初腓力仍要求阿拉瓦弄清“是否碰巧女王想采取更疯狂的行动”,并且要求他向玛丽·斯图亚特保证,只要她依然是个坚定的天主教徒,“我就会将她当作亲妹妹似地对待,就像我们是同一个母亲的孩子,如此我将尽我所能帮助她和支援她”。他开始考虑——10年来第一次——如何以武力在英国恢复天主教崇拜,“因为在我看来,在我履行特殊责任去维持我本国的神圣信仰之后,我有义务尽最大努力恢复并保持它先前在英国的地位”。[28]1569年3月消息传来,说伊丽莎白还没收了葡萄牙的船只,向法国新教徒提供援助,并且就保卫新教与德国诸侯展开谈判,从而促使腓力产生了这样的想法,“因为倘若她意欲同时与我和法国决裂……那么显然上帝必定由于她的罪孽和不忠而允许如此,因而她必将完蛋。”与此同时,唐·格劳·德·斯佩斯在被囚之中,偷偷传出一个推翻伊丽莎白并用玛丽·斯图亚特取而代之的宏伟计划,为此他造出了一个术语——“英国大业”。[29] 157

阿尔瓦利用自己作为腓力的英国事务安全顾问的地位,以便创设他本人的对英外交联系。1569年初,他派克里斯托弗·达松勒维勒——一个已数次承担赴伦敦使命的尼德兰使节——去探明女王的真实意图,并尽其最大努力恢复和睦关系。达松勒维勒的情报和他建立的联系给国王留下了深刻的印象,以致一度他实际上将“英国问题”下放给了阿尔瓦,“因为你在现场”。他几乎完全未认识到,这位公爵从不认为用玛丽·斯图亚特取代伊丽莎白有什么道理,因而先是努力拖延,然后努力破坏国王旨在实现它的一切计划。布鲁塞尔与马德里之间的这一根本政策分歧也许是伊丽莎白在未来一系列危机期间的最大资产。[30]

在达松勒维勒回到布鲁塞尔以前许久,阿尔瓦就告诫国王对英开战是错误的:奥兰治新近的入侵已使尼德兰筋疲力尽,以致他的政府缺乏

“一场新战争必需的舰船和其他物资”，而且无论如何，他认为胡格诺叛乱者在法国的成功导致绝对必须以任何富余资源去帮助查理九世(1569年初，一支大规模的远征军离开尼德兰赴法作战)。因此，公爵建议国王应该给伊丽莎白写一封缓和信，询问她何以觉得受了委屈，如何才能恢复良好关系。国王立刻照办。[31]6 月中旬，阿尔瓦要求授权，让他本人接着推行这一和解路线，然而尽管腓力再次答应，但传递的延误使他的授权书晚到了 3 个月；而且，到它抵达时，其他人物已粉墨登场。1568 年 7 月，教皇庇护五世开始给腓力施压，要他入侵英国和恢复天主教。由于国王没
158 有表现出什么兴趣，翌年年初庇护赠送给阿尔瓦公爵一把金剑(宗教武士的象征)；这举动同样未产生效果，于是他在 1569 年 11 月发函，明确要求阿尔瓦入侵英国。到此时，腓力虽然没有响应教皇的号召，但也失去了对伊丽莎白的耐心，断定已到了“理智未果需用武力”的时候。他从三项事态发展得到了鼓励：英格兰北部天主教徒的一场反女王叛乱，对摩里斯科人反叛的成功遏制，还有法国王室对法国新教造反者的胜利(部分地归因于西班牙军事援助)：它们合起来，似乎为一种更积极的反英政策造就了有利形势。此外，国王认为在取回被“那个女人”抢夺的财宝一事上的长久拖延“已经开始影响我们的威望”。1569 年底腓力告诉阿尔瓦，他现在赞成给伊丽莎白的北部叛乱者送去资金，赞成鼓动爱尔兰天主教徒起来造反，赞成积极支持玛丽·斯图亚特对英国王位的要求权。然而，他又一次显然失之胆小：意识到自己是在远离事发之地舞弄笔墨，这位国王以矢口否认结束信函：“我提到所有这些，只是为了让你知道我们在此正想些什么，以便你以你的大审慎和对所有地区形势的了解，能够考虑什么将是最恰当的。”[32]

公爵的“大审慎”要求别样行事。尽管他和腓力一样，对女王拒不归还被没收的金钱，甚至拒绝讨论归还问题气恼不已，但他坚决拒绝一切公开决裂之议。到腓力的信件抵达时，他已对教皇的入侵英国邀请大大讽刺了一番：

这就是教皇陛下为上帝效劳的热忱和热情,而且他的意图如此神圣,以致我们或可正当地断定他是天堂之圣而非凡间之人,因为他将全部信心寄托于——像理所当然的那样寄托于——上帝。如果我们的罪过并未妨碍上帝的意愿,那就无人能够怀疑我们在无需考虑任何人间媒介的情况下可有万分的成功信心,要是我们以此方式承担任何此类事业的话。然而,由于世俗事务构成我们的那么一大部分,因而倘若我们可能也想使用人间媒介,教皇陛下就不应感到惊讶,因此让我尽可能简短地告诉您关于这些我想些什么……

公爵承认“假如英国人用来保护自身的只有他们自己的兵力,陛下征服英国就将易如反掌”;然而,一旦腓力开始进攻英国,法国和德意志诸侯当然会立即进攻腓力的领地。或许,公爵接着说,法国和西班牙可以联手入侵,然后瓜分那个王国;可是,这同样看来不切实际,因为战胜国将不可避免地就如何瓜分争吵不休(他再次援引该世纪早些时候那不勒斯的协议失败的瓜分)。而且,无论如何,阿尔瓦对用另一位将恢复天主教的统治者取代伊丽莎白不抱希望,因为很难找到某一对两位君主来说都能接受的人。[33]然而,讽刺和说理都未止住教皇:1570 年 2 月他在未与国王商 159
量的情况下将伊丽莎白革出教门,解除她的臣民的服从义务,一个月后将他的判决书副本送交阿尔瓦(同样没有告诉国王),连同旨在确保它在英国得到传播和采取措施推翻伊丽莎白的训令。[34]

至此,腓力已经完全失去耐心。1570 年 1 月,他怒气冲冲地提醒阿尔瓦:伊丽莎白不仅没收了他的银行家的财货,还没收了他的在英臣民的物品;她迎纳了反叛他的人(或许有 3 万名荷兰流亡者居住在英国,大多是新教徒,其中许多卷入了 1566 至 1568 年的造反);她断绝了一切贸易;她还批准攻击任何航行在英吉利海峡的西班牙船只。“相反,我们给她、她的王国以及她的臣民造成的损失小得极难计数……因此,人们可以正当地说她已经对我们宣战,但我们仍对她和平相待。”国王坚持认为,这一不对等的状况再也不能被允许继续下去了:必须找到一种方法伤害伊丽莎白，从而将她逼回和平共处轨道。他的这封信还包含了一种“救世”成分，也许是10年来第一次。腓力反复强调，他确信对上帝的效忠“要求”他干涉，以便解放苏格兰的天主教女王和恢复英格兰的天主教——尤其因为“上帝已经允准通过我的干涉和我的插手，那个王国先前已曾恢复过天主教”。这种对上帝要他兼并英国的信心使腓力准备丢弃谨慎，不顾一切，这在他统治期间也许是第一次，但肯定不是最后一次。他告诉阿尔瓦：

> 即使凡人的审慎提醒我们有诸多不便和困难，并使我们面对尘世的恐惧，但基督教的必然性和我们对上帝的事业必须大义凛然地怀抱的信心将扫除这一切，激励并强化我们去克服之。如果因为我失败，那位女王[玛丽]和那些天主教徒——或者更确切地说天主教信仰——受苦受难而她被毁损，那么我们肯定无法避免留有灵魂深处的强烈负疚感，连同巨大的遗憾。

国王简短地审议了若干旨在达到这些目的的可能的战略（轻易地忘记了阿尔瓦业已轻蔑地拒绝其中大多数）：靠他的各支兵力径直入侵；与法国人一起联合入侵；袭击爱尔兰（爱尔兰天主教徒的代表近来已抵达西班牙以取得支持）。如同往常，他征求阿尔瓦对这些计划的评价，但这一次他还命令阿尔瓦秘密地向英国天主教徒和玛丽·斯图亚特提供金钱、武器和弹药，并且派遣军事顾问帮助训练她的支持者。为便利实施，腓力附上了一份30万达克特的信用票函。[35]

阿尔瓦照旧完全不信这种精神讹诈和战略选择，他仿照两个月前给
160 教皇的答复，起草了一份详细的反驳条陈。他甚至采用同样大加嘲讽的语气对待腓力的救世主式帝国主义：“即使像陛下您非常有德和虔诚地提出的那样，主要手段必定来自上帝，但由于上帝一般通过他赋予人类的资源行使作用，因而看来也必须审视为贯彻您的心愿将需要哪些人类资源。”阿尔瓦开门见山地排除了直接入侵，不管有没有法国人襄助，理由

是代价巨大和国际形势麻烦;他还指出,尽管英国天主教徒乞求援助,但他们非常清楚地表明他们不想以外国军队为手段获得解放;最后他指出,英格兰北部天主教徒的造反已经“烟消云散”(正如他一向预料的那样,他自鸣得意地补充说)。公爵感到比较积极的是向伊丽莎白在爱尔兰的心怀不满的臣民提供财政支持(尤其因为那是某种“陛下您做起来比我强”的事情),对在英格兰的此类臣民也如此。因此,他建议在西班牙和尼德兰“动员和集结我们所能的一切,既有船只也有其他每项物资[以便未来入侵之用]——虽然以某种别的借口”,以免引得伊丽莎白惊觉。不用说,他期望为此目的的所有资金都来自西班牙。[36]

法国国王已开始与胡格诺教徒议和的消息暂时冷却了腓力的热情,因为内战的结束(预计8月结束)会让查理九世腾出手来援助伊丽莎白,如果西班牙进攻的话。此外,腓力的安达卢西亚之行(为随摩里斯科人叛乱之后恢复那里的信心)和土耳其入侵塞浦路斯的消息令他分心,不能充分关注别的事情。因此,腓力给伊丽莎白传去信息,说传统的英西友谊绝不会因为他那方面的过错而破裂;而且,他告诫斯佩斯停止其阴谋活动。他还将协调政策的主动权交还阿尔瓦,告诉斯佩斯“对英事务完全依靠佛兰德的那些人,阿尔瓦公爵正在大为审慎和深思熟虑地处理它们,以有益于我的利益,因而你要继续遵从他可能给你下的指令”。[37]

1570年9月,阿尔瓦集结的90艘舰船起航,目的地不是英国而是西班牙,护送腓力未来的妻子、他的侄女奥地利的安娜。虽然伊丽莎白担心出现最坏情况,在西班牙舰队通过英吉利海峡时出动了她的全部海军,但一切都以友善告终。公爵的温和似乎占了上风。尽管如此,腓力采取了两个重要步骤,使得敌对依然如故:他宣布他本人愿意援助爱尔兰的天主教徒,欢迎托马斯·斯塔克莱访问他的王宫,此人是一位盎格鲁—爱尔兰冒险家,正计划领导一场入侵行动,将英格兰人逐出他的家乡;他还批准了斯佩斯的一项建议,即他应当通过在伦敦的一名佛罗伦萨银行家与心怀不满的英格兰天主教徒和玛丽保持联系,这位银行家叫罗伯特·里多菲,得到教皇的信任,处理从罗马秘密送往英国的资金。对所有这些人来说不幸的是，里多菲——在英国的形形色色阴谋家赖以互相沟通的近乎唯一渠道——差不多肯定是个双重间谍，与伊丽莎白的大臣们分享他的所有的情报。[38]

161 腓力的第一个策略差不多立即产生了绝佳的效果：1571 年初，伊丽莎白向西班牙派出一名特使，敦促国王不要支持她的爱尔兰叛乱者，询问她是否可以派遣一名新大使，并且宣布她愿意就所有重大问题进行谈判。[39]然而，国王未将斯塔克莱用作一个讨价还价的筹码，而是决定支持推翻伊丽莎白以利苏格兰女王玛丽的计划。“里多菲阴谋”的充分真相大概永远无法为人所知，因为太多的重要文件业已丢失，很大部分留存下来的信息是靠严刑拷打（或严刑拷问的威胁）逼出来的。似乎有两个各不相同（确实自相矛盾）的计划得到了讨论。根据玛丽驻英国宫廷大使后来的证词，苏格兰女王会被秘密地带出监狱，然后被送到海边，那里一支由同情玛丽的英国人操作并由约翰·霍金斯——两年前在圣胡安岛遭遇袭击并几乎被杀死的那个人——率领的舰队将“护送”她前往西班牙境内的安全之地。她可能会嫁给腓力的弟弟奥地利的唐·约翰，她那个年幼的儿子詹姆士将会与腓力的女儿伊萨伯拉成婚。伊丽莎白后来宣称，她可以容忍如此（据伯利勋爵说，“女王认为试图让她[玛丽]自由的那些做法不构成遭到冒犯的正当理由”）；使她大为惊骇的是玛丽也想将她赶下王位的明证。[40]

1571 年 3 月，里多菲带着他的许多接触者的“指示、委托和信件”离开英国，在拜访了阿尔瓦和教皇之后，于 6 月底到达西班牙，受到了国王、费里亚和其他许多大臣的接见。7 月，国务议事会讨论了英国问题，一致同意费里亚的提议，即应在当年秋天她经伦敦六郡作年度巡游时俘获或杀死伊丽莎白。他们预计，这将引发一场英国天主教徒大起义，由玛丽未来的丈夫诺福克公爵领导。它转过来又将成为阿尔瓦据此派出一支舰队的信号，梅迪纳塞利公爵麾下一支已在桑坦德待命（见原文第 130 - 131 页）的小舰队将予以增援，护送从佛兰德大军抽调的 6,000 人部队跨海去英国援助诺福克。将专门为组建这支特遣部队给阿尔瓦送去 20 万达克特。一周后,在详细考虑了各项建议并与里多菲进一步商讨后,腓力写信将计划告诉了阿尔瓦。[41]然而一个月后,国王作出了几个重要的修改:首先,费里亚与约翰·霍金斯的代表签署一份契约,约定当时在普利茅斯的由16艘舰船组成的霍金斯小舰队将在9月驶往尼德兰,帮助运送阿尔瓦的军队过海;其次,国王将计划中的远征军增至10,000人,并且指定埃塞克斯郡的哈里奇为登陆区域;[42]第三,他授权阿尔瓦向苏格兰送钱,以帮助玛丽的支持者在那里造就牵制行动(虽然腓力禁止他派遣军队,“以避免与英国女王的公开战争”);最后,他允许斯塔克莱领导在爱尔兰的牵制性袭击。[43]

这些改变导致计划复杂到了危险地步,而全部启动仍系于诺福克和 162
一伙暗杀者:在后者杀死女王、诺福克率领其支持者揭竿而起之前,在普利茅斯、桑坦德和泽兰的舰队不可能一齐出动,更不用说着手载运阿尔瓦的部队了。然而,除里多菲传发的文件外,不存在任何可靠的证据表明诺福克(一名新教徒而非天主教徒!)想要领导一场反对伊丽莎白的起义,或者表明假如他这么做,有任何重要的英国天主教群体会追随他。在这些问题的严重性引起他的注意后,腓力又一次调整计划。1571年8月,他通知阿尔瓦:即使暗杀伊丽莎白的行动没有发生,或者发生但未遂,他仍必须入侵英国。意识到公爵大概会强烈反对之(正如他一向强烈反对其他每项对伊丽莎白使用武力的提议那样),腓力再次回到救世主式帝国主义:

> 无人能够否认这项冒险涉及许多巨大的困难,而且倘若出错我们就会惹起相当大的麻烦(正如你[在最近的信中]谨慎地指出的)……尽管如此,我仍渴望完成这项大业,同时我那么完全地相信它被奉献去为之效劳的我主上帝(因为我在这方面全无个人野心)将引导和指导它,而且我认为上帝赋予我做此的使命那么明确无疑,以致我极其决绝地要推进和参与这项事业,尽我在尘世所能的一切去促进和参预。

此等豪言壮语未能打动阿尔瓦。在收到国王的信件后，他文雅但坚定地答道现阶段发动一场入侵全无可能，因为“正如我已告诉陛下的，我还未开始做任何准备”；此外，他还宣称不愿让自己的军队去英国冒险，除非他们有保障能得到当地人的大力支持。

马德里与布鲁塞尔之间不同的议程现在充分地表现出来。作为低地国家的总督，阿尔瓦真诚地希望与伊丽莎白达成协议，而不想公然打仗；因此，他甚至规劝国王在英国天主教徒揭竿而起以前不要出兵爱尔兰，理由是“一旦那种情况发生，爱尔兰就会自行崩溃”。无可奈何之下，腓力再次打出救世牌：9 月 14 日，他再次敦促阿尔瓦发动入侵，即使诺福克已被逮捕，即使霍金斯未能履约，因为“我如此渴望完成这项事业，我内心如此依恋它，而且我如此深信我们的救世主上帝必定将它认作他自己的事业，以致我无法被劝阻。我也无法接受或相信相反的情况。”[44]

腓力和阿尔瓦都不知道，这个计划根本全无成功机会。因为里多菲（不管是否自愿）和霍金斯（有意）提供的情报，到 1571 年 9 月 5 日，伊丽莎白的大臣们已经掌握了足够的犯罪证据去逮捕诺福克，并且下令对玛丽实施更严密的看管，禁止她和任何人讲话。那天深夜，伯利勋爵写了一
163 封信发给玛丽的看管，“十万火急”地指示他就其越狱并逃往西班牙的计划“与苏格兰女王作深入的谈话”，并且“激使她回答”关于“她在本王国［英格兰］发动一场新叛乱并有西班牙国王援助的努力和计划”。随后对密谋人员的审讯很快弄清了大部分不为人知的详情。[45]最后，伊丽莎白处死诺福克，将玛丽置于更严格的监管之下（她几乎没有惩罚其他任何人，因为如阿尔瓦一向声称的那样，实际上没有证据表明英国南部的天主教徒怀有任何改变其忠诚的意愿）。里多菲倒是明智，再也没有越过英吉利海峡，并在为他本邦佛罗伦萨履行了各种外交使命后，于 1612 年去世。斯塔克莱动身前往勒班陀作战，然后取道去了罗马，为他的爱尔兰计划寻找别的支持者。[46]

这样，推翻英国都铎王朝的又一个重大机会烟消云散。诚然，摩里斯科人的反叛牵制了腓力的部分资源，然而阿尔瓦在整个这一时期里始终

统帅一支胜利的大军,而且直到安娜王后扬帆前往西班牙为止,他还拥有一支可敬畏的舰队。法国依然因内战而分裂,从而在1570年夏季以前无力干预。假如在1569年末迅速援助英国北部的天主教起义,或差不多在任何时候适中地支持爱尔兰天主教徒,那本将使伊丽莎白处于近乎无法承受的压力之下,以迫使她经谈判结束贸易战,或许还保证未来行为良好。然而,就像1559至1560年间那样,腓力在西班牙的相对孤立和他对英国事务的不足把握——此次还因他在布鲁塞尔的被信任的副手自行实施分立的议程而加剧——使他不能利用伊丽莎白的弱点。相反,沉溺于自己的宗教狂热,并且误以为自己能“就该王国、就它的事务和人民拿出优于任何其他人的信息和主意”(见原文第151页),他遂将所有希望都寄托在这么一个宏伟的计划上:它简直全无成功机会,却仍有效疏远了伊丽莎白宫廷里他的极少数支持者,并使之声誉扫地。

里多菲阴谋是英西关系的一个转折点。就短期而言,伊丽莎白急忙消减与法国的分歧,于1572年4月签订防御同盟,约定倘若英国遭到另一国攻击,法国将予以援助。就长期而言,伊丽莎白从未再度信任西班牙与其君主。她开始花费重金改善本国的防务,公开欢迎和援助腓力的反叛者,无论是在尼德兰,还是在美洲或(1580年西班牙兼并后的)葡萄牙。她还容忍、有时直接支持针对西班牙利益的海盗行为:1572至1577年,不下11次英国大规模远征舰队驶往加勒比地区,掠夺西班牙财产,杀死或勒索西班牙臣民。最后在1577年,她提供资源,使弗朗西斯·德雷克能够经合恩角航行至东印度群岛,以便开辟一条通往“香料群岛”的直接航路。德雷克的“著名航程”最终成了一次环球航行,前后历经3年,随 164
其船队沿南美海岸上行并证明太平洋不再是一个“西班牙内湖”,给西班牙的货物和船只造成了广泛的威胁。[47]

阿尔瓦公爵认识到,里多菲阴谋已使英国从中立的旁观者转变成公开的敌人,但他“认为女王颇有理由做她已经和正在做的”去反对西班牙,因而敦促腓力满足伊丽莎白提出的恢复和平的一切条件。起初,国王不肯答应。1574 年初，他要求新任尼德兰总督唐·卢伊斯·德·雷克森斯评估一场新的入侵的可行性，下令勘查爱尔兰南部海岸，并且显然琢磨一个想法，即从在桑坦德集结以重新征服尼德兰的舰队中拨出一部分，派去夺取一个爱尔兰港口。然而，是年晚些时候，他听从了阿尔瓦的劝告，与英国就所有重大分歧达成一项全面解决。[48]确实，为试图恢复和睦关系，腓力做出了超过伊丽莎白所要的让步：她只要求将那些她从英国流放出去的人逐出尼德兰，腓力却下令驱逐所有英国天主教徒，甚至颁令关闭在杜埃的英国神学院。翌年他得到了"回报"：当风暴迫使 50 艘给佛兰德大军载去西班牙部队的船只在英格兰港口躲避时，它们受到了有礼貌的接待，而且伊丽莎白暂时减少了对荷兰人的支持。[49]

事实上，腓力几乎别无选择：在地中海和 1572 年以后也在尼德兰（计划中入侵英国的跳板）的战争消耗了巨量金钱（见原书第 135 页图表）。正如教廷国务秘书所说，"在国王陛下不得不为对土耳其人的战役支付账单时，我看不出他怎样才能［为英国大业］承担必需的开支。"他认为，只要地中海的战争还在继续，腓力就既没有时间也没有金钱去攻打英国。[50]然而，1572 年继承庇护五世的教皇格雷戈里八世与其前任一样，意在使英国重回天主教会怀抱，断定腓力即使不再能单干，至少还能支持其他人的反伊丽莎白图谋。1557 年初，他授权在西班牙的教皇使节、50 年代期间与腓力一起致力恢复英国天主教的尼古拉斯·奥尔马内托，要他说服腓力派遣奥地利的唐·约翰前往尼德兰，使命为入侵英国，使之重回天主教，或者（该使命失败的话）为教皇主持下对爱尔兰的一场袭击提供支持。[51]让奥尔马内托高兴的是，国王再次就发动入侵试探性地询问了在尼德兰的司令官，同时宣布他愿意资助和运送一支 2,000 人的教廷兵力前往爱尔兰。[52]

1575 年是个天主教传统上的大赦年，就此许多英国天主教流亡者去了罗马。翌年初，其中两位领袖威廉·艾伦和弗朗西斯·英格尔菲尔德向教皇提交请愿，说如果派遣托马斯·斯塔克莱（当时也在罗马）指挥的
165 约 5,000 名滑膛枪兵从意大利直接去利物浦，就能易如反掌地为天主教

夺回英国。他们论辩这将激起英国天主教徒(在兰开夏郡特别多)大起义,使得远征军能够将玛丽·斯图亚特从囚禁中解放出来,宣告她为英国女王。然后,她将嫁给腓力提名的一个配偶。教皇立即批准了这个大胆的计划,它再次被命名为“英国大业”;它还得到了西班牙驻教廷大使唐·胡安·德·苏尼加的热烈赞同,被欢呼为一项好交易,因为腓力只需提供10万达克特津贴,外加他的祝福。[53]国王原则上对此计划表达了很大热情,甚至将所要津贴的一半发送给了苏尼加,但他不久便声称,要当年在冬季使得航行变得太危险以前发动入侵已为时过晚,而且以任何方式分散他的资源(那在1575年9月国家财政破产后严重拮据)都会危及地中海防务。

然而,教皇坚执己见,于1576年8月再次要求腓力发动入侵。国王起初依然谨慎:“没有谁比我更渴望将此事付诸实施,但何时并如何行事取决于佛兰德的事态发展,取决于其他许多考虑”,他写道。4个月后,他批准了新任尼德兰总督奥地利的唐·约翰制订的计划,即若出现机会,翌年入侵英国。然而,该计划同样夭折了。到唐·约翰于1576年11月抵达低地国家时,那里的整个皇家军队要么已发生兵变,要么开小差,以致他既无权威又无资源去实施任何大业。[54]他和国王一度琢磨一个想法,即经海路将在尼德兰的西班牙老兵运回西班牙,途中突然袭击某个英国港口,教皇则热烈地赞成这一做法。然而1577年初,消息传来,说一支土耳其大舰队可能在那年夏天西进,国王遂命令老兵改道经陆路返回去意大利,以协防地中海地区。[55]教皇不得已,只能退而依靠为实施“大业”而在意大利集结的军队:斯塔克莱指挥下的600人在1577年2月离开埃尔科勒港,不久后到达里斯本。

唐·约翰和格雷戈里八世继续连番呼吁腓力坚持入侵英国,另一些大臣也随声附和——据西班牙驻巴黎大使说“英国是万恶之源”,但他们的呼吁只是促使伊丽莎白警觉正在针对她的阴谋,因为在此问题上的某些关键信件被截获并被破译。正如苏尼加哀叹的:“最糟糕的是女王现在知道了我们策划的事,并且感到愤怒,就像此事已经发生一样。”[56]到头来,斯塔克莱和他的属下等得厌烦了,遂于1578年参加了葡萄牙的塞巴斯蒂安旨在征服摩洛哥的“讨伐”,在阿勒卡扎基维尔战役中,他们大多像塞巴斯蒂安一样命丧疆场。只有少数幸存者辗转回到伊比利亚半岛,翌年腓力勉强允许他们从那里乘船去斯麦威克,克里郡的一个大而遥远
166 的自然港,那里他们在一个俯瞰海湾的被称为“黄金城堡”的海岬上修建了防御工事,呼吁欧洲天主教予以增助。[57]

这样,腓力虽然试图从西班牙操作一场与教廷联手的复杂的反伊丽莎白行动,但它证明并不比他早先的“单干”努力更为成功。80年代里还将重演的混乱、猜疑和延宕导致每项打算都付之东流。严重的结构性障碍反复挫败了马德里与罗马之间详细的战略规划:足够迅速地协调一场行动以便在同一年内付诸实施困难重重,但若费时较长又会有泄密危险;就有待遵循的最佳战略争执不休,在谁能确定下一个英国统治者的问题上也是如此;[58]国王和教皇两人都喜欢改变自己的主意,还有自己的计划,同时不与对方磋商;[59]禁不住不发业经许诺的资金,为的是迫使对方接受这些改变。[60]所有这些在10年之后都将重演。在规划无敌舰队战役期间,1575至1579年的浮言虚辞和战略目标还会重现:这次使用的修饰辞藻(例如“英国大业”和“首要事务”)再度出现;与此同时,以玛丽·斯图亚特取代伊丽莎白·都铎的意愿,还有“直到英国被征服为止陛下将永无安宁”的论点,都依旧是西班牙宫廷的不变信条。[61]

尽管如此,腓力仍然不肯进而承诺推翻伊丽莎白:正如他不断提醒教皇的那样,他已将自己的资源完全投在别处。诚然,在1577年,他设法从地中海战争中脱出身来,使他得以大大削减他在那里的防务力量;可是他利用这个好处将资金和部队送往尼德兰,从而能够恢复对荷兰反叛者的战争。[62]翌年,塞巴斯蒂安在阿勒卡扎基维尔战死,使得腓力成为葡萄牙帝国的最近的男性继承人,并将西班牙王室的传统优先事项一下子提到了最前列。一位王室神父弗雷·埃尔南多·德尔·卡斯蒂洛写下如此激动的文字:

> 将葡萄牙和卡斯提尔两王国合二为一,将使陛下您成为世界上最伟大的国王……因为,如果说罗马人仅靠统治地中海而能够统治世界,那么统治围绕全世界的大西洋和太平洋的人又如何?

腓力及其大多数廷臣都将伊比利亚半岛的统一视为西班牙实现全球统治途中的一个关键步骤。按照一位国务大臣的看法,得到葡萄牙“将是迫使尼德兰臣服的主要、最有效和决定性的工具和政策”,也是控制英国的一个有益手段。正如埃尔南多·德尔·卡斯蒂洛简明扼要地说的:“获得或丧失(葡萄牙)将意味着获得或丧失全世界。”[63]

腓力显然注意到了。里斯本适才易手,他便决意寻求报复德雷克在太平洋的劫掠和伊丽莎白对荷兰人的襄助,途径是向在爱尔兰的教皇部 167
队发送援助。1580 年 9 月,与阿尔瓦公爵(他像往常一样强烈地反对这次冒险)商量之后,腓力授权胡安·马丁内斯·德·里卡尔德护送 800 名西班牙和意大利志愿者到斯麦威克。然而不幸的是,里卡尔德离开后不久,伊丽莎白的陆海军兵力就包围了“黄金城堡”,虽然里面的部队以其性命将被保全的承诺为交换缴械投降,但英国人立即冷酷无情地将他们屠杀殆尽,幸存者仅 23 人。[64]

他们的国王置身于获自葡萄牙及其海外帝国的财富和资源,对他们的死伤几无感觉。最重要的是,他得到了葡萄牙王室在 70 年代为保护海上贸易建造的 10 艘扬帆大战舰,连同作为其基地的巨大的天然军港里斯本。现在,除了当时拥有不足 20 艘战舰(其中一些非常陈旧)的英国海军外,腓力拥有西方世界最好的作战舰队,其优良品质很快就表现出来。亚速尔群岛中的大多数海岛拒绝承认西班牙的继承权,却拥护塞巴斯蒂安的一个私生表亲、克拉托的修道院院长多姆·安东尼奥的王位要求;但在 1582 年,一支 60 艘舰船组成的远征军由皇家扬帆大战舰带领,在足智多谋且经验丰富的圣克鲁斯侯爵指挥下从里斯本出发,在圣米格尔岛外的一场战役中摧毁了安东尼奥的更大舰队(在法国筹组,包含某些英国和荷兰舰船)。现在,只有特尔赛拉岛坚守不克,上有葡萄牙、法国和英国部队驻防;1583 年,一支规模更大的、由 98 艘舰船和 15,000 多人组成的无敌舰队(仍由圣克鲁斯指挥)进行了一场娴熟的联合作战,收复了该岛。[65]

对圣克鲁斯侯爵获胜的狂喜达到了如此程度,以致一些西班牙人说"即使基督在天堂也不再安全,因为侯爵可能到那里去将他带回,然后把他再次钉在十字架上",与此同时红衣主教格伦维尔极力主张现在时候已到,应当开始从事另一些会推进上帝事业的计划——"因为在做上帝的事情时我们也是在做自己的事情"。[66]庆祝并非止于口头大话。不久,一幅壁画赫然见于埃斯科里亚尔宫战役大厅的一面墙,那描绘圣克鲁斯在圣米格尔岛外的大捷;为纪念两个世界性大帝国合并铸了一种专门勋章,上刻铭文"世界不足我欲"(见上文插图 2);有一种纪念 1583 年特尔赛拉岛战役的碗(在 5 年后一艘沉没于爱尔兰附近的西班牙无敌舰队舰只的残骸中找到),以新标志显示西班牙的战争庇护神。圣詹姆士仍然骑着战马,持剑的臂膀高高举起向敌人砍去;但是,这些敌人不再是胆怯的异教徒,而是大洋的汹涌浪涛,正与试图藏身其中的人间敌人一起被西班牙征服(插图 23)。[67]这欣喜若狂的情绪甚至影响了圣克鲁斯,他被自己的胜利也冲昏了头脑,于 1583 年 8 月给国王写道:

> 上帝欣然赐予陛下您在这个[亚速尔]群岛如此彻底的胜利,这
> 168 类胜利通常激励君主去干别的事业;既然上帝已使陛下您成为一位
> 如此伟大的国王,您就应当胜而又胜,为此您应当做出下一年入侵英
> 国的安排。[68]

与此同时在苏格兰,一群天主教徒在伦诺克斯公爵(年方十六的詹姆士六世的宠臣)带领下,于 1582 年制订了一个恢复天主教的计划,并向在尼德兰、法国、意大利和西班牙的国外天主教同仁求援。到头来,一个新教小帮派在那年末抓住了詹姆士,伦诺克斯失去了影响。[69]然而,大陆
169 的天主教领袖们并未放弃:1583 年夏天,教皇使节与西班牙驻法大使、吉

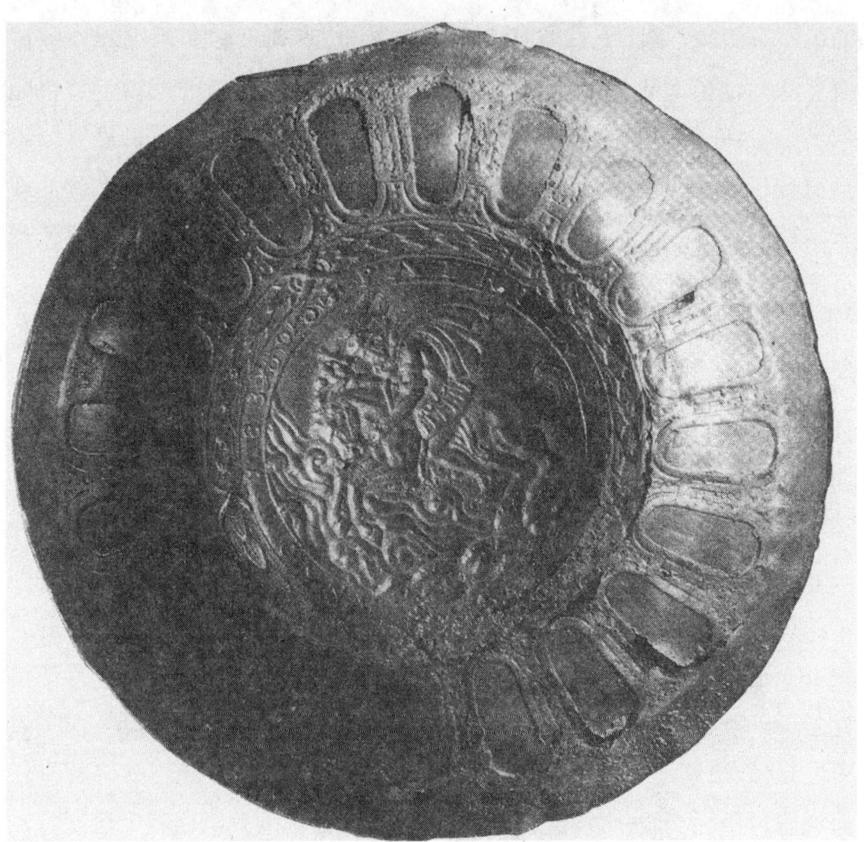

插图 23 “特尔赛拉碗”。无敌舰队舰只“特立尼达·瓦伦塞拉”号上的一名军官带着早先一场战役的纪念品，该战役为 1583 年由圣克鲁斯侯爵领导的成功的合成作战，夺得亚速尔群岛内的特尔赛拉岛。碗底显示圣詹姆士——“摩尔人屠戮者”和西班牙庇护神——降服汹涌的大洋浪涛，还有一句相称的拉丁铭文。到头来，这碗随着战舰沉没于爱尔兰北部金纳戈湾附近，直到差不多四个世纪后被发掘出来。

斯公爵(法国天主教领袖)和一些英国流亡者在巴黎多次会晤，以策划入侵苏格兰南部或英格兰北部。8 月间，格雷戈里八世提出为此冒险捐资 40 万达克特，并且派遣特使去马德里获取腓力的支持。[70]

国王依然像以往一样，不乐意在一场与法国人的联合冒险中合作。不过，他确实委派人对英国海岸绘制地图并作勘查；他还下令仔细研究先前入侵英国的企图（上自罗马人和撒克逊人，下到里多菲阴谋和斯麦威克登陆）；他还询问圣克鲁斯和1578年唐·约翰去世后的尼德兰总督帕尔马亲王，问他们能否从其麾下兵力给入侵提供支持。[71]帕尔马显得颇不情愿，但圣克鲁斯及其随员很快拿出了一套方案，主张排除兵临利物浦或米尔福港之类位于遥远地区（虽是天主教地区）的港口，而是在离伦敦尽可能近的地方以压倒性优势兵力登陆。[72]

然而，1583年10月腓力又一次改变主意，退身而出。他委婉地说："今年的季节至今度过了那么久，以致排除了我们可能有过的任何其他计划。"他决定将赢得特尔赛拉岛战役的老兵们经意大利派往尼德兰，而非令其保持有备状态以便在英国登陆。[73]然而，教皇和吉斯公爵不改初衷。11月，现为国王对外事务首席幕僚的唐·胡安·德·苏尼加收到西班牙驻罗马大使的一封胆怯谨慎的书信，其中包含一个消息，即"教皇陛下建议国王陛下迎娶苏格兰女王，说以此方式他能再次成为英国国王。"他补充道——这无疑仅供苏尼加一人知道——"教皇明确地要我写信将此告诉陛下，但出于尴尬，我决定通过您来做这件事。"无可避免，国王看了这封信，潦草地批注道："我在被告知应当做什么的时候，不感到有任何尴尬；可是我确实觉得这件事不合适，尤其是因为我明白我无法履行治理该王国（英国）或启程前往那里的义务，鉴于我有那么多别的责任，以致不可能履行哪怕是我会盼望履行的那些责任。"[74]与他25年前想娶伊丽莎白相比，国王此时看来并不更加急于想娶玛丽·斯图亚特。然而，他确实赞同他的驻伦敦大使唐·贝尔纳迪诺·德·门多萨给一个新阴谋（由弗朗西斯·特罗克莫顿策划）提供的支持，该阴谋旨在消灭伊丽莎白，以玛丽·斯图亚特取而代之，后者随即将嫁给一位亲西班牙的天主教君主。

整个1580年代，腓力的注意力和资源愈益集中在西北欧事态上。1581年，荷兰反叛者宣布废黜腓力，选出阿朗松（后来的安茹）公爵、法王亨利三世的弟弟和假定继承人弗朗西斯·埃居勒为其主权统治者，封号

“尼德兰君主和统治者”。他不久就带着一支强大的法国军队和大笔法 170
国黄金来到低地国家,并且宣布了他与伊丽莎白·都铎的婚约。与此同时,他的一些荷兰支持者将战略飞地康布雷——先前归腓力管辖的一个帝国封地——交给法国控制。[75]1582年,另一支法国远征军进入尼德兰以支援安茹公爵和荷兰人,多姆·安东尼奥的追随者则从亨利三世得到允许,去组建一支陆海军守卫亚速尔群岛。

这些公认的大力进取震惊和冒犯了腓力,他决定报复,途径是煽动亨利三世的心怀不满的臣民。他已与好斗的天主教吉斯公爵进行了接触(在1578年就有金钱转让,他们还在1583年讨论了对英联合入侵),但现在津贴变得更经常,更大量,腓力还允诺在亨利死后承担保护职责以抗法国新教徒。[76]不久后,腓力又向胡格诺教派领袖纳瓦尔的亨利建议结盟,提出支付一笔津贴,甚至迎娶了亨利的妹妹卡特琳娜,以交换纳瓦尔恢复天主教信仰和对亨利三世宣战。[77]最后,他赞同自行其是的蒙莫朗西公爵,支持其在法国西南部建立一个独立的权力基地的努力,于1583年9月与之签署了一项军事互助条约草案。[78]与此同时,在帕尔马能干的领导下,腓力在尼德兰的部队也开始取得壮观的进展:1583年它们夺回了弗莱芒海岸的关键性港口敦刻尔克和纽波特,1584年又收复了内地重要城市布鲁日和根特。同年,安茹公爵和奥兰治的威廉先后去世,帕尔马大胆地决定围攻北欧最大城市、号称人口10万的安特卫普。

为了支持这些各种不同的努力,国王开始表现出较大的财政远见。1582年春,他命令财政官员为接下来两年准备一份帝国预算,以便确保给政府的各项行动提供更稳定和更可预测的资金源流。1583年夏天,他下令再次做预算。[79]1584年,国王决定将200万达克特现金——“面值八”银币与金币各半——从巴塞罗那运到米兰,在那里构成一个战略储备,既为帕尔马重新征服佛兰德和布拉邦特提供资金,又为法国天主教徒提供津贴。而且,在差不多两年时间里,每4个月就有60万达克特资金准时由陆路护送运至尼德兰,比这还多的资金则定期用船运到法国。然而,更多的钱显然存放在马德里王宫内的结实的箱柜里。[80]

西班牙在亚速尔群岛、尼德兰和法国的接连成功令伊丽莎白震惊。她的某些枢机大臣，包括莱斯特伯爵（她的宠幸）和弗朗西斯·沃尔辛厄姆爵士（她的国务秘书），长期以来一直认为与西班牙的战争迟早必定爆发，因而主张英国在腓力能集中其资源以前发动一场先发制人的打击。1581年（斯麦威克事件过后一年），一伙廷臣和其他人筹措资金，以组建一支海上远征军去支持暂时在英国避难的多姆·安东尼奥；弗朗西斯·德雷克新近从环球航行回国，自荐率领它前往亚速尔群岛。然而，一旦门
171 多萨在8月里威胁说西班牙将视公然援助“葡萄牙王位觊觎者”为宣战理由，冷静人士便占了上风，伊丽莎白命令舰船、军械、人员和装储食物予以“解散”。“所有带葡萄牙徽号的旗帜等等”被卖给迅速移居法国的多姆·安东尼奥。[81]

尽管如此，某些为远征而被集结的英国舰船仍以民间身份参加了多姆·安东尼奥的不成功的亚速尔冒险，另一些则于1582年进行了爱德华·芬顿率领下多灾多难的航行，使命是在摩鹿加建立一个英国贸易基地（依据多姆·安东尼奥的许可状）并向国内运回大量香料。这次冒险没有成功。芬顿的首席领航员托马斯·胡德喜好非正统的航行方法：“我对他们的宇宙学统统不屑一顾”，他吹嘘道，“因为我比世界上所有宇宙学家都懂得多。”不足惊奇，他未将他的小小舰队带到摩鹿加，而是先带到非洲，然后到普拉特河，在那里当船员们喝醉时一支西班牙分舰队围拢过来。所受的损伤证明如此严重，以致大部分船只不得不返回国内，但有一艘驶到了巴西海岸，船上的人上岸后遇到土著居民，后者（据传言）奴役了其中最强壮的，其余人则被吃掉。[82]

与此同时在英国，门多萨之卷入特罗克莫顿阴谋导致他1584年初被驱逐出境，因为“从事了与其外交身份不符的活动”（即图谋杀害女王），同时导致伊丽莎白宫廷中“战争派”的压力较大，该派要求采取更公开的反腓力行动。1584年6月安茹之死进一步增强了他们的论据，因为这位公爵虽然无能和缺乏吸引力，但履行了两项重要的政治功能。首先，作为“尼德兰君主和统治者”，他扮演的角色实际上保证了法国对荷兰人的支

持;现在,他的去世损害了这一支持,在奥兰治的威廉7月间遇刺身亡后尤其如此。安茹的母亲凯瑟琳·德·美第奇预言,没有这两位领导人,西班牙国王将迅速完成对低地国家的重新征服,“那以后……他不会不攻打本王国[法国]和英国”。[83]第二,安茹位居其无后嗣之兄——亨利三世的假定继承人地位,而由于法国的继承法将法国王位继承限于君主最近的男性亲属,因此他的去世使新教徒纳瓦尔的亨利成了新的假定继承人。

在西班牙,安茹之死既引起喜悦,也带来忧虑。在尼德兰,它拔掉了帕尔马的一根刺,使他能够集中围攻安特卫普,而不担心再遭法国“背后一刀”。1585年2月,他的工兵在安特卫普下面的施凯尔特河上建造了一座筑有工事的大型桥梁,以便阻止增援抵达。然而,纳瓦尔继承法国王位的前景唤起了一个幽灵,那就是在巴黎将产生一个公然敌对的政权,它可能在所有领域挑战腓力的权威。国王一听到安茹身亡的消息,便责成唐·胡安·德·苏尼加制订最佳政策以防止这一情况。一周内就有几份 172
中肯切题的分析文件送回西班牙,它们全都从如下前提出发:“陛下您肩负责任,要确保没有任何异端继承[法国王位],既因为您始终有义务保卫和庇护天主教徒,也因为任何异端必定是陛下的敌人。”苏尼加设想了达到这一目的的三个办法:公开的军事干涉;与亨利三世结盟;或与法国天主教徒秘密结盟。由于宣战会耗费极其巨大,而且亨利已表明他自己“至今意志薄弱,立场不稳”,因而苏尼加建议采取第三个办法,即与法国天主教徒结盟。与此同时,他指出如果亨利无嗣而终,那么天主教徒方面并无可信的王位候选人,因而他主张在腓力的年轻女儿中间让萨伏依公爵迎娶其一,因为她们是法王亨利二世现在活着的最年长的孙女,从而拥有潜在的王位要求权:嫁给有权有势、雄心勃勃的萨伏依公爵,公主就将找到一位心甘情愿的维护者。国王完全同意:他立即向法国天主教领袖、吉斯家的亨利提议结盟,而且翌年萨伏依公爵娶了腓力的女儿卡塔利娜。[84]

吉斯也认为一个信奉新教的国王完全不可接受,他创建了一个准军事组织“天主教联盟”,致力于确保天主教徒继承王位。亨利三世与荷兰人谈判法国继续支持其反腓力斗争之际，西班牙特使开始与吉斯谈判结成更紧密的同盟问题。为帮助天主教联盟军队作好准备而提供资金，一旦内战爆发就提供军事援助：这些表示臻至 1584 年 12 月 31 日在吉斯位于茹安维尔的宫殿里签署一项条约，它保障这双重目标。作为回报，联盟领袖承诺尽力促进西班牙在欧洲其他地方的图谋。[85]腓力差不多立即开始获利：1585 年 3 月，亨利三世不仅拒绝了一项要他继承安茹在尼德兰的衣钵的邀请，还与吉斯签订了一份正式协议（《奈穆尔条约》），将若干重要城镇让给天主教联盟控制，并承诺致力铲除新教。[86]

西班牙的这新一轮成功大大加剧了伊丽莎白的孤立感。1584 年 10 月，她的枢密院对尼德兰局势进行了一次重大审视，断定在安茹和奥兰治死后，若无外援，造反者看来前景无望。枢密院几乎一致敦促女王干涉。[87]然而，女王仍然犹豫不决，希望亨利三世会承担起安茹的义务；不过她承认，如果全无来自其他方面的支持，英国将不得不提供援助。[88]因此，一迄 1585 年 3 月亨利表示自己不会帮助荷兰人和茹安维尔条约的消息抵达，英国大臣便开始与荷兰共和国派遣的特使谈判组建正式同盟问题。[89]

尽管渴望尽可能久地推迟给腓力的造反者公开支持，担心（正如门多萨业已威胁的那样）它会激起与西班牙的全面战争，但在 1584 年 8 月伊丽莎白还是批准对西班牙海外利益发动又一次半私人性质的海上袭
173 击，建立一个“将不时发放”的特别基金，听命于伯利、沃尔辛厄姆和海军上将霍华德勋爵组成的一个委员会。钱款送到了弗朗西斯·德雷克爵士手里，他到 1584 年 11 月底已集结了一支舰队，由 15 艘舰船（其中两艘是女王的战舰）、20 艘舰载艇和 1,600 人（其中 500 人为军人）组成，准备远征东印度群岛。总开支被估计为 4 万英镑（约 16 万达克特），其中女王答应以现金和舰船方式支付近乎一半。[90]然而 9 月，伊丽莎白改变主意，中止了该计划——虽然她准许一支小规模的殖民远征队驶往美洲（一个脆弱的定居地短暂地在北卡罗来纳的罗阿诺克扎下根来），而且德雷克继续保持其兵力待命。[91]1585 年 4 月，作为支持荷兰人的一个姿态，她中

止了英国与西属尼德兰的一切贸易。

与此同时,对安特卫普的围攻仍在继续。在马德里,腓力及其大臣希望夺得该城或可导致荷兰抵抗崩溃,并且讨论了如何最好地支持帕尔马及其身处堑壕的部队的努力。格伦维尔(自 1579 年以来担任在马德里的高级大臣)大力论辩说,突然夺取在西班牙和葡萄牙的所有荷兰航运,然后禁止反叛者与伊比利亚半岛的获利颇丰的贸易,或可迅速结束叛乱。[92]尽管这将不可避免地损害伊比利亚半岛和西属尼德兰的经济,但国王在 1584 年 9 月显然已准备下令禁运;可是,先前 7 月安茹和奥兰治去世的消息,加上叛乱没了他俩就或许会崩溃的可能性,无论如何导致了计划改变。[93]但造反运动并未瓦解。相反,安特卫普仍在抵抗,格伦维尔则重申“在我看来,荷兰和泽兰能被轻而易举地降伏,如果我们剥夺它们与西班牙和葡萄牙的贸易;我确信,到头来,在所有事情都得到了讨论后,我们将不得不这么做”。他提出,理想的时间要么是秋季,其时伊比利亚各港口将停满前来收购酒、橄榄油和其他新近收获的农产品的荷兰商船,要么是春季,其时它们载来波罗的海地区的谷物;他还建议一艘不剩地夺取所有外国商船,唯天主教国家的除外:“我将把它们全部扣押,然后我们能讨论哪些应予释放和哪些不应。”[94]

伊丽莎白 1585 年 4 月下令禁止与西属尼德兰的贸易,正中格伦维尔下怀。现在,腓力决定实施这位红衣主教主张了那么长久的政策,在 5 月发令征用在伊比利亚港口的所有外国船只,仅法国船只例外(因为他宣称它们的规模小)。富有特征的是,他以一种复杂和秘密的方式实行之。

> [他告诉他在各港口的代理人]以这么一种方式去做:目前它将被理解为属于我的各邦国的反叛者的船只,连同那些来自汉萨同盟[诸港]、德意志和英国的船只,将被征用,理由和幌子是要组建一支
> 大舰队。在这么做了之后,一旦它们被征用和扣押,我们就知道我们 174
> 在[半岛]所有地区拥有什么,也就能更好地确定将来应当做什么。[95]

因此,再次如格伦维尔建议的那样,7 月间国王下令首先释放德意志和汉萨同盟的所有船只(就扣留期给予补偿),然后又释放英国船只,只留下了荷兰的,它们最终要么被并入皇家舰船队服役,要么被拍卖售出。[96]

从某个方面看,这场赌博极为奏效:随大量荷兰和泽兰船只被扣,荷兰人与伊比利亚半岛的贸易一度崩溃,荷兰共和国立刻停止了前往西班牙和葡萄牙的航行。通过丹麦松德海峡的荷兰商船总数——它们大多驶往伊比利亚半岛——下降了 30%,而且连续 3 年保持在低水平上。[97]然而,征用非荷兰船只的决定证明是个灾难,因为当一伙西班牙官员前来扣押停泊在毕尔巴鄂附近的英国船"报春花"号时,船长决定冲出去,不仅将登船的这伙西班牙人逮至英国,并且还劫走了禁运敕令副本和试图强制实施该令的地方官。[98]

西班牙政府似乎从未思量过,将英国和汉萨同盟的船只与荷兰船只一并扣押的做法在伦敦可能得到何种解释。对此,该计划的设计师格伦维尔并不在乎:他有一次将英国人斥之为"通常生性可厌,憎恨外国人……我很讨厌他们,其中最好的也一文不值"。但是,即使格伦维尔也知道,中止与尼德兰贸易的同时中止与英国贸易乃是蠢举;他论辩说,在确认其身份后释放英国船好得多,因为后来在没有荷兰船的情况下,"我们的港口将很快停满英国船"。他想那将是实施第二次征用的最佳时机。[99]

对此,伊丽莎白及其臣子当然一无所知。她的枢机大臣们毫不误时地逐字研究施于"报春花"号的征用敕令,立即注意到它只涉及新教国家的船只,因为它明确豁免了法国船。对女王的那个生性多疑、无处不察觉到有国际阴谋的国务秘书弗朗西斯·沃尔辛厄姆爵士来说,这一举动显得深为险恶:

> 最近……在西班牙对我国和别国船只的扣押大受宗教驱使,只有法国船只特别例外(虽然并非绝对)……这只能被解释为一个明确的证据,表明法国人和西班牙人之间很可能有的秘密策划和相互

协作,目的是毁灭和推翻新教福音书的信奉者。[100]

在伦敦受审讯时,“报春花”号上的西班牙人几乎全未讲出让人对腓力的意图放心的事:其中一个告诉扣押他的人,“听说荷兰人向英国寻求援助,并且担心他们得到援助”,西班牙国王便“意欲通过这次扣押吓唬英国人不要援助他们”。不仅如此,还有一封被截获的、安达卢西亚的一名 175
西班牙商人给他在鲁昂的合伙人的书信,毫不含糊地谈论“目前存在的对英战争状态”。[101]

英国的热度已经甚高:在特罗克莫顿阴谋(西班牙深深卷入其中)和奥兰治遭到暗杀(谁都知道系腓力指使而为)之后,枢密院制订了紧急方案,以备伊丽莎白一旦去世便组织过渡行政,还起草了一份“关联文约”,规定倘若伊丽莎白遇暴身亡,玛丽·斯图亚特将被自动立即处死。与此同时,陆海军准备工作加速进行。[102]沃尔辛厄姆规划了“一项旨在惹怒西班牙国王的计谋”,它涉及捕获纽芬兰附近海域的所有西班牙船只,并将德雷克派回西印度群岛,尽管沃尔辛厄姆承认这些“骚扰”会迫使腓力宣战。[103]然而,并非所有英国人都渴望开战。1583年9月至1584年9月,英国商人从伊比利亚半岛进口货物差不多值3万英镑(三分之二经过伦敦,那里一年四季有132艘商船卸下来自西班牙和葡萄牙的船货),出口货物约值为2万英镑(约8万达克特):与西班牙的战争将中止乃至葬送这些贸易。[104]但是,他们的担心似乎没有对女王及其大臣产生什么影响,后者正在评估下列事态的潜在后果:帕尔马在尼德兰的看似不可阻挡的推进,腓力和亨利先后与法国天主教联盟签订的条约,还有最重要的是征用船只。枢密院内明确的多数赞成战争,这或许是她在位期间的首次。

1585年6月,伊丽莎白邀请多姆·安东尼奥回到英国(他在9月抵达),当月晚些时候她又委派一支小型英国舰队驶往纽芬兰,奉命攻击伊比利亚的捕渔船队(后来带着许多船只和约600名俘获的水手返回英国)。不久后,枢密院制订了向任何受到征用影响的臣民发放许可证的条例,允许他们劫掠任何悬挂西班牙国旗的商船以弥补自己的损失,犹如两国间已存在战争状态。[105]1585 年 7 月，德雷克再次被允许为其“深入外部”的航行购买物资和征募人手。[106]腓力决定释放所有受征用影响的英国船只，但这一消息未能改变女王的决心：8 月 20 日，在她的农苏齐宫，她与荷兰特使签署正式条约，与三周后缔结的一项补充条约一起，承诺给荷兰军队提供 6,000 多人的正规部队，支付荷兰人防务预算的四分之一，派遣一名经验丰富的大臣去协调反叛各省的政务和带领其军队。作为交换，荷兰共和国承诺将三个战略港口交给英国控制，它们将作为抵押，直到女王的开支一迄西班牙承认荷兰独立便能得到偿还为止。

《农苏齐条约》来得太晚，救不了 8 月 17 日沦陷的安特卫普；然而，一个月之内（诚如帕尔马怒不可遏地所说），超过 4,000 人的英国部队抵达弗吕斯欣——根据条约出让给伊丽莎白的三个荷兰港口中的一个。[107]
176 与此同时，德雷克率领 25 艘舰船（其中两艘是女王的战舰）和 8 艘舰载艇合成的舰队载着 1,900 人（其中有 1,200 名士兵），从普利茅斯启程。1585 年 10 月 7 日，他们到达加利西亚附近海域，在随后 10 天里袭击了巴约纳附近的若干村庄，亵渎教堂，抢夺物品，劫持人质。[108]

德雷克为何恰恰选择袭击加利西亚仍是不解之谜：他的使命文书和指令似乎都未留存下来。也许他在匆匆离开英国之后需要物资补给；也许像他手下一名军官后来写的那样，他希望采取某种开初虚张声势的行动，“好让西班牙国王知道我们的活动”。[109]不管怎样，没有哪个主权国家能够容忍这么一种明目张胆的侵略行为。1588 年被俘的一名无敌舰队高级指挥官唐·迭埃戈·皮蒙特尔当时告诉审讯他的人：

> 国王所以发动这场[对英]战争，是因为他不能容忍一个事实，即德雷克带着两三条破船，竟随心所欲地侵扰西班牙港口，并为抢劫而夺占它的最好的村镇。[110]

伊丽莎白为回应腓力的征用令，在 1585 年夏天采取了一连串咄咄逼人的行动，包括劫持捕渔船，迎纳多姆·安东尼奥，发放扣押外国船只的许可状,根据条约派军队和送津贴以援助造反臣民,而且现在又入侵伊比利亚半岛。所有这些传递了一个无可误解的信息。10 月 13 日,当得知德雷克在加利西亚的行为时,帝国驻马德里大使立即提醒他的主人说,“以此行动,英国人撕去了他们对西班牙戴的面具。”两星期后,他的法国同行报告说英国人“洗劫”了巴约纳,杀死了一些神职人员,造成了“近 30 万克朗”的损失。威尼斯大使在叙述了同一些暴行后,还提交了一份名单,上有在西班牙海岸外被“英国海盗”夺取的 26 艘船只。[111]这三位外交官都断定,伊丽莎白的行为等于宣战。

腓力对英国的政策于是再度事与愿违。如同 1559 至 1560 年在苏格兰问题和 1568 至 1574 年在财宝船问题上那样,国王及其大臣始终低估了伊丽莎白的政治智慧、决心和“运气”。这些接二连三的失败部分地缘于腓力专注于其他事务,缘于他与北欧政治舞台隔绝:直到 1577 年为止的地中海战争,1568 至 1571 年摩里斯科人的反叛,1572 年后的荷兰造反,1578 至 1583 年间兼并葡萄牙(包括亚速尔群岛)的机会,最后还有 1584 年后干涉法国的时机,所有这些都将注意力从英国转移开。与此同时,两位大使斯佩斯和门多萨被驱逐出境,加上腓力坚持任何英国常驻西班牙代表必须是天主教徒,从而减少了他就伊丽莎白宫廷内各派力量对比掌握的情报,而他在西班牙各地的巡游进一步分散了他的注意力:签署征用令时,他在巴塞罗那参加她女儿嫁给萨伏依公爵的婚礼;德雷克袭击 177
加利西亚的消息传来时,他在蒙松(阿拉贡的一个偏远小镇);最终决定报复时,他在托尔托萨(位于埃布罗河口)。

尽管如此,一个欧洲大国的君主真正对西班牙宣战,自 1556 年以来还是第一次,而腓力自己对此负有主要责任。他屡屡违背了大战略的一条根本原则,即通常“较少就较好”。虽然每个大国都须保持大量军力,以维护它在关键地区的战略利益,但最好通过非军事手段对付外围的挑战:的确,适当的方略是在必要限度内尽量少做以击败每项挑战。阿尔瓦是对的:伊丽莎白英国内在不稳定,因而应当尽可能不去管它,让它实行一种“光辉孤立”政策。鉴于至少直到 1584 年为止,伊丽莎白的大臣中间始终存在一个颇有影响的“和平派”，鉴于围绕无子嗣的女王一旦死去何人继承的问题，有着常在不消的不确定性，因而没有理由怀疑灵巧地使用非军事手段会将英国的国外干预最小化，同时加强就决心和实力而言腓力的声誉。可是现在，依靠外交和阴谋将英国拽回哈布斯堡轨道的努力已屡屡失败——眼睁睁地看着它们失败，并且实际上已激起伊丽莎白公然攻击他，于是腓力发觉自己面对代价高昂得多的选择，即以武力对武力。

第六章 “英国大业”(1585 至 1588 年)

教皇格雷戈里八世临死前作了最后一次努力,试图激起腓力入侵英国的兴趣。这一次,他通过托斯卡尼大公行事,后者于 1585 年 2 月派遣一名有在西班牙宫廷谈判的丰富经验的代表卢伊季·多瓦拉,前去表示愿为一项新“事业”提供财政支持。[1]7 月间,在多瓦拉抵达马德里后不久,腓力还收到了新教皇西克斯图五世的一项呼吁,高傲地要求西班牙为宗教信仰着手从事某种“显赫的大业”,例如再次打击伊丽莎白。这看来激怒了国王,因为他在这封信的背面怒气冲冲地草写道:

> 难道[夺回]低地国家对他们来说不是“显赫的”吗?难道他们从未考虑过这要多大的代价?就英国设想而言没什么好说的:一个人得面对现实。[2]

西克斯图一度不得不将注意力转向夺回日内瓦的可能性,该地曾归萨伏依公爵所有,现在是加尔文教的大本营;然而在 8 月,他又一次提出西班牙应当入侵英国,作为最终制服荷兰和泽兰的前奏。腓力又一次拒绝了这个想法,尽管有点不那么坚定。国王强调在尼德兰的战争代价巨大且旷日持久——“全都因为我在宗教问题上寸步不让”和“为了维持那里对上帝和教皇陛下的忠诚”,然后敦促他的驻罗马大使奥利瓦雷伯爵致力使教皇从西班牙的角度看问题:

> 让教皇陛下判断,在这件事[荷兰战争]处于其当前状态的情况下我能否着手从事新的事业……因为一个人无法同时有效地处理一

> 件以上事情；让他考虑，为任何别的事而减小在那里[尼德兰]的压力是否正确，或者是否就是为上帝效力……因为这场战争如教皇所愿是针对异端打的。只要它还在继续，他就不应当认为我无所事事。

180 尽管如此，他还是承认，

> 如果上帝乐于结束那场战争，正如一个人(在他宠惠下)可以希望的，那就会有一个办法去满足[教皇]对某个别的地区的圣教热情，连同我的渴望，那与他的毫无二致。你绝不能以一种完全杜绝的方式——杜绝每项与他适才提出的相类似的建议——将这全都告诉他，而是要使他懂得，只要我仍那么忙于再神圣不过的尼德兰战争，我就无法(即使我希望)为别的战争筹到钱款。

腓力几乎随即给他的女婿萨伏依公爵写信，赞成他夺回日内瓦的计划，如教皇提议的那样。[3] 当仍在西班牙宫廷的多瓦拉已差不多放弃希望时，10月11日传来消息，说德雷克的兵力4天前已在加利西亚登陆。[4]

西班牙领导人对此暴行的反应各不相同。在里斯本，1584年6月以来任大洋海军总司令的圣克鲁斯侯爵起草了一份备忘录，内有必须采取的种种防御措施，为的是阻止对伊比利亚半岛的进一步袭击，清剿海上敌对船只，并且保卫西属美洲，以防德雷克在那里继续其劫掠的可能(不久将成为现实)。[5] 然而，塞维利亚大主教罗德里格·德·卡斯特罗严厉谴责这份文件(他声称其副本在他那个城市里"传遍大街小巷")胆小懦弱。他在11月质问道，追逐带领一支强大舰队的优秀水手德雷克有什么意义？无疑，消除英国威胁的最好办法是进攻英国，而且德雷克很可能有几个月时间不在本国水域，因此"倘若我们要发动一场对英战役，就不会有比这更好的时机。"国王看了这封信表示同意。在信的背面他写道："决心已定。"[6]

确实决心已定。1585年11月24日，即德雷克的部队在加利西亚登陆两周之后,腓力口授书信通知教皇和托斯卡尼大公,说他接受他们的征服英国提议,并委托卢伊季·多瓦拉亲自转交。国王只做了两项审慎表示。第一,“虽然两陛下就此大业意见一致,同心同德,但时间不足(因为将此冒险付诸实施需要广泛准备)排除了在1586年去做的可能性,因而它将不得不被推迟到1587年。”第二,这项事业的总开支很可能超过300万达克特,与此同时在尼德兰的战争已使西班牙的财政紧张到了极限,因而国王宣布自己“乐于尽其所能作出贡献,但说这不可能超过开支的三分之一,或最多一半。其余将不得不来自[罗马和佛罗伦萨]”。然而,在所有其他方面,腓力的回应看来积极,甚至热烈。[7]

国王现在责成唐·胡安·苏尼加,他的对外事务首席幕僚,依照晚近事态发展彻底审视西班牙各安全事项的轻重缓急次序。如同他先前分析安茹公爵去世的影响(见原文第171-172页)那样,苏尼加的意见书代 181
表了西班牙的最佳战略规划。他开篇就确认了西班牙的四个主要敌人,即土耳其人、法国人、荷兰人和英国人,并且推断土耳其人虽然先前是西班牙的头号敌手,但它将那么多资源投入与波斯的斗争,所以腓力只需在地中海采取守势;法国人虽然先前也是一大威胁,但现在似乎彻底陷入他们自己的内部纷争,因而尽管可能必须在某个阶段干涉以便延长之,但对腓力来说代价大概不高。这就剩下了荷兰人和英国人。前者自1572年反叛叛乱以来就是西班牙的肉中刺,因为西班牙的每次成功都似乎继之以某种逆转;然而,这个问题虽然代价高昂且令人蒙羞,但依然局限于低地国家。英国的威胁大为不同:它近来已凸现,威胁到整个西班牙世界,因为伊丽莎白显然支持荷兰人和多姆·安东尼奥以及德雷克。苏尼加论辩说,英国现在已与西班牙公开决裂,“打一场单纯的防御战争将招致巨大和经久的开支,因为我们不得不保卫西印度群岛、西班牙和在它们之间航行的船队”。以压倒性优势兵力进行的两栖作战,他推断说,代表最有效的防御。立即将资源移用于英国大业可能会暂时损及重新征服尼德兰,还会损及西属美洲安全;但是,苏尼加觉得必须冒此风险,因为只要英国的威胁没有消除,腓力君主国的任何部分都不会安全。[8]

事态很快证实了苏尼加的分析。一方面，帕尔马报告说，由英国津贴支付的英国部队在荷兰大规模集结，以伊丽莎白的宠臣莱斯特伯爵 1585 年 12 月抵达臻至高潮，他到那里担任叛乱各省总督。另一方面，不断有消息传回西班牙，全是关于德雷克造就的毁坏：在加那利群岛、佛得角群岛和最后在加勒比海地区（那里他先后洗劫了圣多明各、卡塔赫纳和圣奥古斯丁）。[9] 据德雷克的一名随从说，这次远征“给西班牙沿海地区”造成了 30 万达克特的损失，而在西印度群岛造成的损失高达“3 亿”；在德意志，伊丽莎白的特使霍雷肖·帕勒维西诺爵士得意洋洋地说，德雷克的航行以两个显著方式损伤了腓力：既减少了他的收入，又增加了他的代价，“因为极为肯定，在西印度群岛打一年会使西班牙人的耗费超过在尼德兰打三年”。在马德里，红衣主教格伦维尔烦躁不安的话语道出了差不多每个人的心声：“我非常遗憾，英国女王如此大胆和阴险地对我们开战，我们已无路可退。”[10]

因此，没有什么奇怪，腓力变得越来越急于获取教皇对直接进攻英国
182 的同意。1585 年 11 月 6 日，即他首次做出积极回应两周之后，腓力指示奥利瓦雷大使弄清西克斯图五世究竟是真心渴望入侵英国，还是该建议仅仅出自托斯卡尼大公和已故的格雷戈里八世，新教皇“本人却倾向于其他某个大业”。[11] 关于这点的确认如期到达后，国王即口述并签署两封函件，不仅承诺实行对英征服，而且承诺使用佛兰德大军实现之，有如 1571 年和 1575 至 1577 年两度打算的那样。1585 年 12 月 29 日，他请刚刚成功夺回了佛兰德和布拉邦特大部分地区的帕尔马亲王提议一种合适的入侵战略。4 天后，他授权奥利瓦雷与教皇讨论某些出自军事行动的政治问题——入侵将如何在世界面前被辩说为合理正当；教皇陛下和大公将发挥何种作用；玛丽·斯图亚特（现在仍是伊丽莎白的显然的继承人，且被许多天主教徒公然奉为“我的君主”）死后何人将统治英国——同时建议应由帕尔马统帅远征军。[12]

当然，决定必须入侵英国是一回事，将其付诸实施则是另一回事。尽管如此，自 1066 年诺曼人征服以来的 5 个世纪里，先后有 9 个英国政府

被海上入侵推翻或严重损坏,还有另外至少7次大规模兵力的成功登陆,连同次数更多的较小规模袭击(以及从海上给予苏格兰和爱尔兰的反英援助)。腓力二世与其大臣汇编了一份关于这些不同行动的详细的清单,对它们进行研究。得出的结论是三种战略提供过得去的成功前景(见插图24)。第一种战略由一同时的合成作战行动构成,依靠一支足够强大的舰队,以便既击败敌对的英国海军,又护送一支足以完成征服的陆军横渡英吉利海峡(如威廉一世在1066年大获全胜所做的那样)。第二种可能的战略涉及在英吉利海峡附近秘密集结军队,同时对爱尔兰发动一场佯攻,那将吸引大部分英国守军,使得本岛相对空虚而利于主力部队入侵(1579至1580年的斯麦威克行动看来是其例证)。最后,可以尝试发动一场突然袭击(像最近两次即约克的爱德华在1471年和亨利·都铎在1485年所做的那样)。[13]所有这些可能的战略在1586至1588年间都被考虑过:这一点反映了腓力与其“国家安全助理”们在眼界和能力方面大可赞扬;他们试图同时实施所有这三种战略却非如此。

当国王在1586年1月请圣克鲁斯评估将需要多少舰船和人员去保护西班牙和葡萄牙海岸、使之免遭德雷克之类“海盗”的进一步侮辱性袭击时,混乱即开始渐渐呈现。侯爵照办,在第二个月呈交了一份清单,但伴之以一项雄辩的请求,说保护半岛免受英国威胁的最佳办法就是攻击英国本身,并且(多少冒昧地)自荐“在此大业中为陛下您效劳,坚决希望我——已给陛下您效力多多——将会得胜而回,就像我在已经为您成就的其他事业里那样。”[14]这项提议得到了热烈的回应,腓力邀请侯爵准备 184
并呈交“一份报告,说明你相信这能依以实现的方式,如果环境允许的话”。[15]

这标志西班牙对英战略思维的剧烈变更,因为所有先前的计划都涉及从尼德兰而不是从伊比利亚半岛发动入侵。圣克鲁斯抓住机会,由海军军需总监协助在3月里呈交了一份详细的建议书,题为《征服英国所须集结舰队和兵力》。遗憾的是,留存下来的建议书本身与其说明信件都未显露其设想的战略究竟如何,但鉴于所提议的兵力规模——510艘

183 **插图 24**　三种得到赞同的对英入侵战略。经研究许多成功的对英入侵，腓力二世及其幕僚觉得三种战略具有相当大的成功机会：(1) 陆海大军跨越英吉利海峡合成强攻；(2) 当英国海军被吸引到其他地方时，在大陆秘密集结的一支入侵部队发动攻击；(3) 突然袭击。1066 年以来，这些战略的种种变形推翻或严重伤害了至少 9 个英国政府。

舰船装载 55,000 万名步兵和 1,600 名骑兵及其全部装备、弹药和火炮，肯定是意欲在英格兰或爱尔兰的某个地点直接登陆（全无帕尔马麾下佛兰德部队的任何介入）。显然，圣克鲁斯旨在效仿征服者威廉，以压倒性的优势兵力实施入侵。[16]

然而，这个计划还没来得及讨论，就传来德雷克先后洗劫卡塔赫纳和圣多明各的报告，再加上对英国人打算在加勒比海建立一个工事设防基地的担心，导致国王授权立即剧烈行动。4 月，他命令圣克鲁斯与跨大西洋护航舰队会合,直接驶往加勒比海,在那里搜剿德雷克及其舰队。侯爵第一次(当然不是最后一次)违令:他通知国王为对付英国人他需要更多舰船和补给,而且他拒绝在得到它们以前出航。[17]在与他的这位桀骜不驯的海军统帅多次交涉无果后,国王决定只派护航舰只穿越大西洋(它们于 5 月离开塞维利亚),而 7 月间圣克鲁斯从里斯本派遣 6 艘扬帆大战舰驶往亚速尔群岛,为的是等待并保护从美洲和葡属印度返回的船队。[18]

然而,腓力没有忘记“主要事业”。他下令在安达卢西亚筹集部队,以加强在里斯本的舰队,并且征用和武装坎塔布连各港口的合适的船只,以组建两支新舰队:一支由大型商船组成,另一支包含小型船只和舰载艇。[19]与此同时,在罗马,奥利瓦雷大使再次向教皇提出入侵英国的财政支持问题。西克斯图的反应是赞赏腓力的热情,同意采取行动,敦促加快进程;但是,他决然拒绝承担三分之一(更不用说一半)开支。正如大使沮丧地承认的,“从各地涌来报告,叙说陛下正在进行的、可能旨在这项冒险的种种准备,它们造成了众多损害”,因为教皇论辩说,既然西班牙明确打算无论如何也要向前推动,因而它能够在没有教皇津贴的情况下这么做。西克斯图只提供了 30 万达克特,而不是被要求的 100 万。[20]

正当国王思量这一令人失望的答复时,一名信使带着帕尔马的被期待了许久的入侵英国建议书来到宫廷。这份 28 页的文件以抱怨国王的意图未予保密开篇。亲王断言,在尼德兰,甚至连普通士兵和市民目前都在公开议论入侵英国的最佳方式。尽管如此,他相信采取三项基本的预 185
防措施便仍可挽救这个事业。第一,西班牙国王定要单独负责,“既不依赖英国人本身,也不依赖其他盟友的援助”。第二,必须防止法国人插手,不管是通过向伊丽莎白提供援助,还是通过干涉尼德兰。第三,必须为保卫已被重新征服的尼德兰留下足够的部队和资源,以便一旦攻击部队离开后对付荷兰人。

帕尔马建议,在上述条件得到满足后,从佛兰德大军抽调一支有 3 万名步兵和 500 名骑兵的部队,乘坐由海上驳船组成的小型舰队跨越英吉利海峡,对英国发动突然袭击。只要他的确切意图保持秘而不宣,那么

“鉴于我们在此要调遣的兵力数量,加上我们能将其集结并登上驳船之轻而易举,同时考虑到我们在任何时候都能查明伊丽莎白实际拥有和可望拥有的兵力,而且即使没有顺风跨越海峡也只需 10 至 12 小时(顺风时只需 8 小时)”,亲王确信入侵能以相当大的成功可能予以实施。“[他断定]最合适、最靠近和最易到达的登陆地点是多佛与马加特之间的海岸”,从那里可以迅速进军伦敦。在本质上,这代表了第三种可供选择的入侵战略,即突然袭击。

建议书内只有两段谈论从西班牙提供海军支援的可能性,而且即使提供时,也是在“最坏情况”下,即计划的详情不知怎地已变得为英国所知。帕尔马建议,在此情况下,由于德雷克的作为已迫使国王动员一支舰队去保卫大西洋,因而这支新建的海军或可“突然驶至此地,以便支援和加强业已[在肯特郡]登陆的部队,同时保持佛兰德与英国之间海路畅通;或者——如果您的舰队规模巨大、补给充足、装备精良且训练有素——它能造就牵制,将英国舰队引离[多佛海峡]”。这与入侵英国的第二种可供选择的战略相呼应,后来得到了拿破仑的青睐:海军搞欺骗,以求便利一支相对缺乏保护的入侵军队实施攻击。[21]

一定程度上,帕尔马的建议书抵达宫廷之前的长时间延宕减小了它的吸引力。国王在 1585 年 12 月就想要它,但帕尔马 4 个月以后才完成,将它交给一名专门信使乔万尼·巴蒂斯塔·皮亚蒂,此人绕了一个大弯路[经勃艮第和意大利]行至宫廷。因此,直到 6 月 20 日,它才到皇家密码员手里,又过了 4 天,国王的幕僚们才听取皮亚蒂的汇报,从他了解在佛兰德各港口为将一支大军载运过公海可用的船只的准确数量,连同寻求一个离伦敦较近的登陆地点的可能好处。[22]接着,国王将文件交给已在负责协调圣克鲁斯主张的种种准备工作的唐·胡安·苏尼加,苏尼加看来又转而征求了贝尔纳迪诺·德·埃斯卡兰特的意见。

186 腓力政府的档案库里堆满了埃斯卡兰特之类人物撰写的函件和备忘录。此人出生在拉雷多,是一位著名的海军船长的儿子,1554 年跟随国王乘船去英国,在那里度过了 14 个月,然后应征入伍,成为西班牙驻尼德兰军队的一名士兵。他后来回到西班牙,上了大学,显然学地理和神学,因为他后来写了一篇关于航海的优秀论文。被授予神职后,他作为一名宗教裁判官效力到1581年,但是他成了好战的塞维利亚大主教唐·罗德里格·德·卡斯特罗的总管。此后20年里,埃斯卡兰特给国王发去了不止20份献策书,大多关于对英战争,其中某些显然受到卡斯特罗的侵略态度影响。不仅如此,他还设法将这些文件直接送上腓力的书桌,并且与国务大臣伊迪亚克斯会晤以讨论他的建议。[23]

1586年6月,埃斯卡兰特仔细审视了入侵英国的各种战略选择,甚至绘了一张战役地图以说明之,那是关于“英国大业”留存下来的唯一地图(见插图25)。首先,他(在地图左侧)写道,一支从里斯本出发的舰队可以进行一次大胆的航行,穿过北大西洋直达苏格兰,在那里它将重新集结,然后发动主攻(“大洋深远,殊为危险”,埃斯卡兰特警告说,“但凭耶稣基督的殉道精神,一切皆有可能”)。攻入爱尔兰海域也许是第二种可能的战略,尽管皇家海军——其部队(被标为“敌人”)在地图上出现于英吉利海峡入口处——使之同样成为一项高风险的作战行动。至少同样危险的是从佛兰德突袭多佛,然后进击伦敦(由“巨塔”防卫)。因此,埃斯卡兰特建议将圣克鲁斯和帕尔马分别提出的两种不同战略合二为一。在里斯本应集中一支“大舰队”,由120艘扬帆大战舰、三桅帆舰、单层甲板风帆船、商船和舰载艇组成,连同所载的30,000名步兵和2,000名骑兵,对爱尔兰的沃特福德或威尔士的米尔福德港发动进攻。与此同时,佛兰德大军应得到增援,首先拴住英国在荷兰的远征军,然后乘小船渡过英吉利海峡,准备在伊丽莎白的部队忙于对付无敌舰队建立的远方桥头阵地之际,突然进军伦敦。

得到关于英伦三岛政治地理和自然地理的大量详情的支持,这个创造性的计划显然令苏尼加信服,因为他自己给国王的献策书多半重复埃斯卡兰特提议的计划。苏尼加只是添上了一个看法,即由于西班牙不会从兼并英国得到任何好处(“因为守护它的代价”),因而这新征服的王国应被授予一位友好的天主教君主。他提议玛丽·斯图亚特,但主张她应

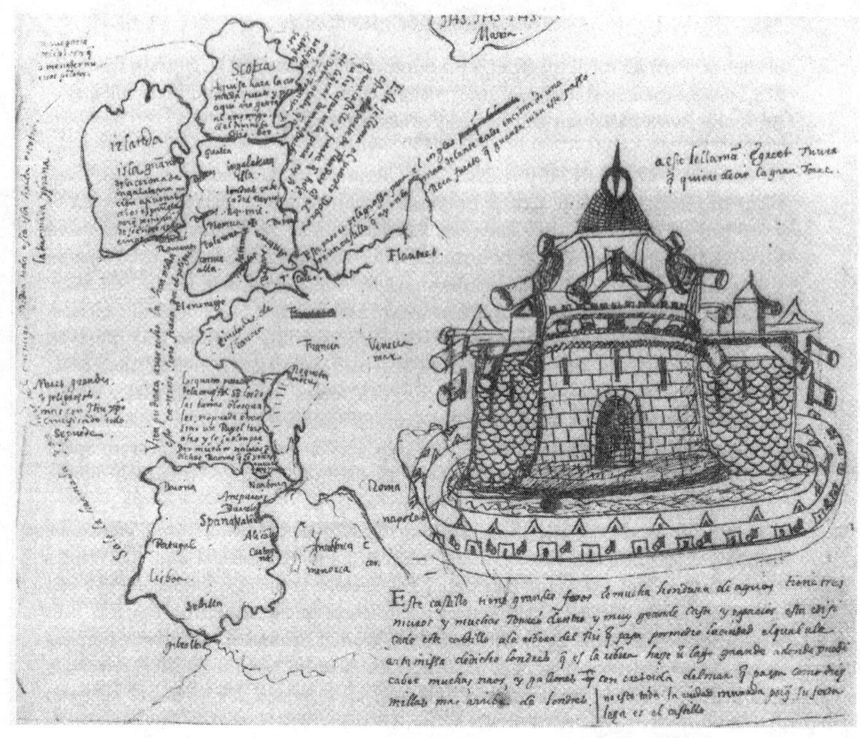

187 **插图 25**　贝尔纳迪诺·德·埃斯卡兰特关于如何入侵英国的地图。这幅唯一留存下来的“英国大业”“战役地图”是 1586 年 6 月绘制的，出自教士和前军人贝尔纳迪诺·德·埃斯卡兰特之手。他用它去说明在他呈交给宫廷的一份备忘录中得到讨论的种种入侵战略：摈斥经苏格兰或爱尔兰海面远征，他主张一支部队在爱尔兰南部登陆以引开皇家海军，与此同时腓力在尼德兰的部队突袭肯特郡，然后向伦敦进军，该城防守只靠“巨塔”（依据 16 世纪 50 年代期间在英国的短暂逗留，埃斯卡兰特仅模糊不清地记得它）。

嫁给一位可靠的天主教亲王，例如帕尔马。[24]

国王只对这些建议作了一处重要的——致命的——修改，于 1586 年 7 月 26 日向布鲁塞尔和里斯本下达“总体计划”，命令集结兵力，以便两路打击都铎王朝国家。这份文件尚未大白于天下，但其内容可以从布鲁塞尔、马德里、里斯本和罗马互相间的往来信函中推断出来。[25]一支强大可畏的无敌舰队将在 1587 年夏季即一年后从里斯本出发，运载所有可得的部队,连同陆上战役需用的大部分装备(最重要的是一种大威力的攻城车),直接驶往爱尔兰。在那里,它要将攻击部队送上岸,夺得一个滩头阵地(很可能在沃特福德),从而引离伊丽莎白的海军部队,并且克制其抵抗潜能;大约两个月后,无敌舰队将突然离开爱尔兰前往英吉利海峡。就在此时,而非此前,出自佛兰德大军的3万老兵组成的入侵主力部队将登上其秘密集结的小船船队,在帕尔马亲自指挥下离开尼德兰驶往肯特海岸,与此同时无敌舰队在北福兰德附近海面巡航,以确保这里的制
海权。帕尔马的部队,加上增援兵力和来自无敌舰队的攻城车,将随后在 188
马加特附近登陆,火速向伦敦进军并夺取该城——最好伊丽莎白及其大臣仍在城内。[26]

人们疑惑,腓力是否认识到这个混杂而成的计划造成的巨大危险。事后来看,圣克鲁斯的建议包含许多优点。1588年的事态证明,一旦他们自己的无敌舰队扬帆出海,西班牙人就几乎毫无困难地将6万吨航运量从英吉利海峡一端移至其另一端,尽管有对它的反复袭击。而且,1601年的金塞尔登陆行动表明,他们能够在爱尔兰南部夺取并巩固一个滩头阵地。同样,帕尔马的在肯特郡突然登陆的想法也大有可取之处:他的部队在他领导下再三显示了骁勇气质,而英国部队大致未经训练,在突袭之下很可能挡不住一旦登陆了的佛兰德大军。无敌舰队的失败说到底出自一个决定:将西班牙来的舰队与尼德兰来的陆军合二为一,作为发动入侵的一个根本前奏;该决定直接来自腓力二世。[27]

他为何这么做?腓力参与规划过往昔多次胜利的战役,最著名的是1580至1583年间征服葡萄牙和亚速尔群岛,并且见过1557至1558年的战役实况。他还拥有对他的舰队将行驶的某些海路的亲身体验:1554年7月,他从拉科鲁尼亚航行到南安普顿,海上旅行正好一周;5年后,他相对轻而易举地返回,从弗吕斯欣航行到桑坦德。他还三次在英国与尼德兰之间横渡英吉利海峡。尽管如此,他本质上依然是个纸上谈兵的战略家,他依然完全不懂种种战术、技术和作战因素。不仅如此,如同往常,腓

力拒绝动身靠近行动现场：他没有理睬他应当返回里斯本、以便亲自督察舰队集结的建议，因而圣克鲁斯至少要等待一周，才能收到被报给国王的每个问题的解决方案，帕尔马则需等待两到三周。比这还严重，腓力通常对他的司令官们选择不提交他的事情一无所知。更糟的是，他不肯适当地向他俩中的任一人介绍情况：他俩都是经邮件得知1586年7月的总体计划的（尽管帕尔马的信件文本由同一个信使皮亚蒂携带，后者将亲王本人的建议带回宫廷）。因此，他俩都无法责成腓力准确地解释两支庞大而又完全分立的部队——其作战基地由超过1,000公里大洋隔开——如何能达到实现其会合所必需的时间和地点上的精确性。最后，苏尼加和格伦维尔，两位在马德里唯一有权威有知识提出反对的大臣，俱在1586年秋天死去，因而无人能够打动国王，使之明白应当有一个在兵力会师证明不可能时的"退路战略"。[28]

189 然而当时，西班牙公共舆论似乎已变得众口如一，公认入侵英国是维护西班牙、尼德兰和美洲安全的唯一可靠途径。在得知德雷克洗劫圣多明各之后，西印度议事会主席论辩说，只有直接打击英国才能保护美洲；甚至审慎的梅迪纳·西多尼亚公爵被问到就动员远洋舰队有何意见时，也极力主张"这应立即实施，认真实施，并且要让人懂得只抗击英国部队还不够：［舰队］将需要开入英吉利海峡"。公爵还建议，"在所有地区——在意大利、比斯开、吉普斯夸、葡萄牙和安达卢西亚——都要着手准备并采取行动，因为这将变得在英国为人所知，从而迫使他们退缩"。[29]国王完全同意：从他的书桌涌出去一大串命令，以发动1586年7月采纳的计划。命令接连发出，为的是在西班牙北部组建新的防御性舰队开往里斯本，并在西班牙各地征招兵力以便为新舰队提供人员，还有要那不勒斯和西西里派遣士兵，既经陆上西班牙大道去加入帕尔玛大军，有经海上去加入圣克鲁斯舰队。[30]为运送后者，并为护送大量火炮和弹药去里斯本，腓力还下令征用合适的商船，添加各式单层甲板大帆船，连同从那不勒斯调来充当护航舰的4艘多火炮三桅划桨战舰。[31]

国王现在心无旁骛，他以难得的专注全神贯注于"英国大业"。一方面,他取消或禁止可能减少可用资源的其他冒险。1586年,他拒绝了西印度议事会(在德雷克袭击造成毁坏之后)呈交的一项加勒比防务改善计划:“没有人比我更痛惜这种损坏,没有人比我更渴望补救措施,只要我们有办法像我们希望的那样实施它”,他告诉议事会,“但是,你们的计划提出了很多难题,其中最大的是缺钱去为之付账。”1588年,腓力同样拒绝了他的印度总督的请求,即发送“比通常每年送出的更多的部队、舰船和弹药”,以便攻打亚齐苏丹,原因是为无敌舰队集结的“大量各式舰船、部队、弹药和军事装备”“花费那么多,以致无论如何没有可能(即使我们已非常努力地尝试过)派出5艘以上舰船”去果阿。他还否决了一项在东非蒙巴萨建筑一座要塞的提议,同样是为了避免分散“英国大业”需要的资源,并且拒绝了一桩来自菲律宾西班牙殖民者的请求,即发动对中国的入侵。[32]另一方面,他加强了对他的欧洲敌人的经济制裁。1586年5月,他禁止所有从英国到西班牙的贸易:连中立国船只运来的英国商品现在都将被视为违禁品。7月,他将此措施扩展到葡萄牙。[33]1587年1月,他下令对来自尼德兰的航运实施新禁运,随之将仔细搜查,以确定是否有任何来自叛乱省份的货物;3月,他禁止进口荷兰船只上的荷兰商品,到8月间,中立国船只上的货物也落入被禁之列。[34]

国王还继续以非军事方式贯彻他的大战略。1586年9月,他批准 190
唐·贝尔纳迪诺·德·门多萨(现在是他的驻巴黎大使)向安东尼·巴宾顿为首的天主教阴谋家提供支持,后者不仅打算谋杀伊丽莎白并用玛丽·斯图亚特取而代之,而且试图杀死或抓获她的主要枢机大臣,亦即伯利、沃尔辛厄姆、亨斯顿、诺利斯和毕尔(虽然足够有趣的是腓力希望伯利免于遇难)。国王许诺“既从佛兰德也从此地西班牙输送援助……一旦巴宾顿及其朋友想在英国采取的主要行动被实施”。他担心这么多人参与可能损害这一冒险,但希望“上帝将乐于允许他们计划的事情……[因为]或许已经到了他将推进他的事业的时候”。国王要求门多萨坚持下去,虽然告诫他不要将那么多情报写在纸上。[35]事实上,沃尔辛厄姆已经知道了全部计划,一经掌握了足够的证据能控告所有参与者(特别是玛丽)犯罪,便立即逮捕、拷问和处死巴宾顿和其余人,同时制订了以叛逆罪审判玛丽的计划。

腓力在别的地方的外交官证明较为成功。1587 年 5 月,经过旷日持久的谈判,他派驻瑞士天主教各州的大使缔结一项条约,它(以某些年金和关税让步为回报)保障弗朗什 - 孔泰和米兰公国的安全,确保西班牙部队有权从意大利取道这些州前往德意志和尼德兰。[36]在罗马,奥利瓦雷不倦地操劳,不仅说服教皇支付 100 万达克特以助征服开支,而且为腓力争得了挑选下任英国君主的权利。这两点都引发了艰难和激烈的谈判。在财政问题上,争论不仅集中在教皇所应支付的总数,而且集中在什么事件将引发资金转移(是无敌舰队离开里斯本,还是入侵部队登上英国土地?),连同倘若西克斯图意外去世、其继承人可能拒绝履行承诺的风险。为确保最后一点,1586 年 11 月国王强烈要求所有红衣主教必须立即宣誓:如果他们在西克斯图死后被推选为教皇,他们将履行他支付资金的承诺。国王承认这包含的风险:

> 虽然我作此安排的渴望可能导致泄密,因为它可能要求红衣主教团开会,但这个问题是如此重要,以致不应被忘记。因为,如果我们得不到保护,我们可能会发觉自己上当受骗了。

此后不久,奥利瓦雷得到一个承诺:一经西班牙部队已在英国登陆的确凿证据抵达,100 万达克特就将立即支付。[37]他还达成了"授任"问题的一种临时解决办法:玛丽·斯图亚特将被置于英国王位,在此之后——只是在
191 此之后——腓力将宣布她的继承人。教皇事先承诺无保留地接受国王的选择。[38]

然而,1587 年 2 月玛丽·斯图亚特以叛国罪被其英国俘获者处死,从而使这一安排化为泡影。起初,腓力依据家族谱系和王朝条约,着手证明他自己是英国王位的假定继承人,因为他是兰开斯特家族的后裔。到头来,他的幕僚们劝他不要公开宣布这一权利声称,理由是这将使一切担

心哈布斯堡权势增进的人——甚至他的盟友——深感惊恐。相反,再度经过持久和激烈的争辩,教皇同意在成功入侵英国后,腓力将以教皇批准和授任为条件,提名一位保证在那里恢复和维护天主教信仰的统治者(国王显然打算“授职”他的女儿伊萨伯拉,在她嫁给她的奥地利的一个堂兄以后)。[39]在此之前,征服后的行政管理将付托给威廉·艾伦,位于杜埃的英国神学院的院长,由无敌舰队船上和帕尔马军中的各个不同宗教会团的成员以及当地天主教徒协助。他们共同监管归还教会在宗教改革中丧失的一切土地和权利。[40]

在其他方面,消灭玛丽·斯图亚特替腓力简化了问题。最重要的是,法国天主教徒对此消息反应暴烈(她毕竟是一位孀居的法国王后、亨利三世的儿媳和吉斯公爵的堂妹)。在鲁昂,骚乱者夺取英国的船只和货物;在巴黎,愤怒的牧师做了煽动性的布道呼吁复仇,并且在他们的教堂外展示图画,上面耸人听闻地描绘了伊丽莎白政权对英国天主教徒施暴。[41]在每个地方,腓力的密探都试图大肆利用对一位教会选定的女王(她甚至不是伊丽莎白的臣民)的“司法谋杀”,以便证明国王推翻“英国荡妇”的计划合理正当。

令人奇怪的是,他们仅在苏格兰未能得手,大半是由于玛丽的“幽灵般遗嘱”。1586年5月,这位苏格兰女王致函唐·贝尔纳迪诺·德·门多萨,说她打算“通过遗嘱将我对[英国]王位的继承权利让予和授予你的主人腓力国王”。她差不多肯定从未做过此类事情,尽管腓力为了找寻其蛛丝马迹仔细搜查了罗马、巴黎和西曼卡斯的档案馆。6个月后,玛丽告知教皇:她还希望腓力继承“我在苏格兰王国的治理方面可能拥有的一切权利和利益,因为我的儿子仍然冥顽不化地身处[天主教]教会之外”。这封信的一个副本同样传到了国王那里,他对它自有一番解释。玛丽死后,他强调他的和玛丽的家族之间的“姻亲关系”(玛丽曾是腓力的妻妹,又是他已故的妻子伊丽莎白·德·瓦卢瓦的玩伴),甚至开始用他自己的钱去购买她的遗物。然而,伊丽莎白的密探截获了玛丽的信件,并将相关内容的副件送交她的儿子和继承人詹姆士六世。年轻的国王在得知他母亲打算剥夺他的苏格兰王位以及他继承英国王位的希望后,明确表示支持伊丽莎白。[42]随西班牙支持苏格兰天主教徒阴谋推翻詹姆士
192 的秘闻被泄露出来,任何站在腓力一边的诱惑便荡然无存。[43]甚至母亲被处死也几乎全未动摇他对伊丽莎白的忠诚:尽管他提出了一连串抗议,但他继续收取英国每年给他提供的4,000英镑(约合16,000达克特)津贴,还将一名游说他的西班牙特使关进监狱。詹姆士的某些臣民的忠诚看来不那么可靠:1588年春,天主教徒马克斯韦尔勋爵在苏格兰西南部开始叛乱,公开宣布意欲给西班牙人提供一个基地;8月,令人惊恐的流言传到约克,称某些苏格兰边境地区领主"公开说只要西班牙人在苏格兰任何地方登陆,一到这里他们就将径直杀向伦敦,尽管国王不同意"。[44]伊丽莎白觉得小心为好,在苏格兰边境驻扎一支6,000名步兵和400名骑兵组成的部队差不多一年之久。[45]

女王在奥斯曼帝国首都伊斯坦布尔采取报复。她利用一切机会讨好苏丹,例如遣返100名土耳其单层甲板大帆船上的奴隶,他们是弗朗西斯·德雷克在袭击西印度群岛期间解救的,并且试图劝说苏丹再次对西班牙开战。尽管未能成功,但她在伊斯坦布尔的代表确实说服土耳其人相信,他们从延展与西班牙的休战中一无所获:1587年6月,腓力的特使两手空空地返回国内。因此,随下述谣言(后来证明全是假的)不胫而走,马德里政府依然担心苏丹可能袭击西地中海地区的基督教基地:谣传他已与波斯人媾和(1587年9月),他已向伊丽莎白许诺如果腓力攻打英国,他就进攻西班牙(1588年1月),他的舰队已经出动,为了在地中海打一场战役(1588年6月)。[46]

尽管如此,腓力的外交努力的中心仍然是法国,在此他成功了。随1585年3月《奈穆尔条约》签署(见原文第172页),亨利三世允许天主教联盟占有若干战略重镇;而且,1587年6月,吉斯的堂弟奥马勒公爵夺取了在庇卡底的三个城镇,临近尼德兰边境,也靠近英吉利海峡。[47]这些由西班牙津贴慷慨资助的成功形成了友好力量构成的一个"屏障",它将阻止亨利无论是向伊丽莎白还是向荷兰人输送援助。但是,获得对靠近英

国的一个深水港口的企图失败了。吉斯家内的一名间谍偷听到一次谈话,说需要“以某种方式夺取布洛涅镇,它据说对他们迎接和掩护他们期望从西班牙开来的舰队必不可少”;他就此告诫了镇长。奥马勒夺取该镇的企图因而失败;反倒是伊丽莎白派霍华德海军上将带一支舰队到那里,以表示她的支持。[48]

自然,腓力在整个西欧的陆军、海军、经济和外交活动不是没有引起注意。在马德里的外国使节的书信满是关于它们的消息;伊丽莎白在意大利、西班牙和葡萄牙的间谍收集到许多详情;罗马教廷的主教们看来几乎不谈别的。女王的大多数幕僚现在一致认为英国成了最可能的目标,因而伊丽莎白除了加强她在爱丁堡和伊斯坦布尔的外交努力外,还采取 193
了一些更实际的步骤以挫败腓力的计划。1585 至 1588 年间,海军委员会建造或购买 16 艘新舰,修缮其余,直到“它们中间没有一艘不是完好无损”;枢密院还下令征用在英国港口的所有船只,钦差们从其中挑出 64 艘武装商船、33 艘供给船和 43 艘私人舰载艇,与女王的舰船一起服役。[49]与此同时,南部海岸防御工事的修理工作得到恢复,发出命令以解除已知的天主教徒的武装。[50]更为有利的是,应法国新教徒请求,女王出资在德意志招募部队,以入侵吉斯的腹地香槟和洛林。在整个 1587 年春季,这一威胁始终将吉斯公爵的野战部队牵制在法国东部,而且从 9 月起,它还将佛兰德大军的一支分遣队牵制在那里。诚然,最终渡过莱茵河的 11,000名德意志雇佣兵遭到丢脸的失败,但他们的威胁阻止了吉斯去再度努力夺取布洛涅,从腓力的观点看这是一次重大失败,因为假如他的无敌舰队 1588 年能在那里(而非加来附近)待命,与此同时帕尔马大军登上舰船,那么“英国大业”就可能有一番大为不同的经历。[51]

伊丽莎白的其他“预防性措施”证明同样有效。根据女王的命令,弗朗西斯·德雷克爵士开始准备一次新的海军远征。1586 年 11 月,他吁请荷兰共和国公民“提供现金和信贷,以便建造并维持 25 艘战舰”,他打算将它们“用于一次援助葡萄牙国王多姆·安东尼奥的航行,或者用于某些其他目的”。12 月间,他暗示这支舰队可能再次开往加勒比海,并且承诺以全部“战利品和征服所获”的70%回报他的支持者。然而，1587年3月下旬女王透露了何为“其他目的”：为了阻碍从意大利和安达卢西亚来到里斯本以加入无敌舰队的兵力集结，她指示德雷克驶入任何容纳西班牙船只的港口，摧毁它们以及任何他能够发现的海军物资。虽然不久后无疑受她的枢机大臣中间的温和意见影响，她改变初衷，授权德雷克仅袭击公海上的西班牙航运，然而他的那支由23艘舰船组成的舰队——其中6艘是出自皇家海军的强有力的大帆舰——已经离去。4月29日，它们突然驶入加的斯港，俘获或摧毁了大约24艘西班牙舰船，其中一些是大型的，连同大量为无敌舰队准备的食品和物资。[52]

然而，这仍是一场险胜，因为腓力适才获得了一个关于伊丽莎白的计划的可靠情报来源。1587年1月，英国驻巴黎大使爱德华·斯塔福德爵士宣布随时准备竭尽所能为西班牙效劳(唯杀害女王除外)，而且在接下来的18个月里，他证明自己所言不虚。他不断向他的本国政府发回信息，其意在于腓力对英国只怀抱和平意图，伊丽莎白可以安然削减防务开
194 支；他还屡屡将得自英国的秘密消息透露给西班牙驻巴黎大使(见原文第221－223页)。因而，一经得知派遣德雷克舰队打击西班牙的计划，他立刻告诉门多萨；更重要的是，一经确认德雷克的目的地(尽管英国政府竭力保守秘密)，他同样迅即通知门多萨。只是路途遥远，才导致斯塔福德的警告直至德雷克袭击加的斯过后一天才传到西班牙宫廷：虽然信使只用了11天就从巴黎奔驰抵达马德里，但他还是在4月30日即德雷克袭击后一天才到。如果他较快抵达，或者德雷克被逆风再耽搁几天，后者的境遇就可能因斯塔福德叛变而大为不同。[53]

相反，在“烧焦了西班牙国王的须尖”后，德雷克潜伏于圣文森特角附近一个月，截断了地中海与安达卢西亚之间以及安达卢西亚与里斯本之间的一切海上交通。[54]然后，他驶离该地，前往亚速尔群岛，以便(像斯塔福德亦已警告的那样)拦截从美洲和印度返航的舰队。他在那里的所作所为——6月间捕获载满财富的东印度帆船“圣菲利普”号与7月间焚毁奎尔沃岛和弗洛里斯岛上的殖民居点——引得惊恐遍于伊比利亚半

岛。在整个夏季,驻西班牙宫廷的大使们以种种流言充斥其报告,那都是关于德雷克策划实施或已经实施的行动的。

腓力不能决定下一步做什么。6月,他命令从意大利装运弹药、在安达卢西亚各港口躲避德雷克的大规模船队驶往里斯本,由单层甲板战舰和西印度舰队的护航大帆舰护卫,在那里与圣克鲁斯侯爵集结的舰船会合;圣克鲁斯被令等待它们到来,然后开往亚速尔群岛追击德雷克。然而,逆风将安达卢西亚船队滞留在港内,7月5日圣克鲁斯请求只率领在里斯本的舰船出航;国王于10日予以同意,并且向安达卢西亚发令,说虽然在那里的大部分舰船应尽快开往里斯本,但西印度护航舰队应径直开往亚速尔群岛。圣克鲁斯15日接到指令,当夜起航。安达卢西亚船队司令官唐·马丁·德·帕迪拉直至20日才接到命令,因为他和他的整个船队已经出发前往里斯本,但随后他立即命令西印度护航舰队开赴亚速尔群岛。与此同时,在埃斯科里亚尔,国王得到情报说更多英国袭击者潜伏在伊比利亚海岸外,开始担心西印度护航舰队倘若单独航行就可能被拦截并遭灭顶之灾;因此在7月14日,他又命令它们依然与帕迪拉在一起。这个命令在20日晚到了一些时候,舰队因而被召回。接着,国王接到消息,说有人看见一支巴巴里海盗舰队穿过直布罗陀海峡,于是他担心它可能在那里缺乏单层甲板战舰的情况下袭击加的斯;因而在7月20日,他命令帕迪拉一经护送货运至里斯本便立即返回加的斯。最后,7月30日,在收到关于海盗的实力和意图的进一步警报后,国王命令战舰不管在哪里,都须返回加的斯。恰巧,帕迪拉已在8月4日抵达里斯本,4天后在那里接到命令。当夜,他驶离该地。[55]

这令人惊异的几经反复过程显示了腓力的最糟糕的战略风格。自信 195
只有他才拥有“对所有领域当前状况的完全了解”(见原文第71页),国王禁不住事必躬亲,一管到底。现实与他的计划出入越大,他认为需要改变的事情就越多。无疑,1587年春他那严重耽搁国务处理的不良健康状况(见原文第44页)使事情复杂化了,但腓力逐渐认识到整个“英国大业”需要重新思考。在战术层次上,由于现在与伊丽莎白之间显然存在一种战争状态，他便颁令规定他的舰船俘获的英国水手不应再以海盗论处（至此为止他们的指挥官、船长和领航员总是被斩首，船员被发配到单层甲板战舰服役）。[56]在战略层次上，宫廷里的一些人开始质疑对一个在海上看来那么强大的敌人发动直接两栖攻击是否明智；然而，政府不同意。用腓力的新任对外政策幕僚唐·胡安·伊迪亚克斯的话说，“鉴于英国人在荷兰和泽兰站住了脚，加上他们在美洲和公海上四处侵扰，因而防御性措施看来不能对付所有问题。宁可说，这要求我们焚烧他们的家园”，从而迫使他们撤出“那吞噬西班牙的部队和财富的贪婪怪兽尼德兰”。[47]与此同时，一位显赫的战争议事会成员向在马德里的教皇使节大使传递了同样好战的信息：“英国大业”，他断言，对确保西班牙与美洲之间的航行安全依然必不可少，“对[国王的]声誉也是如此，以避免每天都遭受类似[加的斯袭击那样的]事件”。[58]然而，它如何才能最好地得到实现？西班牙显然已废弃了出其不意这一要素：无疑，国王推断，伊丽莎白现在必定预期一场迫在眉睫的入侵。因此，他对1586年7月制定的战略作了两处重要修改。首先，他决心将他掌握的所有舰船结合在一起，组成一支单独的巨型舰队，其中包括圣克鲁斯的大型挂帆战舰（一迄它们从亚速尔群岛返回）、出自安达卢西亚的强有力舰队以及被造就来保卫西班牙北部海岸的各式小舰队，它将压倒或驱退所有对手；第二，他命令它直接驶向英吉利海峡而非爱尔兰，以便护卫帕尔马的入侵大军跨越海峡到达肯特郡沿岸。前一点仅代表返回哈布斯堡的传统战略，即以压倒性兵力实施攻击，后一点则引入了一个关键的新方面。[59]

从收到其总体计划的副件起，帕尔马便在致国王的信件中就一支来自西班牙的舰队是否必要反复表示怀疑，并且既追问它的航线的细节，也追问它计划中与他的兵力会合的详情。1587年2月，腓力终于（以一个绕口的长句）谈到了这些关切，但仍未拿出解决办法：

> 我注意到你谈论需要确保英吉利海峡安全，因为派出一支像我们这样的舰队在指定时间（其时英吉利海峡的天气往往非常恶劣）

> 航行于法国与英国之间颇有风险,倘若在这两个国家或在佛兰德都
> 没有一个安全的港口的话(除了敦刻尔克,但它虽是唯一可得的港
> 口,却不适合大吨位船只),从而将迫使舰队面对天气考验;在此还
> 未考虑敌方舰队将拥有的一般有利条件,连同对那些海岸的更详细 196
> 了解。所有这些都是实质性问题,我正在予以仔细的考虑。[60]

看来,他在春季的病患或德雷克袭击造成的创伤阻止了对这些“实质性问题”作进一步思考。相反,1587年6月,国王突然决定回归帕尔马在1586年4月的最初计划——突然袭击,并且如此通知他的这位侄子:

> 由于此地的无敌舰队必须首先与来自美洲的众舰队会合,并且保护它们,因而我不认为在你们自己跨越英吉利海峡之前它会抵达该海峡。这无关紧要,反倒符合业已作出的安排,因为不管是你派到这里来的人[乔万尼·巴蒂斯塔·皮亚蒂],还是在他返回后你本人,都未要求无敌舰队在此前抵达,而是在此后……最好的方针在我看来是我们在差不多同一时间,或者尽可能相近的时间,从三个方向进攻:你和你的兵力入侵;经苏格兰佯攻,依靠该国天主教徒已要求的人员和资金;这支无敌舰队进攻怀特岛或南安普敦。

帕尔马以他通常的坚定回复说,这个新战略同样不会奏效。既然已无秘密可言,他宣告,他缺乏足够的战舰保护他的运兵船:他永远无法确定英国舰队的具体位置;虽然无敌舰队对怀特岛的进攻会引开女王的某些战舰,但它肯定不会牵制住她的所有战舰;而且,鉴于需要将他的所有舰船集中在一个地点以备部队登船,伊丽莎白的间谍就能预先推测出入侵的确切时间。[61]

这项8月底在宫廷收到的尖锐批评似乎打动了国王,因为9月4日他签署了给圣克鲁斯和帕尔马两人的详细指令,要他们遵循一种完全并致命地不同的战略。入侵爱尔兰或怀特岛的想法现在无影无踪。相反,

侯爵将率领他的全部兵力和舰队，以上帝的名义径直开往英吉利海峡，并沿海峡前行，直至你经预先告知帕尔马公爵你已靠近之后在马加特尔滩头外停泊。该公爵根据他已接到的命令，一迄无敌舰队由此安全通过海峡，抵达上述海滩或在泰晤士河口巡航（如果时间允许），就将立刻运送他在他大量拥有的（只供运兵之用的）小船里准备好了的部队跨过海峡。

国王坚持，直到帕尔马与其部队跨越海峡为止，无敌舰队“不应当做
197 任何事情，除了确保安全通过和击败可能前来阻止通过的任何敌舰”。他还自信地断言，“在马加特，你能够阻止泰晤士河和东部港口的敌舰与南部和西部的敌舰作任何会合，这样敌人就无法集中一支敢于出来并挑战我军的舰队”。在帕尔马方面，事先接到圣克鲁斯驶近的预报后，应当“已有充分的准备，以致你见到由此确保了海峡安全而无敌舰队抵达上述滩头［马加特］附近时……你会立即以你准备了的船只将整个军队送过去”。腓力明令禁止帕尔马在舰队到达以前从弗莱芒海岸出发。[62]国王再次通过信使发送这两套详细的必须遵守的命令，而不是伴之以一名深受信赖的传话者，能够更详细地向两位战区司令官说明他们的作用，回答他们的问题，并且就其准备程度和士气状况提供反馈。[63]

然而，在接到这些命令前不久，帕尔马突然（而且事后来看令人不解）变得比较乐观了。他现在向国王提出，毕竟，如果圣克鲁斯能够使其无敌舰队行至英吉利海峡入口，就有可能将皇家海军吸引到普利茅斯，从而为他创造一个时机，以便像他起初规划的那样，对肯特郡海岸发动一场突袭。他还表示，到12月初，他就将万事齐备，只待跨海。国王对此消息兴奋不已，于30日写信取消他新近的指令中对单独行动的严格禁止，授权帕尔马一迄看来安全无恙便马上单独入侵，“而不等待无敌舰队，因为在此情况下它［因它迫近］会造成的牵制足以掩护你渡海，而渡海是我们的主要目的”。他许诺，圣克鲁斯将差不多立即驶来提供支持和增援。[64]可是腓力不知道，侯爵已在前一天蹒跚返回了里斯本，其舰船遭风暴严重

损坏，其水手因疾病大为减员，其供给则被10周航行消耗殆尽。圣克鲁斯认为，无敌舰队再度出航目前全无可能。

在远方的埃斯科里亚尔，腓力干脆拒绝相信这一点。他确信圣克鲁斯夸大了自己的困难，因而继续以尽可能强烈的措辞敦促帕尔马立即渡海赴英去，只要他能够，并且轻率鲁莽地（也是全不适当地）许诺说无敌舰队将在几天内做好出发准备。与此同时，他向圣克鲁斯发出一连串斥责和训诫：“没有更多时间可浪费在反复要求和反复答复上了”，他傲慢无礼地告诉侯爵，“立即着手干活，看你能否将商定的出发日期[10月25日]提前几天。”随最后日期临近却极少进展迹象，腓力无能为力地大发雷霆：“已经浪费了那么多时间，以致每一小时更久的拖延都给我带来甚于你能想象的悲哀。因此，我极严厉地责成和命令你在月底之前出发。”威尼斯驻西班牙宫廷大使耶罗尼莫·利波马诺获得了圣克鲁斯一封信的副本，那是对其中一次不切实际的激烈责难的慎重反驳，就此他思量为何国王竟拒不相信他的最有经验的海军统帅，同时注意到“对他来说改变计划是多么困难，一旦他就某事已作了决定”。他正确地指明了两个原 198
因：腓力的国际事务知识导致他在一个更广阔的背景下看待每个战区的作战行动，加剧了他在有利形势改变之前采取行动的渴望；还有他极度自信“他好运绵绵”，这导致他认为倘若他竭尽所能，上帝就会奖赏他的努力。[65]

与此同时，在尼德兰，可能正是利用他的协同司令官仍未做好准备这一消息，帕尔马在11月14日向国王夸口说：

> 这里的一切到20日就会准备妥当……而且……我已完全决心以上帝的名义并由教皇陛下协助在25日出海……。除非我们得知在英吉利海峡有一支可能阻止我们渡海的[敌国]舰队，倘若上帝乐于使我们平安登陆并垂青我们……我就希望我们能给陛下您一个好交代。[66]

国王现在慌了，害怕帕尔马会单独冒险，然后变得在没有西班牙舰队的情况下陷入困境。因而，他火急发出又一串信件，敦促圣克鲁斯即使只能率领48艘能下海的舰船也要出海(11月10日)，然后要求哪怕他只有35艘舰船也须如此(11月21日)。直到1月，国王才放弃，当时侯爵指出，从他的在英间谍那里收到的情报清楚地表明，帕尔马和他的全部兵力仍在佛兰德。[67]

在这令每个人——外国大使、谍报人员和国王自己的大臣们(见下文第七章)——全都困惑不解的命令、反令和混乱构成的间歇期间，国王返回到刻板僵硬、毫无变通的状态。1588年初，尽管因有危险贝尔纳迪诺·德·埃斯卡兰特等人提出强烈反对，但腓力仍重申9月4日计划与其致命的要求，即只有在两位司令官会合于英吉利海峡之后才能实施入侵：帕尔马在来自西班牙的舰队抵达马加特附近海面以前，绝不可轻举妄动；无敌舰队在与帕尔马“联手”以前，亦不得试图采取任何对英之举。[68]

容易理解腓力为何感到如此绝望。军队的开销给他的财政带来了巨大压力：每天无敌舰队耗费30,000达克特，帕尔马大军耗费又15,000达克特。[69]几年前，他还能提前两年规划数百万达克特的预算，并且拥有大量现金储备，但到1588年3月，他已不得不变卖前妻的珠宝以筹集资金，并且在整个一年里要求并得到国库钱财数量每周报告，同时亲自决定哪些债务必须偿还，哪些必须拖欠(见插图26)。1588年4月，他的国务大臣，试图维持有利的国际形势，谴责财政议事会主席破坏整个行动计划，因为他未能给里斯本送去足够的钱，以使无敌舰队能够出航。6月，腓力告诉枢机大臣们：“找钱如此重要，以致我们大家都必须只集中精力找钱而不旁骛，因为不管我们可以赢得什么胜利，如果没有钱我就不知道从中会出现什么(除非上帝施行奇迹)。”[70]最重要的是，国王担心虽然他已设法使他的所有其他敌人目前无害，但这格外有利的国际形势可能不会经久：首先，“明年我们可能面对一支土耳其舰队攻击意大利，如果苏丹与波斯人媾和”，与此同时法国人为了阻止西班牙兼并英国，可能调和他们的分歧，实现国内和平。[71]

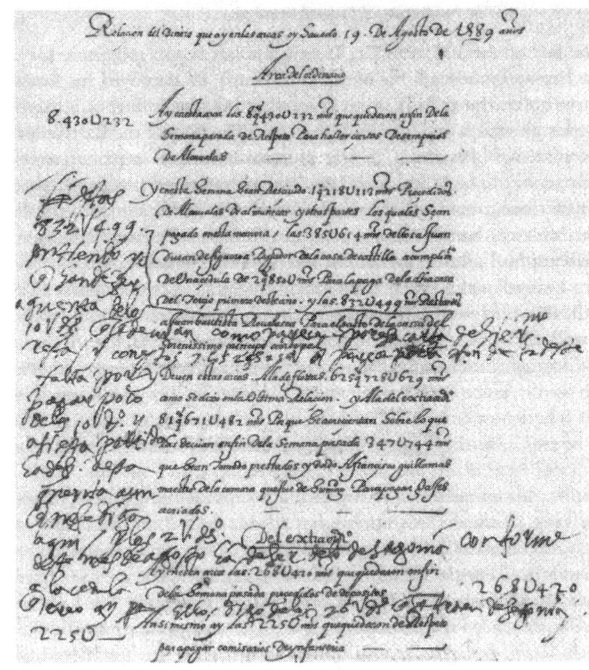
Relacion del dinero que oy ay en las arcas oy Sabado 19. De Agosto de 1589 años

插图 26 1589 年的一份“周六叙述”,腓力二世作批注。无敌舰队的开支给王家财政加上了那么大压力,以致腓力在 1588 年要求每周六做出陈述,说明手头的现金数量和需要偿还的主要债务。所有数目均以“马拉维第”(maravedi)表示,那是个小的记账单位,它使得总数看似大些,可是在 400 马拉维第等于 1 达克特的情况下,国王通常只有 20,000 达克特可以支配(少于无敌舰队一天的开支)。不足为奇,他竭力去找拖延某些支付的种种办法。 199

到头来,腓力的外交好运保持住了。在 1588 年 4 月下旬与西班牙大使的一次会晤中,吉斯公爵代表法国天主教联盟答应,一听到无敌舰队出发,就马上发动一次全面造反。随即以向该联盟领导人支付 10 万达克特敲定了这个交易。随时间推移,热度上升:吉斯的支持者之一里昂大主教建议公爵效仿查理·马特——公元 8 世纪时从无能的法国墨洛温王朝国
王手里夺权建立他自己的王朝(加洛林王朝)的“宫相”——废黜瓦卢瓦 200
王朝的末代君主。[72]巴黎的天主教徒开始为夺城造势,当亨利三世于 1588 年 5 月 12 日部署其瑞士卫队以维持秩序时,整个首都骤然沦入暴力,人们树立路障阻挡国王的部队,迫使他逃之夭夭。“路障日”使得吉斯成了巴黎的主人,不久后他成为“王国总司令”;法国特使从马德里告诫其主人:“这些时期的腐败和西班牙的金钱将给陛下您的臣民打上烙印,难以消除,同时给您的王国造成创伤,不会愈合。”腓力事实上期望吉斯俘获亨利,逼迫他作让步(包括自由出入布洛涅和加来之类港口);然而,即使

没有这么圆满成功,庇卡底和巴黎也仍在天主教联盟控制之下。当无敌舰队驶近英吉利海峡时,法国经济跌入停滞:"我从未见过,法国之为法国以来也没有任何人见过,各行各业像现在这样不可能赚到一文钱,因为一切买卖皆告停止,所有金钱无影无踪。"无论是亨利三世还是法国新教徒,现在都救不了伊丽莎白。[73]

更令人惊讶的是,腓力的外交还使英国与荷兰盟友疏离。国王实施了三种办法去达到这个目的。首先,他力求在外交上孤立荷兰人,以便限制他们在一旦帕尔马前往英国后威胁西属尼德兰的能力。在这方面,他似乎取得了完全的成功:荷兰人 1587 年 8 月的一份评估悲叹"我们缺乏与其他新教君主的联盟或同盟;相反,我们日益疏远他们。"[74]其次,伊丽莎白本人显得愿意谈判将她的部队撤出尼德兰的条件,只要倡议能够看似出自西班牙(为的是在她的荷兰盟友跟前保住面子)。第三,丹麦国王弗雷德里克显然独自提出充当调解人,在腓力与其北方敌人之间居中斡旋。腓力授权帕尔马探究这两个和平倡议,因为它们可能减少(哪怕是暂时地减少)英国对荷援助,或许还可能就在公海上和美洲被英国海盗抢夺的货物获得某种赔偿,而不减轻对荷兰人的军事压力,也不取消直接进攻英国的可能性。1587 年初,荷兰部队俘获了帕尔马派往丹麦的一名特使,携有他与伊丽莎白的大臣会谈的全部详情。这迫使女王公开真相,宣布自己打算开始与西班牙正式谈判,并且请荷兰人也参加。[75]她的吁请分裂了共和国。在对西战争中首当其冲的内陆各省——甚至还有荷兰的某些城镇——赞成谈判,然而联省议会保持坚定,拒绝派代表参加和谈。[76]然而,女王坚执己意,她的诸位特命代表1588 年2 月抵达佛兰德,持有依据下列两个条件与西班牙谈判媾和的授权:容忍在尼德兰的新教徒;撤出所有外国部队。不用说,腓力完全无意做出这些让步,但他指示帕尔
201 马假装表示它们可以形成一个谈判基础,以便进一步分裂荷兰人并迷惑伊丽莎白。尽管丹麦国王弗雷德里克驾崩,但正式谈判仍于 5 月间在布尔布(敦刻尔克附近)开始。帕尔马依照不惜一切代价地谈下去的命令(尽管他知道这些谈判将毫无结果),最大程度地利用英国代表中间的分

歧,甚至鼓励其中一位詹姆斯·克罗夫特爵士(长期的西班牙津贴领取者和情报提供者)撇开同僚独自讨论英国从尼德兰彻底撤军的条件。[77]又一次,在已经满腹狐疑的荷兰人面前,西班牙的宣传就“背信弃义的英国佬”大捞政治资本。诚然,伊丽莎白也从谈判中有所收获(最重要的是在佛兰德获得了一个观察点,从那里监察帕尔马的军事准备情况),但她由于失信于荷兰人而损失大得多。[78]

到1588年7月,无敌舰队最终准备驶往英吉利海峡之际,腓力已安排实现了一番重大的外交胜利。帝国大使赞叹道:

> 目前,天主教国王[腓力]安全无虞:法国无法威胁他,土耳其人几乎无所能;苏格兰国王亦如此,他因为他母亲之死而对伊丽莎白感到生气。能够制造麻烦的一位[君主]是丹麦国王,但他适才驾崩,而他的儿子还年轻,因此有别的事情要处理——尽管帝国的新教诸侯并非如此,他们可能倾向于支持[英国]女王。与此同时,西班牙可以确信瑞士各州不会反对他,而且也不会允许别人这么做,因为它们现在是他的盟友。

一句话,他总结道,没有任何外部力量现在能够阻止国王实施其大战略。[79]

他还可以补充说,国王及其大臣也已尽了全力去动员公众和神的支持。在里斯本,“里斯本修女”(据称是个圣徒,但后来被揭露是个骗子)在无敌舰队准备出发时为之祝福;舰队指挥官之一告诉教皇特使,他们航行时“满怀信心期望出现一个奇迹”;一位显赫的耶稣会士佩德罗·德·里瓦德内拉撰写了一篇《对航海征英官兵讲道文》,满怀信心地断言“我们不是在从事一项困难事业,因为我们的主上帝——我们捍卫他的事业和最神圣的信仰——将走在前头,有了这么一位首领我们无所畏惧。”[80]在罗马,教皇向无敌舰队的所有人,甚至向仅为其成功祈祷的人颁发了一种特别免罪券,与此同时红衣主教艾伦撰写了两本供在英国天主教徒中间传布的小册子:第一本为《判处和废黜篡位者英国伪女王伊丽莎白宣告书》,声称是教皇诏书,但其实只是概述了第二本即《告英格兰和爱尔兰贵族和人民书,关于高尚有力的西班牙天主教国王为执行教皇陛下判决而发动的当前战争》,后者号召所有天主教徒在"解放者"到达时给他们提供一切援助,不再效忠伊丽莎白。艾伦在4月里完成了这两部作品,将它们送往安特卫普;它们将随同帕尔马大军渡海到英国以供分发。在马德里,民众每个礼拜天或节日参加大规模的宗教游行,其他时候遵循一种经刊印的各教堂指南去获取无敌舰队免罪券;与此同时,国王的印刷商散发一种详细的"无敌舰队纪实",它开列了所有舰船、舰炮和船上军官,并将其副本送往那不勒斯、罗马、米兰、科隆和巴黎以供翻译。腓力意欲用这份资料去吓唬敌人和打动盟友:整个欧洲都将知道,征服系由西班牙
203 的武备和财富实现(或许使国王选择英国下一位君主的权利声称变得更可接受)。在埃斯科里亚尔,据一个消息来源,整个王室每天在圣餐之前用3个小时轮流祈祷,祷祝无敌舰队成功。[81]

到1588年春,由于他一心一意集中动员他的整个帝国(和他的大部分盟友)的资源,腓力已设法在里斯本集结了130艘舰船和19,000人的部队,加上在佛兰德待命的300多艘小船和27,000名老兵。帝国的其余部分吹嘘拥有令人敬畏的防御。与此同时,他的敌人的力量已被大大削弱。荷兰人在陆上和海上皆缺乏可提供有效抵抗的兵力,伊丽莎白的兵力在陆上被拉伸至极限:她的经验丰富的部队全都驻扎在尼德兰,她既省却不下又损失不起的那些士兵守卫苏格兰边境以防入侵(见表格5)。虽然她最终推测出腓力的来自西班牙的舰队在试图登陆以前需要与佛兰德大军会合,但她直到很晚都没想到他们计划在肯特而非埃塞克斯蜂拥上岸。8月6日,在克服了军事革命造成的所有困难即战略过度伸展、官僚机构低效、信息承载过多和空间距离遥远之后,无敌舰队按计划在加来附近停泊,那里距帕尔马在敦刻尔克的军队仅40公里,肉眼能看到计划规定的登陆区。腓力的大战略看来即将大功告成。国王对此心中清楚:"事情悬而未定,成败在此一举,不仅这些[北欧]事务,而且所有地区的

腓力二世与其敌国的军事力量(1587至1588年) 202

腓力二世

西班牙、北非和葡萄牙

无敌舰队：19,000军人
驻防部队：29,000军人
舰队：　在里斯本的无敌舰队130艘舰船,守护地中海的22艘单层甲板大帆舰

意大利

米兰：　2,000军人
那不勒斯：3,000军人,28艘单层甲板大帆舰
西西里：　2,000军人,10艘单层甲板大帆舰

海外

葡属亚洲：5,000军人
西属美洲：8,000军人

尼德兰

27,000军人　准备入侵英国
40,000军人　驻防整个尼德兰
81艘舰只和194艘驳船供入侵英国之用

敌　国

英国

45,000军人　无敌舰队入侵危机高峰时节在陆上
15,000军人　在皇家海军
6,000军人　在荷兰共和国
197艘舰只　分散在南部沿海

荷兰共和国

17,500军人
67艘舰只　分散在弗莱芒和佛里斯兰沿海

表格5　依靠动员其所有资源的巨大努力,腓力在1588年设法维持了一支大约135,000人的军队,其中19,000人(几乎都是西班牙人)在无敌舰队舰船上,另外27,000人在佛兰德随时准备登船渡海(见下文表格6)。他还拥有在里斯本的130艘军舰、在地中海的60艘单层甲板大帆舰以及在佛兰德各港口的一支由舰只和驳船组成的混合分舰队。他的敌人在总兵力上无法望其项背:他们的部队就数量和质量而言都处于很大劣势,而且在腓力意欲打击哪里变得清楚以后许久依然分散于各处。

事务都是如此”,他写道,“祈求上帝,将那里的事态当作他的事业,愿上帝襄助我们,因为它是那么必要。”在度过所有危机之后,腓力开始变得自信:“在我这方面,没有任何事情仍是有待去做的。”现在,一切都取决于实施过去3年里他如此殚精竭虑地设想和制订了的计划,同时也取决

于几桩奇迹，他觉得那是他为上帝的事业做的巨大努力使他有资格享有的。他现在能做的莫过于等待和祈祷。[82]

第三部分:大战略的实施

1588 年时,绝大多数观察家以宗教方式看待腓力与伊丽莎白之间的史诗般决斗:腓力相信上帝将决定其结局,他的敌手也是如此。于是在尼德兰,当帕尔马公爵警告一位英国外交官瓦伦丁·戴尔,说女王只要输掉单单一场战役就会令都铎政权完蛋时,戴尔尖刻地反驳道,一场战役很少足以“征服另一个国度里的一个王国”,正如帕尔马自己本该知道的,“因为获取国王本人凭继承和世袭而来的东西并非易事。”“‘好’,他(帕尔马)说,‘那由上帝决定。’‘正是这样’,我答道”。[1]

到 1588 年夏天,腓力已将其帝国的巨大海陆军资源集中于实现他在西北欧的目标,同时还使用了外交、诱导、经济压力、欺骗和宣传(每个大战略的诸项关键成分)去削弱和孤立他的对手。甚至他的敌人也相信,形势压倒性地有利于西班牙。四分之一个世纪后,沃尔特·雷利爵士在讨论 1588 年的事件时自问道:“如果没有舰队的帮助,英国能否阻止敌人登陆?”他的结论是“我认为不能。”他进一步论辩说,女王在肯特郡集结的部队“无法对抗那样一支大军,帕尔马亲王打算将用以在英国登陆的。”[2] 这些给人深刻印象的成就加在一起,本应证明不止足以击败英国和结束荷兰造反;然而,结果并未如此。

对这一失败的解释在于腓力战略目标的实施——其程度不亚于它们的制订,并且首先在于两个孪生问题“磨擦”和“偶然性”,按照卡尔·冯·克劳塞维茨的杰出著作《战争论》的说法,经常阻止陆海军规划按既定的那样得到贯彻实施。克劳塞维茨在 1820 年代写道:摩擦(他从物理学借用的一个术语)包含了所有那些“使真实的战争有别于纸上谈兵的因素。”

> 战争中一切都很简单,但最简单的事并不容易。种种困难积累
> 206 起来,最终产生一类摩擦,除非一个人经历过战争,否则难以想象……无数小事故——你永不能真正预见到的那类——结合起来去降低总的表现水平,以致一个人总是达不到意欲的目标……军事机器,即军队和一切与之相关的事物,本质上非常简单,看似容易驾驭。然而我们必须记住,它的零部件当中没有哪一个是整件:每个部分都由一个一个人组成……其中最次要的人都碰巧可能使事情耽搁下来,或者这样那样地使之出错。

此章之前,克劳塞维茨用了另一个贴切的比喻,去概括偶然性和意外事件在战争中的作用:

> 在军事谋划中,永无绝对因素或所谓数学因素的牢固的立足之地。从一开始,就有着种种可能性、或然性、好运和厄运的交互作用,像经纬线那般纵横交织于整个织毯。在所有各种人类活动中间,战争最近似于赌博。[3]

同样的“交互作用”支配了现代早期欧洲的军事谋划。马基雅维里在《君主论》中,大为注意“命运”对战争和治国方略的影响;国王的主要敌人之一、拿骚的威廉·路易伯爵则认为“战争的结果取决于偶然,正如一场赌博那样。”[4] 就腓力二世大战略 1587 至 1588 年间的实施而言,摩擦和偶然性在三个不同领域起了显著的作用:第一,腓力的意图不予保密,有人认为那是“欧洲尽人皆知的秘密”,从而使伊丽莎白能有机会准备有效的防御;第二,帕尔马公爵与无敌舰队“联手”的努力未获成功,当时和后来的观察家指责这一努力不够,并将总的失败归咎于此;第三,技

术和战术上的不协调,出现于英国舰队与西班牙舰队开始交火之际,使伊丽莎白的“皇家海军”能够智胜无敌舰队,从而阻止了梅迪纳·西多尼亚与帕尔马“联手”,而无此“联手”,入侵——连同整个大战略——就不能成功。以上每个方面都值得详加考察。

这不是说,“哈布斯堡霸权图谋”的整个命运都取决于偶然性。用近来一项战略研究的精彩的话说:

> 即使作战方面的惊人成功,也无法弥补错误的战略决策……在政治和战略层次上做出正确决定,比在作战和战术层次上做出正确决定更为重要。作战和战术方面的错误能够得到纠正,政治和战略错误却永不消弭。[5]

尽管如此,当一项雄心勃勃的战略显得如此接近成功时(很容易想起施 207
里芬计划在1914年,巴巴罗萨战役和珍珠港奇袭在1941年,还有无敌舰队在1588年),历史学家们必须仔细审视实施的详情,因为并非所有“作战和战术方面的错误能够得到纠正”——及时纠正——以致其中某些同样可以“永不消弭”。

第七章　欧洲尽人皆知的秘密？

对敌联合用武[即合成作战]犹如离弦之箭。它没有将从何处来的预兆，也不留已掠过何处的踪迹。它必定击伤它射中的地方，只要准确地瞄准一个易受伤害的部位……与此同时，敌人就像一个黑夜里掩蔽在笨重的盾牌后面行事的人，来回慢行，困惑莫名，不知究竟走哪条路可防一只看不见的手的骤然攻击。

——托马斯·莫利纽克斯：《联合远征》（伦敦，1579 年）[6]

只有情报，即运用秘密手段弄清敌人的确切计划，首先是他意中的打击目标，才能有效地避开那“看不见的手的骤然攻击”。一旦伊丽莎白和腓力二世在 1585 年迈向战争边缘，都铎英国的安全就在很大程度上依赖源源不断地得到关于西班牙意图的可靠情报，而伊丽莎白明白这一点。在藏于伦敦公共档案馆的 1586 年国务文件中间，有一份西班牙文文件的两个副本，题为《圣克鲁斯侯爵条陈概要，今日呈交陛下[西班牙国王腓力]，1586 年 3 月 22 日》（见插图 27）。它们是腓力的头号海军司令官为入侵英国准备的总体后勤计划的确切副本（见原文第 184 页）。[7]

任何人都不应对这一显著的泄密感到惊讶，因为若干别国政府，包括法国、教皇国、威尼斯和乌尔比诺政府，也获得了这一份文件的各自的副本。[8] 不仅如此，这只构成一长串关于“英国大业”的泄密事件当中的一桩。与此同时，根据帕尔马公爵的说法，尼德兰军民开始公开议论西班牙怎样才能最好地入侵和征服英国。[9] 类似的谈论也出现在西欧大多数国家首都。情报有时基于道听途说，但也足够经常地直接出自西班牙官员

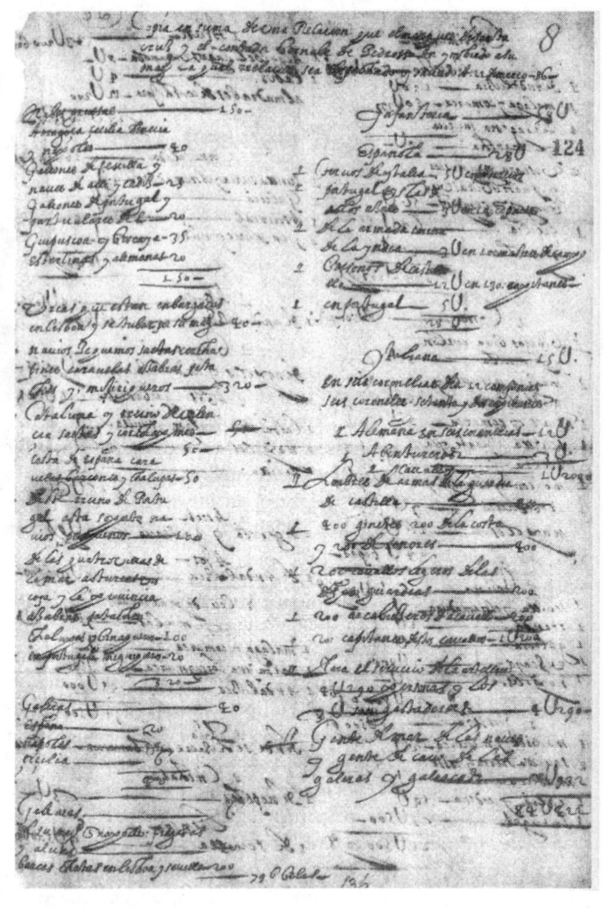

插图27 入侵英国的计划。伦敦公共档案馆拥有圣克鲁斯在贝尔纳比·德·佩得罗萨（海军后勤专家）协助下做的详细估算的两个副本，估算的是为成功入侵英国所需舰船、人员、补给和装备。抄写该文件（其原件现在可见于西班牙的西曼卡斯档案馆）的间谍记述说，它在“今天即1586年3月22日星期六”被发送。这些副本大概是圣克鲁斯府上的弗莱芒仆人做的，其兄弟为英国间谍头目安东尼·斯坦登效力，而且这些副本无疑从里斯本行至马德里，在那里托斯卡尼大使季安菲格利亚兹将它们传给在佛罗伦萨的斯坦登。然后，它们到了在英国的国务大臣沃尔辛厄姆手里，因而他能够仅比国王晚几周读到圣克鲁斯的计划。

的真正“泄密”，或取自间谍制作的国务文件副本（如圣克鲁斯的战略计划）。1588年3月，甚至西班牙的战役计划也变得国外所知：一份略图，
210 上绘无敌舰队将据此驶入英吉利海峡的独特的新月形编队样式，附带标出每艘舰船的具体位置，落到了至少三位大使手里，其中一位声称“从放在陛下御案上的原件”得到了副本（见插图28）。[10]

然而自相矛盾的是，这些引人注目和反复发生的泄密仅仅部分地损害了腓力大战略的完整性。国王后来吹嘘“尽管对可能发生什么有所猜测，但计划始终保密完好，直到战役过程将它显露出来为止”，确是如此：

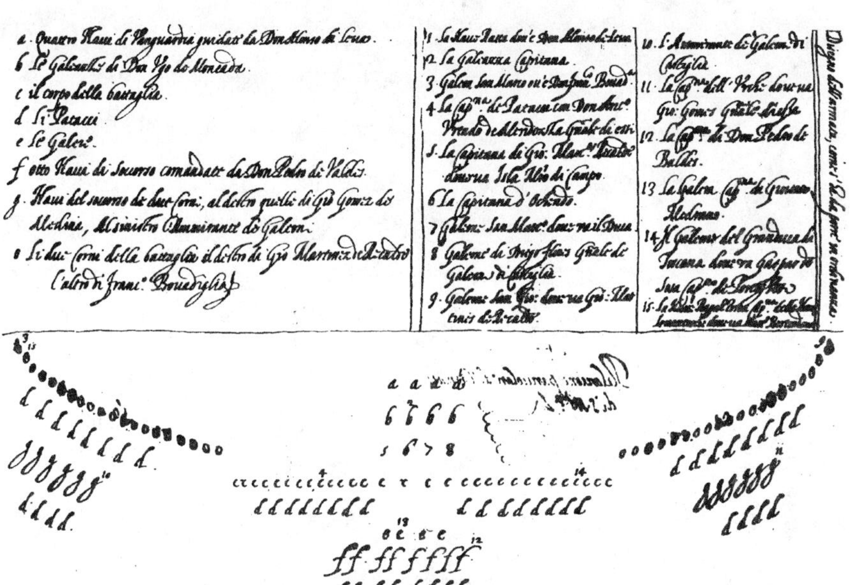

插图 28　西班牙无敌舰队作战计划，1588 年 3 月 25 日送至托斯卡尼大公。驻西班牙宫廷的托斯卡尼诸大使为他们本国政府获取了可贵的情报。早在 1588 年 3 月，即无敌舰队出海前两个月，季安菲格利亚兹的继任者文森佐 · 阿拉曼尼就设法看到并复制了它的"规划"。教皇使节直到 6 月才得到一个副本，他的威尼斯同僚只是在接下来的一个月才得到。该计划与无敌舰队进入英吉利海峡时的战斗阵列完全吻合。

当无敌舰队最终启程征伐英国时，只有他和他的两位高级指挥官知道其确切目标和实在意图（而且甚至梅迪纳 · 西多尼亚似乎也未被告知登陆地点）。[11]别人可以猜测，但通常猜错了。1587 年 10 月，就无敌舰队之完全保密，驻西班牙宫廷的几位大使表达了自己的沮丧："陛下及其大臣如此谨慎，以致不可能知道结果将会如何"，曼图亚大使抱怨道。1588 年 2 月，托斯卡尼代表哀叹："我们仍未推测出这支舰队将开往何处：有人认为它将进攻荷兰和泽兰，也有人认为它将进攻爱尔兰，有人（认为它将）径直开往英国，另一些人认为它将取道苏格兰。"3 个月后，恰在无敌舰队离开里斯本之前，在马德里的法国常驻代表隆莱仍然认为"这些部队的主要意图是夺取泽兰，阻止任何救援通过"。他断言，英国舰队只有在试图干预对荷兰共和国的重新征服时才会遭到攻击。[12]曼图亚大使是最早推测出真正的西班牙战略——即出自西班牙的无敌舰队将与出自尼德兰的远征军会师以作为攻英前奏——的人之一，但他后来也变得像隆莱一样，确信这支舰队打算利用一场将泽兰的弗吕斯欣港出让给国王的密谋；还有，虽然费拉拉的特使也曾早早猜对了西班牙的大战略，但其他许多认为真正的目标是荷兰和泽兰的观察家最终动摇了他的信心。甚至通常在马德里的最有洞察力的外交家、帝国大使克芬许勒，也一度认为所有这些是个骗局："1587 年我正确地预测无敌舰队是年不会出动，可是现在 1588
212 年我不相信自己能做预测。不过……我认为所有这些准备更多地是为了促进和维持一个好的和平，而非出于任何其他原因。"[13]威廉·温特爵士，英国最有经验的海军将领之一，持同样的看法，认为帕尔马的军事准备要么旨在确保一种"最有利于他的主人的"和平，要么以袭击荷兰和泽兰为目的。最后，荷兰共和国总督、伊丽莎白的宠臣莱斯特伯爵相信，西班牙希望与英国实现和平，以便集中精力支持法国天主教徒。[14]所有这些著名的观察家不久就不得不自食其言。

这引人注目的困惑带来了两个问题：关于腓力的战略计划的那么多机密信息如何变得广为人知？那么多专家为何误释了它们？这一自相矛盾状态部分地源于英国与西班牙之间缺乏直接的外交联系。伊丽莎白在 1568 年从西班牙召回了她的最后一任常驻大使，并在 1584 年驱逐了最后一任西班牙驻都铎英国大使。此后，两国间只有寥寥几次临时的专门外交接触，而且互换的特使看来始终不了解国家机密，直到 1588 年夏天为止，当时在佛兰德的布尔布开了一次会，讨论使两国分道扬镳的种种问题。在那里，差不多是在无敌舰队抵达英吉利海峡前整整两周，瓦伦丁·戴尔（伊丽莎白的和谈特命代表之一）从一个可靠来源听说帕尔马正准备入侵英国。7 月 18 日，当戴尔直截了当地质问一名谈判对手他是否打算执行教廷废黜女王的判决时，公爵答道虽然他为腓力二世而非教皇效劳，但若他的主人命令他入侵，那么"作为一名仆臣和军人"他必须服从。他还补充说，

> 在我看来，你们比我们有更多的原因渴望[和平]，因为即使我主国王输掉一场战役，他也能充分恢复元气，而不损伤远在西班牙的他本人；但若你们一方输了这场战役，你们就可能失去王国和一切。

难以置信，伊丽莎白女王竟然没有认识到这不慎言辞的重大含义，因为在回信中，她只要求她的代表们再次询问帕尔马“到底他是否有任何来自国王的命令去入侵她的王国”，并且确保“从他那里立即得到令人满意的亲自答复”，即“他没有国王或教皇的入侵命令”。[15]戴尔对这一满不在乎的回复火冒三丈：同一天，即1588年8月5日，他接连向他在枢密院的朋友发出至少5封信，指责他们的盲目。

> 女王陛下不可能有比公爵所言更明白的警告了，后者说自己是一名仆臣和军人，要执行其主子的命令，倘若他的主子命令他执行教皇的判决，他就绝不能拒绝。而且，在他说女王需要小心、因为在英国输掉一场战役将使她丧失王位时……他不可能说得更清楚了，除非他说“我将在英国与她打一场战役”。

他还提醒他的收信人注意部队的大规模集结：“它们在此已准备就绪，等待西班牙海军将其运送进英国”；而且，在提到1544年亨利三世的跨海峡入侵时，他质问“难道这还不够清楚，即使没有眼珠？一个人难道该问亨 213
利国王在其大军准备就绪时会不会去布洛涅？”然而，为时已晚：第二天，无敌舰队在加来附近海面抛锚。[16]

同样16世纪的情报工作也由三部分构成，即获取、分析和接受，而瓦伦丁·戴尔的沮丧经历突出地说明了所有这三部分的极端重要性。仅仅获得有用的情报（如他已做的那样）还不够；政府还必须把握它的意义，然后据此作出反应。[17]在16世纪，“获取”一般分为两个范畴：拦截通信获取情报以及从个人获取情报。按照现代标准，它们大多平淡无奇。因为截获无线电信号比截获信使容易得多，因而对腓力二世的通信系统进行的间谍活动证明不太成功，特别是在作战情报方面（因为需要在一段长时期间内截获大量信件，以便拼凑出敌方计划的相关详情）。此外，在16世纪，对敌方人员的审问难得产生20世纪“间谍抓获者”声称的那种惊人结果。尽管如此，现代早期欧洲国家的情报机关仍然取得了间或的成功。因而，荷兰突袭队1587年12月之抓获奥多·克罗纳产生了丰厚的回报，他是西班牙佛兰德大军的一名低级军官，但并非一名普通尉官（尽管是隐匿真实姓名服役）。他的叔父是一位完全了解腓力的图谋的红衣主教，因为从一开始，国王就让教皇西克斯图五世知道他的征服英国计划。起初，由于教皇不谨慎而将计划详情泄露给了教廷主教团成员：1586年圣诞节，在教皇弥撒会上，西班牙大使像通常那样虔诚地跪在会众前列，无意中听到西克斯图将西班牙征英计划的最新情况介绍给协助他的两位红衣主教。随后1587年发生了更糟的情况，当时国王索取一项正式承诺，使教皇及其继任者负有义务承认腓力对英国王位的要求权，并且向征服行动供款100万达克特。此事被提交克罗纳主教所属的教廷议会的三次会议讨论，虽然国王达到了目的——教皇和主教们最终同意——但现在多了几十个人知道这一秘密。[18]奥多·克罗纳将所有这些和更多情况告诉了抓获他的荷兰人，后者立即通知英国政府；但是，就像帕尔马公爵对瓦伦丁·戴尔说的不慎言辞那样，起初伦敦没有哪个人看来把握了它的意义。[19]

然而，在无敌舰队本身行列中被俘的西班牙人的供词几乎不可能被忽视。恰在这大舰队开进英吉利海峡后，弗朗西斯·德雷克爵士多少完整无缺地俘获了安达卢西亚分舰队的旗舰“努斯特拉·塞诺拉·德尔·
214 罗萨里奥”号。它装载了一大笔钱（德雷克及其船员立即将此据为己有）、喜人的弹药供给（被分配于英国舰队中间）和大约250名俘虏（大多被立即送往伦敦审讯）。只有唐·佩德罗·德·巴尔德，无敌舰队的8名分舰队指挥官之一，留在德雷克身边。他曾参加了作战议事会的所有会议，与德雷克同桌进餐同舱就寝10天之久，德雷克显然点滴不漏地从他那里了解了敌方舰队在技术和战术方面的长处和短处。[20]与此同时在岸上,英国枢密院8月12日审讯了出自"罗萨里奥"号的大约40名俘虏。例如,他们问"舰队是否意图入侵和征服英国?""他们将在哪里登陆?他们是否打算夺取伦敦城?如果他们夺取了它,那么他们还打算干什么?"除了一致证实舰队计划在发动入侵前与帕尔马会师外,对这些问题的回答一直到被记录在案前,只引起了伊丽莎白的大臣们的些许兴趣,因为无敌舰队已被击退。较为相干的是第7个问题"就他们在英国登陆时将得到的任何支持或援助,他们听说了或知道什么?",连同第15个问题"是否有今后为保护该舰队而做的任何其他准备?"。对它们的回答令人惊恐:对第一个问题,俘虏们答道他们预期英国人口的三分之一到一半将支持入侵;对第二个问题,他们答道一支颇大规模的后备舰队正在里斯本准备,以派遣攻打英国。[21]看来很可能,这情报——虽然是错的——直接助成残酷对待随后一个月里被迫登上爱尔兰海岸的无敌舰队的幸存者:生怕他们可能构成第二支舰队的先遣队,同时驻扎在爱尔兰全境的英国士兵不到750人,因而作为一项出于惊恐的措施,政府决定"逮捕并处决所有被发现的西班牙人,无论其性质如何"。[22]

这样的突发性情报大捷仍然极为罕见。虽然英国经常派舰船在西班牙沿海游弋,以便拦截商船并审讯(有时劫持)船主和船员,但绝大多数被抓的人无从知晓战略情报;而且,即使是他们能就作战问题提供的线索也通常有限。[23]不仅如此,他们往往成为实际上的双重特工,因为他们能搜集的情报和他们能提供的一样多。于是,1585年在毕尔巴鄂的"报春花"号船上被俘的倒霉地方官颇有所获地回到西班牙,带着关于英国皇家海军所青睐的战术的宝贵详情;1586年两名商船船长被俘,被带回英国审讯,获释后提供了关于伊丽莎白的军事准备的可贵细节,甚至还有某些在西班牙的伊丽莎白间谍的姓名;其他人则详细描述了英国战舰,列举了舰上火炮,并将它们与无敌舰队的舰船作了比较。[24]

伊丽莎白政府依赖自己在海外的特工和朋友,来获取有关腓力的计划的大部分情报。某些情报来自在英国与欧洲大陆之间传送外交信息的 215

信使:大臣们例行询问他们的所见所闻。[25]更多的情报出自"在国外的英国人",他们用信件汇报自己的印象。对帕尔马公爵在佛兰德各港口集结的入侵运输船的最准确叙述之一就来自一名英国水手,此人到达敦刻尔克,卸下一批英国优质啤酒,供在布尔布的外交官饮用(他们的爱国肠胃对吸入当地啤酒大为不适)。作为经验丰富的水手,他很快注意到公爵的舰队的数量、实力和短处,迅即将这些笔录下来并送回伦敦。[26]外国同情者也提供了某些情报:北欧新教君主们定期传送他们顺便搞到的有关针对其英国盟友的天主教图谋的任何情报。[27]还有,从葡萄牙,女王可以指靠那些同情"葡萄牙王位觊觎者"多姆·安东尼奥的人供应的情报,他 1585 年后流亡在都铎宫廷。弗朗西斯·沃尔辛厄姆爵士,伊丽莎白的国务大臣和首要"间谍头子",其文件包含不少关于无敌舰队的准备情况的详细报告,那是对腓力心怀不满的新臣民从里斯本送来的。[28]

然而,这些情报人员同样很少能接触到国家机密:虽然他们能提供关于腓力动员资源的情报,但他们无法推测其目的,也无法预计其部署的可能时间或方式。为此,伊丽莎白政府需要渗透到西班牙及其盟友的通信网络中去。诚然,阅读接近政府中心(虽然仍在它之外)的那些人的信件能够获取可贵的作战情报:写信人的单位的所在地和它计划要做的事;部队和作战物资的近期调动;当地的士气状况。布鲁塞尔的一名意大利商人 1588 年 7 月 30 日给他在西班牙的一位朋友发信,信被截获。信中不仅提供了帕尔马在佛兰德的部队的登船计划准确细节,而且提供了一份特别免罪券的副本,那是教皇发给所有参加"神圣讨伐"以征服英国的人的,从而毫无疑义地向那些愿意了解的人透露了无敌舰队的首要目标。[29]不过,虽然事态发展将证实这封信中的每个细节,但它仍然很不起眼,很少有别于女王的情报人员截获的其他许多自相矛盾但大多一样看似真实的信息。

伊丽莎白的大臣们极其需要国王本人的亲笔书信,以便评估其他材料;然而,他们极少能成功截获之。问题部分地在于一个事实,即腓力与其在外使节用复杂的密码写信。例如,每位国务秘书通常都使用一种“通用密码”与在国外的臣僚通信,而且这些密码例行每隔几年变换一次;此外,他们采用一种特别密码与各类高级官员联系(例如与驻布鲁塞尔总督和驻伦敦、巴黎及维也纳的大使联系,而后者在互相通信时使用同样的密码)。不仅如此,处于国外特别敏感环境中的个人可能被给予一种全然不同的——独一无二的——密码。最后,在不确定性特大的时候, 216
同一封信中的不同段落可能使用不同的密码。[30]然而,这些防范措施也并不总是足够。偶尔,密码索引可能被丢失(例如 1564 年在一位大使的仆人遭抢劫后,所有西班牙密码都不得不被更换);或者,敌人可能会截获一份文件的加密副本,同时已经拥有它的普通文字版本(这是和谈期间的一项严重风险,因为双方将讨论同一文件)。[31]最后,一名腐败的官员可能将密码送给或卖给敌人:在 1576 和 1577 年,荷兰人设法破译了腓力二世与其在尼德兰的代理人之间差不多所有被截获的来往信件,其因显然在于西班牙国务秘书的首席职员泄露了密码索引。[32]但是,如果没有此类帮助,密码能否被破解? 证据模棱两可。据一名在西班牙供职的数学家和地理学家所说,“迄今为止,没见过任何根本破解不了或完全无法读懂的密码”;然而,法国大使洛贝斯潘和伊丽莎白的首席大臣伯利——他俩都智力不凡——明白承认若无密码索引,他们就无法破译密码。[33]保有一个密码破译小组的弗朗西斯·沃尔辛厄姆爵士似乎较为成功。他的最大胜利是破译了 1588 年 3 月的一封密码信,那是腓力的罗马大使以复件发送的,向他的主子汇报与教皇的一次详细谈话,涉及无敌舰队继续推迟出发、帕尔马卷入“英国大业”、来自教廷金库的资助数量和伊丽莎白被废黜后下一个君主的叙任问题。一份副本不知怎地落入沃尔辛厄姆之手,到 7 月初(或更早),他的专家们已经搞出了一份差不多完美的破译版本,显露出腓力对英大战略的所有主要成分。[34]

正是为了避免这些不幸,国王与其大臣通常尽量少写,以免将他们的计划透露给第三者。将作战计划写在纸上的危险在多年前已被强烈地显现于腓力眼前。1552 年初,在的里雅斯特附近,哈布斯堡特工抓获了一名来自伊斯坦布尔的法国信使。他携带的文书中有一封长信,是法国驻奥斯曼宫廷大使写给他在巴黎的主人的,详述苏丹当年的战役计划,包括一项关键情报,即土耳其人不会在匈牙利发动一场进攻,而是计划将海军作战集中于意大利海岸外。由于该信甚至没有加密,哈布斯堡得以立即行动,以最有效的方式部署军队,使之能在当年晚些时候在法国人、土耳其人、若干意大利邦主和德意志新教诸侯的协同进攻下生存下来(虽然只是勉强脱险)。[35]它在情报程序方面提供了一个可贵的教训,那是腓力及其幕僚殊难忘怀的。因而,在 1586 年 9 月,国王批评他的驻巴黎大使将太多的敏感详情写在纸上。"将来",腓力责怪道,"较好和较安全的做法是将这些秘密事情付托给被信赖的人,他们会口头处理,而不写下来。"[36]他通常小心翼翼、不折不扣地遵循他自己的这一意见:例如,虽然
217 腓力 1586 年 7 月通过一名特别信使,将拟议中入侵英国的战略的充分细节发送给帕尔马公爵,但此后他在书信中只提及"已同意了的计划"或"被指定的地点"。[37]

因此,西班牙的敌人需要能直接获得"国王御案上的"文件,或能接触那些制定和讨论政策的大臣。圣克鲁斯 1586 年 3 月备忘录(见插图 27)必定是由在里斯本的侯爵府上的一名间谍复制,而且这名间谍颇为内行,他送出了两份副本,唯恐会丢失一份。直到今天,这名间谍的身份仍不为人知,但他很可能就是侯爵府上的那个"弗莱芒人",其兄弟担任信使服侍安东尼·斯坦登爵士,后者化名为"庞佩奥·佩勒格里尼",一个以佛罗伦萨为基地的富有才能的谍报大师。该网络的工作方式是:在里斯本,斯坦登的情报人员从他兄弟(或许还有其他人)那里拿到文件和情报,然后带至马德里,交给托斯卡尼大使季安菲格利亚齐,后者再将它们送到佛罗伦萨,斯坦登在那里收取,以便传送给在伦敦的沃尔辛厄姆。[38]在季安菲格利亚齐返回托斯卡尼时,斯坦登就亲自前往马德里和里斯本,以便直接确认无敌舰队的实力和意图,经佛罗伦萨向英国送回一连串情报价值很高的函件:于是,在 1587 年 7 月,他确定圣克鲁斯将率领其舰队从里斯本驶往亚速尔群岛,而非攻打英国,因为他不知怎地设法读到

了国王给侯爵的指令,尽管它“仅为两人知晓”;还有,在1588年6月,他甚至成功地获得了无敌舰队的最终目的地为伦敦的确凿情报,显然他是能够做到这一点的惟一外部人。[39]

安东尼·斯坦登爵士只是沃尔辛厄姆部署的若干特别情报人员中间的一个。1587年春,这位大臣草拟了一份计划——《西班牙以外的秘密情报活动》,包括在鲁昂建立一个情报处理中心,处理勒阿弗尔、迪耶普和南特的商人们收到的所有关于西班牙的消息;获取“在布鲁塞尔的情报”;维持“在西班牙工作的两处情报人员,一处在菲纳莱,另一处在热那亚”。这些不同的举措均如愿以偿。1588年春,圣克鲁斯侯爵去世的消息经由沃尔辛厄姆在热那亚的情报人员,一个月之内就传到了伦敦。[40] 1586年9月到1587年3月间,一位自称“雅各布·德·皮萨上尉”的人从伦巴第寄发了许多信件给沃尔辛厄姆,其中满是从伊比利亚半岛收到的消息,连同部队、资财和外交官经米兰——西班牙帝国在欧资源的首要集结地——往来调动的详情。[41]伯利派遣斯蒂芬·波尔先去德意志,然后于1587年5月赴威尼斯,以便就腓力的对英图谋搜集情报;在接下来的10个月里,他每两周一次,向伦敦发回政治军事动态报告。英国政府的其他情报人员在半岛其他地方忙碌,而伯利将“经常阅读一般来自意大利的咨询”当作自己的部分工作。[42]

因为意大利在16世纪晚期是全欧情报中心。甚至当收到一名“隐 218
姓埋名”在无敌舰队舰船上工作的英国引航员的情报时,一名沃尔辛厄姆手下的特工也建议“应当将间谍派入意大利去发现(所有这些的)真相”。[43]10个独立的意大利邦国通常在西班牙宫廷各驻有一名常驻大使,因为对它们来说,西班牙在意大利境内的优势影响力使得保持了解腓力的意图至关紧要。自然,每位使节的大部分信件只涉及地方性问题,尤其是领土争端——与一个西属意大利领地的或与另一位意大利邦主的(因为较小各邦经常请腓力充当调停人),然而可能使西班牙国王分心的其他地方的事态,特别是在它们可能造成冲突的情况下,也得到仔细的关注。而且,鉴于与英国的战争显然将影响到意大利各邦,因而它们的大使差不多像沃尔辛厄姆一样费尽心机弄清西班牙的真实意图。[44]

在意大利各宫廷，腓力对英大战略形成中的每个重要阶段都会以惊人的速度被人知晓。因而1585年10月，当国王被德雷克洗劫某些加利西亚沿海村镇激怒、遂通知教皇和托斯卡尼大公他随时准备实施“英国大业”时，外交使团的一些成员实际上已预测到这一决定。8月间，即比英国人袭击加利西亚早两个月，来自卢卡的使节通知其政府：

> 征英大业已定于明年进行，而且我还了解到腓力国王已请求教皇与法国国王交涉，要求他不得阻碍这一行动，而要赞成它。[45]

这个消息可能过早，但大使肯定觉察到了未来的风向。无论如何，腓力在10月下旬作出的决定大约过一个月就变得在罗马和佛罗伦萨为人所知，此后不久还传到了威尼斯、曼图亚和都灵。

如前所述，圣克鲁斯在1586年初准备的对英两栖远征动员计划很快遭到截获，然后既被送至伦敦，也被送至意大利各宫廷；此后，腓力决定动员伊比利亚和意大利两半岛全境的战争资源的消息也很快泄露。确实，这决定差不多一离开国王御案，曼图亚大使就得知了它：

> 我今天获悉国王陛下对德雷克在西印度的进展的消息极为恼火，还获悉大约10天前他派出了12名信使……带着征用船只的敕令。而且，据说国王陛下已完全下定决心实施“英国大业”。[46]

大使们怎么获得如此准确的情报？可以理解的是，虽然他们难得透露情
219 报的准确来源，但他们看来使用了三大情报收集手段：自己的观察、从知情人购买的信息和从同情者获取的情报。首先，使节们有时声称看到过一份文件，随后将其概括或复制出来。[47]偶尔，一位大使甚至可以有机会看到“放在陛下御案上的”某个东西。然而1575年，在一起令人尴尬的泄密事件后，国王与其私人秘书仔细审视了这种风险：他俩都不认为有这

种可能。秘书断言“不可置信有任何人能够前来阅读陛下您御案上的文件”，国王则同意说，“要看这些文件是不可能的，因为我总是将它们藏起来，这根本不可能。”[48]在大使们的信件中被报告的“放在陛下御案上的”文件，特别在附有一个副本时，大多很可能经由国王自己身边的工作人员得来。格伦维尔红衣主教有一次抱怨道：“没有什么事情在马德里被讨论而意大利各邦主甚至其他人不探知到的。”他为此指责低级官员，其中有几位后来因出卖秘密而被抓。1556 年，一名副秘书被发现出卖了与法国谈判期间西班牙的讨价还价立场文件；1560 年代，腓力的弗莱芒仆人据指控趁其主人熟睡之际翻搜他的口袋，然后将他的计划详情发送给尼德兰造反者。[49]1567 年，法国大使希望获知西班牙对尼德兰的意图，“办法是通过某位贵族的秘书的朋友，可是该秘书答复说，他的主人手按利剑警告他：如果他们目前从事的计划变得为人所知，他就会杀了他，用剑捅一百下。”[50]1581 年，父亲为西班牙人但出生在尼德兰的国务部主官胡安·德尔·卡斯蒂洛遭到逮捕，被控向荷兰人送交情报甚至密码索引，以交换每年从奥兰治的威廉那里领取 300 达克特佣金。[51]然而，有时甚至廷臣们也会大不谨慎。1584 年，格伦维尔（时为意大利议事会主席）获悉有人将秘密泄露给威尼斯大使，勃然大怒，策划放出关于一项尚未决定的晋升的假信息，以便追踪泄密源头；然而，令他惊恐的是，他发现竟是议事会秘书在晚宴上亲自将相关文件的一个副本交给或卖给了那位大使。[52]

一些外交官购买此类有用的情报，另一些则免费获得。1586 年 4 月，梅迪纳·西多尼亚公爵主动告诉帝国大使国王适才授权的海军准备的充分详情，包括其征服英国的目的；而在 1598 年夏天，埃斯科里亚尔的一位“消息灵通人士”定期向在马德里的教皇使节送交关于国王健康每况愈下的报告。[53]有时，大使互相间分享他们获得的情报。富尔克沃克斯——代表法国因而招致大多数西班牙人怀疑——定期与其外交同行磋商，以弄清他们就腓力的政策知道什么；1585 年，驻马德里的教皇使节向曼图亚大使提供了一份教皇通谕副本，内容为呼吁腓力入侵英国；翌年， 220
当萨伏依大使发现国王已经决定了一种大战略，即一支出自西班牙的舰队与佛兰德大军联合用兵时，他立即与威尼斯大使分享这一情报。[54]由于每位使节通常用未经加密的信函向本国政府发送自己获得的信息，因而伊丽莎白在意大利的特工就有了许多截获机会。

当然，在马德里的外交官的努力并非独一无二。腓力在其他地方的臣子也可能言行不慎，使部署妥当的情报人员能从他们那里得知甚多。在里斯本的圣克鲁斯府上藏有至少两名间谍：不仅有安东尼·斯坦登爵士手下的“弗莱芒人”，还有教廷在葡萄牙的收款人的一名心腹莫蒂奥·布温乔万尼，他的生动的报告包含大量机密材料（全都以不加密的信函送往罗马）。此外，1588 年春夏两季，腓力的最终战略的详情从一些人那里纷纷泄露出去：从在布鲁塞尔的帕尔马、在巴黎的唐·贝尔纳迪诺·德·门多萨、在罗马的艾伦红衣主教和在里斯本的梅迪纳·西多尼亚公爵。无敌舰队确实成了“欧洲尽人皆知的秘密”。[55]

腓力大战略的详情要为英国政府所知，还可以通过在马德里的两位非意大利代表的书信，他们是法国的和帝国的使节，然而出于大为不同的原因，他们的情报证明对英国的用处有限。在驻西班牙宫廷的所有外交官中间，帝国大使、弗兰肯堡伯爵汉斯·克芬许勒·楚·艾希尔伯格大概获得了最好的情报，因为他享有不少有利条件。首先，他代表鲁道夫二世，亦即哈布斯堡较年轻一支的首领和腓力的内弟（以及外侄和堂弟），因而许多大臣将他看作朋友；他是贵族（不同于来自意大利的职业外交官和显贵），因而他可以作为平等者与宫廷侍臣打交道；他 1574 至 1606 年间一直在马德里供职，因而建立发展了许多可靠的关系。此外，他能完全熟练地使用西班牙语，甚至用这种语言撰写众多函件，几乎完全不会错过自己的所闻所见。[56]最后，每逢他自己的消息来源证明不足以确定真相，克芬许勒能够拜访孀居的皇太后玛丽亚，即鲁道夫的母亲和腓力的姐姐，她退居于马德里的一个修道院，但仍与宫廷保持密切联系；或者，他还能拜访鲁道夫的弟弟阿尔贝尔大公，后者作为葡萄牙总督，负责监察在里斯本为无敌舰队做的一切准备工作。[57]虽然帝国大使馆的工作人员一直很少，只有四五个人，远比不上曼图亚大使馆的 14 或 15 人，但克芬许勒通常可以依靠皇太后或大公的很好的侍卫室,去获得他认为他的主人可能需要的差不多任何文件的副本:因而,他在 1588 年 9 月 14 日发送给鲁道夫的关于无敌舰队进展情况的详细报告,就来自腓力送去告知玛丽亚,而玛丽亚给克芬许勒看了的信函副本。[58]但是,布拉格离伦敦太远,对伊丽莎白政府没有多大用处:一名信使从马德里行至布拉格需要 4 到 8 周,然后从布拉格行至伦敦至少还要 4 周,到他抵达时消息通常就过时了。[59]

对英国的情报工作来说,巴黎本应该有用得多,但两个因素严重减损 221
了那里可得的情报的价值:隆莱勋爵皮埃尔·德·塞居松,身为法国驻马德里使节,既资金不足又不可信赖;另一位英国驻巴黎大使爱德华·斯塔福德爵士,成了一名西班牙间谍。隆莱 1583 年被任命,但被拒授大使衔,难得有足够的钱去雇佣他自己的间谍(亨利三世有一次不准他用快速信使送信,因为那花钱太多),因而经常缺乏其他大使可得的情报。[60]例如,1586 年 3 月,他依旧茫然不知早在 6 个月前腓力就已决定入侵英国,他的主人则不得不命令他搜寻在他自己门口的事实:

> 我已经看到陛下您[亨利三世]从意大利和其他地方收到的报告,它们提示西班牙国王目前正在集结被认为意在入侵英国的大量兵力……关于此事,陛下您命令我睁大眼睛搜寻任何影响到您的统治的事情,并且使您保持消息灵通。[61]

然而,隆莱似乎形成了他自己的计划。1587 年 1 月,他派遣一名可信的使者去拜访在马德里的教皇使节,并且十分秘密地表示他个人赞成派无敌舰队攻打英国,以便铲除在那里和在尼德兰的新教。他希冀这次冒险能由法国和西班牙联合发动,如若不能,他仍渴望教皇全力支持它。教皇使节虽然注意到隆莱看似虔信之士,其"府上酷似一个修道院",但仍怀疑他的诚意;两个月后,这位法国使节亲自登门拜访,再次表示他本人支持"英国大业"。[62]这种个人决心可以解释隆莱在向他的巴黎上司报告无敌舰队情况时何以有种种错误和疏漏,并非无法理解。迟至 1588 年

1 月,他仍声称全无关于无敌舰队真实意图的线索:"至于在此和在佛兰德的所有这些部队行将打击的地点,至今我仍然无力探知得较深。"[63]对英国政府在巴黎保有的间谍来说,这样的观察力不会有什么助益,特别是因为西班牙特工往往知道隆莱已经获得了什么文件,因而能够设法使之不被人相信。[64]

伊丽莎白的不幸在于,巴黎的头号间谍竟是她自己的大使。在表面上,爱德华·斯塔福德爵士吹嘘自己社会资格优越,职业素质超凡,无愧英国最重要的外交职位:他的已故继母(玛丽·博林)是伊丽莎白的姨妈,他的母亲当过女王的侍女,他的姐夫(埃芬厄姆的霍华德)担任英国海军上将和枢密院大臣。不仅如此,在女王与安茹公爵的联姻谈判期间,他在巴黎锻炼过自己的外交能力。对 1583 年他被任命为驻法国宫廷的
222 大使无人感到惊奇。斯塔福德的唯一不利之处在于手头无钱。他多次抱怨缺乏资金去适当地履行自己的职责,请求女王借给他钱,哪怕她付不起他的薪酬;可是女王没有满足他,因而他大举借债,越借越多。后来在 1586 年,或许更早,他似乎找到了一个替代的资金来源。当时有三种各自独立的说法,皆指责斯塔福德向法国天主教联盟领袖吉斯公爵出卖情报。可是,他依然债台高筑,大多由于滥嗜赌博。他不仅花光了自己的薪酬和出自吉斯的现金,而且挥霍掉了女王送交给他以便在她的法国支持者中间分发的一大笔钱。1587 年 1 月,因为极需钱款,斯塔福德找上了唐·贝尔纳迪诺·德·门多萨,提出愿就伊丽莎白的计划供给情报。[65]

从此,斯塔福德反复给西班牙提供关于(例如)皇家海军的实力、调动和目标的确切详情,一经探知便马上送出。他向门多萨传送了一系列预警:关于 1587 年 4 月德雷克袭击加的斯,关于计划中 1588 年 3 月袭击里斯本,关于 1588 年 5 月英国舰队在普利茅斯集结——所有这些全是都铎政权的安危(即使不是其生存)所系的战略情报,而斯塔福德对此随到随报。诚然,他至少有一次夸大了英国皇家海军的火力,而且一个人可以论辩说他这么做是为了惊吓甚或威慑腓力;然而同样地,斯塔福德可能相信这信息是真的,因为它直接来自他的姐夫霍华德海军上将。[66]

斯塔福德叛国还有进一步的证据，那可见于他本人送回伦敦的关于西班牙战备及其意图的信息。作为一个享有近乎接连不断的与西班牙大使（还有与驻巴黎外交使团的其他外交官）的接触的人，斯塔福德本应能够源源不断地就腓力的计划向本国政府输送高级情报，就像其他大使所做的那样。[67]然而想来奇怪的是，这样的情报在他发送的函件中实属罕见。相反，他大肆渲染法国对英国的敌意，特别在玛丽·斯图亚特被处决之后，从而使天主教联盟显得像是伊丽莎白的首要敌人。在他相对而言少有的确实提到西班牙的场合，斯塔福德不厌其烦地强调西班牙国王的克制、和平意图和道德正直。或许，他欺骗他本国政府的最恶劣尝试出现于1588年1月，当时他告诉伊丽莎白：西班牙无敌舰队已被解散。此信的一个副本送到了霍华德海军上将那里，他表示无法置信：

> 我说不出如何评价我［内］弟斯塔福德的通报；因为如果西班牙国王的部队果真已被解散，我便不会希望女王陛下像她现在这么奋力备战；但如果它是个圈套，明知一件小事会使我们过分粗心大意，那么我就不知道从中可能出现什么结果了。

1588年5月，斯塔福德提出无敌舰队正以阿尔及尔为目标。不久后，他终于提到他在门多萨的书房里见到的一封信，上面提到一项打击英国的计划；然而他提出，任何在那里公开摆放的东西显然仅仅意在欺骗，从而 223
构成更多一个迹象显示无敌舰队另有目的。6月间他告诉沃尔辛厄姆，他认为无敌舰队将驶往西印度群岛；7月中旬，他声称在巴黎，人们正以六比一的赔率打赌，认无敌舰队永不会抵达英吉利海峡；7月31日，正当无敌舰队停泊在利扎德附近海面时，斯塔福德仍坚持说它依然损伤过于严重，无法驶离拉科鲁尼亚。在他必定知道西班牙正千方百计力图使无敌舰队出海时，他竟然反复地向本国政府说西班牙不再打算发动入侵，这构成了一种最卑劣的叛国行径。用支付斯塔福德的总共仅5,200达克特，腓力换得了所有这些好处，因而爱德华爵士必定被认作是该世纪的头号情报廉价商品。[68]

自然，伊丽莎白及其大臣并未完全依靠斯塔福德从法国获取情报：其他独立的情报人员也直接向沃尔辛厄姆汇报，其中许多人居住在巴黎，但女王付给他们的钱少得可怜。15世纪的一本论著《儒旺卡》主张，"一位君主应当将他的三分之一岁入用于间谍"，但伊丽莎白女王在关键岁月1584至1587年期间，每年只在其上花费其岁入的区区5%，即11,000英镑（约合44,000达克特）。[69]因而，可得的情报人员的一般素质始终低下。其中一些人起初为女王的敌人效劳，直到他们在工作过程中被捕、然后以成为双重间谍换取释放为止。还有一些在监狱里被招募，特别是如果因债务而锒铛入狱，靠秘密监视其狱友而获得释放。他们然后在别的地方继续从事间谍活动，由于搞出某些显然有价值的情报并因此得到报酬。很难发明出一种更好的办法去刺激假情报或被夸大了的情报：不足为奇，沃尔辛厄姆因为深恐针对英国的国际天主教阴谋，应接不暇地从他的特工那里收到众多关于阴谋、暗杀企图和入侵计划的报告；相反，伯利因持有一种不那么天启大决战性质的世界观，容易从他的手下人收到和平流言和西班牙温和克制的证据。[70]

必须在这一混乱的背景噪音环境中，对待来自意大利的详细和准确的信号，因为如前所述，成功的情报操作不仅取决于获取，也取决于分析和接受。难以评价都铎政府在分析外国情报方面的成就，因为那么多关键性文件业已失踪：在伦敦的"国务文件"档案中，相关的卷宗包含更多的来函，数量远甚于去函（以及宝贵的寥寥无几的评估或政策陈述）；虽然伯利和沃尔辛厄姆的个人档案有助于填补这个缺口，但仍然有诸多空白。尽管如此，留存下来的证据足够清楚地表明，伊丽莎白的秘密情报工作存在某些严重的弊端。

女王夸口她有能力洞悉一切（见插图29）。女王本人、伯利和莱斯特
224 伯爵认识腓力和他的某些较年老的大臣，与之有过个人交往，而沃尔辛厄姆担任过驻法大使，因此拥有搜集情报所需的第一手"实地工作"经验。[71]

插图29　伊丽莎白一世女王的“彩虹肖像”，可能由盖拉尔茨或克里兹绘制，是110幅已知的英王伊丽莎白的当代画像之一。与腓力二世的低调肖像（例如插图4那幅）截然相反，女王喜欢被画得色彩靓丽，威仪万方。这幅画也运用了代号，或者说（借用恺撒·里帕1592年论著《肖像学》的话语）使“画像表现出某种东西，那与一个人最初在其中见到的不同”。这里关键的象征包括伊丽莎白长袍上的眼睛和耳朵，意思是她能洞悉一切。

然而，在试图免遭战略突袭上，英国不管拥有多好的情报，也面对了所有各国同样面对的困难。美国军队未能预见和防备日本在1941年12月7日至8日突袭珍珠港和菲律宾，这提供了一个有益的相似案例。最重要的是，如罗伯塔·沃尔斯泰特在她对可得证据所做的极好研究中指出的那样，“先前从未有过”哪个政府掌握“那么完全的关于敌人的情报图景”。美国密码分析专家不仅破解了日本主要的外交密码，而且破解了日本特工在美国和其他外国港口使用的某些密码；美国海军领导人掌握了关于日本陆海军密码传输的无线电通联分析，那使他们能够确定日本各舰队单位的所在地点；英国情报部门将它们自己的发现供给美国使用；最后，美国驻东京大使馆、驻东亚各港口的海军武官和观察员、若干美国报纸的驻远东记者全都提供了关于日本的行动和意图的极准确的报告，差不多直到最后一刻。[72]然而,尽管有丰富的情报,日本对珍珠港和菲律宾的袭击仍然令美国措手不及。原因何在?沃尔斯泰特提出了几种解
225 释:袭击发生前的几次预警已证明是错了的惊恐,因而对后来更多的危险信号反应麻木;美军以为一种暗中破坏式的攻击是日本最可能采取的战略;日本设法隐匿了某些关键的情报,与此同时提供令人相信的"假情报"让美国去搜集。然而,比所有这些当中的任何原因都更重要的是,"人天性倾向于注意那些支持关于敌人行为之当前预期的信号"。"人的注意力",她指出,"受很可能发生的什么的信念指引,一个人不可能总是去倾听对的声音。"[73]

所有这些因素1585至1588年间也在英国发挥了作用,且因西班牙战略规划工作的非凡流动性而加剧:在苏格兰登陆,突袭怀特岛,帕尔马的军队在肯特郡海岸单独进攻,还有从里斯本对阿尔及尔和拉腊歇而非对英国发动两起袭击——所有这些战略腓力都在某个时候认真考虑过。不仅如此,如前所述,不同的大使及时察觉到了每个提议,将其传送给自己的主人,从而造就了一片很不和谐的背景噪音,那掩盖了国王的真实意图。[74]很少有人能相信基督教世界最强的君主竟能如此优柔寡断;更难相信的是,经过那么多显而易见的踌躇,他竟会采纳所有战略中最明显的战略,几个月里人人一直在谈论的那个战略,而且竟会挑选最明显的地方作为他的目标,那里是罗马人、萨克森人和其他人登陆过的。[75]

当1587年12月下旬伊丽莎白女王命令她的舰队出海时,她给霍华德海军上将的指令透露出对腓力的意图近乎全然困惑。这份文件开头足够坚决,说"必须最可靠地采取各种措施,以了解国王在海上和在西班牙以及帕尔马公爵在低地国家所做的巨大和超乎寻常的军事准备";然而,不确定性随即而来——"这也意味着上述兵力会被用于某个计划,其施行地要么是我们的英格兰和爱尔兰领土,要么是苏格兰王国。"因此,该文件设想了许多可能的情况,试图防备每一种可想象的威胁。德雷克将率领舰队的一部分"在爱尔兰与英格兰西部之间上下巡航",以防西班牙舰队试图攻击爱尔兰、英格兰西南部或苏格兰西海岸;与此同时,霍华德

亦应“上下巡航，有时向北，有时向南”，以防来自西班牙或佛兰德的军队登陆英格兰东岸或苏格兰东岸。然而，倘若帕尔马向某个荷兰港口推进，霍华德就应“尽全力阻止任何此类企图”；倘若无敌舰队出现在英吉利海峡入口，他则应增援德雷克。[76]

自相矛盾的是，鉴于在其宫廷弥漫的机密四泄状况，腓力能找到的使其敌人对其真实意图迷惑不明的最有效办法，就是不停地改变主意，因为每一次改变似乎都让人怀疑上一则情报的准确性，使“分析”和（最重要 226
的）“接受”变得极为困难。[77]不仅如此，这一迷惑在伊丽莎白方面导致了最糟局面。一方面，经久持续的高度警戒状态强化了她的节俭本能。16世纪的战争成本不断上涨，英国已经花费了大量金钱去支持荷兰共和国反抗西班牙的斗争：1585 至 1588 年的 3 年间花费了 40 万英镑（约合 160 万达克特）。伊丽莎白还向法国和德国的新教徒输送津贴。对她的国库来说，与西班牙全面战争的代价几乎全不可能低于每年 40 万英镑——恰好是她的常年岁入的两倍！因此，直到最后一刻为止，女王抓住每个借口去推迟针对入侵可能性的全面动员。[78]另一方面，出自她在国外的特工和朋友的情报雪暴般涌来，削弱了她的大臣们在眼前威胁最终变得清晰无疑的那刻作出决定的能力——这正是腓力与其大臣面对的同一个问题（见上文第二章）。例如，在 1588 年 6 月，一向小心谨慎的沃尔辛厄姆为没有回信向一位来信者道歉，因为“自从我担任现职以来，我从未有比现在更多的公务搁在手头。”他说得对：公共档案馆所藏“国务文件荷兰”系列（它只构成这位大臣先生的一部分关切）包括 1586 年 6 卷、1587 年 8 卷和 1588 年 10 卷。[79]

诚然，伊丽莎白及其大臣并未将每件事都留到最后一刻。他们在 1587 年 10 月征用了英国港口的所有商船（本国的和外国的），并且接管了所有可能在王国防务中起有益作用的船只；在接下来的一个月，他们派出专员巡视沿海各郡，确定需要采取哪些防御措施抵抗入侵。1588 年 4 月，枢密院任命了监察沿海防御的诸位“最高长官”，下令勘查被认为最有可能成为无敌舰队和帕尔马的滩头阵地的地方，而且命令各郡民兵开始认真训练(每两周3天)。所有这三项措施都为时过晚。“最高长官”们不能就最好的战略达成一致:是“在海边”“回击”敌人,还是只留下少许驻防部队在沿海各据点,将大部分部队撤往内陆一个较易防守的地点,在那里“阻滞敌人迅速进至伦敦或王国腹地”。[80]一些勘查缺乏精确性:诺福克郡韦伯恩霍普的略图“在1588年5月头一天匆忙绘成”,连比例尺都没有——“照理要有一个比例尺”,绘图者致歉道,“但时间不允许”。时间也不允许广泛构筑新的防御工事:在无敌舰队时期,伊丽莎白英国很少有自夸能抵挡火炮轰击的防御。[81]最后,各郡民兵可能开始了定期训练,但相对而言很少人持有火枪,而且至少在北部各郡,即使持枪者也只领得一磅火药供每两周训练之用,以致“他们至今只能在大多数场合以假开火来训练”(也就是说他们只能用枪瞄准,但缺乏火药和子弹来练习
227 射击目标)。在那里和在其他地方,民兵的素质往往令人绝望:多塞特郡的民兵在其指挥官看来,“将先自相射杀而非骚扰敌人”。[82]

轻率言论纷至沓来,数量日增,其中最重要的是1588年6月22日伯利收到的红衣主教艾伦《告英格兰和爱尔兰贵族和人民书》,还有唐·贝尔纳迪诺·德·门多萨的无敌舰队《战斗序列》法语译文,具体规定它“针对英国舰队驶去”;然而甚至这些,也只是逐渐地向伊丽莎白显露了那威胁要吞噬她的危险的确实性质。[83]6月26日,她告诫她的主要军事指挥官说,以“一支已经出海的军队”,西班牙打算“不仅入侵而且征服我们的王国”;7月18日,当无敌舰队已离开里斯本的消息抵达时,她命令她在肯特郡的部队开赴海岸,以阻止西班牙人登陆。[84]7月27日,女王终于认识到腓力的大战略包括“出动西班牙海上大军,与在佛兰德的部队会合,以实施上述企图”;但她误判了“指定的地点”,通知各郡指挥官敌军主力将在埃塞克斯郡登陆(而腓力选择了肯特郡),命令他们将新兵派往布伦特伍德。即使到此时,打算作为英国陆上防务关键的在蒂尔伯里的防御工事,也只是8月3日才开始建造,同时只有4,000名装备很差的士兵留下来防守肯特。[85]8月5日,当埃塞克斯郡的新兵携带“不够一顿饭的配给粮”抵达蒂尔伯里时,有令发出,要所有其他分遣队呆在原地,“除

非他们带着给养”。[86]

这些看来大不足以应对如此巨大的危机,但伊丽莎白无法做得更多。她的国库空空如也:英国出口贸易在1586至1587年间经历了一场严重的危机,税收岁入由此跌落,与此同时给荷兰人的津贴和花在海军上的开支耗尽了她的所有储备。7月29日,财政大臣伯利算出自己需要筹款约4万英镑(16万达克特),以支付和喂养在针对入侵威胁被动员起来的那些舰船上的水手(就此他粗鲁地说,“我惊诧那么多人死在海里,饷额却没有随之一起完蛋”),另外还需要1万多英镑(4万多达克特)付给军械处和各色各样的债权人。他想不出在哪里可以筹到这笔钱,因为虽然某些伦敦商人已提出放贷,但“我见不到有任何可能在此拿到我们缺乏的金银现钱,而只能经过外汇……那没有长时间就做不到。”伯利用一句忧郁的话作结论:“如果和平保不住,一个人就希望敌人不会拖延更久,而是像我相信的那样证明其厄运。”[87]

腓力很快如期而至。两天后,随着以完美的技能实现了英国的外交孤立和经济箝制,他的无敌舰队驶入英吉利海峡。一周后,它停泊在加来,在那仍被疑为登陆“指定地点”的肉眼所及范围内,准备护送帕尔马的入侵军队运兵船从敦克尔刻开往唐斯,其间仅70公里。相反,他的对手如托马斯·莫利纽克斯所说,就像“一个黑夜里掩蔽在笨重的盾牌后面行事的人,来回慢行,困惑莫名,不知究竟走哪条路可防一只看不见的 228
手的骤然攻击”。

如前所述,“情报”是极好的“力量倍增器”,但难能是“力量均衡器”。[88]一边是个全球性帝国,另一边是个茫茫大海中易受伤害的宝石般的小岛国:两边的力量差距实在太大,仅凭优越的情报根本无法扭转。由于他有同时双管齐下的能力,既能在差不多两年时间里维持规模巨大的陆海军,又能(通过虚假情报与犹豫不决的一种引人注目的结合)直到最后一刻为止保有突袭这一至关紧要的成分,因而腓力的大业确实本可成为“欧洲尽人皆知的秘密”;至少在战略意义上,它仍有过得去的成功机会。正如莫利纽克斯在他1759年的“合成作战”研究中写的:“一支强大的陆军置身于一支优秀的舰队,既非步兵亦非骑兵所能追随,能够无可阻挡地随己所好择地登陆,无论是在英国、法国还是在任何其他国家,除非受阻于一支实力相等或实力足够的舰队。"[89]

可是,在 1588 年 8 月,什么构成"足够"的实力?毕竟,有如一位驻巴黎的外交官精明指出的那样,英国人为挫败西班牙的大战略毋需摧毁无敌舰队:他们只需阻止它与在佛兰德集结以准备入侵的部队挂起钩来。[90]而且,为挂起钩来,一切都取决于两件事情:帕尔马在敦刻尔克和纽波特的部队能否在无敌舰队抵达英吉利海峡时与之会合;梅迪纳·西多尼亚能否控制——至少暂时地控制——将敦刻尔克与多佛隔开的 70 公里海洋。

第八章 帕尔马是否做好了准备?[1]

1588年8月中旬,佛兰德的敦刻尔克市镇广场上出现了一个引人注目的景象。帕尔马公爵在他的大多数功勋卓著的军官簇拥下,发出一份公开挑战书,“不是以其叔父腓力二世的大军统帅的名义,而是以亚历山大·法尔内塞的名义,要摆平任何谴责他导致‘英国大业’失败的人。”现场无人回应。[2] 虽然这一挑战在当时平息了岸上对帕尔马的一切批评,但它在西班牙无敌舰队的舰船上仍然没有效果。8月7至8日的夜里,该舰队被英国火攻船逐离加来,接着在弗莱芒附近海面的一场战役中遭到整个皇家海军的近距进攻和炮轰,被迫向北逃窜,英国人穷追猛击。舰队士气低落,而且据无敌舰队高级军官唐·弗朗西斯科·德·博瓦迪拉记述,每个人都开始“说‘我有言在先’或‘我知道会这样’”。唐·弗朗西斯科斥之为“马匹逃走后才锁马厩门”;然而,即使是他,也敢谨慎地批评帕尔马的所作所为。虽然承认自远征军离开里斯本之后,许多严重弊端纷纷暴露出来,但他指出“尽管有这一切,[梅迪纳·西多尼亚]公爵仍设法将其舰队停泊在加来锚地,仅离敦刻尔克7海里……[因而],如果在我们抵达那里的当天帕尔马已经出发,那么我们本该能够入侵。”[3] 无敌舰队的其他高级指挥官更为直言不讳。梅斯特里·德·坎波·唐·迭埃戈·皮蒙特尔在格拉夫林附近的海战中被荷兰人俘虏,当被问及在帕尔马公爵的部队不能与其会合的情况下舰队有何计划时,他愤愤地答道:

他们从未想到,公爵拥有100艘舰只、大量近海航船和驳船以及一支约4万人的大军,竟不能按计划出航;在他看来奇怪的是,公爵有如此实力竟未出兵,或至少未曾派出足够的载有火枪兵的驳船,以

> 便击退荷兰和泽兰的战舰，从而使他自己的战舰能够出去。[4]

230 9月，指责之声开始如潮水般涌来。按照驻巴黎大使贝尔纳迪诺·德·门多萨的说法，在法国实际上人人都认为帕尔马蓄意试图破坏“英国大业”。在意大利，萨伏依公爵（腓力的女婿）自荐接管佛兰德大军指挥权，因为（据西班牙驻都灵大使称）鉴于“看似日甚一日越来越糟的叙述，讲帕尔马如何（无论是出于恶意还是出于粗率）差劲地执行要他作好准备和援助梅迪纳·西多尼亚的命令，从而对公爵（以及对任何其他考虑此事的人）来说，陛下您能让他继续留在尼德兰似乎没有可能”；威尼斯的一位军事专家则猜测，“帕尔马有理由成为这个世界上仅次于腓力国王的最绝望的人”。10月，佛罗伦萨驻马德里大使报告说，“所有西班牙人，特别是那些从无敌舰队归来的人”，都“既在公开场合也在私下”将它的失败归咎于“帕尔马公爵的拖延……因而这位可怜的绅士需要一个好借口”。[5]

公爵已经认识到自己的危险处境：无敌舰队刚驶入北海，他就写信敦促他的叔父、在罗马照看其家族利益的红衣主教法尔内塞，“如果西班牙人竟想将降临到他们国家头上的不幸归咎于我，无论是为了替梅迪纳·西多尼亚公爵开脱，还是出于其他原因”，要立即反驳；10月里，他派遣一名特使去意大利，以便为他的行为辩护。[6] 倒霉的是，他挑选尼科洛·切西伯爵担负这次使命，此人是个在法尔内塞家长大的多少鲁钝的军人，转而去怪罪梅迪纳·西多尼亚。西班牙驻罗马大使（碰巧是梅迪纳的堂亲）怒不可遏，写信给帕尔马斥责其不忠和委琐：“此乃上帝的旨意，并非您的错——也非梅迪纳的。”无论如何，这位大使继续尖刻地说，“对每个指挥官的行为表现作解释的应是国王陛下，而不是其他任何人”。[7]

公爵也已开始关心解释问题。在弗莱芒沿海战役当天，他给他的主子写了一份初步的“解释”：

> 那些先前在舰队外前来这里的人试图制造我们未作好准备的印

> 象，他们错了，因为他们当时无法看到我的舰船上的枪炮和弹药，也无法看到船上的部队。为穿越英吉利海峡实已万事齐备，无不妥当……提前登船毫无好处，因为船只如此之小，以致连转身的空间都没有。毫无疑问，人员本将患病，食物本将腐烂，一切本将夭折。

尽管如此，国王与其臣僚还是满腹狐疑。当国务大臣唐・胡安・德・伊迪亚克斯确认收到此信时，他以这么一句尖刻话开头：此信写于布鲁日，“它离敦刻尔克很远”。[8] 不久，驻西班牙宫廷的外交官们注意到“许多人正在谈论帕尔马公爵，因为在某些人看来，他没有尽责尽力”，因而在11月，伊迪亚克斯变得较为直截了当。他先向公爵保证“您在任何国度都 231
没有比我更真的仆人”，并对“无知者、恶意者和寻求借口者散布的谎言”嗤之以鼻，然后遗憾仍有一片“需要驱散的疑云”，因为有人依然断言帕尔马本需两周时间让其部队登船。因此，伊迪亚克斯继续以宽慰但坚决的语气说：

> 所以我们，您的仆人，能够（在机会到来时）以信任和事实反击疑惑，对您的部队与其运输船在无敌舰队抵达时是否做好了准备的疑惑；请阁下明确地告诉我，您曾打算在8月的哪一天渡海，要是舰队没有驶离的话？[9]

这一次，帕尔马的回信显得更为谨慎。他先用几段文字否认自己与尼科洛・切西的行为有关，声称后者所以被派往罗马，只是因为法尔内塞红衣主教病了，而有一个人在教廷维护他的名誉似乎重要；他从未打算指责别人。接着，他辩称他的部队做好了准备。

> 8月7日星期一，即（梅迪纳・西多尼亚的）秘书阿尔塞奥（带着无敌舰队已抵达加来的消息）到来的那天，也是我离开布鲁日的那天，我令16,000名步兵在纽波特登船；当我于8日星期二抵达敦刻

> 尔克时，将在那里登船的部队已于黎明前到达并正在登船，当天他们完成了此事，连同弹药和所有其他准备妥当的物资。我们是以最快的速度登船，而且肯定本将完成。要不是因为我们收到的关于无敌舰队的消息，我们就大可当天夜里出航，将纽波特分遣队与来自敦刻尔克的部队会合在一起，以便在当天夜间和第二天部分时间里实施它们的任务（即入侵），因为它们万事齐备，所需无缺。

他以挑战性的口吻结尾："我说我们只需不过三天时间去登船和完成出海准备，此话并非凭空臆造。"[10]

然而，疑云并没有散去。1589 年 6 月，公爵情急之下，将所有相关的无敌舰队文件的副本统统呈交给宫廷——梅迪纳·西多尼亚致帕尔马的 9 封信；6 封回信（连同帕尔马给信使之一的指令）；关于为登船准备的火炮、弹药和食物的备忘录；所有致国王的重要信件。这是他为自己开脱的又一次尝试。或许鲁莽，帕尔马还添上了一些带刺的评论，挖苦整个计划的不明智，惹得国王长篇回应，那（实际上）告诉他必须停止抱怨，转而集中关注当前事务。[11]问题似乎到此为止，至少对腓力及其大臣来说是如此。

那么，真相究竟如何？若干关键文件的佚失使真相的探求复杂化了：在布鲁塞尔和西曼卡斯的政府档案，还有在那不勒斯和帕尔马的帕尔马
232 家族文件，都损失严重。[12]不仅如此，一方面，留存下来的公爵本人的证词可能偏颇，因为它的证词关系他的声誉甚或性命；与此同时，那些属于他的随从的人提供的、对他有利的看法或可被解释成出自个人忠诚甚或贿赂。[13]另一方面，帕尔马已经树敌甚多，他们当时和以后都乐于抓住每个机会使他声名扫地。胡安·莫雷奥，曾在《茹安维尔条约》谈判中起过突出作用，后来担任与法国天主教联盟接洽的首席联络官，于 1586 年写道"帕尔马公爵对陛下的事务握有大权，处理起来专横跋扈"。一个月后，佛兰德大军新任总监察胡安·巴蒂斯塔·德·塔西斯也抱怨帕尔马我行我素，对批评耿耿于怀。他俩此后又重申了自己的怨言，推波助澜，促成

国王后来决定召回帕尔马，并且将他的全部行政事宜置于严格的司法审查之下，因而他们对帕尔马在1588年的行为的敌对性事后评价也值得怀疑。[14]

然而，关键问题不在于就“英国大业”而言，是否佛兰德的每件事在1588年8月的第一周内已绝对完美，而在于是否已做了足够的事情去使得入侵部队能与无敌舰队会合，假如它有能力留在（或返回）英吉利海峡的话。“帕尔马是否做好了准备？”：整个冒险的成败取决于这个问题，而它只有在详细审视了战略、后勤和作战方面的证据以及敌友双方的证词之后，才能得到回答。

1586年，为了回应腓力的要求，即要一份入侵英国的蓝图，帕尔马提议突袭肯特郡海岸，突袭兵力是从佛兰德大军抽调的30,000名步兵和500名骑兵，由一支得到一小群战舰护航的驳船船队载运。国王最终否决了这个相对简单的战略，赞成实施一种合成作战，即从西班牙派遣一支强大的战斗舰队，它将击退英国皇家海军，夺取马加特（后来为保密原因被称作“指定的地点”）附近的阵位，保护帕尔马的军队从佛兰德港口渡海抵达肯特郡海岸。无敌舰队提供火力支持，既在海上，也在岸上，因为它载有强大的攻城车；帕尔马将提供入侵部队及其装备，连同运送它们的登陆船。两支兵力当中没有哪支能单独取胜。[15]

腓力在1588年4月1日签署给梅迪纳·西多尼亚的最后命令，明确规定只有在舰队获取了当地的制海权以后，帕尔马的入侵部队才能出发；一封私人信件还添加了下述告诫：

> 至于运送部队登陆的船只，须记住帕尔马公爵大量拥有包括驳
> 船、近海商船和适合此项目的其他航船；然而，他的所有船只都仅属
> 此类，而非规模和实力［足以］战斗的舰船。这就是他必须等待的原 233
> 因，等到无敌舰队抵达并确保他渡海为止。[16]

梅迪纳似乎完全忘记了这一点。6 月，当他的舰队接近菲尼斯特雷角时，他冒失地通知帕尔马："我正在前来与阁下会师，我进入海峡时将会给您写信，告诉您本舰队的位置，从而阁下能率领您的[船只]出发。"梅迪纳甚至还派出一艘舰载艇，"以便阁下能用它告知您的情况如何、您何时能够出发以及我们在哪里会合"。国王在读到此信的副本时立即认出了错误，并在边上的空白处批注道："这做不到，除非他[梅迪纳]首先使之安然无恙。"他立即发出深为苦恼的抗议：

> 我在此不想重复我已经那么经常地告诉你的话，我只想说……[计划的]要点是继续下去，直到你能够与公爵我的侄子会师为止……我相信你能够做到这一点，驶抵那个地方，确保公爵安全渡海，因为在你清除渡海途中的敌人以前，他的船只不能出海，也不能进而与你会合：它们只是运输船，而不是战舰。

即使这份显然一清二楚的说明，也似乎不切要害，因为梅迪纳依然完全相信，帕尔马能率领其船只与他在"马加特角"外会合。一个月后，他刚离开科卢纳，就再次错误地通知国王"我的想法是帕尔马公爵应当率领其船只出来，行至我到达的地方[即行至肯特郡海岸]，而不要使我等他片刻。战役的成功完全取决于此。"[17]

梅迪纳还一经离开西班牙海岸，就立刻派一名信使前往佛兰德。一周后，当他率领舰队进入英吉利海峡时，他向国王抱怨他仍未收到帕尔马的哪怕片言只语，"这令我困惑不明"，"我们正在差不多闭着眼睛行驶"。[18]于是，当舰队 8 月 1 日驶经波特兰岬角时，他再次写信到佛兰德，"请阁下确认我应当做什么和在哪里等待，以便我们会师"；唐·弗朗西斯科·德·博瓦迪拉也通过同一个信使发送一封信，敦促帕尔马"一见到本舰队在它应该到达的停泊地[即'指定的地点']，就立刻亲自出来，即使不能带着您拥有的所有舰船和部队"。8 月 4 日，在怀特岛附近海面，仍未有来自佛兰德的信息，梅迪纳再次写信提醒帕尔马"阁下应准备出海，与我会合”，简直随叫随到地会合。5 日，在比奇岬附近海域，经过三天“从早到晚”的远距轰击而未能迫使对方舰队前来交战之后，梅迪纳突然想到也许帕尔马在敦刻尔克集结的小战舰或能靠近英国人并与之交战，直至他的较大舰船能够靠近并强行登船为止。因此，他派出第四个信使，请求帕尔马立即给他派遣“40 至 50 艘快艇和其他轻型小战舰”。[19] 234

尽管做了这一切，但到翌日早晨无敌舰队看到布洛涅附近的法国海岸时，仍未有任何信息从佛兰德传来。梅迪纳·西多尼亚现在应当做什么？英国舰队仍在其后仅 5 公里处，因而像腓力命令的那样在马加特附近肯特海岸外停泊不再有道理。于是公爵决定

> 向加来锚地驶去，我们在下午 4 点到达。对于是否在该锚地停泊有不同意见，大多数人主张继续前进；可是，公爵从他随行的导航员得知，如果进一步向前，海流将迫使他飘离英吉利海峡进入北海，于是他决定在距离敦刻尔克 7 海里的加来前方停泊，在那里帕尔马可以前来与他会合。因此在下午 5 点，他命令整个舰队抛锚停泊。[20]

梅迪纳现在再次写信要求帕尔马提供“40 至 50 艘快艇”，以便“我们拖住敌方舰队，直至阁下能率领[您的部队的]所有其他部分前来，这样我们就能夺取某个港口，以使无敌舰队在那里能完全安全地停靠”。[21]

梅迪纳·西多尼亚的设想暴露出对海战实情的致命无知：一个人无法想象他的前任圣克鲁斯会犯同样的低级错误。这位公爵似乎从未想到，他的那些信使要么不得不冒埋伏在海峡的敌方舰船的密集射击，要么不得不前往法国海岸，并且指望找到一组现成的轮换驿马，将他们经陆路一直载送到佛兰德。设想他们将在无敌舰队驶至“指定地点”以前许久抵达目的地——更不用说携带答复返回——实属愚蠢。到头来，6 月里用“一艘全副武装的划桨舰载艇”派出的第一名信使没有误时，11 天内抵达了佛兰德；然而，风暴将无敌舰队吹离了科卢纳，使他携带的信息马上变得毫无用处。7 月 25 日从比斯开湾派出的信使乘坐“一艘六桨武装舰

载艇”，只用7天就抵达帕尔马处，后者立即开始动员其入侵部队。但是，从波特兰岬角出发的下一个信使却费了5天时间航行，到第6天才抵达帕尔马总部。同一天晚些时候，从怀特岛外海面的舰队派出的信使抵达，但翌日早晨就传来消息说无敌舰队已到了加来！因此，虽然梅迪纳对自己的缓慢进展反复致歉，想方设法像腓力训诫他的那样加快速度，但从佛兰德大军的角度看，他到得过快过快了。[22]

帕尔马试图与舰队取得联系的努力同样也不成功。6月21日，梅迪纳在菲尼斯特雷角附近海面派出的弗朗西斯科·莫雷辛船长抵达佛兰德，带来消息说无敌舰队已开始驶向英吉利海峡。此后便杳无音讯。[23]直
235 到7月21日——颇有讽刺意味这正是他们再次起航的那天——帕尔马才发现梅迪纳·西多尼亚及其舰队头个月一直停靠在科卢纳。30日，他派另一艘船载着信使去舰队，并于7月31日和8月1日、2日及5日派出了更多。[24]只有最后一名信使抵达了目的地：在加来一整天后，梅迪纳·西多尼亚终于收到了帕尔马的一封信，那必定令他心房颤悸，因为它的日期是8月3日，而且只答复他的7月25日函件，透露出了帕尔马对舰队的近况一无所知。[25]要是梅迪纳知道帕尔马及其僚属对他后来的信件的反应，就会更加沮丧：他们不仅全然拒绝梅迪纳要他们派出没有护航的小战船的呼吁，“因为它们在抵达西班牙舰队以前有连同船上所有人统统覆没的危险”，而且依然顽固地认为梅迪纳应当遵照国王的总体计划击败英国舰队，夺得马加特附近海面的阵位，“以便为在佛兰德集结的所有士兵确保从敦刻尔克前往英国的通道”。[26]

显然，鉴于两位司令官之间的通讯联络差不多完全中断，帕尔马不可能在8月6日让他的部队登船，准备“随叫随到地”与梅迪纳会师，因为直到那天为止，他还不知道无敌舰队已经进入英吉利海峡，更不用说到达了加来。舰队的舰船上他的批评者们——博瓦迪拉、皮蒙特尔和其余人——如同梅迪纳·西多尼亚，根本未能了解形势。因而，伊迪亚克斯和腓力的大多数其他大臣据此为帕尔马开脱；然而，他们仍旧极想弄明白假如无敌舰队能设法停留在加来附近海面，那么帕尔马究竟在哪天能做好

准备。[27]

当时无人否认,为入侵英国已在佛兰德集结了一支强大的兵力。到1588年6月下旬,约有27,000人在海岸附近拥挤的兵营里焦躁不安地待命(见表格6)。[28]帕尔马准备了一个细致周全的登船计划,包括每个单位进至纽波特(供18,000名瓦龙人、德意志人和意大利人登船)或敦刻尔克(供9,000名西班牙人、爱尔兰人和勃艮第人登船)的精确的路线和顺序;他亲自监察了两场"演习",以保证每个人明白自己的职责。[29]8月2日,收到梅迪纳·西多尼亚告知他已离开科卢纳的信件,帕尔马随即命令部队进入戒备状态;6日,得知无敌舰队继续靠近,所有部队便开始向港口运动。在接下来36小时里,差不多有27,000人成功登船,对任何时代的一支军队来说这一成就都不平庸!它证明了帕尔马与其部队的军事效率。[30]

入侵英国的兵力,1588年 236

"族别"	单位	人数
西班牙人	4个步兵方队	6,000
意大利人	2个步兵方队	3,000
爱尔兰人	1个步兵方队	1,000
勃艮第人	1个团	1,000
瓦龙人	7个团	7,000
德意志人	4个团	8,000
骑兵	22个连	1,000
总数		27,000

表格6　腓力期望用于"英国大业"的主要入侵兵力来自他的佛兰德大军,而且从他的大部分属地——西班牙、西属意大利、弗朗什-孔泰和尼德兰——调遣了相当多增援,连同出自德意志和爱尔兰的受欢迎的天主教士兵。此外,数以千计的更多兵员驻守忠诚的低地国家城镇和要塞,如果荷兰人或法国人试图趁入侵军队不在时对它们发动攻击,随时准备捍卫它们。

为了实现这个目标,他们克服了许多困难。首先,为了将9,000名西班牙人和意大利人集中在佛兰德,需要组织一种复杂的行军,先经海路到达热那亚,然后经过伦巴第,翻越阿尔卑斯山,沿西班牙大道行至低地国家。[31]不仅如此,受战争蹂躏差不多10年之久,佛兰德的状况令部队到那里后损失严重:1588年2月,帕尔马估计新组建的西班牙人和意大利人部队已减员三分之一以上,还有许多人患病。人员的严重损耗还在继续。唐·安东尼奥·德·苏尼加的方队从意大利进入低地国家,"不仅没有武器,而且没有衣装,待遇极差",1587年7月间有2,662人,到1588年4月只剩下1,500人。在9,000名1587年夏天进至佛兰德的意大利步兵中间,翌年4月还在的只有3,615人。[32]不仅如此,一旦抵达,在它们月复一月地等待舰队的同时,每支部队都需要食物、衣服和住所——在一个食品价格保持史无前例高水平的国度。国王从1587年9月起,反复强调无敌舰队的出发日期"近在眼前"(虽然其他通信人倾向于不这么乐观),这迫使帕尔马在差不多一年里将他的入侵兵力保持在近岸处,即那些已因激烈的战斗而遭破坏和丧失人口的地区。[33]一位英国观察家说:

> 令人惊讶的是,这么多人如何生活在一个满目荒芜和被严重破坏了的国家……为找食物供给……我从奥斯坦德到布尔布一路观察,四下搜寻,张望一片长40英里[约70公里]或范围更大些的乡间,只见村庄荒芜凄凉,残垣断壁,村里见不到任何居住者,除了立有零散几处栖所,简直全无房屋。[34]

帕尔马赢得了一项重大的后勤胜利,即在如此恶劣的环境中维持了差不多30,000兵员,尽管其个人代价高昂:他的府上账簿和通信披露了1587至1588年举借的无数贷款,有多种多样来源(他甚至从锡耶纳的圣凯瑟琳修道院修女和罗马的耶稣会学院借钱)。[35]他还成就了另一项较小
237 的杰作,那就是将这些兵员装备起来以便入侵。据阿隆索·巴斯克斯称,
在纽波特和敦刻尔克专门建造的军备仓库里装满了弹药和给养,还有更

多的物资储存在附近的房屋和修道院里；根据一名敦刻尔克人的日记，仅镇上的灰衣修道士教堂，就储存了1,000吨火药。[36]它在3月6日侥幸未被毁坏，当时有一艘据称装载黄油和奶酪的荷兰小船驶入敦刻尔克。港口“到处挤满了船”，致使这艘新来的船不得不停泊在稍远的地方，因而当它藏匿的炸弹在那天夜里爆炸时，只炸毁了帕尔马的两艘船，严重炸伤了另外5艘，并且震碎了镇上所有窗户玻璃。[37]物资储备继续下去，毫不消减：7,000双棉胎靴、3,000副马具、在船上固定马匹的皮带，等等。[38]在布鲁日的一些英国间谍3月里见到人们装运“火药、子弹、导火索、大量马用系索纽带、云梯、鹤嘴锄、铁锹、铲子和短柄战斧”；其他在敦刻尔克附近的间谍6月里发现40艘“平底船……为运载马匹而备，因为船内装有饲草架和马槽以及其他必需设施”；还有人注意到某些船上装有面包烤炉。[39]当然仍有疏漏。无敌舰队到达前仅两周，为入侵而新组建的一个西班牙方队的指挥官唐·卢伊斯·德·克拉尔特请求帕尔马“下令给我们发放武器，因为（正如大人您很清楚地知道的）我们缺乏武器”。先前一次抱怨曾导致两个连得到武器，这次克拉尔特保证“我会每周将部队拉出去一两次，就像我已经开始做的那样，让他们排成阵列，尽我所能训练他们”；但是，他尚不能完成对他手下其余人员的训练。[40]然而，所有军队都有其薄弱环节：尽管有克拉尔特的某些手下人的种种弱点，但人人都一致认为帕尔马的入侵兵力处于实施“英国大业”的最佳状态。

关于被集结起来载运部队的船只的证据较为模棱两可。有着一生海军经历的威廉·温特爵士指出：

> 据说（帕尔马）亲王的兵力为30,000军人士兵，那么我可以肯定地对大人您说，需要用来运输这么多人的适合的船只可不在少量，如果没有这么多船，我就不认为他们会启程出海；至少必须有300艘船，而且每艘都要达到60吨。[41]

起初，帕尔马根本没有这么多船。确实，他最早的1586年4月计划几乎没有关注海上事宜：他含糊地写到了使用驳船，但未具体讲船只的数量和规模，马德里的大臣们不得不询问将计划送到宫廷的信使以了解详情。然后在1587年11月，公爵若无其事地提出驳船——整个计划的成功现在皆系于此——可能根本没有能力驶抵英国：“我不确信驳船能够发挥我们期望于它们的作用，因为它们虽然可以航海，却是轻型小船，需要风平浪静的天气，除了随风而行别无他能……”与帕尔马谨慎周密地规划
238 他的部队的每一陆上行军截然相反，他对运送部队横跨海峡到英国这一远为复杂的任务马马虎虎，随意而为。[42]

然而，到头来还是形成了一支规模合适的船队。无疑，当公爵在1587年秋季声称他已有足够的舰船渡海时，他是在夸大其辞：根据他本人的记载，当时只有67艘舰船在敦刻尔克港，而且它们缺少370门火炮和1,630名水手。[43]可是，到1588年6月，一名英国间谍已在报告说，约有70艘载重50至60吨的商船在敦刻尔克被征用，“其中大多数现在装载了必需品”。此外，“在敦刻尔克有12艘140至160吨的大型舰船；其中有3艘各装有20门小型铸炮，每舷10门；其余每艘每舷只有3门铸炮和1支小猎炮。”他还看到12艘约80吨的“快舰”，其中8艘各装备6门小型铸炮，还有8艘载重40至50吨的舰船，其中5艘各装备6门小炮，其余装备舰尾和舰首追击炮。“所有这些战舰都已做好准备，它们的水手亦已上船”，英国的这个报告声称，正如数量可观的商船一样。但是，“不清楚……到哪里征召足够多的水手去武装上述舰船”；此外，“这些舰船敞开，在有人登船时没有任何关防。”[44]

根据佛兰德舰队本身的记录，到1588年夏天，已有约100艘舰船——26艘战舰（若干的排水量超过150吨）、21艘驳船以及约50艘商船（某些在汉堡被租来）——停泊在敦刻尔克港。还有差不多200艘船在纽波特港内外待命，绝大多数为驳船。[45]一听到无敌舰队从里斯本出发的消息，帕尔马立即命令所有海员赶赴各自的舰船报到，否则处死；一周后（据一项英国史料）他“来到敦刻尔克，视察舰队，并且为之乘划艇出了港口”。[46]

不少经验丰富的英国水手因而似乎确信，帕尔马的舰队到 1588 年 7 月已多少做好了起航的准备。荷兰观察家持同样的看法：7 月 14 日，泽兰议会根据详细的报告断定，帕尔马的部队准备登船开往他选择的任何目的地："他的舰船处于如此的有备状态，以致可以在 10 到 12 天内起航。"[47]8 月 7 日，帕尔马显然写信告知梅迪纳（像他后来告诉国王的那样）：只要再有两天时间，他的部队就将万事齐备，可以出海。[48]然而，某些西班牙见证者以不同的眼光看待此事。唐·胡安·曼里克·德·拉勒，计划在纽波特登船的一个德意志步兵团的团长兼帕尔马的作战议事会成员，随后抱怨说"我们发现舰船仍未做好准备，它们当中没有哪一艘装有哪怕一门火炮，或任何可以吃的东西。"[49]梅迪纳·西多尼亚为弄清佛兰德形势而派遣的两名特使——舰队总监察唐·若热·曼里克和公爵秘书伊埃罗尼莫·阿尔塞奥——断定帕尔马不可能及时做好准备，因而拼命敦促他作出更大的努力。但是，似乎只有阿尔塞奥将自己的不满见诸文字，通知梅迪纳·西多尼亚今后两周内帕尔马仍做不好准备。[50]据阿隆索· 239
巴斯克斯的看法，"虽然敦刻尔克和纽波特的弹药库里存有大量给养和弹药，连同已经准备好的其余装备和马具，但它们未被装上船；许多舰船也未像它们应当的那样按照他[帕尔马]要求的速度得到装备，虽然它们已准备出发。"巴斯克斯做出结论："我作为一名目击者的看法是，让这么一支强大的军队冒险乘坐帕尔马准备的那些弱小和缺乏防卫的船只，实属鲁莽。"[51]1588 年在敦刻尔克的一名副官唐·卡洛斯·科洛马，后来在回忆录中写下了同样指控性的判断："不管其原因如何，可以肯定——我亲眼目睹——在此期间[1588 年夏天]，敦刻尔克的舰队准备工作进展得非常缓慢，因而当西班牙步兵必需登船时，即使旗舰都……未做好起航准备。"尽管如此，科洛马继续说，帕尔马一听说无敌舰队已抵达加来，

> 他就立即决定登船，不管所有其他考虑和一切。步兵方队的军士长马上传发登船命令，它们立即得到执行，虽然士兵们对此大加嘲笑，因为他们当中许多人被要求登上没有任何船木工修作过的船只。

> 这些船没有弹药，没有给养，没有船帆。[52]

乍看来，这些评估与英荷两国间谍评估之间的明显反差难以调和。然而首先，若干西班牙观察家对帕尔马的旗舰未做好准备的批评不足为信：阿隆索·巴斯克斯特别指出它只缺少某些“升降机箱”和少许金漆，还说许多舰船在风暴中损失了更多上层结构，但仍成功地完成了航行。关于其他舰船缺少给养和船帆的指责同样不仅被巴斯克斯否认，也遭到另一位同代人安东尼奥·卡尔内罗驳斥：“我从当时在场并参与其事的值得信赖的人那里得知，只有两三艘船没有做好准备。”卡尔内罗接着说：

> 称缺少食物的那些人错了，因为大量烤面包、饼干、鲱鱼和面粉随时准备被送往军队可能在的任何地方。它们未被装船缘于无需这么做，因为部队将在单单6小时内渡过海峡，其间会被消耗的给养极少，也因为安排了专门的船只在部队一经登船后立即运送食物。[53]

或许，就一次相对短途的航行而言，部队甚至可以“沙丁鱼似的”被挤塞在船上，像在后来1940年从敦刻尔克出发著名的跨海峡行动中发生的那样，而在佛兰德大军的其他两栖行动中亦有此状(见插图30)。

佛兰德舰队本身的记录显露出长长一连串支付船只准备工作的款项，直至用金漆涂写船名，在船首添加一个海马雕像。帕尔马的旗舰竖有一面红色锦缎的“皇家旗帜”，旗上一面绣西班牙纹章，另一面绣受难的基督，两旁是圣母玛丽亚和施洗者圣约翰；其他舰船将悬挂黄塔夫绸军旗，旗上展示勃艮第十字(亦见于插图30)、尼德兰17省徽号和西班牙纹章。军旗上全都“点缀火焰”，象征它们将在战争中英勇招展；不仅如此，根据一项英国史料，在敦刻尔克的各西班牙连队“在他们即将登上的舰船上竖起他们的军旗”，准备出发。帕尔马自己也做了准备：1588年5月，他的私人司库购买了材料，以制作一件专门“供殿下用的饰有银丝线的雨披”。[54]

插图 30　西班牙部队素描（1605 年）。1588 年夏年，帕尔马公爵为将其部队运送到英国而集结的船只和补给是否充足？围绕这问题疑雾满布。一些士兵抱怨说，他们被塞进指定的船只而无食物。然而，帕尔马预计渡过英吉利海峡将只需 8 到 12 个小时，因而一方面，实际航行几乎不需要什么补给（而且无论如何他已在另一些船上装载了这些）；另一方面，部队可以被相当拥挤地装入船只。这幅素描画的是西班牙部队怎样渡过莱茵河，以便对荷兰发动一场突袭，它显示了某些可能性。 240

于是，关于舰船准备状态的舆论相权之下也有利于帕尔马，尤其是因为对缺乏准备的批评主要来自那些后来写下其回忆的人（巴斯克斯和科 241
洛马），并且完全来自不懂航海的人，他们对多快能使一艘舰船下海仅一知半解。无疑，在 1588 年 8 月 8 日，有些舰船确实仍未做好准备，但大多数必定已经准备完毕，因为那么多荷兰和英国水手认为它们如此，而且差不多整个入侵部队实际上在登船。如果这方面出现了严重问题，唐·若热·曼里克和其他身居要津的观察者肯定会在给国王的详细报告中提到。[55]

此外，容易忘记的是，为了在敦刻尔克和纽波特创建这支入侵舰队，已克服诸多障碍。首先，帕尔马起初设想从安特卫普发起对英国的入侵，在那里他缴获了 1584 至 1585 年围攻战期间保卫该城的大约 70 艘武装舰船（其中某些是大型的）。虽然荷兰人继续封锁施凯尔特河，但公爵希望能使一支舰队出海，它将由他的旗舰、排水量约600吨（装备50门铜炮）的大型挂帆战舰“圣亚历山德罗”号和一艘大型划桨船（由一队从热那亚召来的木匠专门建造）带领，连同约30艘其他战船（包括8艘新快艇）和各种运兵船。对它们的价值看法不一。1588年初的一份英国情报报告认为，在安特卫普港外游弋的“31艘壮观的战舰”“与我国的任何一艘战舰一样好”，另一份报告则称，“人们公认它［帕尔马的旗舰］在新造［即彻底重新建造］以前永不能扬帆出海。其余舰船都是些普通的破烂货。”[56]

然而，不论它们的有效性如何，一切都取决于使“圣亚历山德罗”号及其僚舰驶出施凯尔特河。帕尔马1587年8月占领了河口的有相当大量海船的斯鲁伊港，为大型舰船沿施凯尔特河顺流而下开启了可能，在那里它们将“解放”囿于斯鲁伊的舰队，然后进至纽波特和敦刻尔克装载入侵部队。帕尔马亲自勘察了佛兰德北部沿岸的河口和航道，却发现有130至140艘荷兰舰船等在安特卫普下方，其意恰在于阻止这一动作。他颇不情愿地得出结论：没有哪艘安特卫普的舰船能够经这条路线安全抵达斯鲁伊。一贯足智多谋的公爵决定将较大的战舰留在原地，以便牵制住荷兰的封锁舰船，同时令其余船只经内陆水路驶往斯鲁伊。工兵加紧加深运河，挖开一些堤坝，以增大河水的深度和流量，直到1588年3月，所有来自安特卫普和施凯尔特河沿岸其他港口的较小舰船都转移到了根特。这样，最终有100多艘舰船（包括大型划桨船）抵达斯鲁伊。同时，从汉堡和吕贝克招募来的大约200名水手也经陆路到达，以增强这支舰队上的船员。[57]

无可避免，荷兰人注意到了这些事态发展，近乎立即在斯鲁伊前方部署了另一支封锁舰队，阻绝了任何要从那里突围出去的念头。[58]于是，帕尔马派工兵再度赶上，这次是加深河道，并且开凿新运河，以便将斯鲁伊与纽波特连接起来。4月5日，他们开通了一条宽10米、差不多深2米的“捷径运河”，使得驳船和其他平底船得以抵达海岸（见插图31），尽管较大和武装得较好的船只不得不又一次被扔在后方。[59]

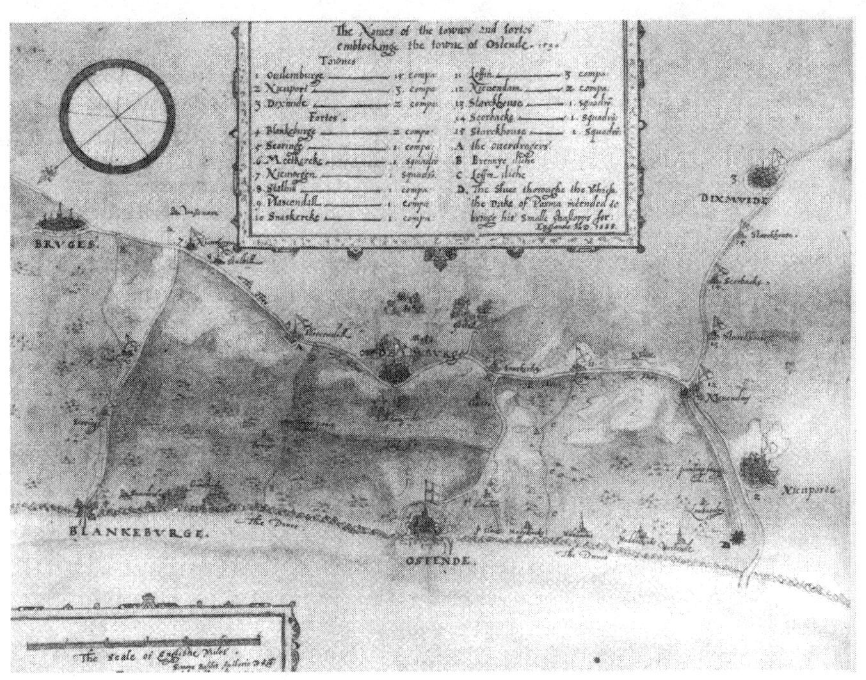

插图 31　奥斯坦德周围荷兰人所控制的飞地地图,英国制图师罗伯特·亚当斯1590 年绘制,显现出两年前入侵部队一个登船区的地形。在靠近纽波特(图右侧)的一处地方,亚当斯标明"有闸水道,帕尔马公爵打算使其小船经此前去英国"。公爵在布鲁日的司令部见于左上方;另一个登船港口敦刻尔克位于地图外面右方。 242

总之,这是一项极令人钦佩的成就。到 1588 年 6 月初,分成三队的7 艘商船和 173 艘平底船克服重重困难,已停泊在纽波特港,准备与在敦刻尔克的战舰和运输船会合;而且,一经接到无敌舰队抵达加来附近海面的消息,帕尔马不仅立即开始让他的部队在弗莱芒各港口登船,还马上命令施凯尔特河上的舰船顺流而下,以便引开更多的荷兰封锁舰。[60]然而在两个港口,为部队登船准备的船舶总吨数还是相对较小,最大战舰的排水量仅为 180 吨,一般商船的在 150 吨以下,大多数驳船的仅 100 吨,因而为帕尔马麾下 27,000 名军人准备的 26 艘军舰、55 艘商船和 194 艘驳船 243
的总排水量几乎不可能超过 30,000 吨。[61]

这个总数必须被放在纵深背景中看待。如前所述，威廉·温特爵士认为，30,000人及其给养需要300艘平均排水量为90吨或总排水量为27,000吨的舰船。帕尔马看来已达到这一目标。然而，或许温特低估了：毕竟，荷兰人为自己在1600年对佛兰德的海上突袭集结了至少1,450艘舰船，总排水量超过150,000吨，以便载运其18,000人的部队航行100公里。即使如此，小型船只还是占大多数，其中许多正是帕尔马集结的那一类（通常用于内河航运的驳船）；只有16艘战舰陪伴这支荷兰远征军。[62]不仅如此，敦刻尔克港的记录透露，这个时期里，当地商人频繁地使用内河船只从事与多佛和唐斯的贸易。[63]因此，可得的数据充分证实了帕尔马的断言，即他在敦刻尔克和纽波特两地的船只对登船来说“足够现成”：在纯技术层面上，如果荷兰人在1600年能够用驳船实现海上入侵，如果敦刻尔克人能够驾驶它们去英国从事贸易，帕尔马也就能用它们运载他的部队渡过英吉利海峡。[64]

腓力入侵英国的决定一经变得广为人知，帕尔马就立即认识到直至无敌舰队从西班牙抵达英吉利海峡为止，他的部队无法安全渡海到英国。迟至1587年11月，他显然还在设想紧随无敌舰队驶近并引开英国皇家海军之后再发起突然袭击（见原文第197页），然而下一个月他首次提到弗莱芒海岸外出现一支荷兰封锁舰队，告诫国王说无敌舰队现在还需为他的部队出海和到达“指定地点”扫清道路。从此，他在给国王的信里反复提到这个问题。1588年4月他遗憾地写道：

> 敌人已经……得到预警和得知了我们的计划，并且做好了一切防御准备；因此显而易见，一度那么容易和安全的计划现在要遭遇无比大的困难、耗费多得多的鲜血和精力才能被贯彻。我正在焦急地等待梅迪纳·西多尼亚公爵率领他的舰队出发的消息……［以保护］我渡海，因而如此至关紧要的事情不应出丝毫差错。如果未能做到这一点，如果未能实现公爵与我在登陆之前、登陆期间和登陆以

后的及时合作,我就几乎无法像我渴望的那样为陛下您效劳成功。

6 月,在收到梅迪纳·西多尼亚询问两支部队应在何处会合的信件(见原文第 233 页)时,帕尔马气愤地告诉国王,“梅迪纳似乎认为我应当率领我的小舰船出海去迎接他,这根本不可能。这些船只无法经受战舰炮击;它们甚至经受不住大浪。”国王直到 8 月 7 日——亦即复仇女神(以英国 244
炮舰为形)猛击他的舰队那天——才收到这封信,并且颇有预感地(但是徒劳地)写下了一句话:“愿上帝保佑,不要在这里出什么纰漏。”[65]腓力和梅迪纳·西多尼亚完全未能把握帕尔马所处的真正形势。

唐·贝尔纳迪诺·德·门多萨等人相信,这种种不同借口掩盖了一个事实,即帕尔马处心积虑地(但是在暗地里)试图破坏一项他认为注定要失败的事业。无疑,虽然国王起初在 12 月 29 日要求帕尔马提出一份作战计划,但公爵直到 4 月 20 日才照办,给出的多少蹩脚的理由是他一直“很忙”;他还决定通过一名私人信使送交他的计划,此人实际上走了一条到西班牙宫廷的尽可能最长的路线,由陆路途经卢森堡、弗朗什 - 孔泰和意大利,然后乘帆船去西班牙。因而,该计划迟至 6 月 20 日才到达马德里,结果像帕尔马必定认识到了的,即入侵在 1586 年没有可能实施——从而给他换来了整整又一年时间去继续努力以重新征服尼德兰。然后在 1587 年,接着又在 1588 年,公爵不断向国王抱怨他被赋予的任务,抱怨机密不保,抱怨缺乏经许诺的来自西班牙的支持,甚至还(偶尔)抱怨坚持“英国大业”不够明智。

然而,这说不上是“暗中破坏”,因为无论他内心有何疑虑,帕尔马仍在马不停蹄地(如前所述)努力,向可行的登船港口附近集结人员、供给和船舶,同时对荷兰人和英国人隐藏其真实意图,以便将它们遭围困的风险减至最低程度。于是,除了转圈似地调动部队和舰船外,他还离开他的行政首府布鲁塞尔整整一年,在佛兰德和布拉邦特各处不懈地奔波,既是为了监督在 4 个指定港口的入侵准备,也是为了散布关于他的行动目标的困惑。[66]在这方面,他证明完全成功。1588 年 7 月 12 日,当巡逻在弗莱

插图32 1586年某些佛兰德海港的入口远眺图。腓力也汇集了种种佛兰德海岸地图。这一幅来自1586年的一本地图集，它由 246
24幅海图组成，涵盖从波罗的海畔雷维尔到法国拉罗歇尔的欧洲大陆海岸。所有远眺图都是从大海上一个想象的“桅顶瞭望台”位置出发绘制的，标出每个港口前的高建筑物和其他“主要标志”，连同任何沙洲和其他险处。就上图在施凯尔特河与加来之间的海岸而言，通向和连接每个港口——包括敦刻尔克和纽波特——的海上航道都被显示得一清二楚。该地图集大概是荷兰绘图师阿尔贝尔·哈延绘制的，他希望它由荷兰三省议会刊印出来；然而，1585年瓦格黑纳尔的《海员之镜》出版，并有10年内禁止任何人拿出竞争性作品的特许证，这迫使哈延另谋出路。他因而将他的作品送往——更可能是卖给——西班牙。

芒海岸外的荷兰分舰队司令突然认识到帕尔马的整个大军随时能从敦刻尔克和纽波特起航时，他麾下只有 24 艘舰只，而 32 艘舰船巡逻在斯鲁伊附近海面，135 艘封锁着安特卫普，另外 100 艘守卫在更北的须德海和艾姆斯河入口外。[67]荷兰联合省政府在佛兰德附近海面集结更多舰船的举措遭到荷兰和泽兰政治领导人的强烈反对，他们迟至 8 月 10 日，即格拉夫林海战后两天，还在忧惧腓力真的要进攻他们。[68]像在英吉利海峡的英国分舰队司令亨利·西摩尔勋爵正确断言，“我认为他们[荷兰人]渴望更多舰船保卫他们的而非我们的海岸”。埃芬厄姆的霍华德海军上将在靠近西班牙舰队时气愤地说，“海上没有一个弗吕斯欣人或荷兰人。”[69]

荷兰人封锁的性质已被大大误解：他们的舰船并未像常说的那样，藏匿在弗莱芒沿海各港入口处，而是像阿隆索·巴斯克斯所说：

> 无论帕尔马想何时将他的两支舰队[在纽波特和敦刻尔克]合 245
> 在一起，对他来说都易如反掌，因为海岸附近根本没有敌船。它们不能靠近海岸，因为除了整个英吉利海峡的潮汐造成的多股海流和许多沙洲外，还有确保海岸安全的据点形成的防卫。[70]

当时的地形图将情况表明得清清楚楚。1586 年绘制的一份地图标出佛兰德海岸和离岸相当远的安全航道（插图 32）；此后的前往敦刻尔克航道图显示，荷兰封锁舰离岸有一段距离，较大的敦刻尔克舰船安然地停泊在一个大沙洲“埃苏尔肯”与岸上火炮群之间。[71]根据 1583 年呈送给腓力（并由他作出批注）的一份对这两个港口的详细描述，敦刻尔克与纽波特之间的锚地能很容易地供一支大舰队停泊，与此同时（敦刻尔克与格拉夫林之间的）马尔迪依克则可被用于登船。[72]

两个港口的容量也被错估了，当时某些人（包括梅迪纳·西多尼亚）提出帕尔马的舰队只能在朔望大潮时出现。[73]可是帕尔马明确否定这个说法：

> 虽然刮风时水位下降，我们需要朔望大潮，但很少有船只受到影响；即使设想这样的情况会发生，以致我们不能使用它们，我们也还能用其余船只去执行任务，我从未……想过要等待朔望大潮或为此哪怕拖延片刻。

根据1583年时特别为腓力准备的一份港口报告，敦刻尔克港低潮时水深4米，高潮时超过5米，而在纽波特分别是5米和近乎6米，3月和8月的朔望大潮期间还要多大约1米。不仅如此，排水量至300吨的舰船在此时能够并确曾正常进入敦刻尔克。[74]

即使如此，使帕尔马的整个舰队从这两个弗莱芒港口出海也并非易事。如安东尼奥·卡尔内罗在其回忆录中所说，300艘已集结的舰船在单独一次涨潮期间全部出海看来不大可能，因为先走的舰船需要在锚地等待其余舰船。[75]然而，这可能不像听起来那么困难，因为弗莱芒海岸外的荷兰封锁舰队不仅舰船数量不足，而且缺乏火力。

1584年1月，奥兰治亲王要求联省议会批准建造180吨至400吨的“10艘好战舰”，但联省议会拒绝，只授权建造几艘小型近岸护卫舰。[76]诚然，共和国在1587年11月至1588年7月间确实为自身防务征用了180艘船，但其中只有55艘用于加强泽兰舰队（负责封锁佛兰德），最大的排水量仅300吨；更重要的是，1588年7月，皇家海军断然拒绝荷兰派去援
247 助英国防务的23艘战舰，因为它们太小，装备太差，以致派不上用场。[77]虽然联省议会后来租用了两艘大型商船，一艘排水量600吨，另一艘750吨，但为它们配备人员的代价如此高昂，以致它们从未出过海。事实上，即使是较小的舰船，用于其船员的开支也大得令荷兰和泽兰在1588年1至11月间无法向水手们支付工资。[78]

因而，到8月初，当无敌舰队抵达加来附近海面时，帕尔马的部队只面对区区35艘荷兰舰船，尽管后者得到约1,200名专门受过海战训练的火枪手增援。[79]大约40艘较大的船只留作后备，但它们同样相对较小，其总排水量几乎不超过7,000吨：只有两艘排水量超过300吨，最大的一艘

仅装备20门炮(都发射9磅以下炮弹)。[80]荷兰省议会维持的海军同样几乎全无强大的战舰,最大的仅装备14门炮,只有4艘装备10门炮或稍多,而且无论如何它们直到8月下旬才出现在敦刻尔克附近海面,而那时危机早已过去。[81]西摩尔麾下的英吉利海峡分舰队则大多留在唐斯。

不足为怪,拿骚的贾斯蒂努斯与其不足的兵力证明不能完全锁闭敦刻尔克港。帕尔马设法派船出海,1588年2月17日派出1艘,3月1日派出4艘,5月1日派出1艘,6月7日派出3艘,7月30和31日以及8月1和2日各派出1艘,8月5日派出3艘,8月12日派出3艘,全都是为了寻找无敌舰队,而无敌舰队的两艘舰船也进了敦刻尔克获取补给,不久后离开。伯利勋爵在读到关于此事的报告后,怒气冲冲地在旁边涂写道:"为何供养贾斯廷与其泽兰舰队?"[82]

"贾斯廷"情有可原。应当记住,在风帆时代维持近海封锁总是证明极其困难。风暴能够并确实将舰船吹离位置,从而使敌方舰船得以溜走。1588年7月那段天气异常恶劣的日子里,敦刻尔克附近海面经常发生这样的事;8月初,一场"暴风雨迫使在敦刻尔克和纽波特前方海面的所有战舰……进了港内"。虽然它们到4日已返回原地,但西摩尔在8月16日写道,"天气如此糟糕,以致过去七、八天里没人能看到佛兰德海岸。"[83]即使在风浪不那么狂暴的情况下,要拦截一艘快速穿过封锁线的舰船也很难:例如7月初,西摩尔正等着帕尔马的一艘舰船出现,但承认"它十有八九会从我这里溜掉"。与此同时,那艘"三桅划桨大战舰"载着100名意大利士兵和200名水手,显然成功地驶出了斯鲁伊(尽管风暴将它吹到了特克塞尔,在那里落入荷兰人之手)。[84]

因而,在1588年8月8日,当帕尔马的谨慎周密的登船过程接近完成时,贾斯蒂努斯与其35艘火力很差的小舰船发觉自己实际上在敦刻尔克附近海面孤军独处,"放眼望去看不到一艘荷兰船"。他告诫他的主人泽兰议会,说他实力太弱,不能独自抵挡集中在该地区的敌人的全部力量。[85]如此,帕尔马的入侵兵力本有多大可能离港出海?

可得的证据表明,一支实力非常可观的大军在佛兰德海岸整装待命, 248

一支能在相对平静的海面上运载其全军的运输船队也多少准备停当地泊于敦刻尔克和纽波特两港；一旦登船命令下达，整个过程只用 36 个小时便告完成。当时，帕尔马的军队可以用下列三种方式中的一种出海：首先，无敌舰队可以打败、引开或吓退敌方舰队——无论是荷兰的还是英国的，从而使之无法威胁在其防卫能力很差的驳船上的佛兰德大军；第二，梅迪纳可以停靠在英吉利海峡内一个安全的地方，直到传来帕尔马的部队完全准备好起航的消息，而不用“等他片刻”；或者第三，一旦在加来，他可立即派足够的舰船去敦刻尔克，逐退荷兰人，护送帕尔马的弱不禁风的船队先到达主力舰队处，然后渡海到达马加特（很像他成功地从头到尾护送了他自己那些庞杂笨重、火力很差的补给船一路抵达海峡）。然而，到梅迪纳行抵加来时，第一种选择显然已经行不通：虽然皇家海军未能阻止或打败敌人，但它毫无疑问地确立了在战斗中的战术优势。至于第二种选择，加来港作为无敌舰队抵达英吉利海峡后唯一可用的港口，容纳不下西班牙大型帆舰（1598 年该城被暂时掌握在西班牙手里时，从西班牙派来的一艘大型运兵船证明不能进港，其他舰船虽然进了港，却因英荷封锁而无法出港）。[86]在该地区，大得足以容纳无敌舰队和帕尔马船队的停泊地只有唐斯，而要到达那里，帕尔马船队首先需要与无敌舰队“携手”。

大多数评论家排除了第三种选择，即前往敦刻尔克，理由是（用一位同代人卢伊斯·卡布雷拉·德·科尔多瓦的话说）“佛兰德舰队不可能与无敌舰队会合，因为大型帆舰吃水 25 至 30 呎［8 至 10 米］，而敦克尔刻周围的海域浅得多。”[87]可是，卡布雷拉当时在西班牙，而不在佛兰德；而且，他似乎忽视了一些事实。第一，同时期里对弗莱芒海岸的详细勘测显示，沙洲以内有两处安全的停泊地点，其中一处看来尤其适合部队登船（见原书第 245 页）。[88]第二，当时可以记得，事实上曾有 10 艘大帆舰靠近了海岸——近到足以在 1558 年格拉夫林战役中提供有效的炮击，证明吃水深的战舰确实能靠近敦刻尔克。无疑，30 年后，鉴于荷兰封锁舰船规模小火力弱，10 艘无敌舰队大型帆舰（吃水深度实际上远小于卡布雷拉所说的 8 米！）本会足以安全地将帕尔马大军带出港口。[89]如果未能如此，那么即使只有 4 艘吃水浅、每艘装备 50 多门火炮（包括两门 35 磅、两门 36 磅和两门 50 磅）的三桅划桨战舰，本来也能轻而易举地扫清一条从敦刻尔克到加来的通道。但是，由于弄不清帕尔马大军何时能准备就绪，并且已经损失了几艘主力战舰，梅迪纳·西多尼亚无疑觉得自己不应冒险，249
即在英国舰队——目前已联合起来并占了数量优势——位于他后面不足两公里处并随时准备再度攻击的时候，抽调出他的某些最好的战舰。[90]

然而，没有来自无敌舰队的某种援助，帕尔马将像他自己反复说明的那样，无法单靠自己突破封锁。一些资料声称，他曾试图用 10 艘战舰上 1,000 名精选火枪手组成的一支特遣部队逐退荷兰分舰队，但那以全盘覆没不剩一人告终。[91]可是，即使假设这个策略取得成功（鉴于贾斯蒂努斯实力不济，它本可能成功），帕尔马面对西摩尔在唐斯——正是计划登陆的地点——的强大分舰队，仍需要无敌舰队的保护才能穿越英吉利海峡。他的军队由身经百战以致磨炼成（如他们的一位英国敌手所承认的）“当今基督教世界最佳战士”的常胜老兵组成，代表了一项独特的资产，一旦丧失就永无替代。[92]正如拿骚的贾斯蒂努斯不能只身抵挡整个西班牙势力，一旦荷兰封锁舰队就位，帕尔马就不能在没有支援的情况下冒险让他的部队在海上对抗西班牙的敌人。[93]

相反，8 月 6 日和 7 日，正当帕尔马的军队开赴港口并开始登船、无敌舰队焦急地停靠在加来附近海面并获取某些补给时，英国人集中了自己的舰队：西摩尔的分舰队和来自伦敦的一些增援部队渡海，与霍华德、德雷克、霍金斯和其余兵力会合，占据对西班牙舰队的上风。7 日夜间，当潮水开始向北流涌时，英国人派出 8 艘火船冲向无敌舰队。其中某些遭到拦截，但梅迪纳为躲避其余，命令他的舰船放开缆索，采取规避行动。这就达到了英军炮火此前未能达到的目的：无敌舰队分散开来，使得女王的战舰能开进敌舰中间，用大炮近距轰击。8 月 8 日，帕尔马麾下官兵还在继续登船时，他们能够听见海上远处的战斗声响；但是，随两支舰队驶入北海，声响变得越来越弱。逐渐地，梅迪纳·西多尼亚及其部属将其战舰汇拢在一起，使得无敌舰队能重组阵列，可是此时强风从南面吹来，迫使他们后退。到12日，他们已抵达福思海湾，英国人则班师返航，满意地认为梅迪纳不会再冒险率领舰队回多佛海峡，而是将试图绕苏格兰和爱尔兰北部返回西班牙。

强风将无敌舰队驱入北海，后面跟着西摩尔的分舰队和英国主力舰队，事实上它同时也将荷兰舰队吹离阵位几乎一个星期。直到11日为止，西摩尔无法将其分舰队驶回唐斯。在理论上，这为入侵创造了一个"机会之窗"。然而，如果大型帆舰都抵挡不住那个星期英吉利海峡的强风，那么帕尔马的"甚至经受不住大浪"的拥满了人的驳船又有什么机会？此后直到月底，虽然帕尔马一直让部队处于待命状态，但入侵和和征服英国的机会烟消云散。[94]因此，依据战略、后勤和作战各方面的理由，在无敌舰队匆忙离开弗莱芒海岸后不久，亚历山大·法尔内塞"要摆平任何谴责他导致'英国大业'失败的人"完全合理；而且，所有在场的人保持沉默也同样合理，因为显而易见，海军技术（与天气合在一起）已使帕尔马的后勤成就和谨慎周密的登船计划一文不值。伊丽莎白的海军炮火已彻底摧毁了腓力的总体计划。

第九章　八月炮火[1]

> 我特别要告诫你，敌人的意图是远距作战，因为他们在火炮方面占优势……相反，我们的目的必须是将他们引到近处，对付他们握在手里的武器；你要非常仔细地贯彻这一命令。为了让你充分了解情况，我正在给你送去一些报告，你会从中看到敌人如何使用其火炮低位射击，击沉其对手的舰船；你在这方面必须采取你认为必要的防范措施。[2]

腓力二世一如往常，很了解情况：他对皇家海军将如何在 1588 年 8 月打败西班牙无敌舰队的概说证明无懈可击——英国人确实保持了远距、低位射击，无敌舰队则从未找到一个办法去靠近和打击敌人。这个可预知的、决定腓力大战略命运的结果提出了两个重要问题：英国人如何形成了自己独特和优越的战术信条？无敌舰队为何不能仿效？

英国在 1588 年的成就无可置疑：它的舰船将无敌舰队逐离，使之没有实现其计划中与帕尔马的会合，从而挫败了腓力入侵并征服英国的图谋。相反，西班牙人到底遭受了多大损失却是激烈争论的话题。然而，即使在 8 月 8 日决定性的格拉夫林海战之前，隶属于无敌舰队的 4 艘大型挂帆战舰也都未能到达英吉利海峡；[3] 一艘分舰队旗舰，即比斯开湾分舰队的"圣安娜"号，脱离了舰队，到勒阿弗尔寻求避难（在那里被最终遗弃）；另一艘旗舰，即安达卢西亚分舰队的"努斯特拉·塞诺拉·德·罗萨里奥"号，在第一天的行动中就两次与其僚舰碰撞，损伤严重，以致不得不投降；第三艘战舰，"圣萨尔瓦多"号，也在同一天被遗弃并被俘获，因为火药仓爆炸；而且，三桅划桨旗舰同样与另一艘船碰撞，丢失了舵柄，在能恢复控制以前四处转圈，完全丧失能力。诚然，英国人在多数这些事态中几乎未起任何作用，然而在决定性交战之前，西班牙就丧失了一整个
252 分舰队（单层甲板大帆舰）、三艘分舰队旗舰和一艘主力战舰，反映出它的航海能力不可信赖；这无疑帮助了英国人，他们充分利用了从缴获的船上获得的大量物资——特别是229桶火药和3,600发“大炮、半大炮和长炮的炮弹”，立即将其分发给女王舰队。[4] 8月8日，在战役期间，英国人用炮火击沉一艘西班牙军舰，重创另外两艘，两艘都是威力强大的葡萄牙大型帆舰，损伤得四处转圈，不得不予遗弃。在返回西班牙的漫长旅途中损失更甚：无敌舰队剩下的舰船或许约有三分之一沉没或被遗弃，其中若干（如果不是大多数）主要是因为在战斗中遭英国人重创。[5] 然而，伊丽莎白为换取这全部成就，只损失了8艘小型私人船只，它们被当作货船有意牺牲，以破坏无敌舰队阵列，总代价仅5,111英镑10先令——也许有如一位海军史学家所言是“英国历来做过的最合算的国家投资”。[6] 那么，英国如何和何时取得了一种保卫自己海岸的能力，使之甚至能抗御——用约翰·霍金斯爵士的话说——“据我所知基督教世界里曾被集结过的最大最强的联合舰队？”[7]

答案的某些要素出自16世纪所有大西洋国家的共同遗产。到1500年时，“全副帆装舰船”（中世纪欧洲最大的技术创新之一，源于伊比利亚半岛，15世纪中向北传播）已成为大西洋沿岸最重要的航行工具。它以其巨大的载运量，满足了蓬勃发展的欧洲经济的需要；它以其卓越的航行素质，促进了航海发现和海外殖民；它以其强固的构造，经受得住发射炮火的后坐力和外来炮弹的冲击力，从而开创了舷侧火炮的使用。

然而，要有有效的炮击，还需要发明出船体上有铰链的炮门，因为重型火炮只能安全地部署在舰船的较低甲板上。尽管目击证据表明早在1470年代就有了炮门，但第一艘能用“大炮”开火的战舰只是在1500年以后才出现。16世纪头20年间，英格兰、苏格兰、法国和丹麦都开始建

造排水量在1,500吨左右的舰船,上面多多装备火器,其中某些甚大。英国舰队的规模和武器装备增进得尤其迅速:到1540年代,"皇家海军"已有53艘舰船,包括15艘"大舰",总排水量约15,000吨,装备了差不多200门重炮(发射9磅以上重量炮弹)。[8]

50年后,这幅图景在若干重要方面已经改变。1595年时,虽然皇家海军仅有38艘战舰,但其中23艘排水量超过400吨,舰队的总排水量接近20,000吨。[9]更突出的是,舰上重炮总数增加了两倍多,即超过了600门,其中250门发射16磅重或更重的炮弹。所有这些武器都能近距施以毁坏性打击。[10]不仅如此,装载它们的舰船在建造上有引人注目的一致 253
性。1573年起,女王的造船木工们引进了一种新设计,以"竞赛建造"之名著称,包括减小头尾两处的"船楼",使船体线条更为圆滑,并且加长大炮甲板。这些改变带来了两大重要好处:第一,它们实现了武器方面的一次革命,因为船楼装载了大多数针对人员的武器,而更长的大炮甲板使得船舷的承载力显著增加;第二,更为圆滑的线条赋予英国战舰一项超过其对手的明显优势,使之能航行得更快,并能(就那个时代而言)非常灵活地机动迂回,还有同样灵活地用大炮开火。都铎海军的第一艘较快的"全大炮战舰"取名"无畏"号(与20世纪初爱德华七世海军的同样创新性的主力舰名如出一辙)。它在1573年下水,排水量为700吨,装备了31吨大炮(未计入大炮的托架和索具的重量)。[11]具有前所未有的装载差不多等于总排水量5%的重炮的能力,但这一纪录没有保持下去:1590年,新战舰"挑战"号下水,排水量也是700吨,装载53吨大炮,等于其排水量的7.5%强。同样重要的是,女王的舰队在1577年开始实施一项重大的轮换计划,以便(用其策划者约翰·霍金斯爵士的说法)"改进"旧舰,使之成为"竞赛建造"式的:1592年,"改进"了的"恒快"号(650吨)装载43吨大炮,差不多是其排水量的7%(见图表3)。[12]

这些举措价值不菲,可是伊丽莎白虽然以节俭吝啬著称,却在三个方面耗费巨资:修造战舰(她的海军1585至1588年间获得16艘新舰,并且修缮其余);维持一支训练有素的官兵组成的常备骨干;建立大规模的军

254

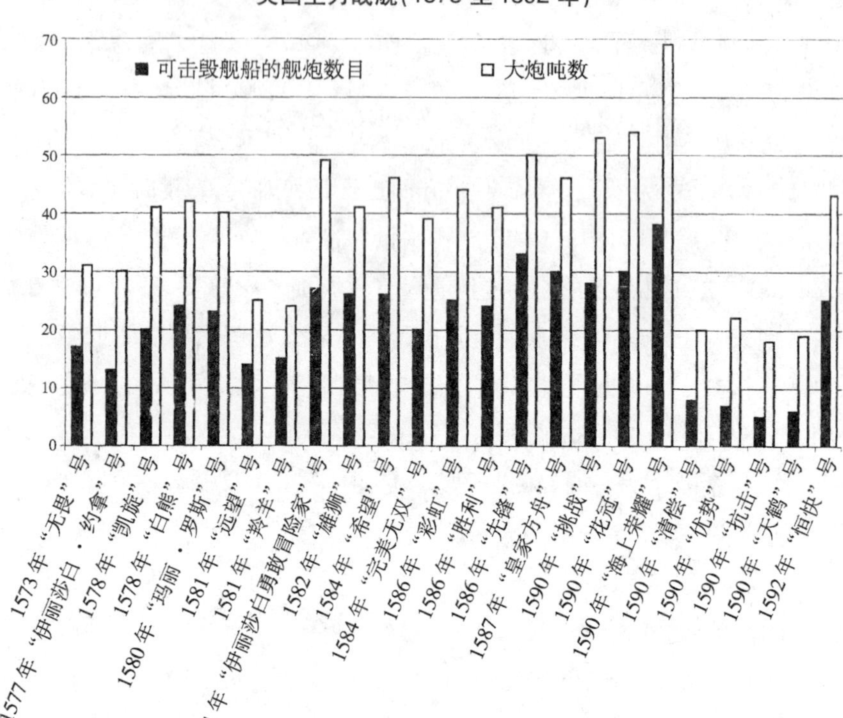

图表 3 1573 年后的 20 年里,英国海军战舰急剧改变。旧舰得到“改进”,新舰按照一种使之航行更为迅速、装载大炮远多、开火速度加快的设计建造。从 1573 年“无畏”号开始,伊丽莎白的战舰装载的火炮重量从 4% 增加到 7% 左右,弹药、炮座和缆索的重量还将此数进一步增大。资料来源:Parker,“The *Dreadnought* revolution of Tudor England”, 287 – 8.

械储存,专供航海战舰使用。在 1585 至 1604 年的战争岁月里,她的海军从国库获得超过 150 万英镑(约 600 万达克特)的钱款。[13]虽然比起腓力达到的开支水平(1585 至 1588 年间仅在无敌舰队上就花了 1,000 万达克特,1588 至 1598 年间在法国和尼德兰花了差不多 4,000 万达克特),此数显得微小,可是没有任何别的现代早期国家经常性地将其防务开支的 30% 用于海军。[14]

归功于以上这些努力，到 1588 年时，伊丽莎白的主力舰构成了世界上最强的海军。然而，它不是最大的。虽然她有 18 艘主力舰，腓力却号称略多：10 艘葡萄牙大型帆舰，大多新近建造，而且全都重重武装；8 艘新建的护卫舰（每艘排水量 700 吨，但只装载 24 门炮，是一种装备得犹如巡洋舰似的战舰），为每年在塞维利亚与加勒比之间航行的跨大西洋船队护航；还有 4 艘那不勒斯三桅划桨战舰（每艘重约 750 吨，设置 50 门炮，包括装在头尾的船楼上的 6 门重炮）。[15]加在一起，这些皇家战舰总共 21 艘，但它们分属三个不同的航海“家族”，每个都是为各自不同的目的而设计，先前极少一起行动。[16]

相反，伊丽莎白的战舰由同一些官兵服侍多年，在英吉利海峡巡逻，在爱尔兰海岸外展示国旗，并且（就若干舰船而言）在西班牙海域巡航。到 1588 年 8 月，它们已被动员起来，而且在前 8 个月的大多数日子里都在海上，使得船上全体人员完全（或许过度！）熟悉了他们的舰船。不仅如此，伊丽莎白还能依靠某些私人的三桅划桨帆舰的援助，它们在技术上的精确高超堪与女王的战舰媲美。霍华德的旗舰“皇家方舟”号排水量 1,100 吨，装载 32 门炮，起初是一艘私人船只（原名“雷利方舟”，由女王的造船大师理查德·查普曼为沃尔特·雷利爵士建造）；“勇敢冒险家爱德华”号（450 吨排水量和 30 门炮）归牛津伯爵所有，按照女王战舰“远望”号的设计样式于 1574 年建造；“莱斯特大帆舰”号（600 吨排水量和
42 门炮）则归莱斯特伯爵所有，1578 年建造，由女王的造船大师马修· 255
贝克尔明确模仿“复仇”号而成（这可能是第一艘要依据正式规划建造的舰只）。这些私人战舰——并非纯为商船——全都与女王的舰船并肩作战，有效地打击无敌舰队。[17]

腓力在这方面就不那么幸运。在为无敌舰队战役征用的“舰队辅助船只”中间，大多数是为装运大宗货物建造的：在此阶段，西班牙和葡萄牙未从事那类造就了“勇敢冒险家爱德华”号及其同伴的凶狠的大西洋商业袭击。为参加西班牙对英国的十字军征伐，这些被征用的商船（来自拉古萨与罗斯托克之间的差不多每个欧洲大陆港口）需要从政府得到

额外的火炮、火药和炮弹:因此,"格兰·格里丰"号,一艘来自波罗的海地区罗斯托克的950吨的谷物运输船,在1587年被西班牙征用时装有27门炮(俱为铁铸,发射的炮弹俱不超过6磅);但后来它装有38门炮驶向英国(新炮俱为青铜铸,有4门发射10磅炮弹)。然而,要将一艘为装运大宗货物建造的商船改变为一艘有效的战舰,涉及的不止是在船体上开凿更多炮门和提供追加的火炮:船员需要重新培训,船的整体结构需要加固,以便能够承受重炮开火产生的后坐力。"格兰·格里丰"号在几次行动中表现出色,返程中沉没于费尔岛附近海域,因为(据其指挥官说)它已不仅"被某些英国舰只向它发射的许多炮火"击伤,而且"被它向它们发射的炮火[的后坐力]"损坏。[18]

英国舰队在1588年显然未曾苦于任何此类问题。伊丽莎白的一名舰长声称,在8月8日的格拉夫林战役中,"从我的军舰('先锋'号,排水量850吨,炮37门)发射了500发炮弹,发自半重炮、长炮和半长炮;我发射炮弹离得最远时,也未处于他们的火绳枪射程之外[即处于小火器射程约50米之内],大多数时候都能听到对方讲话[近到足以大声叫骂,在海战中或许20米远]"。[19]这幅图景,即重炮在很近射程内不断轰击,得到了留存下来的西班牙记述的证实,它们全都谈到女王的舰船持续炮击,击之有效:在一些人看来,无敌舰队每发射一轮,英国人像是同时能发射三轮;在另一些人看来,情况似乎"弹如雨下";参加过勒班陀战役的人声称,他们见到的"炮击……相当于那里曾有的20倍"。[20]梅迪纳·西多尼亚的旗舰上有一名炮兵军官更具体地报告说,"船体、桅杆、船帆被炮弹打中107次";副旗舰上的胡安·马丁内斯·德·雷卡尔德认为,已有1,000发炮弹向他呼啸而来;与此同时,某些人声称另一艘葡萄牙大帆舰在搁浅前"被射穿了350次"。[21]所有西班牙幸存者对这次交火距离之近评论道——"在步枪射程内,有时在火绳枪射程内"。[22]

遗憾的是,极少有英国军械衙门关于1588年的军事行动记录留存下
256 来,因而这些印象无法确凿地得到证实。然而,1595至1596年的完整记录——首批留存下来的完整记录——提供了有力的支持,它们既涵盖霍

皇家海军在袭击加的斯和加勒比海目标时消耗的弹药(1595 至 1596 年)

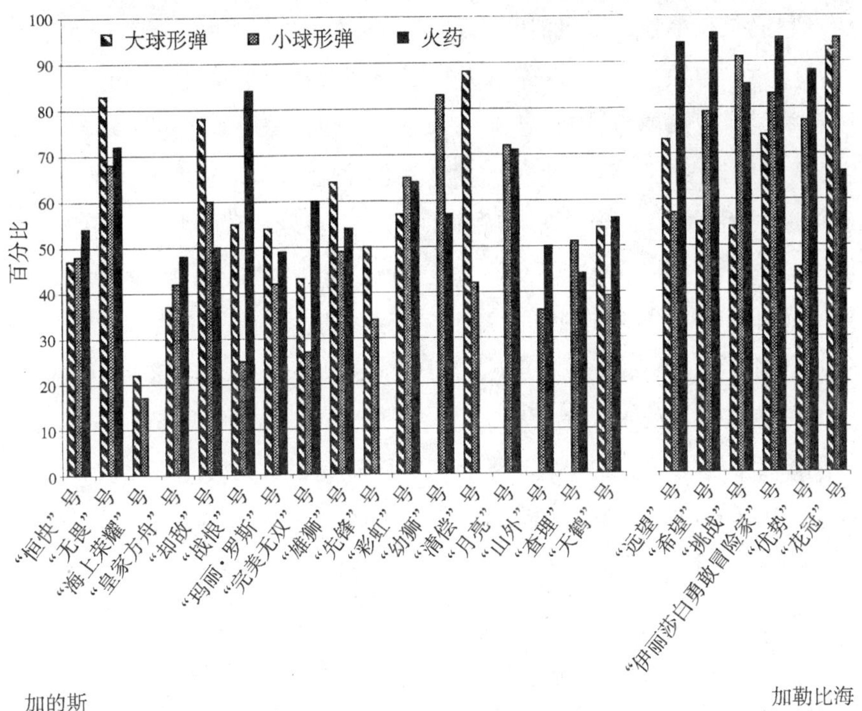

图表 4　1595 至 1596 年间,伊丽莎白将她的差不多整个舰队派到海上打击西班牙:17 艘战舰远征夺占加的斯,另外 6 艘开赴加勒比海。给每艘皇家战舰供给并由其使用了的火药和炮弹留有记录,它们显示弹药使用量惊人(较小的舰只——“查理”号、“幼狮”号、“月亮”号和“山外”号——未装备重炮)。在战役过程中,有些战舰发射了 550 发以上重磅炮弹和 3 吨火药,大为成功地证明了英国造船工匠率先造就的新的“竞赛建造”设计实属优越。资料来源:伦敦公共档案馆馆藏文件(PRO WO 55/1627)《从海上返回的女王陛下舰船剩余物品一览表》(1595 至 1596 年)。

华德和埃塞克斯对加的斯的袭击,也涵盖德雷克和霍金斯前往加勒比海的航行。[23]前者涉及女王的战舰 17 艘,带领一支由 120 艘以上英国和荷兰船只组成的舰队;后者则包括 6 艘。军械衙门细致地记下了战役开始时分发给每艘皇家战舰的炮弹和弹药数量、被用去的总量(“在海上费掉的”)以及被归还的数量(见图表 4)。这些数据透露,不仅皇家战舰上的

308 门重炮在加的斯战役期间总共发射了 3,976 发炮弹和 554 吨火药，而且它们是在单独一天(旧历 1596 年 6 月 21 日)时间里发射其中大部分的，其间据当时的一项报告称，“无数炮弹消耗在我们的舰船与他们的城
257 镇和单层甲板风帆舰之间，他们损失严重，我们毫发未伤。”[24]很大程度上，德雷克和霍金斯不久前对加勒比海的最后一次远征与之如出一辙。参加这次远征的 6 艘皇家军舰总共得到 4,910 发炮弹，供其 142 门火炮使用，其中发射了 3,303 发(67%)；它们还得到 194 吨火药，除两吨外全部用完(99%)。[25]虽然按照现代海军标准，每艘军舰在一次战役中发射 550 发大口径炮弹和差不多 3 吨火药可能看似不算什么，但在 16 世纪是史无前例。不管英国人在 1588 年是否用了相同的战术(所有证据都表明他们用了，因为到行动结束时整个舰队已打完了火药和炮弹[26])，显然到 16 世纪末，一类新的海战方式已在英国出现了。

无敌舰队为何不能效尤？毕竟，海军远距排炮轰击起源于伊比利亚半岛。1500 年，葡萄牙国王曼纽埃尔(腓力的祖父)向一支被派往印度洋的舰队的司令官发布指令，规定在遇到任何敌舰时“你不得与之靠近，如果你能避免的话，而只要以你的火炮迫使他们降下风帆……如此，战争就可以打得更安全一些，你舰上的人也可以少损失一些。”[27]命令之细致表明，被描述的战术在 1500 年时并不新颖。然而，在接下来的半个世纪里，葡萄牙关于海战的战术信条改变了。1555 年，在其富有影响的论著《海战艺术》(最早的已刊海战手册)中，费尔南多·奥利维拉仍然断言“在海上，我们隔一段距离作战，就像隔着城墙或要塞，我们很少近身去打白刃战”，并且主张理想的战斗阵列为“单一的一条直线”。然而，他还建议舰长们只在船头装载重武器，有如一艘单层甲板风帆舰，在舷侧安置轻武器，大多为前装枪，同时警告说：“在海上，允许对手出现在你的船舷永不安全；相反，你在战斗时应当总是让他们处在你前方……绝不要将你的舷侧暴露在他们面前。”[28]

对奥利维拉来说，战舰的“单一直线”阵列有如单层甲板风帆舰的前

进编队,重炮安置在船头。西班牙的海战理论家们同意这个看法。大约在1540年,阿隆索·德·查韦斯撰文,明确建议战斗舰队“在航行中一字排开,因为这样所有[舰船]都能看到敌人,并且互不妨碍地开炮。它们绝不能排成纵列航行,一艘跟着一艘,那将引起严重损害,因为只有最前面的舰只才能作战。”[29]1580年代,西班牙的大西洋舰队显然依旧部署成新月形,就像单层甲板风帆舰,因而除了在两翼(或曰两“角”——像西班牙人现在说的那样),所有舰只通常只能船头船尾开炮。[30]尽管如此,有如单层甲板风帆舰,航海战舰的新月形编队仍能对敌手施以严重打击。例如,1582年7月,一支西班牙大舰队——包括某些后来驶去打击英国的战舰和军官——在亚速尔群岛圣米格尔附近的一场战役中,多半依靠火力打败了一支占优势的法英联合舰队。西班牙步兵高级军官(勒班陀的一位老兵)认为这场战役是“以所曾见过的最猛火力”打的,而若干参战者就双方彼此间的大量炮击作了评论;其中一艘主力大帆舰在战斗结束 258
时只剩下了一桶火药。按照一项叙述,敌军旗舰的“舷侧、船桅和索具被我们发射的排炮打得七零八落,以致沉没”;根据另一项叙述,大多数获胜的大帆舰亦遭重创,好不容易才返回国内。[31]

因而,腓力的舰只有时能够有效地部署火炮,对其敌人造成毁伤,可是它们在1588年没有这么做。问题似乎不是未能开火。就此有可能调查得相当精确,因为在每艘租用的船上,职员都收到严格的指令,规定坚持记录每天使用的火药、炮弹、导火索和子弹,代表船长(他对他从政府机构收到的每件东西负责)“详述被发射的炮弹,它们的口径和重量,还有被用掉的火药和弹丸”;船上的一两名军人代表军械衙门,也记下同一些详情。[32]尽管战斗期间某些舰船上甚为混乱,加上留存下来的无敌舰队文件凌乱不堪,但就9艘舰船而言,还是整理出相当精确的记录(见图表5)。[33]它们每艘都与伊丽莎白的舰船截然相反:只有很小部分火药和炮弹在战斗中被消耗掉,战役过后巨量军火返归武器库。

只有葡萄牙大型帆舰,即舰队中专门为海战建造的战舰,似乎维持了高发射率。“圣胡安”号(装有46门炮)上的胡安·马丁内斯·德·雷卡

259 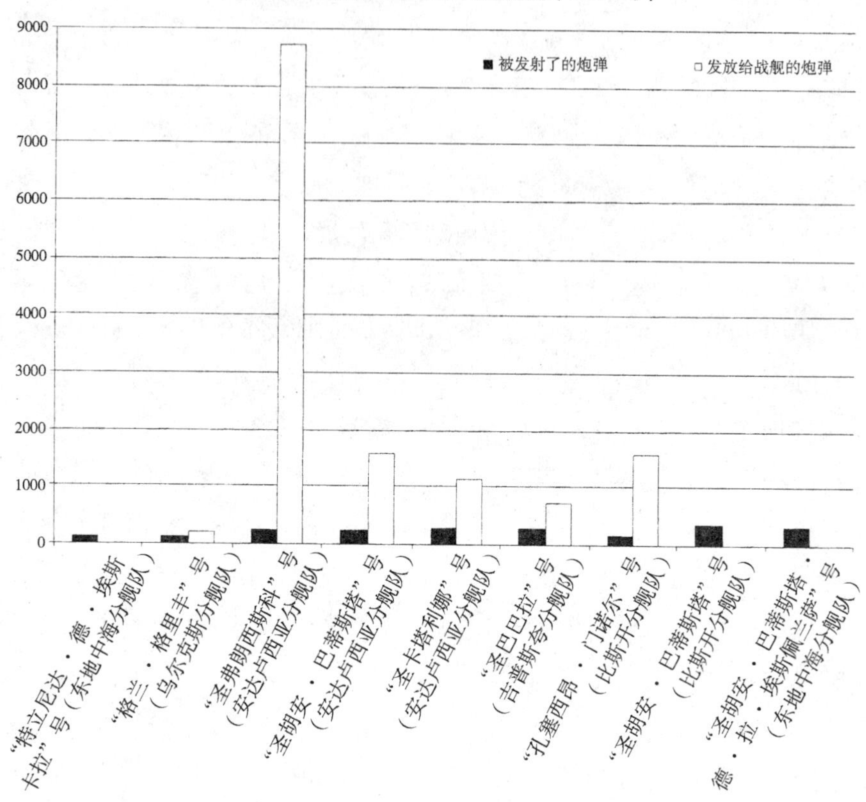

图表5　西班牙无敌舰队留下了与英国海军颇为相似的弹药记录,但有一点例外:腓力二世的文员记下了发给从民间雇来的船只的炮弹和弹药,但未记下发给国王舰船的,而女王的仆人们则相反。据通常记述葡萄牙或卡斯提尔的大帆舰在1588年8月战役中首当其冲,关于它们的炮击表现却没有留存任何明显叙述。然而,就其他某些舰船而被汇集起来的详细记录显现了一个通则,即供给了巨量弹药(无疑其中某些旨在随后再分配),被用掉的却非常少。在若干场合,我们不仅知道发给了多少发炮弹,还知道逐天发射了多少,连同舰队返回西班牙以后向政府军械库归还了多少。与伊丽莎白的战舰(图表4)形成的反差显著得无以复加。资料来源:Parker,“The *Dreadnought* revolution of Tudor England”, 278 –9.

尔德报告说,7 月 31 日发射 140 发(尽管他的战舰遭到 300 发来击),8 月 3 日 130 发,8 月 8 日 300 发(他认为遭 1,000 发来击);然而,据其上的一名炮兵军官说，梅迪纳·西多尼亚的旗舰"圣马丁"号（装有48门炮）7月31日发射120发，8月2日又发射120发（"其中某些肯定给敌舰造成了严重损伤"），8月3日130发，8月8日300发。[34]梅迪纳·西多尼亚派去觐见国王的特使唐·巴尔塔萨尔·德·苏尼加声称，在格拉夫林海战之后，"他们没有剩下任何弹药，甚至没有剩下用来抵挡敌人的两发圆炮弹"；公爵本人则断言，到那时舰队已"无炮弹可射"。[35]然而，这不可能完全正确，因为在8月8日过后许久，有充分的相关资料留存下来的9艘战舰（见图表5）仍拥有大量火药和炮弹储备，而且其他舰船看来也是如此。梅迪纳·西多尼亚本人提供了一条关键线索，因为他在8月4日恳请帕尔马公爵给他派遣"两艘战舰，连同火药和口径在所附备忘录内具体写明的炮弹"。这份备忘录显然没有留存下来，但根据梅迪纳的战役日志，他请求帕尔马提供"4磅、6磅和10磅重的炮弹，因为许多此类炮弹已在小规模战斗中被消耗掉了"。[36]同样，西班牙各不同舰船的遗留记录——既有考古资料也有档案文件——显示，他们发射的大多为小炮弹，即使只有较大口径的炮弹才能有颇大机会重创伊丽莎白的舰船。因而，1588年战役期间，"圣胡安·巴蒂斯塔·德·拉·埃斯佩兰萨"号（东地中海分舰队）"在与英国副旗舰和其他舰船的战斗中"共发射314枚铁质炮弹，其中41枚各重5磅，13枚各重3至4磅，260枚各重2磅或2磅以下。有详细的相关记录留存下来的那9艘战舰共发射1,640枚炮弹，其中仅175枚（11%）超过9磅，没有一枚超过20磅。[37]

这必定可以部分地解释一桩怪事：无敌舰队消耗了大量火药和炮弹，但显然极少给皇家海军造成损伤。若干历史学家指出，英国政府自己关于女王舰船的《军舰修造所勘查》只记录了船帆、索具、桅杆、小艇和上部结构的损坏（损坏甚微），没有一处提到船体结构损伤。[38]这不应令人惊讶，因为修缮女王战舰船体的责任归海军司库，不归军舰修造所，而海军 260
司库的1588年账目表明，无敌舰队战役之后，大量开支被用于"在查塔姆对陛下全部战舰的船底铺设、船底清理及涂油、修理和装备"。这些结构性修理需要4,000多米铺板（厚度从2厘米到9厘米不等）、99,500枚铁钉和1,000枚木钉、15,400磅铁质部件、85车橡树和榆树木材,还有948名“船匠、锯木工和滑轮制造者”,人均工作35天的工资。[39]这是在整个西班牙战争期间海军司库呈交的所有账目中被发现的最大一份修理账单,它表明在无敌舰队战役过后,伊丽莎白的战舰需要返港作相当多修理。

尽管如此,这些数字必须被置于纵深背景中看待。首先,在是年创纪录的92,000英镑(约合368,000达克特)花费中,这笔总开支只有3,500英镑(约合14,000达克特),相当于建造或修缮仅仅一艘新战舰所需。[40]第二,虽然这份账目未就哪艘战舰得到何种修理给出任何详情,但从供应材料可以推断出关于作业的规模和类型的一些情况。大多数厚度为2厘米和4厘米(约3,000米长)的铺板,只能被用于甲板上部结构;500米的6厘米厚铺板大概被用于内部甲板;然而,修理船身本将需要8厘米木板,但这种木板只购买了不到200米。同样,大量铁钉本将用于甲板上部结构,因为固定船体需要木钉,但被提供的木钉仅有1,000枚。第三,85车(约85吨)木材并不多,因为建造一艘伊丽莎白式大帆舰至少需要500车。不仅如此,同一份账目透露,更多的修理发生在无敌舰队战役以前。1588年初,仅为霍华德的分舰队,承包商就供应了差不多8,000米铺板(其中8厘米厚的超过1,000米)、9,000枚木钉、56根“大梁”以及262车橡木、榆木和槭木。[41]鉴于所有这些因素,似乎应当可以断定腓力的舰船在1588年未能重创对手,即使在8月8日交战期间它们当中(至少)某些曾在很近距离内(“能听到对方讲话”)反复开炮轰击。为何如此?

近来解释这一失败的努力集中在三个技术问题上:个头较大;表现差劲;射击技术低劣。这些指责看似有理,其实不尽然。关于战舰相对大小的争论大多源自当时衡量舰船的不同(并且多少鲜为人知)的尺度;在当时人看来,反差不那么大。于是,在1586年,约翰·霍金斯俘获并审问的4名葡萄牙舰长拿女王的战舰之一“希望”号与葡萄牙分舰队的旗舰相比,说“它只比大型帆舰‘圣马丁’号略小些”,排水量而非容量的比较证
261 实了这一点。[42]然而不管个头如何,双方的观察家一致认为,英国“竞赛建造”样式的大帆舰不管是皇家的还是私人的,都能比它们的对手快得多

地迂回机动。唐·迭埃戈·皮蒙特尔声称，英国人“能更快地抢风转向，在我们转向一次的时间里，他们能转向四五次”；按照另一位高级军官的说法，与它们的某些英国对手相比，甚至无敌舰队中最快的战舰也“看似呆若木鸡”。[43]不仅如此，腓力的舰船有许多在个头上确实超过女王的军舰，因为它们原本是大宗货物运输船：毕竟，无敌舰队的主要功能之一，是运输帕尔马为成功入侵所需的弹药、装备和增援部队；伊丽莎白的舰队仅需打仗。

射击技术方面的证据更为复杂。首先，即使葡萄牙的大型挂帆战舰也装有混杂不一的各式武器。例如，雷卡尔德所在的1,000吨的“圣胡安”号建造于1586年，号称“无敌舰队内炮装备最好的战舰”，因为“它的炮在类型和重量上最统一，装备特制的炮”，但尽管如此，它装载的火炮全无大过发射20磅炮弹的，另外8门大炮只能发射16至18磅炮弹。大多数其他大炮都是石炮（抛石机），而在“圣胡安”号的46门炮当中，大多数只发射10磅或更小的炮弹。不仅如此，它的军火（虽有统一美名）由不少于9种不同口径的铁炮弹和另外6种石炮弹构成。在其他分舰队的旗舰中间，1,100吨的“圣安娜”号（吉普斯夸分舰队）装备47门炮，但只有3门发射16磅以上的炮弹；1,000吨的“努斯特拉·塞诺拉·德尔·罗萨里奥”号（安达卢西亚分舰队）装备46门炮，其中9门发射16磅或16磅以上的炮弹；600吨的“圣克里斯托瓦尔”号（卡斯提尔分舰队）装备32门炮，最大的两门发射12磅重的石弹。[44]事实上，整个无敌舰队都缺少重炮：在舰队已知的2,431门火炮中，发射16磅或16磅以上炮弹的不足150门，而这些分属至少12个不同的口径，其中最重的是不适于在海上使用的攻城炮。相反，英国皇家海军号称有250门重炮，全都属于同样三种口径。

西班牙无敌舰队的其他许多火炮也不适于在海上使用，因为它们架在带有长尾的两轮炮架上，而英国战舰（至少）使用紧凑坚实的四轮炮架。甚至第一份已知的皇家海军勘查书，即1515年的那份，就记载说亨利八世战舰上的大炮架设在“马车”或“四轮”上；此种炮架的实例从30

年后沉没的此等战舰之一“玛丽·罗斯”号的残骸中被发掘出来；到1570年代，当系统的记录开始留存下来时，军械衙门建造了“海军炮架”，有与“陆地炮架”大为不同的“车身”，并且使之保持独立存在。[45]西班牙战舰上的情况看来并非如此。无敌舰队上的某些大炮肯定是架在庞大的两轮炮架上，其中有些显然意在供陆上使用。于是，在1588年4月安达卢西亚分舰队司令官唐·佩德罗·德·巴尔德斯说，“‘圣安娜’号大帆舰有一门31担重、发射那不勒斯式93磅炮弹的重型大炮，由于炮身太长，并
262 且架设在陆地炮架上，便无法被用在这艘战舰上，因为没有足够的空间去放置它。”巴尔德斯因而下令将这门重炮移到他自己的大得多的旗舰——“努斯特拉·塞诺拉·德尔·罗萨里奥”号上，连同30发炮弹和适合的装载工具。[46]“特立尼达·瓦伦塞拉”号，是被征用为无敌舰队服务而后在北爱尔兰海岸失事的一艘威尼斯运输船，经发掘出一个带有长尾的庞大的海战炮架，在一个仅有12米宽的甲板上装配长达6米。[47]这些不合适的炮架是否流行于整个舰队不得而知，因为至今已见到的只有供给安达卢西亚分舰队的新炮架的详情，然而它们只有两个轮子，每个高72厘米。[48]

一个最后的技术因素可能也影响了无敌舰队战役的结果。与其面对的英国战舰相比，许多西班牙战舰拥有的炮手较少，虽然每一方都只留下残缺不全的统计数据。例如，伊丽莎白战舰上的炮手数量从20到40人不等，而无敌舰队安达卢西亚分队战舰上的炮手难得超过10人。[49]不仅如此，前者是专为海战而建造的战舰，后者则是在准备驶往美洲时被征用的商船；而且无论如何，沃尔特·雷利爵士几年后写道，“每门大炮至少需要4名炮手去侍候”。[50]诚然，西班牙旗舰上的一名炮兵军官阿隆索·巴内加斯声称，“圣马丁”号上的每门大炮由一名炮长及其助手加上6名士兵操作，处于一名总炮长和6名炮兵军官的统一指挥之下；与此同时，梅迪纳·西多尼亚为其战舰规定的战斗序列将两名炮兵军官分派在主炮甲板两侧，另有一名高级军官带4名助手（每侧两名）在另炮甲板。[51]然而，正如科林·马丁指出的那样，如果旗舰上48门炮每门都常设6名士

兵操作的话，那么舰上 302 名士兵中间就有不少于 288 名会被锁定在炮位上。不仅如此，梅迪纳·西多尼亚的战斗序列还规定，一旦各就各位，所有士兵都将作为步兵效力，准备好步枪、火绳钩枪和导火线，为迎战而全副武装；如此，他们就几乎无法同时还充当炮手。[52]相反，伊丽莎白的舰长期望每一个人——军官、炮手和水手——都平等地参与任何被要求的行动。[53]

然而，技术不能完全解释两支舰队在 1588 年 8 月的不对等表现。双方司令官都估算每支舰队中约有 20 艘战舰担负主要作战，它们将尽其所能战斗，与此同时其他舰船会试图规避战火。[54]不仅如此，这 20 艘战舰的武器装备(有如其规模)或许大同小异：尽管“圣萨尔瓦多”号和“罗萨里奥”号未在战斗中起任何作用，但它们装有若干火炮，俘获它们的英国人将其算作大炮、长炮和半长炮。如前所述，真正的问题不在于无敌舰队装载多少大炮，而在于他们多么频繁和多么有效地用它们开火。[55]

腓力集结其舰队的用意，不是要打并打赢一场近距离的海军决战，以
此作为一支不可战胜的远征部队登陆的前奏；相反，如前所述，他的大战 263
略分派给他的角色是充作一支武装护航船队，将物资和增援部队运送到与帕尔马的大军会合的地点。国王颁发给舰队司令官(先是圣克鲁斯，后是梅迪纳·西多尼亚)的指令强调，应当不惜几乎任何代价地避免战斗。

这件事的成功在于直达目的地，因而即使德雷克率领一支舰队开赴这些水域以牵制或阻止[你]，有如出自英国的某些报告声称的那样，你也不要偏离你的航线，而要继续前进，不搜寻敌人。

诚然，国王允许有三个例外：

如果[德雷克]追击你，且已靠近，那么在此情况下可以攻击；还

有，如果你在英吉利海峡入口处遇上德雷克及其舰队，且［英国］兵力分而不一，那么以此方式击败它们就很好，使它们无法联合起来。

最后，如果无敌舰队抵达海峡，发现伊丽莎白的全部海军都在守卫海岸，那么这时——只有这时——梅迪纳被允许攻击。

但是，关于在这些情况下如何能赢，腓力的主意并不符合现实；而且，就梅迪纳到底应怎样迫使英国人靠得够近，以便能登上他们的舰船，他没有提出任何意见。[56]1587 年，腓力审慎地允许圣克鲁斯有一定程度的自主权，可以在必要时不顾他的战术指令：

战争的结果，特别是海上战争的结果，那么受制于天气的波动，受制于陆海军指挥官可得的信息的不确定性，以致就舰队应当做什么，我绝对没有任何确定无疑的话要告诉你或下达精确的命令。你在这两方面是那么能干和精通，因而看来最好是将此全部下放给你，这样你可以按照出现的机会，就海军战斗和追击海盗［即英国人］以及在你航行期间可能发生的其他事情，做任何在你看来最合适的。[57]

可是在 1588 年，梅迪纳没有得到此类特权。相反，腓力亲自在公爵身边安置一位以谨慎著称的海军顾问。[58]乍看来，迭埃戈·弗洛雷斯·德·巴尔德斯拥有不凡的经历，完全胜任这项工作。他参加过 1554 年的一次和平时期赴英远航（将腓力从科卢纳送至南安普敦，以迎娶玛丽·都铎），并且担任过一支舰队的副司令官，该舰队 1565 年将法国人逐出了佛罗里达。他还未出差错地指挥过大护航船队，1567 至 1580 年间 8 次航行于西班牙与加勒比之间。由于国王很大程度上以同样的方式看待无敌舰队，也由于弗洛雷斯在这方面的经验首屈一指，因而他被安置在旗舰上看
264 来不那么令人惊讶。[59]尽管如此，他 1581 至 1584 年担任一支受遣将英国人逐出南大西洋的小舰队的指挥官期间，却表现平庸，殆无战功，而且 1588 年初，在听说弗洛雷斯被任命去指挥卡斯提尔分舰队时，至少有一

个人告诫国王最好任命“一位不那么胆小和不那么害怕打仗的人”。[60]

这个劝告证明有先见之明，因为无敌舰队战役期间自始至终，迭埃戈·弗洛雷斯一直提倡“胆怯”政策，因而许多人都将整个计划的失败归罪于他。他的批评者包括无敌舰队副司令官胡安·马丁内斯·德·雷卡尔德海军上将，此人比任一方舰队（无论是西班牙舰队还是英国舰队）内的任何人都更有战斗经验，因为他参加过1570年代的数次海战和特尔赛拉岛战役。他还指挥过两支运兵护航船队，它们从西班牙行至到敦刻尔克（其中一支在索伦特躲避了一段时间），并且指挥了对爱尔兰境内斯麦威克的两栖远征。[61]

雷卡尔德的战略眼光大不同于腓力二世和迭埃戈·弗洛雷斯。1588年7月29日，甚至在看到英国海岸以前，这位海军上将就希望“确保敌人出来打，刺激他们这么做”，因而他主张对普利茅斯港发动突然袭击，当时已知英国舰队在那里修整：“尽管我不喜欢虚张声势，但我们在经过该港（普利茅斯）前面的时候应该试一下”，他写道。在翌日的一次作战议事会上，雷卡尔德等人试图说服公爵径直驶向普利茅斯，在那里包围或摧毁英国舰队：据一位见证人说，议事会“同意倘若能有20艘舰只并行经过该港，就将遵循这个建议”。可是当天夜里，梅迪纳——或许故意地——做出了一项取消该计划的决定：他命令无敌舰队卷下风帆等待，据称是为了重整他的整个舰队。他后来（向怒气冲冲的雷卡尔德）辩解自己的行为，声称虽然袭击普利茅斯“经作战议事会讨论过，但它未被决定，而且也不明智”。[62]这个致命的延误给了英国舰队时间去起航出海，从而得天时之利。

8月1日，由于英国人依然稳占上风，雷卡尔德敦促梅迪纳扭转无敌舰队航向，发动全面进攻，“而且今天这么做比明天好，因为我们正在耗竭自己的资源，与此同时我们的敌人却在增强他们的。”在当天的另一封短笺中，他再度强烈论辩必须发动进攻：“我们应当孤注一掷，而且越早越好。”可是，公爵再度照旧墨守腓力的指令，继续沿英吉利海峡航行。8月4日，雷卡尔德自荐率无敌舰队的整个后卫去追逐英国人，以便将他们逐离或困在索伦特，怀特岛与英国大陆之间的一个停泊地。与此同时，他强烈反对继续沿海峡作任何前行，在那里无敌舰队将缺乏合适的停泊地，直到帕尔马公爵确认他获知舰队靠近并让他的部队做好入侵准备为止。[63]梅迪纳·西多尼亚第三次拒绝了他的海军上将的建议。

265 雷卡尔德几乎并未认识到公爵别无选择。6 月里，当他的舰队抵达菲尼斯特雷角时，梅迪纳向国王送去了他写给帕尔马的信件的一个副本，报告说他已经“与舰队上熟悉整个英国海岸的领水员和专家商量过，要他们确定无敌舰队可以在哪个港口停靠”，同时等待帕尔马使其部队做好准备的消息。[64]腓力立即回应：“[计划的]要点是往前行进，直到你能够与我的侄子公爵会师为止”，他训斥道。“我确信你会做到这一点，往前行至指定地点，使得公爵安全渡海。”假如战役按计划进行，梅迪纳就不会太晚才收到这封书信，因为国王将它发往佛兰德以再递送：此乃腓力的又一桩屡见不鲜的微观操控尝试，同样误导但无效。然而恰巧，上帝给了国王一个意外的——到头来证明致命的——干预机会，因为此后不久，风暴迫使舰队停在科卢纳躲避，并在那里停留了一个月。梅迪纳·西多尼亚因而在该地收到了腓力信件的一个副本，连同几天后又一顿要他尽快前往佛兰德的训诫。[65]现在他不敢不服从。

一旦舰队下锚停泊于加来附近海面，雷卡尔德与梅迪纳·西多尼亚之间的战略战术分歧便达到了危机地步。公爵的“航行日志”记载说，他的许多幕僚想“继续前进”，而非在接近敦刻尔克和唐斯之处停下来；海军上将则在后来写道，停下来的决定“大大违背我的意愿，因为进入北海这场冒险就完蛋了”。雷卡尔德的反感如此强烈，以致他拒不服从参加作战议事会的直接命令。8 月 7 日，当总参谋班子的显贵阿苏库利亲王前来召雷卡尔德去梅迪纳·西多尼亚的旗舰开会时，这位海军上将“答道现在不是离开他的军舰到那里去的时候，并说他的意见无足轻重或一钱不值。亲王回应说，他本人的意见不作数，而且旗舰上一片混乱，因此他[也]已离开”。过了两天，即火船攻击和格拉夫林海战之后，梅迪纳再度召他前去，雷卡尔德先是拒绝，“因为眼见大家勇气缺乏和旗舰一片混乱而愤怒不已，也因为他的意见在［议事会］前几次会议上没有多大作用，所以他不想去”。雷卡尔德服从了公爵的第二次召唤，但只是为了反对那个“糟得可怕的决定”，即绕过英伦三岛返回西班牙，而非再度尝试与帕尔马会合。[66]

雷卡尔德提出的替代性作战计划是否本将败中取胜？无疑，他反对在没有迹象表明帕尔马已做好准备的情况下全速驶往多佛海峡是对的：梅迪纳期望自己派往佛兰德的信使会在一周内抵达——更不用说带复信返回——显然荒诞无稽（见原书第 234 页）。假如腓力任命雷卡尔德接替圣克鲁斯，他也许会得到同样的相机行事权，“做任何在你看来最合适 266
的”事，因而可能在沿英吉利海峡行进时缩短航程。然而，仅有这个变化还不足以扭转局面。一方面，假如无敌舰队在索伦特躲避，它就会变得易遭火船袭击，就像英国人后来在加来外海面发动的那次。另一方面，无论是将皇家海军困在普利茅斯，还是予以“追击”，都不会取消舰队护送在佛兰德的入侵运兵船渡海至肯特海岸的必要，为此就必须打败英国舰队，或至少吓阻它。一切都取决于无敌舰队战斗和赢得战斗的能力。雷卡尔德显然相信这能够做到——但他对不对？

两支舰队最后于 8 月 8 日在格拉夫林附近全面交战，战斗过程极少提供什么去证实雷卡尔德的信心有理。在那天长时间的近距战斗期间，西班牙军舰既未能登上任何一艘英国舰只，也未能对它施以实质性损伤，而它们自己当中却有许多遭到重创。假如交战在一周前发生于英吉利海峡，那么看来也没有什么理由相信结果会两样。[67]考虑到火力的差异，登船给无敌舰队提供了唯一的成功机会，对此人人心知肚明。于是在 8 月 3 日，四天严重遭遇战之后，马丁·德·贝尔滕多纳试图“靠近并登上英国旗舰……在许多英国舰船中间经过……向它们开炮但不停下，为的是驶近它们的旗舰……并登上它”。他失败了。翌日梅迪纳·西多尼亚抱怨道：

> 敌方舰队已开始轰击我，因而我们不得转过来面对它们；大多数日子里它们从早到晚轰击我们，同时甚至不让它们自己靠近我们的舰队，虽然就我而言，我已竭尽所能和试尽机会——有时我们的舰只已在他们舰队中间，全是为了登上他们的一艘舰船，从而导致舰上战斗。[68]

英国的海军著作家认同登船作战的关键作用。沃尔特·雷利爵士后来注意到1582年在圣米格尔附近的海战，在其中腓力的舰队能否取胜一直悬而未决，直至有一艘战舰设法抓住敌方旗舰从而招致一番全面混战为止，因为其间能够登船作战。假如埃芬厄姆的霍华德在1588年让这种情况发生的话，雷利认为他也将必输无疑。[69]个中缘由不难理解：西班牙舰队载有差不多两万名士兵，压倒仅载有水手和炮手的全体女王战舰，要是两支舰队相缠混战的话。霍华德及其属下对此洞若观火，所以小心避免与任何西班牙舰船接触；然而，他们在这方面的成功不止缘于战术技巧。

伊丽莎白的海军专家们还掌握了一项至关紧要的方程式，那后来由后世更著名的"无畏"级巨舰的始作俑者、海军上将"杰基"·菲舍尔勾勒出来："战略应当支配要被设计的舰型。由战略决定的舰型设计应当支
267 配战术。战术应当支配武器装备细节。"[70]如同菲舍尔，他们认识到要保卫英国有效抵御兵员更多的外敌入侵，就需要一支能够使用离岸大炮的舰队，令敌人无法靠近，直至其舰船被毁坏或被逐退为止。他们还认识到，一个有海岸线要保卫的政府先宣战而后才开始动员其海军乃是严重冒险，因为一艘木质主力舰的大小超过许多乡村房舍，所载火炮多过一座要塞，需要一年多时间去建造；甚至在此之后，还要花费时间训练军官、炮手和船员作战。腓力二世动手晚：他在位期间始终在地中海保持一支由单层甲板大帆舰和三桅划桨战舰组成的强大的舰队，但迟至80年代才开始创建远洋舰队：1582至1584年间，他下令在桑坦德建造9艘大型帆舰，作为美洲财宝船队的护航舰队；1583至1586年间，他又建造了另外6

艘大型帆舰，以保卫葡萄牙。1587 年末，他授权实施一项在里斯本火速铸造大炮的方案——甚至为了省时省钱同意新大炮不需配饰皇家纹章，尽管 1588 年 3 月他仍在担心（结果证明他对）他的许多舰船要么火炮太少，要么重炮不足。[71]然而，他未能为自己的新军备制订行之有效的作战信条。

腓力也未能制订讲求实际的应急方案。诚然，他认识到帕尔马大军可能被阻滞在肯特，因为伊丽莎白有充足的机会去改善陆上防御。因此，给帕尔马的最后一批指令（这次仅由舰队载送，也许如此公爵在将它们付诸实施以前没有机会抱怨）规定，西班牙部队在英国土地上的存在应被用来获取三项让步。首先，该王国全境的天主教徒必须被授予宽容和礼拜自由。第二，英国部队全都必须撤出尼德兰，将他们控制的城镇直接交给西班牙部队（尤其是控扼安特卫普出海口的弗吕斯欣）。第三，英国应当支付一笔战争赔款，虽然帕尔马可以放弃这项要求以换取主要让步。[72]腓力还预见到他的舰队可能到头来无法与帕尔马会师：在这种情况下（也只有在这种情况下）他授权梅迪纳返航并占领怀特岛。他只是在听说格拉夫林海战后才去想别的可能性，而且他的反应强烈地表明了他那总的指挥风格的缺陷。1588 年 8 月 31 日，他准备了一份长篇备忘录，告诉两位公爵倘若无敌舰队在苏格兰或埃姆登躲避或倘若它起航返回西班牙，那么他们该做什么（前一种情况下部队修整，并讨论翌年实施入侵的方式；后一种情况下在沃特福德附近放一些部队上岸，以便为翌年作战建立一个桥头堡）。甚至更不切实际的是，9 月 15 日（无敌舰队残兵破船焦急地驶近西班牙海岸之际时），他的大臣们起草了给梅迪纳·西多尼亚的命令，要他在苏格兰登陆，与当地天主教徒结盟，并在那里过冬。[73]

一些没有任何直接的海战经验的人，试图如此规定 1,000 公里外（至 268
少需要两周时间才能抵达）的复杂的作战选择：这再度突出显示了腓力二世大战略的一个至关紧要的结构性弊端。诚然，1582 年在亚速尔群岛外，国王临时拼凑的大舰队赢了（虽然差点儿未赢）同样是杂牌军的多姆·安东尼奥的舰队；然而，伊丽莎白的高度整合的舰队展现了一种全然不同的挑战，因为从 70 年代起，她的海军专家们着意谋求将两者联结起来：一是她那简单却讲求实际的防御战略；另一是合适的战术和（正如菲舍尔海军上将后来所提倡）由此而来同样合适的舰型设计，即火炮强大的“竞赛建造”式大型帆舰。相反，腓力与其幕僚极少去想这些问题：尽管国王获得了关于英国海军战术的大为有用的情报，但他未能认识到它们的意义（有讽刺意味的是，这类似于伊丽莎白未能从她关于腓力意图的情报中得出正确的结论）。腓力二世制定了一个大战略，其成功有赖于他的下属们的作战才华；然后，他前去捆住他们的手脚，禁止梅迪纳和帕尔马两人偏离给他们的巨细无遗的指令。国王依靠奇迹而非大臣去克服任何缺陷。“我已将这一大业献给上帝，”梅迪纳想放弃“英国大业”时他训斥这位公爵。“干下去，尽你的职责！”（见原文第 107 页）。腓力糟糕的“管理风格”阻绝无敌舰队成功，其败事程度远甚于走漏机密，远甚于两位战区司令官之间缺乏沟通，远甚于两支舰队之间技术悬殊。他的拒不放权，他的“零缺陷心态”，他那自作自受的信息超载，还有他的救世式世界观，造成了严重的战略错误，致使作战成功几无可能。

第十章　无敌舰队之后

腓力二世 1588 年征服英国的企图以不同方式影响了不同人。未来的政治哲学家托马斯·霍布斯的母亲"在分娩他的阵痛时分满怀对西班牙人入侵的恐惧";相反,未来的高等法院法官詹姆斯·怀特洛克当时是牛津大学新生,在日记中不屑一顾地将"西班牙海上无敌舰队的可憎面目"斥为"对平静的学习生活的一次小骚扰"。[1] 他们的一些同胞产生了一种学习西班牙语的突然冲动:第一本西英词典不久后问世(有某些无敌舰队俘虏帮助编纂),就像若干西班牙著作、特别是军事著作的译本那样。[2] 然而,对在获胜舰队的舰船上死去的数千名英国水手及其家人来说,无敌舰队证明是一场大灾难;与此同时,对他们的政府来说,它差不多招致了破产:7 月里,当列出他无法偿付的主要债务时,财政大臣伯利粗鲁地惊叫道,虽然舰队上的人员数目因疾病和死亡而减小,但他们的工资单并未如此(见原文第 227 页)。即使胜利也有其代价:英国现在面对一个死敌要对抗,办法是在海上保持一支常备不懈的海军,并且向大陆提供津贴和远征军。1589 年,国务大臣沃尔辛厄姆就糜费不已的英荷同盟叹道:"我希望,我们的命运与他们的命运不像现在联结得这么直接,以致我们无法既团结一致又不冒大风险。"[3] 英国又继续打了 15 年,将都铎国家打入债务深潭。

无敌舰队对西班牙的影响当然远甚于此。腓力二世本人估算这流产了的事业耗掉了 1,000 万达克特,为弥补亏空而表决通过的税收在卡斯提尔的某些城镇激起骚乱,并且导致部分乡村地区人口锐减。[4] 其他方面的损失证明更不容易补救:西班牙的差不多所有经验丰富的海军指挥官要么战死,要么成为俘虏或蒙受耻辱(在 1588 年 5 月离开里斯本的 8 位分舰队司令官当中,到12月仅有马丁·德·贝尔滕多纳一人依然在职);这一年结束以前,至少有一半远航英国的士兵和水手命丧黄泉,其总数或许为15,000人。甚至在医院里,幸存者们也接连不断死于航行期
270 间染上的疾病,与此同时失踪者的家人悲惨无助地奔波于北方各港口之间打听消息。按照在埃斯科里亚尔的一名修道士的说法,“此乃600余年里西班牙横遭的最大灾难”,另一名修道士则认为它是一番厄运,“值得永远为之哭泣……因为它使我们丧失了我们惯常在尚武的人们中间享有的尊重和英名……它在西班牙全境引起的悲伤实属空前:举国上下人人哀悼……人们全不谈论别的事情。”[5] 对国王及其代价高昂的政策的批评自征服葡萄牙后已大体停止,现在却重新抬头。有人指责他选择了一种“永远无法奏效”的战略;另一些人甚至将失败归咎于他的个人罪过。“里斯本修女”开始怀有民族主义梦想,声称“葡萄牙王国不属于腓力二世而属于布拉甘札家族”,直到宗教裁判所逮捕她(并且发现她的“圣痕”被肥皂水洗掉了)为止;与此同时在马德里,流传广泛的卢克蕾西娅·德·莱昂的梦想也转向了政治,批评腓力二世压迫穷人,将税收挥霍在埃斯科里亚尔宫,未能维护西班牙的伟大,直到宗教裁判所逮捕她为止。[6]

灾难的规模和它激起的批评影响了国王。8月31日,当未与梅迪纳会师的最早消息从帕尔马那儿传来时,国务大臣伊迪亚克斯禁不住

> 无限悲伤,因为眼见花费了这么多时间、金钱和苦心的事业——对上帝和陛下这么重要的事业——功败垂成。与你会相信的相比,陛下一向更加觉得它可能成功,如果没有某种对上帝仍抱的希望,即所有这一切可能为上帝的事业取得某种成就……我就不知道他怎么能承受得住如此巨大的一个打击。无疑,现在没有时间去想别的事情,也无法念之而不哀伤断肠。

时间的推移没有带来安慰。4天后,一名来自法国的信使带来了关于无敌舰队耻辱地向北溃逃的更详细消息。臣子们得知后脸色苍白,争论他

们中间谁应将此消息报给国王。选择的结果落在马蒂奥·巴斯克斯头上；可是，连他也宁愿经过一个中间人去行事，呈送一封出自一位（根本不会见风使舵的）廷臣的书信，他写道“我们想起法国国王路易九世的情况，他是个圣人，从事一项神圣的事业［1250 年第七次十字军东征］，然而见到他的军队死于瘟疫，他本人兵败被俘；想起这些的时候，我们肯定不能不对［我们事业的］结果大感恐惧”。这对国王证明太过分了：“我希望上帝未允许这么多不幸”，他气愤地在信上潦草写道，“因为我们已竭尽所能为他效劳”。[7]

甚至约一个月后，当无敌舰队横遭惨祸的消息开始传来时，国王的斯多噶主义仍在作祟。例如，10 月里他下令停止为舰队获胜祈祷，代之以在每个主教区举行一场隆重的感恩弥撒，感激并未全军覆没，加上新一轮
祈祷，“由所有神职人员和其他合适的虔诚人士去做……在他们个人的 271
和秘密的祷告中，将我的一切行为最虔诚地付托给我们的主，以致圣灵陛下可以指挥和引导他们从事可侍奉他、有助于升华他的教会和促进基督教世界的利益及永恒的任何事情：这就是我渴望的”。[8] 然而，随着关于损失的报告不断增多，腓力开始觉得上帝抛弃了他。1588 年 11 月里的一天，像 1574 年危机（上文 43 页）期间至少有一次那样，他对秘书透露他渴望去死，因为：

> 我们很快会发觉自己处于一种状态，即希望自己从未出生……如果上帝不赐给我们一个奇迹（我盼望从他得到的奇迹），那么在此发生以前我真想去死，去见上帝：此即我为之祈祷的，为的是不见到那么多不幸和耻辱……愿上帝宽恕我错，虽然我不认为我错。除非上帝转而支持他的事业，我们就会亲眼见到我们非常恐惧的事情，比任何人想的更快地见到。[9]

然而，国王的忧郁并未持续许久。两天后，他命令国务议事会讨论鉴于无敌舰队失败而要遵循的正确政策；他们提交一项报告，一致拒绝防御

态势(理由是防御所费近乎等于一场新攻势,但将完全无助于结束战争),强烈主张集中兵力发动新远征,“径直驶往英国并力图征服之”。对此,国王热烈欢迎。

> 我大为欣喜地读了这些文件,它们完全符合一个人可以期望于撰写者的,并且完全符合驱使我青睐此项大业的一贯意图,即为上帝效劳,捍卫上帝的事业和本王国的利益……我要着手迅速处理为实现这一切而必需的林林总总,记住所有必要的事情……我将永不辜负上帝的事业和本王国的福祉。

国王现在要求议会表决通过一项新税,以支付这些措施的开支。在这方面,他同样得到了响应。来自托莱多的代表断言“必须竭尽所能……打败[英国人],挽回近来的损失,恢复我国的声誉”。1590 年,议会表决通过一项在 6 年里缴纳 800 万达克特的新税。[10]

差不多立竿见影,一支西班牙远洋舰队开始成形。1588 年无敌舰队包括的皇家战舰寥寥无几,仅有葡萄牙大型帆舰、地中海三桅划桨战舰和跨大西洋船队护卫舰,但现在国王下令建造新的大型帆舰,它们有更为流线型的设计和设置 22 门大炮的舷侧,他的炮兵总监则要求“每艘战舰都
272 装有适合其规模和重量的大炮,那种既能因其良好射程而远距造成损坏、又能近距对敌方舰队施以显著毁伤的大炮”。到 1591 年,21 艘大型帆舰和 500 吨海军火炮已开始服役,同一年里西班牙的经过脱胎换骨的海军扬威亚速尔群岛,赶走了试图在那里截获回程财宝船队的英国主舰队,并且俘获了“复仇”号。到 1598 年,腓力的大西洋舰队已有 53 艘皇家战舰。在当时写作的意大利政治哲学家乔万尼·博泰罗看来,西班牙君主国像是一种海洋霸国,它的各个组成部分虽然互相隔开,却“不应被视作互不关联,因为……它们由海洋联为一体。不管可能多么遥远,没有任何一块领地不能由海军力量去保卫”。[11]

国王及其大臣从 70 和 80 年代的战略战术误判中汲取了许多教训。

然而,其他地方的事态发展差不多立即开始妨碍他们的新计划。1589年1月消息传来,说亨利三世在前一个月谋杀了腓力的附庸和盟友吉斯公爵。每个人都立即认识到保卫法国天主教徒的任务现在落到了西班牙肩上,“所需的金钱数量之巨将毁掉我们在此进行着的准备”,那是为再度进攻伊丽莎白而做的。因此他们决定,给法国天主教联盟的援助应当尽可能久地照旧秘密输送,因为有如一位枢机大臣所说:

> 对法宣战很有诱惑;但尽管如此,考虑到本君主国的现状、与英国(在海上如此强大)的公开战争和我们[在尼德兰]的叛乱者和敌人会给陛下带来的压力,我们在任何情况下都决不能对法宣战。[12]

国王同意:他继续将他对法国天主教事业的支持局限于不显眼的(尽管颇为大量的)财政援助。他的唯一政策变化涉及萨伏依公爵1558年底夺取战略性的法国飞地萨卢佐:在起初决心令其归还后,鉴于吉斯被杀,他又同意萨伏依应当保有该地。[13]在所有其他方面,腓力继续专注于英国。

他的战役计划很快就变得像前一年的计划一样不切实际。1589年5月,作为他的新战略“在敌人自己家里打仗”的组成部分,他送钱给帕尔马,使之能够准备人员和舰船突袭怀特岛,那将造成一个牵制,与此同时一支从西班牙出发的新舰队将沿英吉利海峡而上,发动致命的打击。动用佛兰德大军的决定再度凸现,昭然可见于差不多所有呈送给腓力的条陈。早在上一年无敌舰队出动之前,贝尔纳迪诺·德·埃斯卡兰特,那位在起初战略设计方面起过大作用的士兵出身的教士(见原书第181页),就发过紧急告诫,反对将帕尔马与梅迪纳·西多尼亚的会师当作入侵的
根本先决条件;此后他像其他许多评论者(包括某些参战者)一样,将“英 273
国大业”的失败归咎于这项要求。[14]

到头来,新计划依旧一纸空文,如同虚设,因为在1589年夏季大部分时间里,一支庞大(虽然管理不善)的英荷联合舰队攻击西班牙和葡萄牙,两次将远征部队送上海岸(此乃无敌舰队完全未能做到之事),引发

了广泛的恐慌，另一支英国分舰队则在亚速尔群岛附近游弋，意欲伏击返航的财宝船队。[15]此外，一名天主教狂热分子谋杀了法国国王，一举改变整个战略形势。在许多方面，亨利三世有助于腓力的目的。虽然本质上敌视西班牙，但亨利缺乏大有作为的资源，特别在1584年他弟弟安茹死后更是如此：他的新教臣民和天主教臣民差不多同等程度地鄙视他和不信任他，而且王室财库空空如也。对腓力来说，可能看似更有利的局面唯有亨利去世，留下一个健康的幼子，在漫长的未成年期里由吉斯家族抚养成人；然而，亨利有如他的所有兄弟，未留下任何合法的男性子嗣，因而在他死后，他的许多法国臣民和所有新教邻国立即承认他最近的男性亲戚、胡格诺教派领袖纳瓦尔的亨利为法国国王，即亨利四世。

腓力无法接受这一点：确实，他甚至不承认亨利领有纳瓦尔的资格（他本人声称是纳瓦尔国王，并且轻蔑地称亨利为“旺多姆”）。因而，他就法国的这些事态发展的紧要含义告诫帕尔马公爵：

> 我[在那里]的主要目的是促进对上帝的信仰，确保在法国天主教生存下去而异端被驱除……如果为了保证驱除异端和援助天主教徒获胜，你认为我的部队有必要公然开进法国，[那么你就必须率领它们开进去]。

这将不可避免地意味着既推迟突袭怀特岛——即使证明可行——又减缩对荷兰人的战争；所以如此，国王审慎地接着说，

> 法国的事务造就了我们不能不履行的责任，因为它们极端重要；而且，由于我们决不能同时从事太多的事情，以致冒它们全都失败的风险（何况我的财力将不允许如此），因而看来我们必须就尼德兰的战争做某种事情，将它减缩到基于防御。

腓力因而命令佛兰德大军的精锐部队保持待命状态，随时准备一旦必要

时干涉法国。[16]

帕尔马害怕现在威胁吞噬他的战略两难,因而用一个建议去回应,那就是国王应该开始与荷兰人和平谈判,提出将准许在荷兰和泽兰的某些 274
城镇私下进行加尔文教的礼拜,如果“叛乱者”承诺“重新归顺”的话(他将这解释为下令解散他们的武装部队和公开宽容天主教信仰)。1589年11月,国王在马德里的枢机大臣就此和平方案互相辩论但无决断:一方面,他们认识到向荷兰人宽容会丧失“陛下一直坚持的权利,还有他花费了那么多金钱和生命而不在宗教问题上作丝毫让步赢得的声誉”;另一方面,他们哀叹道,“试图用武力征服反叛诸省意味着一场无休无止的战争”。国王表示同意:他决心要求教皇要么开始直接帮助支付对荷兰人作战的费用(“因为这场战争只是为宗教在打”),要么允许开始和平谈判。与此同时,授权帕尔马去确定叛乱者是否可能愿意谈判达成协议。[17]

然而,新的战略压力又一次不期而至。1590年2月,纳瓦尔的亨利决定封锁巴黎(“路障日”后天主教联盟的首府,见原书第200页),从而引发了一个可能性,那就是法国天主教徒的抵抗崩溃,除非他们获得公开和巨大的军事援助。西班牙国务议事会现在辩论种种可能的战略:在北面,帕尔马和佛兰德大军进兵解巴黎之围;在西面,从西班牙派一支远征军登陆布列塔尼;在南面,地面部队从阿拉贡突入朗格多克或贝亚恩。议事会觉得一项行动不足以拯救天主教事业,但三项并举将使西班牙的兵力不堪重负;因而,他们建议,被定为对英国发动新袭击的那支舰队应转而运送部队登陆布列塔尼,佛兰德大军则应入侵法国北部而非袭击怀特岛。[18]1590年3月,纳瓦尔在伊夫里取得对其天主教敌人的压倒性胜利,这就证实了采取行动的必要,而腓力在听到该战役的消息时立即通知帕尔马:“我一直遵循的援助法国天主教事业的战略虽然到目前为止正确,却不再有用了。”他命令公爵立即率领两万人入侵法国。军队在7月下旬离开荷兰,9月间胜利开进巴黎。一个月后,一支来自西班牙的3,000人远征军抵达布列塔尼境内的纳泽尔,既为援助那里的法国天主教徒,又为建立一个筑有工事的基地,以供未来对英作战之用。[19]国王不认为有另外的选择可以替代这些费用高昂的义务。正如他在要求捐款时向他的一个最富的臣民解释的：

> 人人都知道我在过去多年里引起了数额巨大、持续不断和无可避免的开支，以捍卫我们神圣的天主教信仰，以保全我的王国和领地，人人也都知道它们如何经过与英国的战争和法国的事态发展业已剧增；然而，我无法规避它们，既因为我对上帝和世界负有这么一种特别的行动责任，也因为倘若异端得胜（我希望上帝不会允许）就会给更坏的伤害和危险洞开门户，并且给内战洞开门户。

275 至少，国王决定重新考虑他在荷兰问题上的立场：1590 年 11 月，他通知教皇他准备在一段有限的时间内向反叛者让予宽容，以换取对他的主权的承认，同时请教皇指定教廷和帝国的调停人去操作谈判，以达成这一协议。他甚至希望在谈判期间停火。[20]

自然，他的希望落空了。如同在 1576 年（见原文第 144 页），国王作出重要让步的决定——只是在他确实别无选择时才做的决定——来得太晚。尽管荷兰人全面考虑了谈判动议，但帕尔马一干涉法国，他们便马上发动一系列战役，在 1591 至 1592 年间收复了格尔德兰和上艾塞尔两省的大部分地区。因此，腓力现在发觉自己面对不止一个而是三个“吞噬西班牙的部队和财富的贪婪怪兽”。[21]1591 年出现了第四个：政府笨手笨脚地试图引渡一名逃避萨拉戈萨司法审判的逃犯，结果激起了一场大骚动，在 9 月变成了一场公开的叛乱。接下来的一个月，一支 14,000 人的皇家军队极其迅速地侵入阿拉贡，很快恢复了秩序，此举耗费了差不多 150 万达克特，那是从被拟定用于腓力的国外战争的资金挪过来的。[22]

西班牙帝国的迅速恶化的战略形势令国王惊骇。1591 年 1 月，甚至在阿拉贡爆发麻烦之前，腓力就悲叹其帝国事务“并不取决于我的意志或我的希望，而是取决于许多其他难以解决的问题。每件事都一团糟，除非上帝匡正它”。2 月，马特奥 · 巴斯克斯告诫他的主人：“假如上帝使陛下您负有匡正世界上一切麻烦的责任，他就本来会给你这么做的金钱和力量”；1591 年 9 月，埃斯卡兰特劝告说，任何情况下，西班牙都不应公开干涉法国或在阿拉贡用武，相反所有可用的资源都应被预留下来，以备对英作战。埃斯卡兰特将西班牙与英国的斗争比作罗马对迦太基的战争，论辩说只有直接攻打英国，才会制止伊丽莎白及其臣民支持荷兰人、劫掠西印度群岛并袭击西班牙港口和船只。诚然，腓力公开干涉法国的决定取得了重要的短期成果（否则，天主教联盟差不多肯定会在 1592 年崩溃）；可是现在，法国内战中的双方势均力敌，相持不下，以致西班牙——正如埃斯卡兰特预见的——面临一个前景，即持久经受又一场“无休无止的战争”。在此重压形势下，有如在先前的危机里，国王来回摇摆于辛酸的宿命心态与欣悦的救世亢奋之间。他可能从未读到埃斯卡兰特的（多少冗长累赘的）劝谏；然而对巴斯克斯，他庄重地答复道：

> 我知道，你受到为我效劳的巨大激情驱使，说了这些话，然而你 276
> 还须明白，这些事情不是能被我这么一个清楚地知道自己的职责的人放弃的：正如像你对我了解的那样。

“宗教事业”，国王总结道，“必须优先于一切”。[23]就像两个世纪后他的波旁后裔那样，腓力似乎什么也没有学到，什么也没有忘记。

如果说尽管无敌舰队失败，腓力大战略的原则依然如故，那么其实践也是如此。在仅有西班牙的资源证明不足成事的场合，他依然依赖上帝的干预。于是，1596 年 10 月，他使用了他过去用来对付阿尔瓦、圣克鲁斯和梅迪纳·西多尼亚的一大套同样的精神讹诈，以便说服他那支新远洋舰队的精神不振的司令官立即开往英国。

> 我再次告诉你并明确地命令你……以上帝的名义起航出发，在航行和整个战役中按照我的命令行事。尽管我知道季节提前了，也知道这带来的风险，但是我们在这点上必须相信上帝（他已经为我

> 们做了那么多)。现在中断我们业已开始的事业就是表明侍奉上帝不力,就是花费金钱而无收益,就会在需要时发觉自己没有部队。这些乃明确无疑的损害,听之任之并不明智。实施我们已做的也是[我们的]基督徒责任,你无论如何现在必须帮助我实现它。愿上帝指引你,而且我相信他,将会有许多事情要感激他——也感激你。[24]

不仅如此,对他关于西班牙的战略的看法,国王依然不许有任何辩论。海军上将贝尔滕多纳1589年6月前去宫廷,请求有个机会觐见君主当面献策,“以备明年有一场对英战役”,但腓力富有特征地回复道:“你可以用书面形式告诉我,因为全无机会当面这么做。”同样富有特征的是,不久后他要求贝尔滕多纳就海军事务向他呈送详细信息,“因为我想了解你是怎么想的,以备我们就你提出的问题做决定时用”。[25]

虽然1591年马特奥·巴斯克斯死后,留存下来的腓力私人文件的数量急剧减少,令人较难就他的意图作出总的判断,但是没有任何资料提示他的眼界或优先事项有重大改变。他轻快地解决了在卡斯提尔的抗税骚乱和阿拉贡的反叛;而且,当卡斯提尔议会的一些代表于1596年抗议对外战争的沉重开支,指出“虽然对荷兰人、英国人和法国人的战争是神圣和正义的,但我们必须恳求陛下您能停止它们”时,腓力坚决斥责了民众代表的放肆。

277 他们应当和必须信任我,信任我对此等王国的热爱,信任我治理它们的长期经验,[并且承认]我总是会做符合它们最佳利益的事情。以此方式对这些人侃侃而谈,劝告他们决不要以任何借口再带着此类建议前来。[26]

他也采取了较讲求实际的步骤去平息这一反对之声:“马德里的神学家们应预先得到警告”,他写道,“因而倘若议会代表转而向他们求咨询时,他们可以在自己的意见里充分叙述我的理由”（更阴险的是，他还期望神学家向他的密探报告求咨询者的意图）。政府还进一步命令在议会有代表的其他城镇的神学家“确保循规蹈矩者的良知”，并且既经私人会晤亦经书写（有时是已刊）文章去动员人支持国王的政策。[27]

这些反复的精神讹诈努力反映出腓力处理事情的能力显著衰减。90年代初，每天上午他都与内侍唐·克里斯托瓦尔·德·莫拉讨论财政和国内事务，后者还给他穿衣和按摩双脚；午餐后，他与钦琼伯爵一起处理意大利和阿拉贡事务；每天下午和晚上，他总是与他的首席国务大臣唐·胡安·德·伊迪亚克斯一起度过，处理外交事务。随岁月流逝，国王花费更多时间祈祷，更多时间睡觉，更多时间生病：在1595年5～6月间、1596年3～4月间、1597年春天和1598年即他去世那年大部分时间里，疾病阻止了他去处理国务。1595年以后，他在轮椅的16世纪等同物——一种可以从垂直位调换成水平位的躺椅——上度过大多数日子，在上面吃饭、工作和睡觉，穿着松松垮垮的长袍，那不会给他患关节炎的关节带来压力（插图33）。他在他生前最后两年里无法站立。虽然1594年他开始任用腓力亲王做日常决定，在1597年后亲王签署所有外发命令，但是国王越来越依靠莫拉向所有国家机构传达他的指示，他在来文上的漫不经心的亲笔批注则由内侍们捉刀代写，后者现在决定“他的所有王国、议事会、陆军、舰队、臣僚和财库的事务”。[28]

莫拉与其疾病缠身的主人不可能总是如愿以偿：他们和他们那些操劳过度的同事越来越频繁地碰到“我服从但不执行”式的回应。于是在1596年国王亲自干预，命令米兰总督将小的犹太社群逐出该城邦（他在过去尝试过但未成功），并且亲笔添上如下威胁：“若不立即照办，就有必要从这里派人去办；”然而3个月后，又发出另一封信，发誓“查出并惩罚要对此等拖延负责的人，不管他是谁”。[29]1597年10月，远洋舰队上的水手拒绝服从驶往英国的直接命令：不胜惊讶的观察家们目睹总司令唐·马丁·德·帕迪拉——他的战舰已（独自）出海——乘一叶小艇回来，从一艘战舰划至另一艘战舰，“费尽九牛二虎之力强迫它们出港……因

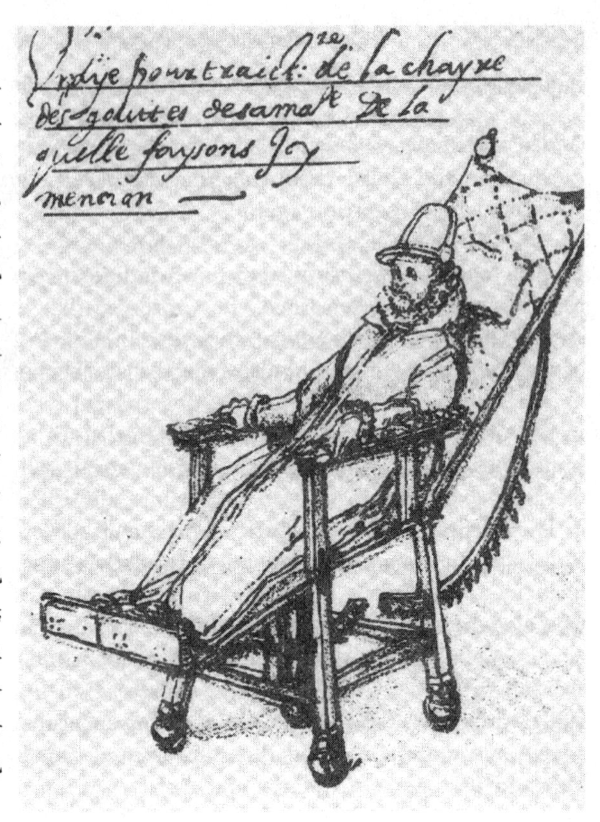

插图 33　在其“轮椅”上穿着“婴儿袍”的腓力二世，出自让·勒尔米特的
278 《追忆时光》(*Passetemps*)。
腓力比他的王朝的任何其他成员都活得长，但在他生前最后两年里，关节炎使他无法站立。他的弗莱芒仆人让·勒尔米特描写并用绘画说明了两样东西：特制宽松外衣，国王穿着它是为了减小对他关节的压力；制作巧妙、带有不同调节设施的椅子，使他既能坐又能睡而无须站立。在这个奇妙的装置上(他还借助它穿行于各个宫殿之间)他统治他那世界范围的帝国，直到他1598年病死。

为他们对此远征满怀怨艾，认为季节太晚，而且缺乏获取成功所需的一切。”[30]

与此同时，哗变使得国王在法国和尼德兰的军队陷于瘫痪(在法国，哗变迫使他的指挥官们在1593年与亨利四世达成休战协议，而在尼德兰，1589至1598年期间至少发生了20起军事暴乱)。1595年，佛兰德大军的一名被围困的战场指挥官恳请其上级“念及在弗里斯兰和格尔德兰的可怜的士兵，考虑他们的苦难和绝望，想想他们在腹中空空的情况下还会有多少勇气去抵抗敌方兵力”。布列塔尼的西班牙部队因为缺少支援浪费了一个又一个机会，被派去增援在勃艮第和朗格多克的法国天主教基地的军队则皆遭惨败。[31]腓力在这个时期里的唯一成功，是延长了爱尔兰人对伊丽莎白的反叛：1596 年 5 月，在西班牙代表反叛领导人蒂龙伯爵正要媾和之际抵达，带着援助承诺，一些急需的弹药随后而来。英国在 279
两个月后实施报复，一支两栖大部队夺取加的斯，不受挑战地据有该地达两周之久。扬帆离去时入侵者得意洋洋地写道，他们在该城放的大火"我们眼见一直燃烧，直至接下来的星期三夜里为止"。此外，入侵者们带走了腓力新造的两艘大型帆舰（另外两艘能逃脱相同命运，只是因为它们的船员先放火烧掉了）。西班牙在加的斯准备开往美洲的商船队损失了 28 艘舰船，连同价值 400 万达克特的货物。[32]

最终，像 1575 至 1576 年那样，在太多的战线上的浩大开支首先导致财政崩溃，然后使得精神瓦解。1596 年 11 月，腓力再次中止其国库的一切支付，开始认识到免不了需要与他的某些敌人媾和，至少暂时媾和。翌年，他接受了教皇的提议，即由后者调停与法国的亨利四世达成和解，1598 年 5 月双方在弗尔万签署和约，实质上确认了 39 年前在卡托—堪布累齐达成的条款。诚然，腓力没有失去任何领土，但他花费了数百万达克特，还将在尼德兰的许多据点献给了荷兰人，为的是让纳瓦尔的亨利重新成为一名天主教徒。[33]1598 年晚些时候，腓力还签署了一项敕令，将尼德兰赠给他的女儿伊萨伯拉，她已订婚要嫁给他的侄子阿尔贝尔（马克西米利连和玛丽亚的儿子，查理五世曾一度考虑让他当尼德兰统治者，见原文第 88－89 页）。除了对外政策和国防，他们将在一切事务上独立于西班牙，因为腓力打算维持佛兰德大军的全部兵力，既为了保卫新君对抗荷兰人，也为了将它当作一件武器用于持续中的对英战争。国王希望西班牙与尼德兰之间联结的部分割断——1540 年代以来一直在讨论之中——将在欧洲恢复某种均势，从而减小对他的君主国的国际压力。

腓力三世于 1598 年 9 月继位，继续其先父的政策：他确认将尼德兰转交给他的妹妹和妹夫，并且向他们提供资源，以发动一场对荷兰人的新攻势；他避免与法国开战（即使在 1600 年，其时亨利四世攻击了他的另一个妹夫萨伏依公爵）；他还作出新的努力以求打败英国，所有这些举措皆告失败。1599 年，一支原本打算用来攻击英国的新无敌舰队不得不被转用他处，即保卫亚速尔群岛对抗一支强大的英荷联合舰队。1601 年，西班牙终于设法使一支军队登陆，以支持蒂龙伯爵领导的反对伊丽莎白的爱尔兰叛乱；它在远离叛乱者的基地的金萨尔上岸，并且（实际上）诱使蒂龙失败，因为这迫使他在寒冬中行军数百英里前往金萨尔，在那里英国人伏兵以待。西班牙人不久后偃旗息鼓，撤兵回国，留下爱尔兰领导人拱手投降，发誓效忠英王。与此同时，哗变继续使佛兰德大军瘫痪，1600 年荷兰人在纽波特战役中施予重创。腓力三世未被吓退，继续致力于在尼德兰获胜；1602 年，他许诺（用令人想起他父亲的话许诺）“为了使这些省份完全回归天主教信仰，确保它们不背离对……王室的忠顺，我愿献出上
280 帝赋予我的一切，连同我本人，愿拿所有这些去冒险。”然而，英国变了：随伊丽莎白 1603 年驾崩，腓力先与她的继承者苏格兰的詹姆士六世达成停火，然后与之缔结和约，从而多少恢复了战前形势。腓力未得到宽容英国天主教徒或英国退出与东西两印度群岛贸易的承诺。但是，和约至少使西班牙能不受牵累地集中对付尼德兰，此乃 1585 年以来第一次。然而，尽管在那里进行了某些非常成功的战役，腓力三世仍在 1609 年签订了一项《十二年休战协定》，它明确承认反叛各省“犹如一个主权国家”，既无义务承认西班牙主权，亦无义务宽容加尔文教以外的任何宗教（此为西班牙从 1572 年以来一直坚执的两个问题）。荷兰人也不用同意在欧洲以外保持和平。[34]

腓力二世的战略成就远低于预期，而在他驾崩后不久巴尔塔萨尔·阿拉莫斯·德·巴里恩托斯和马丁·冈萨雷斯·德·塞洛里戈对其君主国做的悲观评价（见原文第 108 页）富含真理。尽管付出了人员、金钱和威望的巨大牺牲，他却未能保全从他父亲继承的领土：尼德兰北方七省再也没有接受哈布斯堡统治或教皇权威，它们的船只从 1590 年代起安然自若地在美洲、非洲和亚洲进行贸易，迫使西班牙在防务上耗费巨资。同样，英国桀骜不驯地依然置身于哈布斯堡轨道和天主教会以外，她的船只也驶往美洲和非洲：以腓力的臣民为代价的海上劫掠使许多伊丽莎白的臣民发财致富。甚至在地中海，荷兰和英国的商人也无视西班牙禁令，既

与基督教国家贸易，也与穆斯林国家通商，结交腓力的许多敌人，与之形成秘密同盟。90 代期间，西班牙在德意志的势力降至最低点，当时帝国诸侯行动起来对抗佛兰德大军，因为它试图进入威斯特伐利亚过冬；还有，尽管腓力的压力迫使纳瓦尔的亨利重新皈依天主教，以便结束法国的宗教战争，但他依旧是西班牙的死敌。诚然，腓力将葡萄牙帝国和菲律宾添入自己的领地，但到他统治末期，显然已无法适当地保卫它们，而在接下来的 10 年内，后者陷入了一种半永久的被围困状态。防守这两处的代价远大于它们曾给王室产出的岁入。最后，在西班牙境内，一场毁坏性的流行瘟疫打击了已因连年歉收而孱弱不堪的黎民大众。用马特奥·阿莱曼 1599 年的讽刺小说《阿尔法拉奇的古斯曼》(*Guzmán de Alfarache*)中的话说，"从安达卢西亚兴起的饥荒碰上了从卡斯提尔突降的瘟疫"。也许王国 10% 的人死于非命，人们开始公开谈论"西班牙的衰落"。

历史学家或许想知道，腓力二世的政策在多大程度上促成了这一系列灾难？它们又在多大程度上是结构性因素的不可避免的后果？另一种战略文化、一个不同的大战略或者一番较好的政策实施是否本可能取得不同的结果？

281

结束语:载体与结构

> 所有国家在若干年后必将衰落:这不可能是一条法则。上帝不是以这种方式操作的:它们必定打破了某个已引起它们衰落的自然法则。所有国家都将以此方式沉沦吗?似乎国家领土犹如土地,经过种植若干茬庄稼就须休耕闲置。难道英国经过若干年的收获就会重新变为古代蛮荒之地?或者,一个国家是否最终会发现上帝的法则,据此可持续发展,不断进步?
>
> ——弗罗伦丝·南丁格尔,1849年埃及来信[1]

在无敌舰队之后的10年里,许多人探寻某种可以解释西班牙的诸多战略失败的“自然法则”。那位败而无功的1596和1597年远洋舰队司令官唐·马丁·德·帕迪拉写道:

> 虽然我们的渴望——迫使尼德兰和英国臣服于上帝和陛下您——本身是好的,但看来上帝不想接受这一效劳。如此的情形必定引发大忧虑,因为我们的主通常并不让人如此倒霉,除非出于很好的原因。我们已将过去的失败归因于物质缘由——有时怪罪枢机大臣,有时怪罪风暴和其他事情——总是盯着那块伤害了我们的石头,而不盯着那只扔石头的手臂。因此,我们从一次失败中得出的推断只是预备我们遭受另一次失败,会想如果去年我们错在出发太迟,那么下一年我们若早些准备就绪就会成功;于是,上帝容许出现造成过去倒霉的同一些错误,让它们造成随后的倒霉。[2]

许多西班牙分析家确实倾向于"总是盯着那块伤害了我们的石头",甚至在1620和1630年代,人们还继续将1588年无敌舰队的命运仅仅归因于物质因素,例如西班牙大型帆舰样式低劣;然而,帕迪拉本人已经得出了一个不同的结论。在英国令人蒙羞地夺取和洗劫加的斯之后,他立即警告腓力:

> 没有任何强国能够维持连年不断的战争,即使对最强大的君主 282
> 来说,迅速结束战争也是重要的。将有许多人都会这样希望,说我们现在奉行的政策永不会结束战争,说人员损耗和金钱花费实属巨大,还说如果不找到另一种医治办法,病人就会很快丧命。

因此帕迪拉建议,在一段时间内将国王的全部资源集中于仅仅一项目标——再度全面进攻英国,那将迫使伊丽莎白缔结一项对西班牙有利的和平,开启"一个将很有理由被称作幸福黄金世纪"的时代。他大失所望:虽然有些人发觉了一个"黄金年代",但极少人认为它幸福。

腓力驾崩后,帕迪拉对新国王作了又一番关于西班牙战略文化的令人难堪的评估:

> 我在过去一些年里大为痛心地看到,由于希图节省,各次远征仅以那么小的兵力被付诸实施,以致它们主要起了激怒我们的敌人而非惩罚他们的作用。最糟糕的是,战争因此变得连年不断,出自长期不断战争的耗费和麻烦无止无休。

其他臣僚们也谈论起帕迪拉的主题。在经验丰富的外交官塞萨公爵看来,

> 我们那么快地从一个地区跳到另一个地区,而没有在一个地区作一番重大努力,然后当它了结时再在另一个地区……我不懂为什

> 么我们尝了那么多小吃，却从未吃过一顿大餐！我愿将一切连接在一起，这样我们也许能做某件值得的事——要么在爱尔兰要么在北非——但我担心如同往常我们将两事并举，结果只是损失了时间、人员、金钱和声誉。

对帕迪拉和塞萨来说，西班牙大战略的核心缺陷在于承担了太多的义务，从而致命地损害了政府成功地履行其中任何一项的能力。诚然，每逢一个新问题出现，腓力二世都试图集中他的全部可得资源，挥拳一记快速重击：1565 至 1566 年在佛罗里达对法国人；1566 至 1567 年在尼德兰（大获全胜）和 1572 至 1573 年再在该地（差不多大获全胜）；1580 至 1583 年对葡萄牙和亚速尔群岛（又一次大获全胜）；1586 至 1588 年对英国。然而，如果开头一拳失败，他就似乎做不到减小自己的损失；相反，他的军队继续在数条战线上打仗，尽管事实上西班牙君主国的其他义务不能被无限期地忽视，也尽管存在一种风险，那就是（如阿尔瓦公爵在 1573 年所说）"如果某个不管多小的新问题要冒出来，那么陛下的资源已耗竭得使他可能无力去抵挡"。[3]

* * *

283 那么，为什么腓力在缔结原本可以早几年（如果不是早几十年）达成的和解之前，竟等了那么长时间？首先，并且极为明显，没有哪个政治领导人喜欢失败；但是，这个简单的说法有比乍看来更多的涵义。国际关系分析家发觉，"前景理论"有助于解释国务活动家们为何如此执着地行事以保住自己拥有的一切：政府的政策，他们论辩说，由个人制订，这些人像大多数人一样，倾向于按照得失而非资产考虑问题。然而，由于心理世界不是均衡对称的，因而大多数人似乎准备冒更多风险去避免损失而非造就得益。就国际关系而言，三项有趣的涵义被提了出来，既适用于当今，也适用于 16 世纪：第一，与其寻求得益时相比，国务活动家们——有如其他人——在面对损失时可能倾向于付出更高的代价和冒更大的风险；第二，也因此，与针对被惧怕受损感驱使的国务活动家相比，威慑措施针对试图得益的国务活动家更有可能奏效。第三,当双方都相信自己是在捍卫现状时,冲突倾向于更常见,并且持续得更经久,因为每一方都相信自己将会受损,除非采取强有力的(即使不是攻击性的)行动。[4]

在腓力二世这个案例上,前景理论特别适切,因为他的帝国在地理上支离破碎,那是靠继承而非征服造就的,或者用当时的一句格言说,“别人忙着打仗,快乐的哈布斯堡却忙着结婚”。哈布斯堡的马克西米连与勃艮第的玛丽联姻,将中欧东部的奥地利家族领地与遥远的尼德兰联结了起来;他们的儿子腓力则与特拉斯塔马拉的胡安娜联姻,最终将同样遥远的卡斯提尔(连同它在北非和美洲的获取)和阿拉贡(连同在撒丁、西西里和那不勒斯的前哨据点)添入。1519 年,他们的儿子查理五世继承了所有这些分散的领土和抱负,并且还添上了神圣罗马帝国的威严。然而,除了王朝,极少有什么将他的庞大的领地联为一体:皇帝的众多不同领地没有共同的语言或货币,没有共同的机构或法律,也没有帝国防御计划或帝国经济体系。虽然腓力二世并未继承他父亲成为皇帝,但在 1580 至 1583 年,他强行实现了他对葡萄牙王位及其全球帝国的继承权要求,从而取得了又一大政治实体,连同它自己独立的政府体系。国王害怕丧失这些易受伤害的获得物的任何部分,因而坚持种种正在输掉的冒险不放。不仅如此,由于相信“多米诺理论”,那提示未能在一个地区充分防御或威慑将激起在其他地区的挑战(见原书第 89 – 90 页),他通常看来准备为避免哪怕有限的失败而付出高昂的代价。

有如一位西班牙外交官在 1600 年说的那样,“我认为我们正在逐渐成为众矢之的,全世界都想朝我们放箭”——也就是说日不落帝国已成为日不落靶子。腓力领地的地理分散性在大多数地区造成了种种困难。例如,佛兰德大军总司令安布罗西奥·斯皮诺拉曾指出:

> 我已注意到某种在那里[西班牙]会看似奇怪的事情,亦即事实 284
> 上我们的[荷兰]敌人能够轻易地发动防御性战争,但陛下您不能。
> 所以如此,是因为他们因有河流而享有大优势,据此他们的部队两天

就能行至陛下您的部队 15 天才能到达的地点，因而有时间在陛下您的兵力抵达以前在他们选择的任何地点为自己修建工事。

虽然屡屡有人试图提醒他们注意这种不对称（更不用说无休止的不成功的战役），但西班牙哈布斯堡君主继续坚持必须不惜一切代价赢得在尼德兰的战争，尽管还有在其他地方的紧迫的义务。1606 年，莱尔马公爵（腓力三世的首要幕僚）对一名来自尼德兰的特使解释说，西班牙完全无法发送任何更多的钱去资助对荷兰人的战争，因为需要钱去装备两支舰队以保卫在大西洋和加勒比海的航运，去"支付陛下在所有各地区维持的驻防军"，去为皇帝对土耳其人的战争提供津贴，并且支付年金和维持在意大利的部队。然而，莱尔马（和国王）仍旧回避与荷兰人谈判，即使他们明白战争无法打赢。[5] 这一顽固的决心只是在同年晚些时候才告瓦解，因为发现国库既无法靠可得的岁入偿付债务，又无法筹到任何新贷款。正如他的父亲在 1574 至 1575 和 1596 至 1598 年那样，只有在破产敕令变得必不可免时，腓力三世才授权认真谈判，以求与荷兰人达成和解。[6]

然而，哈布斯堡确实别无选择，除了接受其王朝政策的惊人成功的种种后果。没有哪个人认真提议查理五世在 1519 年应当放弃帝国皇位，因为倘若如此，这个荣誉就将落到他的法国对手手里；关于牺牲帝国的边远领地之一以换取其余领地的和平，只作过一次认真的讨论（在 1544 年），但它只是显露出皇帝的各色不同幕僚无法就他应当出让哪块领地达成一致（见原书第 88 – 89 页）。在 1565 年的一封见解犀利的书信里，唐·卢伊斯·德·雷克森斯指出：

可能在卡斯提尔有长老认为，当我们只拥有该王国时，我们的境况好些……而且确实，假设他们能够[他们愿意]回到……这样一个时代，其时在阿拉贡和那不勒斯各有一位国王，在佛兰德和勃艮第各有一位领主，在米兰有一位公爵，并且同样愿意分解法国国王现已统

> 一的领土。我承认,这对各王国来说本将更好,虽然对国王们的权威和伟大来说不会如此;然而,设想世界、或至少基督教世界确实变得归并到仅仅陛下[腓力二世]和法国国王的权势之下,我们拥有的不可能不属于我们,除非它属于我们的敌人——[仍将]有必要保全[我们拥有的],这就需要有盟友。[7]

雷克森斯总结道,如果外交是一种"零和游戏",那么发号施令就比哄骗 285
或奉承好得多。

1580 年 2 月,在告诫政府说兼并葡萄牙危险时,严厉古板的耶稣会教士佩得罗·德·里瓦德内拉表达了大为相同的观点。他断言,它将涉及一场"基督徒对基督徒、天主教徒对天主教徒"的战争,增加在卡斯提尔的赋税,那已经意味着"国王虽然如此强大、如此令人畏惧和受人尊重,但不像他过去惯常的那般被人爱戴",并且让国王的外国敌人得以发现和利用半岛内心怀不满的臣民组成的一个"第五纵队";尽管如此,里瓦德内拉仍承认,比打仗获取葡萄牙唯一更糟糕的是让其他某个人得到它!虽然将半岛上的两王国统一在单独一个君主之下会威胁欧洲均势(恰如查理五世 1519 年被选举为神圣罗马帝国皇帝那样),可是允许卢西塔尼亚遗产落入其他某个人手里将如同插一把匕首在西班牙自己的心脏上。[8]1589 年法国亨利三世无嗣而终,同样给腓力造成了一个无法应对的两难:大多数观察家认识到,为确保一个可接受的候选人继承王位而进行的干涉将耗费巨大,而且即使成功,也会引发国外的敌意;可是,如果不进行干涉,像 10 年前在葡萄牙那样,就会听任一个死敌登上王位,他致力于挑战西班牙权势,即使不是削弱之。

腓力似乎从未认识到,他的利得——不管是怎样获取的——可能在他的邻国看来威胁了国际现状。例如,在 1570 年,国王的代表向卡斯提尔议会宣读一项声明,试图申说政府从上一次议会开会(4 年前)以来的成就合理正当,同时辩解某项新税:在指出腓力继续驻跸该王国并努力维护国内正义和信仰之后,这项声明谈论了 4 项已耗费巨资的政策举措,即

1565 至 1566 年为将法国新教徒逐出佛罗里达进行的远征，1567 年派阿尔瓦公爵去尼德兰并在翌年打败奥兰治的入侵，动员一支军队对付阿尔普哈拉斯的摩里斯科人叛乱，最后在 1569 年派部队开进法国击败胡格诺教徒。对腓力——无疑也对议会代表——来说，所有这 4 项举措似乎类同；然而对他的邻国来说并非如此。对美洲法国殖民者的残酷迫害（许多人被杀害而其余被带回西班牙投入监狱）导致了巴黎与马德里之间长达 5 年的争端（直到腓力释放幸存者以作为勒班陀大捷庆祝活动的一部分）；阿尔瓦公爵抵达和在尼德兰建立一支强大的常备军惊骇了英国的伊丽莎白，促使她疏远西班牙；在法国的西班牙远征军虽然就胡格诺教派败北而言起了显著作用，却使查理九世的大臣们惴惴不安（他们在 1570 年与先前的敌人媾和）。这些错觉与 1961 至 1962 年美苏两国在古巴导弹危机以前的错觉相似：肯尼迪总统认为在土耳其部署丘比特导弹是一
286 项审慎的防御措施，与此同时赫鲁晓夫主席将它视为一项威胁，需要采取剧烈的反制措施，包括向古巴运送导弹。[9]

意识形态——在 16 世纪如同在冷战期间——增强了国务活动家为避免损失而冒险的倾向。腓力及其大臣的天命观不仅给他们提供了一项追加的理由，去接受命运的种种恩赐，而且强化了他们的决心，要不惜任何代价捍卫这些“意外收获”。在他们看来，这些都来自上帝，因而不应拒绝；他们还担心被放弃的地区可能落在异端手中。因而，国王一贯拒绝关于应放弃菲律宾和锡兰两地的论辩，尽管事实上它们经久地吮吸西班牙君主国的财政血脉，因为放弃它们就会将当地土著送给信奉新教的荷兰人。在欧洲，腓力之所以决意废黜伊丽莎白，毫不妥协地在尼德兰打一场战争，并且支持法国天主教联盟，很大部分是因为（像他那么经常地说的）他渴望推进“真宗教”事业。[10]恰巧，此等目的与腓力理解的西班牙政治利益一致，即“上帝的事业与我的事业”一致，这无疑在他的众多开战决定中起了作用。然而，在最初的努力失败后，这种一致不复存在。在每个场合，政治考虑都要求迅速妥协，经谈判达成和平；只有宗教关切要求继续打仗：既然对腓力来说宗教关切第一，那么西班牙就要打下去。1586

年,教皇西克斯图五世提出西班牙为报复伊丽莎白的袭击,无论如何都必须进攻英国,不管教廷是否向他提供财政资助,其时国王(以少有的幽默语气)就此写道:

> 我不同意他们[在意大利]持有的看法,即我迫于必需,定要从事这大业,因为虽然在那里他们认为复仇原则普遍永恒,但他们也那么熟悉政治权宜,以致他们不可能不认识到(因这容易理解)如果我获得了制海权,建立起一支将保持海洋安全、确保大西洋船队和美洲的海军,我就能避免投身于这么一项困难重重的事业,因为我将安全无虞,肯定不会遭到袭击。教皇陛下确实需要懂得这一点;他还需要懂得,如果我想从事这项冒险,得到适当支持的冒险,那么它不是由于任何别的原因或目的,而只是由于我见到那里的教会遭受迫害时感到的悲伤,连同我们大家必须侍奉我主上帝这一责任。[11]

这样的信念导致了国王的异常自信,即无论何时他的计划陷入困难,上帝都会"回来支持他[上帝]的事业",创造使他能够跨越所有障碍的奇迹,因为那完全是为了履行"我们大家为我们的主效劳的责任"。

腓力即使不是将自己比作大卫王,也肯定是比作摩西:是极少能够听见、听懂和执行上帝意愿的人之一。像摩西一样,他期望在他确定的目标看来单凭人力无法实现时,上帝能提供一个奇迹:他期望红海在他面前分开(至少他手下有一名大臣在勒班陀大捷后认为那做到了,见原书第 101 287
页);最重要的是,他自信地认为他在白天能看到一根云柱,夜里能看到一根火柱,它们指引他以及他统治的众生走向希望之地。这看法的危险在于一个事实,即"到头来我们无法一无所有地成就一切",像帕尔马公爵在 1586 年向他的主人抱怨的那样,"总有一天,上帝将变得厌倦给我们创造奇迹"。然而,腓力很少认识到什么时候目的与手段之间的鸿沟已大得无法由"一般的"奇迹去弥合。即使在 1588 年的事件似乎表明(再次用帕尔马的话说)"上帝垂青英国人",腓力依旧相信既然他是为上帝的事业而战，就不应容忍任何妥协，不应听任丝毫背离，不应制订任何退路战略。[12]

因而，战争变得被视为西班牙君主国的“正常”状态。就像腓力四世后来所说，“既然已有这么多王国和领地与本王室相连，就不可能不在某个地区打仗，或是为了保卫我们业已得到的，或是为了使敌人转向”；从他1621年登基到1665年驾崩，有如1577至1607年期间，西班牙军队始终至少在一条战线上作战。[13]不足为奇，持续不断的战争紧张导致了决策者那里的一种宿命论。例如，1619年，当唐·巴尔塔萨尔·德·苏尼加（腓力三世的首要对外政策幕僚）考虑《十二年休战协定》期满后西班牙是否应当重新与荷兰人开战时，他意识到自己不管做什么都将作出错误选择：

> 我们无论是做[废弃休战协定]还是不做，都能肯定我们将发觉自己处境糟糕，因为当事情达到一定阶段时，采取的每一项决定都将是最糟的，不是由于缺乏好主意，而是由于形势如此绝望，以致无法挽救；不管选择什么政策，选择者都声誉扫地。

6年后，以同样的宿命论，苏尼加的侄子、继他为腓力四世首席大臣的奥利瓦雷伯爵斥责了一位同僚，后者认为国家大船正在沉没。

> 我不认为不断地以绝望方式叙述国务是一种有益之举，因为它不可能瞒过那些直接知晓者。使他们对救治深感绝望只能削弱他们的决心……我了解形势，为之悲叹，因其伤心，但我不会让无望削弱我的热情或减小我的关心。因为，作为担负首要责任的大臣，我的命运就是无怨而死，紧握桨橹直到手中不剩寸物为止。[14]

在16世纪和在今天一样，打一场大规模战争要求付出巨大的努力，
288 几无剩余的精力或洞察力去处理甚至更复杂的难题，亦即如何取得令人

满意的最终结果:确实,冲突持续越久,琐碎的作战问题就越可能转移国务活动家的注意力,使之不去筹划如何赢得和平。因此,奥利瓦雷像他之前的腓力二世那样,倾向于将自己的注意力锁定在战术和后勤问题上,一心关注如何协调复杂的陆海军作战,而不是关注如何保证这些问题和作战行动会带来和平。他通常试图微观操控战略,令其属下无所适从和心灰意冷,同时忽视"大图景"。[15]

有人将这样的个人缺陷视为西班牙失败的头号原因。1587 至 1590 年间,腓力二世在马德里超智少年卢克蕾西娅·德·莱昂的梦中反复出现。她后来说出的腓力形象不讨人喜欢:群众嘲弄国王,因为他使他们贫困潦倒;他的威力丧失,臣民渴望有一位新国王领导他们;最令人伤心的是,在他休息的椅子旁边有一块告示牌,上写"他为信仰做得不够"。在一次梦里,甚至他的女儿伊萨伯拉也小看他的成就:

> 瞧,陛下,西班牙已被输掉……陛下明白我祖父查理五世留下的英名。天主教君主[斐迪南]的英名也流传于世,尽管他已驾崩多年,而且诸位神圣的法国国王的英名和荣誉无处不知。至于您,人们只说您让您的王国一贫如洗。

在卢克蕾西娅的另一个梦里,腓力显现为一个新的罗德里克——西哥特人的末代国王,其放荡不羁的生活被普遍认为导致西班牙在公元 711 年落入摩尔人之手。一位心怀不满的廷臣唐·胡安·德·西尔瓦也将一切归咎于腓力:他在 1589 年对一位朋友吐露说,"一位从容大度和富有眼力的人告诉我,如果细想陛下自登基以来的所作所为……一个人就不能将敌人的成功归因于[他们的]'运气',也不能将我们自己的任何成功归因于我们的勤奋——这真是个令人忧郁的想法。"10 年后,国王刚刚驾崩,耶稣会士胡安·德·马里亚纳就在其论著《论国王和王权》里作了所有个人谴责中最强烈的责难,其时他写到无敌舰队的失败:

在英国海岸外遭到惨重损失：我们承受了多年无法抹去的打击和侮辱。这是对在我国的严重恶行索要的报应，而且除非失去记忆，触怒神灵的分明是某位君王的邪恶欲望。这位君王忘记了他的高贵地位，忘记了他已到了年迈体衰的地步；国外广泛传布流言，说他声色犬马，放纵自己，丧失理性。[16]

对腓力二世何以失败的多种多样解释——从一方面帕迪拉、塞萨和斯皮诺拉的到另一方面卢克蕾西娅、西尔瓦和马里亚纳的——以一种尖锐的形式，提出了我们时代的一大主要史学争论：历史因果关系中载体对
289 结构的作用。某些晚近的学者已将一切归因于结构因素。按照亨利·卡门的说法：

腓力从未在任何时候充分控制事态，或者充分控制他的王国甚或他自己的命运。因此，不能要他对他统治期间终于发生了的事情负责，除一小部分以外……他被“囚于他自己几乎完全左右不了的命运之中”。除了投掷可供他用的骰子，他近乎一无可为。

这是一种极端看法。正如约翰·刘易斯·加迪斯指出的那样，“历史一向是必然事件和偶然事件的产物：找到它们之间恰当的平衡是历史学家的工作。”[17]然而，就腓力而言，这“恰当的平衡”在哪里？

对其他处在压力下的大国统治者的研究显露了许多案例，在其中载体的作用等同于——有时或许超过——结构的作用。例如，莫卧儿皇帝阿克巴（1556－1605）的经历表明，情报的急剧增加并不必然导致“信息超载”。阿克巴建立了一个精致的情报收集系统，“新闻录写员”被设置在遍布帝国全境的每个基层区，他们搜罗的资料由帝国情报人员汇集和处理；皇帝及其各省还维持一批批密探和书吏，他们作为对其余人的一种“控制器”行事；在邮政总监控制下，有个由徒步邮差和骑骆驼信使组成的稠密的网络，在全国各地传送大量官方文件、命令和报告。一位著名的

历史学家将莫卧儿国家形容为“监视下的运作”;可是,虽然阿克巴的专制不亚于他的同代人腓力,但这位莫卧儿皇帝并不坚持要亲自看所有资料,也不坚持要用它们去微观操控政策。[18]

尽管如此,距离导致的通讯迟滞,加上可得资料量的急速增大,仍在大多数 16 世纪国家的首都造成了严重混乱。例如,英国大臣们抱怨本国政府效率低下,其话语定会立即赢得其西班牙同行认可。例如 1596 年,当伊丽莎白就要不要派遣更多部队赴法国打仗犹豫不决时,她的一位廷臣表达的情绪与唐·马丁·德·帕迪拉几个月前的那些非常相似(见原文第 282 页):“我们在这宫中从未一度如此忙碌……我们要使爱尔兰得救,使法国满足,使低地国家获胜,胜到它们尚远远不及的地步,还要发现和阻止现在比以往任何时候都更多更大的图谋。”晚一些时候,女王的另一位大臣——像腓力的仆人们那样(见原文第 65 - 66 页)——哀叹道:“我们总是习惯于想方设法拖延时间,从不努力去防止不幸,直到它们落在我们头上为止,这导致后来它们要么根本无法得到匡治,要么匡治起来困难重重。”[19]

当然,大国的统治者甚至在和平时期亦有可能经历严重紧张。公元 290
一世纪和二世纪的罗马皇帝无论是在其宫殿之内还是在对各省巡游途中,看来都一直是工作狂,不停地做出种种决定,以试图维持秩序和公正。18 世纪的中国皇帝在破晓之前起床,有时迫使他们的枢机大臣和文书连续工作 24 小时以上,为的是及时处理公文。[20]雍正皇帝(1723 至 1735 年在位)的行政风格与腓力二世惊人地相似:一方面,雍正试图避免面议,以书面形式处理一切政务;另一方面,他形成了两套帝国通讯系统,一套用于由“外廷”(常设官僚机构)处理的日常事务,另一套用于书写在密札内的较敏感问题,它们被直接送交皇帝,由他在一群经挑选的心腹幕僚协助下处理。确实,有些事他独自处理,以他独特的御笔朱批写的意识流般的诏书——“不拘定式,随意而书,随感而成”,或评论京城突降大雪(“[此乃]天降瑞恩……朕何有此福?”),或者斥责一位官员在禀报完后奏折上留下太多未用的多余折纸,最后说“朕随心写下此等[想法],以谕尔曹”。根据近来的一项极有趣的研究，“在雍正对政务一丝不苟和形同狂热的专注背后，大有皇帝的一种偏好，那就是独立地、有时杂乱无章甚或任意妄为地处理事务”。[21]

雍正虽然处事无章，但至少知道如何放权。其他领导人，尤其在危机时候，却并非如此。1861 至 1865 年美国南部联邦总统杰斐逊·戴维斯，据说“血管里流的是墨汁而非鲜血”，证明又是一个死不悔改的胡乱干预者。他充作他自己的陆军部长和总司令，发出一连串阻碍其将军们的行动自由的狭隘指令，甚至直接给隔级部属下令，而不通过他们的指挥将领；每逢他的决定遭到批评或失败，他就花费异常大量的时间为之辩解；他坚持块块分割整个指挥体系，以致他对所有决策保持控制。用他手下一名官员的话说，“戴维斯先生的整个军事体系的根本缺陷，在于各部门分立隔绝，每个部门都只向他汇报。”有些人将南部邦联的失败归咎于戴维斯的个人缺陷。[22]

就评估载体与结构在大战略失败中各自的相对作用，纳粹德国提供了最佳案例，因为再次用约翰·刘易斯·加迪斯的话说，“假如没有希特勒，就几乎全无可能想象纳粹德国或它引起的世界大战”。[23]于 1933 年获得政权后不久，阿道夫·希特勒就在纳粹国家内精心造就一套由相互竞争的各机构组成的错综复杂的体系，以便维护他自己的核心作用，驱使人人都听命于他的决定。1938 年，他将这一体系延展到军队，办法是任命他自己为陆军部长，并且集合起一个围绕他的特殊军事机构，负责将他的命令传达给各军种首脑，但他再次确保只有他才了解全局。翌年，新的作
291 战参谋团陪同元首乘火车（“元首专列”）往东，去巡视在波兰的战争进展情况；1940 年，在征服西欧期间，他们行至在埃费尔的一处被改建的农场；1941 年以后（随入侵俄国），他们接管了一套坚固设防的掩体体系——“狼穴”，它位于东普鲁士一处森林中。用希特勒的作战参谋长阿尔弗雷德·约德尔的易记之辞说，“元首的大本营十字形，在一所修道院与一个集中营之间”，而其各不同遥远地点自然使得——甚至有意使得——最高统帅及其参谋班子隔绝于事态近况之外。据约德尔的副官瓦

尔特·瓦尔利蒙,“希特勒像是躲在一个轰炸不到的小角落里;他和他的身边随从都得不到关于两方面的直接信息,一方面是主要战线上争战的激烈程度,另一方面是对德国城市空中轰炸的炽烈效应。”[24]

这种隔绝产生了两个严重后果。首先,显然试图弥补其闭目塞听,希特勒常常允许各种各样的人直接与他接触。据约德尔在战后不久说:

> 有数不清的渠道,元首通过它们得到军事信息。每个人和每个机构都可以直接向他的副官处呈递报告。元首派到前线去拍照的摄影师也发现,利用这种机会向元首报告军事形势很方便。当我对此表示异议时,元首回道,“我不在乎我从谁那里听到真相;主要事情是我听到了真相”。[25]

这不很正确。诚然,希特勒像腓力二世那样,在就某个问题形成决断时从所有各方面听取意见;可是此后,通向最高统帅部的渠道就被严密控制,那些进来了的人很快认识到,对元首先前的决定不利的新闻和看法不受欢迎。1942 年 9 月,约德尔自己也发现了这一点。希特勒派他东去,激励看来在高加索陷入了困境的将领们。他回来后叙述了他亲眼见到的种种困难,如道路被雪覆盖等等,它们充分解释了为何缺乏进展。

> 约德尔[希特勒嘘声斥责道],我派你去不是为了听你报告所有困难。你应代表我的观点。那才是你的职责。可是,你回来时已完全处在前线指挥官们的影响之下。你只是他们的传话筒。我派你去不是为了这个。

约德尔怒而顶嘴;两天后,他听说他将被替换。约德尔被他崇拜的英雄驳
得目瞪口呆,立即意识到自己的错误:“一个人绝不应……试图指出独裁 292
者错在哪里,因为这将动摇他的自信,这是他的性格和行为依据的主要支柱。”[26]

在使希特勒改变主意方面,战区司令官们证明一样不成功:当被召去在大本营作发言或报告时,没有哪个看来能抵挡住元首在场的压倒性影响。海因茨·古德里安,普鲁士将门之子和装甲战先驱,在波兰、法国和俄国战场的一位战功赫赫的司令官,1941 年 8 月抵达元首大本营,打算说服希特勒批准一次对莫斯科的猛攻,而不是将他的装甲兵力调往南方。然而,在一个上午与希特勒谈话的过程中,古德里安"百分之百"改变了自己的调子,因为据他后来辩解说,"在经这次会见而确信元首下定决心要实施南向突进后,他的职责就是要将不可能之事变为可能,以便实现这些想法"。[27]

问题像希特勒的另一位将军精明地指出的,在于这么一个事实:"元首既对很大的问题感兴趣,也对最小的细节感兴趣。这两者之间的任何事情对他来说都索然无味。他忽视的是大多数决定属于这中间范畴"。在这广阔的领域内,希特勒的干涉倾向于乖僻不定难以预测。参谋长弗朗茨·哈尔德 1941 年写道,"元首干预导致的局面对军队来说无法容忍。元首的这些单个指令造成了一种朝令夕改、混乱无序局面,没有任何人能被问责,除了他本人。"[28]尽管如此,希特勒依然顽固不化。据约德尔称,1945 年 1 月,在柏林的元首大本营的附属军事通讯系统每天处理 120,000个电话传讯、33,000 份电传打字文和 1,200 份无线电报。看来当时的任何指挥中心——更不用说任何最高统帅——都不大可能有效处理如此巨量的信息来往,以实施一种内在连贯的战略。只有像希特勒那样对自己的使命绝对自信的人,才会作此尝试。[29]

腓力二世驾崩后不久,沃尔特·雷利爵士写书,将这位国王未能实现自己的目的归因于一种类似的过度自信。就无敌舰队,雷利说,"从海上入侵一处危险的海岸,既不控制任何港口,又无任何方面提供援助:这可能适合一位自信命运甚于知晓事理的君主。"腓力并非全不赞成这看法:他确信归功于他和上帝的特殊关系,他"理解事物的方式不同"于别人,因而他觉得自己能够藐视"冒出来的种种困难和问题"。[30]不难明白为何如此。尽管有困扰他的帝国的一切结构性难题,即距离遥远,领地分散,信息超载,“帝国过度伸展”(再次用保罗·肯尼迪的有益的术语),国王仍然进至显著接近实现他的目的。只要历史稍有改动(或者用腓力的话说只消一个小奇迹),若干紧要关头的结果本可大为不同。假如国王在1562年(当时“新主教区”计划遭到的反对变得有颠覆性了)至1568年 293
(适逢阿尔瓦政权之不得人心令一场新造反极可能爆发)期间的任何一个时候返回尼德兰,那么低地国家战争本可能完全得以避免;假如哈勒姆的守卫者1573年“自行决定”投降时,阿尔瓦让予他们宽宏大量的条件(或假如早先一次对奥兰治的刺杀获得成功),那么其他造反城镇可能也会谋求投降条件。如此,对腓力资源的消耗本将停止,使他能够更有效地在其他地方干涉。同样,假如1570和1580年代任何一次刺杀伊丽莎白的阴谋获得成功(无论西班牙是否参与其中),那么玛丽·斯图亚特本将差不多肯定成为下任英国女王,并且更加靠拢西班牙,以便确保腓力的支持去对付她的新教臣民。或者,假如国王为征服英国采取了这么一种战略(任何战略),它毋需无敌舰队预先与帕尔马大军会合;假如梅迪纳·西多尼亚在科卢纳没有收到腓力的那封信件,那禁止他在英吉利海峡等待直到帕尔马准备完毕的消息抵达为止;或者,假如无敌舰队由一位善战的海军将领指挥,无论是由圣克鲁斯还是他死后由雷卡尔德,那么它本可取得至少暂时的制海权,那是为帕尔马渡海抵达相对极少防守的肯特郡海岸所需的。有如事实,在1588年8月,腓力非同寻常的(并且非同寻常地协调的)对英努力,在陆军、海军、外交和经济各方面的努力,近乎成功:帕尔马在48小时内使其部队登上了舰船,梅迪纳·西多尼亚率领其舰队(或多或少完整无损)抵达加来,在那里停留了36小时。而且最后,假如葡萄牙的塞巴斯蒂安或法国的亨利三世未在依然年轻和无嗣情况下遭遇暴死,那么腓力本可继续得益于他们的羸弱,而不会那么明显地威胁欧洲均势。

当然,“反事实”估计遭到了许多历史学家鄙视,特别是那些相信重大事件必定出自重大原因的历史学家。然而,两个世纪以前塞缪尔·约翰逊雄辩地驳斥了这些怀疑：

> 历史学家的差不多普遍的错误似乎在于，设想在政治上就像在物质上一样，每一努力皆有一相应原因。在物质对物质的无生命作用中，所产生的运动只可能等同于运动力；然而，生活的运行，无论是个人生活还是公共生活，不遵循这样的规律。自由意志载体任性多变，致使估算可笑可嘲。重大的事件并非总是有强劲的原因。固执与灵活、邪恶与善良彼此交替；彼此取代，而这些波动的原因往往并非变化生于其中的心灵所能把握，不管后果可能多么重大。[31]

尽管如此，这些“波动”的长期后果决不应当被夸大。我们还须考虑“次等反事实”，亦即虽然有些事可能有所不同地发生，但长远结果可能依然不变。就腓力而言，即使在尼德兰和对英国成功，也无法改变他的没有前途的基因遗传。毕竟，只是由于两大统治王朝之间反复通婚（见表格7），葡萄牙遗产才归于西班牙。唐·卡洛斯——腓力的精神不正常的长子——出自两家族之间的数代近亲联姻，先于其父而死（实乃西班牙君主国之幸）；同样，腓力三世的父亲和母亲在其结婚前已是叔叔和侄女，他母亲的父母也是堂兄妹。这样的同族通婚迟早会产生一位完全没有能力治理君主国的君主（到头来发生于17世纪晚期，即卡洛斯二世），在一个世袭制国家里，它的有害后果无可避免。[32]

当然，没有任何霸权永世长存。印度莫卧儿帝国在阿克巴及其继任者治下急速扩张，但一个世纪后开始分崩离析；雍正统治的清帝国不到两个世纪便在革命中轰然倒塌，随即在军阀和外国占领之下的几十年中分裂。否定因素重重堆积，大不利于创建世袭制帝国，甚至更不利于保全之。然而，无论就创建还是就保全而言，将一切归因于结构而无一归因于载体，亦即撰写一部既无英雄豪杰亦无反面人物的历史，似乎悖理。腓力1598年驾崩后，在一场葬礼布道中使用了一个精致的比喻，那向我们揭

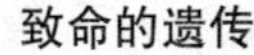

294

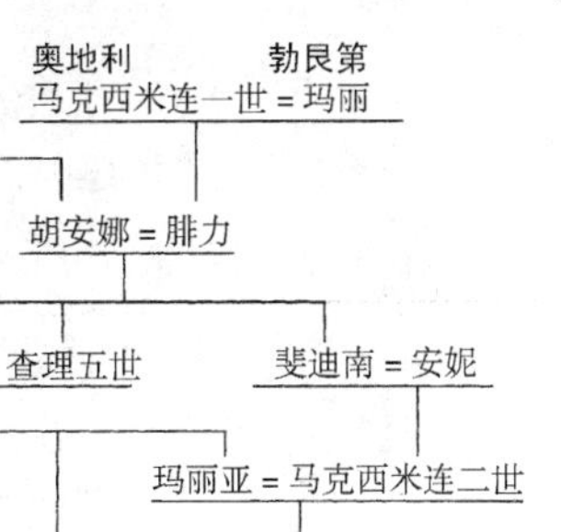

表格7 葡萄牙和西班牙两王家都认真力求使整个伊比利亚半岛统一在一个君主之下；为此，他们一代接一代地互相联姻。虽然这近亲通婚关系最终产生了被期望的结果——西班牙的腓力在1580年继承葡萄牙王位，但它包含一项隐秘的代价：该王朝的基因库减至危险地步。例如，腓力的精神不正常的儿子唐·卡洛斯只有4位而非8位高祖。

示了问题的核心： 295

> 一位国王的生活有如织布工……你可能设想织布工日子好过，因为他在家里工作，安居栖所，不遭风雨，织布机近在身边；然而事实上，他的工作非常艰辛。他用双臂干活，但双脚须蹬踏板，同时双眼不停地盯着布匹，生怕它缠作一团。他的注意分散在许多各朝不同方向的线头上，始终张大眼睛以防任何断线，从而能立即将断线绕接上……一位国王的生活也是如此：手不停书写，脚不停巡视，心系根根线头：一根往佛兰德，另一根往意大利，还有往非洲，往秘鲁，往墨西哥，往英国天主教徒，往维护基督教各君主间和平，往神圣罗马帝国问题。种种不同国家和种种不同威胁都需要予以那么多注意！如果往西印度群岛的线头断了，国王就必须赶紧将它绕接上，如果往佛兰德的线头断了，那么他也必须一样做。

一位国王的生活，这位布道者总结说，包含无穷无尽的活动、持续不断的紧张和永无休止的不确定性，拿不准下一场危机将在何时何地兴起。[33]

即使我们接受这富含同情的刻画，描绘腓力在国家这架织布机上无休止的辛劳，我们仍可正当地诧异他为何没有织出更多的布匹。诚然，他那大而无当的遗产，遥远的距离，还有要求他做出的决定之愈益增多，造成了深刻的结构性难题，可是有一些国务活动家已证明较能放权，而且并非总是将意识形态义务置于理性估算之上。他肯定本可利用在整个16世纪晚期一直困扰西班牙的大多数敌人的严重弱点，以求较大的优势：德意志动荡不安，分裂为新教徒与天主教徒；英国由一名女人统治，她虽然是一位聪明机灵的政治家，但缺乏明确的继承人，还需要容纳一个人数甚众的宗教少数派；最重要的是，法国——他父亲的克星——被反复不已的宗教战争严重削弱。然而，尽管有这些独一无二的有利的国际环境，腓力仍然既未能保全他继承的遗产，又未能实现他确立了的王朝目标和宗教目的。在通过1580年王朝合并得以创建后，腓力的全球君主国衰落得如此之快，即使“所有国家在若干年后必将衰落”（如弗洛伦丝·南丁格尔担心的那样）是一条规律，这一快速衰落也必须归咎于这位织布君王的缺陷，而非归咎于他的织布机的结构、布的构造或纱线的纤弱。最重要的是，他的那种百折不挠的自信，即上帝将会赐恩，引领他“藐视冒出来的种种困难和问题”，导致了一种具有潜在危险的救世式帝国主义形态，成为他的大战略的基础。或许这不可避免。正如有人对希特勒和斯大林的评价，他们也采取了一种“基于情感的意识形态浪漫主义”：

> 296　专制者们那里似乎有某种东西，使得他们脱离现实。……解释并不难寻：专制制度在抑制戳穿企图的同时，强化了可以存在于最高层的无论何种堂吉诃德式幻想。[34]

腓力二世的专制特性虽然远不如后世独裁者们的那般险恶，却仍构成了他的君主国的最大强项与最大弱项。

注　　释

注释中使用的缩略语

AA　Archivo de la Casa de los Duques de Alba, Madrid, Manuscript Collection (with caja and folio)

ACA　Archivo de la Corona de Aragón, Barcelona

　CA　*Consejo de Aragón*

AGI　Archivo General de Indias, Seville

AGNM　Archivo General de la Nación, Mexico

　CRD Cédulas reales duplicadas

AGPM　Archivo General del Palacio Real, Madrid

AGRB　Archives Générales du Royaume/Algemeen Rijksarchief, Brussels

　Audience Papiers d'État et d'Audience

　CC Chambre des Comptes

　MD Manuscrits Divers

　SEG Secrétairerie d'État et de Guerre

AGS　Archivo General de Simancas

　CJH Consejos y Juntas de Hacienda

　CMC Contadurí a Mayor de Cuentas (with *é poca* and *legajo*)

　CS Contadurí a del Sueldo (with *é poca* and *legajo*)

　Estado Negociación de Estado

　Estado K Estado Francia

　GA Guerra Antigua

　SP Seretarí as Provinciales

AHN　Archivo Histórico Nacional, Madrid

　OM órdenes Militares

Álava　P. and J. Rodríguez, *Don Francés de Álava y Beamonte. Correspondencia inédita de Felipe II con su embajador en París*(1564 – 1570) (San Sebastián, 1991)

AMAE　Archive du Ministère des Affaires Etrangères, Paris

MDFD Mémoires et documents: Fonds divers, Espagne

AMC Archivo de la Casa de los Duques de Medina Celi, Seville, Manuscript Collection

APO J. H. de Cunha Rivara, *Archivo Portuguez – Oriental*(6 vols, Nova Goa, 1857 – 76)

ARA Algemene Rijksarchief, The Hague

ASF *MP* Archivio di Stato, Florence, *Mediceo del Principato*

ASG *AS* Archivio di Stato, Genoa, *Archivio segreto*

ASL Archivio di Stato, Lucca, Archivio diplomatico

ASMa *AG* Archivio di Stato, Mantua, *Archivio Gonzaga*

ASMi Archivio di Stato, Milan, Cancellaria spagnuola

ASMo *CD* Archivio di Stato, Modena, *Cancellaria ducale, sezione estera: ambasciatori Spagna*

ASN *CF* Archivio di Stato, Naples, Sezione diplomatica – politica *Carte Farnesiane*

ASP *CF* Archivio di Stato, Parma, *Carteggio Farnesiano*

ASV Archivio Segreto Vaticano

LP Lettere principi

NS Nunziatura Spagna

ASVe *Spagna* Archivio di Stato, Venice, *Senato: dispacci Spagna*

BAV *UL* Biblioteca Apostolica Vaticana, *Urbinates Latini*

BCR Biblioteca Casanatense, Rome

BL British Library, London, Department of Western Manuscripts

Addl Additional Manuscripts

Cott. Cotton Manuscripts

Eg. Egerton Manuscripts

Harl. Harleian Manuscripts

Lans. Lansdowne Manuscripts

Sloane Sloane Manuscripts

BMB Bibliothèque Municipale, Besançon, Manuscript Department

BMO J. Calvar Gross, J. I. González – Aller Hierro, M. de Dueñas Fontán and M. del C. Mérida Valverde, *La batalla del Mar Océano*(3 vols, Madrid, 1988 – 93)

BNL Biblioteca Nacional, Lisbon

BNM Biblioteca Nacional, Madrid, Manuscript Section

BNP Bibliothèque Nationale, Paris, Manuscript Department

Ms. esp. Manuscrit espagnol

Bod. Bodleian Library, Oxford, Department of Western Manuscripts

Rawl. Rawlinson Manuscripts

Bouza F. J. Bouza Alvarez, *Cartas de Felipe II a sus hijas*(Madrid, 1988)

BPM Biblioteca del Palacio Real, Madrid, Manuscript Collection

BPU *Favre* Bibliothèque Publique et Universitaire, Geneva, Collection Manuscrite Édouard Favre

BRB Bibliothèque Royale, Brussels, Manuscript Section

BSLE Biblioteca del Real Monasterio de San Lorenzo de El Escorial, Manuscripts

BZ Biblioteca de Zabálburu, Madrid, Manuscripts (with *caja* and *folio* number)

Cabrera L. Cabrera de Córdoba, *Historia de Felipe II, rey de España* (4 vols, Madrid, 1876 edn; vols I–II originally published in 1619)

CCG E. Poullet and C. Piot, *Correspondance du Cardinal de Granvelle* 1565–1586 (12 vols, Brussels, 1877–96)

CDCV M. Fernández Alvarez, *Corpus Documental Carlos V* (5 vols, Salamanca, 1974–81)

CGT L. P. Gachard, *Correspondance de Guillaume le Taciturne* (6 vols, Brussels, 1849–57)

Co. Do. In. *Colección de documentos inéditos para la historia de España* (112 vols, Madrid, 1842–95)

CSPF *Calendar of state papers of the Reign of Elizabeth, Foreign series*

CSPScot *Calendar of state papers relating to Scotland and Mary Queen of Scots*

CSPSp. M. A. S. Hume, *Calendar of letters and state papers relating to English affairs preserved in, or originally belonging to, the archives of Simancas: Elizabeth* (4 vols, London, 1892–99)

CSPV H. F. Brown, *Calendar of state papers... Venice*, VIII (London, 1894)

Documentos... El Escorial J. Zarco Cuevas, G. de Andrés and others, *Documentos para la historia del monasterio de San Lorenzo El Real de El Escorial* (8 vols, Madrid, 1917–62)

Donà M. Brunetti and E. Vitale, *La corrispondenza da Madrid dell' ambasciatore Leonardo Donà* (1570–1573) (2 vols, Venice–Rome, 1963)

Encinas *Cedulario Indiano recopilado por Diego de Encinas* (1596: ed. A. García Gallo, 4 vols, Madrid, 1945–46)

Epistolario Duke of Berwick y Alba, *Epistolario del III duque de Alba* (3 vols, Madrid, 1952)

FD C. Fernández Duro, *La Armada Invencible* (2 vols, Madrid, 1888)

Fourquevaux C. Douais, *Dépêches de M. de Fourquevaux, ambassadeur du roi Charles IX en Espagne*, 1565–72 (3 Vols, Paris, 1896–1904)

GCP L. P. Gachard, *Correspondance de Philippe II sur les affaires des Pays–Bas* (5 vols, Brussels 1848–79)

GPGP A. Gonzalez Palencia, *Gonzalo Pérez, secretario de Felipe II* (2 vols, Madrid, 1946)

Groen van Prinsterer, *Archives* G. Groen van Prinsterer, *Archives ou correspondance inéditede la maison d'Orange – Nassau* (1st series, 8 vols and supplement, Leiden 1835 –47; 2nd series, I, Utrecht, 1857)

HHStA Haus – , Hof – und Staatsarchiv, Vienna

Herrera Oria E. Herrera Oria, *La Armada Invencible. Documentos procedentes del Archivo General de Simancas*(Valladolid, 1929: Archivo Histórico Español, II)

HMC Bath Historical Manuscripts Commission *Calendar of the manuscripts of the Most Honourable the Marquess of Bath*, V (London, 1980)

HMC Downshire Historical Manuscripts Commission *Calendar of the manuscripts of the Most Honourable the Marquess of Downshire*, III(London, 1938)

HMC Rutland Historical Manuscripts Commission *Twelfth Report* (London, 1888)

HMC Salisbury Historical Manuscripts Commission *Calendar of the manuscripts of the Most Honourable the Marquess of Salisbury*, III (London, 1889)

Hunt *HA* Huntington Library, San Marino, California, *Hastings Manuscripts*

IVdeDJ Instituto de Valencia de Don Juan, Madrid, Manuscript Collection (with *envio* and *folio* number)

KB Koninklijke Bibliotheek, The Hague, Manuscript Section

KML *MSP* Karpeles Manuscript Library, Santa Barbara, *Medina Sidonia Papers*
CC Casa de la Contratación
CR Cartas de reyes

Laubespine L. Paris, *Négociations, lettres et pièces diverses relatives au règne de François II, tirées du portefeuille de Sébastien de L'aubespine* (Paris, 1841)

Laughton J. K. Laughton, *State Papers concerning the defeat of the Spanish Armada* (2 vols, London, 1895 – 1900)

Longlée A. Mousset, *Dépêcbes diplomatiques de M. de Longlée, résident de France en Espagne*, 1582 –90 (Paris, 1912)

Maura G. Maura Gamazo, duke of Maura, *El designio de Felipe II y el episodio de la Armada Invencible* (Madrid, 1957)

Mondoucet L. Didier, *Lettres et négociations de Claude de Mondoucet, résident de France aux Pays – Bas* (1571 –1574) (2 vols, Paris, 1891 –92)

NMM National Maritime Museum, Greenwich

NS New Style (dates according to the Gregorian calendar)

Nueva Co. Do. In *Nueva Colección de documentos inéditos para la historia de España* (5 vols, Madrid 1892 –4)

OÖLA *KB* Oberösterreichisches Landesarchiv, Linz, *Khevenhüller Briefbücher*

OS Old Style (dates according to the Julian Calendar)

PEG C. Weiss, *Papiers d'État du Cardinal de Granvelle*(9 vols, Paris, 1841 – 52)

PRO Public Record Office, London

AO Audit Office

E Exchequer

PRO Transcripts from other archives

SP State Papers

WO War Office

RAH Real Academia de la Historia, Madrid, Manuscript Collection

RAZ Rijksarchief Zeeland, Middelburg

Reivindicación F. Pérez Minguez, *Reivindicación histórica del siglo XVI*(Madrid, 1928)

RSG N. Japikse, *Resolutiëen der Staten – Generaal van* 1576 *tot* 1609 (14 vols, The Hague, 1917 – 70)

Riba C. Riba García, *Correspondencia privada de Felipe II con su secretario Mateo Vázquez* 1567 – 91(Madrid,1959)

Serrano L. Serrano, *Correspondencia diplomática entre España y la Santa Sede durante el pontificado de San Pio V*(4 vols, Madrid, 1914)

Sigüenza Joséde Sigüenza, *La fundación del Monasterio de El Escorial* (1605: Madrid, 1988)

UB Leiden *HS Pap.* Universiteitsbibliotheek, Leiden, Manuscript Collection

注:所引各项文献的完整标题可见于后面的参考文献目录。

前言

1 Sorensen, *Decision – making in the White House*, xi, xiii(引自肯尼迪为该书撰写的前言)。

2 Gaddis, *We now know*; Lebow and Stein, *We all lost the Cold War*.

3 关于应当如何从事此种研究的一个重要的例子,见 Hess, *The forgotten frontier*。

4 见 von Ranke, Sämmtliche Werke, XXXIV, 144 – 50(他的 1824 年初版的《意大利和日耳曼民族史 ,1494 至 1535 年》附录)。感谢保罗·布什科维奇使我注意到该附录。关于本书研究依据的种种资料的出处和性质,见后面"资料来源说明"第一节"文件"。

5 Fortescue, *Correspondence of King George the Third*, IV, 350 – 1:乔治三世致诺思勋爵,1779 年 6 月 11 日。腓力二世经常作同样的度算,而且也提到"神圣上帝",以此说明他拒绝"商人之秤"实属正当(见第三章)。关于有必要考虑每个国务活动家与社会的互动和趋同,见 Jarausch, *The enigmatic chancellor*, ix。

6 Braudel, *The Mediterranean*, 21. 1944 年时,身为战俘而囚于德国的布罗代尔突

生灵感,脑中迸出了"三速"(three "speeds")观念,就此见 Braudel, "Braudel antes de Braudel", 94。关于近来的一项直截了当的断言——所有重大事件都必有重大的长期原因,见 Israel, *The Dutch Republic. Its rise, greatness and fall*, 169。

7 见下列三项著作的重要洞察:Beyerchen, "Clausewitz"; Roth, "Is history a process?"; Beaumont, *War, chaos and history*, chaps 1 – 2。

8 *Memoriën... Hooft*, I, 182。

301 导言:腓力二世是否有一个大战略?

1 Braudel, *The Mediterranean*, II, 1236; Koenigsberger, *Politicians and virtuosi*, 80, 82(出自他1971年首次发表的杰出的论文"The statecraft of Philip II"); Kennedy, *Rise and fall*, 35 – 6。

2 这些定义取自 Wheeler, "Methodological limits," 10; Kennedy, *Grand strategies in War and Peace*, 2 – 3(利德尔·哈特); Cowley and Parker, *The reader's companion*, 448(勒特韦克)。米斯·范德罗黑语引自 Hopf, Peripheral visions, 240 – 1。

3 对罗马帝国皇帝们运用的变动中的各种大战略,有不同的解释,见 Ferrill, "Grand Strategy"; Luttwak, *Grand Strategy*; Wheeler, "Methodological limits"。

4 Kennedy, *Rise and fall*, p. 36。同样的看法见 Fernández álvarez, *Felipe II*, 775 – 87。另两项论述就此前和此后的时期提出了很大程度上与之相同的观点,它们是:Lutz, *Christianitas Afflicta*, 208 – 9; Elliott, "Foreign policy and domestic crisis"。Wheeler, "Methodological limits"一文(23, 218 – 19, 227 – 32)极好地显示了虽然罗马人有如腓力"缺乏一个内在连贯的战略,即一个宏大的帝国'总规划',但这并不排除关于如何捍卫它的一般战略"(229 – 30)。

5 引自 BL *Eg*. 592/38 – 48v, "Discurso astronómico"(作者匿名),第44张(事实上从马德里到库斯科只隔开5"小时",但用时区去衡量规模的想法显得非常现代); Salazar, Política española, 24。据 González Dávila, *Teatro*, I,西班牙国王是"世界上任何国王所曾统治过的最广袤的帝国的首脑"。(Lisón Tolosana, *La imagen del rey*, 19 – 23 援引。)

6 Camden, *Historie*, book IV, 131. "日不落帝国"这一比喻出自维吉尔,它显然首次在1535年在庆祝查理五世征服突尼斯凯旋归来的墨西拿城被用来称哈布斯堡帝国(Gil, "Visión europea de la Moarquía", 66)。它以后的使用见 Elliott, *Count – duke*, 47 – 8。

7 见 Losada, *Sepúlveda*, 64 – 74, 94 – 100; Niccoli, *Prophecy and people*, 113 – 20, 168 – 88; Headley, "The Habsburg world empire", 93 – 127; idem, "Rhetoric and reality", 241 – 69; Parry, *The Spanish theory of empire*; Bosbach, *Monarchia universalis*。

8 并非所有文献都迅即付梓:康帕内拉的《西班牙帝国》(*De monarchia hispanica*

discursus)直到 1640 年才(在阿姆斯特丹)出版;Valdés,*De dignitate regum* 一书虽然在 1595 年获准出版,但只是在 1602 年才(在格拉纳达)面世;Borrell, *De regis catholici praestantia* 一书于 1597 年撰毕,但其刊本迟至 1611 年才(在米兰)出现;Salazar de Mendoza, *Monarchia de España* 写作于 1598 至 1600 年间,可是迟至 1770 年才见其(在马德里)出版。关于这些(以及其他)出自 16 世纪晚期的普世主义文匠,见 Fernández Albaladejo, "Imperio de por sí"; idem, "'De Regis Catholici Praestantia'"; Díez del Corral, *La Monarquía hispánica*, 305 – 56(关于康帕内拉);Pagden,*Spanish Imperialism*, chaps 2 – 3。诚然,并非所有西班牙政治理论家都主张普遍帝国;其中某些(索托、科瓦鲁比亚斯、巴斯克斯 · 德 · 门查卡)明确否认它有用;见 Pagden, *Lords of all the world*, 53 – 61。尽管如此,甚至科瓦鲁比亚斯也将他的著作之一(1556 年的 *Practicorum quaestionum liber*)献给"腓力大帝"(见 Fernández Albaladejo, "Imperio de por sí", 174 – 5)。

9 细节取自 Checa, *Felipe II*, 271 – 2, 486(见这几处述及的更多的帝国主义例子)。

10 Bouza Álvarez, "Retórica da imagem real", 39; W. Bigges, "A summarie and true discourse of Sir Francis Drake's West Indian Voyage"(1589),载于 Keeler, *Sir* 302
Francis Drake's West Indian voyage, 245 – 6, 315。

11 IVdeDJ 62/916,杜阿尔特 · 努内斯 · 德莱奥致加布里埃尔 · 德 · 萨亚斯, 1585 年 8 月 8 日。虽然 Checa,*Felipe II* 一书第 281 至 282 页援引了这项文件,但我对文本(包括拉丁铭文,那大致借用了维吉尔《埃维德》第六卷第 797 行"Extra anni solisque vias")的解读与他不同。Tanner,*Last descendant* 一书第 163 页记录并重现了这个时期的另一种"帝国主义"勋章,其正面显示腓力的容貌,反面刻有一个上悬两手所持的枷锁的地球,并有铭文 SIC ERAT IN FATIS。有些人觉得这太傲慢:见 BAV *UL*, 1115/61,来自马德里的"意见",1586 年 7 月 26 日。

12 关于西班牙的对外影响,见 Deswarte – Rosa,*Ideias e imagens*, 55 – 122 ("Roma desfeita"); Bouza Álvarez, *Locos*, 40(论述现代早期西班牙向整个欧洲大陆输出笑话和滑稽剧演员)。

13 CDCV, IV, 127,腓力二世致查理五世,1554 年 11 月 16 日(又见 Rodríguez – Salgado, *Changing face* 一书第 161 页所述 1558 年的类似的言论);ASMo *CD Carteggio di Principi*, *Spagna*, 1, unfold. ,腓力二世致费拉拉公爵,1572 年 6 月 30 日。其时在尼德兰,阿尔瓦公爵确信法国人正准备入侵(见 *Epistolario*, III, 119 – 20, 160,阿尔瓦致腓力二世,1572 年 5 月 23 日和 7 月 18 日),这绝对正确:见 Sutherland,*The massacre of St Bartholomew*, chaps 13 – 14。

14 *BMO*, II, 254,腓力致西班牙驻罗马大使奥利瓦雷伯爵,1586 年 7 月 22 日; Pereña Vicente, *Teoria de la guerra*, 62, 1598 年一篇葬礼致辞中语,引自腓力致托罗地方长官的一份函件。

15 1587 至 1588 年间试图入侵英国似乎是个偏离，但即使就此，腓力的侍从和传记作者卢伊斯·卡布雷拉·德克尔多巴也声称是“自卫”：“国王不是因为通过征服新国度以扩张其帝国的野心或无限贪欲才对英格兰女王和王国开战……对英战争虽然是西班牙方面的进攻性行动（因为我们先动手打击），但其动机是防御性的，而且完全正当，是对无理破坏和平、依靠武力和欺骗造成伤害、（并且）摧毁天主教信仰的某个人发动的……事情最终达到了如此状态，即这些不光彩的侮辱激使有义务报复的腓力国王采取行动。”（Cabrera, III, 220 - 1）。

16 “安全两难”由 Trachtenberg, *History and strategy*, 64 - 65 得到了很好的分析。又见 Howard, *The lessons of history*, 81 - 96，那里论说了 20 世纪开始时爱德华英国的含糊不清的处境。

17 引自 Scott, *The Somers collection*, 164 - 70; MacCaffrey, *Queen Elizabeth*, 338 - 9; Pincus, “Popery”, 18（又见英国人表达的对于一个西班牙“普遍帝国”的其他种种恐惧，Ibid., 18 - 19）。

18 Sutherland, *The massacre of St Bartholomew*, 265 援引科利尼语；Groen van Prinsterer, *Archives*, 2ndseries I, 11，纳瓦尔的亨利致莱斯特，1585 年 5 月 8 日；Longlée, 308，致亨利三世函，1586 年 9 月 23 日；Bitton and Mortensen, “War or peace”一文在 129 页援引了 *Le Soldat français*（1604）和那个时代的多种其他小册子。

19 引自 Danvila y Burguero, *Moura*, 650 - 1，腓力二世致格雷戈里十三，1580 年 8 月 10 日；Berwick y Alba, *documentos escogidos*, 286，腓力二世致格朗维勒，1581 年 7 月 10 日。在现代早期教皇和哈布斯堡的不同战略看法由下面三本著作得到了极好
303 的说明：Lutz, *Christianitas Afflicta*; Repgen, *Die römische Kurie*; Reinhardt, *Überleben*. 又见上文第 80 - 81 页。

20 BL *Addl.* 28,263/487 - 8，腓力二世致巴斯克斯，1588 年 12 月 25 日（“para la defensa es menester ofender”）。卢伊斯·德·托雷斯（1571 年）和唐·胡安·德·苏尼加（1585 年）论辩进攻是最便宜的防御形式，分别见 Serrano, III, 324 - 9, 181。

21 见 BZ90/35 “Primer discurso sobre lo que la Armada de Su Magestad podría hacer”, 1571 年 11 月 28 日（匿名）；BNM Ms783/149 - 56，阿尔瓦致唐·胡安·德·苏尼加，1571 年 12 月 17 日。

22 AGS *Estado* 1239/51，阿雅蒙特男爵致腓力二世，1574 年 6 月 16 日（感谢马里奥·里佐提示我注意这份文件）。

23 Torres Lanzas and Navas del Valle, *Catálogo*, II, clxxxiii - iv; Guillén Tato, *Museo Naval*, XVIII, fos 146 - 60, “Relación”；里贝罗·加伊奥主教所言，连同在同时期里其他类似的主张，俱见 Boxer, “Portuguese and Spanish projects”。

24 这些以及其他构想的进一步细节见 Headley, “Spain's Asian presence”, 638 - 45; Días - Trechuelo, “Consecuencias”, 1535 - 6; Parker, “David or Goliath?”, 253 - 7。

25 Hair, *To defend your empire*; Boxer, "Portuguese and Spanish projects".

26 见 Rizzo, "Financa pubblica", 311。腓力可以不时将西属意大利用作一个"政府实验室",在将政策和创制施行于其他地方以前,先在那里予以检验:见一篇启发性的文章 Musi, "L' Italia nel sistema imperiale",载于 Musi, *Nel sistema imperiale*, 51 - 66, pp. 61 - 2。

27 见两项令人赞叹的概览:Peña Cámara, *Nuevos datos*(引语见于该书第 8 页附注,出自 1571 年贝尼托·阿利亚斯·蒙塔诺所言);Ramos, "La crisis Indiana"。

28 *Co. Do. In*, XXXVII, 84,阿尔瓦致腓力二世,1568 年 1 月 6 日;Gilissen, "Les phases", van de Vrught, *De criminele ordonnantiën*.

29 Craeybeckx, "La Portée fiscale". 对该税的计算确实别出心裁:政府将一所房屋的平均房租定为其资本价值的 6.25% ,因而要计算其总价值,就须乘以 16(16 ×6.25 = 100);然后确定出自财产的收入的税率为该收入的 16% 。如此,一所在 1569 至 1570 年为获得 62.5 弗罗林而被出租的房屋值 1000 弗罗林,政府则征收这租金额的 16% ,即 10 弗罗林,正好是其概念值的"百一金"。出自其他投资的收入被估计为4.5% ,产生"百一金"的乘数和税率因而成了 22 而非 16(22 ×4.5 =99)。这一计算方法阻止了所有者有意低报其资产价值。又见 Parker, *Dutch revolt*, 114 - 17; Maltby, *Alba*, 214 - 22。马德里政府还在 1570 至 1571 年颁布法令,对那不勒斯和西西里两地的财政管理做出某些改变。见 Muto, "Modelli", 293, 295。

30 AGNM *Bandos*, I/r , 1571 年 11 月 1 日刊发之敕令。事实上,早先已作过尝试,欲在美洲征收"阿尔卡巴拉"(一种确立已久的卡斯提尔税),但不成功;而且,甚至这项税令也是迟迟才生效:在墨西哥迟至 1574 年,在新加利西亚迟至 1575 年,在危地马拉迟至 1576 年,在秘鲁迟至 1591 年。见 Sánchez, Bella, *La organización financiera*, 52 - 3,连同 Encinas, III, fos 429 - 45 所载此等后来敕令的文本。

31 Duviols, *La lutte* 一书第 337 页注意到 1568 至 1571 年间在格拉纳达、尼德兰和秘鲁的同时的反宗教异常者努力。关于一种类似的论辩,即在缺乏留存下来的"蓝图"的情况下,罗马帝国的大战略仍能从其多项政策推导出来,见 Wheeler, "Methodological limitations"。

32 Canestrini and Desjardins, *Négociations diplomatiques*, IV, 737:卡夫里亚纳致温塔,1587 年 3 月 3 日;Laughton, I, 361:霍金斯致沃尔辛厄姆,1588 年 7 月 31 日(旧历)。又见 Ibid., II, 59:霍华德致沃尔辛厄姆,1588 年 8 月 8 日(旧历)。("全世界 304
从未见过像他们那样的一支大军。")

33 Groen van Prinsterer, *Archives*, 2nd series I, 213:拿骚的威廉·路易致拿骚的摩里斯 1593 年 1 月 17 日:"le plus grand Monarche du monde"。西班牙军事成就的详情见:Parker, *The Army of Flanders*; Thompson, *War and government*。"上帝军寨"之说取自 Charles de Mansfelt, *Castra dei* (Brussels, 1642)。

第一章 “世上最大头脑”

1 McNamara, *In retrospect*, xxi.

2 Ibid., 277。又见此种两难的具体实例:pp. 108, 177, 273。

3 伊丽莎白统治时期与之离奇地相似。她在位时间长于爱德华七世(冲龄时即位)至乔治三世(疯癫时退位)的任何英国君主;假如她的寿数仅如她的母亲和同父异母之弟,她就永不会成为女王;假如她仅活到她的同父异母之姐和祖父的年龄,她就会在玛丽·斯图亚特死去之前驾崩。见 Black, *Convergence or divergence?*, 118。雅吉埃隆、阿维斯和瓦卢瓦三个王朝的直系后嗣断绝(分别在1572年、1580年和1589年)突出表现了世袭王朝的脆弱性。

4 AGS *Estado* 153/155,加斯帕尔·德·基罗加致腓力二世及其复函,无日期(1574年);*Co. Do. In.*, XXXII, 556-7,阿尔瓦致加布里埃尔·德·萨亚斯,1580年9月7日。这位公爵要求关于国王健康状况的每夜报告。两天后,他要求报告不仅须标日期,而且须标时辰;三天后,他声称“在我碰到的一切世事当中,没有什么暴露了我的虚弱,直到现在极爱我们的那些统治者令我们担忧其生死为止”(Ibid., pp. 563, 571)。公爵的忧虑不久便证明是对的:虽然腓力康复了,但安娜皇后在第二个月去世。

5 *CCG*, X, 137,莫里隆致格朗维勒,1583年4月11日;Longlée, 272,致亨利三世函,1586年6月19日;*CSPV*, VIII, 407,利波马诺致最高长老和元老院,1588年10月22日。

6 AGS *CJH* 27/214,弗兰卡维拉伯爵夫人致(其女婿)鲁伊·戈梅斯·达·西尔瓦,1557年11月21日(关于巴托罗缪·卡兰萨);其他引语取自 Feros, “‘Vicedioses, pero humanos’”, 110-12; Vargas Hidalgo, “Documentos inéditos”, 399。

7 Kamen, *Philip*, v,腓力二世1578年11月29日御笔。然而,到在位末年,腓力可能已经自视为上帝事业的殉道者:见 Rocca, Court and cloister, chap. 1. 关于此处援引的轶事,见 Herrera y Tordesillas, *Historia general*, II, 46-7; Velázquez, *La entrada*, fos. 79-80。这位国王还周期性地在耶稣受难日发布赦免令:见 Las Heras, “Indultos”, 129-30。

8 关于这些法国被俘者,见 AGS *Estado* 553/112 和 *Co. Do. In.*, CII, 322-5,腓力二世致阿尔瓦,1572年11月27日,1573年10月21日。关于被“靖乱法庭”处死者,见 Parker, *Dutch Revolt*, 108, 292 注35。

9 BL *Addl.* 28,263/7,腓力二世备忘录,无日期(1574-1575年)。关于阿拉贡的地方习俗,见 Gil, “Aragonese constitutionalism”。

10 *CCG*, X, 126,格朗维勒致贝勒丰泰内,1583年4月3日。

11 见 Parker, *Philip II*,175; Kamen, *Philip*, 257。关于史载七次行刺腓力的企

图,见 Álava, 211 - 12(1567 年两个“弗莱芒人”);*CSPSp*, II, 94(1568 年一个威尼斯人),137(1569 年威廉·塞西尔);Herrera y Tordesillas, *Historia general*, II, 7(1571 年三个法国人);Kamen, *Philip*, 199(1581 年在里斯本的一次企图);IVdeDJ 21/148 - 57,巴斯克斯与腓力的通信,1583 年 3 月(又一个法国人);*CSPV*, VIII,174,格拉迪内 305
罗和利波马诺致最高长老和元老院,1856 年 7 月 25 日(一个葡萄牙女人)。有时,国王确实加强了保安:1586 年,当他在他的各处王宫之间旅行时,他将警卫从骑兵十人增至骑兵百人(Forquevaux, III, 100:致凯瑟琳·德·美第奇函,1568 年 8 月 17 日);1577 年,还有在 1589 年(随法王亨利三世被刺杀后),当他访问埃斯科里亚尔时,他带了武装警卫(Sigüenza, 76, 127)。

12 Kamen,*Philip*, 214 - 15, Muro, *Vida*, appendix 12,埃斯特本·德·伊巴拉致马特奥·巴斯克斯,1578 年(4 月):伊巴拉想起 1492 年在巴塞罗那刺杀虔信天主教的斐迪南的企图。对伊丽莎白演讲的最佳表述见于 Green,“‘I my self’”。

13 引语(1584 和 1585 年语)出自 Rodríguez - Salgado, “The Court of Philip II”, 241; Parker, *Philip II*, 177。关于腓力突出体现了卡斯蒂格利奥内的理想,见 Jenkins,*The state portrait*, 31 - 4。

14 Santullano, *Obras completas de Teresa de Jesús*, 1394:特蕾莎致多娜·伊妮丝·尼埃托(1576 - 1577 年);Doná, 75 - 8,发至威尼斯函,1570 年 9 月 1 日;Porreño, *Dichos y bechos*(1628),与其他有趣的资料一起援引于 Feros, “‘Vicedioses pero humanos’”. 110。

15 Donà, 677 - 81,发至威尼斯函, 1573 年 4 月 17 日;BCR Ms2417/39,唐·胡安·德·西尔瓦致埃斯特班·德·伊巴拉,1589 年 8 月 13 日;González Olmedo,*Don Francisco Terrones*, xl,取自特罗内所作腓力二世葬礼演讲,1598 年 10 月 19 日。

16 Furió Ceriol, *El concejo y consejeros del príncipe*(1559), 95;各议事会的规模据 Alvar Ezquerra, *Felipe II*, 16 - 21. 威尼斯大使在 1557 年报告说,腓力二世府内有 1 500名官员(Firpo, *Relazioni*, *VIII*, 150);1566 年的一个单子记载其为 1 450 人,另有 450 人在王后、亲王和胡安娜公主府内(BAV *UL*829/4/652 - 63);还有一个文件(BPM Ms II - 2291, unfol., 唐·卡洛斯的都督安托尼奥·德·洛哈斯致格朗维勒, 1560 年 5 月 12 日)估计宫内要喂食的“嘴”为 4 000 张。

17 Alvar Ezquerra, *Felope II*, 22. 又见 Fernández Alvarez, *Madrid bajo Felipe II*。关于腓力统治时期马德里王宫的构造,见 Barbeito, El Alcázar de Madrid, 33 - 83; Orso, *Philip IV*, 13, 122 - 42。某些批评者声称,王宫在 1580 年代的改型使得国王能“在那里过冬避寒,而且他的成功可以从一个事实看出,即与帕尔多宫或埃斯科里亚尔宫相比,他在那里较好地避开了觐见者”(BAV *UL* 1115/108 - 9,来自马德里的简报,1587 年 1 月 10 日)。

18 Rodríguez - Salgado, “The Court of Philip II”, 218. 又见 Kamen, *Philip*, 198 所引诸例,还有关于腓力在其前去做弥撒途中的情景的引人叙述,写他有意缓步行走,

以便他的臣民能够与他说话,或亲手将他们的请愿交给他:Doná, 319,发至威尼斯函,1571 年 7 月 3 日。

19 Riba, 105 – 6,巴斯克斯致腓力二世,1577 年 4 月 23 日,其概要见 Rodríguez – Salgado, “The Court of Philip II”, 219。埃斯皮诺萨打算见国王时“带着备忘录,从而他能在他手里拿着它们的时候谈论之”——此项建议乃前一天出自这位困惑不解的君主,当时他未能理解该文件本身(见本书第四章)。

20 Riba, 394 – 5,巴斯克斯致腓力二世与其回复,1586 年 4 月 30 日:烦躁的国王在同一段里将同一点说了三次。

21 Archivum Romanum Societatis Iesu, Rome, *Epistolae Hispaniae* 143/293 – 4v,阿科斯塔手书报告,1588 年 9 月 16 日。诚然,国王熟悉弗朗西斯科・德・博吉亚——既是作为一名发宗教誓言(1548 年)以前的近侍和大臣,也是作为此后他的祖母与姊妹胡安娜的忏悔神父——因而对其有个人兴趣;然而,阿科斯塔报告的其他对话中间
306 有许多看来是浪费时间。

22 Riba, 44,腓力二世致巴斯克斯,1576 年 5 月 23 日。关于个别接见能够持续多长时间的其他例子,见下列详细记述:Fourquevaux, II, 427 – 30; Doná, 75 – 8, 159 – 65, 220 – 4; Mosconi, *La nunziatura*, 72 – 8, 81 – 5。斯佩西亚诺在他驻西班牙宫廷的 30 个月里(1586 年 4 月至 1588 年 11 月),获得过 14 次接见,而他随后关于个中谈话的记述在他向罗马教廷发送的公函中每次都占五六页,因而这些会晤必定每次持续至少一小时。

23 Doná, 373,发至威尼斯函,1571 年 11 月 2 日(又见关于同一事件的随后的叙述:Sigüenza, 43)。

24 Fourquevaux, II, 388 – 9,致查理九世函,1571 年 11 月 12 日。腓力还咕哝某件更特殊的事,但富尔克沃克斯没有听到:“然后,该国王莞尔一笑,那么轻柔模糊地说了一项我无法听见的事情”。富尔克沃克斯关于此次接见的详细报告还包含其他有趣的细节。首先,有如阿科斯塔 1588 年的觐见,它显示与许多历史学家的断言相反,腓力二世并非总是只听;其次,由于这位国王一向看来消息灵通,富尔克沃克斯发觉为慎重起见,每次觐见前应当访问西班牙重臣,连同驻在宫廷的其他大使,以便确定腓力就法国事务而言可能已经知道什么;第三,他注意到国王就其对手所用的贬称——他没有称珍妮・德阿尔布雷为纳瓦尔王后(西班牙已在 1512 年兼并该王国大部),却称其为“小贩夫人”,而他提到路易时只称他是“路多维克”,全无头衔。腓力很有理由担忧:珍妮特意前往巴黎,是为了安排她儿子、未来的亨利四世与查理的姊妹玛格丽特・德・瓦卢瓦结婚,而且拿骚的路易试图使法国国王卷入他在尼德兰发动一场新反叛的计划。关于路易在这方面的成功,见上文第 124 – 125 页。

25 Doná, 39 – 40, 198,发至威尼斯函,1570 年 6 月 6 日(腓力答道“con poche parole, ma veramente esquisite como è di suo costume”),1571 年 2 月 4 日(“三四个词”)。又见季奥万・玛丽亚・切基就腓力在接见时的缄默寡言所说的话,被援引于 Bouza

Álvarez,“Guardar papeles, I”,5。关于这位国王在接见后的健忘,见 IVdeDJ53/5/15,腓力二世致巴斯克斯,1576 年 1 月 27 日。有趣的是,国王及其高级廷臣警告他们自己的使节绝不要与别国政府书面沟通,其理由恰恰在于这让人能够有较长时间去准备答复!(见 *Epistolario*, III, 257,阿尔瓦致蒙特阿古多,腓力二世派驻帝国宫廷的大使,1572 年 11 月,底稿。)威尼斯十人议事会也在很大程度上出于同一理由,禁止其大使书面谈判:见 Doná, 733,1573 年 9 月 5 日函。

26 Maura, 38,腓力二世致梅迪纳·西多尼亚公爵,1578 年 10 月 29 日;又见 Álava,56 –7,萨亚斯致阿拉瓦,1572 年 1 月,告诉后者将希望当面传达给国王的看法写下来。然而腓力懂得,在维持一位诚心诚意的统治者与其臣民的接触方面,接见起重要作用:见他在“Raggionamenti”一文中对他儿子的教诲,被援引于 *Reivindicación*, 174 –5。

27 Fourquevaux, II, 18, 21,致查理九世和凯瑟琳·德·美第奇函,1568 年 11 月 18 日。1569 年间的另一个例子见 Ibid., II, 87 –8。富尔克沃克斯曾两度被西班牙人囚禁,而且先前担任驻苏格兰、爱尔兰和德意志的大使,有广泛的经验可以取用。又见 Doná, 393 –4,发至威尼斯函,1571 年 11 月 26 日:一位特命大使从威尼斯抵达,以便就勒班陀大捷向腓力祝贺,但他决定不请求觐见,直到国王从埃斯科里亚尔宫返 307
回为止,因为在那里“陛下不希望有大使前来打扰他”。

28 Mosconi, La nunziatura, 16 –17,诺瓦拉致鲁斯蒂库奇,1586 年 10 月 18 日。驻西班牙宫廷大使给其本国政府的报告经常谈论获得国王接见之难(例如见 Fourquevaux, II, 347:他的接替者于 1572 年 2 月 23 日抵达,但直到 3 月 15 日为止,一直未能递交国书)。而且,也很难找到机会会晤主要大臣:1588 年 3 月,国务大臣伊迪亚克斯召唤曼图亚大使,要他在王宫附近的圣赫罗尼莫教堂做弥撒时与之见面,因为“他有事情商谈”!(ASMa *AG Spagna*, 601 unfol.,阿基发至曼图亚函,1588 年 3 月 14 日。)又见 ASV *NS* 19/263,诺瓦拉致鲁斯蒂库奇,1587 年 6 月 11 日,报告他做弥撒之后在一个回廊里与伊迪亚克斯的会晤。

29 BL *Eg*330/4 –20, “Copia de carta que escrivióal Señor Rey Phelipe II Don Luis Manrique”,约 1577 年(卷宗 8); BNM Ms 18718 no. 55 “Papel a Philippo II”,同样约 1577 年(引自卷宗 99v,由安东尼奥·维罗斯慷慨提供)。关于 16 世纪后期书面宫廷文化的新颖性,见 Bouza Alvarez, “Leer en palacio”。

30 Riba, 25 –6,巴斯克斯致腓力二世,1576 年 3 月 31 日(腓力于 1543 年、即恰好 33 年以前首次担任西班牙摄政)。关于阿瓦洛斯,见 Carlos Morales, *El consejo de Hacienda*, 116。

31 Bouza alvarez,*Del escribano a la biblioteca*, 81 –2,援引门多萨;*CCG*, X, 190,格朗维勒致莫利隆,1583 年 5 月 7 日。关于国王蓄意“隐遁”,见 Checa, “Felipe II en El Escorial”, 17 –21; Elliott, “The Court of the Spanish Habsburgs”, 148 –9; Bouza Alvarez, *Del escribano a la biblioteca*, 84 –5; Feros, “Twin souls: monarchs and favou-

rites", 33 –5。

32 Sigüenza, 57; Firpo, *Relazioni*, *VIII*, 257(洛伦佐·普里乌利1576年文)。

33 直到最近,才只有西印度议事会得到细致研究:Schäfer, *El consejo real y supremo de las Indias*,附有收集到的关于阿拉贡的政务会文献(大多为1587—1588年间的),载 Riba y García, *El consejo supremo de Aregón*。又见 Arrieta Alberdi, *Elconsejo sapremo de la corona de Aragón*; Carlos Morales, *El consejo de Hacienda*; 以及 Fernández Álvarez, *Felipe II*, 47—74。

34 BL *Addl*, 28, 399/20,腓力二世致西西里总督,1559年1月20日; Alvar Ezquerra, "Unas 'reglas generales'". 见 *Nueva Co. Do. In.*, I – V 所藏唐·胡安·德·苏尼加从罗马与之通信的议事会之五花八门(那仅是他1574年一年的通信!) Sánchez – Bella, *La organización financiera*, 4,腓力二世致查尔卡缙绅会,1595年10月15日。

35 关于1566年的这次辩论,见 Cabrera, I, 491 –2; ASG *AS* 2412A, unfol.,绍利发至热那亚函,1566年4月29日(腓力与会似乎"cosa molta insolita"); UB Leiden *Hs Pap*. 3/2,阿隆索·德·拉洛致奥尔内伯爵,1566年7月22日。根据一个文件(HHStA *Spanien Varia* 1b/r/20, "Aviso", 1566年4月28日),国王"总是收进或取出(会议)文件,而不将它们留在他的秘书手里"。

36 别人也使用同样的程式:胡安·马丁内斯·德·雷卡尔德与梅迪纳·西多尼亚公爵在无敌舰队战役期间互致短简(见上文第246页),英王查理一世则在大臣们呈送的备忘录上书写评论——有时甚为粗鲁,其例见 Sharpe, *The personal rule*, 203 – 4。

37 马特奥·巴斯克斯看来在1580年代有次见了国王两小时(见 IVdeDJ 55/XI/123 和 159,巴斯克斯致腓力二世,1588年7月29日和9月16日),因为国王答复给排出两小时来办事。当然,巴斯克斯只是与国王一起处理议事会事务的若干秘书之
308 一。要对这位"头号秘书"在此等会晤中处理什么有个概念,可见 IVdeDJ 101/105 – 19,即巴斯克斯就每逢他与国王会晤之日被讨论的问题所作的笔记,1585年10月至1586年3月。国王贴身男仆胡安·鲁伊斯·德·维拉斯科关于国王和巴斯克斯在此等会晤中如何处理问题的叙述见 Parker, *Philip II*, 33。

38 ASG *AS* 2416, unfol.,塞巴斯蒂安·德·桑托约致菲埃斯科大使和帕萨诺大使,1579年7月31日。

39 AGS *GA* 155/193,国王对1583年3月一份西印度事务商议录所作旁注。又见 ACA *CA* 36/312,致腓力,阿拉贡议事会商议录(1583年),它径直呈送一项已具最终形式的紧急命令,"供陛下您签署,若您愿意"。(马特奥·巴斯克斯附言:"函件业经签署,将其呈送甚好,以便节省时间"。)有一项文件(Heredía Herrera, *Catálogo*, I, 649,西印度议事会致腓力二世,1589年8月26日)再次显露国王准许"在紧急必需情况下"呈送附有做出提议的商议录的外发函件以供签署这一做法。又见另一项文

件(*BMO*, II, 254,腓力二世致奥利瓦雷伯爵,1586 年 7 月 22 日,底稿)所示的有趣情况:国王想改这个底稿;伊迪亚克斯补充道"下带划线的文句被删出密码文本,那将字母全然改变,以致无法阅读"——换言之,最后文本甚至在国王审阅草稿之前就已被密码化了。同样的情况看来也发生于 1586 年 9 月 5 日腓力二世致门多萨 (Ibid., II, 338)所涉之事。

40 BZ 144/11,巴斯克斯致腓力二世,1574 年 5 月 20 日。又见在无敌舰队紧急状态期间,巴斯克斯反复试图提请国王注意来自驸马公爵的一份函件:本书第二章。

41 AGS *Estado* 570/139,佩雷斯致胡安·德·埃斯科维多(唐·约翰的秘书),1576 年 4 月,底稿;BNP *Ms. Esp.* 132/179 – 80,佩雷斯致胡安·德·巴尔加·梅西阿,1579 年 1 月 26 日,原件。关于佩雷斯的其他瞒骗和他的倒台,见 Parker, *Philip II*, chap. 8; Kamen, *Philip*, 162 – 8; Mignet, *Pérez*, 21 – 32。

42 Herrera Oria, 152:伊迪亚克斯和莫拉致梅迪纳·西多尼亚,1588 年 2 月 22 日,它在 Parker, *Spanish Armada* 一书第 148 页得到讨论。有趣的是,公爵的这封信似乎从国家档案库遗失了。

43 关于宫廷礼规要求国王"永不应离开"其视线范围的总侍从官(*sumiller de corps*),见 Feros, "Twin souls: monarchs and favourites", 37 – 8。

44 *GPGP*, II, 485,佩雷斯致腓力二世与其回复,无日期(1565 年 4 月)。

45 IVdeDJ 67/211,雷克森斯致唐·胡安·德·苏尼加,1574 年 4 月 14 日,解释他为何直接写信给国王,说"我闭眼不看那通常等着在外者的命运"。这一主动行动在宫廷引起了麻烦:一方面,马特奥·巴斯克斯不得不亲自给"密"函译码(IVdeDJ 44/57,巴斯克斯致腓力二世与其回复,1574 年 4 月 11 日);另一方面,由于撰写复函必不可免地涉及与他人商议,他此后不得不准备好雷克森斯来函的"经消毒版"以供传阅。例如见 IVdeDJ 68/287a,腓力二世致巴斯克斯,1574 年 6 月 28 日:"写个概要,并且想想谁应当看到它……根据是谁写了他(雷克森斯)予以答复的那些信件。"

46 见 IVdeDJ 68/231 – 2,雷克森斯致洛斯·维莱斯男爵,1575 年 7 月 23 日,叙述了他与每个国务议事会成员之间关系的历史,并且说他成功地规避了"鲁伊·戈梅兹与阿尔瓦公爵之间的情感纠葛"。这内心反思由一个事实引起,那就是雷克森斯已有九个月未收到任何来自宫廷的信函,他只能假定这表明什么人已经使国王对他变了心。16 世纪欧洲宫廷内"宗派"的性质乃众说纷纭,辩论激烈。关于西班牙的 309
情况,见 Boyden, *The courtier and the king*, chap. 5; Martínez Millán, *La corte de Felipe II*,特别是其导言和第二章。关于英国的情况,见 Adams, "Favourites and factions"。

47 Muro, Vida, 115,巴斯克斯致腓力二世,1579 年 7 月 3 日。关于佩雷斯的倒台,见 Parker, *Philip II*, chap. 8; Kamen, *Philip*, 163 – 8.

48 GCP, I, 358,佩雷斯致托马斯·德·阿尔门特罗,1565 年 6 月 30 日,谈论了国王在 4 月(与其西班牙幕僚共事时)和 5 月(由其尼德兰官员起草)发至低地国家的自相矛盾的信件。

49 Thompson, *War and government*, 79. 虽然这位历史学家的指责就某些时期来说是对的，但腓力二世不时力求财政议事会监督其他几个议事会处理的收入和开支：见 Carlos Morales, *El consejo de Hacienda*, 233 – 49。关于埃拉索（“现在几乎每件事都被付托到他手里，由他去经管”），见 Laubespine, 66，致弗朗索瓦二世函，1559 年 8 月 4 日；Carlos Morales, “El poder de los secretarios reales”。

50 Fourquevaux, II, 88，致凯瑟琳・德・美第奇函，1569 年 7 月 6 日；AGS *Estado* 148/181，钦琼伯爵致米兰总督，1566 年 12 月 12 日；IVdeDJ 81/1251，雷克森斯致苏尼加，1572 年 11 月。

51 AMAE *MFMD Espagne* 239/126 – 35，腓力二世致迭戈・德・科瓦鲁比亚（1572 年秋），副本。富尔克沃克斯已经指出，腓力二世下放给埃斯皮诺萨“过大权力”似乎“与其秉性和习惯相反”（Fourquevaux, II, 55，致查理九世函，1569 年 2 月 28 日）。在其 1543 年“训诫”中，查理五世告诫其子：“不要将你自己与任何个人绑在一起，或者变得依赖之，因为这虽然可能节省时间，但对你不会有好处”（*CDCV*, II, 109）。腓力对科瓦鲁比亚所言听来与此非常相似：也许他记起了——甚或重读了——他父亲对他的告诫。

52 这些政务会处理的关键事情大多规避了议事会体系的审视，而且直到晚近为止也躲过了历史学家们的注意：见 Lovett, *Philip II*; idem, “Juan de Ovando and the council of Finance,”; idem, “Te Castilian bankruptcy of 1575”; Carlos Morales, *El consejo de Hacienda*, 113 – 78。

53 BL *Addl*. 28,263/222，腓力二世致马特奥・巴斯克斯，1579 年 4 月 14 日。又见 BZ 144/16，腓力二世致马特奥・巴斯克斯，1574 年 11 月 6 日：“我给你谈话后，来了某件我需要和你谈的事情，因此从一点钟起准备随时由我召见，待我能够的时候……”

54 BL *Addl*. 28,399/20。腓力二世致西西里总督，1559 年 1 月 20 日，副本。又见 AGS *Estado* 1049/107，腓力二世致那不勒斯总督，1559 年 2 月 13 日，底稿（足够有趣的是，秘书删去了关于“将信直接发给我”的话，但是国王注意到了，命令“像在其他信中一样”将其插入）。关于雷克森斯的直接通信，见上文第 77 页。

55 BL *Addl*. 28,357/45，腓力二世致伦巴第总督，草稿 1574 年 8 月 29 日；BZ 141/108，腓力二世致马特奥・巴斯克斯，1586 年 5 月 1 日（“冒犯者”为纳瓦尔总督阿尔马桑男爵）。这番话显示甚至巴斯克斯也未开启直接发给国王的信件。

56 BL *Addl*. 28,363/83，卡斯提尔议事会主席巴拉哈伯爵商议录，1587 年 5 月 25 日，附国王答复。

57 两个进一步的例子：一是关于修士洛伦佐・德・维拉维森西奥的影响——影响腓力二世对低地国家内异端加剧的反应，见 Lagomarsino, “Court faction”，二是关于雨果・欧文，见 Loomie, *The Spanish Elizabethans*, chap. 3。外人的报告所以很可能打
310 动政府大臣，某些一般的原因见 Halperin, *Bureaucratic politics*, 143 – 4（援引乔治・

F·凯南)。

58 Encinas, II, 311 - 15,国王反复给在美洲的各不同臣下的命令,要他们允许人人可自由上书国王(1551 年、1573 年、1575 年、1586 年和 1595 年)。

59 IVdeDJ 44/37 - 44, 1587 年 4 月门迭塔呈文,12 月 29 日交予巴斯克斯,由其于 1588 年 1 月 7 日呈送国王;BZ 143/7,巴斯克斯致腓力二世与其回复,1588 年 1 月 9 日,关于他和"耶稣会士阿科斯塔"的会晤。关于门迭塔,见 Phelan, *The millenarial kingdom*;一封较早的门迭塔致国王函见上文第 58 页。关于 1587 至 1588 年的阿科斯塔赴西班牙使命,见 Headley, "Spain's Asian presence", 642 - 3。

60 Laubespine, 49,致洛林主教函,1559 年 7 月 27 日。

61 Carlos Morales, *El consejo de Hacienda*, 74, 224; Schäfer, *El consejo... de las Indias*, 140; Thompson, *War and government*, 38。不过,议事会在星期日和复活节前一周不工作,并且有 50 多天休假:见 Alberdi, *El consejo... de Aragón*, 242 - 3。

62 Andrés, "Diurnal", 17 - 22; IVdeDJ 97, "Libro de memoriales"(1583 年 8 月 20 日至 1584 年 12 月 31 日)。

63 国王对发给多里亚家族的信函做了数以百计的小校勘,这已由它们的编者拉法埃尔·巴尔加斯·伊达尔戈标出:在其发表以前,见载于西班牙文刊物 *ABC* 1995 年 10 月 7 日一期第 59 页的报道。比较美国国务卿迪安·鲁斯克关于 1960 年代国务院外发电函的证言:"在每天从这里发出的数以千计的电报中,我只看五六份,而总统只看一两份"(引自 Halperin, *Bureaucratic politics*, 292)。

64 Riba, 36,腓力二世致巴斯克斯,1576 年 5 月 30 日("Hoy no os he podido llamar por echar de my papeles, que lo menos ha sido firmar casi 400 firmas")。从 1543 到 1554 年(其时他成为英国国王),腓力对其西班牙文信函签以"Yo el príncipe"("朕,君主")。此后,虽然他对法文信函签以"Phle"("腓力")、对致教皇和葡萄牙信函签以"El Rey"("国王")、对德文信函签以"Philipp"("腓力"),但他的西班牙文正式签法仍是"Yo el Rey"("朕,国王")。见他于 1562 年在卡兰萨审判期间对西班牙宗教法庭所作的证词(那肯定是国王不得不宣誓作证的仅有的一次):当被要求报上姓名时,腓力答道"朕,国王!"见 Tellechea Idígoras, *Carranza*, III, 182 - 8, 404 - 5。1593 年时,他曾考虑将敕令惯常开头的"Nos"("吾等")换成"朕":见 Bouza Álvarez, "Monarchie en letters d'imprimerie", 209。

65 ASVe Senato: dispacci Spagna 20/68 - 72,利波马诺发至威尼斯函,1587 年 4 月 14 日(部分概要载于 *CSPV*, VIII, 266);ACA *CA* 36/325,阿拉贡议事会商议录,1594 年 3 月 25 日(连同腓力亲王撰写和代签的国王敕令);AGNM *CRD* 1bis/43,腓力二世致墨西哥总督,1597 年 9 月 24 日(宣布由于他本人现在感到书写困难,也由于腓力亲王"现已成年且身体健康","正在开始学习政务",因而自此往后他将签署国王函件。又见 *Documentos... El Escorial*, II, 49,腓力二世遗嘱附录第 16 款,1597 年 8 月 23 日)。Birch, *Memoirs*, 82,安东尼·斯坦顿致伯利勋爵,1592 年 9 月 8 日(有讽刺意味的是，伯利以一种与之非常相似的方式工作，宁愿亲自读写而不使用秘书：见 Smith，“The secretariats of the Cecils”）。

66 IVdeDJ 61/130 腓力二世致佩德罗·德·奥约，1467 年 4 月；BL *Addl.* 28，699/114，腓力二世致马特奥·巴斯克斯，1577 年 5 月 2 日。通常，虽然国王能在乡下阅读文件，但无法进行注解：*CCG*，XII，514－15，腓力二世致格朗维勒，1579 年 8 月 7
311 日。然而，两年后他确实设法在坐车时写，格朗维勒责备他工作太拼命（同上，621－2，格朗维勒致腓力二世，1581 年 3 月 27 日）。

67 IVdeDJ 51/162 和 180，巴斯克斯致腓力二世与其回复，1578 年 4 月 11 日和 10 月 15 日。

68 IVdeDJ 51/187 和 55/XI/121－2，巴斯克斯致腓力二世与其回复，1581 年 1 月 26 日和 1588 年 7 月 27 日。到夜里十点仍在写而未停下来进晚餐的其他例子，见 IVdeDJ 53/VI/17 和 21/253，发函人与收函人同上，1577 年 5 月 15 日和 1578 年 7 月 14 日。

69 Kamen，*Philip*，251：腓力二世备忘录，1584 年 2 月 3 日。早先不读来函全文的例子，见 AGS，*Estado*，524/4 和 6，格朗维勒和帕尔马的玛格丽特致腓力二世，1563 年 3 月 10 日和 12 日，两封都带有给他的秘书的指令：“Sacadme los puntos”。

70 BZ 148/187，巴斯克斯致阿尔马桑，1588 年 7 月 17 日，底稿；BZ 143/88，腓力二世致巴斯克斯与其回复，1588 年 6 月 14 日。

71 Longlée，366，致亨利三世函，1588 年 4 月 30 日（国王当时 61 岁）；BRB *Ms* II. 1028/270－v，“passetemps de Iehan Lhermite”，该文献叙述和图解了附带蜡烛的时钟（依然可见于腓力在埃斯科里亚尔宫内的书房）；BL Addl 28，700/156，巴斯克斯致腓力二世与其回复，1587 年 2 月 14 日；IVdeDJ 45/122－34，1596 年 1 月 12、15、16 和 18 日商议录。IVdeDJ 45/122－256 和 349－548 包含“大委员会”和“政府委员会”1588 至 1598 年间的许多报告；同时见 Lovett，*Philip II* 一书内的讨论（201－7）。

72 Vargas Hidalgo，“Documentos inéditos”，418，教皇使节发至罗马函，1598 年 8 月 2 日；Feros，“Lerma y Olivares”，210－11。

73 IVdeDJ 55/IX/79－82，巴斯克斯致腓力二世与其回复，1586 年 5 月 4 日；BZ 146/219，财政议事会致腓力二世，1588 年 6 月 14 日，附国王 18 日答复；BZ 143/97，巴斯克斯致腓力二世与其回复，1588 年 6 月 18 日。几个月后，当国王又一次认为巴斯克斯送上太多商议录时，他告诉后者在他开始返回手边已有的那些以前不要再送了（“除非紧急”）：IVdeDJ 55/XI/251－2，发函人与收函人同上，1588 年 11 月 18 日。参见肯尼迪总统在 1962 年的同样的行为：Sorensen，*Decision－making in the White House*，18。

74 IVdeDJ 55/XI/149－50，巴斯克斯致腓力二世与其回复，1588 年 8 月 4 日。见伊恩·雅各布爵士对温斯顿·丘吉尔的“优先体制”的有趣评论：Wheeler－Bennett，*Action this day*，179。

75 Ricotti,“Degli scritti di Emanuele – Filiberto”, 94; Berwick y Alba, *Documentos escogidos*, 100 – 1,科尔多巴致阿尔瓦,1571 年 2 月 1 日;AA32/42 和 44,科尔多巴致修道院院长唐·埃尔南多·德·托莱多,1574 年 8 月 4 日和 1575 年 9 月 14 日。

76 引语取自 Johnson, *Managing the White House*, 19, 35;又见 Neustadt, *Presidential power*, 131 – 3; Drucker, *The effective executive*, 149 – 50。诺斯塔德指出如此的“面对细节”可能过头,而且举了赫伯特·胡佛总统(1929 至 1933 年)的一些例子,他亲自阅读和批准预算局送各行政机构的每份函件;诺斯塔德还以吉米· 卡特总统(1977 至 1981 年)为例,他在总统任内每天读 300 到 450 页备忘录(ibid, 336 n. 4, 以及 230)。Johnson, *Managing the White House* 一书还批评了林登·约翰逊总统(1963 至 1969 年)的错了的“侵入细节”。

77 Wheeler – Bennett, *Action this day*, 178. 又见 Johnson, *Managing the White House*, 217(1969 至 1974 年主持白宫的理查德·尼克松总统“很喜欢用三分钟阅读一份备忘录,而不是当面听某人讲一刻钟或一小时”);Drucker, *The effective executive*, 29 – 30(“人是时间消费者,大多数人是时间浪费者”)。

78 引语出自 Wheeler – Bennett, *Action this day*, 20, 22(诺尔曼布鲁克勋爵语), 312
186 – 7(伊恩·雅各布爵士语),50(约翰·科尔维尔爵士语)。近来被发表的文件透露,苏俄领导人列宁(1917 至 1924 年)也“将他的巨大国家当作他的私人地产一般对待,某一天命令遥远各省船运原木,具体到最细的细节……另一天命令它们运送绵羊和猪群”(Pipes, *The unknown Lenin*, 13, 81 – 2, 136 – 7)。

79 Donà, 350,发至威尼斯函,1571 年 8 月 23 日;Firpo, *Relazioni*, III, 669; Pérez de Herrera, *Elogio*, 92; van der Hammen, *Don Felipe el Prudente*, fo. 186。

80 Neustadt, *Presidential power*, 129 – 30. 该作者曾为杜鲁门总统和卡特总统提供咨询,而尼克松总统的幕僚们曾声称仔细研读过该书的第一版(1960 年版)。Johnson, *Managing the White House* 一书 (133 – 4)赞扬肯尼迪总统坚持直接从很广泛的一系列来源接收资料,拒不“心存侥幸,以为他的下属在筛分关于他和他们的错误的批评、替代性选择或信息”(又见第 11 页关于罗斯福和第 63 至 64 页关于杜鲁门的谈论,连同下述两书中的进一步的例子:Sorenson, *Decision – making in the White House*, 36 – 9; Halperin, *Bureaucratic politics*, chap. 9)。玛格丽特·撒切尔同意这一看法:亲近的顾问(她写道),不管是不是政府成员,都必须被允许在他们希望时能与首相多少直接沟通,“如果一位首相不要变成他(或她)自己的文件格囚徒”(Thatcher, *The Downing Street years*, 135)。比尔·克林顿总统在 1990 年代保持一个特别的“邮政编码”和一个私人电传号码,使得那些被信任的“外人”能够直接与他的私人办公室联络,传告他们认为他应当知道的任何事情。“裁剪”信息、以适合威廉德国中央政府所设想的口味这一做法造成了严重的后果,就此见 Lebow, *Between peace and war*, 126 – 30, 140。

81 BZ 144/33,巴斯克斯致腓力二世与其回复,1574 年 12 月 6 日。一项秘密通信的例子,即 1572 至 1573 年间马特奥·巴斯克斯与梅迪纳塞利公爵的通信,见上文第 130 - 131 页;被中途截取和打开的信函的例子,见上文第 54 页。

82 IVdeDJ 55/IV/65,巴斯克斯致腓力二世与其回复,1581 年 8 月 29 日。国王声称如此保密必不可少,"因为如果正在开会这一点为人所知,那么他们一旦了解了谁与会,就会猜出会议主题"。

83 Fourquevaux, II, 304:致查理九世函,1570 年 12 月 19 日。又见 ibid., pp. 389 - 90,致查理九世函,1571 年 11 月 12 日("他是一位将想法久藏在心的君主,不言所想");Donà, 233, 509,发至威尼斯函,1571 年 3 月 14 日("[腓力及其大臣的] nel cuori non posso penetrar") 和 1572 年 7 月 16 日(关于其"misterio di exquisita taciturnità")。

84 Solórzano y Pereira, *Política Indiana*, V, 166,援引 1607 至 1615 年秘鲁总督蒙特克纳罗斯男爵。

85 将下列著述中的各地区例子:Céspedes del Castillo, "La visita como institución indiana"; Rizzo, "Finanza pubblica"; Peytavin, *La Visite*; Lefèvre, "Le Tribunal de la Visite"。对一个议事会的"秘查"见 Carlos Morales, *El consejo de Hacienda*, 94 - 9;对一个海外机构的"秘查"见 Phelan, *The kingdom of Quito*, part III。

86 安托尼奥·克莱门蒂诺 1577 年语,引自 Bratli, *Philippe II*, 224。又见另一部书里援引的另外两个例子:Salazar, *Política española*, 112 - 13。

87 例如见 AGS *Estado* 139/201, 1560 年经修改的、有利于弗朗西斯科·德·埃拉索——当时势力最大的议事会秘书——的文稿:国王在上面做了圈改,说赐予的酬
313 赏总额超过了各部分相加总和。见另一个出自西印度议事会记录的例子,援引于 Parker, *Philip II*, 34 - 5。

88 BL *Addl* 28,263/432,马特奥·巴斯克斯致腓力二世与其回复,1587 年 8 月 11 日。关于彼德罗拉,见 Kagan, *Lucrecia's dreams*, 95 - 101。

89 例如见 Riba, 54 - 5:巴斯克斯致腓力二世与其回复,1576 年 9 月 3 日(国王三申他在做决定以前需要更多信息);BL *Addl* 28,700/339,腓力二世致巴斯克斯,1590 年 5 月 25 日("直到我被更好地告知为止,我不希望就此问题作评论":巴斯克斯需要了解更多情况,"并且给我一份关于其总体的报告,以便我能够明白应当做什么");BL, *Addl* 28,528/30 - 1,巴斯克斯致腓力二世与其回复,1582 年 4 月 9 日(关于来自维斯帕夏·贡萨加的一封信件,其中"我一个字也认不出":让巴斯克斯搞个抄本);BL, *Addl* 28,702/96 - 8,格朗维勒致腓力二世与其回复,1582 年 3 月 3 日(将一封来自苏格兰女王玛丽的"写得很差"的信译成卡斯提尔文)。

90 例如见下述生气的批语:"重做,勿带下面被划线的那些,他们谁也看不懂":IVdeDJ 55/X/181,腓力二世致阿尔布克尔克公爵,1587 年 10 月,草稿。另一个例子是国王改正一份起草不当的信稿的外交文体,见 BL *Addl* 28,263/236,腓力二世致马特奥·巴斯克斯,1581 年 2 月 3 日。

91 BL *Addl* 28,361/110,经修改的国事诏书草稿,1586 年 9 月 11 日,返回马特奥・巴斯克斯,后者(讥讽地?)赞同了“冠冕与礼节”文本。该诏书名为 *Pragmática en que se da la orden y forma que se ha de tener y guardar en los tratamientos y cortesías de palabra y por escripto*(最后于 1586 年 10 月 8 日发布),有许多草稿,它们周围多有国王的旁注,塞满了该卷的 31 至 145 卷宗。

92 AGS *Estado* 949/191 – 5, “Lo que Su Magestad resolvió”(关于分配由格朗维勒红衣主教去世而空缺的大量教会俸职);BZ 134/1,腓力二世备忘录,无日期(约 1571 年);BZ 135/77,国王在巴拉哈伯爵 1579 年 4 月 16 日致巴斯克斯函上所作旁注(关于王宫礼节);BZ 85/65, 唐・胡安・德・苏尼加致腓力二世与其回复,1585 年(关于坐车);IVdeDJ 45/464,“大政务会”致腓力二世与其回复,1592 年 6 月 10 日(关于巴利阿多里德城应当如何接待他);IVdeDJ 55/VIII/25,巴斯克斯致腓力二世与其回复,1585 年 10 月 4 日(关于住所);ACA *Generalitat* 929/120 – 3v,腓力二世致巴塞罗那总督、三级会议常务委员会和议事会,1564 年 4 月 23 日(关于在宗教法庭与三级会议常务委员会之间分割在巴塞罗那新王宫,具体规定它们各自可使用哪些窗户、房间和走廊);IVdeDJ 7/46(出自 1590 年代、关于王宫各种小职位申请者的许多文件)。又见 IVdeDJ 61/338,佩德罗・德・奥约致腓力二世与其回复,无日期(1567 年),关于约会(“然而不要让任何人知道我在做这些,这样他们不会来打断我,因为我需要平静和许多时间”)。

93 关于教皇对宫廷新礼仪的狂怒,见 Mosconi, *La nunziatura*, 61 – 5; Hübner, *Sixte – Quint*, I, 381 – 5; AGS *Estado* 951/181,弗朗西斯科・德・伊迪亚克斯致腓力二世与其回复,无日期(1586 – 1587 年冬);González Novalín, *Historia de la Iglesia*, III. 2, 70 – 1。又见关于腓力的廷臣中间对新礼仪不满的报告:BAV *UL* 1115/108 – 9,来自马德里的“简报”,1587 年 1 月 10 日;ASMa *AG Spagna* 600a, unfol. ,卡夫里亚纳发至曼图亚函,1587 年 3 月 6 日。又见 Kamen, *Philip*, 231。

94 AGS *GA* 198/98,安托尼奥・德・格瓦拉致安德雷斯・德・阿尔瓦,1587 年 6 月 14 日。约 20 年前,当国王的贴身男仆塞巴斯蒂安・德・桑托约患病时,他打趣说虽然大多数恢复中的病人渴望喝水以帮助康复,他却渴望喝墨水:Bouza Álvarez, “Cortes festejantes”, 192 – 3。

95 IVdeDJ 61/19,佩德罗・德・奥约致腓力二世与其回复 1562 年 5 月 22 日(另
一项类似的函件往来见 PEG, VI, 144,腓力二世致格朗维勒,1567 年 9 月 7 日);BL 314
Addl 28,350/233,腓力二世致奥约,1565 年 12 月中旬;AA 5/69,腓力二世致阿尔瓦,1567 年 8 月 7 日(见上文第 122 页);*Addl* 28,263/2,国王之亲笔誊写安托尼奥・德・瓜拉斯两封来函,1574 年 4 月 11 和 19 日(诚然,国王在誊写中改正了瓜拉斯的某些笔误;然而,这不要他那么费力也能做到)。

96 BL *Addl* 28,263/62 – 3,腓力二世致马特奥・巴斯克斯,1576 年 10 月 27 日。又见 IVdeDJ 51/49,腓力二世致巴斯克斯,1575 年 8 月 30 日:“直到眼下即 11 点钟为

止，我一直在等待那宗你——胡安·巴斯克斯必须送来的文件，可我无法再等下去了，因为我双眼乏力，头脑犯困——由于我明天须到教堂做弥撒就更是如此。”随后，两页意识流表达接踵而来。1578 年 4 月 11 日，他在“晚上九点三十分以后”开始写一份致马特奥·巴斯克斯函——那天写的若干份文书中的最后一份，宣布他太忙太累，以致无法再办公务。然而，在接着的半个小时里，他写了 500 多个词，布满了差不多三面八开纸（IVdeDJ 51/162，巴斯克斯致腓力二世与其回复，1578 年 4 月 11 日）。此种深夜“口泻”的另一个例子（1565 年）见 Kamen, *Philip*, 99。

97 AGS, *Estado* 165/24, “Lo que Su Magestad es servido”（该词系“de detener”一语中的“de”）；AGS, *Estado*, K1567/46B, “Avisos de Londres”; IVdeDJ 55/XII/40，腓力二世致马特奥·巴斯克斯，1589 年 4 月 28 日。

98 AGS, *Estado* 137/227，胡安娜公主致腓力二世，1559 年 7 月 14 日，附国王答复：“quiero... hazer lo que sé que mas me combiene, que es irme sin andar aprovechándome de parecer de nadie”; AGRB *MD* 5480/232，格朗维勒备忘录，1579 年 8 月 14 日，关于低地国家瓦隆诸省的和解（*CCG*, XII, 567 所供识别不对，所供抄本不准确。）

99 我感谢埃利奥特·科恩、罗纳德·梅耶斯、戴维·范德森和马尔约莱伊内·范多尔恩－克拉森在这一点上与我分享他们的专业知识。又见 Barnard, *The function of the executive*; Chandler, *Strategy and structure*, 1－51; Drucker, “The coming of the new organization” and *The effective executive*。

100 关于腓力任命梅迪纳的可赞的理由，见 Pierson, *Commander of the Armada*, 83－6。

101 关于阿尔瓦，见 CDCV, III, 109，查理五世对腓力的指示，1543 年 5 月 4 日：“在国务和战争方面……他是我们在西班牙拥有的最佳者”。关于他训练的指挥官，见 González de León, “The road to Rocroi”, chap. 1。

102 AGS *Estado* 2843/1, “Parescer”，国务议事会，1577 年 9 月 11 日；HHStA *Belgien PA* 90/109，腓力二世致帕尔马，1578 年 10 月 31 日。

103 关于惩罚阿尔瓦的建议，见 IVdeDJ 36/40, “Lo que a Su Magestad ha parecido advertir sobre la relación de los excessos que se dize se han hecho en los Estados de Flandes”（约 1574 年 3 月 8 日至 10 日）；BL *Addl* 28,702/244－74，不同的指控“告发书”，标号从“B”到“F”。恰当的回应方式问题在下列文件中得到了讨论：IVdeDJ 45/329，“大政务会和特别政务会”报告，1574 年 3 月 15 日；ibid., 44/57－60，马特奥·巴斯克斯致腓力二世，1574 年 4 月 11 和 15 日，1574 年 6 月 14 日。国王的幕僚们主张将阿尔瓦流放出宫，但国王不赞成：“虽然做出这个姿态会给我很大满足，但我不希望这么做而无进一步的建议。”后来，他确实流放了阿尔瓦的前幕僚，但原因全然不同（见 Maltby, *Alba*, 271－82）。与此相似，国王最终撤销了对帕尔马的支持，并且下令将其召回，但只是在帕尔马故意拒绝贯彻在法国进行干涉的命令之后：见 Par-

ker, *Dutch Revolt*, 228 –30。

104 ACA *CA* 33/1,腓力二世致其西班牙摄政胡安娜,1556 年 9 月 8 日(否决她提 315
议的阿拉贡首席法官职位的一位人选,理由是那人反对了政府近来的一项立法);*BMO*, II, 378,腓力二世致帕尔马,1586 年 10 月 19 日。

105 关于阿尔瓦,见 AA 160/18, "Los agravios"(自 1566 年 11 月 29 日被提名以后阿尔瓦的抱怨事项清单);关于托莱多,见 Ramos, "La crisis Indiana", 51 –61;关于佩德罗·梅嫩德斯,见 ASG *AS* 2415, unfol.,绍利发至热那亚函,1574 年 7 月 18 日;关于唐·约翰,见 BPU *Favre* 28/97 –101,腓力二世致塞萨公爵,1576 年 12 月 27 日。

106 雷克森斯的可悲的故事见上文第 132 页。奥地利的唐·约翰坚持在 1576 年从意大利调至尼德兰以前会晤国王,但他为这么做而不服从腓力的明确的命令:见 GCP, V, xvi –xix. 据 ASMa *AG Spagna* 601, unfol.,卡夫里亚纳发至曼图亚函,1588 年 3 月 2 日,国王拒绝了梅迪纳·西多尼亚"去里斯本途中前来亲吻陛下之手"的请求。

107 *BMO*, III, 1964,贝尔滕多纳致腓力二世,1588 年 2 月 15 日。整个无敌舰队战役期间,分歧始终持续不断。见上文第 264 –265 页。

108 KML *MSP CR* 5/82,腓力二世致梅迪纳·西多尼亚,1588 年 3 月 11 日:"Creed que de tal manera considero la importancia desta jornada, que si yo no fuera menester tanto acá, para acudir a lo que para ella y otras muchas cosas es menester, holgara mucho de hallarme en ella; y lo hiziera con gran confiança que me havía de suceder muy bien"。

109 Bouza 114,腓力二世致卡塔利娜,1586 年 8 月 27 日。腓力可能想起,他父亲查理五世因为亲临失败了的阿尔及尔围困战(1541 年)和梅斯(1552 年)围困战而威望大损。

110 例如见 *CDCV*, III, 593,查理五世致腓力二世,1552 年 4 月 2 日(紧迫求援金钱和人员,由阿尔瓦递送);ibid., IV, 147,发函人和收函人同上,1554 年 12 月 7 日(关于埃拉索携带的出自腓力的信函、指令和通讯);Kervijn de Lettenhove, *Relations politiques*, I, 55 –9(腓力给卢伊·戈梅斯的指令,后者前往会晤在英格兰的玛丽和在西班牙的查理,1557 年 2 月 2 日)。

111 诚然,腓力将 1586 年 7 月 26 日计划(见上文第 186 –187 页)付托给同一个被信任的递信者——乔万尼·巴蒂斯塔·皮亚蒂,他是年早些时候曾将帕尔马的入侵方案带至宫廷;而且,皮亚蒂似乎得到过国王及其大臣们的一次情况介绍(AGS *Estado* 2218/56,唐·胡安·德·伊迪亚克斯致帕尔马,1586 年 7 月 27 日);然而,这看来只是 1550 年代标准做法的一次难得的重演。

112 Drucker, *The effective excutive*, 142(一项杰出的洞察)。一对实例见上文第 162 –163 和 267 页。

113 见上文第170和180页。战略规划的其他例子见 *CCG*, X, 174 - 8,格朗维勒致伊迪亚克斯,1583年5月6日,讨论(未包括在卷宗内的)关于帝国总战略的立场文件;ibid., XI, 617 - 32,关于帝国面临的对外政策问题的文件,唐·胡安·德·苏尼加1584年6月草拟(本书第五章)。

114 IVdeDJ 56, paquete 6 - 2, unfol.,埃尔南多·德·阿瓦洛斯致巴斯克斯,带国王旁注,1576年3月25日;ibid., 53/3/65 和53/4/169,腓力二世致巴斯克斯与其回复,1574年6月8日和1575年9月12日。后来的例子见 ibid., 53/5/25 和55/IX/151 - 2,发函人与收函人同上,1576年2月10日和1586年11月4日。

115 IVdeDJ 55/3/76,马特奥·巴斯克斯致腓力二世与其回复,1574年7月26日。

116 BL *Addl* 28,699/103,腓力二世致马特奥·巴斯克斯,1577年4月22日。作者胡安·费尔南德斯·德·埃斯皮诺萨第二天"手携备忘录"及时抵达受接见:见上文第18页。

316 117 AGS *CJH* 249, carpetas 16 - 18,含有许多自1588年起的 *Relaciones de sábado*,它们差不多全都带有国王扭曲的注解和计算笔迹。腓力试图直接探究其财政问题的较早的例子见 *PEG*, VI, 156 - 65,那是他亲笔写的一份七对开纸的财政陈述(显然基于 AGS *Estado*139/294 "Relación de las consignaciones", 1560年10月6日,带有国王的漫长的评论)。

118 *GPGP*, II, 524 - 5,贡萨洛·佩雷斯致腓力二世与其回复,1565年8月13日。国王在这点上的焦虑一直持续到他生命结束:迟至1593年,他仍就指定最好的候选人担任阿拉贡首席法官绞尽脑汁,因为"搞对是多么重要":ACA *CA* 33/9,阿拉贡议事会商议录(约1593年5月23日)。

119 Kervijn de Lettenhove, *Relations politiques*, I, 59,腓力二世给卢伊·戈梅斯的指令,1557年2月2日。查理到头来拒绝,但同意暂缓放弃皇帝头衔。

120 Cabié, *Ambassade*, 432 - 3. 又见 Fourquevaux, I, 11,致(公主的祖母)卡特琳娜·德·美第奇函,1566年9月26日。

121 AGS *Estado*, 527/5 和146/147,贡萨洛·佩雷斯致腓力二世与其回复,1565年3月(24日许)和4月(10许)。

122 IVdeDJ 51/172 和51,腓力二世致马特奥·巴斯克斯(其一无日期,但在1574年,另一在1575年7月19日)。

123 IvdeDJ 53/3156 和 BZ 144/34,巴斯克斯致腓力二世与其回复,1574年5月13日和12月10日。

124 IVdeDJ 44/119,马特奥·巴斯克斯致腓力二世与其回复,1575年3月10日。又见 BZ 144/61,发函人与收函人同上,1575年5月31日:"有那么多事(要做),我不知道我如何熬过每个钟头。"其他例子见 Kamen, *Philip*, 273。

125 见下述著作中关于心理压力影响决策的富有洞察力的谈论:Lebow and

Stein, *We all lost the Cold War*, 331 – 8(引语取自 p. 331)。又见 Holsti, *Crisis*, *escalation*, *war*, chap. 1; Breakwell and Spacie, *Pressures facing commanders*, 11, 26(依据对 100 多名指挥官和参谋官的采访);还有本书第二部分的诸项实例研究。

126 IVdeDJ 55/XII/4,腓力二世致"大政务会",1589 年 1 月 13 日(关节炎);55/XI/249,巴斯克斯致腓力二世与其回复,1588 年 11 月 15 日(腹痛);BL *Addl* 28,700/151 和 155,巴斯克斯致腓力二世与其回复,1587 年 2 月 7 日和 9 日(感冒)。1580 年某一天,他向他的女儿们报告说,他在吃了太多甜瓜后腹痛:Bouza, 50。

127 IVdeDJ 55/IX/155, 93 和 217,巴斯克斯致腓力二世与其回复,1586 年 11 月 8 日和 6 月 7 日,1588 年 10 月 17 日。关于他的视力使他在夜里难以工作的一个较早的例子,见 Kamen, *Philip*, 209。有讽刺意味的是,他的眼镜 (*antojos*) 可能来自英国:见 *CSPSp*, II, 674,贝尔纳迪诺·德·门多萨致腓力二世,1579 年 5 月 14 日,通知发送一副眼镜。

128 BL *Addl* 28,357/13,腓力二世致阿尔瓦,1573 年 7 月 28 日。Oliveros de Castro and Subiza Martín, *Felipe II* 一书第 197 页提出,种种病患与慢性疟疾有关;但即便如此,诱发因素似乎总是心理压力。

129 BL *Addl* 28,363/220, 胡安·卢伊斯·德·维拉斯科对萨亚斯致马特奥·巴斯克斯函所作的评论,1587 年 5 月 12 日;BL *Addl* 28,376/33 – 4,安德雷斯·德·普拉达致唐·胡安·德·伊迪亚克斯,1587 年 5 月 17 日。

130 BL *Addl* 28,363/116 – 17 和 112,卢伊斯·德·维拉斯科致马特奥·巴斯克斯,1587 年 6 月 20 日和 30 日(后一函件系答复巴斯克斯 6 月 17 日短简);Riba, *El consejo supremo de Aragón*, 51,钦琼伯爵致马特奥·巴斯克斯,1587 年 9 月 19 日。

131 IVdeDJ 38/70, 迭埃戈·德·埃斯皮诺萨致腓力二世与其回复,无日期
(1569 年春)。国王接着说:"不要对我所写的感到悲伤,因为除了对你,我无法对任 317
何人吐露内心重负,我忍不住这么做。"又见上文第 143 和 271 页以及第 404 页注 5。

第二章 距离:头号公敌?

1 Van Creveld, *Command in war*, 264 – 5。

2 Spengler, *Der Untergang des Abendlandes* (1918); Satow, *A guide to diplomatic practice* (1917). 这两则引语取自 Kern, *The culture of time and space*, 160, 275。我从该作者的杰出的研究中所获甚多,特别是从其第十章"七月危机的短暂性",为此感谢提请我注意该书的罗伯特·托米尔逊。关于电报对战时政府、将领和公众之间的关系的剧烈影响,见 Dean, "'We live under a government of men and morning newspapers'"。

3 BSLE Ms I. III. 30/122v,出自腓力二世所撰"Raggionamento"。关于距离在现代早期欧洲造成的种种困难,见下列两项著作中富有洞察力的分析:Braudel, *The*

Mediterranean, I, 354 –94; Delumeau, *Vie économique et sociale*, I, 23 –79。

4 见 Devos, "La Poste au service des diplomates espagnols"; Alcázar Molina, "La política postal española"(1516 年合同在第 227 至 229 页得到讨论)。又见 Allen, *Post and courier service*, 91 – 106; Lunitz, *Diplomatie und Diplomaten*, 163 – 77; Fagel, *De Hispano – Vlaamse Wereld*, 310 –23; Brayshay, "Royal post – horse routes"。

5 关于"西班牙道"信使联线,见 *Epistolario*, I, 647 –9 和 654,阿尔瓦致帕尔马的玛格丽特,1567 年 6 月 16 日和 7 月 10 日;关于发送复本的决定,见 *Epistolario*, III, 121 –3,阿尔瓦致腓力二世,1572 年 5 月 24 日。

6 Carter, *Secret diplomacy*, 269。

7 Fourquevaux, II, 127 –8 和 142,致查理九世函及所附报告,1569 年 10 月 31 日(又见另一项文件中的叙述:Álava, 372,腓力二世致唐・弗朗塞斯・德・阿拉瓦,1569 年 11 月 4 日);Fourquevaux, II, 206 –7,致卡特琳娜・德・美第奇函,1570 年 4 月 3 日(该信使携有查理九世与奥地利的伊丽莎白之间的婚姻契约,系在马德里谈判达成,于 1 月 18 日被送至巴黎。);Mulcahy, "Two murders"。

8 Fourquevaux, II, 338,致查理九世函,1571 年 3 月 31 日。付托给西班牙信使的函件之例,见 Ibid., 172, 206, 241 等等。诚然,西班牙大臣有时也将信函付托给法国信使,但只是在它们不包含任何泄露必有损害的内容时才如此:例如见 Álava, 354 和 380,腓力二世致阿拉瓦,1569 年 7 月 4 日(通知此时不给他的大使送新密码,因为文件包将由富尔克沃克斯的仆人携送)和 1569 年 12 月 15 日(说他不会答复近来收到的阿拉瓦来函,"因为这封信将由富尔克沃克斯的信使携送")。

9 Doná, 298 –9, 303 –4, 316 –18,372 –5,发至威尼斯函,1571 年 6 月 7 日、15 日、28 日和 11 月 2 日,关于抵达的消息;234 –5, 390 –1,491 –2,1571 年 3 月 14 日和 11 月 26 日函以及 1572 年 6 月 18 日函(在许多其他信函中间),关于预先将信函送交佩雷斯。又见 IVdeDJ 60/335,安托尼奥・佩雷斯致腓力二世,1571 年 6 月 6 日,告知下午三点钟他收到了神圣联盟已于 5 月 20 日签字缔结的消息。

10 Lorenzo Sanz, *Comercio de España*, I, 34; Burkholder and Johnson, *Colonial Latin America*, 70 –1。

11 Couto, *Da Ásia*: *decada X*, 17 – 18, 27 – 31, 150 – 1; Ruiz Martín, *Lettres marchandes*, 401,西蒙・卢伊斯致巴尔塔萨尔・苏亚雷斯,1585 年 8 月 26 日;AGS *SP*, 1551/274 –81,马六甲主教致腓力二世,1588 年 12 月 31 日。

12 AGNM *CRD* II/15 –36 和 240 –3。关于所收信函的仅有的另一项详细记录出自 1588 年(fos 181v –6v),但这些信函中有许多受到德雷克袭击和无敌舰队的影响,它们都干扰了年度船队的起航。有一类文件("naves de aviso")或者出自美洲,通知
318 派出船队,或者出自安达卢西亚,提醒有某种风险,其例见 Lorenzo Sanz, *Comercio de España*, I, 37 –8; Andrews, *The last voyage of Drake and Hawkins*, 12 –19。

13 来自巴黎的资料基于 BNP *Ms. esp.* 132;来自威尼斯的基于皮埃尔・萨尔德

纳对威尼斯人马里奥·萨努多保存的1497至1532年“日记”资料的计算(该“日记”记录了每封在威尼斯收到的信函的撰写时间及抵达时间),被概述于 Braudel, *The Meditteranean*, I, 362 –6。

14 *GPGP*, II, 557:腓力二世致佩雷斯,无日期(实为1565年10月4日);*Reivindicacíon*, 416。另一个例子见上文第123页,并且比较上一代人查理五世的希望,即携带一封给他弟弟的重要函件的信使“能飞”:Lanz, *Korrespondenz*, II, 361,致斐迪南,1530年1月11日。

15 UB Leiden, *Hs Pap*. 3/4 阿隆索·德·拉洛奥致奥尔内伯爵,1566年9月20日,报告“西班牙信使”10天从布鲁塞尔行至塞戈维亚,“雅各信使”则仅用了9天。*Epistolario*, III, 133 –4,阿尔瓦致腓力二世,1572年6月12日,说另一名信使(走另一条路线)10天到达。1633年,一名信使在6月16日离开伊伦,22日抵达布鲁塞尔,“6天行230里格”——每天行150公里以上,似乎构成现代早期陆上行速的最高纪录:AGS *Estado*,2240 unfol.,胡安·德·阿尔瓦莱斯证书。

16 Donà, 373,发至威尼斯函,1571年11月2日。10月7日的海战消息在31日下午两点抵达马德里:见上文第19页。奇怪的是,国王在此后差不多两个月里,不得不将就着用多纳的详述:见 BL *Addl* 28,528/11,腓力二世致唐·胡安·德·苏尼加,1571年11月25日,抱怨他竟然刚收到关于勒班陀海战的完整报告。Donà, 493,1572年6月18日发至威尼斯函。

17 *CCG*, X,50,丰克致格朗维勒,1583年2月7日;BL *Addl*. 35 841/146 –7v, 安东尼·斯坦顿致亚科波·曼努奇,1588年5月28日。

18 RAH Ms 9 –1 –4 –A60/125,奥斯马主教致格朗维勒,1557年2月1日;Donà, 74 –5, 1570年9月1日发至威尼斯函;AA 8/45,腓力二世致阿尔瓦,1573年7月8日,8月19日收到(见上文第140页)。

19 分别详见:Álava, 257,萨亚斯致阿拉瓦,1568年9月10日;Allen, *Post and courier service*, 79 –80;Álava, 316 –17 和 341 –2,腓力二世致阿拉瓦,1569年3月20日和6月25日;Preto, *I servizi segreti*, 294 –7. 1572年,信使在法国遭遇抢劫之频繁激起西班牙国务秘书向法国大使提出正式抗议:Fourquevaux, II, 420,致查理九世函,1572年2月12日。

20 Woltjer, *Friesland in hervormingstijd*, 3,阿伦贝尔戈伯爵致帕尔马的玛格丽特,1566年9月15日(“ceux de pied ont meilleur moyen de faire diligence que les autres”)。AGS *CJH* 75, unfol., 帕伦西亚长官格雷戈里奥·德·古斯曼致腓力二世,1566年5月30日。

21 *CSPSp*., IV, 637 –41 和 644. 1640年代西班牙再度支持爱尔兰叛乱时,出自在爱尔兰的西班牙特务的信件要过3到8个月才到马德里,复函则能费上11个月之久才送达:Ohlmeyer, “Ireland independent”, 96.

22 *CSPSp*., II, 2 –3,迭埃戈·古斯曼·德·西尔瓦致腓力二世,1568年1月10

日(确认收到国王1567年10月14至15日函);反向信函,1568年2月4日(古斯曼1567年11月1日、7日和15日的信函迟至1月26日才到达);IVdeDJ 37/65, 唐·卢伊斯·德·雷克森斯致唐·胡安·德·苏尼加,1575年8月28日;AGS Estado 688/93ff,唐·吉伦·德·桑克莱门特致腓力二世,1581年8月1日至12月1日(共8封)。各种邮政灾害的其他例子见ASP *CF* 108, unfol.,托马斯·德·阿尔门特罗致
319 帕尔马公爵,1564年8月27日,报告他将不得不经洛林发送从布鲁塞尔到意大利的函件,因为瘟疫袭击了瑞士;OÖLA KB IV/245v 和 261,黑芬许莱尔致鲁道夫二世,1587年5月13日和6月23日,抱怨一名携有给他的信函的信使在法国被囚,致使他缺乏关于帝国宫廷的消息;ASG *AS* 2418/333,斯皮诺拉和多里亚致威尼斯最高长老和元老院,1587年5月1日,亦抱怨携有从马德里至热那亚的信函的三名信使在法国南部遭抢劫。

23 AGNM *CRD* XLVII/153v-4v,腓力二世致墨西哥缙绅衙门,1570年7月4日,副本,expediente 256; *BMO*, II, 34,帕尔马致腓力二世,1586年2月28日。关于西班牙帝国的"亚帝国"议程,见一项极好的研究,即MacKay, *The limits of royal authority*, 161-72,连同本书第五章。

24 例如,在1574年11月18日,雷克森斯以原件加两个复本发送一封给腓力二世的信函,其一经西班牙道,另两个经西班牙驻巴黎大使,后者通过陆上常规邮路送出一个,同时将另一个先送至南特,然后经海上送至西班牙。原件(陆路发送)于12月18日抵达宫廷(正好一个月后),复本之一(经南特发送)于1月10日抵达,复本之二(经意大利发送)于1月20日抵达:见AGS *Estado* 560/12, endorsement. 雷克森斯在1575年9月10日的一封信中向国王解释了他的这套做法(*Estado* 564/108)。类似的细节不易捉摸,因为腓力通常在原件抵达后立即下令毁掉复本:BZ 144/17,巴斯克斯致腓力二世与其回复,1574年10月7日("这宗来自雷克森斯的文件经意大利送来。我相信它是个复本:倘若是,你就烧了它")。商人也例行发送复本:见上文第54页。

25 欧洲各主要城市里的商人或行政长官编纂消息简报,它们载有从其他中心传来的事项:见BAV *UL* 1056, "Avvisi dell'anno 1588",那是一份极好的汇编。

26 *Epistolario*, III, 99-101,阿尔瓦致唐·安托尼奥·德·托莱多,1572年4月27日("Los negocios de aquí están en muchos peores terminus de lo que escribo a Su Magestad"); AGS *Estado* 551/27,宫廷法语秘书约阿希姆·霍佩吕斯致腓力二世,1572年4月22日,附有关于布里尔失陷的一些函件;*Estado* 553/95 和 99,腓力二世致阿尔瓦,1572年4月30日,底稿(国王旁注写道他已从霍佩吕斯得知真相)和1572年5月17日,底稿(说"我们已在你的信件抵达之前听说了吕梅伊的袭击");*Epistolario*, III, 91 和 133,阿尔瓦致腓力二世,1572年4月26日,内有关于布里尔的消息,1572年6月12日,为他的缄默而道歉;又见上文第124-126页。另一位权势显赫的总督也力图控制流向其主子的信息而未遂,见Merritt, "Power and communication", 126-

7(即 17 世纪 30 年代在爱尔兰的斯特拉福)。

27 AGNM *Mercedes* V/215 – 215v,总督卢伊斯·德·维纳斯科政令,1561 年 1 月 21 日。

28 见 Cumming,"The Parreus map";又见(关于 80 年代)本书第六和第七章。虽然我们缺乏一项对腓力二世的外交队伍的研究,但可阅读下列著作:Carter,"The ambassadors of early modern Europe"(有用的概览);Levin,"A Spanish eye on Italy"(实例研究);Fernández Álvarez, *Tres embajadores*; Jensen, *Diplomacy and dogmatism*。

29 *Co. Do. In.*, XCVIII, 483,腓力二世致卢纳伯爵,1563 年 8 月 8 日;*Co. Do.*
In., XXXII, 189 – 497:从 1580 年 7 月 1 日到 8 月 30 日,阿尔瓦给腓力二世写了不下 320
72 封信;*BMO*, III, 1868 – 69,圣克鲁斯致富恩特伯爵,约 1588 年 2 月 4 日。教皇使节相信,圣克鲁斯的消息来源优于国王的,后者主要得自驻在巴黎的门多萨:"英国事务在葡萄牙比在这里(马德里)得知得更早更好"(ASV *NS* 32/82,洛迪致鲁斯蒂库西,1586 年 3 月 8 日)。

30 Plaisant, *Aspetti e problemi*, 103,给洛多萨伯爵的指令,1595 年 11 月 21 日;Álava, 370,萨亚斯致阿拉瓦,1569 年 9 月 3 日(要求不仅收到大使致其他大臣信函的副本,而且收到他予以答复的那些信函的副本,或至少概要)。关于在任何大事业中"分享信息"的至关重要性,见 Drucker,"The coming of the new organization", 49; Destler, *Presidents*, 52 – 82, Fukuyama and Shulsky, *The "virtual corporation"*, 29。

31 关于苏尼加起草他兄弟的信件而雷克森斯只是抄写后发出,证据见 *Co. Do. In.*, CII, 35n。他们彼此通信之频繁见 *Nueva Co. Do. In.*, V, 290 – 2,雷克森斯致苏尼加,1574 年 9 月 28 日,连同该档案集通篇。

32 RAH Ms 9 – 1 – 4 – A60,雷克森斯致格朗维勒,1557 年 6 月 3 日;格朗维勒 11 月 15 日答复重现于 Bouza Álvarez,"Guardar papeles I", 4; Martínez Millán,"Un curioso manuscrito".关于宫廷"宗派",见上文第 25 页。

33 阿尔瓦的学院简直已被忘怀,然而见一项文献中的极其吸引人的简述:Bouza Álarez,"Corte es decepción", 459 – 61,带有许多引语,它们取自唐·胡安·德·西尔瓦与其"学院人"同伴的妙趣横生和异常轻率的通信。

34 苏尼加从 1571 至 1583 年(其时他返回西班牙)收到的其他臣子来函仅在 BZ 档案中就有 29 盒(*cajas* 62 – 92, 85 号盒除外),BPU 档案中的更多:见 Bouza Álvarez,"Guardar papeles, II"内载编目。AGS *Estado* 1539 – 40 包含在威尼斯的克里斯托瓦尔·德·萨拉萨尔收到的来函。在马德里的腓力二世臣下中间的"官府内通信"例如见 Bouza Álvarez,"Guardar papeles, I", 8 – 9。

35 单项耗费和总耗费取自 AGS *Estado* 146/189 "Lo que se a gastado en los correos"; Le Glay and Finot, *Inventaire sommaire... Nord*, V, 322(7543 英镑用于维持 1588 至 1590 年间洛林与弗朗什 – 孔泰之间的信使服务)。见 1563 至 1568 年驻罗马大使唐·卢伊斯·德·雷克森斯的账本内用于信使的沉重开支:IVdeDJ 22/2/D21,

"Relación de gastos"。又见下列著作中的资料:Jensen, *Diplomacy and dogmatism*, 128–9; Allen, *Post and courier service*, 50–1; Fernández Álvarez, *Felipe II*, 102–4。

36 见已刊的卢伊斯书信选编:Gentil da Silva, *Stratégie des affaires*; Vázquez de Prada, *Lettres marchandes*; Ruiz Martín, *Lettres Marchandes*。又见一项概述:Lorenzo Sanz, *Comercio de España*,26–42。

37 腓力二世在理论上的看法见 Encinas, II, 313,腓力二世致秘鲁总督,1592 年 9 月 14 日;他的实际做法见 IVdeDJ 60/307,安托尼奥·佩雷斯致腓力二世与其回复,无日期,关于阿尔瓦公爵给唐·安托尼奥·德·托莱多的一封信(1572 至 1573 年);ibid., 51/17,腓力二世致巴斯克斯,1573 年 7 月 17 日,关于尼德兰事务信函;ibid., 21/716,修士安托尼奥·德·桑帕布洛 1581 年 11 月 17 日致巴斯克斯函上的国王旁注。其他例子见 González de Amezúa, *Isabella de Valois*, II, 133n,腓力的命令,要求秘密抄录他岳母给他妻子的一封信;IVdeDJ 60/259,安托尼奥·佩雷斯致腓力二世,无日期(1566 至 1567 年),讨论蒙蒂尼男爵的一封信,该男爵住在"按照陛下您的命令"被开放的宫廷;AGS *Estado* 149/176–7,腓力二世臣下截取和拆读的信件,由 1567 年 3 月间也住在西班牙宫廷的贝尔格男爵及其秘书撰写。当然,并非只有腓力二世这么干:Preto, *I servizi segreti* 一书第 294 至 297 页记录了意大利诸邦政府拆读别人信件
321 的许多例子,而下列两项著作基于文件,讲述了 1640 和 1650 年代里对于进出伦敦的所有外交信函和其他经选邮件的拆读和抄录:Potter, *Secret rites*, 39–40; Firth, "Thurloe and the Post Office"。

38 Longleé,390–401:原件和破译件。该卷编者阿尔弗雷德·默塞特发现了隆莱的密码解法,撰成了这些文件的他自己的写本,揭示出西班牙破译人(卢伊斯·瓦拉·德·拉·塞尔达)犯了许多错误(见 pp. l–li)。

39 Phelan, *The millenarial kingdom*, 78。

40 BL *Eg*. 1506/21–2,基罗加致腓力二世与其回复,1574 年 7 月 16 日("Yo lo vi por mis ojos")。这位国王记忆力惊人,曾就 1566 年一批总共应有 473 本送至埃斯科里亚尔宫的书籍,费心想出了其中缺失的一本(并且为之提供了"全部目录登记"!),见 Antolín, "La librería de Felipe II", 480。

41 AGNM *CRD* II/184 (expediente 337),腓力二世致新西班牙总督和缙绅衙门,1588 年 6 月 29 日;*APO*, III, 826,腓力二世(其子签署)致唐·弗朗西斯科·达·加马总督,1598 年 1 月 26 日。

42 *CCG*, I, 469–74,格朗维勒致腓力二世,1566 年 9 月 15 日,带有国王的赞赏性评论。四年后,阿尔瓦公爵同样从自己的经验出发,为腓力的新娘安娜从维也纳行至西班牙评估过各种可能的路线:*Epistolario*, II, 423–4,阿尔瓦致腓力二世,1570 年 9 月 15 日。

43 见 Maltby, *Alba*, 195,连同本书第五章。又见国务议事会 1574 年关于大赦荷兰造反者问题的辩论,包括就 52 年前卡斯提尔爆发科穆内罗起义后究竟发生了什么

的一番详细讨论:AGS *Estado* 561/25, 1574 年 2 月 24 日商议录。又见 ibid., 561/77,雷克森斯致腓力二世,1574 年 5 月 12 日,连同 Bouza Álavarez, "Guardar papeles, I", 6 所引文件。腓力回忆说,卡特琳娜·德·美第奇与洛林大主教之间的敌对很像她与大主教之父在 1546 至 1547 年的敌对:Álava, 342,腓力二世致阿拉瓦,1569 年 6 月 25 日。十年后,他甚至和马特奥·巴斯克斯讨论一个事件,那是他认为当他在母亲子宫里的时候可能发生了的!(Muro, *Vida*,附录 43 和摹写本)。其他例子见上文第 116 和 138 页。

44 见 Kagan, *Spanish cities of the Golden Age* 一书权威版。

45 Guevara, *Comentarios de la pintura*, 219 – 21。又见 Kagan, *Spanish cities*, 44 – 5。

46 BSLE, Ms K. I. 1:每幅地图的大小近乎 19 X 28 英寸。比例计算 1: 430000 来自 Vázquez Maure, "Cartografía de la península", 62。关于这些地图如何被绘制出来的一项讨论,见 Parker, "Maps and ministers", 130 – 4。该文还讨论了腓力二世稍前就尼德兰发起的两个类似的项目:一系列由雅各·范代芬泰尔绘制的市景图和一部由克里斯托弗的格罗滕编纂的地形图集。1566 年,腓力还下令要向他呈送关于那不勒斯的"一幅地图和描述",因为"每天都有事物突然出现",那只有在"(我们)知道该王国各地方之间的距离与其河流和边界的情况下才能得到理解和有效处理"(BCR Ms 2174/43 – v,腓力二世致那不勒斯总督,1566 年 2 月 1 日;又见一项类似的命令:fo. 132 – 3, 1575 年 3 月 11 日)。

47 将下列著作内的详情:Álvarez, *Felipe II*, 23; Kagan, *Spanish Cities*, 47。一项档案文件(BNM Ms 5589/64:"Ynterrogatorio")提到过"13 或 14 卷""志书";AGS *Estado* 157/104,"指令和备忘录:关于西班牙各社区状况和历史之待编和待呈陛下之志书";ibid., 157/103,腓力二世致托莱多长官,1575 年 10 月,底稿,解释说"如果我们要派一个人去编纂所需的描述,它就不可能以我们希望的速度得到完成。" 322

49 详情见 Benson, "The ill – fated works of Francisco Hernández"; López Piñero, *Ciencias y técnica*, 217 – 19;Goodman, *Power and penury*, 65 – 72; González García, *Archivo General de Indias*, 178 – 9。又见 Bouza Álvarez, *Del escribano a la biblioteca*, 90 – 100,关于国王所作各种调查的一番概览;Miranda, *España y Nueva España*, 20 – 1, 56 – 9, 69 – 71,一项有用的清单,列举给予科学家和其他学者的皇家津贴;Vicente Moroto and Esteban Piñero, *Aspectas de la ciencia aplicada*, 399 – 406,论洛佩斯·德·维拉斯科。

50 López de Velasco, *Geografía y descripción*; idem, *Demarcación*。后一著作附有漂亮的手绘彩色地图,其原稿(文档编号 *Cod. Span.* 7)可在地处罗得岛州普罗维登斯的约翰·卡特·布朗图书馆内予以研究。(我感谢约翰·赫德利使我注意到该原稿。)在基于维拉斯科的一卷里,1601 年安东尼奥·德·埃雷拉·伊·托尔德西拉斯所著 *Descripción de las Indias occidentales* 明确地认识到加勒比与菲律宾之间的地区代表“一个半球和世界的一半,180 度”(见赫德利对这些著作的博学的讨论:Headley, “Spain's Asian presence”, 629 – 33)。

51 见两项文件资料引证丰富的研究:Cline, “The *Relaciones geográficas*”; Edwards, “Mapping by geographical positions”。又见两项最近的有关著作:Mundy, *The mapping of New Spain*; Sacchi, *Mappe del nuovo mondo*。

52 见 Vicente Maroto and Esteban Piñero, *Aspectos de la ciencia aplicada*, 81, 403 – 6, 437 – 43; AGI *Mapas y planos*, *Mexico* 34, “Juizio astrológico del eclypse de la luna que aconteció en 17 de noviembre, año 1584”。又见 Lamb, “The Spanish cosmographic juntas”, 60(虽然作者将月食时间写为“1584 年 10 月”)。Goodman, *Power and penury* 一书第 67 页叙说这些观察还曾与在中国的同事协调。

53 见 AGNM *CRD* II/22, expediente 62,腓力二世致新西班牙总督,1583 年 3 月 12 日(询问多明格的地图);Goodman, *Power and penury*, 82 n. 12(依据豪梅・胡安的“摆轮钟”,月食在下午 7 点 31 分结束,但依据一颗固定星辰的被观察到的位置,它却是在 7 点 22 分结束,而依据月亮的被观察到的高度,结束时间是 7 点 20 分)。

54 UB Leiden *Hs Pap.* 3/3 阿隆索・德・拉洛致奥尔内伯爵,1566 年 8 月 31 日。

55 Gordon, *Power/knowledge*, 52, 1975 年对福柯的一次采访;*CCG*, IV, 558,格朗维勒致莫里隆,1573 年 5 月 11 日,援引 1532 至 1553 年的那不勒斯总督唐・佩德罗・德・托莱多。

56 De Reiffenberg, *Histoire*, 413,金羊毛骑士们 1546 年的抱怨(这些骑士也对查理五世发完全一样的牢骚:见 415 – 16);BPM Ms II – 229, unfol.,贡萨洛・佩雷斯致格朗维勒,1560 年 4 月 16 日;Berwick y Alba, *Discurso*, 75,佩雷斯致雷克森斯,1565 年;又见上文第 120 页。

57 见 Díaz – Plaja, *La historia de España*, 603,援引雷克森斯 1571 年所言;IVdeDJ 68/231 – 2,雷克森斯致洛斯・维莱斯男爵,1575 年 7 月;Berwick y Alba, *Discurso*,雷克森斯致苏尼加,1575 年。当意大利议事会主席格朗维勒在 1582 年同样抱怨“好几个月”未得到国王(当时在葡萄牙)对他各种信件的任何答复时,御前的一位大臣毫无助益地答道:“这必定是因为他极忙”:BMB Ms Granvelle 32/41 – 2,伊迪亚克斯致格朗维勒,1582 年 2 月 26 日。

58 Laubespine, 562, 1560 年 9 月 26 日备忘录(又见一项较早的抱怨,载于 Gachard, *Bibliothèque Nationale à Paris*, II, 119);Fourquevaux, II, 338,致查理九世函,1571 年 3 月 31 日(又见较早的抱怨:Ibid., 92 和 251);Binchy, “An Irish ambassa-
323 dor”, 371,援引科莫红衣主教致教皇使节奥尔马内托,1577 年 7 月 2 日。

59 见 AGRB *Audience* 239/123,列数了 1566 年 8 月 31 日的外发函;还有(例如)BMO III, 344 – 58, 22 封关于无敌舰队事务的信函于 1587 年 5 月 15 日发出。又见上文第 28 页上的数字。

60 关于西曼卡斯和巴塞罗那的档案储存处,见 Kamen, *Philip*, 238 – 9;关于罗马的档案储存处，见 García Hernán，“La iglesia de Santiago”，307 – 14。腓力曾发布种种命令，创设在西曼卡斯的档案馆并要求前大臣的后嗣在那里储存国务文件；它们的副本可见于 AGPM *Cédulas reales* I/1 – 2，1545 年 5 月 5 日至 1555 年 8 月 4 日的诸项命令。腓力后来向西曼卡斯送去档案资料的其他例子见：IVdeDJ 60/321，安托尼奥·佩雷斯致腓力二世与其回复，无日期（实为 1566 年末：“看看你或贡萨洛·佩雷斯是否有任何送往西曼卡斯为好的原始文件”）；AMAE *MDFD* 237/28，西曼卡斯档案馆员迭埃戈·德·阿亚拉所写证书，1581 年 3 月 19 日（确认收到葡萄牙各省督承认西班牙的腓力为其合法君主的宣誓书原件）；Bouza Álvarez，“Guardar papeles，I”，8。1556 年，阿尔瓦在那不勒斯也创建了一个政府档案馆：见 Maltby，*Alba*，98。

61 *CCG*，XI，272，格朗维勒致帕尔马的玛格丽特，1584 年 9 月 21 日；ASV *NS* 19/192，诺瓦拉致鲁斯蒂库西，1587 年 5 月 3 日（这位教皇使节指出，教皇已曾就此指责过腓力，并且要求他再次作此指责）；BCR Ms 2417/39，波尔塔勒格雷伯爵唐·胡安·德·西尔瓦致埃斯特班·德·伊巴拉，1589 年 8 月 13 日。（Bouza Álvarez，“La majestad de Felipe II”，64 – 5 从 1597 年的另一个副本大段援引该文件；我用的是带有西尔瓦的某些亲笔修改的手稿原件。）

62 关于格朗维勒，见 van Durme，Cardenal Granvela；关于西尔瓦，见 Bouza Álvarez，“Corte es decepción”。

63 IVdeDJ 21/740，腓力和马特奥·巴斯克斯手记，写于耶罗尼莫修道会会长 1589 年 9 月 12 日来函之上；同上书，21/374，耶罗尼莫·加索尔致腓力二世与其回复，1591 年 7 月 8 日。国王之使用“费边”由 Gachard，“Notice de la collection”一文指出。

64 BZ 143/111，马特奥·巴斯克斯致腓力二世与其回复，1588 年 6 月 28 日，关于驸马公爵的一封来函（巴斯克斯首次在 6 月 14 日提请国王注意该公爵来函，但国王答曰“眼下我不敢读像这一般长的文书”：BZ 143/88）；IVdeDJ 55/XI/153，巴斯克斯致腓力二世与其回复，1588 年 8 月 10 日。参见 Drucker，*The effective executive* 一书第 11 页的看法：行政长官总是不得不处理“对其他某个人来说重要的事情”。

65 Neustadt，*Presidential power*，130 – 1. 又见 Sorensen，*Decision – making in the White House*，32：“在任何总统任内，白宫生活都是应付一系列不可逾越的界限。”

66 AGI *Indiferente General* 738/82，一份 1568 年 7 月 5 日商议录上的国王旁注。不幸的莱加兹皮已在全无地图的情况下被派遣，奉命每逢可能就获取葡萄牙人的地图，“即使依靠购买”，以便发现他在奔向哪里（见 Quirino，*Philippine cartography*，x）。国王的这一指示成了 1571 年为美洲政府所颁条令的组成部分，令西印度议事会将所有地图保存在其档案库内（González García，*Archivo General de Indias*，180）。

67 引语取自 BZ 144/39，马特奥·巴斯克斯致腓力二世与其回复，1574 年 12 月 28 日（巴斯克斯这方面则遗失了腓力 1554 年给其姊妹胡安娜的指令的副本）；Riba，179，腓力二世致巴斯克斯，无日期，1578 年；Rodríguez de Diego and Alvarez Pinedo，

Los Archivos de Simancas，127（影印了国王1581年7月那痛苦的亲笔手记）。国王丢
324 失东西的其他例子见 AGPM *Cédulas reales* 2/46，致卢伊斯·德·维加函，1558年3月2日（“我们丢失了你的前一封信，请送个副本来”）；IVdeDJ 60/321，安托尼奥·佩雷斯致腓力二世，无日期（但在1566年末：寻找一封格朗维勒提到的丢失了的信件）；BZ 144/31，腓力二世致巴斯克斯，1574年11月25日（丢失了一份商议录）。

68 Groen van Prinsterer, *Archives*, 1st series I, 426，西班牙驻维也纳大使昌通奈致（其兄弟）格朗维勒，1565年10月6日；AGS *Estado* 527/5，腓力二世致贡萨洛·佩雷斯（1565年3月24日）。又见上文第119－120页。

69 Schelling, *Arms and influences*, 227; Barnard, *The function of the executive*, 194。

70 AGNM *Mercedes* V/248－9v，维拉斯科总督向弗朗西斯科·伊巴拉颁发的许可证，1561年1月2日，复述了腓力的1557年12月29日命令；AGNM *CRD* 1bis/20－1，1569年9月11日和1571年6月13日国王命令。关于在任何指挥链中倘若顶层的确定性越大、底层的确定性就越小（反之亦然）的“反比关联”，见 van Creveld, *Command in war*, 274。

71 BPU *Favre* 28/83－101v，腓力二世致塞萨，1576年12月27日——腓力亲笔书写的保留见于 fo. 95。下放重大政策选择权的其他例子见上文第122和137页（是否在1567年延后逮捕造反者和是否在1574年水淹荷兰）；IVdeDJ 60/127，安托尼奥·佩雷斯致腓力二世与其回复，1578年5月10日（就与土耳其人休战谈判给胡安·德·马尔里亚诺的可供选择的指令，允许他在抵达目的地时选择最合适的做法）。

72 AGS *Estado* K 1448/197，腓力二世致贝尔纳迪诺·德·门多萨，1588年7月28日（“pues agora es el tiempo de avisarme de todo por momentos”）。

73 *BMO*，III，1274，腓力二世致圣克鲁斯，1587年10月21日：“Creedme, como a quien tiene entera noticia del estado en que se hallan al presente las cosas en todas partes”。

74 AGS *Estado* 165/146，腓力二世致梅迪纳·西多尼亚，1588年8月14日；*Estado* 2219/91，伊迪亚克斯1588年9月15日笔记。又见 *Estado* 146/144 和 2219/77，腓力二世致梅迪纳·西多尼亚和帕尔马，1588年8月7日（即在加迪斯海岸外使用火船攻击的当天），告诫这两位司令官遵从国王所设计的战略。又见上文第265和267页。

75 *GPGP*, II, 524－5，贡萨洛·佩雷斯致腓力二世与其回复，1565年8月13日（又见国王之关切“我们须搞对”的其他表述，本书第一章及其注118）；Donà, 340，发至威尼斯函，1571年8月1日；FD, II, 221－2，梅迪纳·西多尼亚致腓力二世，1588年7月30日。

76 KML，伊丽莎白给霍华德的“指令”，旧历1587年12月20日，原件（诚然，她接着补充说：“我们要求你不时告知我们在上述事业中你的所有作为和步骤，连同你

将收到的情报”;但这同样与腓力二世关于必须立即传送一切消息的狂热要求相反,该要求例如见上面注72)。Hunt *HA* 30881/87v - 8,亨廷敦勋爵致枢密院,旧历1588年6月23日,底稿。

77 Watts, “Friction in future war”, 91; Jablonsky, *The owl of Minerva*, 33 - 6。沃茨(在前一著作第75至77页)指出,他的战略模型与弗雷德里希·冯·海耶克的一个观点有趣地类似,即现代经济同样超出了任何个人心智的把握能力。

78《出埃及记》第18段:13 - 23(引自 *New Jerusalem Bible*[New York, 1985], 104 - 4)。关于1914年七月危机的数字计算出自 Holsti, *Crisis*, *escalation*, *war*, 81 - 5(该书作者在其计算中只用了已刊文件数目,同时提醒人们注意一个事实,即出自柏林和维也纳的另外许多文件已经被毁。)又见 Lebow, *Between peace and war* 一书第119至147页展示的关于1914年7月的资料。可对照的是,在1980年代,英国首相 325
办公室每周就收到4 000至7 000封信函:Thatcher, *Downing Street years*, 19。

79 Guilmartin, *A very short war*, 157。吉尔马丁(参与过通岛战斗,后来是一位杰出的军事史家)将“信息饱和”视为现代战争中的首要难题:见上书, 32 - 3, 109 - 10, 157 - 9。

80 例如,伊丽莎白·都铎差不多直到最后时刻为止,一直未能认识到西班牙真的意欲入侵和征服她的王国:见上文第227页。

81 于是,一旦决定了入侵英国,腓力二世及其大臣便在1586至1588年倾向于将无敌舰队视为他们一切难题的解决办法:见本书第六章。

82 本处颇多借鉴下列三项著作:Jervis, *Perception and misperception*, 117 - 202; Lebow, *Between peace and war*, 101 - 19; Holsti, *Crisis*, *escalation*, *war*, chaps 1, 4, 8(有意持偏见的某些特殊的例子见 pp. 206 - 10)。

83 BPU *Favre* 30/73v,腓力二世致唐·卢伊斯·德·雷克森斯,1573年10月20日,亲笔原件副本;S. M. Poole, “The Politics of *limpieza de sangre*: Juan de Ovando and his circle”, *The Americas*, LV (1999), 388 - 9。

第三章 “上帝在我们这边”

1 Plaisant, *Aspetti e problemi*, III, 唐·门多·罗德里格斯·德·莱德斯马致腓力三世,1600年9月14日;Fernández Álvarez, “Las instrucciones políticas”, 175,弗朗西斯科·德·埃拉索致腓力二世与其回复, 1559年2月20日;BZ 144/39,马特奥·巴斯克斯致腓力二世与其回复,1574年12月28日。

2 全文见 *CDCV*, II, 569 - 601. 这位皇帝先前已给他儿子提供过政治训喻——在1539年(ibid., 32 - 43)和1543年(ibid., 85 - 118);然而,它们是在皇帝处于其成功顶峰时编纂的,缺乏1548年“指示”的全面性。费尔南德斯·阿尔瓦雷斯(ibid., 569)在这引人注目的文件中觉察到了尼库拉·佩雷诺特·德·格朗维勒的影响,那肯定是对的。又见 Beinert, “El testamento político de Carlos V”; Fernández Álvarez, “Las instrucciones políticas”。

3 *CDCV*, II, 572 -3。

4 Ibid., 575。至少从 1528 年往后,查理五世一直设想自己被“嫉妒”包围:见 Rassow, *Die Kaiser - Idee Karls V*, 20。

5 AGS *SP* 2604, unfol.,帕尔马的玛格丽特致腓力二世,1564 年 8 月 13 日,关于斐迪南驾崩,带有国王就“我对陛下怀有的特殊爱慕之情”写的旁注。总的情况见 Fichtner, *Ferdinand I*, 220 -35, 259 和 *Co. Do. In.*, II 419 -592 所刊信函,许多涉及待实行的正确的宗教政策。

6 IVdeDJ 55/IX/97 -8,马特奥·巴斯克斯致腓力二世与其回复,1586 年 6 月 17 日。

7 关于奥格斯堡家族契约,见 Fichtner, *Ferdinand I*, 167 -8, 175 -7;Rodríguez - Salgado, *Changing face*, 33 -40; Lütz, *Christianitas Afflicta*, 81 -7。

8 查理在 1556 年 1 月任命腓力为“皇帝总代理”(“Vicarius generalis imperii”),但斐迪南在成为皇帝后拒绝仿效:*Co. Do. In.*, XCVIII, 24 -8,斐迪南致腓力的大使阿奎拉,1558 年 7 月 22 日。腓力在 1562 年再度尝试说服斐迪南给予这一头衔,但未成功:见国王与他派驻帝国宫廷的大使卢纳的通信,ibid., 293 -8, 309 -10。又见 Lutz, *Christianitas Afflicta*, 322 -3, 408 -23。

9 引语取自 Firpo, *Relazioni*, III, 373 -4,考阿利埃尔致最高长老和元老院,1564 年 7 月 22 日;HHStA *Spanien Varia* fasz. 1b/n/2v, “Aviso”, 1564 年 11 月 23 日。

10 Fourquevaux, II, 141 -7,富尔克沃克斯就与腓力的大臣和帝国驻马德里大使
326 “唐·蒂埃特里奇斯特恩”谈判的叙述,1569 年 8 月至 11 月;Serrano, III, 253,唐·胡安·德·苏尼加致腓力二世,1570 年 3 月 7 日。又见腓力给马克西米连的坚定但富有情谊的一些信函,赞颂他们的“团结和兄弟关系”,例如 *Co. Do. In.*, CIII, 452, 1570 年 2 月 5 日函。

11 见 Rill, “Reichsvikar und Kommissar”。马克西米连的头号优先事项当然是维持神圣罗马帝国的和平,将其他地方的冲突可能使德意志舆论两极化的风险降至最低程度,这解释了他为何要努力维持在意大利、法国、波罗的海沿岸和尼德兰的和平:见 Lanzinner, *Friedenssicherung*; Luttenberger, *Kurfürsten, Kaiser und Reich*。就这些参考我感谢马克·乔特和贾森·莱弗里。关于腓力二世与哈布斯堡奥地利的关系,很需要一部现时代的研究,虽然可阅重要专著 Edelmayer, *Maximilian II., Philipp II., and Reichsigtalien*。

12 *CDCV*, II, 575 -7。有趣的是,查理的前任、阿拉贡的斐迪南在 1516 年曾训导他说,与教廷的同盟将构成西班牙在意大利统治的最佳保障:见斐迪南“政治遗嘱”,刊于 Doussinague, *Política internacional*, 675 -81。

13 *Co. Do. In.*, II, 430 -1,腓力二世致斐迪南,1556 年 11 月 20 日;国王接着满

意地指出,上帝已就其“无理行为”,通过允许西班牙进军至“濒临罗马城下”而惩罚了教皇。又见 Dandelet, “Rome hispanica”, 71 – 2; Fernández Álvarez, *Felipe II*, 764 – 5。

14 细节取自 Dandelet, “Rome hispanica”, 82, 109, 114。给红衣主教们的津贴大多数年里超过 30 000 达克特:见 ibid., 83, 113 – 14, 131, 135。1591 年的总数取自 García Hernán, “La curia romana”, 641。

15 关于 1590 至 1592 年使用部队和谷物去影响教皇选举结果,见 Dandelet, “Rome hispanica”, 118 – 22;一项有用的概览见 Lynch, “Philip II and the Papacy”;关于一次重要的教皇任期,见 García Hernán, “La curia romana”;对腓力在位末期的有关情况的一项实例考察,见 Borromeo, “España y el problema de la elección papal de 1592”。

16 BCR Ms 2174/76v – 7,腓力致大使苏尼加,1569 年 7 月 17 日。又见上文第 7 页上腓力对教皇的诘难。

17 *CDCV*, II, 577 – 9. 皇帝还谈论了另两个国家,但它们的情况不久后急剧改变:锡耶纳共和国——查理希望会证明忠于他——于 1552 年宣布反对他,而后遭到入侵和占领,最后被出让给佛罗伦萨公爵;相反,帕尔马公国 1548 年时与哈布斯堡家族相争,不久后却成了它最忠诚的盟友之一。感谢马克 · 乔特、朱塞佩 · 加拉索、迈克尔 · 莱文、乔万尼 · 穆托和马里奥 · 里佐,他们就西班牙和意大利的关系给了我宝贵的建议和提示。关于这关系体系,见 Musi, *Nel sistema imperiale*; Rivero Rodríguez, “Felipe II”;连同(以后的)Storrs, “The Army of Lombardy”。

18 AGS *Estado* 560/36,雷克森斯致腓力二世,1574 年 11 月 7 日,赞同地援引了米兰总督、查理五世的亲信费兰特 · 贡萨加。

19 Serrano, II, 42,腓力二世致西班牙驻罗马大使雷克森斯,1567 年 2 月 16 日。另一个例子见 Álava, 336,萨亚斯致阿拉瓦,1569 年 5 月 16 日。

20 见 Doria, “Un quadrennio critico, 1575 – 78”(在给腓力二世的贷款当中的投资量估计见 p. 379);Bitossi, *Il governo dei magnifici*, 46 – 61(关于 1575 至 1576 年的“内战”);Emmanueli, *Gênes et l'Espagne dans la Guerre de Corse*。

21 Von Aretin, “Die Lehensordnungen in Italien im 16. und 17. Jahrhundert”, 57 – 9。

22 关于萨伏依收到的酬赏,见 AGS *Estado* 1270/123,特拉诺瓦致腓力二世,1592
年 11 月 23 日,又见 Plaisant, *Aspetti e problemi*, 100 – 2. 引语取自 AGS *Estado*, 1249/ 327
122,胡安 · 曼里克致安托尼奥 · 佩雷斯,1578 年 5 月 19 日。关于支付给乌尔比诺公爵的 12 000 达克特津贴(1600 年增至 15 000 达克特),见 Cano de Gardoquí, “España y los estados italianos independientes”, 526, 537。Plaisant, *Aspetti e problemi* 一书第 116 至 117 页印有 1600 年将一个国家(摩德纳)置于西班牙保护下的协定文本。

23 然而,担任西班牙官职并未使多数意大利大贵族发财:帕尔马一年差不多耗费 50 000 达克特自家钱财在尼德兰,结束在那里的 14 年总督任期时欠下了近 800 000达克特债务(相当于他的公国的总岁入两倍以上):见 Romani, "Finanza pubblica e potere politico", 27, 38。关于科隆纳,见 Rivero Rodríguez, "El servicio a dos cortes"。

24 关于将"表弟"(Tusón)称呼用作一种酬赏,见 ASMa *AG* 583/310 和 334,腓力二世致曼图亚新公爵,1588 年 3 月 19 日和 11 月 7 日。同一年里,在得到一笔充作西班牙无敌舰队代价的 300 000 克朗无息贷款后,腓力命令米兰与曼图亚之间的一切争端以有利于曼图亚公爵的方式解决:ibid., fos 304 和 314,腓力二世致伦巴第总督,1588 年 2 月 24 日和 3 月 30 日;*AG* 601, unfol.,阿吉致曼图亚,1588 年 3 月 14 日。

25 Rizzo, "Poteri, interessi e conflitti geopolitici nei territori della Lunigiana",援引一封 1577 年出自米兰总督阿亚蒙特的函件。费尔南德·布罗代尔造出了"西班牙治下的和平"一语,用以形容腓力对意大利的控制:见他写的一章"L'Italia fuori d'Italia",载于 Einaudi, *Storia d'Italia*, II, 2156。

26 甚至教皇的头号密码官也在 1580 年里收受西班牙付款(Philippson, *Ein Ministerium unter Philipp II*, 56);格雷戈里十三的某些卫士也是如此(Dandelet, "Roma hispanica", 108)。关于西班牙有时使用暗杀者(例如 1589 年刺杀皮奥姆比诺勋爵),见 Angiolini, "Diplomazie e politica", 452 n. 73。

27 ASV *LP* 41/96,腓力二世致格雷戈里十三,1584 年 3 月 7 日。又见一项类似的呼吁,ibid., 46/65-6,腓力二世致西克斯图五世,1588 年 12 月 23 日。彼此敌视的盟友的例子可见贡萨加与萨沃亚,他俩都觊觎蒙费拉男爵领地。

28 Serrano, II, 447-9(腓力二世致苏尼加,1568 年 8 月 19 至 20 日);ibid., II, 459-61, III, 89-91, 239-41(苏尼加致腓力二世,1568 年 9 月 17 日、1569 年 6 月 13 日和 1570 年 2 月 28 日);*CCG*, XI, 118,格朗维勒致唐·胡安·德·伊迪亚克斯,1584 年 8 月 19 日。在后一场合,西班牙支持卢卡:见 ASL *Offizio sulle differenze dei confini*, 269, unfol.,波尔蒂科大使致卢卡,1586 年 5 月 31 日和 7 月 26 日(附有出自伊迪亚克斯和格朗维勒的相关信函的副本)。关于西班牙仲裁的另两个例子,见 *CCG*, XI, 247-8,格朗维勒致伊迪亚克斯,1584 年 9 月 19 日(在萨伏依与托斯卡尼之间);Plaisant, *Aspetti e problemi*, 102(1595 年在萨伏依与摩纳哥之间)。又见腓力关于他渴望维持意大利和平甚于渴望一切的其他宣告:Romero García, *El imperialismo hispánico*, 111-56; Donà, 524, 1572 年 7 月 24 日发至威尼斯函;本书导言。

29 AGS *Estado* 2855, unfol., 1588 年 10 月 27 日和 1589 年 1 月 10 日商议录。又见 ASV *LP* 46/76v,腓力二世致西克斯图五世,1588 年 11 月 1 日;Altadonna, "Cartas de Felipe II a Carlos Manuel", 168-71, 1588 年 6 月 23 日、11 月 1 日和 12 月 23 日函;Cano de Gardoquí, *La cuestión de Saluzzo*。1595 年,国王命令他驻萨伏依的新大使"多少制约公爵举事的巨大热情"(Plaisant, *Aspetti e problemi*, 108,给洛多萨的秘密指令,1595 年 11 月 21 日)。又见本书第十章。

30 Vigo, *Uno stato nell' impero*, 14,援引圭西阿迪尼;Arnold,“Fortifications and
the military revolution”, 211,援引阿莱西奥·贝卡古托。这位工程师是对的:卡萨列 328
的贡萨加要塞在1628至1629年经受住了哈布斯堡的一次围困,在1630年再度如此,大损西班牙在意大利的威风。

31 *CDCV*, II, 580–1。

32 见 Calabria, *The cost of empire*, 79; Rizzo,“Finanza pubblica”, 324, 355–6; Riley,“The State of Milan”, 173–202。西西里的财政见 Koenigsberger, *The practice of empire*, 124–43。

33 这三国的“军力复员”见 Costantini, *La Repubblica di Genova*, 52;Partner,“Papal financial policy”, 52; Angiolini,“Diplomazie e politica”, 458。腓力的舰队规模见 Parker, *Spain and the Netherlands*, 122–33; Ribot García,“Las provincias italianas”, 110–13。

34 BNM Ms 783/191–2,米兰总督雷克森斯致奥地利的唐·胡安,1572年4月16日;AGS *Estado* 1235/207,“Relación de los castillos del Estado de Milán”, 1572年6月。上述据点——卢尼贾纳境内的蓬特雷莫利、边境对面萨伏依境内的尼斯等等——俱见于 Rizzo,“Centro spagnolo e periferia lombarda”, 324; Ribot García,“Milán, plaza de armas de la Monarquía”, 206。

35 作为抽样,可见数以千计的、1585至1589年登记在 ASMi *Cancellaria spagnola*, XXI vols 18–22(“patenti”)之中的马匹、武器、盔甲和硬币通行许可书,连同1585至1587年登记在 ibid., XXII vols 32–5(“mandati”)之中的部队调动及其装备和薪饷通行许可书。另考虑如下事实:从1569到1571年,米兰向西班牙(为格拉纳达战争)和地中海舰队输出20 000支火绳枪、17 300顶头盔、6 000副盔甲、近5 000支长矛和近4 000担火药(AGS Estado 1232/95,“Relación”)。

36 阿尔瓦进军见 Parker, *Dutch Revolt*, 99–105; idem, *The Army of Flanders*, 61–7, 81(又见 pp. 278–9,那里开列了西班牙老兵从意大利到尼德兰的其他进军);勒班陀海战见 Parker, *Spain and the Netherlands*, 122–33。哈布斯堡建筑的防御工事网络见 Tosini,“Citadelle lombarde de fine '500”; Ribot Carcía,“Las provincias italianas”, 104–6。

37 对这一插曲的权威叙述见 Edelmayer, *Maximilian II., Philip II., und Reichsitalien*. 有讽刺意味的是,统治菲纳莱的卡雷托家族不久便断了香火,其最后成员指定将此采邑留给腓力二世;西班牙于1602年领有该地。

38 *Nueva Co. Do. In.*, I, 38–40,阿亚蒙特致苏尼加,1574年1月13日(这附庸是法布里奇奥·科雷焦);Rizzo,“Poteri, interessi e conflitti”(关于卢尼贾纳地方的一个小采邑卢梭拉的骚动)。

39 *CDCV*, II, 579–80。见该文件集第584页所载类似的观点的进一步表达。同样,在1516年,阿拉贡的斐迪南也给了查理显然与之相似的训喻:见 Doussinague,

Política internacional, 681。

40 *CDCV*, II, 584 - 7, 590。

41 BPM Ms II - 2320/6,格朗维勒致胡安·巴斯克斯,1559 年 5 月 29 日。将下列两部著作中对该条约的有趣的讨论:Rodríguez - Salgado, *Changing face*, 325 - 30; Russell, *Peacemaking in the Renaissance*, 242 - 55。

42 Koenigsberger, *Politicians and virtuosi*, 88;腓力二世致帕尔马的玛格丽特,1562 年 7 月 15 日;Álava, 205,腓力二世致阿拉瓦,1567 年 11 月 27 日。腓力 1563 年从西班牙、1569 年又从尼德兰派遣部队投入在法国的战事;他还于 1570 年在西班牙准备了另一支随时可干涉的远征军。

43 引语取自 Lalanne, *OEuvres complètes de... Brantôme*, IV, 304 - 6; Álamos de Barrientos, *Discurso político*, 44 - 5。腓力对法政策的进一步细节见本书第六至七和
329 第十章;关于混乱但关键的最后十年见 Tenace, "Spanish intervention in Brittany"。

44 腓力二世的斯堪的纳维亚政策极少得到研究,但可见 Hildebrand, *Johan III och Europas katolska makter*, 154, 287 - 313(1557 年,约翰三世的母亲博娜·索尔扎将她广大的意大利地产遗赠给腓力二世,于是她儿子进行了复杂的谈判去获得补偿。感谢贾森·莱弗里向我提到这一点);Boratynski, "Estebán Batory"; Ruiz Martín, "El pan de los países bálticos"。又见上文第 200 - 201 页上关于 1588 年丹麦试图在西班牙与英国之间斡旋以达成和平的叙述。

45 查理五世试图以 1542 年"新法律"解决这个难题,但激起了叛乱;在 1551 至 1552 年,他准许了将在巴利阿多里德和塞维利亚举行的政策公共辩论。见 Hanke, *The Spanish struggle for justice* 一书第八章内的极好的概述。

46 *CDCV*, II, 106(1543 年训喻),573 - 4(1548 年训喻)。

47 Parker, *The Army of Flanders*, 134。

48 见 Carlos Morales, *El consejo de Hacienda*, 82, 77 - 8, 121。

49 我们缺乏一部可靠的腓力二世财政史,部分地是因为留存下来的文件既那么丰富,同时又那么混乱,然而见 Ulloa, *La hacienda real de Castilla*。关于债务改组这一特殊问题,见 Castillo, "Dette flottante et dette consolidée en Espagne"; Lovett, "The Castilian bankruptcy of 1575"; idem, "The General Settlement of 1577";还有从银行家的视角出发的一篇论文 Doria, "Un quadrennio critico, 1575 - 78"。那不勒斯治理较善:见 Calabria, *The cost of empire*。

50 *PEG*, V, 606,腓力致格朗维勒,1559 年 6 月 24 日。查理五世在其"政治遗嘱"中很少提到西班牙。关于哈布斯堡帝国引力中心在 1550 年代的重大西移,见 Lutz and Müller - Luckner, *Das römischdeutsche Reich*, 227 - 8; Kohler, *Das Reich im Kampf*, 22 - 6; Rodríguez - Salgado, *Changing face*, 339 - 56。

51 IVdeDJ 67/121,雷克森斯致苏尼加,1575 年 10 月 30 日。见雷克森斯两周后类似的哀叹,本书第四章援引;又见该章内关于 1575 至 1576 年腓力二世政策崩溃的

进一步详情。

52 见 Tenace，“Spanish intervention in Brittany”，426 – 7。

53 破产与 1559 年媾和的联系见 Russell，*Peacemaking in the Renaissance*，242 – 55；与 1575 至 1577 年媾和的联系见 Braudel，*The Mediterranean*，1150 – 61 和 Skilliter，“The Hispano – Ottoman armistice of 1581”；与 1597 至 1598 年媾和的联系见 Tenace，“Spanish intervention in Brittany”，chap. 10。当然，许多后来的政府都经历过很大程度上相同的现象；甚至在 20 世纪，尽管有对经济和公共财政的更为精致的理解，大多数参加了第一次世界大战的欧洲国家仍濒临破产：见 Hardach，*The First World War*，144 – 69；Balderstone，“War finance”；Neal，*War finance*，III，5 – 225。

54 *CDCV*，II，519 – 2。

55 详见 Chabod，“Milán o los países Bajos?”1547 年末，一位显赫的大臣曾提议玛丽娅嫁给萨伏依的埃曼努埃尔·菲利贝特，使他们成为尼德兰共主（作为回报，埃曼努埃尔·菲利贝特将向腓力割让皮埃蒙特：pp. 356 – 64）；然而玛丽娅之嫁马克西米连已被安排。关于大的政策的其他讨论，见 Chabod，“Contrasti interni e dibattiti sulla politica generale di Carlo V”。关于别的交换米兰的建议，见 Vigo，Uno stato nell' impero，21，26。

56 见下文援引的种种看法：Chabod，“Milán o los países Bajos?”，341，346，369 – 70。

57 引自 Gachard，Retraite et mort de Charles – Quint，II，43，腓力二世给巴罗洛 330
梅·卡兰萨的指令，1558 年 6 月 5 日；BL Addl 28，702/96 – 100，格朗维勒致唐·胡安·德·伊迪亚克斯，1582 年 3 月 3 日；AGS Estado 2023/24 和 124，国务议事会 1600 年 3 月 21 日和 7 月 20 日商议录。腓力二世对法国的恐惧见 Sutherland，“The Origins of the Thirty Years War”，594 – 6；又见另一位学者的总的议论：Israel，*Empires and entrepôts*，163 – 9；idem，*The Dutch Republic*，*Its rise*，*greatness*，*and fall*，131 – 2。出自一个较后时期的类似的表述见 Israel，“Olivares，the Cardinal – Infante and Spain's strategy”。

58 引自 AGS *Estado* 554/89，腓力二世致阿尔瓦，1573 年 3 月 18 日；ibid.，2843/7，国务议事会商议录，1577 年 9 月 5 日。以后的一个例子，见腓力四世的首席大臣唐·巴尔塔萨尔·德·苏尼加的鼓动之语：“一个失去了名誉的君主国，即使它没有丧失任何领土，也像没有光亮的天空，没有光芒的太阳，没有灵魂的肉体”，引自 Elliott，“managing decline”，93。

59 AGS *Estado* 2851，unfol.，阿尔马桑的意见，1588 年 11 月 22 日；*Estado* 2855，unfol.，“Lo que pareçió sobre los quatro papeles principales”，1589 年 11 月。

60 HHStA *Spanien Varia* 2/59 – 62，克里斯托弗·达松勒维勒赴英使命汇报，1558 年 12 月；AGS *Estado* 137/95 – 7，“Apunctamientos para embiar a España”（第七和第八点），无日期。国王将第二个文件（附上评论）传给他在西班牙的摄政：AGS *Estado*

521/20 - 1,腓力二世致胡安娜,1559 年 6 月 29 日。

61 *CCG*, I, 314 - 18:格朗维勒致腓力二世,1566 年 6 月 19 日;ASN *CF* 1706, 米格尔 · 德 · 门迪维尔致帕尔马的玛格丽特,1566 年 9 月 22 日(取自 *Cahier van der Essen* XXXIV/18 - 19);*Serrano*, II, 60,红衣主教亚历山德里诺致教皇使节卡斯塔纳,1567 年 3 月 6 日;Fourquevaux, II, 34,致卡特琳娜 · 德 · 美第奇函,1568 年 12 月 23 日;IVdeDJ 6/12/6,雷克森斯致苏尼加,1572 年 9 月 23 日。

62 引自 IVdeDJ 76/491 - 503,胡安 · 德 · 奥万多"报告",1574 年 4 月;ibid., 51/33,巴斯克斯致腓力二世与其回复,1574 年 6 月 20 日。又见 ibid., 53/3/87,发函人与收函人同上,1574 年 7 月 4 日;ibid., 53/3/87,发函人与收函人同上,1575 年 5 月 31 日。对现代超级大国显而易见的"义务承诺之互相依赖"("interdependence of commitments"),有一经典的陈述,见 Schelling, *Arms and influence*, 55 - 6。

63 AGS *Estado* 2843/7, "Parescer",国务议事会,1577 年 9 月 7 日,吉罗加的意见,得到阿吉拉尔和卡斯提尔议事会主席的支持(该文件的另一个副本见于 *Estado* 570/103bis)。同一种观点在 1578 年得到同样有力的表述:例如见 *Estado* 570/2,1578 年 2 月 3 日商议录;Estado, 578/121,塞萨公爵的意见,1578 年 6 月 22 日;AHN *Inquistción* Libro 284/156 - 8,吉罗加的意见,1578 年 7 月 30 日。事态发展在 1585 年证实了这些恐惧,当时一场叛乱在那不勒斯爆发,叛乱者警告总督"看一看在尼德兰的事态":Villari, *La rivolta antispagnola a Napoli*, 49 - 51。

64 引自 AGS *Estado* 2023/124,国务议事会 1600 年 7 月 20 日商议录;Alcocer, *Consultas del consejo de Estado*, 261:奇琼伯爵的表决辞,由上溯至 1559 年的多个史例充分支撑,见于国务议事会商议录"Sobre el remedio general de Flandes", 1602 年 11 月 26 日;AGS *Estado* 634/73, "Papeles tocantes al buen govierno", 1605 年 1 月 1 日,作者胡安 · 安德雷阿 · 多里亚。又见 1635 年由奥利瓦雷伯爵/公爵运用的"多米诺骨牌论":"(王室面对的)最大危险是那些威胁着伦巴第、尼德兰和德意志的危险,因为对本帝国来说,在这三地中任何一地的失败都是致命的;事情如此严重,以致在这些部分的失败若是大失败,帝国的其余部分就会崩溃,因为意大利和尼德兰将随德意
331 志倒下,美洲将随尼德兰倒下,那不勒斯和西西里将随伦巴第倒下,而没有能够捍卫这两者的可能性。"AGS *GA* 1120, unfol.,奥利瓦雷 1635 年撰文。

65 BPM Ms II - 2291, unfol.,费里亚伯爵致格朗维勒,1560 年 9 月 7 日;BMB Ms *Granvelle* 8/189,佩雷斯致格朗维勒,1564 年 2 月 19 日。

66 *Actas de las Cortes*, III, 16,弗朗西斯科 · 德 · 埃拉索的演讲,1570 年;*Co. Do. In.*, CII, 68,苏尼加致腓力二世,1573 年 4 月 2 日。

67 Bouza Álvarez, "Portugal en la Monarquía hispánica", 70, G. B. 赫西奥致腓力二世,1578 年 9 月 20 日。又见上文第 166 页。向尼德兰汇款数量的跌落见 Parker, *The Army of Flanders*, 293。

68 Casado Soto, *Discursos*, 193。又见半个世纪后一位西班牙大臣的同样的观点:

“我们的首要关切应当是解决西班牙的问题，而非拯救其他省份，因为如果（在半岛的）战争经久持续下去，一切都会丧失；而通过重获加泰罗尼亚和葡萄牙，一切都能被维持住，我们能光复（在其他地方）被丢失的”（AHN *Estado libro* 969, unfol.，唐·米格尔·德·萨拉曼卡致奥利瓦雷，布鲁塞尔，1641 年 7 月 14 日，底稿）。

69 García Hernán，“La curia romana”，645，腓力二世致迭埃戈·德·埃斯皮诺萨，1564 年 2 月 8 日。1550 至 1551 年战争的肇始见 Lutz, *Christianitas Afflicta*, 40－2; 1559 年和谈的崩溃见 Rodríguez－Salgado, *Changing face*, 298－302。关于阿拉贡的斐迪南之大为进取的地中海政策，见 Doussinague, *Política internacional*, 487－93。

70 将尼德兰置于地中海之前的呼吁见 *Epistolario*, III, 289－91, 300，阿尔瓦致腓力二世，1573 年 2 月 12 日和 3 月 7 日；*Co. Do. In.*, CII, 378，雷克森斯致苏尼加，1573 年 11 月 22 日；AGS *Estado* 1066/6，格朗维勒致腓力二世，1575 年 2 月 6 日；又见上文第 133－134 页。国王对自己的战略抉择的辩护见 AGS *Estado* 554/84，“Las razones que concurren para no se poder dexar la Jornada de Levante”（约为 1573 年 3 月初）；*Estado* 554/89，腓力二世致阿尔瓦，1573 年 3 月 18 日。又见 *Estado* 2843/3，腓力二世致唐·胡安，1577 年 1 月 31 日，坚持只要土耳其人威胁意大利，就必须在尼德兰维持和平。关于 1578 年休战，见上文第 145 页。以后旨在损坏土耳其权势的努力，其例见 Oliveira e Costa and Gaspar Rodrigues, *Portugal y Oriente*, 321－7。

71 Serrano, I, 310，腓力二世致其驻罗马大使雷克森斯，1566 年 8 月 1 日。又见一项较早的押韵自赞：AGS *Estado* 119/40，腓力二世致胡安娜，1557 年 6 月 10 日和 7 月 2 日，概要。

72 *PEG*, VI, 149，腓力二世致格朗维勒，1560 年 9 月 7 日；Serrano, I, 316－17，致雷克森斯，1566 年 8 月 12 日；*CCG*, XII, 339－41，致帕尔马，1585 年 8 月 17 日；KML, *MSP*: *CR* 6/174，致梅迪纳·西多尼亚，1590 年 12 月 15 日；IVdeDJ 51/1，巴斯克斯致腓力二世与其回复，1591 年 2 月 8 日（巴斯克斯的建议见于 Parker, *Philip II*, 181）。见下列两项文献中更多的类似的引语：*Reivindicación*, 151－2; Garciá Hernán, “La curia romana”, 645。

73 Álava, 221，腓力二世致阿拉瓦，1568 年 2 月 19 日；Co. Do. In., CIII, 432，致马克西米连二世，1570 年 2 月 5 日。他给其他（在他看来较软弱的）天主教统治者的劝导还有进一步的例子，见 Álava, 221－4，腓力二世致阿拉瓦，1568 年 2 月 19 日；Fourquevaux, II, 167－72，致查理九世函，1570 年 1 月 5 日。

74 见 Checa, *Tiziano*, 59－60, 259; Tanner, *Last descendant*, 202－6, 217－18。关于描绘君主做祷告的宣传价值，见 Potter, Secret rites, 159；关于 20 世纪国务活动家中间的“基于激情的意识形态浪漫主义”，见 Gaddis, *We now know*, 291。

75 关于国王及其行为的编年史的一个书单见 Bordejé y Morencos, *El escenario estratégico*, 39－41; Kagan, “Felipe II”。宣传的其他方面见博萨·阿尔瓦雷斯的三 332
篇好文章：“La majestad de Felipe II”, “Retórica da imagem real”, “Monarchie en lettres

d' imprimerie"。

76 关于《反辩护》(可能系佩德罗·科尔内霍撰写),见 Timmer,"Een verweerschrift"。西班牙官方出版物 *La felicissima Armada* 的伯利勋爵注解复本现藏于不列颠图书馆(印刷书籍:192 f. 17 [1] t. p.),一页抽样见于 Whitehead, *Brags and boasts*, 67。

77 关于教廷直到16世纪30年代为止不愿从事论战,见 Edwards,"Catholic controversial literature", 201 -4;关于尼德兰境内与其周围的天主教小册子作者,见 Vermaseren, *De katholieke Nederlandsche Geschiedschrijving*。关于1588年的出版活动,见 Gómez Centurión,"The new crusade"; idem, *La Invencible*, chap. 2;又见下文第201-203页。

78 红衣主教雷金纳德·波尔作的这次讲道刊于 Anon.,"The chronicle of Queen Jane", 158(感谢格林·雷德沃思告诉我此项参考)。关于葡萄牙,见 Cabrera, II, 633 -4。又将下列三项文献中的引语:Pereña Vicente, *Teoría de la guerra*, I, 63 -4; Tanner, *Last descendant*, 167 -8; Vargas Hidalgo,"Documentos inéditos", 453 -61 所记29篇悼念腓力二世的葬礼演讲。然而,有趣的是,从1587到1590年,马德里的一群国王批评者提出"第二个大卫"将要出现,为的是将西班牙从哈布斯堡家族统治下解救出来:见 Milhou, *Colón y su mentalidad mesiánica*, 245 -9; Kagan, *Lucrecia's dreams*, 73(以及确实整个第三章)。

79 AMAE *MDFD* 237/59,腓力二世致其驻罗马大使奥利瓦雷,1585年9月30日,原件:这是一份极引人注目的信函。"国王兼神父"这一联系由下列两项著作提出:Fernández Albaladejo,"'Imperio de por si'",载于 idem, *Fragmentos de Monarquía*; Lisón Tolosana, *La imagen del rey*, 103 -6。证实某些人将腓力视为圣人的资料见 Vargas Hidalgo,"Documentos ineditos", 399。

80 见 Encinas, I, fos 83 -179 所载关于国王庇护权的放肆的全面陈述。又见 AGS *GA* 72/164,1569年3月27日国王令状,禁止无国王许可用西班牙语刊印任何祈祷文书;Setton, *Tha Papacy and the Levant*, IV, 912,谈腓力坚持教皇诏书在他的领地内只有凭国王允准书("授权状")才能刊发。

81 AGS *Estado* 946/148,腓力二世致奥利瓦雷,1585年8月22日,底稿;BL Addl 28,346/270,发函人与收函人同上,1586年2月24日和6月27日,副本;AGS *Estado* 947/84,发函人与收函人同上,1586年12月11日(又见 fo. 87,教皇希望重审的案件清单);ASV *NS* 33/235,腓力二世致西克斯图,1587年4月2日,亲笔书写。国王在神职庇护权方面亲自干涉的一个例子,见 Heredía Herrera, *Catálogo*, I, 674: 1590年6月14日商议录与国王答复。腓力事实上命令立即任命一位西班牙红衣主教的一个例子,见 García Hernán,"La iglesia de Santiago", 329。

82 见下述档案馆藏推荐信原件:Archivo General del Ministerio de Asuntos Exteriores in Madrid, *Embajada de la Santa Sede*, legajo 1 onwards(连同西班牙驻罗马使馆微

缩胶卷副本:感谢迈克尔·莱文提供这一信息)。又见 BCR Ms 2174/133,腓力二世致那不勒斯总督,1575 年 3 月 11 日;*Co. Do. In.*, XCVII, 417 - 18, 唐·胡安·德·苏尼加致圣地亚哥大主教,1568 年 4 月 4 日,罗马,底稿(述及庇护五世的抱怨)。

83 Hergueta, "Notas diplomáticas"; AGS *Estado* 951/93,腓力二世致奥利瓦雷,1588 年 10 月 23 日。

84 AGS *Estado* 946/141a,腓力二世致奥利瓦雷,1585 年 3 月 31 日,底稿,带有国王亲笔改正;Checa, *Felipe* II, 293 - 4。

85 见下列三项著作中关于这一类似的详细讨论:von der Osten Sacken, *San Lorenzo*, 207 - 40; Tanner, *Last descendant*, 162 - 82; Mulcahy, *The decoration of the royal* 333
basilica, 131 - 3。

86 见下列各页内有关这一话题的引人注目的论述:Eire, *Madrid to purgatory*, 264 - 5, 284 - 5, 338 - 47。又见 Rocca, "Court and cloister"。

87 Estal, "Felipe II y su archivo hagiográfico"; von der Osten Sacken, *San Lorenzo*, 160 - 3; Eire, *Madrid to purgatory*, 266 - 8, 331 - 4。又见 Checa, *Felipe II*, 284 - 99 ("Pietas Austriaca")。

88 见 BAV UL 1115/108 - 9,来自马德里的消息简报,1587 年 1 月 10 日("está todavía recogido en el cuarto nuevo (of the Madrid palace); avía mandado hazer este quarto con fin de recogerse en él los inviernos"); Fray Mateo de Ovando, *Sermón funebre*,为腓力二世,1598 年(已故国王"devotíssimo, recogido, y todo empleado en la veneración y culto divino。Recogióse a su nido de San Lorenzo..."),被 Checa, "Felipe II en El Escorial"一文援引(第 17 页)。关于"recogido"一词的含义,见 van Deusen, "Recogimiento", 1 - 66。

89 BZ 141/84,腓力二世致马特奥·巴斯克斯,1586 年 2 月 19 日;IVdeDJ 55/IX/111, 1586 年 7 月 16 日;BZ 143/6, 1588 年 1 月 4 日。关于国王在其"蛰居"期间完全与世隔绝,见 Fourquevaux, II, 3 - 7, 1568 年 10 月回忆,连同 Sigüenza, 92(1579 年复活节前一周)。日常宗教祈祷延宕国王公务的进一步的例子见 *CCG* Xii, 534 - 5 (1579 年 9 月),国王在前去作弥撒时收到一封信件,但直到弥撒结束后才读它;ibid., XI, 277 - 8, 1584 年 9 月 22 日,国王无法阅读格朗维勒来函,因为他为纪念其父驾崩周年前去晚祷。尽管如此,国王确实有时虽然身在教堂,但仍阅读重要文件(Donà, 372 - 3,发至威尼斯函,1571 年 11 月 2 日:"焚香一过",腓力即阅读新到的信件;IVdeDJ 68/287a,巴斯克斯致腓力二世与其回复,1574 年 6 月 28 日:"我看过了所有这些,虽然匆忙,而且大多是在晚祷期间看的");他有一次告诉他的女儿们:他无法去晨祷了,"因为我有许多事要做"(Bouza, 57, 1582 年 1 月 15 日函)。参见玛格丽特·撒切尔关于有一天做礼拜期间在她的赞美诗单背后办公务的叙述:Thatcher, *The Downing Street years*, 76。

90 我们大概永不会知道,因为他的遗嘱命令他与其忏悔神父迭埃戈·德·查维斯修士的往来函件须在他死后焚毁而不得阅读：见 *Documentos... El Escorial*, II, 48, 遗嘱附录,1597 年 8 月 23 日。看来这通信中间没有任何部分被留存下来,因而我们全无东西可以比拟他的孙子腓力四世给索尔·玛丽亚·德·阿格雷达的内心反省信件。关于在听讲道时打盹,见 Bouza, 90。

91 1938 年,当他对维也纳——他在那里长大的城市的一个集会演讲时,阿道夫·希特勒宣告"我相信是上帝的意志将一个青年从这里派往德意志帝国,让他成长起来,将他提升为民族领袖,从而使他能够带领他的故国返回德意志帝国"。他将其他胜利和得救(例如经暗杀而无恙)视为"上天赋予我的使命的新确证,要我继续向我的目标迈进"。见 Bullock,*Hitler and Stalin*, 569(维也纳,1938 年),846(经七月炸弹阴谋而幸存之后,1944 年)。

92 Groen van Prinsterer, *Archives*, 2nd series, I, 84,弗朗索瓦·德·拉诺埃致一位英国通信者,1588 年 8 月 17 日;埃斯皮诺萨对 1571 年勒班陀海战的评价见下面注 99。1588 年的各种不同的"神意主义"勋章被重现于 Rodríguez - Salgado, *Armada 1588 - 1988*, 276 - 7; FD, I, 217 - 18。英国"神意主义"的例子见 Wiener, "The beleaguered isle"; McKenna, "How God became an Englishman"; McGiffert, "God' scontroversy with Jacobean England"; Cressy, *Bonfires and bells*, chaps 7, 9, 10; Woolf, *The idea of History in early Stuart England*, 4 - 8。关于荷兰人,见 Groenhuis, *De predikanten*, 77 - 107。

334 93 见 Fleischer, "The lawgiver as Messiah"。感谢桑贾伊·苏布拉曼雅姆令我注意到 16 世纪后期萨法维和莫卧儿统治者的救世冲动。

94 关于曼努埃尔,见 Thomaz, "Factions, interests and messianism";关于斐迪南,见 Suárez Fernández, "La situación internacional en torno a 1492"。关于查理五世自 16 世纪 20 年代往后的救世式帝国主义,见 Bataillon,*Erasmo y España*, 226 - 31; Yates, *Astraea*, 1 - 28; Sánchez Montes, *Franceses, protestantes, turcos*, 42 - 51。

95 Salazar,*Política española*, proposition 3;康帕内拉语引自 Pagden, *Spanish imperialism*, 51。又见下列两项著作对 1560 年代弗朗西斯科·巴斯克斯·德·门查卡的观点的讨论:Fernández Albaladejo, "'Rey Católico'", 210; Pagden, *Lords of all the world*, 56 - 62。见 16 世纪末期"普通"西班牙人中间愈益增长的宗教执迷的有趣证据:Eire, *Madrid to purgatory*, 188 - 215。

96 Sigüenza, 8; *PEG*, V, 643,腓力二世致格朗维勒,1559 年 8 月 24 日。有趣的是,国王接着说若因缺钱而丢失他的邦国"将是我能够想象的最可悲的事情,将比所有别的事更令我感到遗憾——远甚于倘若我在一场战役中丢失它们"。

97 AGS *Estado* 527/5,腓力二世致贡萨洛·佩雷斯,无日期(1565 年 3 月);IVdeDJ 37/155,巴斯克斯致腓力二世与其回复,1576 年 1 月 22 日。

98 IVdeDJ 55/X/52,巴斯克斯致腓力二世与其回复,1587 年 3 月 24 日;IVdeDJ 55/XII/16 - 17,发函人与收函人同上,1589 年 2 月 16 日。

99 BL *Addl* 28,704/270v－1,埃斯皮诺萨致阿尔瓦和唐·胡安·德·苏尼加,1571 年 12 月 4 日,关于此次大捷,"la mayor después de la del Vermejo"。费尔南多·德·埃雷拉的关于勒班陀的文章也将此次大捷比作法老的军队在红海惨遭灭顶之灾(见 López de Toro,*Los poetas de Lepanto*, 233－42)。在意大利,此次大捷引发了一批预言:见 Ginzburg, "Due note sul profetismo cinquecentesco", 207－12; and Olivieri, "Il significato escatologico di Lepanto"。关于此时西班牙宫廷的救世式野心,见 Jedin, *Chiesa della storia*,703－22;García Hernán, "Pio V y el mesianismo profético"。关于"东方皇帝"预言,见 García Hernán, *La Armada española*, 67－8。

100 AGRB *Audience* 1728/2/77,阿尔瓦致博苏伯爵,1572 年 8 月 29 日。腓力二世同样大为感动:据法国大使,当他在接到屠杀消息后那天抵达受接见时,国王"起先大笑,满脸极端高兴和满意的样子";他还对他自己的驻巴黎大使承认"我享有了我一生曾有的最满意时刻之一":Kamen, *Philip*, 141,援引圣古阿尔德致查理九世和腓力二世致唐·迭埃戈·德·苏尼加,俱 1572 年 9 月 18 日。这位国王还指望法国其他地方更多的屠杀消息,而上帝没有使他失望:见 Benedict, "The St Bartholomew's massacres in the provinces"(其他至少 12 个法国城市里的屠杀,连同另 8 个法国城市里的反新教"事件")。

101 引自 BL*Eg*. 1506/16－17,库恩卡主教和宗教法庭庭长加斯帕尔·德·基罗加致腓力二世与其回复,1574 年 3 月 8 日;IVdeDJ 51/31,马特奥·巴斯克斯致腓力二世,1574 年 5 月 31 日。关于连锁祷告,见 Bouza Álvarez, "Monarchie en letters d'imprimerie", 214－15; Sigüenza, 69。

102 BZ 144/30,巴斯克斯致腓力二世,1574 年 11 月 24 日(国王答道"你来此[见我]时,告诉我关于拉古莱特你听到了什么和从谁听到的");曼里克语引自 Bouza Álvarez, "Servidumbres"(感谢作者博萨教授在该文发表以前要我注意该文中的这些资料);IVdeDJ 51/181,马特奥·巴斯克斯致腓力二世,1578 年 12 月 28 日。又见上文第 20－21 页所述来自这一时期的其他批评。 335

103 Cueto, "1580 and all that", 156,克里斯托巴尔·德·莫拉致腓力二世,1578 年 11 月 25 日;IVdeDJ 51/105,马特奥·巴斯克斯致腓力二世与其回复,1583 年 8 月 22 日;Freitas de Meneses, *Os Açores*, II, 83,菲格罗阿致腓力二世,1582 年 10 月 3 日。腓力还在 1588 年想过王后和圣安妮:见 Kamen, *Philip*, 273。又见腓力在遗嘱中寻求其干预的长长的圣人名单:Eire, *Madrid to purgatory*, 284 n。

104 埃尔南多·德·阿库拉(1580 年卒)的十四行诗首次发表于他的 *Varias poesías*(马德里 1591 年版),此处援引取自 Rivers, *Poesía lírica*, 108－9(为此资料,感谢桑地亚戈·加尔西亚—卡斯塔农)。见 Terry, "War and Literature"一文对于战士诗人的救世式帝国主义的精彩分析。该时期的其他扩张主义作者在 Fernández Armesto, "Armada myths"一文中得到了讨论。

105 详情取自 Kagan,*Students and society*, 83, 92－4。又见 Martínez Millán, "Un

curioso manuscrito”,该文记录了埃斯皮诺萨红衣主教 1566 至 1572 年设想的提拔:许多候选人是“研究生院”的毕业生。

106 Álava, 97 – 8,致阿尔瓦,1568 年 3 月 17 日;352,萨亚斯致阿拉瓦,1569 年 6 月 27 日。浓重的宗教情绪的又一个例子是,当阿拉瓦将《奥格斯堡忏悔》(*Augsburg Confession*)的一个副本发送至马德里时,萨亚斯将它称作“奥格斯堡杂混”(“Augsburg Confusion”)(ibid., 316)。

107 AGS Estado 531/91,修士洛伦佐·德·维拉维森西奥致腓力二世,1566 年 10 月 6 日(在此种威胁中间,“恭谦”一词看来不符得出奇);Cueto, “1580 and all that”, 167; ASV *NS* 32/181 – 3,教皇使节诺瓦拉致鲁斯蒂库西,1586 年 7 月 4 日。十年前,唐·卢伊斯·曼里克(见上文第 20 页)也用过“神意”论据,试图改变国王的头脑。有一项类似的见解,即杜鲁门总统有意任命一个原则信念与他自己相同的人,这可能较少了他的行政当局的灵活性,见 Johnson, *Managing the White House*, 64; 又见 Halperin, *Bureaucratic politics*, 161。

108 *Monumenta historica societatis Iesu*, LX, *Ribadeneira*, II, 105 – 11,致唐·胡安·德·伊迪亚克斯函,1588 年 12 月。关于里瓦德内拉的政治哲学,见 Bireley, *The Counter – Reformation Prince*, chap. 5。当时教士公开和直率地批评国王的另一个例子,见 *CSPV*, VIII, 396,利波马诺发至威尼斯函,1588 年 10 月 1 日。

109 引自 ASV *NS* 19/15,洛迪致鲁斯蒂库西,1586 年 4 月 25 日;ASF *MP* 4919/88,阿勒曼尼发至佛罗伦萨函,1588 年 2 月 6 日。见卢卡大使(ASL *Anziani*, 644,孔帕尼发至卢卡共和国函,1588 年 6 月 26 日)和费拉拉大使(ASMo *CD* 15,里帕发至费拉拉函,1588 年 3 月 5 日、4 月 30 日和 7 月 23 日)的类似的观点。然而,有几个人表现得不那么恒常。早在 1588 年 7 月,风暴将无敌舰队驱回拉科鲁尼亚之后,教皇使节就开始怀疑“这些魔鬼创造的阻碍”是否可能并非“上帝不赞成此事”的迹象;在 11 月间他写道:无敌舰队的各种不幸已“使人人不安,因为他们能差不多公然地见到上帝之手举起来反对我们”。ASV *NS* 34/415 – 18 和 583,诺瓦拉致蒙塔尔托,1588 年 7 月 6 日和 11 月 8 日。

110 关于“上帝会回过来支持他(上帝)的事业”的希望,见 *BMO*, II, 338 – 9,腓力二世致唐·贝尔纳迪诺·德·门多萨,1586 年 9 月 5 日,底稿(关于暗杀伊丽莎白·都铎的巴宾顿阴谋之失败);Kamen, *Philip*, 298。“此乃上帝所为”见 BZ 166/92 和 100,埃尔南多·德·维加致腓力二世与其回复,1586 年 11 月 9 日和 11 日(得知年度西印度舰队已安然抵达塞维利亚之际)。

336 111 这两个事例的详情见 Parker, *Dutch Revolt*, 64 – 5; García Vilar, El Maquiavelismo, 620 – 42。腓力在 90 年代对神学家的使用见上文第 277 页。

112 Horozco y Covarrubias, *Tratado de la verdadera y falsa profesía*, fos 37 – 8; Díaz Jimeno, *Hado y fortuna*, chap. 7; Kagan, *Lucrecia's dreams*; idem, “Politics, prophecy and the Inquisition”。卡根论辩说,1588 年三大首要的“广场预言家”受国王的国内反

对者操纵。无论如何,无敌舰队失败后不久,这三人俱遭逮捕。又见上文第126页,那里有1572年与巫术师们商议的一个例子;还有一种看法:1577年腓力所以将部队带至埃斯科里亚尔宫,是因为一项预言说那年大火将烧毁一座王宫(Sigüenza, 76－7:事实上,那年夏天一道闪电确实导致了王宫起火)。

113 Huerga, "La vida seudomística", 62－3; RAH Ms 9－2320/5v。克雷斯维尔致腓力三世,1602:"el santo varón... me dixó que aquella Armada iría en humo"——因而他确实享有直通天意之能。

114 这一复杂但重要的行为现象在欧洲大陆的日常例子见 Ozment, *Protestants*, 196－204; Theibault, "Jeremiah in the village";它在英国及其殖民地的日常例子见 Donagan, "Understanding Providence"; von Greyerz, *Vorsehungslaube und Kosmologie*, 80－118; Hall, *Worlds of wonder*, 77－80, 91－4, 116; Worden, "Providence and politics"; idem, "Oliver Cromwell"。或许最引人注目的例子被展现于 Gillespie, "Destabilizing Ulster 1641－2", 116－19,那里显示了17世纪初爱尔兰新教徒将自己等同于以色列,同时将爱尔兰天主教徒等同于麦卡比人。

115 Burnet, *Memoires of the dukes of Hamilton*,查理一世致汉密尔顿,1642年12月。(我感谢伊恩·金特勒使我注意这项资料);Halliwell, *Letters of the kings of England*, II, 383－4,查理一世致鲁珀特亲王,1645年7月31日。又见查理较早的不妥协言论——当时只有苏格兰人公然反抗他:"我宁死而不屈服于这些傲慢和该市的要求":Ohlmeyer, *Civil war and Restoration*, 77,查理致汉密尔顿,1638年6月11日。先前,查理的祖母玛丽·斯图亚特亦遭殉道之死。

116 Thomas Beard, *The theatre of God's judgements*(1597),连同克伦威尔接受这一哲学的极好例子,援引自 Sproxton, *Violence and religion*, 52, 59－61。又见 Armitage, "The Cromwellian Protectorate",540－1。

117 Davis, "Cromwell's religion",载于 Morrill, *Oliver Cromwell*, 187。在腓力二世与其幕僚们中间这一态度的(多个之中的)三个例子,见:IVdeDJ 53/3/33,巴斯克斯致腓力二世与其回复,1574年4月27日("pues Dios nos ayuda y haze tanta merced",国王写道,"agora es menester que nosotros nos ayudemos"); BL Addl 28,702/24－5,伊迪亚克斯致格朗维勒,1580年6月24日("Parezçe que Dios nos ayuda si nos sabemos ayudar"); IVdeDJ 51/105,巴斯克斯致腓力二世,1583年8月22日("el cuidado, zelo y asistencia con que Vuestra Magestad acude a las cosas del servicio de Nuestro Señor hazen que Él acuda como vemos a las de Vuestra Magestad")。

118 BZ 146/219,财政议事会致腓力二世,1588年6月14日,附国王18日长篇答复,副本;BZ 143/111,马特奥·巴斯克斯致腓力二世与其回复,1588年6月28日。

119 BMO, I, 62,腓力二世致阿尔瓦,1571年9月14日;其他类似的言论及其背景见上文第126页。Pereña Vicente, *Teoría de la guerra* 一书第70至71页就此通信提出了一项有趣的思考。当时虔诚的新教徒也相信,"盲信人力之弊,弊莫大于过分仓促地绝望于上帝所为”:Feuillerat, *The prose works of Sir Philip Sidney*, III, 80,西德
337 尼致沃尔辛厄姆,1586 年 3 月 24 日(有讽刺意味的是,它讨论了反腓力二世的最佳方式)。

120 AGS *Estado* 165/2 – 3,腓力二世致阿尔贝尔大公,1587 年 9 月 14 日。然而,一个世纪后荷兰无敌舰队的胜利的 11 月航行或许证明腓力二世正确,因为它显示,上帝在他自己挑选的时候能够送来好天气。见 Israel and Parker, “Of Providence and Protestant winds”。

121 IVdeDJ 37/59 雷克森斯致苏尼加,1574 年 10 月 11 日(“quizá deve de ser inspiración de Dios”);*BMO*, III, 1964,贝尔滕多纳致腓力二世,1588 年 2 月 15 日;Mattingly, *Defeat*, 233(援引教廷收集官博奥焦万尼发至罗马函,1588 年 5 月)。

122 IVdeDJ 144/36,巴斯克斯致腓力二世与其回复,1574 年 12 月 11 日(“Dios nos ayude en todo, que yo os digo que es tanto menester que a mi parece que se ha de ser servido con hazer milagro, porque sin el yo lo veo todo en los peores termynos que puede ser”)。甚至在这些逆境发生以前,国王就感到“除非上帝行个奇迹,否则我们自己将撑不住几个月(以上),更不用说几年”(IVdeDJ 53/3/56,巴斯克斯致腓力二世与其回复,1574 年 5 月 13 日)。

123 BNM Ms 9444/252v – 3,西庇阿·德·卡斯特罗给特拉诺瓦公爵的“指示”,约 1583 年(为此资料我感谢马里奥·里佐);*BMO*, III, 478,伊迪亚克斯致梅迪纳·西多尼亚,1587 年 6 月 3 日;BCR Ms 2417/37 – 42,唐·胡安·德·西尔瓦致埃斯特班·德·伊巴拉,1589 年 8 月 13 日(该函的其他节录见于本书第二章)。腓力在位期间较早时候盲信奇迹的一些例子见 Olivieri, “Il significativo... di Lepanto”, 260, 262。

124 *CCG*, XII, 126 – 7,格朗维勒致帕尔马的玛格丽特,1585 年 11 月 15 日;AGS *Estado* 590/23,帕尔马致腓力二世,1586 年 2 月 28 日——同一天的另一封信里说“上帝将渐渐厌烦为我们制造奇迹”(*Estado* 590/22)。

125 引自 Maura, 258 – 61,梅迪纳·西多尼亚致腓力二世,1588 年 6 月 21 日和 24 日;Herrera Oria, 210 – 14,腓力二世致梅迪纳·西多尼亚,1588 年 7 月 1 日;KML, *MSP*: *CR*, 5/353,梅迪纳·西多尼亚致阿尔贝尔大公,1588 年 7 月 15 日,底稿。

126 AGS *Estado* 553/112,腓力二世致阿尔瓦,1572 年 11 月 27 日,底稿;*Estado* 2219/84,腓力二世致帕尔马,1588 年 8 月 31 日,连同 fos 85 – 6 “Apuntamiento en materia de armada que Su Magestad mandó hazer para que se considere y resuelva entre el duque de Parma, su sobrino, y el duque de Medina Sidonia”(四张大页书写纸)。诚然,腓力给帕尔马的指令(1588 年 4 月 1 日)包含倘若他在领军登岸后未能夺取伦敦将要做什么的提议(见上文第 267 页),但未说倘若无敌舰队未能抵达该如何行事。

127 冯·纽曼对“墨菲法则”的雄辩转述援引自 Campbell, *Grammatical man*, 73。又见 Thomas, “To err is human”, 561:“错误寓于人类思想的本底之中……我们生来

就被构造得会犯错误,被编有犯错之码”。又见 Beaumont, *War, chaos and history* 一书中关于该论题的诸篇有趣的文章。克劳塞维茨语被援引于本书第三部分前言。

128 1914 年的施里芬计划甚至没有对成功作出规定:它未确定如果巴黎陷落就将发生什么,而只是要求防守,因为俄国诸集团军缓慢但确实地开始了它们对柏林的进军。(为此观点,感谢霍尔格尔·黑尔维希)。

129 Ulloa, *Hacienda real*, 831,援引巴斯克斯;Gonz ález de Cellorigo, *Memorial*, 94; Álamos de Barrientos, *Discurso poltico*, 31, 42 – 52。(这部著作虽然直到 19 世纪才出版,但早以手抄本形式广泛流传。它有时被认为系由安托尼奥·佩雷斯撰写。)又见梅迪纳·西多尼亚公爵自 1598 年起显然类似的悲观概览,刊印于 Pierson, *Commander of Armada*, 217 – 8。

第四章 “欧洲的大泥沼”:尼德兰(1555 至 1577 年) 338

1 IVDJ 82/444 塞萨公爵(西班牙驻罗马大使)致唐·巴尔塔萨尔·德·苏尼加(西班牙驻布鲁塞尔大使),1600 年 9 月 28 日,底稿;Mulder, *Journael van Antonis Duyck*, II, 785(为此资料我感谢本·考克斯,它构成德伊克 1600 年日记的结尾)。

2 详见 Parker, *Military revolution*, chap. 1 and “Afterword”。

3 见 Kennedy, *Rise and fall*, chap. 2。必不可免,这是一种粗略的过度简单化,但我希望它公允地代表了肯尼迪的主要论辩,那既提供了对此论题上很大部分现行研究的极好综合,也提供了逻辑令人满意、文笔潇洒精彩的一章。

4 Anon., *The edict and decree of Phillip king of Spain*, sig。C3(“回应敕令”一文的一部分)。该项摘录所做的创造性算术(10 到 100 为六倍增!)就那个时期来说是典型的。有一大批强调急需重组西班牙经济的作者(被称为“公断者”[*arbitristas*]),对他们的某种印象可得自 Correa Calderón, *Registro de arbitristas*。

5 见 Elliott, “A Europe of composite monarchies”;又见上文第 91 – 92 页。

6 我感谢以下各位对本章的鼓励和建议:斯蒂芬·格利克、费尔南多·贡萨勒斯·德·勒翁、约翰·吉尔马丁、迈克尔·汉德尔、唐·希金博塔姆、杰弗里·麦基格、W. H. 麦克尼尔、威廉森·默里、简·奥尔迈耶和亨克·范尼罗普。我还特别要感谢两群人的评论,他们是我在伊利诺大学的研究生和默里教授主持的俄亥俄州立大学军事史讲习班成员。

7 *CDCV*, II, 591(又见上文第 88 – 89 页)。以下各段基于 Parker, *Dutch Revolt*, 19 – 41。

8 Feltham, *Brief character*, 1 – 2, 5(大概写于 1620 年代);Brulez, “Het gewicht van de oorlog”, 394。

9 BL Addl 28,388/68,当时的尼德兰总督唐·卢伊斯·德·雷克森斯致唐·加斯帕尔·德·基罗加,1575 年 8 月。

10 Laubespine, 623 -4,弗朗索瓦二世致拉·福勒斯特(他在布鲁塞尔的代理人),1560 年 10 月。(又见 ibid., 47,洛伯斯皮纳致洛林和吉斯,1559 年 7 月 27 日,已提出不需在布鲁塞尔驻有大使。)Ramsay, *City of London*,一书第 86 至 88 页写到伊丽莎白 1559 年关闭英国驻布鲁塞尔使馆的决定。

11 Japikse, *Correspondentie van Willem I, prins van Oranje*, I, 143 -4,埃格蒙致奥兰治,1559 年 7 月 1 日;Groen van Prinsterer, *Archives*, 1st series I, 152,格朗维勒致腓力二世,1563 年 3 月 10 日。

12 *PEG*, VI, 166,格朗维勒致腓力二世,1560 年 9 月 12 日。关于吉尔巴灾难的详情,见 Vilar, *Tunez*, 459 -62; Braudel, *The Mediterranean*, 973 -87。

13 BNP *Fonds Français* 15,587/3 -7,(前驻腓力二世宫廷大使)洛伯斯皮纳致卡特琳娜·德·美第奇回忆录,1563 年秋,援引了刚从尼德兰返回的弗朗索瓦·博杜安的看法。关于国王在西班牙的臣仆与尼德兰之间的联系,详见一项精致的研究:Lagomarsino, "Court factions"。关于埃拉索,见 Carlos Morales, "El poder de los secretarios reales"。

14 AGBR *Audience* 475/84,腓力的法语秘书若瑟·德·库尔特维勒致尼德兰枢密院主席菲格利乌斯,1563 年 5 月 24 日。

15 *GPGP*, II, 487,腓力二世致贡萨洛·佩雷斯(1565 年 3 月)。

16 AGS Estado 527/5,腓力二世致佩雷斯(1565 年 3 月 24 日)。佩雷斯当时患病
339 在床,因而关于如何应付埃格蒙的所有讨论都不得不以速写方式进行,这就准确地透露了国王如何就要做的事逐渐拿定主意。见上文第 42 页上出自这些通信的其他引语;又见一项极好的叙述:Lagomarsino, "Court factions", 98 - 120。关于国王非同寻常的沉默,见 *PEG*, VIII, 192 和 263(1564 年 4 月至 8 月没有收到来自国王的任何函件)。

17 Groen van Prinsterer, *Archives*, I, 369,奥兰治致其弟路易,1565 年 4 月 3 日;Wauters, *Mémoires*, 268,霍佩吕斯关于埃格蒙对在布鲁塞尔的国务议事会讲话的叙述,1565 年 5 月 5 日;Theissen, *Correspondance française de Marguerite d'Autriche*, 91,腓力二世致玛格丽特,1565 年 10 月 17 日。又见 AGRB *Audience* 779/120, 178 和 225,尼德兰国务议事会 1565 年 1 月 26 日、6 月 28 日和 10 月 3 日会议记录,记下了关于地中海军事事态的消息。感谢保罗·里根使我注意到科克在安特卫普印制的廉价马耳他地图。

18 Gillès de Pélichy, "Contribution", 103 -4,埃格蒙致腓力二世,1566 年 5 月 30 日,亲笔信;Serrano, II, xxxvi,提供了歌颂庇护五世的成就的篇章和诗体文。又见 AGRB *Audience* 476/139,菲格利乌斯致腓力手下在马德里的首要尼德兰大臣查理·德·蒂斯纳克,1566 年 8 月 19 日,底稿:"此等邪恶所以兴起,是因为没有及时决策和及时行动"。1566 年在爱琴海和亚得里亚海的战役见 Braudel, *The Maditerranean*, II, 1030 -5。

19 AGS *Estado* 530, unfol. 和 Enno van Gelder, *Correspondance française de Marguerite d'Autriche*, II, 326 – 32,玛格丽特致腓力二世,1566 年 8 月 17 日和 29 日。玛格丽特的戏剧性数字一年后回过来困扰她:当她敦促阿尔瓦减少兵力时,这位公爵愤怒地提醒她曾做了早先那些惊惶失度的评估:AGRB *Audience* 244/72 – 76v,阿尔瓦给弗朗西斯科·德·伊巴拉的指令,1567 年 8 月 8 日。

20 UB Leiden *Hs. Pap.* 3/5,阿隆索·德·拉洛致奥尔内伯爵,1566 年 9 月 29 日;其他观点被援引于本书第三章。

21 地中海事务耽搁了阿尔瓦的提法见 Fourquevaux, I, 147 – 8,致查理九世函,1566 年 12 月 9 日,又见 172 – 9,致卡特琳娜·德·美第奇函,1567 年 1 月 18 日。他的进军见 Parker, *Dutch Revolt*, 88 – 90, 90 – 105。

22 AA 5/69,腓力二世致阿尔瓦,1567 年 8 月 7 日。教皇使节四天后发现了这个决定:见 Serrano, II, 177,卡斯塔格诺致阿历山德里诺,1567 年 8 月 11 日;英国大使前一天觉察到了它(剑桥大学图书馆,Ms Mm – 3 – 8/89,曼博士致塞西尔,1567 年 8 月 10 日:"此地尚未显示出国王将前往佛兰德的任何确切迹象。他何时去,或他是否根本会去,只有上帝知道。")关于腓力是否打算过离开的讨论,见 Serrano, II, li – lx,又见 Parker,*Dutch Revolt*, 292, n. 28。

23 *Co. Do. In.*, XXXVII, 84,阿尔瓦致腓力二世,1568 年 1 月 6 日。

24 Álava, 203 – 4, 273 – 4, 291,腓力二世致阿拉瓦,1567 年 11 月 27 日,萨亚斯致阿拉瓦,1568 年 11 月 2 日和 1569 年 1 月 12 日。关于给阿尔瓦的限制性指令,见 *Co. Do. In.*, IV, 349 和 354,阿尔瓦致埃拉索和阿尔瓦致腓力二世,1567 年 4 月 26 至 27 日。

25 *CCG*, IV, 594 – 5 和 AGS *Estado* 553/94,腓力二世致阿尔瓦,1572 年 2 月和 4 月 20 日,底稿。见 3 月 16 日一份类似的训诫函:AGS *Estado* 553/40。关于土耳其人在勒班陀海战后的迅速复原详情,见 Imber, *Studies* 一书第 85 至 101 页展示的令人激动的新证据。

26 *Co. Do. In.*, LXXV, 190 – 1,阿尔瓦致萨亚斯,1573 年 2 月 12 日。

27 AGRB *Audience* 339/169 – 71,埃斯特班·德·伊巴拉撤回驻防军的命令,1571 年 10 月 28 日;*CCG*, IV, 146 – 52,莫里隆致格朗维勒,1572 年 3 月 24 日。

28 AGRB *Audience* 340/31,阿尔瓦致博苏,1572 年 2 月 13 日;AGS *Estado* 551/
94, "Relación de lo que se trató en el consejo"(在布鲁塞尔)。 340

29 BL *Addl* 28,702/261 – 4 "Relación sobre los abusos"(这项资料还声称,在发生以前许久,一名被俘的"海上乞丐"船长透露"叛乱者在讨论登陆布里尔或海岛之一");AGRB *Audience* 404/139,兹韦费盖姆致阿尔瓦,伦敦,1572 年 3 月 25 日;*Audience* 340/68,阿尔瓦致博苏,1572 年 4 月 2 日,底稿。两天后,布里尔被夺占,在布鲁塞尔为人所知:见 *Audience* 340/70,阿尔瓦致瓦肯,"Vendredy Sainct", 1572 年(4 月 4 日),底稿,记消息"今日上午"到达。

30 AGBR *Audience* 340/72, 79, 81 和 105,博苏致阿尔瓦,1572 年 4 月 2、3、4 和 7 日。又见关于这个问题的载于下述文献的通信:*Nieuwe Rotterdamsche Courant*, *Zaterdagse Bijvoedsel*, 1988 年 6 月 22 日和 7 月 1 日。

31 AGRB *Audience* 344/21 和 29,博苏致阿尔瓦,日期俱为 1572 年 5 月 23 日。关于恩克霍伊曾的优越工事筑防,见 Groenveld and Vermaere, "Zeeland en Holland en 1569", 163。

32 见 *Co. Do. In.*, LXXV, 104 – 6,朱利安·罗梅罗致加布里埃尔·德·萨亚斯,1572 年 9 月 22 日,指出 16 天炮轰实际上未对城墙造成任何重大的损伤。另一个来源报告说,针对蒙斯部署了 60 门火炮:*CCG*,383, 447,莫里隆致格朗维勒,1572 年 7 月 28 日和 9 月 28 日。

33 见对于拿骚兄弟与胡格诺教派谈判的权威叙述:van Herwerden, *Het verblijf van Lodewijk van Nassau in Frankrijk*。几项添加的资料见 Jouanna, *Le Devoir de révolte*, 154 – 6。关于对法国将宣战的担心,见载于下列文献的悲观信件:March, *El Comendador Mayor de Castilla*, 153 – 5,伦巴第总督雷克森斯致唐·胡安·德·苏尼加,1572 年 6 月 29 日;*Epistolario*, III, 160 – 3,阿尔瓦致腓力,1572 年 7 月 18 日。在马德里,热那亚大使绍利也相信法国不久会宣战:ASG *AS* 2414, unfol.,发至热那亚函,1572 年 5 月 25 日、6 月 27 日和 7 月 2 日;又见 Donà, 487 – 9,发至威尼斯函,1572 年 6 月 12 日。

34 *CCG*, IV, 351,莫里隆致格朗维勒,1572 年 8 月 10 日。

35 AGRB *Audience* 344/83,阿尔瓦致博苏,1572 年 6 月 15 日,底稿;*Audience*, 313/303 – 4,格尔德兰政务会致阿尔瓦,1572 年 6 月 28 日,抗议他 25 日召回梅根团的命令。与此同时,鉴于聚特芬被夺占,弗里斯兰省督拒绝向荷兰省调放任何部队:*Audience*, 297/162,比利男爵致阿尔瓦,1572 年 6 月 16 日。

36 AGRB *Audience* 344/88, 135, 169,博苏致阿尔瓦,1572 年 7 月 5 日和 18 日(最后答复阿尔瓦的明令"ceste troisième fois":ibid., fo. 164,阿尔瓦致博苏,7 月 17 日,底稿)。博苏最终编纂了一封周函(week letter),报告造反者迅即占领了西班牙人放弃的所有地方:ibid., fo. 174,博苏致阿尔瓦,1572 年 7 月 26 日。

37 *Epistolario*, III, 169,阿尔瓦致腓力二世,1572 年 7 月 19 日,生动地叙述了击败法国纵队;Estèbe, *Tocsin pour un massacre*,分析了 8 月 24 日以前、其间和以后的事态;Groen van Prinsterer, *Archives*, 1st series, III, 505 和 IV, cii,奥兰治致约翰伯爵,1572 年 9 月 21 日,哀叹圣巴托罗缪之夜屠杀对其事业的影响。

38 *CCG*, IV, 413,莫里隆致格朗维勒,1572 年 9 月 2 日, Eguiluz, *Milicia, discurso y regla militar*, fo. 68:这两项文件都记录了阿尔瓦亮丽的着装;*Epistolario*, III, 203,阿尔瓦致腓力二世,1572 年 9 月 9 日,叙述了蒙斯城外的战斗;*Co. Do. In.*, LXXV, 104 – 6,罗梅罗致萨亚斯,1572 年 9 月 22 日,提到奥兰治劝蒙斯投降的函件;*CCG*, IV, 479,莫里隆致格朗维勒, 1572 年 10 月 31 日,解释了为什么这么做。

39 ASP *CF* 109, unfol. ,唐·桑乔·德·隆多诺(阿尔瓦大军内的高级野战军
官)致帕尔马公爵,1568 年 11 月 21 日;又见一位目击者唐·贝尔纳迪诺·德·门多 341
萨对阿尔瓦行事过程的赞美性叙述:*Comentarios*, 441。唐·胡安·德·苏尼加后来赞扬阿尔瓦拒绝将一切都押在一场战役的结局上(*Nueva Co. Do. In.* , I, 133 – 9,致雷克森斯函,1574 年 2 月 6 日)。

40 Mondoucet, I, 56,致查理九世函,1572 年 10 月 5 日;*Epistolario*, III, 239,阿尔瓦致唐·胡安·德·苏尼加,1572 年 10 月(27 日)。即使对梅黑伦的洗劫还在继续时,奥德纳德、登德尔蒙德、勒芬、迪斯特和通盖仑就都派了代表宣告投降并请求宽恕。见奥兰治关于他的事业在南部崩溃的沮丧的叙述:Groen van Prinsterer, *Archives*, IV, 3, 1572 年 10 月 18 日函。又见 Parker, "The laws of war"。

41 *Epistolario*, III, 251,阿尔瓦致腓力二世,1572 年 11 月 28 日。又见一项证实:Mondoucet, I, 98 – 102,致查理九世函,1572 年 11 月 20 日。

42 1572 年弗里斯兰战役详见 Slicher van Bath, *Een Frieslandbouwbedrijf*, part I;又见得克萨斯大学奥斯丁分校人文研究中心所藏 *Kraus Catalog* 124 – 36,一套引人注目的 24 张系列作战素描,弗里斯兰省督比利男爵作。聚特芬的陷落见下列叙述:AGRB *Audience* 313/226, 239, 253,希尔盖男爵致阿尔瓦,1572 年 6 月 10 日、11 日和 14 日。

43 Mondoucet, I, 106 – 10,致查理九世函,1572 年 11 月 25 日;*Epistolario*, III, 261,阿尔瓦致腓力,1572 年 12 月 19 日。又见门多萨的叙述,他再次为参与者:*Comentarios*, 477。

44 见 Israel,*The Dutch Republic*: *Its rise*, *greatness*, *and fall* 一书第 179 至 180 页关于这一点的很有见识的思考。又见 Someren, *Correspondance*, 27 – 37, 154 – 7 及通篇,载有 1570 至 1571 年间在该省的亲王支持者的详情,连同关于该省的计划的细节。

45 哈勒姆的新城防临时搭建,在中世纪城墙外面赶造了棱堡和小堡垒,就此见下列文献中当事人的素描和油画:Gemeentearchief Haarlem,*Stedelijke Atlas*; BNM Ms *Res* 200/38(重刊于 Parker, "Maps and Ministers",彩色插图 4)。

46 *Epistolario*, III, 275 和 290,阿尔瓦致腓力,1573 年 1 月 8 日和 2 月 12 日,关于老兵损失;*Co. Do. In.* , LXXV, 236 – 40,阿尔瓦致萨亚斯,1573 年 7 月 8 日,关于因不得不驻防每个效忠城镇而引起的种种问题。

47 蒙杜瑟估计,12 月初阿尔瓦的野战军已缩减到 8 000 至 10 000 人和 1 200 至 1 500 匹马(Mondoucet, I, 119 – 22:致查理九世函,1572 年 12 月 9 日)。守卫者数目系推导自 *Epistolario*, III, 472,阿尔瓦致腓力二世,1573 年 7 月 28 日。

48 许多当时人谈论了这种审慎,一部可赞的现代传记(Maltby, *Alba*, 37 – 8, 55 – 6, 60 – 1, 268 – 70)也是如此。

49 见上书第 79 至 81 页,连同第 332 页上的资料。甚至在 20 年后,格朗维勒红衣主教仍在关于冬季围困哈勒姆的决定的听证会上说,他"仍能在骨子里感到我在

梅斯城前感觉的寒栗”(*CCG*, IV, 553 – 6,格朗维勒致莫里隆,1573 年 3 月 18 日)。

50 AGS *Estado* 559/43, “Relación del suceso y presa de la villa de Harlen”,关于法德里克愚蠢地拒绝与哈勒姆谈判。其他人后来将他指责为“这里所有损害的祸源”,就此见下述信函中激烈的谴责:*Nueva Co. Do. In.*, V, 224 – 35,雷克森斯致腓力二世,1574 年 9 月 19 日。

51 沃泰尔·雅各布索恩,在依然效忠国王的阿姆斯特丹避难的一名僧侣,记录了一幅情景:满载劫掠物的西班牙人于 1572 年 12 月 3 日即洗劫纳尔登翌日抵达,紧跟着就来了哈勒姆和“其他地方”的代表,“全都就他们自己的城镇提出请求”。见 van Eeghen, *Dagboek*, I, 90。

52 *CCG*, IV, 516,莫里隆致格朗维勒,1572 年 11 月 30 日(援引科隆选帝侯);
342 *Epistolario*, III, 250 – 3,阿尔瓦致腓力,1572 年 11 月 28 日。那位有见识的法国代理人蒙杜瑟也指出了这一点:见 Mondoucet, I, 110 – 13,致查理九世函,1572 年 11 月 28 日。事态发展证实了所有这一切悲观看法:随造反延续,外援增加。

53 *Epistolario*, III, 249 和 268,阿尔瓦致腓力,1572 年 11 月 19 日和 12 月 22 日,就其财政困境告急。沃泰尔·雅各布索恩在他的“日记”里经常提到高昂的食品价格:见 van Eeghen, *Dagboek*, I, 105, 131, 134, 151。

54 AMC legajo 250, unfol.,包含法文和西班牙文的互相矛盾的指令(1571 年 10 月 30 日和 11 月 8 日)。关于因为既有法文秘书、又有西班牙秘书处理同一个问题而引起的其他矛盾,见上文第 25 页。最终助成令阿尔瓦倒台的秘密通信(见上文第 38 页以及第 314 页注 103)在下面两封信函中得到了讨论:IVdeDJ 44/88 和 91,巴斯克斯致腓力二世与其回复,1572 年 10 月 4 日和 12 月 21 日(引语取自第一封信函)。

55 IVdeDJ 44/88,巴斯克斯致腓力二世与其回复,1572 年 10 月 4 日。又见 Lovett, “A new governor”, 91 – 2; Janssens, “Juan de la Cerda”, 222 – 7。

56 *Co. Do. In.*, XXXVI, 119 – 30, “Relación de lo que ha pasado en algunos consejos”, 1572 年 7 月至 11 月,其中满是两位公爵之间的激烈口角(引自 p. 126)。

57 Berwick y Alba, *Discurso*, 65。

58 BPU *Favre* 30/30,腓力二世致雷克森斯,1573 年 1 月 30 日,副本(另一个由格朗维勒手书的副本可见于 AGRB *MD* 5480/15 – 16;概要见 GCP, II, 308 – 9)。

59 详见 Lovett, “A new governor”, 99 – 100; March, *El Comendador Mayor de Castilla*, chap. 16。腓力的极为吸引人的亲笔信副本——日期 1573 年 1 月 30 日、4 月 5 日、6 月 21 日、8 月 14 日和 10 月 30 日——(原件在雷克森斯去世时被毁)可见于 BPU *Favre* 30/30 – 74;他的指令(日期 10 月 3 日)的副本可见于 *Co. Do. In.*, CII, 277 – 306。雷克森斯的某些答复刊印于 *Co. Do. In.*, CII, 35 – 8, 45 – 6, 64 – 5, 74 – 6, 103 – 6。

60 Gerlo and de Smet, *Marnixi epistulae*,马尔尼克斯致路易伯爵,1573 年 6 月 8 日,致拿骚的约翰伯爵,1573 年 7 月 2 日;IVdeDJ 32/139,梅迪纳塞利致马特奥·巴斯克斯,马斯特里赫特,1573 年 7 月 20 日,亲笔(显然是这位公爵与国王的秘密通信留存下来的唯一例子)。

61 *Epistolario*, III, 472 – 3,阿尔瓦致腓力二世,1573 年 7 月 28 日;Gerlo and de Smet, *Marnixi epistulae*, I, 202 – 3,奥兰治致马尔尼克斯,1573 年 8 月 1 日,亲笔;BNM Ms 783/469 – 71,格朗维勒致奥地利的唐·胡安,1573 年 8 月 28 日(格朗维勒没有争辩驻防军应当被放过,而只是说"在战争结束以前处置他们是不明智的:以后将有充裕的时间处置他们")。对阿尔瓦有选择的残暴战略和它失败的原因,有一项荷兰人的有趣的评价,见 Grotius, *De rebus belgicis*, 65。关于在哈勒姆的事态,见 Parker, *Dutch Revolt*, 159 – 60; Spaans, *Haarlem*, 42 – 6; Groenveld and Vermaere, "Zeeland en Holland en 1569", 158 – 9。

62 1573 年 8 月 21 日至 10 月 8 日的阿尔克马尔围攻战见 Schöffer, *Alkmaar ontzet*, chaps 2 – 3(安东尼·安托尼斯的意大利式护墙在该书第 42 至 49 页得到了叙述)。公爵被误导的夸口("no téngolo por negocio dificultoso")见 AGS *Estado* 8340/242,阿尔瓦致奥地利的唐·胡安,1573 年 9 月 18 日。他可能被手下工程师 1569 年的报告误导了,该报告称阿尔克马尔缺乏强有力的防护,可从附近的某个高地轻易地予以轰击;新棱堡迟至 1572 至 1573 年才被建起来(见 Groenveld and Vermaere, "Zeeland en Holland en 1569", 159)。Van Nierop, "The Blood Council"一文叙述了许多市民起初的投降愿望。

63 某些详情见 Devos, "Un projet de cession d' Alger"; Juste, *Les Valois et les Nassau*; Parker, *Dutch Revolt*, 149。

64 *Co. Do. In.*, LXXV, 190,阿尔瓦致萨亚斯,1573 年 2 月 12 日。关于需要在地 343
中海媾和以便集中于尼德兰的更多表述,连同国王的更多反驳,见上文第 89 页。

65 详见 Berwick y Alba, *Discurso*, 76, 116 – 17(弗朗西斯科·德·伊巴拉陈述。虽无日期,但伊巴拉与公爵一起于 1567 年抵达尼德兰,1570 年离去;他显然是在离去后写了这个文件。)又见 *Epistolario*, III, 310 – 11,阿尔瓦致萨亚斯,1573 年 3 月 18 日;*CGT*, VI, 1 – 2,胡安·德·阿尔博尔诺斯(阿尔瓦的首要秘书)致萨亚斯,1573 年 2 月 12 日;Evans, *The works of Sir Roger Williams*, 130(谈巴尔福)。

66 *CGT*, VI, 2 – 4,萨亚斯致阿尔博尔诺斯,1573 年 7 月 17 日和 10 月 21 日;IVdeDJ 47/325,雷克森斯致苏尼加,1573 年 11 月 25 日;Berwick y Alba, *Discurso*, 124 – 5,苏尼加致腓力二世,1574 年。早先,萨亚斯还赞成暗杀其他被设想的西班牙敌人,例如在巴黎避难的一位西班牙异端和法国新教作家兼哲学家彼得·拉米斯:见 Álava, 257,萨亚斯致阿拉瓦,1568 年 9 月 10 日:"será santíssima obra acabar al herege español y al Pedro Ramos". 圣巴托罗缪之夜屠杀必定使萨亚斯成了一名兴高采烈的教士。

67 Álava, 50,阿拉瓦给腓力二世的咨询文件,1574 年 6 月 20 日。1580 年,国王终于宣布奥兰治为法外之人,并且悬赏 25 000 克朗要他的人头。腓力的一名臣属在 1582 年谋害他性命的企图差一点成功;1584 年的第二次企图结束了他的一生。见汇集在 *CGT* 第六卷之内的关于各种暗杀计划的文件。

68 详见 Fruin, *The siege*,特别见 pp. 18, 85 - 9 和地图之二(一个例子,显示国王的荷兰天主教支持者们给巴尔德提供的援助)。

69 *Co. Do. In.*, CII, 350 - 1 和 IVdeDJ 67/205 及 211,雷克森斯致苏尼加,1573 年 11 月 15 日,1574 年 1 月 12 日和 4 月 14 日,关于阿尔瓦及其亲戚对他说的谎话;这些谎话的有趣的第一手证据见 AGS *Estado* 2852, unfol.,阿尔瓦给胡安·巴蒂斯塔·德·塔西斯的指令,后者被派去见雷克森斯,并且奉命以虚假粉饰方式描绘尼德兰形势(无日期,但在 1573 年 10 月,原件)。又见 BL *Addl* 28,388/38,格朗维勒致苏尼加,1574 年 3 月 19 日,批评阿尔瓦的政策。

70 *Nueva Co. Do. In.*, V, 368,雷克森斯致腓力二世,1574 年 10 月 6 日。

71 水淹的想法并非全新,因为一听说布里尔陷落,萨伏依的埃曼纽尔·菲利贝特公爵(他在 1556 至 1559 年间治理尼德兰)即向国王提议:倘若其他措施统统失败,他就应当“打开堤坝,在他们(造反者)站稳脚以前淹没他们”(AGS *Estado*, 1233/76,驻都灵大使胡安·德·巴尔加斯·梅西亚致腓力二世,1572 年 5 月 22 日)。16 世纪 70 年代荷兰常在的被淹危险在 Hart, “Rijnland bestuur”一文中得到了很好的叙述。

72 水淹瓦尔黑伦——显然是这场战争中首次这样的插曲——见 AGRB *Audience* 343/84 - 5,瓦肯和博瓦尔致阿尔瓦,米德尔堡,1572 年 6 月 27 至 28 日。关于水淹莱顿周围地区、建造一个棱堡和若干小堡垒以及进行英勇的解围战,见两项著作:一是 Hart, “Rijnlands bestuur”, 20 - 5 的极好叙述,依据地方编年史和雷伊恩兰抽水局档案,二是 van Oerle, *Leiden* 一书第二卷中出色的地形展示,即所载地图 34 - 7。Van Hoof, “Met een vijand als boundgenoot”一文断言,虽然为军事目的使用水力的想法在 1573 至 1574 年间被提出,但其系统使用的观念只是从 17 世纪 70 年代起才有。这忽视了西班牙方面的证据。又见 Scholten, *Militaire topografische kaarten*, 32 - 4; Brand
344 and Brand, *De Hollandse Waterlinie*, 39 - 80。

73 AGS *Estado* 560/91,巴尔德致雷克森斯,1574 年 9 月 18 日。关于奥兰治(致马尔尼克斯的)信件,见 Fruin, *The siege*, 84 - 5。整个这一插曲由 Waxman, “Strategic terror”一文得到了讨论,并且刊附了关键性的文件。

74 AGS *Estado* 561/122,腓力致雷克森斯,1574 年 10 月 22 日。关于与之类似的越南事态,见 Hays Park, “Rolling Thunder”; idem, “Linebacker”; Pape, “Coercive air power”。美国政府在 1966 年为拒绝对红河堤坝进行战略轰炸使用的显然类似的逻辑见于 Gravel, *The Pentagon papers*, IV, 43 - 8,助理国防部长约翰·麦克瑙顿备忘录,1966 年 1 月 18 日。“为拯救而摧毁”之战略要么经常自招失败,要么在道德上令人憎恶(或两弊皆有),其内在弱点由克劳塞维茨做了令人赞叹的透彻分析,见 von Clausewitz, *On war*, 577 - 612。

75 摧毁几个堤坝的决定见 AGS *Estado* 560/1,雷克森斯致腓力二世,1574 年 11 月 6 日;ibid., fo. 40,西班牙哗变官兵领导人致巴尔德,1574 年 11 月 24 日;AGRB *Audience* 1733/2 fo. 411,希尔格斯男爵致雷克森斯,1574 年 11 月 29 日;Hart, “Rijn-

lands Bestuur", 23, 26 - 7。某些人怀疑打开海堤的效用:见 *CCG*, V, 512 - 14,阿姆斯特丹市政会致雷克森斯,1574 年 11 月 8 日,声称许多"无辜的"地区将被淹没,从而使国王和天主教会失去它们,而主要反叛城镇却依旧不会受影响。另一方面,全面水淹的后果可以从泽伊佩滩地的历史推断出来,该地在 1573 年被荷兰人为救阿尔克马尔而淹没,复原工作迟至 1597 年才开始,持续了一个多世纪:见 Zijp, "Hoofdstukken"。

76 AGS *Estado* 562/74,雷克森斯致腓力,1575 年 5 月 10 日。关于 1575 年在"泽国"的战役,见 van Nierop, "The Bood Council"。

77 Alcocer, *Consultas del consejo de Estado*, 258 - 64, "Sobre el remedio general de Flandes", 1602 年 11 月 26 日,维拉达男爵(以不可思议的准确性回忆了 1574 年的辩论)和钦琼伯爵备忘录;ibid., 280 - 1,腓力三世的批准。17 世纪 20 年代一位工程师奥古斯图·布雷迪穆,还有 17 世纪 30 年代一位地理学家米切尔·范朗伦,都提议将莱茵河改道,以便淹没荷兰南部的某些部分,并且由此使西班牙部队能进入其余部分:AHN *Estado libro* 714, unfol.,"La Junta en 8 de febrero, 1627",关于布雷迪姆的计划(该卷包含 1627 至 1628 年得到讨论的一些有趣的"替代性战略");AGRB *Conseil privé espagnol* 1573/227 - 9 和 264 - 6,范朗伦"建议书"。这两个计划似乎都未得到认真考虑。

78 Mondoucet, I, 130,致查理九世函,1572 年 12 月 21 日;BNM Ms 1749/361 - 79,阿隆索·古迭雷斯回忆录,1577 年 10 月 23 日。当时其他某些西班牙人对需要取得海上霸权的认识见 AGS *Estado* 1236/24,雷克森斯致腓力二世,1573 年 2 月 23 日;IVdeDJ 67/203,雷克森斯致苏尼加,1573 年 12 月 14 日;*Nueva Co. Do. In.*, I, 31 - 2,苏尼加致雷克森斯,1574 年 1 月 9 日;IVdeDJ 76/505 - 6,关于需控制北海的匿名备忘录;1575 年;AGS Estado 578/119 - 21,在国务议事会上表达的意见,1578 年 6 月 14 至 23 日;*CCG*, X, 239,格朗维勒致布鲁瓦西亚,1583 年 6 月 7 日;XII, 169,格朗维勒致曼斯费尔德的查理,1586 年 4 月 18 日。甚至诗人们也主张创设一支海军,因为在陆上征服荷兰人"将会碰壁":见阿尔达纳的诗篇"屋大维",载于 Aldana, *Obras completas*, 17 - 56,特别见 pp. 33 - 4, 40 - 1。

79 见 Mendoza, Comentarios, 499(关于费雷);*Epistolario*, III, 115,阿尔瓦致腓力二世,1572 年 5 月 23 日(关于恩克霍伊曾);*CCG*, IV, 369,莫里隆致格朗维勒,1572 345
年 8 月 16 日(关于齐里克泽)。

80 见 AGRB *Audience* 344/95 和 135,博苏致阿尔瓦,1572 年 6 月 20 日和 7 月 5 日。

81 到 1574 年 3 月,在斯凯尔特河的皇家舰队已不足一千名水手,舰只仅有 30 艘,其中许多是小的:见 AGRB *Audience* 1690/1, unfol., "Relación de... el Armada de Su Magestad que está en Amberes"。其成本见 AGS *Estado* 557/38,雷克森斯致腓力,1574 年 1 月 25 日(包括与国王地中海舰队之成本基础的一番有趣的比较)。又见

Gerlo and de Smet, *Marnixi epistulae*, I, 191 -3,马尔尼科斯致拿骚的约翰,1573年5月5日,开列了在一场泽兰海岸外的战斗中从皇家舰队缴获的舰只和火炮。

82 西班牙事实上已设法在50年代将战斗分舰队派入北海,特别是在腓力为英国国王期间与皇家舰队协同;然而到1572年,这一能力已失去。关于一支大西洋舰队的形成,见下列著作提供的资料:Casado Soto 和 Thompson 的论文,载于 Rodríquez - Salgado and Adams, *England, Spain and the Gran Armada*, 70 - 133,特别是 pp. 70 - 1, 98 - 9; Thompson, *War and government*, part 3; Barkman, "Guipuzcoan shipping in 1571"; Pi Corrales, *Felipe II*; Goodman, *Spanish naval power*。

83 阿尔瓦的期望和失望见 *Epistolario*, III, 267 - 70 和 305 - 6,阿尔瓦致腓力二世,1572年12月22日和1573年3月18日。首席驾驶长的意见刊于 *Co. Do. In.*, LXXV, 35 - 8。使用以佛兰德为基地的单层帆船的潜能由费德里戈·斯皮诺拉充分表现出来:17世纪初他操作的分舰队从敦刻尔克出发作战成功。就此见 Gray, "Spinola's galleys"。

84 两支远征军出航收复佛罗里达:一支在1565年,有8艘战舰,另一支在1566年,由17艘战舰。就此见 Lyon, *The enterprise of Florida*(通篇)。即使是这番冒险也耗费了275 000达克特(ibid., pp. 181 - 3)。又见关于1567年为国王计划中对佛罗里达的远征征用37艘船只的文件,援引于 Parker, *Dutch Revolt*, 292, n. 28,连同 AGS *CS* 2a/197 的叙述。

85 见 Pi Corrales, *España*, 89, 103, 281 - 4, 191 - 6 所引文件。

86 IVdeDJ 53/3/64,腓力二世致巴斯克斯,1574年5月17日(关于梅嫩德斯的悲观看法)。又见 AGS *Estado* 557/84,雷克森斯致腓力二世,1574年3月5日;*Estado* 2852, unfol.,梅嫩德斯致胡安·巴蒂斯塔·德·塔西斯,1574年8月31日;*Estado* 2546/83,雷克森斯给塔西斯的指令,1574年9月6日(关于梅嫩德斯可能在何处登陆)。

87 *BMO*, I, 92 - 6,梅嫩德斯致腓力二世与其回复,1574年8月15日和24日。

88 Pi Corrales, *España*, 214 - 17,梅嫩德斯致佩德罗·梅嫩德斯·马尔克斯,1574年9月8日(带有引人注目的消息,即腓力已命令他的舰队——150艘舰只和12 000人——"援助它最被需要的地方":尼德兰或地中海);218 - 21,腓力致雷克森斯,1574年9月24日。

89 据财政议事会主席,1574年期间"超过50万"花费在"桑坦德大舰队"上面:IVdeDJ 24/103, "Parecer de Juan de Ovando", 1575年3月25日(然而又见 AGS *Estado*561/83,萨亚斯致雷克森斯,1574年6月25日,称该舰队已经耗费了60万)。关于该舰队的其他详情引自 Pi Corrales, *España*, chaps. 5 - 10。雷克森斯相当平静地对待让这项冒险流产的消息:"我确实不知道",他哲理式地告诉国王,"怎么有可能在可得的时间里做每一件事,即使假设梅嫩德斯掌控了风和大海"(AGS *Estado* 560/8 雷克森斯致腓力,1574年11月6日)。出自该舰队的50艘舰只确实于1575年启程,

但它们得到的命令只是设法将部队运至佛兰德:见上文第164页。 346

90 AHN *OM* 3510, unfol.,(卢伊斯·德·托雷斯)致格朗维勒,蒙雷阿勒,1577年10月27日,回顾了前四年西班牙在尼德兰的战略。关于腓力对法国让步政策的谴责,见上文第93页。

91 引自 *Epistolario*, III, 474–8,阿尔瓦致腓力二世,1573年7月29日;AGS *Estado* 554/146,雷克森斯致腓力二世,1573年12月30日(援引阿尔瓦的“鹰派”观点)。

92 AA 8/45,腓力二世致阿尔瓦,1573年7月8日;背面记了收到的日期(8月19日),但公爵到了30日才答复。实际上,甚至阿尔瓦也曾在稍早时短暂地倾向于宽恕。见上文第133页。

93 *Epistolario*, III, 493和502–4,阿尔瓦致腓力二世,1573年8月30和31日。

94 BPU *Favre* 30/71–4,腓力二世致雷克森斯,1573年10月20日,亲笔信原件副本;*Co. Do. In.*, CII, 323,腓力二世致阿尔瓦,1573年10月21日;ibid., 277–306,给雷克森斯的指令;AGS *Estado* 554/146,雷克森斯致腓力二世,1573年12月30日,对它们包含的禁令表示遗憾。

95 见 *CGT*, III, 81–7,奥兰治致朱利安·罗梅罗(1559至1560年他们一起从军)四封信函,副本,1573年11月7日至10日;原件可见于BPU *Favre*, 60/43–9。又见 Gerlo and de Smet, *Marnixi epistulae*, I, 213–18,奥兰治致马尔尼克斯,1573年11月28日。奥兰治几个月以前已表明他的条件:见 Rowen, *The Low Countries*, 45–6,奥兰治致其诸弟,1573年2月5日。

96 见 GCP, III, 437 n. 2,努瓦尔卡尔梅致阿尔瓦,1573年11月14日,连同阿尔瓦在22日的答复;ibid., 437–8,努瓦尔卡尔梅致雷克森斯,1573年12月24日,附雷克森斯29日的答复(明确禁止与奥兰治作任何接触);450–1,雷克森斯致腓力二世,1573年12月30日,关于为何对话必须被制止。又见 BPU *Favre* 60/65–7,努瓦尔卡尔梅致阿尔瓦,连同(阿尔瓦的首要秘书)胡安·德·阿尔博尔诺斯致雷克森斯解释函,1573年12月24日。

97 AGS *Estado* 561/25,“Consulta de negocios de Flandes”, 1574年2月24日(又见上文第321页注43)。关于大赦,见 Janssens, *Brabant in het verweer*, 208–29; 1574年的试探性对话和使某些城镇倒戈投靠的各不同尝试分别由加查尔德和尼埃罗普作了很内行的概览,见 *CGT*, III, xxxvif和373–430;Nierop,“The Blood Council”。

98 IVdeDJ 67/287a,巴斯克斯致腓力二世与其回复,1574年6月28日。为和平而纠缠的一个例子,见 AGS *Estado* 560/12,雷克森斯致腓力二世,1574年12月18日。国务议事会承认荷兰人的某些要求是正当的,证据见 AGS *Estado* 568/38和49,1575年1月23日和27日商议录。

99 IVdeDJ 67/106,雷克森斯致苏尼加,1575年7月9日;ibid., fo. 271,雷克森斯致(西班牙驻维也纳大使)蒙特阿古多,1575年3月6日。AGS *Estado K* 1537/23,雷

克森斯致唐·迭埃戈·德·苏尼加,1575 年 3 月 23 日,副本,对他在布雷达的谈判立场作了一个很好的概说。

100 同样的两难损坏了在 1577、1579、1589、1598、1607 至 1609 和 1632 年的历次和谈:16 世纪的情况详见 Parker, *Dutch Revolt*, 182, 195, 223;17 世纪的情况详见 Israel, *The Dutch Republic and the Hispanic world*, 11, 225, 242。

101 迄今还不存在对布雷达会议的恰当的研究,但可见 Janssens, *Brabant in het verweer*, 230 – 54。关于这些谈判在加强荷兰人内聚力方面的作用,见 Lademacher, *Die Stellung des Prinzen von Oranien*, chap. 3。

347 102 IVdeDJ 53/3/87 和 77,腓力二世致马特奥·巴斯克斯,1574 年 7 月 4 日和 18 日。

103 IVedDJ 37/72,雷克森斯致苏尼加,1575 年 11 月 12 日。

104 详见 Parker, *Dutch Revolt*, 173 – 8。

105 GCP, IV, 425 – 6,国王手记,被交给奥地利的唐·胡安,时为他 1576 年 10 月 18 日离开马德里以前。又见 Kamen, *Philip* 一书第 181 页所引是年早些时候的一些文件。

106 AGS *Estado* 2843/3,腓力二世致唐·胡安,1577 年 1 月 31 日。随后的情况见 Parker, *Dutch Revolt*, 181。

107 在尼德兰的解决见 Parker, *Dutch Revolt*, 179 – 82;舰队复员见 BPU *Favre* 28/83 – 101,腓力二世致塞萨公爵,1576 年 12 月 27 日(两封长信)。事实上,奥兰治的威廉设法搞到了一份给唐·胡安的指令的副本,从而大大加强了他利用西班牙的暂时虚弱的能力:见 Sutherland, "William of Orange", 222 – 4。

108 Porreño, *Historia del serenissimo Señor Don Juan*, 212;唐·胡安致从尼德兰返回的官兵,1577 年 8 月 15 日;AGS Estado 1247/133,腓力二世致伦巴第总督阿亚蒙特,1577 年 8 月 28 日;AGS Estado 571/56,腓力二世致唐·胡安,1577 年 9 月 1 日。然而,国王已经开始动摇。前一天他签署了一封信,告诫伦巴第总督让西班牙老兵——他们打算启程回西班牙——做好必要时返回尼德兰的准备(IVdeDJ 47/16,腓力二世致阿亚蒙特,1577 年 8 月 31 日),几天后他决定派遣之(AGS *Estado* 2843/7,国务议事会商议录,1577 年 9 月 5 日,写他已经发布了命令)。关于从他弟弟的观点来看的同一些事件,见两封重要信函:IVdeDJ 36/20 – 1,唐·胡安致唐·胡安·德·苏尼加,1577 年 9 月 6 日和 30 日。

109 Feltham, *Brief character*, 90 – 3。

第五章 "英国问题"(1558 至 1585 年)

1 Wernham, *Making of English Foreign Policy*, I. 非常感谢格林·雷德沃思阅读和评论本章。

2 Lutz, *Christianitas Afflicta*,208 –9 提供了关于都铎联姻有何意义的最佳讨论。该书作者指出,它不仅影响了法国,还影响了查理的兄弟斐迪南,因为它结束了后者可能继承尼德兰的一切希望,同时清楚表明西班牙哈布斯堡将会比其奥地利堂兄弟更强大。不足为奇,斐迪南在 1553 年曾试图诱使玛丽·都铎嫁给他的一个儿子。(Fichtner,*Ferdinand I*,178 –9)。

3 HHStA *Spanien Varia* 2/59 –62,克里斯托弗·达松勒维勒的报告,1588 年 12 月。对"多米诺骨牌理论"的更多使用见上文第 89 –90 页。

4 见 AGS *Estado* 8334/186, '[Lo] platicado y conferido por los del consejo de Estado'(1559 年 1 月)(对伊丽莎白的出生的毁谤意指亨利八世与安妮·博林的"通奸"婚姻);AMC 7/249/11 –12,腓力二世致费里亚,1559 年 1 月 10 和 28 日;Gonzālez, "Apuntamientos", 405 –7,腓力致费里亚,1559 年 1 月 10 日。又见,Rodríguez –Salgado,*Changing face*, 319;Rodríguez –Salgado and Adams, "The count of Feria's dispatch"。

5 AMC 7/249/12,腓力二世致费里亚,1559 年 3 月 21 日。两天之后,腓力二世正式宣布他不会迎娶伊丽莎白·都铎。还有人认为,1554 年腓力迎娶玛丽·都铎是为了宗教和国防而做的"牺牲",参见 *CoDoIn*,III, 350,雷伊·戈麦斯致埃拉索,1554 年 7 月 29 日。

6 AGS *CJH* 34/477,费里亚致鲁伊·戈梅斯·达·西尔瓦,1559 年 3 月 6 日。关于瓜分计划,见 Rodríguez –Salgado,*Changing face*, 332。

7 Fernández Álvarez, *Tres embajadores*, 222 –3, 'Paresçer' of Alba,格伦维尔致鲁 348
伊·戈梅兹,1559 年 3 月中旬。最终,腓力二世给了费里亚 2 万达克特,并答应再给 4 万达克特(ibid. ,43)。

8 Ibid. , 268,腓力二世致费里亚,1559 年 3 月 23 日。

9 见 Romano, 'La pace di Cateau –Cambrésis', 540; Merriman, 'Mary, queen of France', 45 –8; Rodríguez –Salgado, *changing face*,331 –7。

10 Fernández Álvarez, *Tres embajadores*, 64,腓力二世致胡安娜,1559 年 6 月 23 日,连同该书第 253 –254 页所载胡安娜 7 月 13 日回复(带有国王怒气冲冲的亲笔批注); BPM Ms II –2320/124,格伦维尔致胡安·巴斯克斯·德·莫利纳,1559 年 7 月 21 日。

11 见对 1558 至 1559 年腓力对英政策的一项极佳的重构:Rodríguez –Salgado, *Changing face*, 323 –53。另注意下列文献中重要的相关证据:IVdeDJ 67/1,唐·卢伊斯·德·雷克森斯致安德雷·庞塞,1574 年 1 月,底稿(声称国王本可至少支持 1559 年的两次密谋);KB Ms 78 E 9/12 –15, "Parecer sobre las cosas. . . de Inglaterra",它证实阿尔瓦确曾创作了 Rodríguez –Salgado 在第 333 页援引的 1559 年 7 月 10 日文件。

12 Teulet,*Relations politiques*, V, 59 –60,腓力二世致唐·弗朗西斯·德·阿拉瓦,1570 年6 月 26 日。这引人注目地证实了罗伯特·杰维斯就亲身经验会对国务活动家产生的扭曲性影响说的话,见 Jervis, *Perception and misperception*, 240 – 52。

13 关于腓力(无疑还有阿尔瓦)取自其英国生活的教益,见 Redworth, "Felipe II", 106; 16 世纪 60 年代期间布鲁塞尔与马德里的不同视野,见 Ramsay, *The queen's merchants*, 200。同样的分歧亦发生于奥地利的唐·约翰和帕尔马公爵治理期间(上文第 54 – 55 和 145 页),大公治下更甚,见 Allen, 'the strategy of peace'。

14 Fernández Álvarez, *Tres embajadores*, 73, 格伦维尔致贡萨洛·佩雷斯, 1559 年 12 月 5 日; Laubespine, 387, 弗朗索瓦二世和吉斯家族致洛贝斯潘, 1560 年 5 月 21 日。

15 Fernández Álvarez, *Tres embajadores*, 242 – 6, 腓力在 1560 年 3 月某日给德·格拉乔(M. De Grajon)的指示。又见 ASP *CF* 107, 托马斯·德·阿门特洛斯(Tomās de Armenteros)致帕尔马, 1560 年 2 月 26 日; AGRB *Audience* 778/34, 国务议事会记录, 布鲁塞尔, 1560 年 10 月 25 日。这些资料与 Wernham, *Before the Armada*, 256 做出的叙述完全矛盾,后者仅依据英国档案。

16 距离在法国败北于苏格兰一事上起的作用清楚地见于 Laubespine, 14(弗朗索瓦二世 1559 年 7 月 16 日给一位即将前往爱丁堡的特使的指示,要求"每五到六天要派遣一名特使,使他直接了解正在发生的一切"),还有 423 – 4(在莱斯的诸指挥官致卡特琳娜·德·美第奇, 1560 年 7 月 19 日,为他们自己的投降道歉,但提醒她说他们没有得到任何援助,在"离我们期望得到建议和指示的地方 300 里格"之处饱受折磨)。距离还影响了英国的政策:伊丽莎白最后一刻愚蠢地试图以归还加来为交换条件,让法国人安全撤离,从而几乎葬送了她那成功的苏格兰政策:她(以及苏格兰新教徒)幸运的是,在她的新要求抵达以前,已在莱斯达成了协议。(见 MacCaffrey, *Shaping of the Elizabethanregime*, 66 – 7)。

17 关于 1560 – 1561 年腓力的"英国政策"的更多证据,见 *PEG*, VI, 5 – 8; 91 – 4, 格伦维尔致腓力二世, 1560 年 1 月 16 日和 5 月 20 日,还有 152, 腓力二世致格伦维尔, 1560 年 9 月 7 日。西班牙的财政困境明显地见于国王的亲笔文件"Memorial de las finanzas de España", ibid., 156 – 65。又见 Romano, 'La pace di Cateau – Cambrésis', 542 – 6; Fernández Álvarez, *Felipe II*, 343 – 70。

18 *CSPSp.*, I, 228, 腓力二世致阿尔瓦罗·德·拉·夸德拉, 1562 年 2 月 9 日。

349 19 KB Ms 78E 9/24 – 8, 'parecer de Su Excelencia sobre cosas de Inglaterra y Scocia'(1562 年 8 月); AGRB *Audience* 778/211, 国务议事会记录, 1563 年 1 月 13 日,布鲁塞尔,同样讨论了出面调停的问题。

20 *Co. Do. In.*, XCVIII, 481 – 2, 腓力二世致驻特伦特大使卢纳, 1563 年 8 月 8 日(他还以类似的口气给教皇写了信)。关于 1563 至 1565 年的贸易战,见 Ramsay, *City of London*, 191 – 283; AGRB *Audience* 779/38, 国务议事会记录,布鲁塞尔, 1564 年 5 月 20 日; Wells, 'Antwerp and the government of Philip II', 277 – 300。关于玛丽的第一封信,见 de Törne, *Don Juan d'Autriche*, I, 7 – 18(注意,腓力宣布他愿意讨论

玛丽嫁与其子唐·卡洛斯或其堂弟查理大公的问题)。

21 *CSPSp.*, II, 3,腓力二世致古兹曼·德·西尔瓦,1568 年 2 月 4 日。

22 Serrano, II, 360,腓力二世致驻罗马大使唐·胡安·德·苏尼加,1568 年 3 月 8 日。见 Bell, "John Man"一文中对这一事件的精彩叙述。又见曼本人关于费里亚如何成为他的敌人的描述(连同他的惊恐的预测,即腓力在他的北方之行途中可能在英国停留),藏于剑桥大学图书馆,Ms Mm-3-8/83,曼致威廉·塞西尔,1567 年 6 月 15 日。

23 *BMO*, I,1-4,腓力给斯佩斯的指示,1586 年 6 月 28 日,*CSPSp.*, II, 71,腓力二世致阿尔瓦,1568 年 9 月 15 日。然而到那时,古兹曼·德·西尔瓦已经与玛丽开始了秘密书信往来(ibid., 74,斯佩斯致腓力二世,1568 年 9 月 24 日,报告说收到了两封玛丽给古兹曼的密码信,但斯佩斯看不懂,"因为后者没有留下密码,甚至也没有告诉我说他给了她一份")。

24 *CSPSp*, II,89,斯佩斯致腓力二世, 1568 年 12 月 18 日;Donà, 445, 发至威尼斯函,1572 年 3 月 11 日。

25 伊丽莎白就霍金斯做的承诺见 *CSPSp.*, II, 1, 17, 73-4,古兹曼·德·西尔瓦致腓力二世,1568 年 1 月 3 日和 3 月 27 日;斯佩斯致腓力二世,1568 年 9 月 24 日。事实的真相见 Williamson,*Hawkins of Plymouth*, 100-56。

26 详见 Read, 'Queen Elizabeth's seizure of the duke of Alva's pay-ships';斯佩斯后来作的叙述载于 *BMO*, I, 71-2(说到 5 艘"军饷船"中有两艘抵达安特卫普)。又见以下分析:Ramsay, *The queen's merchants*, 90-111; MacCaffrey, *Shaping of the Elizabethan regime*,188-95。

27 关于伊丽莎白治下英国驻外使馆和其他外国情报渠道的总的衰落,见 Wernham, *Making of English foreign policy*, 58;Haynes,*Invisible power*, 13-14。

28 Álava, 301-2, 317,腓力二世致阿拉瓦,1569 年 2 月 18 日和 3 月 20 日;*CSPSp.* II, 109,腓力二世致阿拉瓦, 1569 年 2 月 18 日;Gómez del Campillo, *Negociaciones con Francia*,XI, 394,腓力二世致玛丽·斯图亚特,1569 年 2 月 28 日。

29 Álava, 317,腓力二世致阿拉瓦, 1569 年 3 月 20 日;AHN *OM* 3511/4,"Consideraciones de Don Guerau de Spes sobre la forma que podriá tener para la empresa de Inglaterra",伦敦,1569 年 5 月 31 日(这是在 *CSPSp.* II, 157-8 得到概述的原始文件)。又见 Kouri, *England*, chap. 4,论述主要新教诸侯 1569 年 9 月在埃尔福特举行的大会;Thorp, "Catholic conspiracy"。

30 见 *CSPSp.*, II, 122-32,达松勒维勒 1569 年 3 月报告;160-3,阿尔瓦致腓力二世,1569 年 6 月 12 日(要求与伊丽莎白谈判的全权);177,腓力二世致阿尔瓦,1569 年 7 月 19 日(授予全权)。Ramsay, *The queen's merchants*, 200,指出伊丽莎白政府似乎从未认识到自己的有利条件:它总是假定阿尔瓦绝对顺从腓力在西班牙规定的政策。

31 *CSPSp.* II 132 - 3,阿尔瓦致腓力二世,1569 年 3 月 10 日;150,腓力二世致阿
350 尔瓦,1569 年 5 月 15 日;*Co. Do. In.* XC, 187 - 9,腓力二世致伊丽莎白,未注日期,但很可能也在 1569 年 5 月 15 日。

32 *BMO*, I,34 - 5,庇护五世致阿尔瓦,1569 年 11 月 3 日;38 - 9,腓力二世致阿尔瓦,1569 年 12 月 16 日。关于教皇没有将赋予阿尔瓦任务一事告诉腓力,证据见 ibid., 43,腓力二世致阿尔瓦,1570 年 1 月 22 日。

33 *BMO*, I, 35,阿尔瓦致腓力的驻罗马大使唐・胡安・德・苏尼加,1569 年 12 月 4 日。又见 ibid., 36,阿尔瓦致腓力二世,1569 年 12 月 11 日;Maltby,*Alba*, 197 - 198,那里对公爵的立场做了有趣的讨论。

34 见一项对教皇的动机的极佳讨论,即 Edwards, *The marvellous chance*,403 - 7,那里提出触媒是一封来自英国的匿名信,它以全体英国天主教徒的名义要求将伊丽莎白革出教门。其作者很可能是罗伯特・里多菲,此人后来保证教皇的诏书将在英国家喻户晓。将伊丽莎白革出教门六周后,庇护才将自己的这一打算告知西班牙驻罗马大使:见 Serrano, III,291,苏尼加致腓力,1570 年 4 月 10 日(他在 2 月 25 日签署诏书,3 月 30 日将其送交阿尔瓦公爵)。

35 *BMO*, I, 42,腓力二世致阿尔瓦,1570 年 1 月 22 日,一封极引人注目的信函,其原件足足写满了 22 页。

36 *BMO*, I ,43 - 7,阿尔瓦致腓力二世,1570 年 2 月 23 日和 24 日(Maltby, *Alba*, 200 - 1 将这些文件的时间错写成 1571 年)。

37 Teulet, *Relations politiques*, V, 57,腓力二世致阿尔瓦,1570 年 5 月 17 日;*CSPSp.*, II, 254 - 5,腓力二世致斯佩斯,1570 年 6 月 30 日。

38 不管里多菲是不是双重间谍,他肯定出卖了所有密谋者:(1)从一开始起,里多菲、他的英国线人和斯佩斯都使用了同一套密码(*CSPSp*,II, 111,斯佩斯致阿尔瓦,1569 年 2 月 29 日),因而伊丽莎白一旦从里多菲的一名仆人那里得知密码解法,她就可以阅读每个人的信函;(2)当他从布鲁塞尔前往罗马和马德里时,里多菲总是定时给玛丽写没有加密的信,让她保持了解阴谋的最新进展情况,因此(由于玛丽的所有信件都被截获和阅读)伊丽莎白也保持同样的了解。关于里多菲"叛变"的可能性,见 Edwards, *The marvellous chance*, 86。

39 *BMO*, I, 52 - 3,伊丽莎白致腓力二世,1571 年 5 月 20 日;54 - 5,关于伊丽莎白的特使(亨利・科布汉姆爵士)与费里亚会晤的记述,1571 年 6 月 8 日。这些文件表明,科布汉姆得到了授权去安排新一轮互换大使事宜,并为解决贸易争端铺平道路;在 Wernham, *Before the Armada*, 308 的叙述看来过于粗糙。

40 引自 Collinson,*The English captivity*, 42 - 3,伯利致什鲁斯伯里(玛丽的看管),1571 年 9 月 5 日;阴谋的这一方面的详情取自 *CSPScot*, IV, 30 - 2,罗斯主教致伯利,1571 年 11 月 9 日。如果玛丽设法遇到了霍金斯,他大概会将她"护送"回监狱。

41AGS,*Estado* 823/150－8,国务议事会记要,1571 年 7 月 7 日(一份引人注目的文件,记载了国务议事会两次会上每个国务大臣发表的主要看法,连同与里多菲进一步交谈的内容,全都发生在同一天);AA 7/58,腓力二世致阿尔瓦,1571 年 7 月 13 日(他命令立即入侵,俘获或杀死伊丽莎白,正如国务议事会在前一周建议的那样)。关于西班牙海军的构成,见 *AGSGA* 187/157,马丁·德贝尔滕多拉(他将指挥该舰队)致腓力二世,1586 年 8 月 5 日;*Co. Do. In.* XXXVI, 5－7,审视了梅迪纳塞利的由 44 艘舰船组成的舰队,它 1571 年全年始终滞留在桑坦德,以便参加入侵(参见上文第 130－131 页)。

42 *BMO*,57－8,腓力二世致阿尔瓦,1571 年 8 月 4 日;*CSPScot*, IV, 274－5,"五
项指控苏格兰女王的案件",1572 年 4 月,指控二(对整个阴谋作了值得赞叹的概 351
述)。关于霍金斯,见 Williamson, *Hawkins of Plymouth*, 177－88;González,"Apuntamientos", 364－5,费里亚与乔治·菲茨威廉之间的"契约",后者以"胡安·阿金斯"的名义订立,[1571 年] 8 月 10 日(原件藏于 BZ153/153)。作为他的虚假许诺的回报,霍金斯显然设法要使 1568 年在圣胡安岛被俘的他的许多船员获释。

43 ARA *Staten Generaal* 12,548, loketkas 14B/14,腓力二世致阿尔瓦,1571 年 8 月 30 日。这笔钱当中的某些——不像地面部队和舰队——确实送到了:见 *CSPScot*, IV, 60－1, 168－9, 226－8。关于斯塔克莱的参与,见 Tazón,"The menace"。Edwards, *The marvellous chance* 一书第五章提出,斯塔克莱可能也是个双重间谍。这似乎不那么可能,尽管在一个早得令人怀疑的阶段他确实建议与霍金斯做交易,"他是我的真正的朋友"(AHA *OM* 3511/10,斯塔克莱致腓力二世,马德里,1570 年 3 月 15 日)。

44 *BMO*,I, 57－64:腓力二世致阿尔瓦,1571 年 8 月 4 日;公爵 27 日的回复;腓力 9 月 14 日为采取行动做的最后努力(关于这封信的更多引文见上文第 105－106 页)。又见 ARA *Staten Generaal* 12 548, loketkas。14B/14,腓力二世致阿尔瓦,1571 年 8 月 30 日,还有同一天致斯佩斯函,被概述于 *CSPSp.*, II, 333－334。

45 Collinson, *The English captivity*, 42－3,伯利致什鲁斯伯里,1571 年 9 月 5 日,一份极重要的文件,可能是在前一天收到霍金斯的来函后写的,该函附上了他与费里亚达成的"契约"的副本,见 Williamson, *Hawkins of Plymouth*, 185－6。伊丽莎白的关于西班牙意图的情报有些还来自佛罗伦萨(见 de Törne, *Don Juan d'Autriche*, II, 94n; IVdeDJ 67/1, 雷克森斯致安德雷·庞塞,1574 年 1 月)和苏格兰(见 *CSPScot*, IV, 110－1 ,"西顿爵士与阿尔瓦公爵谈判条款"。)

46 里多菲后半生的经历见 Edwards, *The marvellous chance*, 373－7;关于斯塔克莱,见 Tazón,"The menace"。关于英国 1569 至 1571 年的事态,见 MacCaffrey, *Shaping of the Elizabethan regime*, 199－295。对这次阴谋的一番概览见 Kretzschmar, *Invasionsprojekte*, 5－45。伊丽莎白大概不知道,腓力不仅策划废黜她,还策划暗杀她。

47 见 Pollitt, *Arming the nation* 所载文件,还有同一作者所著"Contingency plan-

ning”。恢复英国与西班牙之间贸易的文告(日期为 1573 年 4 月 30 日)被复制于 *BMO*, I, 76。

48 IVdeDJ 67/1, 雷克森斯致安德雷·庞塞·德·莱昂,1574 年 1 月,副本,通篇都是关于一项新的侵英计划的,引用了阿尔瓦为伊丽莎白的敌意所作的辩解。1574 年时爱尔兰方面的情况见 Pi Corrales,*España*, 106 – 8, 186 – 91;在桑坦德的舰队见上文第 130 – 1 页。

49 De Törne, *Don Juan d' Autriche*, II, 66 – 7 描述了 1574 至 1575 年的让步;PRO *SP* 12/105/123,沃尔辛厄姆致伯里,1575 年 10 月 6 日,报告说“48 艘西班牙战舰”抵达德文郡海岸外;关于其航行的西班牙文件见 *BMO*,I, 100 – 6。

50 DeTörne , *Don Juan d' Autriche*, II, 322,科莫红衣主教致奥尔马内托,1573 年 3 月 18 日。

51 见 Voci,“L' impresa”, 346 和全文各处所引文件。

52 见 Voci,“L' impresa”, 356 – 62。国王对入侵英国的重生的兴趣令在尼德兰的唐·卢伊斯·德·雷克森斯惊讶和绝望,就此见上文第 106 页。

53 Voci,“L' impresa”, 267 – 72 只是依据梵蒂冈档案讨论了这个插曲。一项更充分的叙述(前文作者显然没有使用之)见 de Tŏrne, *Don Juan d' Autriche*, II, 80 – 88,那里做了杰出的史事重现。1576 年 2 月的计划题为 *De facilitate speditionis pro recuperanda Anglia*,一个典型地表现了流亡者浮夸纵情的标题,它以拉丁文和英文译文
352 刊于 Renold , *Letters of William Allen*, 284 – 92。又见 AGS *Estado* 1072 – 92,奥地利的唐·约翰致腓力二世,1576 年 4 月 14 日,该函谈了英格尔菲尔德为一项营救玛丽的企图而争取西班牙支持的努力。*BMO* 未包含任何关于 1575 至 1578 年间打击伊丽莎白的计划的资料。

54 De Törne, *Don Juan d' Autriche*, II, 88 – 91, 101 – 102,腓力二世致苏尼加,1576 年 4 月 16 日和 6 月 23 日;Kamen,*Philip*, 159,腓力二世致加斯帕尔·德·基罗加,1576 年 8 月 24 日;Voci,“L' impresa”, 372 – 8; Kretzschmar, *Invasionsprojekte*, 47 – 63; AGS *Estado* 570/126 – 8,腓力二世书信和文件,“sobre lo de Inglaterra”,1576 年 11 月。

55 Voci,“L' impresa”, 379 – 86; AGS *Estado* 2843/3,腓力二世致唐·约翰,1577 年 1 月 31 日,底稿。

56 AGS *Estado K* 1543/112,巴尔加斯·梅西亚致腓力二世,1577 年 12 月 12 日(又见 AGS *Estado K* 1547/135,赫罗尼莫·德·库里埃尔致腓力二世,1578 年 1 月 10 日,要义相同);BL*Cott. Cal.* C. V/97v – 98,埃斯科贝多(唐·约翰的秘书)致腓力二世,1577 年 4 月 9 日,原件,用密码破译并有英文译文;Gerlo and de Smet, *Marnixi epistulae*, 94 – 9,马尔尼克斯致拿骚的约翰伯爵,1577 年 7 月 28 日(关于这些信件);de Törne, *Don Juan d' Autriche*, II, 102 n. ,苏尼加致腓力二世,1576 年 8 月 9 日。

57 Kretzschmar, *Invasionsprojekte*, 200 – 12 对围绕斯麦威克远行的种种讨论作了

一番详细的叙述。又见 *CCG*, X, 540 - 1,格伦维尔致腓力二世与其回复,1579 年 9 月 12 日;ASV *NS* 24/612 - 65,教皇提供给斯麦威克远行队伍的资金的收据。

58 Voci, "L' impresa", 363, 375。

59 Ibid. 全书各处提供了无数突然改变计划的例子,除了上面提到的之外还有:目标应是英格兰还是爱尔兰?发动进攻的跳板应是西班牙还是佛兰德?远征军应是西班牙和教廷联军还是仅仅其中一方的兵力?

60 De Törne, *Don Juan d' Autricbe*, II, 101 - 2。

61 Ibid., II, 68 n.(1575 年 3 月 4 日函件),173 n.(1578 年 4 月 27 日函件),208 n.2(1578 年 8 月 30 日函件),它们全都例示了这一观点。

62 国王最先在 1577 年末得知与土耳其人的休战:见 BL Addl 28, 359/359,佩德罗·维拉斯克斯致加斯帕尔·德·基罗加,1577 年 11 月 20 日,那不勒斯。在尼德兰的事态发展见 Parker, *Dutch Revolt*, 183 - 6。

63 引自 Bouza Álvarez, "Portugal en la Monarquía hispánica", 82 (Castillo); BSLE Ms P. I. 20, fos 44 - 5,乔万尼·巴蒂斯塔·赫西奥致腓力二世,1578 年 11 月 16 日。又见门多萨和腓力本人的同等有力的观点,被援引于 Pereña Vincente, *Teoría de la Guerra*, 76 - 7;还有上文第 120 页所述这些年里扩张主义文献的更多例子。

64 国王收到的许多关于德雷克进展的报告见 *BMO*, I, 143 - 64;腓力对英国支持奥兰治的了解见 ibid., 206 - 7;阿尔瓦不赞成在爱尔兰的冒险见 *Co. Do. In.*, XXXII, 507 - 10, 530 - 1, 559 - 62;斯麦威克事件见 O' Rahilly, *The massacre at Smerwick*。

65 关于多姆·安东尼奥,一名私生子而非正常出生的孩子,见 Duran d - Lapié, "Un roi détrôné"。亚速尔群岛战争见 Fernández Duro, *La conquista*; Freitas de Meneses, *Os Açores*。英国在特尔赛拉岛的守卫连队见 Cerezo Martínez, "La conquista", 19 - 23。

66 BNP*Founds français*, 16,108/365,圣古阿尔(在腓力宫廷的法国常驻使节)致卡特琳娜·德·美第奇,1582 年 8 月 20 日;*CCG*, X, 331 - 2,格伦维尔致伊迪亚克斯,1583 年 8 月 21 日。

67 关于恰在这个时候以新方式绘制圣詹姆士的一项议论,见 IVdeDJ 62/917,杜阿尔特·努内斯·德·莱奥致萨亚斯,1585 年 8 月 17 日。

68 *BMO*, I, 395 - 6,圣克鲁斯致腓力二世, 1583 年 8 月 9 日(见国王 9 月 23 日 353
回信,ibid.,406)。又见 Fernández Duro, *La conquista*, 94 - 175 所载诗歌和其他胜利纪念,连同上文第 102 页引语。

69 见一项有趣的叙述:Hicks, *Letters and memorials*, xlix - lv。又见 *CSPSp*, III, 382 - 4,格伦维尔致腓力二世,1582 年 7 月 4 日;Carrafiello, "English Catholicism"。

70 *BMO*, I, 406 - 9,腓力二致驻罗马大使奥利瓦雷,1583 年 9 月 24 日(附印证文件),作为对教皇提议"英国大业"的 8 月 16 来函的答复;Hicks, *Letters and memori-*

als, lviii – lx; Kretzschmar, *Invasionsprojekte*, 173 – 7, 212 – 15 页。

71 *BMO*, I,405 – 6,腓力二世致帕尔马,1583 年 9 月 12 日,就一场可能的入侵紧急征求意见;*CCG*, X, 367 – 9,格伦维尔致伊迪亚克斯,1583 年 9 月 23 日。两个月后,帕尔马呈送一份英国海岸详细勘查报告,那是罗伯特·海因顿(一名天主教流亡者)为威廉·艾伦准备的:*BMO*, I, 420 – 1,帕尔马致腓力二世,1583 年 11 月 30 日;AGS *Estado K* 1565/120,唐·贝尔纳迪诺·门多萨致腓力二世,1587 年 11 月 28 日。又见 1583 年 10 月帕尔马送交的英吉利海峡港口勘查报告;*BMO*, I, 412 – 13。1583 年 11 月,为其暗杀伊丽莎白的阴谋寻求西班牙援助的弗朗西斯·特罗克莫顿被查出拥有一份清单,上面列举了入侵军队能够使用的大小港口,这可能是海因顿文件的副本。

72 Lyell, "A commentary", 14 – 25。

73 AGS *Estado* 1257/121,腓力二世致米兰总督,1583 年 10 月 11 日;Kretzschmar, *Invasionsprojekte*,212 – 15,叙述赛加主教致格雷戈里八世函。

74 NMM Ms *PH* 1B/435,奥利瓦雷致苏尼加,1583 年 10 月 24 日,破密件,上有国王的亲笔旁注。对 1582 至 1583 年入侵计划的最佳叙述依然为 Kretzschmar, *Invasionsprojekte*,64 – 109,附有出自梵蒂冈档案的印证文件。关于腓力在此时期的入侵计划,又见 *BMO*, I, 372 – 416 和 NMM Ms *PH* 1b/432v – 4v 所载文件。

75 见 Parker, *Dutch Revolt*, 197, 205 – 7; Holt, *The duke of Anjou*, 157 – 9。

76 见 de Törne,"Philippe II et Henri de Guise"; AGS *Estado K* 1573/12, 21, 24,吉斯接受西班牙津贴的收据,1582 年 9 月 24 日,1583 年 1 月 24 日和 5 月 5 日;Teulet, *Relations politiques*, V, 261 – 3,腓力二世致驻法大使胡安·巴蒂斯塔·德·塔西斯,1582 年 9 月 24 日。又见 Martin,*Henry III*,120 – 6。

77 Ritter, *La Soeur d' Henri IV*, I, 256; Martin, *Histoire de France*, IX, 520 – 2。

78 Davies, "The duc de Montmorency"; idem, "Neither politique nor patriot?"。

79 IVdeDJ 76/161 – 2,预算计划,财政委员会主席埃尔南多·德·维加致腓力二世与其回复(副本),1582 年 3 月 24 日;68/286,同上两人间信函来往,1583 年 8 月 22 日("你们已开始讨论这大笔[资金]供应,很好,因而继续做下去,确保念念不忘,因为这将是今后两年即 1584 和 1585 年所有事情的命根子")。这些文件的背景见 Parker, *The Army of Flanders*,240 – 1。又见 AGS *CJH* 223/1, 1585 年预算,日期为 1584 年 10 月 6 日,多处带有腓力二世批注。

80 AGS *Estado* 2217/85, 1584 年 5 月 25 日关于发送 200 万达克特的无标题文件; ibid., 2218/28 and 49,腓力二世致帕尔马,1585 年 7 月 1 日和 1586 年 7 月 18 日,关于提前四个月支付。1584 年 11 月,第一个访问西班牙的日本基督徒报告说,在马德里宫殿内见到了 12 个装满金银币的柜子:见 Sande, *De missione legatorum iaponensium*, 208(感谢弗朗西斯·罗卡为我提供了这项资料的复印件)。

81 BL *Lans*. 31/197 – 203v, 1581 年 8 月,伯利勋爵关于"为葡萄牙国王多姆·安

东尼奥效力"的流产远征的文件。

82 详情见 Taylor, *Troublesome voyage*; Donno, *An Elizabethan in* 1582, 151。足够令人惊异的是,托马斯·胡德活了下来,并且飞黄腾达,见 Johnson, "Thomas Hood's inaugural lecture"。

83 见 BNP *Cinq Cents Colbert* 473/589,卡特琳娜致法国驻伦敦大使米歇尔·德·卡斯特尔诺,1584 年 7 月 25 日(为此援引感谢马克·霍尔特)。又见 *CCG*, XI, 617 - 19,苏尼加关于安茹死后法国政策的首项咨询文件,1584 年 6 月 27 至 28 日,指出帕尔马现在可以集中精力对荷兰人作战,而不担心法国再作干涉。

84 关于上述喜悦,见 *CCG*, XI, 58 - 9, 70 - 1, 86 - 7,伊迪亚克斯致格伦维尔,1584 年 8 月 3 日、7 日和 11 日; AGRB *MD* 5459/193,伊迪亚克斯致格伦维尔,1584 年 8 月 14 日。政策的形成见 *CCG*, XI, 621 - 32,苏尼加的第二和第三份咨询文件,连同致伊迪亚克斯函封,1584 年 6 月 28 日(引自 622)。与此同时,苏尼加建议瓜分法国,为的是防止由胡格诺教徒继承王位:见 AGS *Estado* 2855, unfol., "Para mayor declaración de lo que se ha respondido a los puntos que vinieron en la memoria", 1584 年 6 月。

85 AGS *Estado K* 1448/38a,腓力二世致胡安·巴蒂斯塔·德·塔西斯,1586 年 1 月 4 日。见 AGS *Estado* 2846/79, 86 - 9,塔西斯关于在茹安维尔谈判的重要(和显然不为人知)的亲笔信、报告和指示;又见塔西斯后来的"评论"。条约的一项条款要求将多姆·安东尼奥交给西班牙代表,他 1584 年在信奉天主教的布列塔尼避难。

86 见 Jensen, *Diplomacy and dogmatism* 一书第二和第四章的详细分析;又见 Chevallier, *Henry III*, 576 - 7。1585 年 5 月 4 日,吉斯签收了来自西班牙的钱款 30 万埃斯库多: AGS *Estado* 1573/40。

87 见 PRO *SP* 83/23/59 - 60,"这次会议的决议是关于陛下目前应否援救低地国家荷兰和泽兰"(伯利勋爵亲笔注,1584 年 10 月 20 日); ibid., fo. 61,伯利的注文,回顾西班牙过去对伊丽莎白的侵害; *CSPF*, XIX, 95 - 98,概要。又见下列著作中对这次辩论的叙述: MacCaffrey, *Queen Elizabeth*, 337 - 40; Throp, "William Cecil and the Antichrist"。简言之,伯利认识到援助荷兰将招致西班牙直接攻击英国,但到此时他已认为宁愿遭到攻击也要有个大陆盟友:又见上文第 6 页援引的他的忧惧。茹安维尔的消息抵达英国的情况见 Wernham, *Before the Armada*, 370。1585 年各项事件互相间的关联见 Baguenault de Puchesse, "La politique de Philippe II", 34。

88 *CSPF*, XIX, 149 - 51,伊丽莎白给威廉·戴维森的指令,1584 年 11 月 13 日; *RSG*, IV, 515,荷兰联省议会会议,1584 年 12 月 8 日,听取伊丽莎白的援助提议。

89 BL *Harl.* 168/102 - 5,"磋商……涉及将送往荷兰的援助以抗西班牙国王"(1585 年 3 月 18 日)。见对这些艰难曲折的谈判的一项极好分析: Oosterhoff, *Leicester and the Netherlands*, 38 - 40。荷兰共和国在这个时期的内部分歧见 van der Woude, "De crisis in de Opstand"。

90 PRO *SP* 12/46/159, 171, 178(副本见于 PRO *AO* 1/1685/20A),记录了 1584 年的资金发放情况,从 1584 年 8 月付给德雷克 3 500 英镑开始。又见 BL *Lans.* 43/11,约翰·霍金斯的"折磨西班牙计划",1584 年 7 月 20 日;BL *Lans.* 41/5,伯利备忘录,题为"航行至摩鹿加的费用",1584 年 11 月 20 日。

91 到 1585 年 5 月,西班牙政府已获知伊丽莎白向东印度派遣另一支远征军的
355 计划:见 *CCG*,XII, 58,格伦维尔致帕尔马的玛格丽特,1585 年 5 月 29 日。军事准备详情见 Adams,"Outbreak of the Elizabethan naval war", 50 –8。

92 格伦维尔早先的禁运要求,连同它不能被实施的原因(荷兰船只运来的粮食使里斯本居民免于饥馑),见 BL *Addl* 28, 702/96,格伦维尔致腓力二世,1582 年 3 月 3 日;*CCG*,X, 43 –5,丰克致格伦维尔,1583 年 1 月 31 日;224,格伦维尔致贝勒丰丹,1583 年 5 月 23 日; 331 –2,格伦维尔致伊迪亚克斯,1583 年 8 月 21 日。

93 *CCG*, XI, 65 –6, 102,格伦维尔致伊迪亚克斯,1584 年 8 月 5 日和 15 日("Lo del arresto de los navios al mes de setiembre y serrar el comercio es tan necessario que ninguna cosa mas, si queremos acabar")。计划的改变见 AGRB *MD* 5459/206, 222,格伦维尔致伊迪亚克斯,1584 年 8 月 19 日和 24 日;*CCG*,XI, 177 –9,格伦维尔致伊迪亚克斯,1584 年 9 月 1 日,希望它在 10 月付诸实施。

94 *CCG*,XI, 177 –9, 204 –5,格伦维尔致伊迪亚克斯,1584 年 9 月 1 日和 6 日,连同 367 –368,引文,格伦维尔致夏尔·德·曼斯菲尔特,1584 年 10 月 27 日。又见关于该问题的其他信件——格伦维尔若不坚持的话就不是格伦维尔——ibid., 336 –338, 340 –1, 347 –9, 354 –355,皆致伊迪亚克斯,1584 年 10 月 14 日、17 日、18 日和 21 日;*CCG*, XII, 58, 70,格伦维尔致帕尔马的玛格丽特,1585 年 5 月 29 日和 6 月 22 日。

95 *BMO*, I, 476 –7,腓力二世 1585 年 5 月 25 日敕令。有必须强调"幌子"两字,因为若干学者论辩说,征用确实是意在为海军作战提供船只(就像 1582、1583 年和 1586 至 1588 年发令征用船只那样);然而看来并非如此。一种不同的观点见 Rodríguez –Salgado and Adams, *England*, *Spain and the Gran Armada*, 6, 56, 241。

96 *BMO*, I, 490 –1, 1585 年 7 月 3 日敕令;AGS *GA* 80/125, "Copia del apuntamiento que Antonio de Erasso dió a Don Cristobal de Moura", 1585 年 7 月 20 日(有人论辩说,由于"报春花"号事件,英国船只不应释放,但国王正确地指出"在这里的船只没有犯罪")。关于荷兰船只的最终被售,见 KML *MSP*: *CC* 7, "Cuentas del valor de las urcas de estrangeros que por mandado de Su Magestad se arrestaron"。

97 Kernkamp, *De handel op den vijand*, I, 153 –60; Snapper, *Oorlogsinvloeden*, 32 –8; Israel, *Empires and entrepôts*, 193 –4。*BMO*, I, 490 –1,腓力二世致安东尼奥·德·格瓦拉,1585 年 7 月 3 日,提到了在里斯本、塞图巴尔和安达卢西亚被扣押的 123 艘荷兰船只(关于被征用船只的其他文件见 BMO, I, 481 –90)。

98 PRO *SP* 94/2/78 –84,腓力二世致毕尔巴鄂行政官,1585 年 5 月 29 日,原件,

附有两个不同的英译本。

99 在1572年9月11日致帕尔马的玛格丽特的信中,格伦维尔表达了对英国人的蔑视:*CCG*, IV, 420。

100 Bain, *The Hamilton Papers*, II, 650 - 1,沃尔辛厄姆致爱德华·沃顿,1585年6月11日。提到一个被俘的西班牙地方官声称,在"报春花"号船上的混战中丢失了一封授权他扣押英国船只的函件:PRO *SP* 12/179/32 - 3v,对弗朗西斯科·德·格瓦拉的审讯。因此,沃尔辛厄姆及其同僚并不了解事情全貌。

101 PRO *SP* 12/179/36 - 8,对消息灵通的毕尔巴鄂商人彼得罗·德·维拉里阿尔的审讯,1585年6月13日(他还证实西班牙定期向法国天主教联盟发送津贴;有人后来在他关于法国的证词中包含的所有情报下面划了线);PRO *SP* 12/180/59A,截获的信件,发自商人胡安·德尔·奥约,1585年7月5日(新历)。

102 Collinson,"The Elizabethan exclusion crisis", 87 - 92(论说"过渡期"安排); 356
Cressy,"Binding the nation"; Pollitt, *Arming the nation*。

103 PRO *SP* 12/177/153 - 4,"一个计谋",1585年春,草稿。

104 BL *Lans.* 41/103 - 68,关于经英国港口进出口西班牙和葡萄牙货物的综述。这个时候政府对精确衡量伊比利亚半岛贸易的兴趣耐人寻味:它是否或许希望评估与腓力的战争可能带来的经济影响?又见 Croft, *The Spanish Company* 一书有益的导言和同一作者的论文"*English Commerce with Spain*"。

105 Durand - Lapié, "Un roi détrône", 640,莱斯特致多姆·安东尼奥,1585年5月24日;PRO *SP* 12/179/48,给伯纳德·德雷克的任命书,副本,1585年6月20日(旧历);Corbett, *Papers relating to the navy*, 36 - 8,"所订条款…适用于货物在西班牙被没收和从伯利上将得到袭击西班牙人的许可证的商人、船主和其他人等",1585年7月9日(旧历)。Adams, "Outbreak of the Elizabethan naval war", 46,指出袭击许可证于三天后开始发放。

106 PRO *SP* 46/17/160,伊丽莎白的许可状,1585年7月1日(旧历);fo. 172,枢密院的许可状,1585年7月11日(旧历)。由于缺乏枢密院1582至1586年间的记录,要将德雷克远征的历史贯穿起来变得复杂了。

107 见 Oosterhoff, *Leicester and the Netherlands*, 39 - 45。

108 详情见 *BMO*, I, 518 - 19, 539,彼特罗·贝尔姆德斯致宫廷,1585年10月7日,利森西亚多·安托利内斯致腓力二世,1585年11月14日。几乎所有在马德里的大使都得到了贝尔姆德斯信函的副本,并将其送交各自的政府。英国方面的情况见 Keeler, *Sir Francis Drake's West Indian Voyage*。

109 动机讨论和资料来源列举见 Rodríguez - Salgado and Adams, *England, Spain and the Gran Armada*, 59。

110 *Breeder Verclaringhe*。

111 Oö LA *KB* 4/137,克芬许勒致鲁道夫二世,1585年10月13日;Longlée, 192,

致亨利三世,1585 年 10 月 28 日;*CSPV*. VIII, 123, ASVe, *Senato*: *dispacci Spagna* 18, unfol.,格拉迪内罗发至威尼斯函,1585 年 10 月 25 日。

第六章 “英国大业”(1585 至 1588 年)

1 ASF *MP* 2636/123 -4,给多瓦拉的指令,1585 年 2 月 28 日;5022/357ff.,他与大公的通信。多瓦拉出现在宫廷的原因令别的大使们迷茫不解,见 ASMo *CD* 14, unfol.,瓦拉诺发至费拉拉函,1585 年 6 月 29 日;ASMa *AG* 600a, unfol.,卡弗里阿诺致曼图亚,1586 年 1 月 2 日;ASL *Offizio sulle differenze*, 268, unfol.,波尔迪科致卢卡,1585 年 6 月 29 日、9 月 21 日和 10 月 19 日,等等。其意义一开始甚至难倒了敏锐的西班牙驻罗马大使,见奥利瓦雷因未能述及多瓦拉使命而向腓力二世作的道歉,RAH Ms 9 -5516, unfol.,“Relación de nueve cartas”, 1585 年 7 月 28 日函。多瓦拉此前对西班牙的访问见他与皇家大臣们的通信,藏于 AGS *Estado* 1452。

2 *BMO*, I, 478,国王批注奥利瓦雷致腓力二世的信,1585 年 6 月 4 日,7 月 2 日收到。类似的怒言再度出现在国王 8 月 2 日给奥利瓦雷的复函:*BMO*, I, 496。西克斯图可能受了威廉·艾伦的一份文件“激励”,敦促新任教皇趁英国天主教徒还有力量和热情襄助时支持“英国大业”,见 Mattingly, “William Allen”。

3 AGS *Estado* 946/85 -8, 103 -4,奥利瓦雷致腓力(关于“日内瓦计划”),1585 年 7 月 13 日;连同 7 月 28 日函;*BMO*, I, 496 和 AGS *Estado* 946/229,腓力二世致奥
357 利瓦雷,1585 年 8 月 2 日和 22 日(引文出于此)。又见 Altadonna, “Cartas de Felipe II a Carlos Manuel”, 157,腓力二世致萨伏依,1585 年 8 月 23 日,赞成袭击日内瓦的想法,如教皇提议的那样(又见国王 1585 年 8 月 22 日就此问题的函件:AGS *Estado* 1260/211,致驻萨伏依大使丰德拉托伯爵;1261/90,致米兰总督特拉诺瓦公爵)。

4 在事发当天即 1585 年 10 月 7 日,德雷克登陆的消息就被送达当时在阿拉贡境内蒙松的宫廷(*BMO*, I, 519),四天后唐·胡安·德·苏尼加和其他大臣开始讨论“英国船只的放肆行为”(ibid., 521)。关于圣克鲁斯的新指挥职位,见 *BMO*, I, 450 -8,1584 年 6 月 23 日指令和特许状。

5 *BMO*, I, 529 -31,圣克鲁斯致腓力二世“备忘录”,1585 年 10 月 26 日。

6 IVdeDJ 23/385, “Parecer del Cardenal de Sevilla sobre lo del cosario”(1585 年 11 月 15 日),西印度议事会主席埃尔南多·德·维加 11 月 30 日呈交腓力。该文件和圣克鲁斯的备忘录在下述优秀论文中得到了讨论:González Palencia, “Drake y los orígenes del poderío naval inglés”, 载于 *Reivindicacíon*, 281 -320。

7 *BMO*, I, 536 -7, “Lo que se responde a Su Santidad”。事实上,这个文件虽然在 1585 年 11 月 6 日被送交奥利瓦雷,但它明显与 10 月 24 日经多瓦拉传发给托斯卡尼大公的信件关联(ibid., 528;又见下面注 20)。同样明显,它提到了英国大业,而不像 *BMO* 编者断言(p. 356)的那样提到了某个“阿尔及尔事业”。确实,这份文件

不含“英国”一词(就此而言也不含“阿尔及尔”),只有“事业”;然而它显然指英国,因为它是大公授权多瓦拉争取腓力二世支持的惟一“大业”(见 ASF *MP* 2636/123 -4,给多瓦拉的指令,1585 年 2 月 28 日,还有 AGS *Estado* 1452/20,腓力二世发至佛罗伦萨函,1585 年 7 月 27 日)。因而,Rodríguez - Salgado,“The Anglo - Spanish War”一文(7 -8, 34 -5)的断言,即在这个阶段腓力只同意了“某个事业”(也许是阿尔及尔,也许是英国),看来不正确。

8 Villari and Parker, *La política de Felipe II*, 110 -15,苏尼加致腓力二世,未标日期,但肯定在 1585 年末。苏尼加处理了有关德雷克袭击加利西亚的所有文件,见 *BMO*, I, 521.

9《农苏齐条约》签署后英国部队在荷兰集结的消息在两封信内传来,俱为帕尔马致腓力二世,1585 年 9 月 30 日(AGS *Estado* 589/81;AGS *SP* 2534/212)。帕尔马还从截获的荷兰人与英国宫廷间的通信得知,这些部队构成伊丽莎白做出的新承诺的一部分;然而他尚不知道已签署了一项正式条约。德雷克破坏活动的进展消息看来每隔一段时间就传来,使国王大为恼怒,见 *BMO*, I, 533 -4, 539 -40, 547 -8, 551 -2.

10 *HMC Bath*, V, 71 -2,托马斯·贝利致施鲁斯伯里伯爵,1586 年 7 月 27 日(亦称德雷克打算再度袭击在纽芬兰外捕鱼的伊比利亚船只,但风对他不利);PRO *SP* 81/4/201,帕拉维西诺致沃尔辛厄姆,1586 年 9 月 11 日(旧历),法兰克福,意大利文;*CCG*, XII, 133 -5,格伦维尔致夏尔·德·曼斯菲尔德,1585 年 11 月 29 日。

11 *BMO*, I, 535,腓力二世致奥利瓦雷,1585 年 11 月 6 日。应当想起多瓦拉是在格雷戈里八世任教皇期间接受使命的,对其继任者可能会有不同想法的担心似乎完全合乎情理。事实上,奥利瓦雷在 11 月 15 日确认了西克斯图的决心,见 *BMO*, I, 553: 腓力二世致奥利瓦雷,1586 年 1 月 2 日。

12 *BMO*, I, 550,腓力二世致帕尔马,1585 年 12 月 29 日;ibid., I, 553 -4,腓力二世致奥利瓦雷,1586 年 1 月 2 日;BL *Cott. Vesp*. CVIII/412ff.,威廉·艾伦 1585 至 358
1586 年信函称呼玛丽为“我的君主”。有人对国王 1585 年 10 月 24 日决定与他 1586 年 1 月 2 日承诺信之间的拖宕表示惊讶,由此提出他在这间歇期间改变了想法(Rodríguez - Salgado,“The Anglo - Spanish war”,7 - 8)。然而,两项明显的考虑解释了这一拖宕:需要评估对国王的其他政策的战略涵义(如在苏尼加的备忘录中指出的);需要确认新教皇是否热心支持,而这只能在携带国王 11 月 24 日复信的多瓦拉抵达罗马之后才能确定下来。的确,国王起初禁止奥利瓦雷在多瓦拉抵达前与教皇讨论“英国大业”:见 *BMO*, I, 535,腓力致奥利瓦雷,1585 年 11 月 6 日,又见下面注 20。

13 感谢保罗·C. 艾伦与我讨论这点。成功入侵的清单见 Rodger, *Safeguard*, 429;表明腓力二世仔细留意过这些先例的证据见 AHN *OM* 3512/27 -8, 30。

14 *BMO*, I, 566 -7,腓力二世致圣克鲁斯,1586 年 1 月 26 日(但要注意此信是在巴伦西亚而非圣洛伦佐签署的);564,圣克鲁斯致腓力二世,1586 年 2 月 13 日(注意正确的日期是“2 月”而非“1 月”:见 *BMO*, II, ix - x);ibid., II, 11 - 18,“海军叙事”,连同圣克鲁斯致腓力二世和苏尼加,1586 年 2 月 13 日。

15 *BMO*, I, 566, 伊迪亚克斯致圣克鲁斯,1586 年 2 月 26 日(再次注意真实的日期是“2 月”而非“1 月”:见 *BMO*, II, ix - x)。

16 *BMO*, II, 45 - 74,刊印了 1586 年 3 月 22 日“叙述”全文。Ibid., 44,圣克鲁斯致腓力二世和伊迪亚克斯,1586 年 3 月 22 日,说(1)“叙述”是为回复伊迪亚克斯 2 月 26 日来函而发;(2)“此事的性质使之绝对不能以书面方式处理或讨论”——因而大概没有任何关于要遵循的战略的细节见诸文书。侯爵表现了值得称道的明智,因为他的 3 月 22 日“叙述”的副本落到了若干外国间谍手里,其中包括威尼斯、乌尔比诺和法国的间谍,还有最危险的英国间谍:见上文第 209 页。

17 *BMO*, II, 83 - 7,伊迪亚克斯和腓力二世致圣克鲁斯,1586 年 4 月 2 日;93 - 4,圣克鲁斯致腓力二世,1586 年 4 月 9 日。

18 Ibid. xix - xxiii 提供了对国王战略变迁的一番很好的概览。

19 见 *BMO*, II, 103 - 6, 113,147 - 8, 164 - 5 所载有关命令。又见 AGS *CMC* 1a/1735 - 6, 2a/1208,1586 年 4 月 10 日至 5 月 7 日期间征用船只以组建比斯开舰队的情况。

20 *BMO*, II, 26 - 33,奥利瓦雷致腓力二世,1586 年 2 月 24 日。奥利瓦雷说,由于多瓦拉仍在佛罗伦萨(他只是 4 天后才启程去罗马:见 ASF *MP* 2636/123,大公致西克斯图五世,1588 年 2 月 28 日),因而大使已决定依据腓力 1 月 2 日信函中的信息与教皇谈话。奥利瓦雷还报告说,他尚未提到帕尔马可能任司令官(ibid., 26)。

21 *BMO*, II, 108 - 11,帕尔马致腓力二世,1586 年 4 月 20 日;II, 195 - 6,“Lo que dixo Juan Bautista Piata de palabra”。

22 皮亚蒂的旅行费了这么长时间,是因为他经陆路去意大利,然后经海路去西班牙。也许法国的动荡状态与其使命的极端敏感性决定了这一绕弯旅程;但同样重要的是,帕尔马可能想争取时间:他在信中论辩道,入侵的最佳时间是 10 月,“如果不在今年,那就必须将它推迟到明年这个时候”。一名在 4 月底被遣行经西班牙大道的信使不可能带回仅仅 6 个月后就发动入侵的计划!(当然,帕尔马不知道国王已计划在 1587 年发动入侵。)

359 23 关于埃斯卡兰特 1586 年 6 月在埃斯科里亚尔撰写的“论说”,见 Casado Soto, *Discursos*, 110 - 27;关于他与国王及其大臣之间“热线”的证据,见 Ibid., 52, 82, 147, 157。

24 *BMO*, II, 212,唐·胡安·德·苏尼加的“意见书”(1586 年 6/7 月)。当然,苏尼加可能也考虑了其他献策书,因为若干别的“专家”也向国王呈送了自己的看法,例如见 1586 年撰写的四篇匿名论说的副本,“论英国大业”,留存于 BAV *UL* 854/225 - 57v, 258 - 85, 286 - 8v, 289 - 303。用西班文撰写并直接呈送给腓力二世的后两篇特别有趣：例如，前一篇建议（或许首次）无敌舰队与佛兰德大军在敦刻尔克或其附近会合，作为入侵的前奏（fo. 288）；后一篇主张无敌舰队在多佛登陆，然后沿泰晤士河而下进至伦敦（fo. 296v）。Bustamente Callejo，“Consejos del capitán laredano”一文刊有另一项入侵计划，于 1587 年呈送给国王。

25 尽管尚未发现总体计划的任何文本，但其存在清楚地由载于 *BMO*，II，333 的腓力二世致帕尔马函（1586 年 9 月 1 日）显示出来：“7 月 26 日，我详细回复了乔万尼·巴蒂斯塔·皮亚蒂带来的函件，我相信你在收到眼下这封信以前已经看过了”；ibid.，387，帕尔马致腓力二世，1586 年 10 月 30 日，回复“陛下您 7 月 26 日的复信，那是他[皮亚蒂]带给我的”。大概也向圣克鲁斯发出了一份类似的信件，因为恰在此时，国王为耽搁了他的其他工作致歉，“因为我前天、昨天和今天要为佛兰德、意大利**和葡萄牙**做那么多事情”：IVdeDJ 55/IX/111，马特奥·巴斯克斯致腓力二世与其回复，1586 年 7 月 26 日（着重标记系引者所加）。

26 在缺乏腓力二世 1586 年 7 月 26 日函件的情况下，该计划系依据以下资料被重现出来：*BMO*，II，387－8，帕尔马致腓力二世，1586 年 11 月 30 日；471－2，国王复信，1586 年 12 月 17 日；535－6，帕尔马致腓力二世，1587 年 1 月 17 日；624，伊迪亚克斯致梅迪纳·西多尼亚，1587 年 2 月 28 日。在其父于 1586 年 9 月去世后，亚历山大·法尔内塞成为帕尔马公爵。

27 有趣的是注意到，西班牙和法国在 1779 年犯了完全一样的错误：入侵的成功不仅系于来自若干港口（土伦、加的斯、布雷斯特等等）的各支舰队一并会师，还系于取用一支驻扎在两个不同港口（圣马洛和勒阿弗尔）的陆军：见 Patterson，*The other Armada*。

28 要为他们辩解的是，在此阶段，腓力及其随员以外的其他人赞成出自西班牙的舰队与出自佛兰德的部队会合，作为入侵英国的前奏，并且认为这全无问题：例如见 BAV *UL* 854/286－8v，“Discorso sopra la guerra d' Inghilterra”（西班牙文）；*BMO*，II，438－9，胡安·德尔·阿吉拉致腓力二世，1586 年 11 月 29 日。

29 *Reivindicación*，308，西印度议事会主席埃尔南多·德·维加 1586 年 3 月致国王的两封信；国会图书馆手稿部，弗朗西斯·德雷克爵士文汇三，梅迪纳·西多尼亚致腓力二世，底稿，第 13 点。又见塞维利亚商人们的同样好战的观点，被援引于 Lapèyre，*Une famille de marchands*，422－3；还有在尼德兰的让·里查多的此类观点，见 *CCG*，II，161，致格伦维尔函，1586 年 3 月 30 日。

30 舰队在里斯本的集中见 *BMO*，II，xxxivff. 关于派往佛兰德的部队，见 O' Donnell，*La fuerza de desembarco*；关于派往里斯本的部队，见 Gracia Rivas，*Los tercios de la Gran Armada*。

31 见 *BMO*，II，414，腓力二世 1587 年 11 月 12 日致那不勒斯和西西里总督。

32 Heredía Herrera，*Catálogo*，I，597，国王在西印度议事会 1586 年 9 月 3 日咨询书上的亲笔批注；*APO*，III，130－1，腓力二世致印度总督多姆·杜阿尔特·德·梅内 360

塞斯,1588 年 2 月 23 日和 3 月 14 日;Headley, "Spain's Asian presence", 638 – 45。

33 *BMO*, II, 135 – 6,国王 1586 年 5 月 5 日敕令(又见英国政府档案所藏副本, PRO *SP* 94/2/142);273 – 4, 282 – 4, 1586 年 7 月 30 日但书。有趣的是,在此阶段,国王为从西班牙到英国的贸易,而且(例如)命令释放一艘因为从马赛向英国运送货物而被扣的船只。

34 KML *MSP*: CR 4/51, 325,腓力致梅迪纳·西多尼亚,1587 年 3 月 10 日和 8 月 25 日。事实上,荷兰联省议会在 1586 年 4 月 4 日至 1587 年 1 月 26 日期间禁止一切与西班牙的贸易,见 Kernkamp,*De handel op den vijand*, I, 187, 204, 221 – 9。

35 *BMO*, II, 305 – 7,门多萨致腓力二世,1586 年 8 月 13 日(附有国王的许多亲笔批注);338 – 9,腓力的答复,1586 年 9 月 5 日。注意 *CSPSp.* ,III, 603 – 8, 614 – 16 所载英文摘要包含某些重要误读。密谋者还接到命令要抓获和处死多姆·安东尼奥:*CSPSp.* ,III, 617,伊迪亚克斯致门多萨,1586 年 9 月 6 日。

36 详情见 Hanselmann, *L'Alliance Hispano – Suisse*;连同 Bolzern, *Spanien, Mailand und die katholische Eidgenossenschaft*, 20 – 1, 25, 29, 141。后一著作的评价较为正面。

37 *BMO*, II, 420 – 3,腓力二世致奥利瓦雷,1586 年 11 月 18 – 19 日;ibid. , 487 – 8,奥利瓦雷致腓力二世,1586 年 12 月 22 日;AGS *Estado*,949/86,两位罗马银行家的宣告,1587 年 7 月 29 日,称给无敌舰队的 100 万达克特已由教皇代表缴存。看来有讽刺意味的是,腓力坚持要求"一经军队在英国登陆"而非无敌舰队起航,这笔钱即应可支付:BMO, II, 420,腓力二世致奥利瓦雷,1586 年 11 月 18 日。他显然相信与圣克鲁斯终究令其舰船出海相比,帕尔马更有可能以某种方式抵达英国:一项使他损失了 100 万达克特的失算!

38 *BMO*, II, 28 – 9,奥利瓦雷致腓力二世,1586 年 2 月 24 日。

39 参见 AMAE *MDFD* 237/94 – 5,奥利瓦雷致腓力二世,1588 年 6 月 27 日,"密件"。这份令人着迷的文件依次审视了在伊莎贝拉嫁给她的堂兄鲁道夫、欧内斯特、马蒂亚斯、马克西米连或艾伯特的情况下,各有怎样的机会得到教廷施与。腓力大概打算将此作为一个前奏,从而将英格兰和爱尔兰导致授予伊莎贝拉和她的新夫(正如 10 年后他将尼德兰授予她和艾伯特,见上文第 279 页)。

40 AGS,*Estado* 165/176 – 7,腓力二世致帕尔马,1588 年 3 月 5 日,副本,关于艾伦的作用;Meyer,*England and the Catholic church*, 520 – 3,刊印了 1587 年 7 月 29 日协议。关于令人头痛的"授任"问题,见 Rodríguez – Salgado, *Armada 1588 – 1988*, 21;对腓力的"兰开斯特"权利要求的一项考察见 Rodríguez – Salgado, "The Anglo – Spanish war"。

41 参见 *CSPF* XXI. 1, 236, 239, 242, 276,英国驻巴黎使节斯塔福德和瓦德的报告;Deyon, "*Sur certaines formes de la propagande religieuse*", 20。

42 见 Jeasen, "The phantom will of Mary queen of Scots";AHN *OM* 3411/14,玛丽·

斯图亚特致西克斯图五世,1586 年 11 月 23 日,腓力对西班牙文副本做了注解;*BMO*, II, 402 – 3,门多萨致腓力二世,1586 年 11 月 8 日(称伊丽莎白将遗嘱和玛丽剥夺她儿子的继承权的函件都发送给了法王亨利三世)。“姻亲关系”见 ASV *NS* 33/279,腓力二世致西克斯图亲笔信,1587 年 6 月 20 日;购买她的遗物见 *BMO*, III, 1777,腓力二世致门多萨,1588 年 1 月 25 日,底稿;关于玛丽和伊莎贝拉的友谊,见 Lynch, *Mary Stewart*, 75。

43 关于国王为之向苏格兰密谋分子送去 10 000 达克特的“苏格兰大业”,见
BMO, II, 436 – 7, 492 – 4,门多萨致腓力二世,1586 年 11 月 28 日和 12 月 24 日;555 – 361
6,腓力二世致门多萨,1587 年 1 月 28 日;AGS *Estado* 592/49, 73,帕尔马致腓力二世,1587 年 3 月 22 日和 4 月 27 日;AGS *Estado*K 1566/128,门多萨致腓力,1587 年 5 月 20 日;1565/60,罗伯特·布鲁斯致门多萨,1587 年 10 月 2 日;Masson, *Register of the Privy Council of Scotland*, IV, 316 n.;*CSPScot*, IX, 589, 593。

44 Hunt *HA* 30881/120,亨廷敦勋爵自沃尔辛厄姆,1588 年 8 月 11 日(旧历)。马克斯韦尔勋爵从 1583 年起就为他的图谋积极寻求外国援助,关于他的叛乱,见 Brown,“The making of a *politique*”。

45 *HMC Bath*, V, 84 – 5,伊丽莎白致施鲁斯伯里,1587 年 11 月 3 日;Hunt *HA* 30881/87v – 8,亨廷敦致枢密院,1588 年 6 月 23 日。

46 遣返土耳其人见 Dasent,*Acts of the Privy Council of England*, XIV, 205, 1586 年 8 月 4 日政令。谣言见 OOLA *KB* 4/269v,克芬许勒致鲁道夫二世,1587 年 9 月 21 日,马德里;ASP *CF* 154, unfol., 胡安·德·塞尔诺萨致帕尔马,1588 年 1 月 2 日和 9 日,威尼斯;AGS *Estado* 1089/289,马耳他骑士团大首领致腓力二世,1588 年 6 月 16 日,瓦莱塔。在伊斯坦布尔的外交斗争见 Pears,“The Spanish Armada and the Ottoman Porte”; Rawlinson, “The embassy of William Harborne”; Skilliter,“The Hispano – Ottoman armistice of 1581”; Skilliter, *William Harborne*.

47 关于这些事态发展,见 Dickerman,“A neglected aspect of the Spanish Armada”; Jensen, “Franco – Spanish diplomacy and the Armada”; Constant, *Les Guise*,164ff.

48 关于津贴,见 AGS *Estado* K 1573/42,吉斯签署的收据,1586 年 12 月 30 日; AGS *CMC* 2a/23,unfol., “Cuentas de Gabriel de Alegría”;“泄密”见 Cimber and Danjou, *Archives curieuses*, rère série XI, 296,尼古拉·普兰的报告。

49 详情见 Pollitt,“Bureaucracy and the Armada”.

50 Nolan,“The muster of 1588”; Gerson,“The English recusants and the Spanish Armada”。

51 1587 年在法国东部的作战行动见 Jensen, *Diplomacy and dogmatism*, 89 – 92; 出自佛兰德大军的部队在洛林的情况见 AGS *Estado*592/127,阿弗雷侯爵致帕尔马,1587 年 9 月 10 日,副本;*Estado*,2852,unfol.,帕尔马给胡安·巴蒂斯塔·德·塔西斯的指令,1587 年 9 月 22 – 23 日;AGRB *Audience*, 1832/3 folder 2,洛林公爵致帕尔马,

多次,1587 年,论说需要出自佛兰德大军的部队驻在洛林。

52 给德雷克的诸项指令的副本似乎全未留存下来,但其内容可以从女王后来在1587 年4 月9 日(旧历)要撤销它们的尝试中推断出来:见 Hopper, *Sir Francis Drake's memorable service*, 28 – 9. 德雷克"为本王国的荣誉和安全"指挥被遣出海的舰队的最初使命书,日期3 月 15 日(旧历),藏于德文郡档案馆,普利茅斯,PCM 1963 37/15。他从荷兰集资的尝试见于 *RSG*, V, 247, 388 – 90(1586 年 11 月 13 – 14 日和 12 月 23 日决议);其他文件见 Corbett, *Papers relating to the navy*, 97 – 206. 对整个这一插曲的最佳叙述和评估现可见于 *BMO*, III, xxix – xlvi.

53 详情见 Leimon and Parker, "Treason and plot", 1150 – 1. 又见本书第 221 – 223 页。事实上,腓力二世收到了关于德雷克袭击的其他情报,但它同样到得太晚,以致毫无用处:见 *BMO*, III, xxix – xxx.

54 德雷克在使地中海与大西洋之间海上交通瘫痪方面的成功并非总是得到赞赏,然而见 KML *MSP*: *CR* 4/149,伊迪亚克斯致梅迪纳·西多尼亚,1587 年 5 月 20 日,还有 167 – 8,腓力二世致梅迪纳·西多尼亚,1587 年 5 月 27 日,关于在直布罗陀留住从意大利派出的运兵船,在德雷克离开前不让它们驶往圣卢卡。

362 55 *BMO*, III, 479, 692 – 4, 721 – 2, 773, 774 – 5, 816 – 17, 862;当然,每封信件都不得不予以复制,分发给计划的其他参与者(例如见 KML *MSP*: *CR* 4/273, 281, 284,腓力二世致梅迪纳·西多尼亚,1587 年 7 月 10 日、14 日和 23 日)。然而,即使这也将故事过分简单化了:除上面列举的信件外,在这几个星期里,国王接二连三地发给他的各位指挥官若干其他信件。

56 *BMO*, III, 380, 411,战争议事会 1587 年 5 月 19 日商议录和 23 日国王决议。

57 Maura, 167,伊迪亚克斯致梅迪纳·西多尼亚,1587 年 2 月 28 日。

58 ASV *NS* 19/256,诺瓦拉致鲁斯蒂库奇,1587 年 5 月 6 日,援引唐·埃尔南多·德·托莱多。类似的表达见 AGS *Estado* 2855, unfol., "Lo que resolvió el consejo en materia de Inglaterra", 1588 年 1 月 20 日;Herra Oria, 262 – 3,唐·胡安·曼里克致伊迪亚克斯,1588 年 1 月 20 日。

59 详情见 Martin and Parker, *Spanish Armada*, 136 – 7。当跨大西洋护航舰队在1588 年春驶往里斯本、得到"卡斯提尔舰队"这一命名时,无敌舰队的总实力达到了约 130 艘舰船。

60 *BMO*, II, 621 – 2,腓力二世之帕尔马,1587 年2 月 28 日,对帕尔马 1586 年 12 月 24 日函(现在显然已丢失)和 1587 年 1 月 17 日函(*BMO*, II, 535 – 6)的回复。事实上,在他 1585 年 12 月 29 日就"英国大业"致帕尔马的第一封信里,腓力就认识到需要一个深水港:*BMO*, I, 550.

61 *BMO*, III, 479 – 80, 770 – 2,腓力二世致帕尔马,1587 年6 月 5 日,底稿;帕尔马致腓力二世,1587 年 7 月 20 日。

62 *BMO*, III, 1006 – 7, 1067 – 8:给帕尔马的指令,1587 年 9 月 4 日,底稿;给圣

克鲁斯的指令,草稿,1587 年 9 月 14 日(尽管标明的日期是 10 天后,但内在证据显示这两份指令在同一天完成:国王大概空出了 10 天时间差,以便让帕尔马的信件抵达布鲁塞尔)。帕尔马在多个场合提请腓力注意总体计划中的疏忽,但从未收到一个答复:参见 AGS *Estado* 592/147 - 9,帕尔马致腓力二世,1587 年 12 月 21 日;*Estado* 594/6 - 7, 79, 197,帕尔马致腓力二世,1588 年 1 月 31 日、6 月 22 日和 7 月 21 日。

63 也许不应对一个人过分苛责,因为别的冒险也带有类似的缺陷。例如,在规划 1944 的"霸王行动"(入侵诺曼底)时,盟国的战略家集中于仅仅两个目标:(1)如何使兵力强得足以建立一个滩头阵地的入侵部队登陆;(2)如何在冲出滩头阵地后追击溃败的德军。究竟怎样"冲出"似乎没有得到任何考虑,而这一疏忽导致了长达 7 周折磨人的胜负不决的战斗(我的这个看法来自拉塞尔·哈特)。腓力二世的"疏忽"很大程度上如出一辙。

64 *BMO*, III, 1322 - 3,腓力二世致帕尔马,1587 年 9 月 30 日。

65 *BMO*, III, 1363, 1458 - 59,腓力二世致帕尔马,1587 年 10 月 25 日、11 月 4 日和 11 月 27 日;1225, 1274,腓力二世致帕尔马,1587 年 11 月 10 日和 21 日。ASVe *Senato*, *dispacci Spagna* 20/374 - 89,利波马诺发至威尼斯函,1587 年 11 月 14 日,内有圣克鲁斯 4 日信件的副本(见 *CSPV*, VIII, 320 - 3 所载部分摘要,"未标明日期")。

66 *BMO*, III, 1398 - 1401,帕尔马致国王,1587 年 11 月 14 日。帕尔马从他在西班牙的朋友和情报人员那里获得了不少关于无敌舰队状况的报告(例如见 ASP *CF* 129, unfol.,孔塔多·阿隆索·卡内罗致帕尔马的若干信函),因而他肯定知道无敌舰队至此的准备工作远远不够。关于帕尔马同样无法在 1587 年 11 月出海的证据,见上文第 238 页。

67 *BMO*, III, 1391 - 2, 1536, 1579, 1616 - 17, 1662 - 3(腓力二世致圣克鲁斯,
1587 年 11 月 9 日、12 月 10 日、21 日、29 日和 1588 年 1 月 4 日),1538(腓力二世致帕 363
尔马,1587 年 12 月 11 日)。12 月间,帕尔马还首次报告说荷兰的一支封锁舰队在弗莱芒海岸附近,阻止了任何出海行动,见上文第 241 页。

68 4 月 1 日给帕尔马和梅迪纳·西多尼亚的指令,见 FD, II, 5 - 18;埃斯卡兰特的反对见 Casado Soto, *Discursos*, 157 - 64. 埃斯卡兰特在英国舰队 1587 年洗劫加的斯之际见识过它的实力,这无疑加剧了他对危险的认识(见 ibid., 191)。

69 见 AGS *Estado* 594/192,佛兰德大军"叙事",1588 年 4 月 29 日(每月开支 454 315克朗);*Actas de las Cortes*, X(马德里,1886 年),118(腓力二世在 1588 年 6 月 9 日声称,无敌舰队每月花费 900 000 达克特)。

70 IVdeDJ 55/XI/62 - 3,马特奥·巴斯克斯致腓力二世与其回复,1588 年 3 月 31 日;AGS *CJH* 249, carpetas 16 - 17,藏有 1588 年的"Relaciones de sábado"; *CJH* 249 carpeta 21, unfol.,伊迪亚克斯致罗德里格·巴斯克斯,1588 年 4 月 16 日;BZ 141/160,腓力二世致巴拉哈伯爵,1588 年 6 月 18 日,副本。

71 *BMO*, III, 1069 - 70,腓力二世致帕尔马,1587 年 9 月 14 日,底稿。见教皇使

节的一项富有洞察力的分析,那是关于西班牙倘若不在1587年实施“英国大业”就将陷入战略两难:ASV *NS* 19/283 -4,诺瓦拉致鲁斯蒂库奇,1587年8月10日。

72 Jouanna,*Le Devoir de révolte*, 190 -1。

73 Longlée, 380,致亨利三世,1588年6月5日;BL *Addl* 35,841/88 -9v,爱德华·斯塔福德爵士致沃尔辛厄姆,1588年7月7日。天主教联盟兵力在1588年春企图再度夺取布洛涅,但再度失败:见Constant, *Les Guise*, 164 -5;BL *Addl* 35,841/69,斯塔福德致沃尔辛厄姆,1588年6月18日。这个时期法国的其他事态见Jensen,*Diplomacy and dogmatism*, chap. 6; Forneron, *Les ducs de Guise*, chaps 25 -26; Jouanna, *Le Devoir de révolte*, 192 -3;Chevallier, *Henri III*, 625 -45。

74 AMAE *Correspondance politique*: *Hollande* 4/177 -9v, “Maladies de l' estat de Hollande”(1587年8月)。

75 AGS *Estado* 2218/52,腓力二世致帕尔马,1586年7月18日,底稿;*CSPF*, XXI. 2, 320 -1,威尔克斯致伊丽莎白,1587年1月19日;*RSG*, V, 541 -4(巴克赫斯特勋爵对联省议会的解释,4月14日),580 -584(关于丹麦的和平方案,1587年5月26日);*CSPF*, XXI. 3, 83,巴克赫斯特致联省各城镇的书信,1587年5月;Brugmans, *Correspondentie*, II, 236 -41,巴克赫斯特致伊丽莎白,1587年5月10日;AGS *Estado* 592/105 -6,帕尔马致丹麦国王弗雷德里克,1587年5月14日。

76 见Hibben,*Gouda in revolt*, chap. 7; ARA *Raad van State* 6/19v -20, 1587年6月16日的辩论;*RSG*, V, 559 -72, VI, 56 -81,联省议会关于和谈的各项决议,1587年12月至1588年1月;Groen van Prinsterer, *Archives*, 2nd series I, 83 -4,威廉·路易致拿骚的摩里斯,1588年6月20日。

77 丹麦国王驾崩使帕尔马大感轻松,见AGS *Estado* 594/62,帕尔马致腓力二世,1588年5月13日;关于他接到的尽管涉及欺骗仍要保持与伊丽莎白谈下去的命令,见AGS *Estado*, 165/178,腓力二世致帕尔马,1588年4月5日。克罗夫特至少从1570年起就领取西班牙津贴:见*CSPSp*, II, 227,格劳·德·斯佩斯致萨亚斯,1570年1月9日;674,门多萨致萨亚斯,1579年5月14日。

78 对布尔布谈判的简明概述见*CSPF*, XXII, 71 -4;MacCaffrey, *Queen Elizabeth*, 392 -9。进一步的详情见van der Essen, *Alexandre Farnèse*, IV, 209ff.; Fernández Segado,“Alejandro Farnesio”(只使用西班牙资料)。对这次会谈缺乏权威性的研究,尽管史料丰富:见Martin and Parker, *Spanish Armada*, 284所列目录。

79 OÖLA *KB* 4/311 -12,克芬许勒致鲁道夫二世,1588年7月13日。甚至在他写这封信时,丹尼尔·罗杰斯就去了丹麦,为的是设法建立一个北方各君主反对西班
364 牙的同盟,然而他未能成功(Slavin, “Daniel Rogers in Copenhagen, 1588”)。

80 Gómez - Centurión, *La Invencible*, 67 -70,援引了里瓦德内拉的《讲道文》,还有许多其它关于耶稣会士试图将“英国大业”“圣化”的迷人的例解。又见上文第96页。

81 Whitehead, *Brags and boasts*, 58 – 78,关于经出版的书目;游行和王室祈祷见 BAV *UL* 115/199 – 206,“通报”,1588 年 5 月 28 日和 6 月 25 日;ASMo *Ambasciatori Spagna* 15 unfol.,里帕大主教发至费拉拉函,1588 年 6 月 25 日;BAV *UL* 1115/205 – 6,“通报”,来自马德里,1588 年 6 月 25 日;ASV *LP* 46/121,“Breve instrucción para todos los que huvieren de ganar el Santíssimo Iubileo”。

82 AGS *Estado* 595/32,伊迪亚克斯致腓力二世与其回复,1588 年 8 月。关于国王这次渴望“尽其职责”力求完美,见原书第 105 页;又见 Patterson, *The other Armada*, 14, 168 – 9, 214, 222,记述了 1779 年“降临英国”期间类似的“救世”态度。

第七章　欧洲尽人皆知的秘密?

1 PRO *SP* 77/4/231 – 3,戴尔致伊丽莎白,1588 年 7 月 12 日(旧历)。该函的更多引语见上文第 212 页。

2 Raleigh, *History of the World*, part I, book v, 305 – 6。

3 Von Clausewitz, *On War*, 119, 86。

4 Machiavelli, *The Prince*,全书,特别是第 25 章; Koninklijk Huisarchief, The Hague, Inv. 22. IX. E, unfol.,威廉·路易致拿骚的摩里斯,1614 年 8 月 4 日(新历):“L' issue de la guerre dépend de la fortune, comme le jeu au dé.”(“战争的结果取决于偶然,正如一场赌博那样。”)感谢艾利森·安德森使我注意到这一有趣的引语。

5 Murray, Knox and Bernstein, *The making of strategy*, 2 – 3。

6 Molyneux, *Conjunct expeditions*, part II, 21. 感谢亚当·西格尔使我注意到这本书。本章的题目受一篇优秀的文章启发,即 de Lamar Jensen, “The Spanish Armada: the worst – kept secret in Europe”. 我要感谢艾利森·安德森的宝贵的研究协助;也要感谢众多人士给我提供参考资料并说明各种各样的问题,他们是:克里斯托弗·安德鲁、戴维·科尔曼、尼古拉·戴维森、鲁道夫·德·斯梅特、米古尔·安吉尔·艾切瓦里亚·巴希加卢佩、弗雷德里克·艾德尔迈耶、罗伯特·伊文斯、迈克尔·汉德尔、格奥尔格·黑林舍茨内尔、理查德·伦德尔、简·奥尔梅耶、罗伯特·奥雷斯科、罗纳德·波利特和克里斯琴·托马斯。

7 PRO *SP* 94/2/124,“Copia en suma de una relación que el contador Bernabé de Padrossa an ymbiado a su Magestad, la qual relación se a despachado oy sávado a 22 de março 1586”. 第二个副本藏于卷宗 126,一个英译本藏于卷宗 123。出自西曼卡斯档案馆的原件可见于 *BMO* II, 45 – 74,“El Armada y exército que pareció se havía de juntar para la conquista de Inglaterra... hiciéronla el marqués de Santa Cruz y el Contador Bernabé de Pedrosa”. 一个节略本亦可见于 BNL *Fundo geral* 637/80 – 1。

8 ASV *NS* 32/220 – 2, 诺瓦拉致鲁斯蒂库奇,1586 年 7 月 23 日, 寄来第一个副本; 随后有 ASVe *Senato: dispacci Spagna* 19, 来自利波马诺,1586 年 8 月 6 日(英文

摘要载于 CSPV, VIII, 193 - 5),BNP *Fonds français*, 16,110/130 - 6, 来自隆莱,1586 年 8 月 23 日, BAV UL 829/IV/621 - 35v。腓力二世后来哀叹该计划已变得意大利无处不知:BZ143/77, 马特奥·巴斯克斯致腓力与回复,1588 年 6 月 3 日。他几乎全未想到,在巴黎和伦敦已为人所知!

365 9 *BMO*, II, 108 - 11, 帕尔马致腓力二世,1586 年 4 月 20 日。帕尔马强烈地懊悔这桩泄密,见 O' Donnell,"El secreto"。另一份被泄露了的重要文件见 Bod. *Tanner*Ms 78/50 - 4,"圣特耶·克鲁克塞侯爵所撰谈话录",1585 年 10 月 26 日(原件刊于 *BMO*, I, 529 - 31, 上文第 180 页予以讨论)。

10 ASF *MP* 4919/340, 阿拉曼尼发至佛罗伦萨函,1588 年 3 月 25 日——在无敌舰队抵达英吉利海峡整整 4 个月前; ASV *NS* 34/368, 诺瓦拉致蒙塔尔托,1588 年 6 月 4 日;*CSPV*, 367 - 8, 利波马诺发至威尼斯函,1588 年 7 月 12 日。奇怪的是,"原件"似乎未在西班牙政府档案中留存下来。然而,它依据的资料刊于 FD, II, 33——部署在阵列"右角"和"左角"的舰船名单,一个更详细的版本可见于梅迪纳·西多尼亚文件之中:见 KML *MSP*: *CR* 5/142 - 6,"La forma con que se avía de pelear con los galeones"。广受欢迎的史家 Pigafetti 对无敌舰队阵列作了一番描述(无疑基于这些文件),见其 *Discorso*。又见一项精彩的现代叙述:Pierson, *Commander of the Armada*, 134, 235 - 43。

11 AGS *Estado*2855, unfol.,"Lo que Su Magested es servido que se responda a los cuatro papeles principales que le dio el Presidente Richardot"[1589 年 11 月], 对文件二(关于英国)的答复。给梅迪纳·西多尼亚的指令只规定了他要在哪里与帕尔马会师("el cabo de Margat"),而未规定要在哪里登陆:见 FD, II, 6。因而,8 月 8 日俘获三桅划桨战舰"圣洛伦佐"号的英国人发现了前者而非后者:见 Laughton, I, 344 - 50, 理查德·托姆森致沃尔辛厄姆,1588 年 8 月 9 日。

12 ASMa *AG* 600a, unfol., 卡夫里亚纳发至曼图亚函,1587 年 10 月 24 日(类似的情绪见 ASV *NS* 19/301, 诺瓦拉致鲁斯蒂库奇,1587 年 10 月 5 日); ASF *MP* 4949/89, 阿拉曼尼发至佛罗伦萨函,1588 年 2 月 6 日;Longlée, 373 - 4,隆莱致亨利三世,1588 年 5 月 6 日。此时就腓力及其大臣的"保密"表达的沮丧亦可见 Longlée, 294, 隆莱致亨利三世,1586 年 8 月 23 日;ASG *AS* 2418/275, 斯皮诺拉和多里亚发至热那亚函,1587 年 1 月 10 日。

13 ASMa *AG* 601, unfol., 阿奎发至曼图亚函,1588 年 2 月 19 日;ASMo *CD* 15, unfol., 里帕发至费拉拉函,1588 年 2 月 6 日;HHStA *Staatenabteilung Spanien*: *Diplomatische Korrespondenz* II Konvolut 7/345, 克芬许勒致鲁道夫二世,1588 年 2 月 21 日。

14 Laughton, I, 213 - 14, 温特致沃尔辛厄姆,1588 年 6 月 30 日(新历);Brugmans, *Correspondentie*, III, 74, 莱斯特致枢密院,1587 年 8 月 27 日(新历)。

15 PRO *SP* 77/4/231 - 3, 戴尔致伊丽莎白,1588 年 7 月 12 日(旧历)(见该信其他部分的一个概要,载于 *CSPF*, XXII, 32 - 4); CSPF, XXII, 51 - 2, 伊丽莎白致诸

位特命代表,1588 年 7 月 12 日(旧历)。

16 KML *Dr Valentine Dale*: *letters on talks with the duke of Parma*, #1, 戴尔致莱斯特,1588 年 7 月 25 日(旧历);#2,(很可能)致罗伯特·比尔,同一日期。戴尔还向沃尔辛厄姆、伯利和哈顿发去了类似的信件。关于戴尔异常熟谙历史,见 Jardine and Grafton, "Studied for action", 63 – 5。

17 见 Handel,"The politics of intelligence", 26。这一区分也很适于 17 世纪:见 Echevarría Bacigalupe, *La diplomacia secreta*, chap. 1; Bély, *Espions*, part 1。

18 AGS *Estado* 949/6, 22, 奥利瓦雷致腓力二世,1586 年 12 月 30 日和 1587 年 3 月 16 日。

19 奥多·克罗纳的口供,由荷兰人于 1587 年 12 月 9 日提交给伊丽莎白,藏于 PRO *SP* 84/19/151 – 2v. 根据甚为知情的 van Reyd, *Historie* 一书第 258 页, 克罗纳 "werdt niet ghelooft"(不被相信);而且,英国人确实只是在几个月之后才命令进一步审讯:BL Cott. Vesp. Cviii/95,沃尔辛厄姆致莱斯特,1588 年 5 月 5 日。奥多年轻时 366
杀了一名马耳他骑士,招致教皇敌意,其后加入了一个意大利团行进至佛兰德。他在佛兰德大军中对自己的身份守口如瓶,因为克罗纳家族是法尔内塞家族的夙敌,而后者的家族首领就是帕尔马公爵。另一次类似的情报事件见 PRO *SP* 101/90/38 – 9, "Certaine Spanishe occurrences", 系对克芬许勒大使的秘书的审讯,此人在西班牙 14 年,然后乘船返回德意志家乡,途中于 1585 年 11 月遭拦截和逮捕。

20 这情报可能对英国在无敌舰队战役中的海军胜利作出了贡献,见 Martin and Parker, *Spanish Armada*, 212 – 13。

21 PRO *SP* 12/214/16 – 19,47 – 65. 对这些问答的一项优秀的叙述见 Martin, *Spanish Armada prisoners*, 65 – 9,80 – 1。

22 见 Martin and Parker, *Spanish Armada*,235。

23 普利茅斯镇和女王都派出间谍船,以寻求关于西班牙海军准备的消息:见 Brayshay,"Plymouth's coastal defences", 189。然而后来,英国有间谍定居在至少某些西班牙港口:参加 1596 年加的斯远征的一艘舰只在航行日志里记载道,进攻该镇前一天,"两个人从镇上游泳到我们这里,向将领们报告卡尔维的状况。"(Hammer, "New light", 188)。

24 *BMO*, III, 1750, 利森西亚多·格瓦拉致腓力二世,1588 年 1 月 22 日,(尽管这份情报的重要性似乎被忽视了:见 p. 389 n. 68); *CSPSp*, IV, 219 – 22, 263 – 6, 326, 弗朗西斯科·德·巴尔维尔德和佩德罗·德·圣克鲁斯在 1588 年的证词; AGS *Estado* K 1448/77,"Lo que refiere Manuel Blanco".

25 例如见 *CSPF*, XXI. 4,171 – 2, R. 斯潘塞致伯利勋爵,1588 年 3 月 5 日(旧历)。

26 PRO *SP* 77/4/204, 德比勋爵致沃尔辛厄姆,1588 年 7 月 13 日;fos 114, 116, 《关于敦刻尔克的军事准备的报告》(理查德·霍奇森撰)。又见 fos 69《关于在敦刻尔克的战舰等等的笔记》(1588 年 6 月 23 日),169《关于在敦刻尔克的战舰的目睹实况》(1588 年 7 月 8 日),303《敦刻尔克的航运状况》(1588 年 9 月)。对帕尔马的准备情况还有另一项非常详细和精确的叙述,系由科巴姆勋爵——在布尔布的一名代表团成员——于 1588 年 3 月提交:BL *Harl*. 287/86,《业经解码的报告》(日期皆为新历)。又见本书第八章。

27 例如见 1588 年 4 月一位德意志邦君传送的一批情报,载于 *CSPF*, XXI. 1, 556 – 64;或者 1587 年秋天一名访问西班牙的丹麦人传送的情报(ibid., 372 – 3)。

28 详情见 *CSPSp*., IV, 326, 佩德罗·德·圣克鲁斯的证词。更多情况可见于一篇杰作,即 Morán Torres,"Los espías de la Invencible"。

29 PRO *SP* 77/4/185 – 6, S. 德·格里马尔迪致费尔南多·洛佩斯·德·比拉诺瓦,1588 年 6 月 30 日,布鲁塞尔。见另一项极有价值的情报,包括帕尔马入侵部队的可能的目的地,出自一名在弗莱芒海岸被俘的人,载于 *CSPF*, XXI. 4, 511,《1588 年 6 月 22 日去格拉夫林途中所获船只情况报告》。

30 详见 Álava, 125,131 – 40;Devos, *Les Chiffres de Philippe II*。又见 Álava, 349 – 52, 萨亚斯致阿拉瓦,1569 年 6 月 27 日,谈论每 5 年更换一次"通用密码"的必要;*BMO*, III, 1067, 腓力二世致圣克鲁斯,1587 年 9 月 14 日,附有与帕尔马通信使用的一种独特的密码。

31 BMB *Ms Granvelle* 13/185, 腓力二世致格伦维尔,1564 年 8 月 3 日,谈论受损坏的通用密码;Bély, *Espions*, 156, 关于截获一项已知文本的加密件的危险。可能的例子是 1597 至 1598 年阿尔贝尔大公与西班牙宫廷之间关于对法媾和的各种来往书
367 信的原件和破译件,见 PRO *SP* 77/5/215, 245, 288 – 322。

32 1576 至 1577 年间被截获的信件见 ARA *Staten Generaal* 11,915;BL *Cott*. Caligula Cv/98, 胡安·德·埃斯科维多致腓力二世,1577 年 4 月 9 日。荷兰人对这些信件的成功破译的详情见 Geurts, *De Nederlandse Opstand*, 59 – 60,64 – 5; AGS *Estado* 566/56, 巴尔塔萨尔·洛佩兹·德·拉奎瓦致萨亚斯,1576 年 11 月 7 日;Kervijn de Lettenhove, *Relations Politiques*, IX, 411 – 12, 罗杰斯博士致沃尔辛厄姆,1577 年 7 月 20 日;原书第 347 页注 107。此时被截获和破译的其他西班牙信件的详情见 BPU *Favre* 61/44 – 5, 奥地利的唐·约翰致胡安·安德雷阿·多里亚,1578 年 9 月 16 日;AGS *Estado* 519/118,124, 奥塔维奥·贡萨加致腓力二世,1579 年 4 月 13 日和 5 月 21 日。关于胡安·德尔·卡斯蒂洛的更多讨论,见下面注释 51。

33 BL *Addl* 28,360/1 – 2, 胡安·巴蒂斯塔·格西奥致腓力二世,1578 年 2 月 18 日;Laubespine,825, 致卡特琳娜·德·美第奇,1561 年 3 月 10 日("我非常努力地试图破解这密码,但虽然在我看来它不难,可是我做不到");Haynes, *Invisible power*, 7 – 8,18 – 19。又见 Strasser,"Diplomatic cryptology"一文援引的例子,连同以后一些时期的有趣的资料,载于 Way, *Codes and cyphers*; Bély, *Espions*, 153 – 7。

34 BL *Cott. Galba* Dii/i95, 奥利瓦雷致腓力二世,1588 年 3 月 2 日,"复件",显

然被一名意大利人破译（“io”而非“yo”）。一份不完全的英文译本可见于 BL *Harl.* 295/207，还有一份较好的版本（带扩充和修正，那大概是随着更多的密码字被“劈开”而添上的）可见于 PRO *SP* 94/3/3。经过完全破译的原件藏于 AGS *Estado* 950/35－6（英文概要见 *CSPSp*, IV, 225－7）。6 月，沃尔辛厄姆写信给英国驻巴黎大使爱德华·斯塔福德爵士，告知他的这一成就，斯塔福德立即将此告诉付钱给他的西班牙人，此人转而通知腓力二世：*CSPSp.*, IV, 320－1，门多萨致腓力二世，1588 年 6 月 26 日。其他被截获和破译的西班牙信件可见于 BL *Cott. Galba* D iii/60，胡安·安德雷阿·多里亚致腓力二世，1588 年 3 月 11 日致腓力二世；*HMC Salisbury*, III, 82－9，帕尔马、奥利瓦雷和门多萨 1589 年春发出的一些信件；PRO *SP* 94/3/131, 133，190，西班牙宫廷致帕尔马的一些信件，1590 年；*SP* 94/6/22, 29. 34－5，46，致阿尔贝尔大公的一些信件，1598 年；又见上面注 32 列举的例子。

35 参见 Charrière, *Négociations*, II, 178 n. 1，德·阿拉蒙致亨利二世，1552 年 1 月 20 日；Lanz, *Korrespondenz*, III, 137，给德·赖伊的指令，1552 年 3 月 22 日；Kupke, *Nuntiaturberichte aus Deutschland*, XII, 246，269－70，教皇使节卡米阿尼致国务秘书，1552 年 3 月 19 日和 30 日。相反的情况见 *Epistolario*, I, 206，阿尔瓦致唐·弗朗西斯科·德·托莱多，1555 年 6 月 21 日，它打断了一番有趣的、关于在意大利要遵循的战略选择的讨论，说“此事只能口头决定，不能经由书信”。

36 *BMO*, II, 338，腓力二世致门多萨，1586 年 9 月 5 日。在其他场合，国王主张只口头传令，不写下来任何东西：致帕尔马，1587 年 9 月 4 日，谈论派遣一名信使去乌桑特，遇会和联络无敌舰队；致门多萨，1588 年 1 月 4 日，谈论苏格兰起义计划，以配合无敌舰队到来（*CSPSp.*, IV, 137，188）。然而，作战计划有时只能以书面传送：见 AA 5/69，腓力二世致阿尔瓦，1567 年 8 月 7 日，部分地由国王亲自加密（见上文第 122 页）；*Epistolario*, III, 136－8，阿尔瓦致腓力二世，1572 年 7 月 18 日，评论一项进攻阿尔及尔的详细计划，那是国王送来要求评估的。

37 “被指定的地点”究竟在哪里，甚至今天依然多少是个谜。在他 1586 年 4 月
20 日的信中，帕尔马提议在“多佛与马加特之间的海岸，即泰晤士河口”（*BMO*, II, 368
110），但他似乎从未在书面上写得比这更具体。显然，只有两名参与者将它写下来，以示后代：佛兰德大军总监察胡安·巴蒂斯塔·德·塔西斯在其史述手稿中毫不含糊地说，入侵部队打算驶入唐斯停泊地，但被风暴吹到了马加特沿岸（Tassis, *Commentarii*, 491）；帕尔马的管家保罗·里纳尔迪在他那本仍未出版的“Liber relationum”中作了类似的断言：BRB Ms II. 1155/216－v。

38 在 1587 年 5 月 7 日致沃尔辛厄姆的秘书马努奇的一封信里，斯坦登叙述了这个体系，见 *CSPF*, XXI. 1, 283－4。据心怀嫉妒的驻西班牙教皇使节说，腓力二世喜欢季安菲格利亚兹陪伴，在埃斯科里亚尔及其别的乡间宫殿与之一起度过了“好多时间”。因此，他向斯坦登提供了那么完美的情报不足为奇！（ASV *NS* 34/52v－3，诺瓦拉致鲁斯蒂库奇，1587 年 12 月 6 日。）

39 BL *Harl*. 286/118, 斯坦登致沃尔辛厄姆,1587 年 7 月 30 日;*HMC Salisbury*, III, 327 – 8,斯坦登致沃尔辛厄姆,1588 年 6 月 7 日。更多详情见 Lea,"Sir Anthony Standen"; Read, *Walsingham*, III, 288 – 90; Hanyes, *Invisible power*, 87 – 8; Hammer, "An Elizabethan spy"。斯坦登这些年的信函原件可见于 BL *Harl*. 285, 286, 295,296(大多数的副本藏于 BL *Addl* 35,841)。*CSPF*, XXI. 1, 283 – 4 和 *HMC Salisbury*, III, 262 – 3, 327 – 8 提供了某些刊印的节选。

40 PRO *SP* 12/202/55,"A plotte";*HMC Bath*, V, 86 – 7, 伯利致施鲁斯伯里勋爵,1588 年 3 月 3 日。又见在热那亚的拉扎罗 · 格里马尔迪给他的亲戚霍雷肖 · 帕拉维西诺和给伯利的密信收藏:见 PRO *SP* 81/4/52 – 6, 145, 150 – 1,160 – 4。

41 PRO *SP* 85/1/56,"雅各布 · 德 · 皮萨上尉"致沃尔辛厄姆,1587 年 1 月 31 日,米兰,提到此前 4 个月写的 9 封信。然而,他警告说西班牙驻法国大使能够截获经巴黎寄往英国的所有信件,因而建议将来经里昂的一名朋友发信,此人将通过英国驻巴黎大使馆将信送出。因为斯塔福德大使到那时已是一名西班牙间谍,因而该程序可以解释为何雅各布 · 德 · 皮萨的信件——满是来自西属意大利核心部门的高级情报——在 1587 年 5 月后突然从国务档案中消失了:他被出卖了。

42 Bod. *Tanner* Ms 309/46v – 7, 伯利致波尔,1588 年 2 月 25 日,副本。*CSPF*, XXI. 1, 529, 波尔致沃尔辛厄姆,1588 年 3 月 10 日,说自从他抵达后已发出 31 封信;其中几封可见于 PRO *SP* 99/1 和 Bod. *Tanner* Ms 78,309. 又见 Stern, *Sir Stephen Powle*, chaps 4 – 5。

43 *CSPF*, XXI. 1, 231 – 2, 理查德 · 吉布斯致沃尔辛厄姆,1587 年 3 月。

44 这些国家是萨伏依、热那亚、威尼斯、帕尔马、曼图亚、费拉拉、乌尔比诺、卢卡、托斯卡尼和教皇国。它们差不多全都留下了这些年里的大量外交档案。对 1590 年代教皇使节们在其信件中讨论什么的一项有趣的概览,见 Borromeo,"Istruzioni generali"。

45 ASL *offizio sulle differenze*, 268 unfol. , 波尔蒂科发至卢卡函,1585 年 8 月 23 日,副件(破译的原件藏于 ASL *Anziani*, 644)。法国使节一个月后报告了同一件事:Longlée, 174,隆莱致亨利三世,1585 年 9 月 20 日。帝国大使不久后得知了事件经过,立即将德雷克的袭击解释为开战缘由(见上文第 176 页;OÖLA KB 4/137, 克芬许勒致鲁道夫二世,1585 年 10 月 13 日,底稿)。法国大使第二天报告说,国王刚刚写
369 信给他驻罗马的大使,请教皇支持他的推翻都铎国家的提议(Longlée,184,隆莱致亨利三世,1585 年 11 月 14 日)。

46 ASMa *AG* 600a, unfol. , 卡夫里亚纳发至曼图亚函,1586 年 4 月 2 日。显然,腓力二世的信是在 4 月 2 号以后不久发出,而不是在"大约 10 天前"。又见卡夫里亚纳 4 月 4 日和 9 日的消息灵通的信件,藏于同一卷宗。帝国大使稍后得知了事情经过,但(有如往常)了解得更详细:OÖLA KB 4/152, 克芬许勒致鲁道夫二世,1586 年 4 月 26 日。另一极为详细的叙述见 *CSPV*, VIII, 159, 格拉迪内罗发至威尼斯函,

1586 年 5 月 1 日。

47 例如见 ASV *NS* 34/404 -5，诺瓦拉致蒙塔尔托,1588 年 6 月 29 日,附有关于梅迪纳·西多尼亚致国王信函内容(“ho veduto”)的详情,连同一封出自帕尔马的信函(“m'ha detto un amico mio che l'ha veduta”)的详情;Longlée，353 所载隆莱 1588 年 3 月 5 日致亨利三世函,则声称“看到”过无敌舰队军官的若干信件,它们讨论计划中的出发日期。

48 BL *Addl* 28,528/26 -7，马特奥·巴斯克斯致腓力二世与其回复,1575 年 2 月 17 日,在一封关于奥地利的唐·约翰的信件泄密之后。在一次较早的关于保密状况糟糕的恐慌期间,国王断言他要么将敏感的信件锁起来,要么将它们烧掉：BMB *Granvelle* Ms 23/9 -10，腓力二世致格伦维尔,1566 年 7 月 7 日,亲笔信;IVdeDJ 60/321，腓力二世致安东尼奥·佩雷斯,未标明日期(但写于同一天)。诚然,腓力工作时总是开着门,这也许使某个人能够窥视国务文件,但这看来不大可能;而且无论如何,若干大使(包括富尔克沃克斯和多纳)认为国王的保密能力“高超”,参见上文第 20 和第 33 页。

49 *CCG*，IV，38 -9，格伦维尔致萨甘特,1570 年 11 月 10 日(谈论普遍的不谨慎)；AGRB *Audience* 476/99，维利乌斯致迪纳克,1564 年 11 月 5 日(谈论 1556 年奎克勒出卖机密一事)。关于腓力的仆人万德内塞,见 Juste，*Guillaume le Taciturne*，56，n.；IvdeDJ 60/321,安东尼奥·佩雷斯致腓力二世与其回复［未标明日期,但显然是在 1566 年 7 月］；HHStA *Spanien Varia* 1b/s/45，“通报”,1567 年 9 月 23 日；AGS *Estado* 542/122，对万德内塞的“指控”。

50 Fourquevaux，I，177,富尔克沃克斯致查理九世,1567 年 2 月 13 日。又见 ibid.，120，1566 年 9 月 3 日函,提到富尔克沃克斯跟随国王前往塞戈维亚,以便观察他对尼德兰危机的反应,但没发现什么,因为大多数别的大使和他的“秘密朋友们”留在了马德里;*CSPV*，VIII，193，利波马诺发至威尼斯函,1586 年 8 月 6 日,报告了同样的情况,即“宫廷不在马德里时”就没有什么泄密事件。

51 详见 Bor，*Geschiedenis*，book 16，fos 44 -v(1621 年出版)。作者博尔还说卡斯蒂洛出卖密码已有 10 年之久,他的情报使马尔尼克斯能够破解截获的西班牙信函(见上文第 216 页),并说卡斯蒂洛于 1581 年 10 月因叛国罪被处决。博尔告诉读者:“我不能确定这些事情是如何被发现的。”然而,这位荷兰历史学家又如何“确定”他的其余事实? 1581 年,格伦维尔在一封信里报告了卡斯蒂洛的被捕,还说在他的物品中发现了某些未被送出的国务文件:*CCG*，VIII，410 -11，格伦维尔致帕尔马的玛格丽特,1581 年 9 月 13 日。与博尔大致同时写作的卡布雷拉·德·考尔多瓦明确否定了叛国指控,那(据他说)“不仅在西班牙、也在尼德兰和意大利流传。”据卡布雷拉说,卡斯蒂洛被他的私敌告发,但在监狱里关了一段时间、同时事情得到调查之后,他 370
被证明无罪和被释放,并经允许在那不勒斯和尼德兰担任重要职务(Cabrera de Córdoba，*Historia*，II，685 -6)。上述情况很大部分得到 1583 年 1 月的一封信证实，在其中腓力二世通知那不勒斯总督：卡斯蒂洛被囚禁了“若干天”（实际上超过一年！），“因为他被控间谍罪，并且就尼德兰事务与奥兰治亲王通信来往”。尽管如此，国王又说，经过对这些指控的仔细调查，发现“这位卡斯蒂洛的忠诚毫无问题，虽然他在一些谈话中——因为饮酒和喜好争论——言辞不谨慎”。卡斯蒂洛因而获得了那不勒斯的一个职务，被赠与200克朗路费，每个月可领10克朗津贴，与此同时总督接到命令，要他提供一个带薪水的职位，在此职位上卡斯蒂洛能够发挥自己的“才能”（BCR Ms 2174/225，腓力二世致那不勒斯中毒，1583年1月24日，副本）。当然，所有这一切并不必然意味他是清白的，而只意味指控无法得到证实。

52 AGRB *MD* 5479 - 182，格伦维尔致伊迪亚克斯与其回复，1584年8月8日（有一份不完整的抄本载于 *CCG*，XI，78 - 9）。泄密者萨亚斯。

53 OÖLA *KB* 4/152，克芬许勒致鲁道夫二世，1586年4月26日，底稿（关于梅迪纳·西多尼亚的轻率行为）；Vargas Hidalgo，“Documentos inéditos”，414，423，424。一位大使购买情报的例子见 Edelmayer，“Honor y dinero”，112 - 13。

54 Fourquevaux，I，120，183 and II，388 - 9，富尔克沃克斯致查理九世，1566年9月3日、1567年2月23日、1571年11月12日；ASMa *AG* 623，unfol.，西克斯图五世致腓力二世，1585年8月7日，副本；*CSPV*，186 - 7，格拉迪内罗发至威尼斯函，1586年8月4日（实际上几个月前，格拉迪内罗就从教皇使节那里听说了帕尔马的参与：见 ibid.，159 - 60，1586年5月1日函）。

55 见布温乔万尼的函件，藏于 ASV *NS* 36/404 - 69. 帕尔马的不慎见上文第212页。门多萨的不慎见第227页本章相关内容；艾伦的不慎见 BL *Harl.* 286/124，科巴姆致沃尔辛厄姆，1588年3月24日（一份被截获的信函的详情）；梅迪纳·西多尼亚的不慎见（例如）AGS *CS* 2a/286/166（给“圣腓力”号大型挂帆战舰舰长约翰·戈登[原文如此！]的委任状，说无敌舰队“将出海搜寻英国女王的舰队”）。

56 这位大使的履历见 Khevenhüller - Metsch and Probst - Ohstorff，*Hans Khevenhüller*；Edelmayer，“Habsburgische Gesandte”。部分地归功于他对西班牙语的熟练掌握，克芬许勒在1560、1566、1568至1559和1571至1572年曾被派至马德里从事特别使命。相反，费拉拉大使到达马德里7个月后，不得不于1588年1月购买一本“西班牙词汇表”（他的报告的质量此后显著改善）：ASMo *CD* 16，unfol.，“In questo libro si scriverano le spese strordinarie”。

57 玛丽亚有时陪同国王去他的乡间别墅（例如他们在1587年春一起赴阿朗胡埃斯）：BAV *UL* 1115/142，147，“通报”，1587年5月30日和6月27日；有时，她可能在他工作时陪伴他一下午：例如见 IVdeDJ 55/XI/155，巴斯克斯致腓力二世与其回复，1586年11月8日；Sánchez，“Empress María”。

58 HHStA *Statenabteilung Spanien*，*Diplomatische Korrespondenz* 11，Konvolut 7/398，克芬许勒致鲁道夫二世，1588年9月14日。曼图亚大使馆的规模见 ASMa *AG* 601，unfol.，阿奎发至曼图亚函，1588年1月7日，自豪地提到这多少大于在马德里的其

他外交使团。

59 时间取自 Edelmayer,“Habsburgische Gesandte”, 68; Stone, *An Elizabethan*, 121。

60 见 Mousset, *Un Résident de France*, 23 – 5。隆莱只是一名“常驻使节”,因为法国宫廷反对腓力二世吞并葡萄牙。沃尔辛厄姆的“秘密情报活动”计划(见上文第217 页)也设想利用隆莱从西班牙传出的信息,但显然这位大臣先生不知道他想买的 371
东西价值甚微。

61 Longlée, 233,隆莱致亨利三世,1586 年 3 月 6 日。1584 至 1585 年间,隆莱还未能提前发现腓力二世要将女儿嫁给亨利三世的外甥和邻居萨伏依公爵的计划,从而遭到严厉斥责:见 Mousset, *Un Résident de France*, 23。

62 ASV *NS* 19/80 – 1,124, 诺瓦拉致鲁斯蒂库奇,1587 年 1 月 4 日和 3 月 6 日,破译件。

63 Longlée, 342,隆莱致亨利三世,1588 年 1 月。而且,这持续超出他的能力,因为甚至一个月后,隆莱在此问题上仍旧“只有猜测可报”,见其 1588 年 2 月 6 日函(ibid., 344)。

64 例如见 *BMO*, III, 1963, “关于隆莱的信息”,撰写人安东尼奥·德·瓦加(门多萨在英国的最佳特工之一),1588 年 2 月 15 日,内有圣克鲁斯在上年 10 月写的一封信的详情,该信被隆莱送往巴黎,并且被传至法国驻伦敦大使,后者愚蠢地将它拿给瓦加看。瓦加说服这位大使相信它是假的,不应再给任何别的人看……

65 一番充分的讨论见 Leimon and Parker,“Treason and plot”。

66 AGS *Estado K* 1567/53, 门多萨致腓力二世,1588 年 4 月 5 日,附有两份名单(fos 62a, 62b)。可能到此时,至少伊丽莎白的某些大臣已认识到斯塔福德成了叛徒,因而正在将这一事实转变得有利于己,为此向他送去他们希望传递出去的假情报(例如与皇家海军的优势力量相关),它们以微不足道或业已过时的真实信息作为外在掩护:见 Leimon and Parker,“Treason and plot”, 1150 – 1。

67 例如见佛罗伦萨驻巴黎大使的消息灵通的信件:Canestrini and Desjardins, *Négociations diplomatiques* 679 – 817。在法国首都的其他英国情报人员也设法搜寻了大量情报:见日期为 1587 年 10 月 20 日的一份匿名报告,从巴黎发送给伯利勋爵,刊于 *HMC Salisbury*, III, 288 – 90,其中满是关于西班牙在佛兰德、勃艮第和里斯本的军事准备的准确消息。

68 所有引文均出自 Leimon and Parker,“Treason and plot”, 1153 – 4(所有日期皆为新历);斯塔福德从腓力得到的付款的详情见该文第 1156 页。

69 De Bueil, *Le Jouvencal*(写于 1466 年), II, 34 – 5(为此参考文献感谢克利福德·罗杰斯);关于伊丽莎白间谍预算可得的相互矛盾的数字见于 Haynes, *Invisible power*, 48。另一方面,11 000 英镑并非微不足道:它足以每年建造 4 艘新战舰:见原书第 260 页。

70 见下列极好的评论:Stone, *An Elizabethan*, 234 – 8; Read, *Walsingham*, II,

415 – 33; Morán Torres,“Los espías”。甚至斯坦登,一名天主教徒,玛丽·斯图亚特20年的仆人,在80年代也肯定是个双重间谍,既从西班牙也从英国领取年金:见Hammer,“An Elizabethan spy”, 280 – 4。

71 当然,反之亦然。由于他作为英国国王的经历,腓力很了解某些英国天主教徒(或者他们的父母)(见 *BMO*, II, 305 – 7, 门多萨致腓力二世,1586年8月13日,上有国王的许多批注;ibid., 338, 腓力二世致门多萨,1586年9月5日,草稿)。他还能校正从英国收到的“通报”中被解码错了的地名,因为他知道它们理应如何。帕尔马和奥利瓦雷,还有其他若干王室大臣和幕僚,也拥有自1550年代起至少对英国东南部地理状况的第一手回忆,而且门多萨1577至1584年在那里居住过(并且建立了一个一流的间谍网)。

72 Wohlstetter, *Pearl Harbor*,382 – 4。

372 73 Ibid., 387 – 93,397。同样的“难捉摸性”已在其他战略突袭事例中被观察到:1941年德国进攻苏联、1973年埃及和叙利亚进攻以色列、1990年伊拉克进攻科威特。非常感谢巴里·瓦茨使我注意到这些相似的案例。

74 例如,安东尼·斯坦登爵士虽然极为了解无敌舰队准备情况的每个方面,但仍在1587年6月告诉英国政府:“最可能也最合理的选择在于,这次航行针对巴贝里亚的拉腊西亚[拉腊歇]的防御工事,尽管舰船开往英国方向”(BL *Harl.* 295/183,“庞佩奥·佩勒格里尼”致沃尔辛厄姆,1587年6月5日)。然而,至少有一名无敌舰队俘虏在1588年8月声称,他也被告知无敌舰队的目的地将是拉腊歇,只是在他们出海时真正的计划才被披露:PRO *SP* 12/214/55, 阿隆索·德·拉·萨尔纳对第二个问题的回答。

75 关于在肯特郡登陆的“可预测性”,连同一支哪怕由小舰船组成的舰队可予以实现的易行性,见 Malfatti, *Cuatro documentos*,12,“Descrittione de porti... d' Inghilterra”, 1588年7月6日。又见 Luttwak, *Strategy*, 7 – 17,其中富有启示的关于“自觉利用战争中的自相矛盾之处”的论说。

76 KML,《伊丽莎白女王给霍华德海军上将的指令》,1587年12月20日(旧历)。在伦敦的“国务文件”中间,似乎没有这份引人注目的文件的任何副本。

77 见对这一点的富有洞察力的评论:Rodríguez – Salgado, *Armada 1588 – 1988*, 24 – 30; van der Essen, *Alexandre Farnèse*, chaps 4 – 5。诚然,伊丽莎白的幕僚们有时非常接近真相,例如见 *BL Cott*, *Vesp*。CVIII/12,伯利对一次政策会议的亲笔记录,1588年2月25日(旧历),它预见到两支西班牙舰队同时入侵,一支驶向爱尔兰,另一支驶向英吉利海峡,以便与帕尔马会合;然而,腓力随后对计划的改变看来使每一种猜测都令人怀疑。

78 这些数字取自一项便利的概述:Wernham, *After the Armada*, 14 – 15。

79 Hunt *HA* 30,881/85, 沃尔辛厄姆致亨廷敦勋爵,1588年6月19日(旧历)。伊丽莎白“国务文件外国卷宗”的已刊一览表就1580年代初期而言是每卷涵盖一个整年,有时不止一年,然而就1586年6月至1588年12月的30个月而言,它需用5卷之多。

80 负责英格兰南部防御的约翰·诺里斯爵士强烈主张将主力军集中在内陆(例如见 BL *Addl.* 69907A,《约翰·诺里斯爵士的建议和答复》,关于多塞特郡防务,1588年4月20至24日[旧历]),但负责肯特郡防务的托马斯·斯科特爵士主张在海滩战斗(见 PRO *SP* 12/212/40, 斯科特致伯利,1588年7月23日[旧历])。

81 Barber,"England: monarchs, ministers and maps", 88n. 35; O'Neil, *Castles and cannon*, 65 – 79; idem,"The fortification of Weyhourne Hope". 若干西班牙人兴高采烈地指出英国缺少"现代"防御工事,例如见提倡征服的"论说":BAV *UL* 854/244v – 5, 269,857/259v – 61; *BMO*, II, 208, 贝尔纳迪诺·德·埃斯卡兰特的"论说",1586年5月。

82 Hunt *HA* 30,881/76, 亨廷敦致伯利和沃尔辛厄姆,1588年5月15日(旧历); 85v – 6, 致沃尔辛厄姆,1588年6月20日(旧历); Flower – Smith,"The able and the willynge", 56. 有关1588年英国战争动员的文件实例,见 Noble, *Huntingdonshire*; Historical Manuscripts Commission, *Fifteenth report*, appendix, part V, 34 – 58 (the Foljambe"Book of musters")。

83 Whitehead, *Brags and boasts*, 73, 77 – 90 and 102 – 3. 又见瓦伦丁·戴尔7月18日关于帕尔马言辞轻率的报告,见上文第212页。荷兰人甚至更少准备,即使 373
有准备的话:8月10日,在海牙开会的联省议会接到一份报告,称西班牙舰队两天前已到了格拉夫林附近海面,"意在入侵英格兰王国或本联省",于是议决应动员联省资源。看来想到这一点已为时甚晚:*RSG*, VI, 206, 1588年8月10日决议。

84 Hunt *HA* 30,881/83v – 4, 伊丽莎白致亨廷敦,1588年6月16日(旧历);Scott Thomson,"The Twysden lieutenancy papers", 70 – 1, 枢密院兹科巴姆勋爵,1588年7月18日(旧历)。

85 PRO *SP* 77/4/271 – 3, 伊丽莎白致布尔布和谈特命代表,1588年7月17日(旧历); *HMC Rutland*, I, 253。罗伯特·塞西尔致曼纳斯勋爵,1588年7月25日(旧历); Historical Manuscripts Commission, *Fifteenth report*, appendix, part V, 48; McGurk,"Armada preparations in Kent"。

86 Christy,"Queen Elizabeth's visit to Tilbury", 45 – 6. 对英国防御准备的一种较为肯定的看法见 Nolan,"The muster of 1588"。

87 Gould,"The crisis of the export trade"; Laughton, I, 284 – 5, 伯利致沃尔辛厄姆,1588年7月19日(旧历),亲笔信。

88 见对这一点的下列富有洞察力的评论:Handel,"Technological surprise in war"; idem,"Intelligence and the problem of strategic surprise"。

89 Molyneux, *Conjunct expeditions*, part II, 24 – 5(讨论圣克鲁斯的特尔赛拉岛战役)。

90 Canestrini and Desjardins, *Négociations diplomatiques*,IV, 814 – 15, 卡夫里亚纳发至佛罗伦萨函,1588 年 8 月 23 日。

第八章　帕尔马是否做好了准备?

1 本章的想法起源于多年前与玛丽亚·何塞·罗德里格斯—萨尔加多的一次谈话。我为所得的宝贵建议和帮助感谢她,也感谢古斯塔夫·阿萨尔特、罗兰·巴腾斯、贾普·布鲁伊恩、本·考克斯、J. I. 冈萨雷斯—阿莱尔·伊埃罗、约斯特·斯霍肯布鲁克和罗伯·施特拉德林。

2 Vázquez,*Sucesos*, II,352。这一事件未被标明日期,也未见诸于任何其他当时人的记述;然而,作者巴斯克斯(当时是无敌舰队所载西西里步兵方队的一名军士,被荷兰人俘虏,然后于当年晚些时候被赎回并带至佛兰德大军)在讲了这桩轶事后立即补充说:"我如实地写下了我的所见所闻。"见巴斯克斯的服役记录(至 1595 年),藏于 AGS *CS* 2a/275 (under'A' for Alonso)。

3 Belda y Pérez de Nueros, Felipe II,64 –6, 博瓦迪拉致伊迪亚克斯,1588 年 8 月 20 日。(这个重要文件原先在卡夫拉档案馆,现存于 AGS *Estado* 455/602 – 3。)

4 *Breeder verclaringhe*, 9. 这本披露实情的小册子以荷兰抓捕者对皮蒙特尔的审讯为内容,被逐字逐句地刊印于 Bor, *Geschiedenis*, III part 2, book 25, fos 11 – 12;做了节略的英文、西班牙文和法文翻译(见藏于 PRO *SP* 84/26/5 – 12 的副本;另外,一个更为节略的英文版本载于 Laughton, II,75 –6)。又见在多佛和弗吕斯欣受审的无敌舰队战俘对帕尔马的抱怨(Laughton, I, 342 – 3; II, 32);还有旗舰上的弗雷·贝尔纳多·德·贡戈拉对他的抱怨(Harvard University, Houghton Library, fMs *Span.* 54, 致弗雷·马丁·德·洛杉矶函,1588 年 8 月 15 日)。

5 AGS *Estado* K 1568/113, 门多萨致腓力二世,1588 年 9 月 24 日;*Estado* 1261/115,唐·胡塞佩·德·阿库纳致腓力二世,1588 年 9 月 6 日;Malfatti, *Cuatro documentos*, 43, 朱利奥·萨沃尔纳诺致菲利波·皮加费塔,1588 年 9 月 23 日;ASF *MP* 4919/484v, 阿莱曼尼发至佛罗伦萨函,1588 年 10 月 4 日(该信满是在西班牙宫廷流传的对帕尔马的批评详情)。更为直言不讳的批评见 AGS *Estado* 1263/117, 阿库纳致腓力二世,1588 年 9 月 13 日。

374 6 Fea, *Alessandro Farnese*, 308 – 10: 帕尔马致红衣主教法尔内塞(未标明日期,但大概在 1588 年 8 月 12 日)。

7 AGS *Estado* 950/227, 奥利瓦雷伯爵致腓力二世,1588 年 10 月 29 日;连同 950/229, 致帕尔马,1588 年 10 月 15 日,副本。切西使命的背景见 *Estado* 594/163, 帕尔马致伊迪亚克斯,1588 年 12 月 30 日;他的生平见 594/110,帕尔马致腓力二世,1588 年 8 月 7 日(该伯爵曾在勒班陀海战期间在帕尔马身边效力,然后在佛兰德军中听命于雷克森斯、唐·约翰和帕尔马)。

8 AGS *Estado* 594/124，帕尔马致腓力二世，1588 年 8 月 8 日；AGS *Estado* 2219/82，伊迪亚克斯致帕尔马，1588 年 8 月 31 日。

9 ASV *NS* 34/492，诺瓦拉致蒙塔尔托，1588 年 9 月 6 日（又见 fos 510，551，1588 年 9 月 26 日和 10 月 13 日函）；AGS *Estado* 2219/101－2，伊迪亚克斯致帕尔马，1588 年 11 月 9 日，底稿，多有修改。一个大概是帕尔马发送给红衣主教法尔内塞的副本藏于 ASP *CF* 129，folder 3，unfold。

10 AGS *Estado* 594/163，帕尔马致伊迪亚克斯，1588 年 12 月 30 日。这也正是当时帕尔马声称的：见 *Estado* 594/125，帕尔马致腓力二世，1588 年 8 月 10 日。与此同时，政府也开始调查那些在西班牙的可能要对无敌舰队失败负责的人：见 *Estado* 165/210（"Para verificar lo cierto de la victualla desta Armada"）；fos 225－6，唐·胡安·德·卡尔多纳致腓力二世，1588 年 11 月 20 日。最终，国王将梅迪纳·西多尼亚的首席海军幕僚迭埃戈·弗洛雷斯·德·巴尔德斯判处入狱：AGS *GA* 228/131，利森西亚多·桑蒂朗致腓力二世，1588 年 12 月 23 日。

11 ASP *CF* 109 folder 3，unfol.，"Memoria de los papeles que entrego oy 5 de junio 1589 al Señor Presidente Richardot"；AGS *Estado* 2855，unfol.，"Lo que Su Magestad es servido que se responda a los cuatro papeles principales que dio el Presidente Richardot"（1589 年 11 月），第二点。有讽刺意味的是，恰在此时，国王的其他臣仆开始质询帕尔马是否忠心执行腓力二世在另一个地区——法国——的政策（见 AGS *Estado* 597/128，胡安·莫雷奥致腓力二世，1589 年 11 月 18 日，带有国王的有趣的批注）。

12 1593 年，腓力二世在布鲁塞尔的代理人收到过 14 捆公爵正式文件（AGS *Estado* 604/55，"Relación de los despachos y papeles que Cosme Masi entrega"），接着在 1595 又收到过另外两箱（*Estado* 1277/46－7，埃斯特万·德·伊瓦拉致多明戈·德·奥尔韦亚，1595 年 4 月 14 日；奥尔韦亚致腓力二世，1595 年 7 月 12 日）。然而，这些文件现在似乎全都不在布鲁塞尔的档案馆里。在西曼卡斯也未找到 4 份"主要文件"和大多数支持性资料，那是帕尔马在 1589 年发送给腓力二世的（见上文第 273－274 页）。公爵的信件也有严重散失（见下文第 399 页）。

13 因此，唐·若热·曼里克在写了一份为帕尔马的行为说好话的报告后不久，从帕尔马获得了一笔丰厚的报酬：AGRB *SEG* 11/26（付给曼里克 2 000 埃斯库多斯现金的命令，1588 年 8 月 30 日）。又见唐·若热发给帕尔马与其秘书科斯梅·马西的极其友好的信件，日期为 1589 年 7 月 26－27 日，藏于 ASP *CF* 129，folder'1589'，unfol. 其他身居要津、可能直接向国王报告的无敌舰队避难者在离开佛兰德时，同样收到了丰厚的报酬：见 AGRB *SEG* 11 for 8v（供应官佩德罗萨），25（秘书阿尔塞奥），26（舰长埃雷迪亚）。

14 AGS *Estado* 591/33，莫里奥致伊迪亚克斯，1586 年 10 月 26 日（腓力二世在这段话的旁边写道"注意！"）；*Estado* 593/11，塔西斯致伊迪亚克斯，1587 年 1 月 19 日（在这个编号的卷宗内，第 1 至第 45 文件夹差不多全都关乎塔西斯与帕尔马和其他高级军事经管者的激烈冲突);又见塔西斯著作中对无敌舰队战役的批评:Tasssis's *Commentarii*, 489-93. 帕尔马在1591至1592年倒台的详情见 van der Essen, *Alexan-*
375 *dre Farnèse*, V, 全书; 司法审查见 Lefèvre,'Le Tribunal de la Visite'。

15 战役结束后,荷兰人从其战俘得知无敌舰队"没有适合[部队]登陆的舰只,只有等待来自[帕尔马的]那些":PRO *SP* 84/26/48-9, 泽兰议会致伊丽莎白,1588年8月16日。关于攻城车,见 Martin and Parker, *Spanish Armada*, 41-2。

16 FD, II, 5-13, 腓力1588年4月1日指令,底稿;KML *MSP*:*CR* 5/129, 伊迪亚克斯致梅迪纳·西多尼亚,1588年3月22日。

17 ASG *Estado* 455/320-1,梅迪纳致帕尔马,1588年6月10日,副本呈送腓力二世(并经他批注)(又见 KML *MSP*: *CR* 5/264-7,同一封信的底稿);Herrera Oria, 202-3, 腓力二世致梅迪纳,1588年6月21日,底稿;KML *MSP*:*CR* 5/278-9(原件)和289(腓力6月26日的另一封信);FD, II, 221-2,梅迪纳·西多尼亚致腓力二世,1588年7月30日。不用说,帕尔马在收到梅迪纳6月10日信件时,同样反应强烈,但他的抗议直至8月7日才送到国王手中。

18 FD, II, 221-2,梅迪纳·西多尼亚致腓力二世,1588年7月30日,在利扎德附近海面撰写。与此信相伴,还有一封同日早些时候完成的较长的公函(ibid, 217-21),它本身是一封在7月29日完成并发出的公函的翻版,被改动得符合最新情况(Herrrera Oria,252-5):显然,梅迪纳已开始严重怀疑他被告知要执行的那个战略的可行性。唐·佩德罗·德·巴尔德斯的口供显示,至少某些舰队指挥官意识到帕尔马无法冲出来:唐·佩德罗告诉他的俘获者:公爵有36 000人,但只有"一些仅为载运他们渡海的小船"(PRO *SP* 12/214/65,对第19个问题的回答)。

19 AGS *Estado* 594/115, 梅迪纳·西多尼亚致帕尔马,1588年7月31日/8月1日,副本。ASP *CF* 129, folder 1, unfol., 博瓦迪拉致帕尔马,1588年8月1日(他撩人地补充说,他不敢在信上解释他的原因,但他的信使将提供详情);ASG *Estado* 594/116-17,梅迪纳·西多尼亚致帕尔马,1588年8月4日和5日,副本。

20 Herrrera Oria, 241,《航行记事》。这份文件虽然是个依照时间顺序编排的叙述,但显然在1588年8月12日被呈送腓力二世以前经过修改。8月6日梅迪纳在加来外海面写给帕尔马的第一封信里,仅仅声称"天气"迫使他抛锚停留:ASG *Estado* 594/118。许多争论围绕梅迪纳·西多尼亚何时决定背离国王要他驶往"马加特角"等待帕尔马的命令:见最近的一篇论文 Adams,"the battle that never was"。该文作者的结论是梅迪纳最后一刻才作此决定,直接原因是离整个英国舰队很近,同时两位公爵间缺乏沟通,这得到了胡安·马蒂内斯·德·雷卡尔德文件的证实,此人在先后于7月29日和8月1日发送给梅迪纳·西多尼亚的短简上,仍写唐斯是舰队的目的地(AHN *OM* 3511/41)。

21 AGS *Estado* 594/120, 梅迪纳·西多尼亚致帕尔马,1588年8月6日,副本(他当天的第二封信)。如 Adams,"The battle that never was"一文第187页所指出,公爵

只可能是指英国的港口。

22 AGS *Estado* 594/113,帕尔马致腓力二世,1588 年 8 月 7 日,附有梅迪纳 7 月 25 日至 8 月 6 日期间书信的副本;Malfatti, *Cuatro documentos*, 34 - 8, 帕尔马致朱塞佩·德·塞尔诺萨,1588 年 8 月 10 日;*CSPV*, VIII, 382 - 3, 帕尔马致一名威尼斯通信人的类似的信件,1588 年 8 月 12 日。这一时间顺序得到下述其他史料证实:英国在布尔布的代表和泽兰的荷兰人只听说了 8 月 5 日在英吉利海峡的战斗。(BL 376
Sloane 262/62; *Notulen van de Staten van Zeeland* 1588, 144);这消息一天后就传到安特卫普(PRO *PRO* 31/10/3, 1588 年 8 月 6 日新闻录);据其本人承认,送交梅迪纳 7 月 25 日信件的唐·罗德里戈·特洛·德·古斯曼用了 7 天抵达帕尔马处(AGS *SP* 1795, unfol.,意大利议事会关于帕维亚城堡主职位申请人问题的议事录,1589 年 9 月 27 日:特洛的证明书)。

23 7 月 14 日,帕尔马派莫雷辛返回,以查明无敌舰队到底碰上了什么事,并向梅迪纳通报他自己的准备情况。然而,船只失事、风暴和遭遇英国舰队等事奇怪地结合在一起,将这位信使一直耽搁在法国的一个港口,直到无敌舰队驶离为止:他在 8 月 2 日才抵达西班牙。AGS *Estado* 594/107, 帕尔马致腓力二世,1588 年 7 月 21 日;*Estado*165/271,'Lo que refiere Don Rodrigo de Avilés'。

24 AGRB *CC* 26, 136 Compte de Michel Fourlaux, fos 88 - 91,记录了到 7 月 30 日为止的派遣;PRO *SP* 101/9/85, 送给伯利的"通报",1588 年 9 月,报道了后来的派遣。

25 AGS *Estado* 594/122, 梅迪纳·西多尼亚致帕尔马,1588 年 8 月 7 日,副本,确认收到他 8 月 3 日函(亦见 Herrera Oria, 241,《航行记事》)。帕尔马在无敌舰队战役期间写给梅迪纳 6 封信,其中 5 封显然已经佚失,仅一封从未抵达目的地的信被保存了下来:ASP *CF* 129, 帕尔马致梅迪纳·西多尼亚,1588 年 8 月 15 日。我关于被丢失的 8 月 3 日信件的推断基于下列考虑:(1)帕尔马在 8 月 2 日,即头一天,收到梅迪纳·西多尼亚 7 月 25 日函;(2)当时这是他从梅迪纳收到的唯一最近信件;(3)唐·罗德里戈·特洛,即梅迪纳 7 月 25 日函的携送者,也携送了帕尔马的复函。

26 BRB Ms II. 1155/216 - 216v,"Liber relationum",保罗·里纳尔迪撰。这篇叙事手稿包含不少错误,大概因为作者很久以后才撰写之:见 van der Essen,'De auteur en de beteekenis'。然而,里纳尔迪肯定目睹了他予以第一手叙述的事件:见他在 1588 年全年帕尔马家的许多采购单上的签名,ASN *CF* 1804. Ⅰ,'Fiandra: giustificazzione di spese'。帕尔马本人将梅迪纳所有信件的副本呈交国王,连同上面的批注和说明(例如再次提醒腓力说,梅迪纳要佛兰德小型舰队在英国舰队被击败以前就出海的提议"不可能做到"):AGS *Estado* 594/113,帕尔马致腓力二世,1588 年 8 月 7 日,附有梅迪纳 7 月 25 日至 8 月 6 日各项信件的副本。

27 AGS *Estado* 594/113, 帕尔马致腓力二世,1588 年 8 月 7 日,宫中 25 日收到,开列了梅迪纳的每一名信使到达的时间。不久后,帝国大使报告了宫中的抱怨,即帕尔马没有“在梅迪纳公爵抵达后就此事和其部队登船事宜足够认真”，但他（一如既往精明地）补充说，“我相信这所以发生，是因为他［帕尔马］本人无法知道无敌舰队的任何情况”。HHstA *Statenabteilung Spanien*, *Diplomatische Korrespondenz* II, Konvolut 7/398v，克芬许勒致鲁道夫二世，1588 年 9 月 14 日。据佛罗伦萨使节两周后的说法，梅迪纳·西多尼亚怪罪唐·罗德里戈·特洛花了太长时间才将无敌舰队的到来告诉帕尔马；然而，这位外交官一针见血地推测，看来更可能的是信使被派出得太晚了（ASF *MP* 4919/477，巴塔利诺发至佛罗伦萨函，1588 年 9 月 27 日）。

28 这些数据取自 O'Donnell, *La fuerza de desembarco*, 402，它们显然比任何其他可从已刊资料中得到的数据可靠。与帕尔马一起在布鲁日的一名参谋军官证实，所
377 有部队到 6 月下旬确已准备就绪：ASMa *AG* 574 unfol.，埃尔科勒·贡萨加发至曼图亚函，1588 年 7 月 8 日。

29 被指定参加入侵的西班牙各部队单位的宿舍分配见于 O'Donnell, *La fuerza de desembarco*, 87. 一位目击者科洛马说举行了两次“演习”，见其著作 Coloma, *Las guerras*, 16。

30 AGS *Estado* 594/113，帕尔马致腓力二世，1588 年 8 月 8 日，连同 594/163，帕尔马致伊迪亚克斯，1588 年 12 月 30 日，内含充分的详情。可以与 1779 年的情况相比：专家们当时预测，使集结在勒阿弗尔和圣马洛的 24 000 人及其装备登船以入侵英国，将需要 5 至 6 天：见 Patterson, *The other Armada*, 166。

31 详见 Parker, *The Army of Flanders*, 278；O'Donnell, *La fuerza de desembarco*, chaps 2–3。

32 AGRB *Audience*189/153–7，帕尔马致腓力二世，1588 年 2 月 3 日，底稿（“ilz sont diminuez d'ung ters pour le moings de ce qu'ilz estoient auparavant, oultre ung million de malades”）；*BMO*, III, 1398，帕尔马致腓力二世，1587 年 11 月 14 日。减损载于 Parker, *Spain and the Netherlands*, 138。

33 关于高昂的食品价格，见 AGRB *Audience*189/105，帕尔马致腓力二世，1587 年 4 月 26 日（“estant le bled quasi trios fois plus cher qu'il n'a oncques esté de mémoire d'homme”）。对无敌舰队准备情况的悲观看法的一个来源，见在马德里的孔塔多·阿隆索·卡尔内罗发给帕尔马的几封信：1587 年 11 月 17 日（ASP *CF* 129, folder 2）；1588 年 3 月 5 日和 4 月 2 日（ibid. folder 3）。

34 BL *Sloane* 262/81v–2，取自 1588 年被派去与帕尔马谈判的英国代表团的“大事记或日记”（几乎肯定出自瓦伦丁·戴尔之手）。关于 16 世纪 80 年代佛兰德遭受破坏的一些统计数字见 Parker, *Spain and the Netherlands*, 180–4。

35 ASN *CF* 2125/1，“Registro di contabilità 1588”（修女和耶稣会士都按 7% 的利息放贷，恰如世俗的债权人）。又见帕尔马 1588 年 8 月 17、18 和 23 日与三位安特卫普银行家的很痛苦的通信，乞求钱款以维持他的军队不散：ASN *CF* 1722/11, unfol.，与科利莫·德·马志尼、尼可洛·西诺里和贝尔纳多·彭维西的来往信件。

36 Vázquez, *Sucesos*, II, 347; Piot, *Chroniques*, 672(援引一篇在敦刻尔克写的匿名文献“Vlaemsche Kronyk”)。

37 当时在现场的“Vlaemsche Kronyk”的作者提供了最佳叙述:Piot, *Chroniques*, 672 – 3. 又见 Malo, *Les Corsaires*,191。戴维·卡布雷思就此事给沃尔辛厄姆送去了洋洋得意的报告,刊于 Rodríguez-Salgado, *Armada* 1588 – 1988, 121, 但它显得全然不实。以下两份资料都记载 3 名荷兰爆炸人员逃到奥斯坦德,从那里英国驻军将他们带到安全的地方:BL *Harl.* 287/86, 科巴姆勋爵给沃尔辛厄姆的“报告”;Addl 35, 841/156,“大事记或日记”。

38 Brugmans, *Correspondentie*, III, 284 – 6,莱斯特致伯利,1587 年 11 月 5 日(旧历)。

39 BL *Harl*, 287/86, 1588 年 3/4 月“报告”;PRO *SP* 101/9/80 “1588 年记事”(未标明日期,但大概在 6 月);van Meteren, *Historie*, 178 – 9。

40 ASN *CF* 1722/11, unfol. ,唐·卢伊斯·德·克拉尔特致帕尔马,1588 年 7 月 17 日,亲笔信。克拉尔特和他的手下人——其中许多是被赦免以换取其入伍的加泰罗尼亚前土匪——在上一年 12 月抵达尼德兰。

41 Laughton,I, 213, 温特致沃尔辛厄姆,1588 年 6 月 20 日(旧历)。温特的估计基于他对 1544 年英国征伐苏格兰的回忆,当时用了 260 艘舰船。注意,温特的用语是“载重吨”(“tons burthen”):排水吨量将高出近 50%(见下面第 383 页注 9)。

42 *BMO*,II, 110,帕尔马致腓力二世,1586 年 4 月 20 日;II, 195,‘Lo que dixo
Juan Bautista Piata’;III, 1399, 帕尔马致腓力二世,1587 年 11 月 14 日。已在佛兰德 378
军中供职 15 年的胡安·巴蒂斯塔·德·塔西斯也认为,在大海使用驳船的想法“彻底愚蠢”:Tassis, *Commentarii*, 492. 帕尔马对规划部队陆上行军谨慎周密,对海上运送部队则草率马虎:这反差在 Riaño Lozano, *Los medios navales* 一书第 105 至 107 页得到了注意。

43 ASN *CF* 1690, unfol. ,‘Relación de los baxeles que se hallan oy lunes 2 de noviembre en este puetto de Dunckerque’(记载了仅仅 9 艘载重 150 至 200 吨的舰船)。这与帕尔马在 1587 年 9 月 18 日和 11 月 14 日就其船队给国王的两份乐观报告相反,它们载于 *BMO* III, 1084,1399. 又见 Riaño Lozano, *Los medios navales*, 239。

44 PRO *SP*77/4/69,“关于(在敦刻尔克的)战舰、必需品和弹药的报告”,1588 年 6 月 13 日(旧历)(另一个副本在 fo. 81)。这份文件还记述有 12 门铸炮和 12 支猎枪放在码头地面上,“旁边有两堆与之相关的炮弹,估计约 2 000 枚或更多”,然而他补充道,“这些弹药适合陆战而非海战”。有趣的是,帕尔马截获了这份谍报:见荷兰人的概述,藏于 AGRB *Audience* 587bis, unfol. , last item. 这些小型火炮和猎枪全都是针对个人的武器,不能对其他舰船造成严重毁伤。比较 ASN *CF* 1690, unfol. , “Relación de baxeles”之中的舰船吨位记述。又见 ibid. , Cristóbal de Aguirre to Cosme Masi, 14 Apr. 1588, 记录了来自汉堡的两艘“快舰”抵达,每艘 160 吨,其中一艘有

15 门炮,另一艘有 12 门。此处的所有吨位是指“载重量”而非“排水量”。

45 见佛兰德舰队出纳官托里维奥·马蒂内斯对 1587 至 1588 年情况的分散叙述:AGS *CMC* 2a/8, 12, 16, 885, 1077;3a/692, 713。许多片段(并非总是准确地)援引于 Riaño Lozano, *Los medios navales*, 168 – 78。又见负责船员食物的人的较详记述:AGRB *CC* 26, 136,‘Compte de Michel Foulaux’ fos 54 – 60。曾有一项富有想象力但流产了的计划,要劫持 1587 年夏天但泽至阿伯丁途中的 30 艘苏格兰商船及其 6 艘护航舰:见 Martin and Parker, *Spanish Armada*, 152. 另外,AGS *CJH* 219 carpeta 15 记录了阿隆索·古蒂埃雷斯的一项企图,即在 1587 年从塞维利亚遣 6 艘被没收的笨重的荷兰大船去敦刻尔克,但只有一艘成功到达。

46 BAV *UL* 1056/304, 来自安特卫普的“通报”,1588 年 6 月 18 日; *CSPF* XXI. 4, 511,“报告”,1588 年 6 月 22 日(旧历);PRO *SP* 77/4/114 and 116,“一个来自敦刻尔克的人关于该地军事准备的报告”(1588 年 6 月 17 日[旧历])。根据最后一项叙述,敦刻尔克港到那时已泊有 37 艘战舰和 60 艘装载了补给的运输船,连同另外 27 艘差不多已准备就绪且“人员配齐”的舰船。然而,11 天后归档的另一份英国报告说有 22 艘战舰,但接着说在其他舰船中间,约有 30 艘“全都缺少船具并严重破损,如果没有新的修建就无法使用”(ibid., fo. 169, “关于敦刻尔克所有可用舰船的真实报告或目击” 1588 年 6 月 28 日[旧历];第二个副本藏于 BL *Cott. Vesp.* CVIII/75)。

47 *Notulen van de Staten van Zeeland* 1588, 117 – 18,119 – 21,分别致拿骚的摩里斯伯爵和伊丽莎白女王,1588 年 7 月 13 日。

48 AGS *Estado* 594/122, 梅迪纳·西多尼亚致帕尔马,1588 年 8 月 7 日,说收到了现已佚失的帕尔马 3 日信件,即在无敌舰队抵达的消息传到佛兰德之前写的信件。

49 Herrrera Oria, 262 – 3,唐·胡安·曼里克·德·拉勒致唐·胡安·德·伊迪亚克斯,1588 年 8 月 11 日, “agosto un día después de San Lorenzo”[亦即 1588 年 8 月 11 日]。他未责备帕尔马本人,断言事情仍未准备好“不是由于帕尔马公爵未努力工
379 作和敦促,因为世界上很难找到一个工作努力程度及得上他一半的人,而是由于水手和被赋予此等责任的那些人。”曼里克可以依凭自己在德意志、地中海和尼德兰长达 35 年的从军经验去看问题:详见 AGRB *SEG* 11/126,1587 年 4 月 30 日的命令。

50 Herrera Oria, 241 – 2,梅迪纳·西多尼亚的“日记”,两次说帕尔马没有做好准备,并且援引了他的秘书伊埃罗尼莫·德·阿尔塞奥的估计,即“看来不可能在不足 15 天里做完所有事情”(Herrera Oria, 242)。同样的话也出现在下列史料中:雷卡尔德的日记(Parker, “Testamento”, 33 – 4); AGS *Estado* K 1567/102,来自鲁昂的“通报”,1588 年 8 月 11 日; Vázquez, *Sucesos*, II, 348 – 9。据佛罗伦萨驻西班牙大使,唐·巴尔塔萨·德·苏尼加(梅迪纳·西多尼亚的特使)报告说,在他最终返回西班牙时,帕尔马还需要 10 天才能使其军队做好准备(ASF *MP* 4919/477,巴塔利诺发至佛罗伦萨函,1588 年 9 月 27 日)。另一位佛罗伦萨大使(ibid., fo. 484,阿勒曼尼发至佛罗伦萨函,1588 年 10 月 4 日)声称舰队总监察唐·若热·曼里克发送的“叙述”

严厉地批评了帕尔马，而弗雷·胡安·德·维多利亚的记事录记述了帕尔马与曼里克之间关于舰队准备状况的一次激烈交锋(Tellechea Idígoras, *Otra cara*, 177)。但是，曼里克的实际“叙述”(刊于 Herrera Oria, 255 - 8)不包含对公爵的任何批评，而维托利亚并非直接见证者，系根据在西班牙收到的报告编写他那尖刻的叙述。(见特勒切亚的杰出的评论：Tellechea, *Otra cara*, 133 - 47)。

51 Vázquez, *Sucesos*, II, 347 - 9. 如本章注 2 所述，巴斯克斯在此阶段并非一名目击者：他当时在无敌舰队的舰船上。

52 Coloma, *Las guerras*, 17 - 18。

53 Vázquez, *Sucesos*, II, 348; Carnero, *Historia*, 230。

54 AGS *CMC* 2a/885, 托里维奥·马蒂内斯的记述，第 145 张，给阿图斯·埃斯塔梅拉特支付了 400 弗罗林；2a/1077，给汉斯·斯米特支付了 2 400 弗罗林，因为他绘制了大约 200 面旗帜(要注意的是，这些支付只与在安特卫普的舰船相关：这一点的意义见原书第 241 页)；PRO *SP* 101/9/85, 在 1588 年 9 月发给伯利的“报告”；ASN *CF* 1804/1/64, 给乔万尼·巴蒂斯塔·卡诺拉的付款，1588 年 5 月 1 日。

55 Herrrera Oria, 265 - 6，唐·若热·曼里克致腓力二世，1588 年 8 月 12 日。然而，须注意上面注 13 和注 50 内提到的对曼里克证言的保留意见。

56 围攻战期间保卫安特卫普的舰船在 Asaert,“Een brug te veel”一文中得到了描述。它们包括 1 艘载重 500 吨的船(第 130 页)，大概与后来的“圣亚历山德罗”号相同。1587 至 1588 年间建造的舰船的详情(取自托里维奥·马蒂内斯的记述)见 Riaño Lozano, *Los medios navales*, 185 - 8, 293 - 4,313 - 18. 安特卫普主要舰船的吨位和装备情况见 *CSPF*, XXI. 4, 14 - 15, 208, 埃尔库莱斯·安尼斯和罗伯特·塞西尔致伯里，1588 年 1 月 22 日和 3 月 29 日。奇怪的是，出纳官马蒂内斯(AGS *CMC* 3a/692)只记录了 1588 年在施凯尔特河的 17 艘船只；无疑，有另一个来源为其余船只付款。

57 帕尔马对海岸的勘察见 AGS *Estado* 592/149，帕尔马致腓力二世，1587 年 12 月 21 日。一名英国间谍在之后一个月获知了帕尔马计划的详情，*CSPF* XXI. 4, 14,“埃尔库莱斯·安尼斯的报告”。AGS *CMC* 2a/11, unfol.，胡安·德·拉斯图尔的记述，为运河工程共向克里斯托瓦尔·隆科利和土地管理人范韦斯付款 1 万克朗。

58 *Notulen van de Staten van Zeeland* 1588, 14 - 15, 16 - 17, 致摩里斯伯爵和彼 380
得·威廉森函，1588 年 1 月 17 和 22 日。

59 AGS *CMC* 2a/11，胡安·德·拉斯图尔的记述，为开凿布鲁日与纽波特之间的水道向隆科利付款 7 000 克朗。对这工程成就的详细叙述见 Vázquez, *Sucesos*, II, 332 - 3,336; Carnero, *Historia*, 230; Coloma, *Las guerras*, 14. 这些和其他史料的片段援引于 Parente, *Los sucesos de Flandes*, 127; Malo, *Les Corsaires*, 191 - 2. 又见 Faulconnier, *Description historique*, I, 95 - 6. 对开凿“捷径运河”的描述见 BL *Harl*, 287/86，来自科巴姆勋爵的“报告”(1588 年 3 月[旧历])。这可能就是插图 31 中显

示的新“水槽”。

60 AGS *Estado* 594/113,帕尔马致腓力二世,1588 年 8 月 7 日。敦刻尔克和纽波特舰队的详情见:AGS *CMC* 2a/885,1077, 托里维奥 · 马蒂内斯的“资料”;Riaño Lozano,*Los medios navales*, 149 – 53。

61 见 Riaño Lozano, *Los medios navales* 一书第 233 – 234 页的计算,其中按照扬 · 格莱泰的公式,将载量吨换算换成排水吨(见下面第 383 页注 9)。应当指出,在 17 世纪,西班牙运兵船通常按一艘船的每个载重吨载运一到两人计算。见 Parker, *The Army of Flanders*, 78, n. 2。

62 见一项优秀的研究:Cox, *Vanden tocht*, 32, 35, 146 – 57.(该作者以“拉斯特”[重量单位]即接近两个载重吨去设定所有船只的重量,我则将这些数字换算成大致的“排水吨”。)相反,1688 年威廉三世集结了一支由 463 艘舰只组成的舰队,其中包括 53 艘战舰,以便将 21 000 人的入侵部队运到英国;1780 年,法国人估算自己需要 1 100艘运输船和 63 艘战舰,以运送 50 000 人和 7 000 匹马登陆英国(见 Israel and Parker,“Of Providence and Protestant winds”, 337 – 8; Patterson, *The other Armada*, 227 – 8)。

63 Baetens,“An essay on Dunkirk”, 134. 又见“普雷滕”型(20 米至 23 米长,5 米至 7 米宽,吃水不足 1 米,能够运载 200 人)和“赫顿”型(多少小些)的运载能力详情,由帕尔马的私人使者呈报国王,*BMO*, II, 195 – 6:‘Lo que dixo Juan Bautista Piata de Palabra a 24 de junio 1586’。

64 诚然,在 1600 年,荷兰的主要入侵舰队没有进入公海,可是约有 200 艘船驶往奥斯坦德(见 Cox, *Vanden tocht*, 22,151 – 2)。

65 *BMO*, III, 1579 – 83,1617 – 19,帕尔马致腓力二世,1587 年 12 月 21 和 29 日(1588 年 1 月 24 日收到);*CSPSp*, IV, 261 – 2 和 AGS *Estado* 594/79,帕尔马致腓力二世,1588 年 4 月 5 日和 6 月 22 日。

66 关于帕尔马的“欺骗”,见 Le Glay and Finot,*Inventaire sommaire... Nord*, V, 324; Bor, *Geschiedenis*, book 25 fo. 5v; and PRO *SP* 84/26/54 – 5, 詹姆斯 · 迪格斯致沃尔辛厄姆,1588 年 8 月 6 日。另外,帕尔马只在尽可能晚的时候才发委任状给他的代表和其他人,他们将“从我现在的随从们那里”接管在尼德兰的军事指挥权:见 AGRB *SEG* 11/2V – 3, 下达给曼斯菲尔德、奥利瓦雷和其他人的命令,1588 年 8 月 1 日(诚然,他早在 5 月 7 日就给他的文职代表们发放了委任状:见 AGRB *Audience*782/175 – 6,1792/1)。

67 *Notulen van de Staten van Zeeland 1588*,117 – 18, 致摩里斯函,1588 年 7 月 13 日,包括前一天来自科尔内利 · 隆克的一份报告,该报告声称他的舰队已经挫败了帕尔马的两次突破尝试(这些或许就是原书第 235 页说的“演习”?)。又见 ibid., 119 – 21,致伊丽莎白女王,1588 年 7 月 14 日。该分舰队的实力引自 Schokkenbroek, ‘“Wherefore serveth Justinus?”’, 106; Bor, Geschiedenis, book 25, fos 6 – 7。

68 *RSG*, VI, 206, 1588 年 8 月 10 日决议。又见 PRO *SP* 84/25/51 – 2, 摩里斯致英国枢密院,1588 年 7 月 20 日,说自此将总是有“至少”20 艘战舰在弗莱芒海岸外保持警戒。 381

69 Laughton,I, 331,341,西摩尔致枢密院,1588 年 8 月 6 日,霍华德致沃尔辛厄姆,1588 年 8 月 8 日(俱为新历)。

70 Vázquez, *Sucesos*, II, 336。

71 见上面第 246 页的插图 32,取自 BNM MS *Res*237,“Recueil et pourtraite d' aulcunes villes maritimes”, no. 17。这令人着迷的文献由 Schilder,“A Dunth manuscript rutter”一文加以讨论。一条在沙洲以内从加来通往敦刻尔克的水道显示在后来的地图上,那是在 1621 年以后才被使用的,见 Strading, *The Armada of Flanders*, 35 – 6; Messiaen, *La Connaissance des bancs de Dunkerque*。

72 *BMO*,I, 412 – 13,‘Discripción sumaria de los puertos de Dunquerque y Neoport’(根据两个港口的水手提供的信息)。

73 关于需要一场朔望大潮的英国史料令人赞赏地在一篇文章里被展示出来,此即 Rose,“Was the failure of the Spanish Armada due to storms?”, 215, 226。更了解弗莱芒海岸的荷兰人不管何时都保持密切监察,但确实恰在朔望大潮之前更加警惕:见 *Notulen van de Staten van Zeeland 1588*, 144 (1588 年 8 月 5 日)。

74 AGS *Estado* 594/122, 梅迪纳·西多尼亚致帕尔马,1588 年 8 月 7 日,附帕尔马的否认;594/124 – 5,帕尔马致腓力二世,1588 年 8 月 8 日和 10 日。又见 *BMO*, I, 412 – 13,“Descripción sumaria”。根据市政厅记录,1588 至 1605 年期间,排水量至 300 吨的舰船确曾驶入敦刻尔克,见 Cabantous, *Histoire de Dunkerque*, 71 – 2。

75 Carnero, *Historia*, 230 – 1。

76 Elias, *De vlootbouw in Nederland*, 3。

77 Haak, *Johan van Oldenbarnevelt*, I, 139 – 40, 乔希姆·奥特尔致奥登巴内维尔特,1588 年 7 月 1 日(旧历)。1588 年 1 月 1 日,英国驻海牙大使要求根据《农苏齐条约》(1585 年)的约定提供海军援助(*ARA Staten Generaal* 11,108/1)。又见 *RSG*, VI, 29,71 – 3, 那里载有证据,表明这些是荷兰人拥有的最大战舰。

78 Van Overeem,“Justinus van Nassau”; Bor, *Geschiedenis*, book 25, fos 6 – 7; Brugmans, *Correspondentie*, II, 439, Thomas Wilkes' s‘Discourse’; Schokkenbroek,“‘Wherefore serveth Justinus’”, 110。

79 详细的数字见 Bor, Geschiedenis, book 25, fo. 8。

80 PRO *SP* 84/26/135, 拿骚的贾斯蒂努斯所率舰队的舰船名单,1588 年 7 月 27 日。这个名单无疑附于贾斯蒂努斯同日致沃尔辛厄姆函:见 Laughton, II, 125 – 6。

81 ARA *le Afdeling*: *Regeringsarchief*I. 196,“Twee staten van lasts van oorloge wegen de Admiraliteit van Suijt en Noort Hollandt”。关于这些船只撤出封锁敦刻尔克的任务,见 ARA *Raad van State* 7, unfol. ,1588 年 8 月 9 日决议; *Notulen van de Staten van Zeel-*

and 1588, 145 - 6,致摩里斯伯爵函,1588 年 8 月 9 日;RAZ *Register van akten en brieven*, portefeuille 1625/260v, 致摩里斯伯爵函,1588 年 8 月 11 日。

82 AGRB *CC* 26, 136 Compte de Michel Fourlaux, fos 88 - 91, 记录了到 7 月 30 日为止的各次离港,此后的离港载于 PRO *SP* 101/9/85, 送交伯利的"通报",1588 年 9 月(摘要见 *CSPF*, XXII, 171 - 2);Piot, *Chroniques*, 682. ASV LP 46/240,'Relatione d'un grumete',叙述一名海员的航行经历,他在其中一艘舰船上航行,返抵敦刻尔克,然后从那里驶回科卢纳和里斯本,最终在 1588 年 10 月 5 日到达。无敌舰队两艘舰船的平安到达见 AGS *CMC* 3a/2761("圣安娜"号和"马格达莱娜"号分别在 8 月 17 日和 25 日到达)。

83 Laughton, I, 314, 爱德华・伯恩哈姆(在弗吕斯欣)致沃尔辛厄姆,1588 年 7
382 月 25 日(旧历);II, 45,西摩尔致沃尔辛厄姆,1588 年 8 月 6 日(旧历)(同样报告风暴毁坏了他的副旗舰"先锋"号的主桅)。又见 ibid., I, 254,西摩尔致沃尔辛厄姆,1588 年 7 月 12 日(旧历),报告说风暴反复将他的舰船往南远远吹至加来,往西远远吹至英国海岸;ibid., I, 333,威廉・温特爵士致沃尔辛厄姆,1588 年 7 月 27 日(旧历),也提到风暴将封锁舰船吹离位置。又见 *RSG*, VI, 87 - 8, 1588 年 12 月编写的报告,谈论荷兰人对打败无敌舰队的贡献,承认封锁舰队曾被迫在西班牙舰队到达以前驶回国内港口。

84 Laughton, I, 233,西摩尔致沃尔辛厄姆,1588 年 7 月 26 日(旧历);ibid., I, 312, 伯恩哈姆致沃尔辛厄姆,1588 年 7 月 25 日(旧历)。

85 *RAZ Register van Akten en Brieven*, portefeuille 1625/256v - 7,泽兰议会致拿骚的摩里斯伯爵,1588 年 8 月 9 日,告知通过了贾斯蒂努斯的报告。

86 AGS *Enstado* 615/99,179, 阿尔贝尔大公致腓力二世,1588 年 4 月 20 日和 8 月 27 日。关于未能获取布洛涅的意义,见原书第 193 页和第 363 页注 73。

87 Cabrera, III, 288. 卡布雷拉声称,他已亲自及时将此告诉了国王。

88 *BMO*, I, 412 - 13,'Descripción sumaria'。

89 1558 年的情况见 Loades, *The Tudor navy*, 174. Casado Soto *Los barcos*, 206 - 21 给出了每艘船的"庞特尔"(puntal),即船龙骨以上甲板的高度,而卡斯提尔大型帆舰的"庞特尔"大约 6 米,因此吃水深度小得多。这也许解释了为何雷卡尔德等人主张"继续前进"而非在加来抛锚停泊:原书第 234 页。

90 这一可能性或许解释了 8 月 8 日霍华德海军上将的一个本来令人困惑的决定,即在火船攻击后,先摧毁停靠在加来附近的旗舰,然后攻击无敌舰队的其余舰船,因为留在后面太危险,尤其在西摩尔的分舰队放弃了唐斯之后。

91 只有荷兰方面的史料提到帕尔马试图突破封锁:见 Bor, *Geschiedenis*, book 25, fo. 12v; van Reyd, *Historie*, 262; 荷兰和泽兰省议会决议,连同海军部决议(见 Schokkenbroek,"Wherefore serveth Justinus",109 所引)。RAZ *Register van Akten en Brieven*, portefeuille 1625/257v - 8,泽兰省议会致拿骚的摩里斯,1588 年 8 月 10 日,

报告敦刻尔克传来许多噪音,提出对方正在计划突破封锁,但说没有行动。Strada, *De bello belgico*, II, 558, 部分地基于帕尔马的现已佚失的档案,也提到了这个细节,但谨慎地在此前面写上“有人写道……。”西班牙方面支持此说的唯一档案史料为 AGRB *CC* 26, 136/91v, 它记录了给 10 艘战舰上的军官和船员分发 1588 年 8 月 11 至 13 日三天海上行动的配给粮,行动的具体目的不明。所有西班牙史料都未提到这项突破封锁企图,无论是帕尔马和曼里克的还是巴斯克斯、科洛马和卡尔内罗的,而且“Vlaemsche Kroniek”也未说到,这表明它从未发生。

92 Brugmans, *Correspondentie*, III, 284 -6, 莱斯特致伯里,1587 年 11 月 5 日(旧历)。关于损失军中“宝贵老兵”的风险,见 Carnero, *Historia*, 230。

93 惊人地相似,1779 年的法国—西班牙入侵计划所以失败,也多半是因为它需要在能够实施入侵以前,将来自一个地方(科卢纳)的舰队与在另一个地方(圣马洛和勒阿弗尔)集结的陆军会合:见 Patterson, *The other Armada*, 全书。

94 Laughton, II, 45,西摩尔、温特和帕尔默致枢密院,1588 年 8 月 6 日(旧历)。
帕尔马在 8 月 31 日解散了他雇用的运兵船(见 AGS *CMC* 2a/1077, 托里维奥·马蒂 383
内斯的记述)。无敌舰队返回西班牙的确切消息 5 周后才传到佛兰德,见 ASN *CF* 1676bis, unfol., 马罗林·德·胡安致帕尔马,1588 年 11 月 7 日,敦刻尔克。

第九章　八月炮火

1 对这些参考资料和建议,我极其感谢托马斯·阿诺尔德、扬·格莱特、霍尔格·赫尔维希、保罗·肯尼迪、彼得·皮尔森、格林·雷德沃思·凯文·夏普、I. A. A. 汤普森、南希·范德森,尤其是尼古拉·罗杰尔。都铎海军的更多详情可见 Parker, “The *Dreadnought* revolution”。

2 FD, II, 9 -10,腓力二世给梅迪纳·西多尼亚的指令,1588 年 4 月 1 日。这条意见的来源颇为有趣:它与 1587 年 9 月 14 日发给公爵的前任圣克鲁斯的指令一字不差,见 *BMO*, III, 1067 -1068。有讽刺意味的是,国王重复了梅迪纳已经知道的某种事情:见公爵自己给启程前往美洲的舰队的指令,1587 年 3 月 31 日,载于 Maura, 175 -177。国王提到的报告未被找到,但他们可能包括对英国海军优势的描述,还有使用不同的(较小的)舰船以对付英国海军的必要,见 *AGS SP* libro1550/569,阿尔贝尔红衣主教致腓力二世,1586 年 10 月 25 日,连同一名西班牙情报人员 1574 年从伦敦发来的报告,内容为英国人如何低位射击,以便损伤敌军船体(*CSPSp*, II, 480)。弗朗西斯·德·格瓦拉后来提供的详细证实似乎被人忽视了:见原书第 389 页注 68。

3 Gracia Rivas,“EL motín de la ‘Diana’”.

4 关于弹药,见 Laughton, I, 338,约翰·吉尔伯特致枢密院,1588 年 8 月 8 日; Ibid., II, 156 -157,“圣萨尔瓦多”号上的物资清单; AGS *Estado* K1568/127,“关于

英国的报告”,1588 年 11 月 5 日。在这两艘舰只上发现的大量大口径炮弹——绝非独一无二(见原书第 289 页表格 5)——着重体现了有一点的重要性,那就是其他舰只未能在战役中有效地使用自己的弹药去对付英国人。

5 其例见 Martin and Parker, *Spanish Armada*, 227 – 250。

6 Oppenheim, *History*, 163. 即使如此,船主们编写的账目似乎仍“有水分”:例如,德雷克为他的 200 吨三桅帆船“托马斯”号向政府索要了 1 000 英镑(德文郡档案馆,埃克塞特,所藏档案 346/F588, “Accompte of sondrye charges”)。

7 Laughton, I, 358 – 362,霍金斯致沃尔辛厄姆,1588 年 8 月 10 日(新历)。又见霍华德的证词(ibid., II, 59 – 60),还有佛罗伦萨驻巴黎大使 1587 年 11 月的证词,说无敌舰队“是创世以来在这些海域(即地中海以外海域)所曾有过的最大舰队”(Canestrini and Desjardins, *Négociations diplomatiques*, 737)。

8 Kenyon, “Ordnance and the king's fleet in 1548”,63 – 65; Caruana, *English sea ordnance*, I, 18 – 21(安东尼 1546 年编海军装备目录所列火炮概要)。

9 除非另有说明,本章内所有舰船重量均指“排水吨”,即使这个时期(和此后)的差不多全部英国记录都只给出每艘舰船的“吨数和吨位”,那是与内部容量有关的一种度量。Glete, *Navies and nations*, II, 527 – 530 显示如何计算排水量,即每艘舰船的长度、船体最大宽度和吃水深度相乘,然后调整乘积,以确定船体吃水量(“垫头系数”)。因为并非所有海军舰船都有相同的设计样式,所以各船的“垫头系数”略有差
384 异。然而,格莱特博士依据每艘舰船的精确尺寸,估算了它的大概排水量,并且十分慷慨地与我分享自己的估算。我非常感谢他。我还感谢尼古拉·罗杰尔向我指出使用格莱特方法的好处。同一种方法也可被用于西班牙吨位法,同样是对承载能力而非排水量的一种测量法:见 Casado Soto, *Los barcos*, 57 – 94 所载的博学的讨论,连同以后给出的 1588 年无敌舰队每艘舰船的重量和尺寸。格莱特博士还慷慨地与我分享他依据该书的数据作的排水量计算,尽管这些数据难免仍是近似的。

10 PRO *WO* 55/1672,《对女王陛下的所有大炮的看法和概览》,列举了除“战恨”号和“却敌”号以外的所有舰船;这两艘舰船的大炮总数据 *WO* 55/1627《剩余物资统计表》添上。Parker,“The *Dreadnought* revolution”一文附录一提供了每艘主力战舰的详情。

11 “恒快”号也在 1573 年下水,根据 1590 至 1591 年的一项概览,其排水量仅 550 吨,但它在 1592 年被“改造”,将排水量增至 650 吨。1595 年时,它装载了总重量达 43 吨的 37 门炮,占总排水量的 6.61%。关于排水量的计算由扬·格莱特好心提供;装备重量取自对 1595 年 9 月每艘舰船上的装备总重的计算,依据 PRO *WO* 55/1672,《对女王陛下的所有大炮的看法和概览》。注意,装备重量只包括炮管,底架、工具和弹药另计。

12 见有关轮换计划的最有趣的文件,由 Adams,“New light”一文展示;又见 Glasgow,“The shape of the ships”。

13 海军总开支引自 Parker，"The *Dreadnought* revolution"，Appendix II. 这些数字不包含军械衙门的海军开支，那至少给伊丽莎白海军的战时开支另增了 10 万英镑。

14 见 Parker，*Spain and the Netherlands*，36. 扬·格莱特告诉我，1560 年代期间，瑞士和丹麦可能有时将自己的防务预算的 30% 用于海军，但是它们正在打仗（尽管未打整整 20 年）。

15 见对三桅划桨旗舰上的装备的详细描述：AGS *Estado* 594/152，"Relación de lo que queda de la galeaza"，该舰装有 18 门可发射 15 至 50 磅炮弹的大炮。一位审视过这艘在加来沙洲上的"巨型大战舰"的英国人声称，它总共装有 64 门炮：见 BL *Sloane*262/66v. 又见 BNP *Fonds français* 5045/155，《在加来的一名目击者关于无敌舰队的谈论，有对损坏了的三桅划桨战舰的许多详述》；John Mountgomerie 的 *Treatise concerning the Navie of England*（Magdalene College，Cambridge，*Pepys Ms*. 1774）所附 1589"补记"；AGS *Estado* 431/135，"Relación de los naos que ay"（它给出 4 艘三桅划桨战舰帆的总重量，为 2 000 吨）。

16 诚然，两艘三桅划桨战舰曾在 1583 年随圣克鲁斯侯爵出航，参加了他在特尔赛拉岛外得胜的战役，可是开往英国的那些却是不同的舰船，而且只是 1587 年 8 月才到里斯本；跨大西洋护卫舰队直到 1588 年 2 月为止一直未抵达该地。另一方面，在参加 1583 年作战行动的舰船中间，有几艘在 1588 年再次效力：比较 Fernández Duro，*La conquista*，402 – 417 所载舰船名单。

17 Taylor，*Troublesome voyage*，154；Rodger，*Safeguard*，219。按照扬·格莱特的 385
建议，我将大致的转换系数 1.5 应用于这两艘私人舰船的"吨数和吨位"，从而得出它们的排水量（见上面注 9）。英国 1588 年的动员速度确实非凡：3 个月内，伊丽莎白集中了一支舰队，比腓力花费了 3 年时间集结的无敌舰队还要庞大。不仅如此，她的舰队完全是英国的，而腓力的舰队绝非全属西班牙。

18 关于"格里丰"号，见 AGS CS 2a/280 fo. 1939，胡安·戈梅斯·德·梅迪纳的陈述（副本），1588 年 10 月 8 日："maltratada de la mucha artillería con que algunos navios de la armada inglesa la batió，y de la que ella asimismo jugó contra ellos"。专门建造的战舰也能发生同样的情况：AGS *GA* 226/8，唐·若热·曼里克致腓力二世，1588 年 8 月 19 日，描述"圣马蒂奥"号，一艘建于 16 世纪 70 年代的葡萄牙大型帆舰，在弗莱芒海岸外沉没，因为"abierto de su mesma artillería"。

19 Laughton，II，11，温特致沃尔辛厄姆，1588 年 8 月 11 日（新历）。在这封信的前一处（p. 10），温特声称英国舰队直到相距 120 步时才开炮。

20 *HMC Salisbury*，III，345，无敌舰队两名荷兰水手的证词，1588 年 8 月 11 日；FD，II，405，旗舰上的法里亚·拉托雷的叙述；Laughton，II，60，霍华德致沃尔辛厄姆，1588 年 8 月 8 日（新历），报告他的西班牙俘虏的说法。又见参加了这次战斗行动的阿瑟·戈尔加爵士后来写的"见闻"，叙述英国人的发射能力，"他们每射击一次,我们的舷侧大炮就射击两次,我们装载的火炮和他们的一样好,一样大,但更有利的是我们有出色得多的炮手”:Glasgow, “Gorgas' seafight”, 180－181。

21 FD, II, 392,巴内加斯上尉的叙述; AHN *OM* 3512/34,“Relación hecha por un soldado en la Almiranta”(8 月 8 日的记载):见 Parker, “Testamento politico”, 35; Laughton, II, 81,《逃兵的报告》。

22 FD, II, 241(梅迪纳·西多尼亚);ibid., 261(旗舰上的一名耶稣会士)。

23 关于发给弗朗西斯·德雷克爵士在普利茅斯指挥的分舰队(6 艘皇家军舰和 32 艘商船)的弹药,有记录保存了下来。它们显示,1587 年 10 月至 1588 年 4 月期间,给整个分舰队发送了约 5 220 枚炮弹和差不多 39 000 磅火药,而且这些弹药在 1588 年 5 月被分发给各艘舰船;但遗憾的是,它们没有给出任何迹象表明已在船上的弹药有多少,或者 1588 年战役中消耗的弹药有多少。见西德文郡档案馆,普利茅斯,PCM1971/4,《在普利茅斯卸下的火药和炮弹》。

24 Usherwood, *The counter-Armada*, 77; Pierson, *Commander of the Armada*, 201; PRO *WO* 55/1627,《女王陛下舰船海上归来后剩余物资统计》,1595 年 12 月至 1596 年 8 月。根据它们的航海日志,6 月 21 日“玛丽·罗斯”号开火 400 次,“却敌”号开火 350 次:Hammer, “New light”, 192。应当记得,军械衙门的“英担”(“hundredweight”)就火药而言仅合 100 磅,但就火炮而言合 112 磅。

25 单个舰船的情况见 PRO *WO* 55/1627;总数见 Andrews, *The last voyage of Drake and Hawkins*, 72－73(取自 PRO *AO*1/1688/30)。注意,英国人在加来和加勒比海还射出了大量“横档弹”、“链索弹”、“联结弹”、石弹和“霰子弹”:见 Andrews, *The last voyage* 一书中引人注目的总计。

26 所有英国史料都痛惜在 8 月 8 日与其后缺少火药,尤其缺少炮弹:见 Laughton, I, 359(霍金斯致沃尔辛厄姆,1588 年 8 月 10 日);II, 11, 13(温特致沃尔辛厄姆,8 月 11 日),38(芬内尔致沃尔辛厄姆,8 月 14 日),54(霍华德致沃尔辛厄姆,8 月 17 日),64(怀特致沃尔辛厄姆,8 月 18 日),等等(所有日期均为新历)。Raleigh, “Excellent observations and notes concerning the royall navy”,写于 1612 年以前,刊于其 *Judicious and select essays*, part III, 26,谈论需要按照每艘舰船上的枪炮数量分发火药
386 和炮弹,“像在 1588 年与西班牙人的海战中见到的,当时它那么密切地关系到王国的防御和生存。其时,许多大炮都缺少火药和炮弹,像无用之物和稻草人一般立在那里。”

27 曼纽埃尔 1500 年 2 月的指令,载于 Greelee, *The voyage of Pedro Alvares Cabral*, 183。

28 Oliveira, *A arte da guerra do mar*, fo. lxxii;他还警告说,“不要在小船上安置重炮,因为后坐力会将船击断”(fo. xlviii)。奥利维拉在 1535 至 1543 年和 1544 至 1545 年期间,作为单层甲板大帆舰的一名领航员服役,与英国皇家海军作战(见 fos xl-xli,那里有一番有趣的叙述,讲 1544 至 1545 年法国单层甲板大帆舰与英国战舰之间

的各次战斗)。他在英国度过了随后两年。

29 Chaves, *Espejo de navigantes*, "De la guerra o batalla que se da en la mar",此为1540年左右的一部手稿,刊于 Fernández Duro, *Armada Española*, I, 379–391,并且更详细地刊印于同名作者所著 *De algunas obras desconocidas* 一书。

30 对无敌舰队新月形编队的讨论见 Martin and Parker, *Spanish Armada*, 285。又见原书插图 28。

31 Freitas de Meneses, *Os Açores*, I, 150–151, II, 59–61(克里斯托瓦尔·德·埃拉索和罗德里格·德·瓦尔加致安东尼奥·德·埃拉索),1582年8月1日;II, 83(唐·洛佩·德·菲格罗阿致腓力二世,1582年10月3日)。

32 前者的一个例子见 KML, *MSP Capitanía General*, *Cuentas*, 9/66 (fos 146–7v),给"圣巴托罗缪"号上的"配给物资记录员"胡安·德·埃斯坎敦的指令,1587年6月29日;后者见 AGS *CMC* 2A/772, *La Concepción Menor*, pliego 132,安东尼奥·德尔·卡斯蒂洛的陈述,1588年8月24日,"persona señalada... para el apercivimiento de la pelea y distribuyción de las municiones y armas"。可惜,这些详细的记录看来很少留存下来。

33 表格依据的数据取自 Parker, "The *Dreadnought* revolution", 278–279。

34"Relación hecha por un soldado en la Almiranta":见 Parker, "Testamento politico", 34–5;FD, II, 377–378, 384–385, 392. 巴内加斯也估计,无敌舰队的其余舰船7月31日发射600发炮弹(对英国人发射的2 000发),而两支舰队加在一起,8月2日共发射5 000发,8月3日与此相同,8月4日约3 000发。令历史学家遗憾的是,葡萄牙大型风帆战舰看来未像租用的船只和卡斯提尔分舰队那样留下细致周密的记录,然而从两艘葡萄牙战舰的残骸中,荷兰打捞人员发现了差不多一吨火药:RAZ Rekenkamer C2983,彼得·威廉松的叙述。同样,装有50门炮的"圣洛伦佐"号,因在英吉利海峡的所有舰队行动中都一马当先而著称于双方的那个三桅划桨分舰队的旗舰,其残骸中有2 650发炮弹,说明被发射出去的相对很少:见 AGS *CMC* 3a/1704, no. 45,维森佐·德·博恩的叙述;AGS *GA* 221/1, "La felicíssima Armada", fo. A9(称这艘大型风帆战舰离开里斯本时装载了2 500发炮弹)。

35 HHStA *Statenabteilung Spanien*: *Diplomatische Korrespondenz* II Konvolut 7/413v,克芬许勒伯爵致鲁道夫二世,1588年10月12日(引苏尼加语);Herrera Oria, 245,梅迪纳·西多尼亚8月8日《航行记事》。舰上其他人的说法与此相同:例如见哈佛大学霍顿图书馆藏 *FMs Span*, 54,贝尔纳多·德·贡戈拉致马丁·德·洛杉矶,1588年8月15日。

36 AGS *Estado* 594/116,梅迪纳·西多尼亚致帕尔马,1588年8月6日;Herrera Oria,240,梅迪纳同一天的《叙述》。又见 Martin and Parker, *Spanish Armada*, 199–200。

37 AGS *CMC* 2a//905,"圣胡安·巴蒂斯塔·德·拉·埃斯佩兰萨"号文件,pliegos 39–43。这艘450吨的舰船迟至1588年6月13日才加入无敌舰队,此后在

387 东地中海分舰队效力,但不知何故丢失了关于无敌舰队实力的所有标准"统计"资料。

38 PRO *SP* 12/220,对女王舰船的"勘查"于 1588 年 9 月 25 日(旧历)进行(见 Laughton, II, 241 – 249 所载节选)。尽管据报一些桅杆和别的东西"坏朽了"——这可能是对战斗损伤的一种委婉说法——但数量不多;对敌军行动仅有的提及是关于"伊丽莎白勇敢冒险家"号的一些船帆的,它们"被打得千疮百孔"(fo. 50)。然而,3 天后又进行一次勘查,报告了更多损伤,特别是它描述"复仇"号的主桅"因炮击而坏朽不堪以致完全被毁"(Laughton, II, 250 – 254, 252)。

39 海军司库 1588 年账目详情:PRO *E* 351/2225,还有(更清晰可辨)*AO* 1/1686/23. BL Sloane 2450,《公元 1588 年海上特别支出》,也包括 1588 年春天和同年 9 月进行的多次修理的账目(见 fo. 54)。感谢尼古拉 · 罗杰尔帮助我弄清这些数字。要对女王舰队出海前需做的工作有某种概念,可见 SP12/204/34 – 35,《女王陛下海军当前状况》,1587 年 12 月 12 日。

40 在 1590 年,建造"海上荣耀"号费去 3 600 英镑,"花冠"号 3 200 英镑,"挑战"号 3 000 英镑(PRO *E* 351/2227; *AO* 1/1686/25,约翰 · 霍金斯爵士的记述);在 1595 年,改造"凯旋"号并建造"却敌"号和"战恨"号费去 9 372 英镑(PRO E 351/2232; *AO* 1/1688/31,玛格丽特 · 霍金斯的记述);在 1598 年,仅改造"伊丽莎白 · 约拿"号就费去 4 449 英镑,外加 101 棵树、80 车木材、31 车"肘材"(甲板加固材料)和 3 000 米铺板(E351/2236;*AO* 1/1689/34,罗杰 · 兰福德的记述)。

41 保罗 · 肯尼迪提醒我,在 18 世纪,船只损伤(或毁坏)之缘于天气与缘于敌军行动相比,多出 3 倍、4 倍甚或 5 倍。

42 AGS *Estado K* 1448/77, "Lo que refiere Manuel Blanco".

43 Bor, *Geschiedenis*, III part 2, fos 10 – 12, 对皮蒙特尔的审讯;Martin and Parker, *Spanish Armada*, 37 ,引用佩德罗 · 科科 · 卡尔德隆对卡斯提尔分舰队的"圣胡安 · 巴蒂斯塔"号的评价。

44 大炮的数据取自 AGS *GA* 347/218, "Las naves quc fueron en estra última armada";Thompson, *War and society*, essay VII, 82。重量计算基于 Casado Soto, *Los barcos*, 382 – 384,用扬 · 格莱特算出的"垫头系数"乘以西班牙吨位计重(见上文注 9)。遗憾的是,关于葡萄牙分舰队战舰(被誉为无敌舰队最佳战舰)的资料证明难以觅得。尽管如此,仍知道"圣马丁"号(旗舰)1588 年装备了 48 门炮,1591 年 1 月装备 45 门炮,其中最重的是两门发射 29 磅炮弹的大炮,只有另外一门大炮发射 14 磅以上炮弹(AGS *GA* 347/206, "Relacíon particular")。RAZ *Rekenkamer* C2983,彼特 · 威廉松的记述,记录了从葡萄牙大型帆舰"圣马特奥"号和"圣腓力"号(最初分别装备 34 和 40 门炮)残骸发现的 38 门炮的口径,其中最重的是 9 门 14 磅炮,另有 1 门 11 磅炮、7 门 9 磅炮和 5 门 8 磅炮,连同其他各式小炮。

45 PRO *E* 36/13,海军财产目录,("玛丽 · 罗斯"号的情况见 55 – 62)。关于制造海上炮架的"滑轮"、"中轴木梁"和其他部件,例如见 Bod *Ms Rawl.* A 204/1,军械衙门 1578 年账目(包括为"复仇"号制造的炮架);PRO *E* 361/2607,威廉·温特作为军械衙门主官的记述,1586 至 1589 年;PRO *AO* 1/1846/70,亨利·基利格鲁作为军械衙门司库的记述,1587 至 1588 年;PRO *E* 351/2632,乔治·卡鲁作为军械衙门副官的记述,1596 年;尤其见 *WO* 55/1626,军械衙门 1596 年分发录——每个新的"舰用炮 388
架"需有两个"中轴木梁"和两对"转向架"(见 fos 3,14,15,66 – 7v 等等)。陆上炮架,包括"索、钉、钩"等等,显然以一种全然不同的方式制造。

46 AGS *CMC* 2a/1210,杂项账册,巴尔德斯 1588 年 4 月 22 日命令;有个第二副本藏于 *CMC* 1a/1718 fo. 759,提到此炮(一门 9 磅火炮)被换成一门 18 公担重的普通炮。

47 Martin and Parker, *Spanish Armada*, 208, 210, 223(插图)。

48 KML *MSP* Casa de la Contratación 8/30 – 41(fos 171 – 236),记述梅迪纳·西多尼亚公爵 1587 年 6 月向被征用船只提供的军械和弹药。32 号船(指"圣卡塔利娜")要求"3.5 个掌高"即 72 厘米的轮子(它将装载的炮的尺寸未予说明)。它们肯定不是"小轮子"。

49 关于女王战舰上的炮手,见 Laughton, II, 324 – 325; Rodger, *Safeguard*, 312 – 313。在西班牙方面,留存下来的安达卢西亚分舰队资料表明了两件事情:首先,当该分舰队的舰船(除一艘外全在坎塔布里亚建造)在安达卢西亚被征用时,它们大多只有相对很少的炮手,其中一些是外国人(拉古沙人、弗莱芒人、法国人、德意志人、意大利人、波兰人和丹麦人);其次,虽然梅迪纳·西多尼亚在派舰船去里斯本以前大大增加了海员补充,但他没做什么去增加炮手数量;而且,在那些现被算作"炮兵海员"的人中间,许多先前一直仅是"海员"。

50 Raleigh, "Excellent observations", 23 – 24。

51 FD,II,373(巴内加斯),46(梅迪纳)。

52 同上,II, 44 – 45; Martin, "The equipment", 364 – 365。

53 见 Rodger, *Safeguard* 一书第 302 – 303 页关于这一点的宝贵引语。

54 AGS *Estado* 455/602 – 603,唐·弗朗西斯科·德·博瓦迪拉致唐·胡安·德·伊迪亚克斯,1588 年 8 月 20 日:"La fuerza de nuestra armada heran hasta veynte bajeles, y estos an peleado muy bien"; Laughton, II, 13,温特致沃尔辛厄姆,1588 年 8 月 11 日:"如果你已看出我看出了的,即商船和近海船只已起的简单作用,你就会说它们没有给我们什么帮助,除了提供一种摆设。"诚然,英国舰队的其余舰船究竟有怎样的武器装备看来不可能确定:PRO *AO* 1/1686/23(一个与 E351/2225 相比修复得较好的副本),海军司库 1588 年账册,"特别开支:海军工资"部分,给出了被动员起来打退无敌舰队的大多数舰船的吨位和船员,但完全未提武器装备。

55 关于三桅划桨战舰,见原书第 253 页;关于这两艘被俘获的舰船,见英国人制作的目录:Laughton, II, 154 – 157, 190 – 191。

56 FD, II, 9,给梅迪纳·西多尼亚的指令,1588 年 4 月 1 日。这一点也出现在 1588 年 1 月为圣克鲁斯准备的指令稿上,但它从未被发出(AGS *Estsdo* 165/29, 165/33)。这些和其他一些文件在 Adams, "The Battle that never was"一文中得到了仔细的审视。

57 *BMO*, III, 608 – 609,腓力二世致圣克鲁斯,1587 年 6 月 25 日。

58 Pierson, *Commander of the Armada*, 266, n. 34,对留存下来的文件作了一番精彩的讨论,其中表明国王亲自任命了迭埃戈·弗洛雷斯。

59 Lyon, *The enterprise of Florida*, 73; H. P. Chaunu, *Séville et l'Atlantique, 1504 – 1650*, III (Paris, 1955), 98, 122, 128, 136, 140, 168, 194, 214, 276, 292。

389 61 弗洛雷斯的倒台见 Martin and Parker, *Spanish Armada*, 268, 290 n. 10;关于雷卡尔德,见 Parker, "El testamento político", 10 – 11。

62 Tellechea Idígoras, *Otra cara*, 341;雷卡尔德致伊迪亚克斯,1588 年 7 月 29 日;Parker, "Testamento", 24,雷卡尔德致梅迪纳,1588 年 7 月 29 日和 8 月 1 日,带有公爵在边上空白处作的答复。两项资料各自独立地显示唐·阿隆索·德·莱瓦在作战议事会上极强烈地论辩应立即袭击普利茅斯:见 FD, II, 374,阿隆索·巴纳加斯的《叙事》,PRO *SP* 12/214/51;贡戈拉博士在 8 月 1 日被俘后的证词,英文(引语取自该资料)。晚近的研究证实了莱瓦等人(由巴纳加斯报道)的看法,即普利茅斯的陆上防御几乎完全无法将无敌舰队挡在外面:见 Brayshay, "Plymouth's coastal defences"。

63 AHN *OM* 3512/34,《无敌舰队一战士记事》(但显然系雷卡尔德口授),1588 年 7 月 29 日、30 日、8 月 4 日和 6 日记:见 Parker, "Testamento politico", 29 – 33; ibid., 23 – 4,雷卡尔德分别致梅迪纳·西多尼亚和博瓦迪拉,1588 年 8 月 1 日。

64 AGS *Estado* 455/320 – 1,梅迪纳致帕尔马,1588 年 6 月 10 日,副本呈腓力二世(并由他批注)(又见 KML *MSP*: CR5/264 – 7,同一信件的底稿)。又见原书 233 页和 315 页注 106。

65 Herrera Oria, 202 – 203,腓力二世致梅迪纳,1588 年 6 月 21 日,底稿;KML *MSP*:*CR* 5/278 – 279(原件)和 289(腓力 6 月 26 日的又一封信件);FD, II, 221 – 222,梅迪纳·西多尼亚致腓力二世,1588 年 7 月 30 日。关于梅迪纳在这一点上的错误观念的更多情况,见原书第 232 至 234 页。

66 AHN *OM* 3512/34,《记事》,1588 年 8 月 7 日和 9 日记。参见 Herrera Oria, 241,梅迪纳 8 月 6 日《航行纪事》。

67 见载于 Parker, "The *Dreadnought* revolution"一文的证据;又见 Adams, "The battle that never was"一文内有趣的分析。

68 布卢明顿(印第安纳州)利莱图书馆藏《贝尔滕多纳文件》,171,服役记录(叙述在圣多明各前夜的事态);AGS *Estado* 594/116,梅迪纳·西多尼亚致帕尔马,1588 年 8 月 4 日,副本。又见 Parker, "Testamento", 24,公爵致梅迪纳·西多尼亚亲笔信,1588 年 8 月 1 日,谈论雷卡尔德,说他等待登船机会。*BMO*, III, 1750,格瓦拉致腓力二世,1588 年 7 月 22 日,描述他囚于英国期间观察到的英国海军战术,但从他的极有用情报抽引出完全错误的结论:"因而立即登船展开白刃战乃为良策",他向国王建议道。

69 Raleigh, *History of the World*, part I, book V, 297 – 298. 对这场战役的一项精彩概括见 Pierson, *Commander of the Armada*, 139。

70 Kemp, *Papers of Admiral Sir John Fisher*, I, 40,菲舍尔致七人委员会,1904 年 5 月。

71 见下列两项文献所述造舰详情:Casado Soto, *Los barcos*, 206 – 209; idem, "La construcción naval"。对火炮短缺的最后一刻忧虑见 KML *MSP*: *CR* 5/86,腓力二世致梅迪纳·西多尼亚,1588 年 5 月 14 日,背面有公爵亲笔写的答复稿。

72 FD, II, 16 – 18,给帕尔马的指令,1588 年 4 月 1 日。相当有趣的是,这些正是唐·胡安·德·苏尼加在其 1585 年秋季立场文件里提议的条款:原书第 181 页。

73 AGS *Estado* 2219/84,腓力二世致帕尔马,1588 年 8 月 31 日;fos 85 – 86"Apuntamiento en materia de armada que Su Magestad mandó hazer para que se considere y resuelva entre el duque de Parma, su sobrino, y el duque de Medina Sidonia"(4 张大页书写纸);*Estado* 2219/91,伊迪亚克斯短笺,1588 年 9 月 15 日。8 月 7 日和 8 月 14 日,国王签署了更多信件,坚持"英国大业"的成功有赖于他的司令官们奉行"业已商定的计划":见原书第 71 页。

第十章　无敌舰队之后 390

1 Aubrey, *Brief lives*, 147; Bruce, *The Liber Famelicus*, 12 – 13(感谢理查德·卡根使我注意到这项参考资料).

2 Percyvall, *Biblioteca hispanica*; Cockle, *A bibliography of military books*, 43 – 44, 55; Blaylock, "The study of Spanish".

3 Borman, "Untying the knot?",308.

4 详情见 Thompson and Yun Casalilla, *The Castilian crisis of the seventeenth century*, 特别是 chaps 1 – 2;Vassberg, *Land and society*, chap. 7,1588 年 12 月,腓力二世给卡斯提尔议会提交了一个数字——1 000 万达克特:*Actas de las Cortes*, X, 348. 又见 Lovett, "*The vote of the Milliones*"。

5 AGS *GA* 277/230,埃斯皮诺萨医生致腓力二世,1589 年 1 月 2 日,描述那些被送到他在萨拉曼卡的医院康复治疗的无敌舰队幸存者们如何离奇地死去;Hamilton, *Calendar of State Papers relating to Ireland... 1588 – 1592*, 121,审查从里瓦德奥逃来的克隆塔尔弗的约翰·布朗,1589 年 2 月 6 日(关于络绎不绝的送葬者);Sigüenza,

120; *Escorial*, IV, 59(修士赫罗尼莫·德·塞普尔维达谈论无敌舰队的影响)。

6 见西班牙驻威尼斯使节报告的对腓力大战略的批评,AGS *Estado* 1342/142,朱塞佩·德·塞尔诺萨致腓力二世,1588年9月3日,连同下面注14内;一位宫廷神父对腓力个人的批评见于 *CSPV*, VIII, 396, H. 利波马诺发至威尼斯函,1588年10月1日;"广场预言家"落难的资料见于 Kagan, "Politics, prophecy and the Inquisition"。

7 AGS *Estado* 2219/82,唐·胡安·德·伊迪亚克斯致帕尔马,1588年8月31日;IVdeDJ 51/190,马特奥·巴斯克斯致腓力二世与其回复,1588年9月4日。

8 ASV *LP* 46/82,腓力二世致西班牙全体高级教士,1588年10月13日,副本(另一个副本藏于 BAV *UL* 1115/246)。

9 BZ 145/76,马特奥·巴斯克斯致腓力二世与其回复,1588年11月10日。

10 AGS *Estado* 2851, unfol., "Lo que se platicó en el Consejo de Estado a 12 de noviembre 1588",连同1588年11月26日的商议录,上有腓力二世的亲笔回复;*Actas de las Cortes*, X, 348, 422, 423。

11 详情见 Thompson, "Spanish Armada gun procurement",79;idem, *War and government*, 191, 192;Rodríguez Salgado and Adams, *England*, *Spain and the Gran Armada*, 112, 113(包括当时为新的大型帆舰作的一种设计,清晰地展现了舷侧);Goodman, *Spanish naval power*, 7 -9. 博泰罗的著作 *Dalla Ragion di Stato*(1589)和 *Relationi universali*(1591)被援引于 Gil, "Vision europea", 79 -80。

12 AGS *Estado* 2855, unfol., "Lo que se platicó en Consejo de Estado a 10 de henero de 1589, entendido el sucesso del duque de Guisa"。

13 关于萨卢佐,见 Altadonna, "Cartas de Felipe II a Carlos Manuel", 168 -171:腓力二世致萨伏依公爵,1588年6月23日和11月1日。天主教联盟领导人在1589和1590年从西班牙收到了差不多150万达克特现金 AGS *CMC* 2a/23, unfol.,加布里埃尔·德·阿莱里亚的账目。

14 AGS *Estado* 2219/176,腓力二世致帕尔马,1589年5月11日。批评的例子见 Casado Soto, *Discursos*, 157 -171(1588年4月和9月的论说);Martin and Parker, *Spanish Armada*, 268,唐·弗朗西斯科·德·博瓦迪拉致腓力二世,1588年8月20日(写于无敌舰队旗舰);ASV *NS* 34/551 -553,诺瓦拉致蒙塔尔托,1588年10月13日,引用一位战争议事会成员的话:"他说他从一开始就肯定无敌舰队不可能与帕尔马公爵会合"; AGS *Estado* 2851, unfol., "Lo que se platicó sobre la prosecución de la guerra", 1588年11月12日,唐·埃尔南多·德·托莱多的"表决"(也许他就是被
391 教皇使节援引的那位战争议事会成员)。无敌舰队副司令官胡安·马丁内斯·德·雷卡尔德在返回西班牙途中劝告国王:"若要实施'英国大业',陛下应记住用先前那样的方式去做是不明智的,相反只能从西班牙"(见 Parker, "El testamento politico", 18)。

15 对英荷攻势的详细叙述见 Wernham,“*After the Armada*”, chaps 4 – 6, 11; idem, *The expedition of Sir John Norris*. 有一项预言,说假如英国人坚持向里斯本推进,他们就会占领该城,见 BCR Ms 2417/17,唐·胡安·德·西尔瓦致埃斯特万·德·伊瓦拉,1589 年 6 月 19 日,科英布拉。

16 AGS *Estado* 2219/197,腓力二世致帕尔马,1589 年 9 月 7 日。一周后,亨利四世在阿尔克击溃天主教联盟军队,突出地证实了有必要将法国置于西班牙的战略优先事项之列。

17 AGS *Estado* 2855, unfol. , “Sumario de los quarto papeles principales que dio el presidente Richardot”和“Lo que Su Magestad es servido que se responda a los quarto papeles”(1589 年 11 月 11 日:文件三谈论和平谈判的可能性)。

18 这次重要的政策讨论见 AGS *Estado* 2855, unfol. , “Lo que sobre las cartas de Francia de Don Bernardino y Moreo hasta las 6 de hebrero se ofrece”和就此撰写的商议录。

19 AGS *Estado* 2220/1, fo. 157,腓力二世致帕尔马,1590 年 4 月 4 日;fo. 165,确认,日期为 4 月 16 日。关于帕尔马干涉法国的过程和在科隆的和平谈判,见 van der Essen, *Alexandre Farnèse*, V;关于第一次布列塔尼远征,见 Tenace,“Spanish intervention in Brittany”, 189 – 194。

20 KML *MSP*: *CR* 6/174,腓力二世致梅迪纳·西多尼亚,1590 年 12 月 15 日; AGS *Estado* 2220/1, fos 4, fos 6,腓力二世致帕尔马和奥尔瓦雷伯爵,1590 年 11 月 12 日(还有藏于 *Estado* 956 – 958 的信件)。国王特别提及一年前帕尔马通过其代表让·里查多提议的“和平计划”:见原书第 274 页。

21 被唐·胡安·德·伊迪亚克斯在 1588 年用来谈论低地国家战争的用语:见原书第 195 页。

22 详见 Gracia Rivas, *La“invasión” de Aragón en 1591*.“逃犯”不是别人,正是安托尼奥·佩雷斯,他在经受关于他对胡安·德·埃斯科维多被谋杀起了什么作用的严厉讯问时,从卡斯提尔的监狱逃走。

23 BZ 141/203,腓力二世致马特奥·巴斯克斯,1591 年 1 月 29 日;IVdeDJ 51/1,巴斯克斯致腓力二世与其回复,1591 年 2 月 8 日;Casado Soto, *Discursos*, 180 – 189, 1591 年 9 月的一篇“论说”,抄自埃斯卡兰特本人的记录(然而见 BL *Addl.* 28456/123, 28456/127,唐·克里斯托瓦尔·德·莫拉文件中间的另一个副本,表明它送到了国王的随从手里)。至少,腓力在 1594 年抵御了来自新教皇克莱门特八世的压力,后者要他恢复对土耳其人的战争:见 Borromeo,“Istruzioni generali”, 132 – 133。

24 AGS *Estado* 176, unfol. ,腓力二世致圣加德亚,1596 年 11 月 3 日(感谢爱德华·特纳斯提供这份有趣的文件的抄本)。这次冒险证明又是一场灾难:8 月间,腓力决定派舰队去爱尔兰,在那里它将占领南部的一两个城镇;到 10 月中旬,舰队仍未起航,国王此时突然改变主意,命令它转而夺取布列塔尼境内的布雷斯特,并在那里过冬;然而,他们像往常一样出发太晚,新的无敌舰队在刚离开西班牙后就遭风暴袭击,四分之一的舰船和大约2 000人未能生还:见 Tenace, "Spanish intervention in Brittany", 518 – 525。

25 布卢明顿(印第安纳州)利莱图书馆藏《贝尔滕多纳文件》,nos 21, 24,腓力二世之贝尔滕多纳,1589年6月23日和11月15日。宫廷"保密"依旧松懈:1589年,
392 威尼斯大使向本国政府送去科卢纳计划,那是他从"战争议事会面前的一份文件"复制的:*CSPV*, VIII, 443,孔塔里尼发至威尼斯函,1589年6月3日。

26 *Actas de las Cortes*, XVI, 169 – 173,腓力二世致胡安·巴斯克斯,1593年5月6日。

27 Ibid., 195 – 197,腓力二世致胡安·巴斯克斯,1593年7月23日(还有 ibid., 230 – 248,来自各城镇的答复);Jago, "Taxation and political culture in Castile", 52 – 54。

28 腓力体衰失能见 Vargas Hidalgo, "Documentos inéditos";事务处理见 Bouza Alvarez, "Guardar papeles, I", 11;莫拉的权力见 Feros, "El Viejo monarca"。腓力亲王做决定的一个早期例子见 ACA *CA* 36/325,阿拉贡议事会商议录,1594年3月25日,有亲王的亲笔"题名"和决定。关于他在1597年9月以后的权力,见原书第28页和第310页注65。

29 莫拉等人的抱怨见 Feros, "El Viejo monarca"。驱逐犹太人见 AGS *SP* libro 1160/185v, 1161/223v,腓力二世致伦巴第总督,1596年11月30日(有亲笔后记)和1597年1月21日。这一奇怪事件的更多情况见 Segre, *Gli ebrei lombardi*。

30 PRO *SP* 94/5/273《大西洋航行记述》,1597年10月:大不情愿的海员们不无道理:在10月19日最终离开科卢纳后,经过一周,一场风暴将他们逐回。见该文件的第二个副本,藏于 BAV *UL* 1113/611。

31 Rijksarchief Arnhem, *Archief van het Huis Berg*, 530, unfol.,黑尔曼·范登伯格致芬特斯伯爵,1595年6月24日,底稿。关于90年代西班牙人在尼德兰和法国北部的军事崩溃的更多详情,见 Parker, *Dutch Revolt*, 230 – 233;他们在布列塔尼的浪费了的机会见 Tenace, "Spanish intervention in Brittany", chaps 5 – 11;部队哗变见 Parker, *The Army of Flanders*, 185 – 206, 290 – 292。

32 西班牙给爱尔兰人的援助见 Morgan, *Tyrone's rebellion*, 206 – 210。袭击加的斯见 Usherwood, *The Counter-Armada*, 78 – 79, 84, 93(乔治·卡鲁爵士留传下来的航海日记中的条目);Pierson, *Commander of the Armada*, 203, 210, 278;见上文第九章。关于西印度船队的覆灭(14艘失踪,5艘逃脱),见 Chaunu, *Séville et l'Atlantique*, IV, 12 – 15,又见 Abreu, *Historia del saqueo*,西班牙目击者的叙述。

33 关于弗尔万和约,见 Tenace, "Spanish intervention in Brittany", 568 – 572;Imhoff, *Der Friede von Vervins*。关于亨利四世皈依天主教(自1589年往后一直许诺,但在1593年才实现),见 Dickerman, "The conversion of Henry IV"。

34 引自 Alcocer, *Consultas del consejo de Estado*, 278,腓力三世对1602年11月26

日的一项商议录的回复。西班牙退却的原因见:Allen,“The strategy of peace”;载于 *Después de la Gran Armada: la historia desconocida* 的各篇论文;Wernham, *The return of the Armadas*,该书从英国的角度看问题。

结束语:载体与结构

1 Nightingale, *Letters from Egypt*, 74. 十分感谢卡罗尔·芬克阅读和评论本章。

2 IVdeDJ 114/21,圣加德亚伯爵和卡斯提尔行政官唐·马丁·德·帕迪拉致腓力三世,1599 年 10 月 27 日,副本。帕迪拉接着分析了 1588 年至 1599 年间西班牙对英袭击的种种失败,并且就它们为何统统失败提出了具体的看法。我感谢保罗·艾伦使我注意到这项精彩迷人的文件。对 1588 年之败的“技术决定论”解释有其饶有趣味的后来实例,它们援引于 Goodman, *Spanish naval power*,6-7(一个来自 1620 年,另一个来自 1639 年)。又见弗雷·胡塞·德·西古恩萨对无敌舰队惨败的严厉评判,他断定“最糟的是未曾从它汲取任何教训”(Sigüenza,119-120)。

3 Kamen, *Philip*, 308,帕迪拉 1596 年备忘录;*CSPSp*, IV, 690, 帕迪拉致腓力三 393
世,1601 年 12 月 10 日; IVdeDJ 82/419,塞萨公爵(西班牙驻罗马大使)致唐·巴尔塔萨尔·德·苏尼加(西班牙驻布鲁塞尔大使),1602 年 11 月 9 日;原书第 124 页(阿尔瓦)。

4 见一组重要论文,载于 Farnham, *Avoiding losses, taking risks*,特别是杰克·莱维和罗伯特·杰维斯撰写的那些。非常感谢德雷克·克罗克斯顿使我注意到该论文集。又见 Levy,“Loss aversion”,186- 189。

5 塞萨公爵 1600 年语,引自原书第 111 页;AGS *Estado* 2025/36,斯皮诺拉致腓力三世,1607 年 6 月 25 日(感谢保罗·艾伦让我分享这份文件);AGRB *Audience* 643bis,路易·维雷尚致阿尔贝尔大公,巴利阿多里德,1606 年 2 月 10 日。

6 见 Allen,“The strategy of peace”, chaps 8-10,其叙述首屈一指,显示不同的目的——在布鲁塞尔的阿尔贝尔大公与在西班牙的腓力三世和莱尔马的不同追求——如何打开了让步之门,那是马德里历时 30 年一直试图避免的。又见原书第 157-163 页,那里谈论了腓力二世统治时期布鲁塞尔和马德里的不同议程。

7 Levin,“A Spanish eye on Italy”, 339,雷克森斯致贡萨洛·佩雷斯,1565 年 3 月 3 日(该函带有一个评注,表明国王也读了它)。

8 *Monumenta historica societatis Iesu*, LX, *Ribadeneira*, 22-29,里瓦德内拉致基罗加红衣主教,1580 年 2 月 16 日。阿维拉的特雷萨持相同看法:Fernández Álvarez, *Felipe II*, 533-535。当西班牙的查理二世将自己的全部遗产遗赠给安茹的腓力时,腓力二世的曾孙、法王路易十四面临非常相似的两难:如果路易(代表安茹)接受,就很可能引发一场欧洲大战;如果他谢绝,整个西班牙君主国就会落到法国的敌人奥地利哈布斯堡手中(而且,如果后者谢绝,它则会转归萨伏依公爵)。经过痛苦的辩论,路易接受了:见 Lossky, *Louis XIV*,260 - 262。

9 *Actas de las Cortes*, III, 18 - 20,由弗朗西斯科·德·埃拉索宣读的"陈述";Lebow and Stein, *We all lost the Cold War*,42 - 48; Gaddis, *We now know*, 260 - 278。

10 关于菲律宾,见 Phelan, *The hispanization of the Philippines*, 14; Headley, "Spain's Asian presence",635;关于早在 1603 年就被形容为"无底洞"的锡兰,见 Abeyasinghe, *Portuguese rule*,特别是该书第 38 至 41 页。

11 *BMO*, II,420,腓力二世致奥利瓦雷伯爵,1586 年 11 月 18 日,底稿。

12 AGS *Estado*590/23,帕尔马致腓力二世,1586 年 2 月 28 日;BL *Sloane*262/67v,引自"星历表或日志"。全段如下:"帕尔马公爵被上帝折磨得痛苦不堪,他说自己坚决认为上帝垂青英国人(上帝现在并将总是如此展示自己!)。"

13 AGRB *SEG* 195/64,腓力四世致伊莎贝拉公主(腓力的女儿,仍然统治着尼德兰),1626 年 8 月 9 日。又见史家维尔季利奥·马尔韦奇在 1630 年代写下的无奈之辞:"从未在一个时候与一个[敌人]交战,此乃本君主国的一项特殊不幸"(Malvezzi, *Los primeros años del reinado de Felipe IV*, 125)。

14 AGRB *SEG* 183/170v171,苏尼加致胡安·德·西里萨,1619 年 4 月 7 日,副本;Elliott,*Spain and its world*,241 - 242,奥利瓦雷致贡多马尔伯爵,1625 年 6 月 2 日。(奥利瓦雷强调领导人需要保持自信:可用此比较原书第 291 至 292 页所引阿尔弗雷德·约德尔的甚为相似的言论。)

15 见 Iklé, *Every war must end* 一书富有洞察力的评论,尤其见该书第 1 - 2, 18, 38 - 39, 59 页。

16 Kagan, *Lucrecia's dreams*, 80 - 85(腓力显得对卢克蕾西娅的梦大为关切,亲自批准了要宗教裁判监禁和审讯她的命令:ibid. , 129, 132);BCR Ms 2417/19,西尔
394 瓦致埃斯特万·德·伊瓦拉,1589 年 6 月 22 日;Soons, *Mariana*, 124, n. 19,援引自 *De rege et Regis instructione, libri III* (Toledo, 1599)。

17 Kamen, *Philip*, 320(援引自 Braudel, *The Mediterranean*, II, 1244);Gaddis, *We now know*, 292。

18 见 Bayly, "Knowing the country", 10 - 17(感谢伊恩·皮特里使我注意这篇文章);Bayly, *Empire and information*, chap. 1。

19 Wernham, *The return of the Armadas*, 131,援引自埃塞克斯致亨利·霍华德勋爵,1596 年 10 月 7 日;HMC *Downshire*, III, 128 - 129,托马斯·埃德蒙德爵士致威廉·特鲁布尔,1611 年 8 月 29 日。又见沃尔辛厄姆在 1588 年的叹息,即他有太多的事情要做:见原书第 226 页。

20 Millar, *The emperor and the Roman world*, 5 - 7, 203 - 272; Bartlett, *Monarchs and ministers*, 206 - 207。

21 Bartlett, *Monarchs and ministers*, 4 - 5, 44, 53;引自 59 - 60 和 10。感谢德雷克·克罗克斯顿使我注意这部极有趣的著作。

22 详见 Potter, “Jefferson Davis”, 106 – 111(引自 R. G. H. Kean, 109, n.)。可拿戴维斯的微观操控(有时他会视察战场并改变战斗期间各团的部署)比较林肯1864年对格兰特将军所作的否认:“你的计划的细节我不知道,也不想知道”(ibid., 107 – 108)。感谢马克·格里姆斯利使我注意这篇文章。

23 Gaddis, *We now know*, 293. 他补充说:“鉴于我们现在知道了的事情,我发现越来越难以想象没有斯大林的苏联或冷战。”又见一项充实的讨论,论析一个假设没有希特勒的20世纪:Turner, “Hitler's impact”。

24 International Military Tribunal, *The Nuremberg Trial*, XV, 295:1946年6月3日阿尔弗雷德·约德尔1946年6月3日在纽伦堡国际军事法庭上的证词;Warlimont, *Inside Hitler's headquarters*, 177. 必须记住,瓦尔利蒙和约德尔都被指控犯有战争罪,为此前者被判入狱,后者被处死刑;因而,他俩都有动机去表示自己在希特勒体制中只起了次要作用。关于这一“聚合”体制的性质,已有许多争论:见 Kershaw, *The Nazi dictatorship*; Hildebrand, *The Third Reich*, 136 – 140. 又见一项富有启示的分析:Haffner, *The meaning of Hitler*,例如该书第43 – 44页(聚合式国家),第113页(不乐意承诺义务与纲领性顽固相结合),121(闭目塞听加绝对专制)——这与腓力二世的习惯惊人地相似。

25 *The Nuremberg Trial*, XV, 299.

26 约德尔与希特勒的谈话引自 Persico, *Nuremberg*, 248;他的论断引自 Warlimont, *Inside Hitler's headquarters*, 257。最后,希特勒松了气,约德尔保住了职位——导致他在纽伦堡因战争罪而被审讯和处决。

27 引自希特勒的令人厌恶的参谋长哈尔德的日记:Burdick and Jacobsen, *The Halder War Diary*, 516. 这次改变主意并未使古德里安免于在1941年圣诞节被撤职,因为他允许自己的部队在俄国人反攻之前撤退;不过,它确实保证他得到了丰厚的补偿,即大量现金和在波兰的房地产。

28 奥托·弗尔斯特将军语,引自 Bullock, *Hitler and Stalin*, 578;哈尔德日记,1941年8月22日,引自 Warlimont, *Inside Hitler's headquarters*, 191。

29 Warlimont, *Inside Hitler's headquarters*, 641,引用约德尔保存的未刊笔记。大致同样的问题显然经久长存:五角大楼1997年作了一项关于美国晚近在波斯尼亚的军事行动的研究,指出有一种倾向是“用资料塞满武士的肠胃,却不给他们喂有用的信息”(*Washington Post*, 3 Apr. 1997, A 22:对这项材料感谢马修·沃克斯曼)。

30 Raleigh, *History of the world*, 470;腓力1571年致阿尔瓦,已在原书第105页引用。

31 “Thoughts on the late transactions respecting Falkland's islands”(1771),载于 395
Samuel Johnson, *Political writings*, X, 365 – 366(感谢杰里米·布莱克使我注意到这项参考文献)。参见约翰·F. 肯尼迪类似的说法,他提到“决策过程中隐晦不清、错综复杂的情节”,已在原书第 xv 页引用。

32 关于“反事实”思考路径，见 Tetlock and Belkin, *Counterfactual thought experiments*。

33 F. Aguilar de Terrones, “Sermón”，援引于 *El Escorial*, 237。

34 腓力语，已在原书第 105 页引用；Gaddis, *We now know*, 291。

史料来源说明

一、文件

“正如近期所有研究者皆知的”，最近有一篇文章提醒外交史学家，“如果研读理论上一个人应当研读的所有史料，会花费一生时间。”对所有研究腓力二世史的人，或许也可以说同样的话，因为像帕斯库阿尔·德·加扬戈斯（Pascual de Gayangos）（19 世纪一位著名的研究现代早期西班牙的学者）仅略有夸大地说的那样，“腓力二世史在一定意义上就是世界史”。[1] 威廉·H. 普雷斯科特（William H. Prescott），这位国王的第一部现代传记的作者（加扬戈斯写给他上面的话），雇用了外交人员和研究助手去探明和抄写文件；加扬戈斯本人仅在大英图书馆就雇用了 4 名抄写员，而且普雷斯科特直到 1859 年去世前不久，一直继续像他所称之的“腓力化”。即便如此，他那 16 年研究的产物——厚厚的三卷书，也只涵盖了腓力在位的头 20 年。

普雷斯科特及其小群体从未找到本项研究依据的核心史料：腓力二世的私人秘书马特奥·巴斯克斯·德·莱卡（Mateo Vázquez de Leca）的档案，那包含从 1565 年左右到 1591 年巴斯克斯去世为止国王与其最亲近的政策幕僚们的通信，还有封面上写明“国王亲启”的函件（见原书第 26－27 页）。与任何其他单独一种史料相比，数万份留存下来的腓力亲笔备忘录更多地透露出国王的战略目的和轻重缓急次序——还有他书写的时候掠过他心头的种种问题。这些文件经过许多人过目（包括腓力四世的首席大臣奥利瓦雷［Olivares］伯爵），直到 1711 年归入阿尔塔米拉（Altamira）伯爵档案馆。在那里，它们横遭灾祸：19 世纪里某些文件不翼而飞，踪影全无，其余的都流散开去，差不多胡乱无方地散存在日内瓦、伦敦和马德里的各个藏所，以致国王在同一天写给一位秘书的不同的备忘录可以出现在所有四个档案馆里，而来自一位大臣的一份文书可见于日内瓦，巴斯克斯就此作的封页说明可见于伦敦，腓力的回复则可见于马德里。卡洛斯·里瓦·加西亚(Carlos Riba García)刊发了大多数被包含在仅仅一卷(现存于大英图书馆)内的“短简”(billetes)，从而提供了此类的一个宝贵实例；然而，此类集群囊括的文件比它多出1 000多倍。阿尔塔米拉档案馆的一套现代“重要词语索引”代表了那些当今想“腓力化”的人面对的最紧迫需要之一。[2]

西曼卡斯总档案馆存有丰富的档案，它们构成了研究16世纪后期西班牙政策的第二个必不可少的史料来源。首屈一指的是“国务文件”(*Negociación de Estado*)，依据国度编排(阿拉贡、卡斯提尔、佛兰德、英国、法国、德意志、罗马、热那亚等等)。该系列包含国务议事会收到和审视的文件，其成员讨论影响到政府政策的来函，不管它们是否来自腓力二世统治的国度。战争议事会文件(在“旧日战争”[*Guerra Antigua*]系列)主要涉及防守西班牙，但有时也包括与美洲和意大利有关的文件；意大利议事会、葡萄牙议事会和佛兰德议事会的文件(在“诸省官府”[*Secretarías Provinciales*]系列)主要涉及每个领地的庇护事宜和内部行政，但有时也包含国际关系资料。使得腓力二世那么大伤脑筋的财政问题产生了藏于西曼卡斯的几大系列档案：财政议事会(*Consejo y Juntas de Hacienda*)的审议，连同发送给它的函件和备忘录；那些支付政府资金和提供政府贷款的人的审计账目(*Contaduría Mayor de Cuentas*)；由卡斯提尔提供资金的各不同陆海军部队的财政记录(*Contaduría del Sueldo*，更多的在*Contaduría Mayor de Cuentas*内)。

然而，并非中央政府的一切档案都存于西曼卡斯。首先，西印度议事会的档案在塞维利亚(西印度总档案馆，“一般未分档”[Indiferente General]系列)；[3] 军事教团议事会和宗教裁判议事会的大多在马德里(国家历史档案馆，“军事教团”[*Órdenes militares*]和“宗教裁判”[*Inquisición*]

系列);阿拉贡议事会的在巴塞罗那(阿拉贡王室档案馆,"阿拉贡议事会"[*Consejo de Aragón*]系列)。而且,每个系列都有若干文件——包括许多最重要的——从中佚失。有些可以在阿尔塔米拉档案集群的各不同部分中找到(出自财政议事会和西印度议事会的商议录特别多见);其他被法国人在19世纪掠走或买走了(虽然其中许多在1941年回归西曼卡斯)。[4] 还有一些被国王下令烧掉了,虽然有时他的秘书没有从命。[5] 最后,虽然腓力试图在他的大臣去世时收取他们的文件,但并不总是成功。唐·胡安·德·苏尼加与其兄弟唐·卢伊斯·雷克森斯积聚了或许是在私人手里的最大"国务文件"集群,有约800个文件束和装订本,它们现在也构成阿尔塔米拉档案集群的一部分,并且像巴斯克斯文件那般可见于同样四个地点。[6] 格伦维尔红衣主教留下的文件差不多一样多,现在他们大多分散在贝桑松的市图书馆、布鲁塞尔的皇家图书馆和马德里的王宫图书馆。[7] 两位在显赫位置上为国王效劳的贵族也留下了重要的档案,他们是阿尔瓦公爵和梅迪纳·西多尼亚公爵,前者的大量书信留存于利里亚宫的图书馆,那是他的后裔在马德里的豪华邸宅,后者的书信和文件大多可以在圣卢卡德巴拉美达的公爵档案馆被查阅(虽然1587至1589年间的大部分现存于加利福尼亚州圣巴巴拉的卡尔佩勒手稿藏馆)。[8] 相反,帕尔马公爵亚历山大·法尔内塞的档案遭受过双重悲剧:他的大部分文件最终存于那不勒斯的国家档案馆,其中大多在1943年被德国士兵焚毁;在帕尔马的其余文件有许多遭严重损坏,祸因是潮湿。[9] 尽管如此,就像19世纪的一位西班牙文件搜集者指出的那样,更多的手稿毁于无知者而非毁于内战;而且,贵族的档案"称重卖给杂货商"的例子比比皆是,它们大都永久失踪了。[10]

自然,腓力二世统治的众邦国各自拥有自己的体制机构,产生独自的档案,从而让历史学家们能够研究国王的政策在边缘地区的实施——尽管文件的遗失同样经常挫败了制订得极好的计划。在那不勒斯和米兰,若干关键的西班牙机构的档案,特别是总督府或其咨询委员会的档案,已经消失不见。布鲁塞尔的档案馆只包括直到16世纪90年代为止由尼德兰人运作的机构的档案:17 世纪初以前,阿尔瓦公爵 1567 年抵达后创立的西班牙机构的档案留存下来很少。不幸的是,1567 年以后,大多数战略决策系由西班牙人做出。相反,在墨西哥,就国王权势的影响而言,两个系列的文件提供了一幅非同寻常的图景。在国家总档案馆,“梅塞德斯”(*Mercedes*)[布宜诺斯艾利斯](有时被称为“政府文书”[*libros de gobierno*])系列的头九卷包含显然所有由总督颁发的命令的经登记副本,其中许多重复了引发它们的国王谕旨;与此同时,“国王指令复件”(*Cédulas reales duplcadas*)系列的头两卷编排了在墨西哥城收到的数百项腓力指令,有时附上一项关于采取的行动的注文。葡属印度首府果阿的历史档案馆同样存有 16 世纪 80 和 90 年代期间实际上所有从腓力收到的函件(存于“季风文书”档[*Livros das Monçoes*]),但极少有助于了解他的命令的执行情况或在果阿的政策辩论,关于如何治理各前沿据点——从莫桑比克的苏法拉延展到日本长崎——的政策辩论。[11]

如本书前言(第 xvii 页)所说,驻西班牙宫廷各不同使节的报告填补了现存政府档案的某些空白,也提供了关于决策者的某种详情。腓力二世整个在位期间,有 12 个政府维持常驻大使,亦即皇帝、教皇、法国、萨伏依、热那亚、威尼斯、曼图亚、帕尔马、费拉拉、卢卡、佛罗伦萨和乌尔比诺的政府。此外,英国直到 1568 年为止维持一位常驻使节,如同葡萄牙直到 1580 年为止那样。少数几位大使的发函已被全部发表,他们是法国大使洛贝斯潘(1559 至 1562 年)、圣絮尔皮瑟(1562 至 1565 年)、富尔克沃克斯(1565 至 1572 年)、隆莱(1582 至 1592 年)和威尼斯大使多纳(1570 至 1573 年)。[12]此外,在西班牙的英国代理人的书信被概述于《外源国务文件一览:伊丽莎白时代》(*Calendar of State Papers Foreign: Elizabeth*)(18 卷,至 1585 年,其时战争的爆发实际上使得半岛对伊丽莎白的外交官关闭门户),而威尼斯驻外使节的书信(连同威尼斯元老院的审议),凡是包含与伊丽莎白英国有关的资料的,皆被收入《威尼斯国务文件一览》(*Calendars of State Papers Venetian*)的第 6 至 9 卷。每一位威尼斯大使在其国外任期结束后提交元老院的最终“叙事”文书——其中某些长达 100

多印刷页——已被两度刊发，一度是在19世纪经由E.阿尔贝里（E. Alberì），多少杂乱无章，且不完整，另一度经由L.费尔波（L. Firpo），内容完整无缺，刊于《外交文书》（*Relazioni*）第8卷第232至938页，那是他编的涵盖1557至1598年驻腓力宫廷使节的系列文件集。L.塞拉诺刊发了1565至1572年来往于罗马与马德里之间的全部外交函件，共四卷，既有教皇庇护五世与其使节也有腓力二世与其大使之间的，N.莫斯科尼（N. Mosconi）则将许多发函纳入在他对诺瓦拉主教塞萨雷·斯佩西亚诺的教皇使节任职（1586至1588年）的研究。长久任职的帝国大使克芬许勒（1574至1606年）的发函依然未经刊发（虽然他的大多数原件留存在维也纳，就像他自己做的发函登记留存在林茨的上奥地利省档案馆那样），然而他的"秘密日记"已经刊发。[13]至于其余藏于佛罗伦萨、热那亚、卢卡、曼图亚、摩德纳（就费拉拉而言）、帕尔马、都灵（就萨伏依而言）和梵蒂冈（就教廷以及乌尔比诺而言）的外交发函仍旧系手稿形式，法国大使圣古阿尔德（1572至1580年）的和这个时期里另一位长久任职的帝国大使亚当·迪特里克斯泰因（1564至1573年）的也是如此（前者藏于巴黎国家图书馆，"杂类法文储存"档[*Ms Fonds français*]16,104－16,108，后者藏于维也纳的家族、宫廷和国家档案馆，连同在布尔诺的摩拉维亚国家档案馆所藏迪特里克斯泰因家族档案里面的其他资料）。

腓力的主要敌人的文件也带来了种种难题。要研读奥斯曼帝国及其北非附庸国的文件，就要拥有极少数人才掌握的语言学技能和古文书技能，虽然这极少数人也编撰了某些出版物，它们透露出究竟存在多少资料去还原现代早期主要伊斯兰国家之一的大战略。[14]英国肯定得到了自己的档案学家的极好服务，他们已发表种类多得惊人的史料。按照被保存在伦敦公共档案馆的各类不同文件系列，编成了独特无二的系列《国务文件一览》。用印在每一卷卷首的精确典雅的话说，"条目应当如此精细，以致读者不仅能知晓原件的一般内容，而且能发觉它们并未包含的东西。"[15]国务大臣的档案被处理得特别好：每项关于苏格兰和爱尔兰的文件被概述在各个独立的条目内；那些从欧洲大陆各处的情报人员和善意者收到的文书，连同得自外国来源的，都按题为《外源国务文件系列》(*State Papers*, *Foreign Series*)按时间顺序得到简述(往往附有逐字逐句的大段摘录)。《内源国务文件系列》(*State Papers*, *Domestic Series*)则将国务大臣从在英格兰和威尔士的通信者收到的每项文件排进日程目录(往往非常简短)。此外，公共档案馆还派遣学者去欧洲其他主要档案馆和图书馆抄录与不列颠历史相关的文件，一套经翻译的提要已被刊发，概述这些来自威尼斯和西班牙以及(详细程度显然较低)罗马和米兰的文件(遗憾从未给来自德意志、尼德兰和斯堪的纳维亚的文件编纂一览表)。枢密院决策登录已全文刊发(虽然对本项研究来说，不幸的是涵盖1582年6月至1586年2月的起始卷宗业已佚失)。[16]相反，留存下来的都铎国家财政官员巨量档案(亦在公共档案馆)大多遭到忽视：被保存在"国库"(*Exchequer*)和"审计衙门"(*Audit Office*)系列(PRO E315和AO1)的公共资金处理者的"呈报账目"无一得到刊发，也无一被排进日程目录；然而，就伊丽莎白如何为她对腓力二世的斗争提供资金，这些系列给出了一幅相对完整的图景(恰如在西曼卡斯的财政记录就卡斯提尔做的那样)；与此同时，被难以理解地标为"军械衙门杂项"(*Ordnance Office Miscellaneous*)(WO55)的部分给出了她如何设法避免失败的关键证据。

自然，有如在西班牙，并非一切政府记录都归诸公共档案馆。伯利勋爵威廉·塞西尔，1598年去世以前始终为伊丽莎白的首要幕僚，留下了一大堆国务文汇，现在分存于他后代在哈特菲尔德邸厦的档案馆和大英图书馆的若干手稿集群；弗朗西斯·沃尔辛厄姆，从1572到1588年去世一直是伊丽莎白的国务大臣和"间谍头子"，也留下了大量私人档案，现在大多也存于大英图书馆；罗伯特·达德利，在1588年死前一直是伊丽莎白的"宠臣"，有大量文件分散在一群类别多得令人迷茫的私人文汇中间。然而在此，英国的档案学家们同样造就了一个壮观的研究宝藏：历史手稿委员会就大多数主要私人档案刊发了细致严整的一览表，给出许多重要文件的逐字誊印本和其余文件的提要。[17]其他文件集群的详细情况可以通过全国档案注册录(National Register of Archives)获悉。最后，与腓力二世及其臣僚的档案相反，伊丽莎白及其枢机大臣产生的文件一直留在英国，有个重要的例外是壮观的“黑斯廷斯文汇”（Hastings Collection），藏于加利福尼亚州圣马里诺的亨廷顿图书馆，它包含无敌舰队危机期间被责成守卫英格兰北部的亨廷敦伯爵的档案。

留存下来的16世纪后期法国档案和荷兰共和国档案提出了更多的难题。在前者当中，宗教战争和法国大革命导致许多中央档案文件或失或散，以致现在极难追踪法国王室制订其对外政策的各个阶段。然而，值得骄傲的是篇幅浩大的卡特琳娜·德·美第奇已刊书信集，连同她儿子亨利三世的已刊文件集，前者从1560年差不多到1589年驾崩始终在政府内占支配地位；接下来也值得骄傲的是各种“回忆录”，由军事和政治领导人撰写。[18]驻西班牙大使洛贝斯潘和富尔克沃克斯的已刊书信（见原书第399页）包括从巴黎发给他们的函件，从而提供了洞察法国政策的重要线索。可是，就其余而言，在巴黎的国家图书馆和国家档案馆所藏文件（特别是“私人档案”[*Archives privés*]部分）包含了大多数留存下来的资料。[19]

在荷兰的文档情况多少好些。1576年起的“主权实体”即联省议会的档案已被广泛刊发：它们的所有决议，连同大量辅助文件，已被刊印于一系列按时间顺序编排的卷籍，在每卷内条目都按专题排列（“战争”、“贸易”等等）。然而，议会官员处理的国内外通信仍须在海牙的总档案馆查阅。起初，函件被归档为四个系列：英国、法国、德意志和“普通”（即其余），那至少就16世纪80年代的函件而言简化了查阅。[20]1581年起，国务委员会（Raad van State）监察战争的日常操作，它的审议登录（到1587年为止一直为法文——目的是先便利安茹公爵而后便利莱斯特伯爵——此后为荷兰文）提供了关于共和国的军事运作与其敌情了解的丰富的信息。[21]然而，许多关键性决定系由组成共和国的各省的机构做出，它们包括同样在海牙开会的荷兰省议会（其决议已被一字不差地刊发于《荷兰省议会决议》[*Resolutiën van de Staten van Holland*]）；在米德尔堡开会的泽兰省议会（其决议亦已全部刊发于《泽兰省议会会议记录》[*Notulen van de Staten van Zeeland*]),等等。每省亦有自己的审计署(*Rekenkamer*),监督地方钱款的筹措和支出,自己的海军署(*Admiraliteit*),执掌通信费和护航税的征集以及海岸防务,连同自己的法院。每省还有一位执政(*stadhouder*),该职1572年以后在荷兰、泽兰和某些其他省份差不多总是由拿骚家族的成员担任,其在海牙的家族档案(the Koninklijke Huisarchief)收藏丰富,除去已由格龙·范普林泰雷尔(Groen van Prinsterer)和加哈尔(Gachard)刊发的通信(前者编《奥兰治—拿骚家族书信档案集》[*Archives ou correspondance de la maison d'Orange-Nassau*],后者编《沉默者威廉书信集》[*Correspondance de Guillaume le Taciturne*])。腓力二世在位期间另一位荷兰共和国的重要官员留下了重要的私人档案,那就是约翰·范·奥登巴内维尔特,1586至1619年的荷兰省议会议政。他的很大部分早期书信由哈克的《奥登巴内维尔特》(Haak, *Oldenbarnevelt*)一书刊发。必不可免,关于荷兰共和国防务的许多关键文件要见于比利时、英国和法国,并且最重要的是见于西班牙,因为至少到1592年为止,腓力二世一直支配着整个西欧的国际关系。

二、已刊著作

或许正缘于此,腓力二世一般口碑不佳。在西班牙以外,他的同代人极少说他的好话。1581年,荷兰共和国领导人奥兰治亲王威廉发表了一部《辩护》(*Apology*),指控腓力二世,特别是指控他乱伦、私通、鸡奸和谋杀自己的长子。[22]1598年,流亡在外的臣僚之一安东尼奥·佩雷斯发表了一卷文件和评论,将腓力二世描绘成一位心胸狭窄、喜好报复和相当愚钝的暴君。其荷兰文、拉丁文、法文和英文译本随后很快面世。[23]同一年,在英国的一位葡萄牙流亡者若奥·特谢拉完成了一篇题为《解剖西班牙》(*The anatomy of Spain*)的论文,内含对西班牙帝国主义、特别是腓力二世帝国主义的激烈谴责。[24]到那时,抨击已开始也广泛流传于西班牙境内。同样在1598年,巴尔塔萨尔·阿拉莫斯·德·巴里恩托斯,安东尼奥·佩雷斯的一位被监禁的支持者,完成了一部著作,严厉针砭腓力二世令西班牙沦入羸弱的国际地位，并且呼吁一种新的进攻精神；翌年，一名王家秘书伊尼戈·伊巴内斯·德·圣克鲁斯传播一部手稿，嘲弄和谴责已故国王的个人习惯及其政策。[25]

这些五花八门的著作成了主要原料，供差不多每一种随后在西班牙以外撰写的叙述使用，其细节和轶事一次又一次地得到重复并被添油加醋，直到它们在浪漫主义的美国历史学家约翰·洛思罗普·莫特利的生动散文中获得不朽，其1856年的《荷兰共和国的崛起》一书展示了一幅无法忘怀的腓力二世图像，即私下场合背信弃义的伪君子和公开场合迂腐冬烘的专制者："基督教世界的公敌"，一个其"恶毒奸诈"简直超人的人，一个"全无任何美德"的魔王，只是因为"没有任何凡人哪怕是在邪恶方面能达到完美极致"才未具备每一种恶。莫特利的叙事像供舞台用的戏剧那样被编成五"幕"，因而展示了一幅深入得诱人的图像，一个执迷、羸弱、愚蠢却拥有无上权力的人的图像。[26]

不用说，这是一幅应予丢弃的图像：即使由广泛使用同时代史料来支持，莫特利的叙述也满布曲解，主要因为他的史料本身是曲解性的。如果我们要准确理解腓力二世与其战略目的，我们就必须忘掉由佩雷斯、奥兰治、特谢拉、伊巴内斯和阿拉莫斯发表的几乎所有言论；然而，什么能被用来取代它们？这位国王不像他父亲那样喜作传记：虽然至少有两名手下官员在他早年编纂过他的传记，但始终未被发表。1585年，国务大臣唐·胡安·德·伊迪亚克斯责成年轻的安东尼奥·德·埃雷拉·伊·托尔德西拉斯写一部腓力统治史，但明确禁止他涉及国王的"生活"，而是建议他写1559年起的"世界史"。埃雷拉从命，将国王写成他那个时代所有重大事件里的首要角色，但从不透露他的个人秉性。[27]17世纪初，两部腓力轶事集面世，即1625年洛伦佐·范德尔·哈门的《审慎之王腓力》(Lorenzo vander Hammen, *Don Felipe el Prudente*)和三年之后巴尔塔萨尔·波雷诺的《腓力二世国王事记》(Balthasar Porreño, *Dichos y hechos del Rey Felipe II*)，但系绝无仅有。虽然其他某些著作家如卡布雷拉·德·科尔多巴写了这位国王统治时期的历史，可是直到19世纪为止，没有任何新的由西班牙人撰写的传记出现。

即使如此,关于腓力二世对外政策的已有著述相对而言更是寥寥无几,关于他的战略眼界的甚至更少。前一方面最有分量的著作是费尔南德斯·阿尔瓦雷斯的《查理五世和腓力二世的政治世界》(Fernández Álvarez, *Política mundial de Carlos V y Felipe II*),虽然它包含的关于查理五世的资料多过关于他儿子的;但又可见下列著作:布罗代尔《地中海》第三部分(Braudel, *The Mediterranean*, part III);拉佩勒《腓力二世的对外政策步骤》(Lapèyre, *Las etapas de la política exterior de Felipe II*);杜西纳居厄《16 世纪期间西班牙的对外政策》(Doussinague, *La política exterior de España en el siglo XVI*);帕格顿《西班牙帝国主义与政治想象》(Pagden, *Spanish imperialism and the political imagination*)。还有两部涵盖 16 世纪 50 年代的优秀的专著:卢兹《基督教世界的折磨》(Lutz, *Christianitas Afflicta*)和罗德里格斯—萨尔加多《改变中的帝国面貌》(Rodríguez-Salgado, *The changing face of empire*)。就 16 世纪 80 年代和 90 年代初还要推荐的是詹森《外交与教条主义》(Jensen, *Diplomacy and dogmatism*)。又见阿瓜尔多·布莱耶《西班牙历史手册》(Aguardo Bleye, *Manual de Historia de España*)第二卷内的评注性文献目录。

在这些研究成果以外,对国王与其世界持有更广泛兴趣的人们能够查阅可得的、语言种类多得令人迷惑的大量现代传记。在 1983 年以前出版的那些被方便地(按世纪)开列在帕劳·伊·杜尔塞《西裔美洲书商手册》(Palau y Dulcet, *Manual del librero hispano-americano*)第 3 卷第 86 至 90 页,还有更多项载于《埃斯科里亚尔:一个时代的图书馆》(*El Escorial. Biblioteca de una época*)第 310 至 346 页文献目录。三部晚近的著作即切卡《腓力二世》(Checa, *Felipe II*)、帕克《腓力二世》(Parker, *Philip II*)和卡蒙《西班牙的腓力》(Kamen, *Philip of Spain*)也援引了多种以后的作品。当然,还有许多事仍待成就,1998 年腓力去世 400 周年肯定将招致(本书之外)其他许多新研究,从而像威廉·H. 普雷斯科特那样,历史学家们从事的"腓力化"无疑会继续下去,长入 21 世纪。

注 释

1 Immerman, "The history of United States foreign policy", 578; Gardiner, "Prescott's most indispensable aide: Pascual de Gayangos", 99. 普雷斯科特本人仅仅声称,"腓力二世史就是16世纪后半叶期的欧洲史"(Prescott, *History*, I, iv).

2 关于阿尔塔米拉档案馆的引人注目的历史,见一篇创新性的文章:Andrés, "La dispersión de la valiosa colección"。这些文件当今可在以下各处找到:巴伦西亚唐·胡安研究所的"航运品"(*envíos*);萨瓦尔布鲁图书馆(马德里)的"文件盒"(*cajas*);公共和大学图书馆(日内瓦)的"埃杜阿尔·法弗勒(Édouard Favre)手稿集";大英图书馆(伦敦)的"另类手稿"。里瓦·加西亚编 *Correspondencia privada* 共436页,发表了档案 BL *Addl* 28,263 的大部分(而非所有)内容。

3 Heredía Herrera, *Catálogo*,全文刊印了国王对在西印度总档案馆每项留存下来的商议录所写的批注。该系列头两卷涵盖腓力二世统治时期。

4 这些文件仍在法国时被开列在下面两处:Daumet, "Inventaire de la Collection Tirán"; Paz, *Catálogo de documentos españoles*。它们现在构成 AGS *Estado* 8334－43——非常丰富但被不合理地忽视了的一个档案集群。

5 BMB *Ms Granvelle* 23/10,腓力二世致格伦维尔,1566年7月7日,声称格伦维尔的书信有许多"为了更安全而被烧了";在他的最后遗嘱中,国王命令烧掉他与他的忏悔神父迭埃戈·德·查维斯的全部通信(见原文第333页注90)。但又见 IVdeDJ 38/70,埃斯皮诺萨红衣主教致腓力二世与其回复,无日期(然而是在1569年),发泄了他的沮丧,结尾说"看过此文后烧掉,因为它毫无用处"(见原文第45页援引的函文)。红衣主教的秘书马特奥·巴斯克斯在背面写道:"注意!这绝不能让任何人看到,除了陛下。"更多的例子见 Bouza Álvarez, "Guardar papeles-y quemarlos-en tiempos de Felipe II. La documentación de Juan de Zúñiga, I"。

6 见 Bouza Álvarez, "Guardar papeles-y quemarlos-en tiempos de Felipe II. La documentación de Juan de Zúñiga, II"。又见 Andrés, "La dispersion",该文说明了苏尼加兄弟俩的文件归入阿尔塔米拉档案馆的过程。

7 *PEG* 和 *CCG* 刊出了大多数出自头两个储存处的格伦维尔书信,但几乎全无出自马德里的(亦无出自阿尔塔米拉档案集群的,该集群还包括这位红衣主教致国王的许多亲笔信)。对留存下来的史料来源的一项优秀概览见 Durme, *Cardenal Granvela*, 3－25。

8 阿尔瓦发出的信件差不多全都刊于 *Epistolario*,但阿尔瓦家族档案馆保存了数百封收到的信件,包括许多来自腓力二世的。Maura, *El designio* 一书刊印了梅迪纳·西多尼亚的某些书信的摘录,这些书信现存于圣巴巴拉的卡尔佩勒手稿藏馆。

9 详情见 Dierickx，“Les ‘Carte Farnesiane’”。事实上，公爵文件中间在那不勒斯留存下来的多于该文作者担心的；而且，同样幸运的是，这些灾祸发生前，莱昂·范代尔埃森（Léon van der Essen）教授已将许多文件的摘录誊写到笔记本（“活页簿”）内。他在他写的传记 *Alexandre Farnèse* 中发表了很多，而我感谢他的儿子阿尔弗雷德和扬·范豪泰教授将他们拥有的“活页簿”供我使用。又见 Parker, *Guide to the archives*。

10 Munby, *Phillipps studies*, V, 13－14，奥贝迪亚·里奇（波士顿的一位藏书家）致托马斯·菲利普斯爵士，1843 年 11 月 20 日（说他刚刚以每卷两先令的价格，从一名马德里售书商那里购买了 120 卷手稿，后者行将“称重卖给杂货商”。这批东西包括至少某些腓力二世手稿，其中有一份被菲利普斯买下。）另外的称重售卖事例见 Andrés，“La dispersion”, 608－9, 617。一则偶尔的留存见 BCR Ms 2417，一卷严厉指责腓力二世政府的差不多每个方面的书信，系 1580 和 1590 年代期间唐·胡安·德·西尔瓦发送给埃斯特万·德·伊瓦拉，他俩都是身居高位的大臣。然而，一个人绝不应抨击太甚：出自西班牙公私档案的无数文件——特别是外交文书——已刊于 *Co. Do. In.*：见 Fernández Álvarez，*Felipe II* 一书第 20 页所载清单。Gómez del Campillo, *Negociaciones* 和 Rodriguez, *Álava* 两书刊印了大量更多的文件。

11 差不多所有尚存的腓力二世给总督的信件皆被刊印于 *APO*。

12 L. Paris, *Négotiations*; E. Cabié, *Ambassade*; Douais, *Dépêches*; Mousset, *Dépêches*; Brunetti an Vitale, *La corrispondenza*. 洛贝斯潘的许多未刊书信被费尔南德·布罗代尔找到了：见 Fernand Braudel, *The Mediterranean*, II, 1250。

13 Khevenhüller-Metsch and Probst-Ohstorff, *Hans Khevenhüller*.

14 三个例子见 Hess, *The forgotten frontier*; Imber, *Studies*, 85－102; Kortepeter, *Ottoman imperialism*, 214－25。

15 关于这一独特的产物，见 Levine, *The amateur and the professional*, chap. 5。

16 录自外国档案馆的最初抄件可见于用人名命名的 PRO. *PRO* 系列。关于腓力二世时代的各不同系列一览可在本书参考文献目录中找到。《枢密院决策》（*Acts of the Privy Council*）由 J. R. 达森特（J. R. Dasent）编纂。

17 关于在哈特菲尔德邸厦的伯利文件，见 *HMC Salisbury*；关于沃尔辛厄姆文件，见 Read, *Walsingham* 一书附评；关于莱斯特（达德利）文件，见 Adams，“Papers of Robert Dudley”和 Brugmans, *Correspondentie*。

18 Ferrière and Baguenault de Puchesse; eds, *Lettre de Catherine de Médicis*, and François, ed:, *Lettres de Henri ! III*。其它有意义的出版物在 Hauser 优秀的研究作品 *Souces* 中有所描述。

19 某些详细的谈论见 Wood, *The king' s army* 和 Holt, *The duke of Anjou* 两书附评。

20 见 *RSG*. 特别有意思的是一小丛 1567 至 1574 年的西班牙国务文件，系 1576

年在布鲁塞尔夺得:ARA *Staten Generaal*12,548,尤其是 14A 盒和 14B 盒。

21 ARA *Raad van State* 5 涵盖 1586 年 3 月至 8 月,6 涵盖 1587 年 6 月至 1588 年 3 月,7 涵盖 1588 年 5 月至 12 月。

22 William of Nassau, Prince of Orange, *Apologie ou défense* (Leiden, 1581),连同许多后出的该书法文、荷兰文、英文和其他语言版本。

23 Antonio Pérez, *Relaciones*:见 A. 阿尔瓦尔·埃斯克拉(A. Alvar Ezquerra)编的最近版本(马德里 1986 年)(依据 1598 年文本,在腓力二世驾崩 11 天后刊发)。又见对该书的一项博学的讨论:Ungerer, *A Spaniard in Elizabethan England*, II, 280 –321。

24 剑桥大学图书馆藏 Ms Gg –6 –19 "La anatomía de España"。该著作在 1599 年被译成英文,以供埃塞克斯侯爵使用:见耶鲁大学贝内克图书馆藏 Osborne shelves, fa. 20, "The anatomie of Spayne",连同一项讨论——Ungerer, *A Spaniard in Elizabethan England*, II, 275 –6。

25 Álamos de Barrientos, *Discurso politico*,在原文第 108 至 109 页得到谈论。伊巴内斯的殆无节制的《公谴》("Pasquín"),连同关于他以后因叛逆指控而遭审讯的文件,可见于 AMAE *MDFD Espagne*239/417 –67; RAH Ms 9 –3507; BNM Ms 11,044。

26 Motley, *The Rise of the Dutch Republic*. 将对这部著作的令人着迷的讨论:Levin, *History as Romantic art*, 186 –209; Kagan, "Prescott's paradigm"。

27 维利乌斯(Viglius)在尼德兰写的《诵文》("Oratio")涵盖的国王统治时期只到 1566 年为止(而且中止于中段);胡安·德·贝尔索萨(Juan de Verzosa)在罗马写的《历史》("Historia")始于 1548 年,但只写到 1570 年代:关于前者,见 Wauters, *Mémoires de Viglius et d'Hopperus*, 7 –157;关于后者,见 López de Toro, *Epistolas* 一书导言。关于埃雷拉·伊·托尔德西拉斯(Herrera y Tordesillas)——其《世界通史》(*Historia general del mundo*)1600 年开始面世,见 Kagan, "Felipe II"一文的极好分析,该文作者指出埃雷拉在 1599 年塑造了腓力的经久别号:"审慎之王"。

参考文献目录

本书主要依据档案资料，已在上面“史料来源说明”内得到了讨论。以下参考文献目录提供了在注释里被引用的所有第一手和第二手已刊文献的全名。

第一手已刊史料

Abreu, P. de, *Historia del saqueo de Cádiz por los ingleses en 1596* (ed. M. Bustos Rodríguez, Cádiz, 1996)

Actas de las Cortes de Castilla (17 vols cover the reign of Philip II, Madrid, 1882–89)

Aguado Bleye, P., *Manual de historia de España* (3 vols, Madrid, 1958)

Álamos de Barrientos, B., *Discurso político al rey Felipe III al comienzo de su reinado* (ed. M. Sánchez, Madrid, 1990)

Alcocer, M., *Consultas del consejo de Estado, 1600–1603* (Valladolid, 1930: Archivo Histórico Español, III)

Aldana, F. de, *Obras completas* (1593; ed. M. Moragón Maestre, Madrid, 1953)

Altadonna, G., 'Cartas de Felipe II a Carlos Manuel II Duque de Saboya (1583–96)', *Cuadernos de investigación histórica*, IX (1986), 137–90

Andrés, G. de, 'Diurnal de Antonio Gracián', in *Documentos . . . El Escorial*, V, 19–127 (for 1572–73) and VIII, 11–63 (for 1571 and 1574)

Andrews, K. R., *The last voyage of Drake and Hawkins* (Cambridge, 1972: Hakluyt Society 2nd series, CXLII)

Anon., 'The chronicle of Queen Jane and of two years of Queen Mary' (London: 1850: Camden Society, 1st series XLVIII)

Anon., *The edict and decree of Phillip king of Spain* (London, 1597)

Bain, J., *The Hamilton papers*, II (Edinburgh, 1892)

Berwick y Alba, duchess of, *Documentos escogidos del Archivo de la Casa de Alba* (Madrid, 1891)

Berwick y Alba, duke of, *Epistolario del III duque de Alba* (3 vols, Madrid, 1952)

Birch, T., *Memoirs of the reign of Queen Elizabeth from the year 1581 till her death*, I (London, 1754)

Bor, P., *Geschiedenis der Nederlandsche Oorlogen* (first edn. 1595–1601) II (Leiden, 1621), III (Amsterdam, 1626)

Borrell, C., *De Regis Catholici Praestantia* (Milan, 1611)

Bouza Álvarez, F. J., *Cartas de Felipe II a sus hijas* (Madrid, 1988)

Breeder verclaringhe vande Vloote van Spaegnien. De Bekentenisse van Don Diego de Piementel (The Hague, 1588: Knuttel pamphlet 847)

Brown, H. F., *Calendar of State Papers . . . Venice*, VIII (London, 1894)

Bruce, J., ed., *The Liber Famelicus of Sir James Whitelocke* (London, 1858: Camden Society Publications, LXX)

Brugmans, H., *Correspondentie van Robert Dudley, graaf van Leycester* (3 vols, Utrecht, 1931)

Brunetti, M. and E. Vitale, *La corrispondenza da Madrid dell' ambasciatore Leonardo Donà (1570–1573)* (2 vols, Venice-Rome, 1963)

Burdick, C. and H. A. Jacobsen, *The Halder War Diary, 1939–1942* (Novato, 1988)

Burnet, G., *Memoires of the dukes of Hamilton* (London, 1677)

Bustamente Callejo, M., 'Consejos del capitán laredano Don Lope de Ocina y de la Obra, al rey Felipe II para la conquista de Inglaterra', *Altamira*, I (1952), 75–82

Cabié, E., *Ambassade en Espagne de Jean Ebrard, seigneur de Saint-Sulpice* (Albi, 1903)

Cabrera de Córdoba, L., *Historia de Felipe II, rey de España* (4 vols, Madrid, 1876 edn; vols I–II originally published in 1619)

Calendar of State Papers, Domestic Series, Elizabeth, II (1581–91) (London, 1865)

Calendar of State Papers, Foreign Series, of the reign of Elizabeth (22 vols to 1588, London, 1863–1936)

Calendar of State Papers relating to Scotland and Mary Queen of Scots (9 vols to 1588, Edinburgh and Glasgow, 1899–1915)

Calvar Gross, J., J. I. González-Aller Hierro, M. de Dueñas Fontán and M. del C. Mérida Valverde, *La batalla del Mar Océano* (3 vols, Madrid, 1988–93)

Camden, W., *The historie of the most renowned and victorious Princesse Elizabeth* (Latin original of Part I, London, 1615; English translation, London 1630)

Campanella, T., *De monarchia hispanica discursus* (1600–1610; Amsterdam, 1640)

Canestrini, G. and A. Desjardins, *Négociations diplomatiques de la France avec la Toscane*, IV (Paris 1872)

Carnero, A., *Historia de las guerras civiles que ha avido en los estados de Flandes* (Brussels, 1625)

Casado Soto, J. L., *Discursos de Bernardino de Escalante al rey y sus ministros (1585–1605)* (Laredo, 1995)

Cauchie, A. and L. van der Essen, *Inventaire des archives farnésiennes de Naples au point de vue de l'histoire des Pays-Bas catholiques* (Brussels, 1911)

Cimber, M. and F. Danjou, *Archives curieuses de l'histoire de la France*, 1st series XI (Paris, 1836)

Cockle, M. J. D., *A bibliography of military books up to 1642* (London, 1900)

Colección de documentos inéditos para la historia de España (112 vols, Madrid, 1842–95)

Coloma, C., *Las guerras de los Estados Baxos* (Antwerp, 1625)

Corbett, J. S., *Papers relating to the navy during the Spanish War, 1585–1587* (London, 1898)

Correa, G., *Lendas da India*, vol. I, part i (Coimbra, 1922)

Correa Calderón, E., *Registro de arbitristas, economistas y reformadores españoles (1500–1936). Catálogo de impresos y manuscritos* (Madrid, 1981)

Couto, D. de, *Da Ásia, decada X* (Lisbon, 1788)

Cunha Rivara, J. de, *Archivo Portuguez-Oriental* (6 vols, Nova Goa, 1857–76)

Dasent, J. R., *Acts of the Privy Council of England*, XIV (London, 1897)

Daumet, G., 'Inventaire de la Collection Tirán', *Bulletin hispanique*, XIX (1917), 189–99, XX (1918), 36–42 and 233–48, and XXI (1919), 218–30 and 282–95

Didier, L., *Lettres et négociations de Claude de Mondoucet, résident de France aux Pays-Bas (1571–1574)* (2 vols, Paris, 1891–92)

Donno, E. S., *An Elizabethan in 1582. The diary of Richard Madox, Fellow of All Souls'* (London, 1976: Hakluyt Society, 2nd series CXLVII)

Douais, C., *Dépêches de M. de Fourquevaux, ambassadeur du roi Charles IX en Espagne, 1565–72* (3 vols, Paris, 1896–1904)

Encinas, D. de, *Cedulario Indiano recopilado por Diego de Encinas* (1596; ed. A. García Gallo, 4 vols, Madrid, 1945–46)

Enno van Gelder, H. A., *Correspondance française de Marguerite d'Autriche duchesse de Parme. Supplément* (2 vols, Utrecht, 1942)

Evans, J. X., *The works of Sir Roger Williams* (Oxford, 1972)
Feltham, O., *A brief character of the Low-Countries* (written *c.* 1628; London, 1652; revised edn 1662)
Fernández Álvarez, M., *Corpus documental Carlos V* (5 vols, Salamanca, 1974–81)
Fernández Duro, C., *La Armada invencible* (2 vols, Madrid, 1888)
Ferrière-Percy, H. de la and G. Baguenault de Puchesse, eds, *Lettres de Catherine de Médicis* (11 vols, Paris 1880–1909)
Firpo, L., *Relazioni di ambasciatori veneti al Senato. III. Germania 1557–1654* (Turin, 1970)
Firpo, L., *Relazioni di ambasciatori veneti al Senato, VIII Spagna 1497–1598* (Turin, 1981)
Fortescue, Sir John, *The correspondence of King George the Third*, IV (London, 1928)
François, M., *Lettres de Henry III, roy de France* (6 vols, Paris, 1959)
Furió Ceriol, F., *El concejo y consejeros del príncipe y otras obras* (1559; ed. D. Sevilla Andrés, Valencia, 1952)
Gachard, L. P., *La Bibliothèque Nationale à Paris*, II (Brussels, 1877)
Gachard, L. P., *Correspondance de Guillaume le Taciturne* (6 vols, Brussels, 1849–57)
Gachard, L. P., *Correspondance de Philippe II sur les affaires des Pays-Bas* (5 vols, Brussels 1848–79)
Gachard, L. P., 'Notice de la collection dite des *Archives de Simancas* qui est conservée aux archives de l'Empire, à Paris', *Bulletin de la Commission Royale d'Histoire*, 3rd series III (1862), 9–78
Gentil da Silva, J., *Stratégie des affaires à Lisbonne entre 1595 et 1607. Lettres marchandes des Rodrigues d'Evora et Veiga* (Paris, 1956)
Gerlo, A. and R. de Smet, *Marnixi epistulae. De briefwisseling van Marnix van Sint-Aldegonde. Een kritische uitgave I. 1558–76* (Brussels, 1990)
Gómez del Campillo, M., *Negociaciones con Francia* (11 vols, Madrid, 1950–60: Archivo Documental Español)
González, T., 'Apuntamientos para la historia del rey D. Felipe II', *Memorias de la Real Academia de la Historia*, VII (1832)
González Dávila, G., *Teatro de las grandezas de la villa de Madrid* (Madrid, 1623)
González de Cellorigo, M., *Memorial de la política necessaria y útil restauración a la República de España* (Valladolid, 1600; ed. J. Pérez de Ayala, Madrid, 1991)
González Olmedo, F., *Don Francisco Terrones del Caño: Instrucción de predicadores* (1617; Madrid, 1946)
González Palencia, A., *Gonzalo Pérez, secretario de Felipe II* (2 vols, Madrid, 1946)
Gravel, M., *The Pentagon papers. The Defense Department history of United States decision-making on Vietnam*, IV (Boston, 1971)
Greenlee, W. B., *The voyage of Pedro Alvares Cabral to Brazil and India* (London, 1938: Hakluyt Society 2nd series LXXXI)
Groen van Prinsterer, G., *Archives ou correspondance inédite de la maison d'Orange-Nassau, 1552–1789* (1st series, 8 vols and supplement, Leiden 1835–47; 2nd series, I, Utrecht, 1857)
Groenveld, S. and J. Vermaere, 'Zeeland en Holland en 1569. Een rapport voor de hertog van Alva', *Nederlandse historische bronnen*, II (1980), 103–74
Grotius, H., *De rebus belgicis; or, the annals and history of the Low-Countrey-Wars* (London, 1665)
Guevara, F. de, *Comentarios de la pintura* (*c.* 1564; Madrid, 1788)
Guillén Tato, J., *Museo Naval. Colección de documentos y manuscritos inéditos compilados por Fernández de Navarrete*, XVIII (Nendeln, 1971)
Haak, S. P., *Johan van Oldenbarnevelt. Bescheiden betreffende zijn staatkundig beleid en zijn familie. I: 1570–1601* (The Hague, 1934)
Hair, P. E. H., *To defend your empire and the faith: advice offered to Philip, king of Spain and Portugal, c. 1590* (Liverpool, 1990)
Halliwell, J. O., *Letters of the kings of England*, II (London, 1846)
Hamilton, H. C., *Calendar of State Papers relating to Ireland: Elizabeth, 1588–92* (London, 1885)

Hauser, H., *Les Sources de l'histoire de la France. XVIe siècle (1494–1610). III. Les guerres de religion, 1559–1589* (Paris, 1912)
Heredía Herrera, A., *Catálogo de las consultas del consejo de Indias*, I (Madrid, 1972)
Herrera Oria, E., *La Armada invencible. Documentos procedentes del Archivo General de Simancas* (Valladolid, 1929: Archivo Histórico Español, II)
Herrera y Tordesillas, A., *Historia general del mundo del tiempo del Rey Felipe II, el prudente* (2 vols, Madrid, 1600–6)
Hicks, L., *Letters and memorials of Father Robert Persons*, I (London, 1942: Catholic Record Society, XXXIX)
Historical Manuscripts Commission *Calendar of the manuscripts of the Most Honourable the Marquess of Bath*, V (London, 1980)
Historical Manuscripts Commission *Calendar of the manuscripts of the Most Honourable the Marquess of Downshire*, III (London, 1938)
Historical Manuscripts Commission *Calendar of the manuscripts of the Most Honourable the Marquess of Salisbury*, III (London, 1889)
Historical Manuscripts Commission *Twelfth Report* (London, 1888), appendix, part IV, 'Manuscripts of His Grace the duke of Rutland'
Historical Manuscripts Commission *Fifteenth Report* (London, 1897), appendix, part V, 'Manuscripts of the the Rt. Hon. F. J. Savile-Foljambe'
Hopper, C., *Sir Francis Drake's memorable service done against the Spaniards in 1587* (London, 1863: Camden Miscellany, V)
Horozco y Covarrubias, J., *Tratado de la verdadera y falsa profesía* (Segovia, 1588)
Hume, M. A. S., *Calendar of letters and state papers relating to English affairs preserved in, or originally belonging to, the archives of Simancas: Elizabeth* (4 vols, London, 1892–99)
International Military Tribunal, *The Nuremberg Trial*, XV (English version, London, 1948)
Japikse, N., *Correspondentie van Willem I, prins van Oranje*, I (Haarlem, 1933)
Japikse, N., *Resolutiëen der Staten-Generaal van 1576 tot 1609* (14 vols, The Hague, 1917–70)
Johnson, Samuel, *Political writings*, X (ed. D. J. Greene, New Haven and London, 1977)
Keeler, M. F., *Sir Francis Drake's West Indian voyage, 1585–6* (London, 1981: Hakluyt Society, 2nd series CXLVIII)
Kemp, P., *The papers of Admiral Sir John Fisher*, I (London, 1960)
Kervijn de Lettenhove, B., *Relations politiques des Pays-Bas et de l'Angleterre sous le règne de Philippe II*, I (Brussels, 1882)
Khevenhüller-Metsch, G. and G. Probst-Ohstorff, *Hans Khevenhüller: kaiserliche Botschafter bei Philipp II. Geheimes Tagebuch, 1548–1605* (Graz, 1971)
Kupke, G., *Nuntiaturberichte aus Deutschland, nebst ergänzenden Aktenstücken. 1er Abteilung 1533–59*, XII (Berlin, 1901)
Lalanne, L., *Oeuvres complètes de Pierre de la Bourdeille, sieur de Brantôme*, IV (Paris, 1870)
Lanz, K., *Korrespondenz des Kaisers Karl V* (3 vols, Leipzig, 1846)
Laughton, J. K., *State papers concerning the defeat of the Spanish Armada* (2 vols, London, 1895–1900)
Le Glay, A. and J. Finot, *Inventaire sommaire des archives départementales antérieures à 1790. Nord, série B* (6 vols, Lille, 1863–88)
López de Toro, J., *Epistolas de Juan de Verzosa* (Madrid, 1965)
López de Velasco, J., *Demarcación y división de las Indias* (1575; Madrid, 1871: Colección de documentos inéditos relativos al descubrimiento . . . de América, XV)
López de Velasco, J., *Geografía y descripción universal de las Indias* (1574; ed. J. Zaragoza, Madrid, 1894)
López Madera, Gregorio, *Excelencias de la Monarchia y reyno de España* (Madrid, 1597)
Machiavelli, N., *The Prince* (written in 1513, published 1532; English edn, ed. Q. Skinner and R. Price, Cambridge, 1988)

Malfatti, C. V., *Cuatro documentos italianos en materia de la expedición de la Armada invencible* (Barcelona, 1972)
Malvezzi, V., *Los primeros años del reinado de Felipe IV* (London, 1968)
Mansfelt, C. de, *Castra dei* (Brussels, 1642)
Masson, D., *Register of the Privy Council of Scotland*, IV (Edinburgh, 1881)
Maura Gamazo, G., duke of Maura, *El designio de Felipe II y el episodio de la Armada invencible* (Madrid, 1957)
Memoriën en adviezen van Cornelis Pieterszoon Hooft, I (Utrecht, 1871)
Mendoza, Bernardino de, *Comentarios de lo sucedido en las guerras de los Países Bajos* (1590; Biblioteca di Autores españoles, Madrid, 1948)
Monumenta historica societatis Iesu, LX, *Ribadeneira* (Madrid, 1923)
Mosconi, N., *La nunziatura di Spagna di Cesare Speciano, 1586–1588* (Brescia, 1961)
Mousset, A., *Dépêches diplomatiques de M. de Longlée résident de France en Espagne 1582–1590* (Paris, 1912)
Mulder, L., *Het Journael van Antonis Duyck* (1591–1602; 3 vols, The Hague, 1862–66)
Notulen van de Staten van Zeeland 1588
Oliveira, F., *A arte da guerra do mar* (1555; Lisbon, 1983)
Orange, William of Nassau prince of, *Apologie ou défense* (Leiden, 1581; English edn, ed. H. Wansink, Leiden, 1969)
Palau y Dulcet, A., *Manual del librero hispano-americano*, III (Madrid, 1983)
Paris, L., *Négociations, lettres et pièces diverses relatives au règne de François II, tirées du portefeuille de Sébastien de L'aubespine* (Paris, 1841)
Paz, J., *Catálogo de documentos españoles existentes en el Archivo del Ministerio de Asuntos Extrangeros de París* (Madrid, 1932)
Percyvall, R., *Biblioteca hispanica, containing a grammar, with a dictionarie in Spanish* (London, 1591)
Pérez, Antonio, *Relaciones* (1598; ed. A. Alvar Ezquerra, Madrid, 1986)
Pérez de Herrera, L., *Elogio a las esclarecidas virtudes de . . . Felipe II* (Valladolid, 1604)
Pigafetti, F., *Discorso sopra l'ordinanza dell'armata catolica* (Rome, 1588)
Piot, C., *Chroniques de Brabant et Flandre* (Brussels, 1879)
Porreño, B., *Dichos y hechos del Rey Don Felipe II* (Madrid, 1628)
Porreño, B., *Historia del Sereníssimo Señor Don Juan de Austria* (ed. A. Rodríguez Villa, Madrid, 1899)
Poullet, E. and C. Piot, *Correspondance du Cardinal de Granvelle 1565–1586* (12 vols, Brussels, 1877–96)
Raleigh, W., 'Excellent observations and notes concerning the royall navy', in Raleigh, *Judicious and select essayes and observations* (London, 1650), part III
Raleigh, W., *History of the world* (London, 1614)
Renold, P., *Letters of William Allen and Richard Barrett, 1572–1598* (Oxford, 1967: Catholic Record Society)
Riba García, C., *Correspondencia privada de Felipe II con su secretario Mateo Vázquez 1567–91* (Madrid, 1959)
Ricotti, E., 'Degli scritti di Emanuele-Filiberto, duca di Savoia', *Memorie della Real Accademia delle scienze di Torino: scienze, morali, storiche*, 2nd series XVII (1858), 69–164
Rodríguez, P. and J., *Don Francés de Álava y Beamonte. Correspondencia inédita de Felipe II con su embajador en París (1564–1570)* (San Sebastián, 1991)
Ruiz Martín, F., *Lettres marchandes échangées entre Florence et Medina del Campo* (Paris, 1965)
Salazar, J. de, *Política española* (Logroño, 1619; Madrid, 1945)
Salazar de Mendoza, Pedro, *Monarchia de España* (Madrid, 1770)
Sande, D. de, *De missione legatorum iaponensium* (Macao, 1590)
Santullano, J., *Obras completas de Teresa de Jesús* (Madrid, 1930)
Scott, W., *The Somers collection of tracts* (London, 1809)
Scott Thomson, G., 'The Twysden lieutenancy papers, 1583–1668', *Kent Records Society*, X (1926)

Serrano, L., *Correspondencia diplomática entre España y la Santa Sede durante el pontificado de San Pio V* (4 vols, Madrid, 1914)
Shaw, W. A., *Report on the manuscripts of Lord De L'Isle and Dudley preserved at Penshurst Place* (HMC Report No. 77), III (London, 1936)
Sigüenza, J. de, *La fundación del Monasterio de El Escorial* (1605; Madrid, 1988)
Solórzano y Pereira, J., *Política indiana* (Latin edn, 1629; Castilian edn, 1647; Biblioteca de autores españoles edn, Madrid, 1972)
Strada, F., *De bello belgico, decas secunda* (Rome, 1648)
Tassis, J. B. de, *Commentarii de tumultibus belgicis sui temporis*, in C. P. Hoynck van Papendrecht, *Analecta Belgica*, Vol. II, part 2 (The Hague, 1743)
Taylor, E. G. R., *The troublesome voyage of Captain Edward Fenton 1582–3. Narratives and documents* (London, 1959: Hakluyt Society, 2nd series CXIII)
Tellechea Idígoras, J. I., *Fray Bartolomé Carranza. Documentos históricos*, III (Madrid, 1966)
Teulet, A., *Relations politiques de la France et de l'Espagne avec l'Écosse*, V (Paris, 1862)
Theissen, J. S., *Correspondance française de Marguerite d'Autriche, duchesse de Parme, 1565–1567* (Utrecht, 1925)
Valdés, D. de, *De dignitate regum regnorumque Hispaniae* (Granada, 1602)
van der Essen, L., *Les Archives Farnésiennes de Parme au point de vue de l'histoire des anciens Pays-Bas* (Brussels, 1913)
van der Hammen, L., *Don Felipe el Prudente . . . rey de las Españas y Nuevo Mundo* (Madrid, 1625)
van Eeghen, I. H., *Dagboek van Broeder Wouter Jacobszoon . . . Prior van Stein* (2 vols, Groningen, 1959)
van Meteren, E., *Historie van de oorlogen en geschiedenissen der Nederlanden* (1599; Gorinchem, 1752)
van Reyd, E., *Historie der Nederlandtscher Oorlogen, begin ende voortganck tot den Jaere 1601* (1626; Arnhem, 1633)
van Someren, J. F., *La Correspondance du Prince Guillaume d'Orange avec Jacques de Wesenbeke* (Utrecht, 1896)
Vargas Hidalgo, R., 'Documentos inéditos sobre la muerte de Felipe II y la literatura fúnebre de los siglos XVI y XVII', *Boletín de la Real Academia de la Historia*, CXCII (1995), 377–460
Vázquez, A., *Los sucesos de Flandes y Francia del tiempo de Alejandro Farnesio*, II (*Co. Do. In.*, LXXIII)
Vázquez de Prada, V., *Lettres marchandes d'Anvers* (3 vols, Paris, 1961)
Velázquez, I., *La entrada que en el reino de Portugal hizo la S. C. R. M. de Don Philippe* (Lisbon, 1583)
Voci, A. M., 'L'impresa d'Inghilterra nei dispacci del nunzio a Madrid, Nicolò Ormanetto (1572–1577)', *Annuario dell'Istituto Storico Italiano per l'Età Moderna e Contemporanea*, XXXV–XXXVI (1983–84), 337–425
Wauters, A., *Mémoires de Viglius et d'Hopperus sur le commencement des troubles des Pays-Bas* (Brussels, 1858)
Weiss, C., *Papiers d'État du Cardinal de Granvelle* (9 vols, Paris, 1841–52)
Zarco Cuevas, J., G. de Andrés and others, *Documentos para la historia del monasterio de San Lorenzo El Real de El Escorial* (8 vols, Madrid, 1917–62)

第二手已刊史料

Abeyasinghe, T., *Portuguese rule in Ceylon 1594–1612* (Colombo, 1966)
Adams, S., 'The battle that never was: the Downs and the Armada campaign', in Rodríguez-Salgado and Adams, *England, Spain and the Gran Armada*, 173–96
Adams, S., 'Favourites and factions at the Elizabethan Court', in Asch and Birke, *Princes, patronage and the nobility*, 265–88

Adams, S., 'New light on the "Reformation" of John Hawkins: the Ellesmere Naval Survey of January 1584', *English Historical Review*, CV (1990), 96–111
Adams, S., 'The outbreak of the Elizabethan naval war against the Spanish empire', in Rodríguez-Salgado and Adams, *England, Spain and the Gran Armada*, 45–69
Adams, S., 'The papers of Robert Dudley, earl of Leicester', *Archives*, XX (1990), 131–44
Alcázar Molina, C., 'La política postal española en el siglo XVI en tiempo de Carlos V', in *Carlos V (1500–1558). Homenaje de la Universidad de Granada* (Granada, 1958), 219–32
Allen, E. J. B., *Post and courier service in the diplomacy of early modern Europe* (The Hague, 1972)
Allen, P. C., 'The strategy of peace: Spanish foreign policy and the "Pax hispanica", 1598–1609' (Yale University Ph. D. thesis, 1995)
Alvar Ezquerra, A., *Felipe II, la corte y Madrid en 1561* (Madrid, 1985)
Alvar Ezquerra, A., 'Unas "reglas generales para remitir memoriales" del siglo XVI', *Cuadernos de historia moderna*, XVI (1995), 47–71
Andrés, G. de, 'La dispersión de la valiosa colección bibliográfica y documental de la Casa de Altamira', *Hispania*, XLVI (1986), 587–635
Angiolini, F., 'Diplomazie e politica dell'Italia non spagnola nell'età di Filippo II', *Rivista storica italiana*, XCII (1980), 432–69
Antolín, G., 'La librería de Felipe II (Datos para su reconstrucción)', *Ciudad de Dios*, CXVI (1919), 477–88
Armitage, D., 'The Cromwellian Protectorate and the language of empire', *Historical Journal*, XXXV (1992), 531–55
Arnold, T. F., 'Fortifications and the military revolution: the Gonzaga experience, 1530–1630', in C. J. Rogers, ed., *The Military Revolution Debate* (Boulder, 1995), 201–26
Arrieta Alberdi, J., *El consejo supremo de la corona de Aragón (1494–1707)* (Zaragoza, 1994)
Asaert, G., 'Een brug te veel. Antwerpens scheepsmacht tijdens het Parmabeleg, 1584–1585', in *Van blauwe stoep tot citadel. Varia historica brabantica Ludovico Pirenne dedicata* ('sHertogenbosch, 1988), 129–40
Asch, R. G. and A. M. Birke, eds, *Princes, patronage and the nobility. The Court at the beginning of the modern age* (Oxford, 1991)
Atti dei convegni internazionali sulla storia del Finale. La Spagna, Milano ed il Finale: il ruolo del Marchesato Finalese tra medioevo ed età moderna (2 vols, Finale Ligure, 1994)
Aubrey, J., *Brief lives* (ed. O. L. Dick, London, 1967)
Aubrey, P., *The defeat of James Stuart's Armada, 1692* (Leicester, 1979)
Baetens, R., 'An essay on Dunkirk merchants and capital growth during the Spanish period,' in *From Dunkirk to Danzig. Essays in honour of Prof. Dr J. A. Faber* (Hilversum, 1988), 117–43
Baguenault de Puchesse, G., 'La Politique de Philippe II dans les affaires de France, 1559–98', *Revue des questions historiques*, XXV (1879), 5–66
Balderstone, T., 'War finance and inflation in Britain and Germany, 1914–1918', *Economic History Review*, XLI (1989), 222–44
Barbeito, J. M., *El Alcázar de Madrid* (Madrid, 1992)
Barber, P., 'England: monarchs, ministers and maps, 1550–1625', in D. Buisseret, ed., *Monarchs, ministers and maps. The emergence of cartography as a tool of government in early modern Europe* (Chicago, 1992), 57–98
Barkman, S. H., 'Guipuzcoan shipping in 1571', in *Anglo-American contributions to Basque studies: essays in honor of Jon Bilbao* (Reno, 1977)
Barnard, C., *The function of the executive* (rev. edn, Cambridge, MA, 1968)
Bartlett, B. S., *Monarchs and ministers. The Grand Council in mid-Ch'ing China, 1723–1820* (Berkeley, 1991)
Bataillon, M., *Erasmo y España: Estudios sobre la historia espiritual del siglo XVI* (2nd edn, Mexico, 1950)
Bayly, C.A., *Empire and information. Intelligence gathering and social communication in India, 1780–1870* (Cambridge, 1996).

Bayly, C. A., 'Knowing the country: empire and information in India', *Modern Asian Studies*, XXVII (1993), 3–43

Beaumont, R., *War, chaos and history* (Westport, CT, 1994)

Beinert, B., 'El testamento político de Carlos V de 1548. Estudio crítico', in *Carlos V. Homenaje de la Universidad de Granada* (Granada, 1958), 401–38

Belda y Pérez de Nueros, F., marqués de Cabra, *Felipe II. Cuarto centenario de su nacimiento* (Madrid, 1927)

Bell, G. M., 'John Man: the last Elizabethan resident ambassador in Spain', *The Sixteenth-century Journal*, VII.2 (October 1976), 75–93

Bély, L., *Espions et ambassadeurs au temps de Louis XIV* (Paris, 1990)

Benedict, P., 'The St Bartholomew's massacres in the provinces', *The Historical Journal*, XXI (1978), 205–25

Bennassar, B., *Valladolid au Siècle d'Or* (Paris, 1967)

Benson, N. L., 'The ill-fated works of Francisco Hernández', *The Library Chronicle of the University of Texas*, V (1954), 17–27

Berwick y Alba, duke of, *Discurso: contribución al estudio de la persona de Don Fernando Álvarez de Toledo, III duque de Alba* (Madrid, 1919)

Beyerchen, A., 'Clausewitz, non-linearity and the unpredictability of war', *International Security*, XVII.3 (1992–93), 59–90

Binchy, D. A., 'An Irish ambassador at the Spanish Court 1569–74', *Studies*, X (1921), 353–74 and 573–84

Bireley, R., *The Counter-Reformation Prince. Anti-Machiavellism or Catholic statecraft in early modern Europe* (Chapel Hill, 1990)

Bitossi, C., *Il governo dei magnifici. Patriziato e politica a Genova tra 500 e 600* (Genoa, 1990)

Bitton, D. and Q. A. Mortensen, 'War or peace: a French pamphlet polemic, 1604–06', in Thorp and Slavin, *Politics, religion and diplomacy*, 127–41

Black, J., *Convergence or divergence? Britain and the continent* (New York, 1994)

Blaylock, C., 'The study of Spanish in Tudor and Stuart England', in *Selected proceedings: the seventh Louisiana conference on Hispanic languages and literatures* (Baton Rouge, 1987), 61–72

Bolzern, R., *Spanien, Mailand und die katholische Eidgenossenschaft. Militärische, wirtschaftliche und politische Beziehungen zur Zeit Alfonso Casati* (Luzern, 1982)

Boratynski, L., 'Estebán Batory, la Hansa y la sublevación de los Países Bajos', *Boletín de la Real Academia de la Historia*, CXXVIII (1951), 451–500

Bordejé y Morencos, F. F., *El escenario estratégico español en el siglo XVI (1492–1556)* (Madrid, 1990)

Borman, T., 'Untying the knot? The survival of the Anglo-Dutch alliance, 1587–97', *European history quarterly*, XXVII (1997), 307–37

Borromeo, A., 'España y el problema de la elección papal de 1592', *Cuadernos de investigación histórica*, II (1978), 175–200

Borromeo, A., 'Istruzioni generali e corrispondenza ordinaria dei nunzi: obiettivi prioritari e resultati concreti della politica spagnola di Clemente VIII', in G. Lutz, ed., *Das Papsttum, die Christenheit und die Staaten Europas, 1592–1605. Forschungen zu den Hauptinstruktionen Clemens' VIII* (Tübingen, 1994: Bibliothek des deutschen historischen Instituts in Rom, LXVI), 119–204

Bosbach, F., *Monarchia universalis. Ein politischer Leitbegriff der frühen Neuzeit* (Göttingen, 1988)

Bouza Álvarez, F. J., 'Corte es decepción. Don Juan de Silva, Conde de Portalegre', in Martínez Millán, *La corte de Felipe II*, 451–99

Bouza Álvarez, F. J., 'Cortes festejantes, fiesta y ocio en el cursus honorum cortesano', *Manuscrits*, XIII (1995), 185–203

Bouza Álvarez, F. J., *Del escribano a la biblioteca. La civilización escrita europea en la alta edad moderna (siglos XV–XVII)* (Madrid, 1992)

Bouza Álvarez, F. J., 'Guardar papeles-y quemarlos-en tiempos de Felipe II. La documentación de Juan de Zúñiga', *Reales Sitios*, XXXIII.3 (1996), 2–15 and XXXIV.1 (1997), 18–33

Bouza Álvarez, F. J., 'Leer en palacio. De aula gigantium a museo de reyes sabios', in *El libro antiguo español. III. El libro en palacio y otros estudios bibliográficos* (Salamanca, 1996), 29–42
Bouza Álvarez, F., *Locos, enanos y hombres de placer en la corte de los Austrias. Oficio de burlas* (Madrid, 1991)
Bouza Álvarez, F. J., 'La majestad del rey. Construcción del mito real', in Martínez Millán, *La corte de Felipe II*, 36–72
Bouza Álvarez, F. J., 'Monarchie en lettres d'imprimerie. Typographie et propagande au temps de Philippe II', *Revue d'histoire moderne et contemporaine*, XLI (1994), 206–20
Bouza Álvarez, F. J., 'Portugal en la Monarquía hispánica 1580–1640. Felipe II, las Cortes de Tomar y la génesis del Portugal Católico' (Universidad Complutense de Madrid Ph.D. thesis, 1987)
Bouza Álvarez, F. J., 'Retórica da imagem real. Portugal e la memória figurada de Filipe II', *Penélope*, IV (1989), 20–58
Bouza Álvarez, F. J., 'Servidumbres de la soberana grandeza. Criticar al rey en la Corte de Felipe II' (forthcoming)
Boxer, C. R., 'Portuguese and Spanish projects for the conquest of Southeast Asia, 1580–1600', in Boxer, *Portuguese conquest and commerce in southern Asia, 1500–1750* (London, 1985), chap. 3
Boyden, J. M., *The courtier and the king. Ruy Gómez de Silva, Philip II and the Court of Spain* (Berkeley, 1995)
Brand, H. and J., eds, *De Hollandse Waterlinie* (Utrecht, 1986)
Bratli, C., *Philippe II, roi d'Espagne* (Paris, 1912)
Braudel, F., *The Mediterranean and the Mediterranean world in the age of Philip II* (2 vols, London, 1972–73)
Braudel, P., 'Braudel antes de Braudel', in C. A. Aguirre Rojas, ed., *Primeras jornadas Braudelianas* (Mexico, 1993), 84–96
Brayshay, M., 'Plymouth's coastal defences in the year of the Spanish Armada', *Reports and transactions of the Devonshire Association for the Advancement of Science*, CXIX (1987), 169–96
Brayshay, M., 'Royal post-horse routes in England and Wales: the evolution of the network in the later sixteenth and early seventeenth centuries', *Journal of Historical Geography*, XVII (1991), 373–89.
Breakwell, Glynis and Keith Spacie, *Pressures facing commanders* (Camberwell, 1997: Strategic and Combat Studies Institute, Occasional Papers XXIX)
Brown, J. and J. H. Elliott, *A palace for a king. The Buen Retiro and the Court of Philip IV* (New Haven, 1980)
Brown, K. M., 'The making of a *politique*: the Counter-Reformation and the regional politics of John, eighth Lord Maxwell', *Scottish Historical Review*, LXVI (1987), 152–75
Brulez, W., 'Het gewicht van de oorlog in de nieuwe tijden, enkele aspecten', *Tijdschrift voor Geschiedenis*, XCI (1978), 386–406
Bullock, A., *Hitler and Stalin. Parallel lives* (New York, 1992)
Burkholder, M. A. and L. L. Johnson, *Colonial Latin America* (2nd edn, Oxford, 1994)
Cabantous, A., *Histoire de Dunkerque* (Toulouse, 1983)
Calabria, A., *The cost of empire. The finances of the kingdom of Naples in the time of Spanish rule* (Cambridge, 1991)
Campbell, J., *Grammatical man. Information, entropy, language and life* (New York, 1982)
Cano de Gardoquí, J. L., *La cuestión de Saluzzo en las comunicaciones del Imperio Español, 1588–1601* (Valladolid, 1962)
Cano de Gardoquí, J. L., 'España y los estados italianos independientes en 1600', *Hispania*, XXIII (1963), 524–55
Cano de Gardoquí, J. L., *La incorporación del marquesado de Finale (1602)* (Valladolid, 1955)
Carlos Morales, C. J. de, *El consejo de Hacienda de Castilla, 1523–1602. Patronazgo y clientelismo en el gobierno de las finanzas reales durante el siglo XVI* (Valladolid, 1996)

Carlos Morales, C. J. de, 'El poder de los secretarios reales: Francisco de Eraso', in Martínez Millán, *La corte de Felipe II*, 107–48

Carrafiello, M. L., 'English Catholicism and the Jesuit mission of 1580–1', *Historical Journal*, XXXVII (1994), 761–74

Carter, C. H., 'The ambassadors of early modern Europe: patterns of diplomatic representation', in Carter, ed., *From the Renaissance to the Counter-Reformation. Essays in honour of Garrett Mattingly* (London, 1965), 269–95

Carter, C. H., *The secret diplomacy of the Habsburgs, 1598–1625* (New York, 1964)

Caruana, A. B., *The history of English sea ordnance, 1523–1870*, I (Rotherfield, 1994)

Casado Soto, J. L., *Los barcos españoles del siglo XVI y la Gran Armada de 1588* (Madrid, 1988)

Casado Soto, J. L., 'La construcción naval atlántica española del siglo XVI y la Armada de 1588', in *La Gran Armada* (Madrid, 1989: Cuadernos monográficas del Instituto de Historia y Cultura Naval, III), 51–85

Castillo, A., 'Dette flottante et dette consolidée en Espagne, 1557–1600', *Annales: Economies, Sociétés, Civilisations*, XVIII (1963), 745–59

Cerezo Martínez, R., 'La conquista de la isla Tercera (1583)', *Revista de historia naval*, I.3 (1983), 5–45

Céspedes del Castillo, G., 'La visita como institución indiana', *Anuario de estudios americanos*, III (1946), 984–1025

Chabod, F., 'Contrasti interni e dibattiti sulla politica generale di Carlo V', in P. Rassow and F. Schalk, eds, *Karl V: der Kaiser und seine Zeit* (Cologne, 1960), 51–66

Chabod, F., 'Milán o los Países Bajos? Las discusiones sobre la Alternativa de 1544,' in *Carlos V (1500–1558). Homenaje de la Universidad de Granada* (Granada, 1958), 331–72

Chandler, A. D., *Strategy and structure. Chapters in the history of the industrial enterprise* (Cambridge, MA, 1962)

Charrière, E., *Négociations de la France dans le Levant*, II (Paris, 1850)

Chaunu, H. and P., *Séville et l'Atlantique, 1504–1650* (8 vols, Paris, 1955–60)

Checa, F., 'Felipe II en El Escorial: la representación del poder real', in *El Escorial: arte, poder y cultura en la corte de Felipe II* (Madrid, 1989), 7–26

Checa, F., *Felipe II: Mecenas de las Artes* (2nd edn, Madrid, 1993)

Checa, F., *Tiziano y la monarquía hispánica. Usos y funciones de la pintura veneciana en España (siglos XVI y XVII)* (Madrid, 1994)

Chevallier, P., *Henri III. Roi shakespearien* (Paris, 1985)

Christy, M., 'Queen Elizabeth's visit to Tilbury in 1588', *English Historical Review*, XXXIV (1919), 43–61

Clark, P., ed., *The European crisis of the 1590s: essays in comparative history* (London, 1985)

Cline, H. F., 'The *Relaciones geográficas* of the Spanish Indies, 1577–84', *Hispanic-American Historical Review*, XLIV (1964), 341–74

Collinson, P., 'The Elizabethan exclusion crisis and the Elizabethan polity', *Proceedings of the British Academy*, LXXXIV (1993), 51–92

Collinson, P., *The English captivity of Mary Queen of Scots* (Sheffield, 1987)

Constant, J. M., *Les Guise* (Paris, 1984)

Costantini, C., *La Repubblica di Genova* (Turin, 1986)

Cowley, R. and G. Parker, eds, *The reader's companion to military history* (Boston, MA, 1996)

Cox, B., *Vanden tocht in Vlaenderen. De logistiek van Nieuwpoort 1600* (Zutphen, 1986)

Craeybeckx, J., 'La Portée fiscale et politique du 100e denier du duc d'Albe', *Acta historica bruxellensia*, I (Brussels, 1967), 342–74

Cressy, D., 'Binding the nation: the Bonds of Association, 1584 and 1696', in D. J. Guth and J. W. McKenna, eds, *Tudor rule and revolution* (Cambridge, 1982), 217–34

Cressy, D., *Bonfires and bells. National memory and the Protestant calendar in Elizabethan and Stuart England* (Berkeley, 1989)

Croft, P., 'English commerce with Spain and the Armada war, 1558–1603', in Rodríguez-Salgado and Adams, *England, Spain and the Gran Armada*, 236–63

Croft, P., *The Spanish Company* (London, 1973)
Cueto, R., '1580 and all that . . . Philip II and the politics of the Portuguese succession', *Portuguese Studies*, VIII (1992), 150–60
Cumming, W. P., 'The Parreus map (1562) of French Florida', *Imago mundi*, XVII (1963), 27–40
Dandelet, T. J., 'Roma hispanica: the creation of Spanish Rome in the Golden Age' (University of California at Berkeley Ph.D. thesis, 1995)
Danvila y Burguero, A., *Don Cristóbal de Moura* (Madrid, 1900)
Davies, J. M., 'The duc de Montmorency, Philip II and the house of Savoy: a neglected aspect of the sixteenth-century French civil wars', *English Historical Review*, CV (1990), 870–92
Davies, J. M., 'Neither politique nor patriot? Henry, duc de Montmorency and Philip II, 1582–1589', *Historical Journal*, XXXIV (1991), 539–66
Dean, E. T., '"We live under a government of men and morning newspapers." Image, expectation and the peninsula campaign of 1862', *Virginia Magazine of History and Biography*, CXIII (1995), 5–28
de Bueil, J. *Le Jouvencal* (written in 1466; ed. C. Favre and C. Lecestre, Paris, 1889)
Delumeau, J., *Vie économique et sociale de Rome dans la seconde moitié du 16e siècle*, I (Paris, 1957)
de Reiffenberg, B., *Histoire de l'Ordre de la Toison d'Or depuis son institution jusqu'à la cessation des chapitres généraux* (Brussels, 1830)
Después de la Gran Armada: la historia desconocida (Madrid, 1993: Cuadernos monográficos del Instituto de historia y cultura naval, XX)
Destler, L. M., *Presidents, bureaucrats and foreign policy. The politics of organizational reform* (2nd edn, Princeton, 1974)
Deswarte-Rosa, S., *Ideias e imagens em Portugal na época dos descobrimentos: Francisco de Holanda e a teoria da arte* (Lisbon, 1992)
de Törne, P. O., *Don Juan d'Autriche et les projets de conquête de l'Angleterre. Etude historique sur dix années du seizième siècle* (2 vols, Helsingfors, 1915–28)
de Törne, P. O., 'Philippe II et Henri de Guise: le début de leurs relations (1578)', *Revue historique*, CLXVII (1931), 323–35
Devos, J. C., *Les Chiffres de Philippe II (1555–1598) et du despacho universal durant le XVIIe siècle* (Brussels, 1950)
Devos, J. C., 'La Poste au service des diplomates espagnols accrédités auprès des cours d'Angleterre et de France (1555–1598)', *Bulletin de la Commission Royale d'Histoire*, CIII (1938), 205–67
Devos, J. C., 'Un Projet de cession d'Alger à la France en 1572', *Bulletin philologique et historique*, LXXVIII (1953–54), 339–48
Deyon, P., 'Sur certaines formes de la propagande religieuse au XVIe siècle', *Annales: Economies, Sociétés, Civilisations*, XXXVI (1981), 16–25
Díaz Jimeno, F., *Hado y fortuna en la España del siglo XVI* (Madrid, 1987)
Díaz-Plaja, F., *La historia de España en sus documentos. IV: el siglo XVI* (Madrid, 1958)
Díaz-Trechuelo, L., 'Consecuencias y problemas derivados del Tratado en la experiencia oriental', in Ribot García, *El Tratado de Tordesillas*, 1519–39
Dickerman, E. H., 'The conversion of Henry IV: "Paris is well worth a Mass" in psychological perspective', *Catholic Historical Review*, LXIII (1977), 1–13
Dickerman, E. H., 'A neglected aspect of the Spanish Armada: the Catholic League's Picard offensive', *Canadian Journal of History*, XI (1976), 19–23
Dierickx, M., 'Les "Carte Farnesiane" de Naples par rapport à l'histoire des anciens Pays-Bas, d'après l'incendie du 30 septembre 1943', *Bulletin de la Commission Royale d'Histoire*, CXII (1947), 111–26
Dietz, F. C., *English public finance, 1558–1641* (2nd edn, London, 1964)
Díez del Corral, L., *La Monarquía hispánica en el pensamiento político europeo* (Madrid, 1975)
Donagan, B., 'Understanding Providence: the difficulties of Sir William and Lady Waller', *Journal of Ecclesiastical History*, XXXIX (1988), 433–44

Doria, G., 'Un quadrennio critico, 1575–78. Contrasti e nuovi orientamenti nella società genovese nel quadro della crisi finanziaria spagnola', in E. Dini et al., eds, *Fatti e idee di storia economica nei secoli XII–XX. Studi dedicati a Franco Borlandi* (Bologna, 1977), 377–94

Doussinague, J. M., *La política exterior de España en el siglo XVI* (Madrid, 1949)

Doussinague, J. M., *La política internacional de Fernando el Católico* (Madrid, 1944)

Drucker, P. F., 'The coming of the new organization', *Harvard Business Review* (Jan. Feb. 1988), 45–53

Drucker, P. F., *The effective executive* (New York, 1967)

Durand-Lapié, P., 'Un roi détroné réfugié en France: Dom Antoine 1er de Portugal (1580–95)', *Revue d'histoire diplomatique*, XVIII (1904), 133–345, 275–307, 612–40 and XIX (1905), 113–28 and 243–60

Duviols, P., *La lutte contre les religions autochtones dans le Pérou colonial. 'L'extirpation de l'idolâtrie' entre 1532 et 1660* (Lima, 1971)

Echevarría Bacigalupe, M. A., *La diplomacia secreta en Flandes, 1598–1643* (Leioa, 1984)

Edelmayer, F., 'Habsburgische Gesandte in Wien und Madrid in der Zeit Maximilians II.', in W. Krämer, ed., *Spanien und Österreich in der Renaissance* (Innsbruck, 1989), 57–70

Edelmayer, F., 'Honor y dinero. Adam de Dietrichstein al servicio de la Casa de Austria', *Revista studia histórica,* XI (1993), 89–116

Edelmayer, F., *Maximilian II., Philipp II., und Reichsitalien. Die Auseinandersetzungen um des Reichsleben Finale in Ligurien* (Stuttgart, 1988)

Edwards, C. R., 'Mapping by geographical positions', *Imago mundi*, XXIII (1969), 17–28

Edwards, F., *The marvellous chance. Thomas Howard, fourth duke of Norfolk and the Ridolphi plot, 1570–1572* (London, 1968)

Edwards, M. U., 'Catholic controversial literature, 1518–1555: some statistics', *Archiv für Reformationsgeschichte*, LXXIX (1988), 189–204

Eguiluz, M. de, *Milicia, discurso y regla militar* (Madrid, 1592)

Einaudi, G., ed., *Storia d'Italia*, II (Turin, 1974)

Eire, C. M. N., *From Madrid to purgatory: the art and craft of dying in sixteenth-century Spain* (Cambridge, 1995)

El Escorial. Biblioteca de una época. La historia (Madrid, 1986)

Elias, J. E., *De vlootbouw in Nederland in de eerste helft der 17e eeuw* (Amsterdam, 1937)

Elliott, J. H., *The count-duke of Olivares. The statesman in an age of decline* (New Haven, 1986)

Elliott, J. H., 'The court of the Spanish Habsburgs: a peculiar institution?', in Elliott, *Spain and its world*, 142–61

Elliott, J. H., 'A Europe of composite monarchies', *Past and Present*, CXXXVII (1992), 48–71

Elliott, J. H., 'Foreign policy and domestic crisis: Spain, 1598–1659,' in Elliott, *Spain and its world*, 114–41

Elliott, J. H., 'Managing decline: Olivares and the grand strategy of Imperial Spain', in Kennedy, ed., *Grand strategies in war and peace*, 87–104

Elliott, J. H., *Spain and its world 1500–1700, Selected Essays* (New Haven, 1989)

Emmanuelli, R., *Gênes et l'Espagne dans la Guerre de Corse, 1559–1569* (Paris 1964)

Estal, J. M. de, 'Felipe II y su archivo hagiográfico de El Escorial', *Hispania sacra*, XXIII (1970), 193–333

Estèbe, J., *Tocsin pour un massacre: la saison de St Barthélemy* (Paris, 1968)

Fagel, R., *De Hispano-Vlaamse Wereld. De contacten tussen Spanjaarden en Nederlanders 1496–1555* (Brussels, 1996)

Farnham, B., ed., *Avoiding losses, taking risks: prospect theory and international conflict* (Ann Arbor, MI, 1994)

Faulconnier, H., *Description historique de Dunkerque*, I (Bruges, 1730)

Fea, P., *Alessandro Farnese, duca di Parma. Narrazione storica e militare* (Rome, 1886)

Fernández Albaladejo, P., *Fragmentos de monarquía. Trabajos de historia política* (Madrid, 1992)

Fernández Albaladejo, P., '"*De Regis Catholici Praestantia*": una propuesta de "Rey Católico" desde el reino napolitano en 1611', in Musi, ed., *Nel sistema imperiale*, 93–111

Fernández Albaladejo, P., '"Rey Católico": gestación y metamorfosis de un título', in Ribot García, *El Tratado de Tordesillas*, 209–16

Fernández Álvarez, M., *Felipe II y su tiempo* (Madrid, 1998)

Fernández Álvarez, M., 'Las instrucciones políticas de los Austrias mayores. Problemas e interpretaciones', *Gesammelte Aufsätze zur Kulturgeschichte Spaniens*, XXIII (1967), 171–88

Fernández Álvarez, M., *Madrid bajo Felipe II* (Madrid, 1966)

Fernández Álvarez, M., *Política mundial de Carlos V y Felipe II* (Madrid, 1966)

Fernández Álvarez, M., *Tres embajadores de Felipe II en Inglaterra* (Madrid, 1951)

Fernández Armesto, F., 'Armada myths: the formative phase', in Gallagher and Cruickshank, *God's obvious design*, 19–39

Fernández Duro, C., *De algunas obras desconocidas de cosmografía y de navegación* (Madrid, 1894–95)

Fernández Duro, C., *Armada española desde la unión de los reinos de Castilla y Aragón*, I (Madrid, 1895)

Fernández Duro, C., *La conquista de los Azores en 1583* (Madrid, 1886)

Fernández Segado, F., 'Alejandro Farnesio en las negociaciones de paz entre España y Inglaterra (1586–88)', *Hispania*, XLV (1985), 513–78

Feros, A., 'Lerma y Olivares: la práctica del valimiento en la primera mitad del seiscientos', in J. H. Elliott and A. García Sanz, eds, *La España del Conde Duque de Olivares* (Valladolid, 1990), 195–224

Feros, A., 'Twin souls: monarchs and favourites in early seventeenth-century Spain', in Kagan and Parker, *Spain, Europe and the Atlantic world*, 27–47

Feros, A., '"Vicedioses, pero humanos": el drama del rey', *Cuadernos de historia moderna*, XIV (1993), 103–31

Feros, A., 'El viejo monarca y los nuevos favoritos: los discursos sobre la privanza en el reinado de Felipe II', *Studia histórica*, XVII (1998), 11–36

Ferrill, A., 'The Grand Strategy of the Roman empire', in Kennedy, *Grand strategies in war and peace*, 71–85

Feuillerat, A., ed., *The prose works of Sir Philip Sidney*, III (Cambridge, 1962)

Fichtner, P. S., 'Dynastic marriage in sixteenth-century Habsburg diplomacy and statecraft: an interdisciplinary approach', *American Historical Review*, LXXXI (1976), 243–65

Fichtner, P. S., *Ferdinand I* (New York, 1982)

Firth, C. H., 'Thurloe and the Post Office', *English Historical Review*, XII (1898), 527–33

Fleischer, C., 'The lawgiver as Messiah: the making of the imperial image in the reign of Suleiman', in G. Veinstein, ed., *Soliman le magnifique et son temps* (Paris, 1992), 159–77

Flower-Smith, M. A., '"The able and the willynge": the preparations of the English land forces to meet the Armada', *British Army Review*, XCV (1990), 54–61

Forneron, H., *Les ducs de Guise et leur époque*, II (Paris, 1877)

Freitas de Meneses, A. de, *Os Açores e o domínio filipino (1580–1590)* (2 vols, Angra do Heroismo, 1987)

Fruin, R., *The siege and relief of Leiden in 1574* (The Hague, 1927)

Fukuyama, F. and A. N. Shulsky, *The 'virtual corporation' and army organization* (Washington, D.C., 1997)

Gachard, L. P., *Retraite et mort de Charles-Quint* (2 vols, Brussels, 1855)

Gaddis, J. L., *We now know. Rethinking Cold War history* (Oxford, 1997)

Gallagher, P. and D. W. Cruickshank, 'The Armada of 1588 reflected in serious and popular literature of the period', in Gallagher and Cruickshank, *God's obvious design*, 167–83

Gallagher, P. and D. W. Cruickshank, eds, *God's obvious design. Papers of the Spanish Armada symposium, Sligo, 1988* (London, 1990)

García Hernán, E., *La Armada española en la Monarquía de Felipe II y la defensa del Mediterráneo* (Madrid, 1995)

García Hernán, E., 'La curia romana, Felipe II y Sixto V', *Hispania sacra*, XLVI (1994), 631–49

García Hernán, E., 'La iglesia de Santiago de los Españoles en Roma: trayectoria de una institución', *Anthologica annua*, XLII (1995), 297–363

García Hernán, E., 'Pio V y el mesianismo profético', *Hispania sacra*, XLV (1993), 83–102

García Vilar, J. A., 'El Maquiavelismo en las relaciones internacionales: la anexión de Portugal a España en 1580', *Revista de estudios internacionales*, II (1981), 599–643

Gardiner, C. H., 'Prescott's most indispensable aide: Pascual de Gayangos', *Hispanic-American Historical Review*, XXXIX (1959), 81–115

Gerson, A. J., 'The English recusants and the Spanish Armada', *American Historical Review*, XXII (1917), 589–94

Geurts, P. A. M., *De Nederlandse Opstand in de pamfletten, 1566–1584* (Nijmegen, 1956)

Gil, X., 'Aragonese constitutionalism and Habsburg rule: the varying meanings of liberty', in Kagan and Parker, *Spain, Europe and the Atlantic world*, 160–87

Gil, X., 'Visión europea de la monarquía española como monarquía compuesta', in C. Russell and J. Andrés Gallego, eds, *Las monarquías del antiguo regimen. ¿Monarquías compuestas?* (Madrid, 1996), 65–95.

Gilissen, J., 'Les phases de la codification et de l'homologation des coûtumes dans les XVII provinces des Pays-Bas', *Tijdschrift voor Rechtsgeschiedenis*, XVIII (1950), 36–67 and 239–90

Gillès de Pélichy, C., 'Contribution à l'histoire des troubles politico-religieux des Pays-Bas', *Annales de la Société d'Émulation de Bruges*, LXXXVI (1949), 90–144

Gillespie, R., 'Destabilizing Ulster 1641–2,' in B. MacCuarta, ed., *Ulster 1641: aspects of the Rising* (Belfast, 1993), 107–21

Ginzburg, C., 'Due note sul profetismo cinquecentesco', *Rivista storica italiana*, LXXVIII (1966), 184–227

Glasgow, T., 'Gorgas' seafight', *Mariner's Mirror*, LIX (1973), 179–85

Glasgow, T., 'The shape of the ships that defeated the Spanish Armada', *Mariner's Mirror*, L (1964), 177–87

Glete, J., *Navies and nations. Warships, navies and state-building in Europe and America, 1500–1860* (2 vols, Stockholm, 1993)

Gómez-Centurión, C., *La Invencible y la empresa de Inglaterra* (Madrid, 1988)

Gómez-Centurión, C., 'The new crusade: ideology and revolution in the Anglo-Spanish conflict', in Rodríguez-Salgado and Adams, *England, Spain and the Gran Armada*, 264–99

González de Amezúa y Mayo, A., *Isabella de Valois, reina de España, 1546–68* (3 vols, Madrid, 1949)

González de León, F., 'The road to Rocroi: the duke of Alba, the count-duke of Olivares and the high command of the Spanish Army of Flanders in the Eighty Years' War, 1567–1659' (Johns Hopkins Ph.D. thesis, 1991)

González García, P., *Archivo general de Indias* (Madrid, 1995)

González Novalín, J. L., *Historia de la Iglesia en España*, vol. III part 2 (Madrid, 1980)

Goodman, D., *Power and penury. Government, technology and science in Philip II's Spain* (Cambridge, 1988)

Goodman, D., *Spanish naval power, 1589–1665. Reconstruction and defeat* (Cambridge, 1996)

Gordon, C., ed., *Power/knowledge. Selected interviews and other writings, 1972–1977, by Michel Foucault* (New York, 1980)

Gould, J. D., 'The crisis of the export trade, 1586–87', *English Historical Review*, LXXI (1956), 212–22

Gracia Rivas, M., *La 'invasión' de Aragón en 1591. Una solución militar a las alteraciones del reino* (Zaragoza, 1992)

Gracia Rivas, M., 'El motín de la "Diana" y otras vicisitudes de las galeras participantes en la jornada de Inglaterra', *Revista de historia naval*, II. 4 (1984), 33–45

Gracia Rivas, M., *Los tercios de la Gran Armada, 1587–88* (Madrid, 1989)

Gray, R., 'Spinola's galleys in the Narrow Seas, 1599–1603', *Mariner's Mirror*, LXIV (1978), 71–83

Green, J. M., '"I my self": Queen Elizabeth I's oration at Tilbury Camp', *Sixteenth Century Journal*, XXVIII (1997), 421–45

Groenhuis, G., *De predikanten: de sociale positie van de Gereformeerde predikanten in de Republiek der Verenigde Nederlanden voor 1700* (Groningen, 1977)

Guilmartin, J. F., *A very short war. The SS 'Mayaguez' and the battle of Koh Tan* (College Station, TX, 1995)

Haffner, S., *The meaning of Hitler* (London, 1979)

Hall, D. D., *Worlds of wonder, days of judgment. Popular religious belief in early New England* (New York, 1989)

Halperin, M. with P. Clapp and A. Kanter, *Bureaucratic politics and foreign policy* (Washington, 1974)

Hammer, P. E. J., 'An Elizabethan spy who came in from the cold: the return of Anthony Standen to England in 1593', *Historical Research*, LXV (1992), 277–95

Hammer, P. E. J., 'New light on the Cadiz expedition of 1596', *Historical Research*, LXX (1997), 182–202

Handel, M. I., 'Intelligence and the problem of strategic surprise,' *Journal of Strategic Studies*, VII (1984), 229–81

Handel, M. I., 'The politics of intelligence', *Intelligence and National Security*, II.4 (October 1987), 5–46

Handel, M. I., 'Technological surprise in war', *Intelligence and National Security*, II.1 (1987), 1–53

Hanke, L., *The Spanish struggle for justice in the conquest of America* (Boston, MA, 1949)

Hanselmann, J. L., *L'alliance Hispano-Suisse de 1587* (Bellinzona, 1971)

Hardach, A., *The First World War, 1914–1918* (Berkeley, 1977)

Hart, G. 't, 'Rijnlands bestuur en waterstaat rondom het beleg en ontzet van Leiden', *Leids Jaarboekje*, LXVI (1974), 13–33

Haynes, A., *Invisible power. The Elizabethan secret services, 1570–1603* (London, 1973)

Hays Park, W., 'Linebacker and the law of war', *Air University Review*, XXXIV.2 (January–February 1983), 2–30

Hays Park, W., 'Rolling Thunder and the law of war', *Air University Review*, XXXIII.2 (January–February 1982), 2–23

Headley, J. M., 'The Habsburg world empire and the revival of Ghibellinism', in S. Wenzel, ed., *Medieval and Renaissance Studies*, VII (Chapel Hill, 1978), 93–127

Headley, J. M., 'Rhetoric and reality: messianic humanism and civilian themes in the imperial ethos of Gattinara', in M. Reeves, ed., *Prophetic Rome in the High Renaissance period. Essays* (Oxford, 1992), 241–69

Headley, J. M., 'Spain's Asian presence 1565–90: structures and aspirations', *Hispanic-American Historical Review*, LXXV (1995), 623–46

Hergueta, N., 'Notas diplomáticas de Felipe II acerca del canto-llano', *Revista de archivos, bibliotecas y museos*, XIII (1904), 39–50

Hess, A., *The forgotten frontier. A history of the sixteenth-century Ibero-African frontier* (Chicago, 1978)

Hibben, C. C., *Gouda in revolt: particularism and pacifism in the revolt of the Netherlands* (Utrecht, 1983)

Hildebrand, K., *Johan III och Europas katolska makter, 1568–80: studier i 1500-talets politiska historia* (Uppsala, 1898)

Hildebrand, K., *The Third Reich* (London, 1984)

Holsti, O. R., *Crisis, escalation, war* (Montreal, 1972)

Holt, M. P., *The duke of Anjou and the politique struggle during the wars of religion* (Cambridge, 1986)

Hopf, T., *Peripheral visions. Deterrence theory and American foreign policy in the third world, 1965–90* (Ann Arbor, 1994)

Howard, M., *The lessons of history* (New Haven and London, 1991)

Hübner, J., *Sixte-Quint* (2 vols, Paris, 1870)

Huerga, A., 'La vida seudomística y el proceso inquisitorial de Sor María de la Visitación (La monja de Lisboa)', *Hispania sacra*, XII (1959), 35–130

Humphreys, R. A., *William Hickling Prescott: the man and the historian* (London, 1959)

Iklé, F. C., *Every war must end* (revised edn, New York, 1991)

Imber, C., *Studies in Ottoman history and law* (Istanbul, 1996: Analecta Isisiana, XX)

Imhoff, A., *Der Friede von Vervins 1598* (Aarau, 1966)

Immerman, R. H., 'The history of United States foreign policy: a plea for pluralism', *Diplomatic History*, XIV (1990), 574–83

Israel, J. I., ed., *The Anglo-Dutch moment. Essays on the Glorious Revolution and its world impact* (Cambridge, 1991)

Israel, J. I., *The Dutch Republic and the Hispanic world, 1606–1661* (Oxford, 1982)

Israel, J. I., *The Dutch Republic. Its rise, greatness, and fall 1477–1806* (Oxford, 1995)

Israel, J. I., *Empires and entrepôts. The Dutch, the Spanish Monarchy, and the Jews, 1585–1713* (London, 1990)

Israel, J. I., 'Olivares, the Cardinal-Infante and Spain's strategy in the Low Countries (1635–43): the road to Rocroi', in Kagan and Parker, *Spain, Europe and the Atlantic world*, 267–95

Israel, J. I. and G. Parker, 'Of Providence and Protestant winds: the Spanish Armada of 1588 and the Dutch Armada of 1688', in Israel, *The Anglo-Dutch moment*, 335–63

Jablonsky, B., *The owl of Minerva flies at twilight: doctrinal change and continuity in the revolution in military affairs* (Carlisle, PA, 1994)

Jago, C. J., 'Taxation and political culture in Castile 1590–1640', in Kagan and Parker, *Spain, Europe and the Atlantic world*, 48–72

Janssens, G., *Brabant in het verweer. Loyale oppositie tegen Spanje's bewind in de Nederlanden, van Alva tot Farnese, 1567–78* (Kortrijk, 1989: *Standen en Landen*, XXXIX)

Janssens, G., 'Juan de la Cerda, hertog van Medina Celi', *Spiegel Historiael*, IX (1974), 222–7

Jarausch, K. H., *The enigmatic chancellor: Bethmann Hollweg and the hubris of imperial Germany* (New Haven and London, 1973)

Jardine, L. and A. Grafton, '"Studied for action": how Gabriel Harvey read his Livy', *Past and Present*, CXXIX (1990), 30–78

Jedin, H., *Chiesa della storia* (Brescia, 1972), 703–22

Jenkins, M., *The state portrait. Its origins and evolution* (New York, 1947)

Jensen, J. de Lamar, *Diplomacy and dogmatism. Bernardino de Mendoza and the French Catholic League* (Cambridge, MA, 1964)

Jensen, J. de Lamar, 'Franco-Spanish diplomacy and the Armada', in C. H. Carter, ed., *From the Renaissance to the Counter-Reformation: essays in honor of Garret Mattingly* (London, 1965), 205–29

Jensen, J. de Lamar, 'The phantom will of Mary queen of Scots', *Scotia*, IV (1980), 1–15

Jensen, J. de Lamar, 'The Spanish Armada: the worst-kept secret in Europe', *Sixteenth-century Journal*, XIX (1988), 621–41

Jervis, R., *Perception and misperception in international politics* (Princeton, 1976)

Johnson, F. R., 'Thomas Hood's inaugural lecture as mathematical lecturer of the city of London, 1588', *Journal of the History of Ideas*, III (1942), 94–106

Johnson, R. T., *Managing the White House. An intimate study of the presidency* (New York, 1974)

Jouanna, A., *Le Devoir de révolte. La noblesse française et la gestation de l'État moderne (1559–1661)* (Paris, 1989)

Juste, T., *Guillaume le Taciturne d'après sa correspondance et ses papiers d'État* (Brussels, 1873)

Juste, T., *Les Valois et les Nassau (1572–1574)* (Brussels, n. d.)

Kagan, R. L., 'Felipe II: el hombre y la imagen', in, *Felipe II y el arte de su tiempo* (Madrid, 1998), 457–73.

Kagan, R. L., *Lucrecia's dreams. Politics and prophecy in sixteenth century Spain* (Berkeley, 1990)

Kagan, R. L., 'Politics, prophecy and the Inquisition in late sixteenth-century Spain,' in M. E. Perry and A. J. Cruz, eds, *Cultural encounters: the impact of the Inquisition in Spain and the New World* (Berkeley, 1991), 105–24

Kagan, R. L., 'Prescott's paradigm: American historical scholarship and the decline of Spain', *American Historical Review*, CI (1996), 423–46

Kagan, R. L., *Spanish cities of the Golden Age. The views of Anton van den Wyngaerde* (Berkeley, 1989)

Kagan, R. L., *Students and society in early modern Spain* (Baltimore, 1974)

Kagan, R. L. and G. Parker, eds, *Spain, Europe and the Atlantic world. Essays in honour of John H. Elliott* (Cambridge, 1995)

Kaiser, D. E., *Politics and war. Sources and consequences of European international conflict, 1559–1945* (Cambridge, MA, 1990)

Kamen, H., *Philip of Spain* (New Haven and London, 1997)

Kennedy, P. M., ed., *Grand strategies in war and peace* (New Haven and London, 1991)

Kennedy, P. M., *The rise and fall of the Great Powers: economic change and military conflict from 1500 to 2000* (New York, 1987)

Kenyon, J. R., 'Ordnance and the king's fleet in 1548', *International Journal of Nautical Archaeology*, XII (1983), 63–5

Kern, S., *The culture of time and space, 1880–1918* (Cambridge, MA, 1983)

Kernkamp, J. W., *De handel op den vijand 1572–1609* (2 vols, Utrecht, 1931)

Kershaw, I., *The Nazi dictatorship: problems and perspectives of interpretation* (3rd edn, London, 1993)

Koenigsberger, H. G., *Politicians and virtuosi. Essays in early modern history* (London, 1986)

Koenigsberger, H. G., *The practice of empire* (Ithaca, NY, 1969)

Kohler, A., *Das Reich im Kampf um die Hegemonie in Europa 1521–1648* (Munich, 1990: Enzyklopaedie deutscher Geschichte, VI)

Kortepeter, C. M., *Ottoman imperialism during the Reformation: Europe and the Caucasus* (New York, 1992)

Kouri, E. I., *England and the attempts to form a Protestant alliance in the later 1560s: a case study in European diplomacy* (Helsinki, 1981: Annales Academiae Scientiarum Fennicae, series B CCX)

Kretzschmar, J., *Die Invasionsprojekte der katholischen Mächte gegen England zur Zeits Elisabeths* (Leipzig, 1892)

Lademacher, H., *Die Stellung des Prinzen von Oranien als Statthalter in der Niederlanden von 1572 bis 1584. Ein Verfassungsgeschichte der Niederlande* (Bonn, 1958)

Lagomarsino, P. D., 'Court factions and the formation of Spanish policy towards the Netherlands 1559–1567' (Cambridge University Ph.D. thesis, 1973)

Lamb, U. S., 'The Spanish cosmographic juntas of the sixteenth century', *Terrae incognitae*, VI (1974), 56–62

Lanzinner, M., *Friedenssicherung und politische Einheit des Reiches unter Kaiser Maximilian II (1564–76)* (Göttingen, 1993)

Lapèyre, H., *Las etapas de la política exterior de Felipe II* (Valladolid, 1973)

Lapèyre, H., *Une Famille de marchands: les Ruiz* (Paris, 1955)

Las Heras, J. de, 'Indultos concedidos por la cámara de Castilla en tiempos de los Austrias', *Studia historica*, I (1983), 115–41

Lea, K. M., 'Sir Anthony Standen and some Anglo-Italian letters', *English Historical Review*, XLVII (1932), 461–77

Lebow, R. N., *Between peace and war. The nature of international crisis* (Baltimore, 1981)

Lebow, R. N. and J. G. Stein, *We all lost the Cold War* (Princeton, 1994)

Lefèvre, J., 'Le Tribunal de la Visite (1594–1602)', *Archives, bibliothèques et musées de la Belgique*, IX (1932), 65–85

Leimon, M. and G. Parker, 'Treason and plot in Elizabethan England: the fame of Sir Edward Stafford reconsidered', *English Historical Review*, CVI (1996), 1134–58

Levin, D., *History as Romantic art: Bancroft, Prescott, Motley and Parkman* (Stanford, 1959)

Levin, M. J., 'A Spanish eye on Italy. Spanish ambassadors in the sixteenth century' (Yale University Ph.D. thesis, 1997)

Levine, P. J., *The amateur and the professional. Antiquarians, historians and archaeologists in Victorian England, 1838–1886* (Cambridge, 1986)

Levy, J. S., 'Loss aversion, framing, and bargaining: the implications of prospect theory for international conflict', *International Political Science Review*, XVII (1996), 179–95

Lisón Tolosana, C., *La imagen del rey. Monarquía, realeza y poder ritual en la casa de los Austrias* (Madrid, 1991)

Loades, D. M., *The Tudor navy. An administrative, political and military history* (London, 1992)

Loomie, A. J., *The Spanish Elizabethans. The English exiles at the court of Philip II* (New York, 1963)

López de Toro, J., *Los poetas de Lepanto* (Madrid, 1950)

López Piñero, J. M., *Ciencias y técnica en la sociedad española de los siglos XVI y XVII* (Madrid, 1979)

Lorenzo Sanz, E., *Comercio de España con América en la época de Felipe II* (2 vols, Valladolid, 1979–80)

Losada, A., *Juan Ginés de Sepúlveda a través de su 'Epistolario' y nuevos documentos* (2nd edn, Madrid, 1973)

Lossky, A., *Louis XIV and the French Monarchy* (New Brunswick, 1994)

Lovett, A. W., 'The Castilian bankruptcy of 1575', *The Historical Journal*, XXIII (1980), 899–911

Lovett, A. W., 'The General Settlement of 1577: an aspect of Spanish finance in the early modern period', *The Historical Journal*, XXV (1982), 1–22

Lovett, A. W., 'The Golden Age of Spain. New work on an old theme', *The Historical Journal*, XXIV (1981), 739–49

Lovett, A. W., 'Juan de Ovando and the council of Finance, 1573–5', *The Historical Journal*, XV (1972), 1–21

Lovett, A. W., 'A new governor for the Netherlands: the appointment of Don Luis de Requeséns', *European Studies Review*, I (1971), 89–103

Lovett, A. W., *Philip II and Mateo Vázquez de Leca: the government of Habsburg Spain 1572–1592* (Geneva, 1977)

Lovett, A. W., 'The vote of the *Millones* (1590)', *The Historical Journal*, XXX (1987), 1–20

Lunitz, M., *Diplomatie und Diplomaten im 16. Jahrhundert. Studien zu den ständigen Gesandten Kaiser Karls V. in Frankreich* (Constance, 1988)

Luttenberger, A. P., *Kurfürsten, Kaiser und Reich. Politische Führung und Friedenssicherung unter Ferdinand I und Maximilian II* (Mainz, 1994)

Luttwak, E. N., *The Grand Strategy of the Roman Empire from the first century to the third* (Baltimore, 1976)

Luttwak, E. N., *Strategy. The logic of war and peace* (Cambridge, MA, 1987)

Lutz, H., *Christianitas Afflicta. Europa, das Reich, und die päpstliche Politik im Niedergang der Hegemonie Kaiser Karls V 1552–1556* (Göttingen, 1964)

Lutz, H. and E. Müller-Luckner, eds, *Das römisch-deutsche Reich im politischen System Karls V* (Munich, 1982: Schriften des historischen Kollegs, Kolloquien, I)

Lyell, J. P. R., 'A commentary on certain aspects of the Spanish Armada drawn from contemporary sources' (Oxford B.Litt. thesis, 1932; Houghton Library, Harvard, fMs Eng. 714)

Lynch, J., 'Philip II and the Papacy', *Transactions of the Royal Historical Society*, 4th series XI (1961), 23–42

Lynch, M., ed., *Mary Stewart: queen in three kingdoms* (Oxford, 1988)

Lyon, E., *The enterprise of Florida. Pedro Menéndez de Avilés and the Spanish conquest of 1565–1568* (Gainesville, 1976)

MacCaffrey, W. T., *Queen Elizabeth and the making of policy 1572–1588* (Princeton, 1981)

MacCaffrey, W. T., *The shaping of the Elizabethan regime. Elizabethan politics, 1558–1572* (Princeton, 1968)

MacKay, R. F., *The limits of royal authority. Resistance and obedience in seventeenth-century Castile* (Cambridge, 1999)
Malo, H., *Les Corsaires. Les corsaires dunkerquois et Jean Bart*, I (Paris, 1913)
Maltby, W. S., *Alba. A biography of Fernando Alvarez de Toledo, third duke of Alba, 1507–82* (Berkeley, 1982)
March, J. M., *El Comendador Mayor de Castilla, Don Luis de Requeséns, en el gobierno de Milán (1571–3)* (2nd edn, Madrid, 1946)
Martin, A. L., *Henry III and the Jesuit politicians* (Geneva, 1973)
Martin, C. J. M., 'The equipment and fighting potential of the Spanish Armada' (St Andrews University Ph.D. thesis, 1983)
Martin, C. J. M. and G. Parker, *The Spanish Armada* (London, 1988; 2nd edn., Manchester, 1999)
Martin, H., *Histoire de France*, IX (Paris, 1857)
Martin, P., *Spanish Armada prisoners. The story of the 'Nuestra Señora del Rosario' and her crew, and of other prisoners in England 1587–97* (Exeter, 1988: Exeter Maritime Studies, 1)
Martínez Millán, J. ed., *La corte de Felipe II* (Madrid, 1994)
Martínez Millán, J., 'Un curioso manuscrito: el libro de gobierno del Cardenal Diego de Espinosa (1512?–1572)', *Hispania*, LIII (1993), 299–344
Mattingly, G., *The defeat of the Spanish Armada* (Harmondsworth, 1962)
Mattingly, G., 'William Allen and Catholic propaganda in England', *Travaux d'humanisme et renaissance*, XXVIII (1957), 325–39
McGiffert, M., 'God's controversy with Jacobean England', *American Historical Review*, LXXXVIII (1983), 1151–74
McGurk, J. J. N., 'Armada preparations in Kent and arrangements made after the defeat (1587–9)', *Archaeologia Cantiana*, LXXXV (1970), 71–93
McKenna, J. W., 'How God became an Englishman', in D. J. Guth and J. W. McKenna, eds, *Tudor rule and revolution* (Cambridge, 1982), 25–43
McNamara, R. with B. VanDeMark, *In retrospect. The tragedy and lessons of Vietnam* (revised edn, New York, 1996)
Merriman, M. H., 'Mary, queen of France', in M. Lynch. ed., *Mary Stewart: queen in three kingdoms* (Oxford, 1988), 53–70
Merritt, J., 'Power and communication: Thomas Wentworth and government at a distance during the Personal Rule, 1629–1635', in Merritt, ed., *The political world of Thomas Wentworth earl of Strafford, 1621–1641* (Cambridge, 1996), 109–32
Messiaen, J., *La Connaissance des bancs de Dunkerque du 17e siècle jusqu'à nos jours* (Dunkirk, 1976)
Meyer, A. O., *England and the Catholic church under Queen Elizabeth* (London, 1916)
Mignet, F. A. M., *Antonio Pérez et Philippe II* (Paris, 1845)
Milhou, A., *Colón y su mentalidad mesiánica en el ambiente franciscanista Español* (Valladolid, 1983: Cuadernos Colombinos, XI)
Millar, F., *The emperor and the Roman world, 31 BC–AD 337* (London, 1977)
Miranda, J., *España y Nueva España en la época de Felipe II* (Mexico, 1962)
Molyneux, T. M., *Conjunct expeditions, or expeditions that have been carried on jointly by the fleet and army* (London, 1759)
Morán Torres, E., 'Los espías de la Invencible', *Historia-16*, CLII (1988), 31–7
Morgan, H., *Tyrone's rebellion. The outbreak of the Nine Years War in Tudor Ireland* (London, 1993)
Morrill, J. S., *Oliver Cromwell and the English Revolution* (London, 1990)
Motley, J. L., *The rise of the Dutch Republic* (Boston, 1856)
Mousset, A., *Un Résident de France en Espagne au temps de la Ligue (1583–1590). Pierre de Ségusson* (Paris, 1908)
Mulcahy, R., *The decoration of the royal basilica of El Escorial* (Cambridge, 1994)
Mulcahy, R., 'Two murders, a crucifix and the Grand Duke's Serene Highness: Francesco I de Medici's gift of Cellini's "Crucified Christ" to Philip II', in J. M. de Bernardo Ares, ed., *I Conferencia Internacional 'Hacia un nuevo humanismo'*, II (Cordoba, 1997), 149–75

Munby, A. N. L., *Phillipps studies*, V (Cambridge, 1960)
Mundy, B. E., *The mapping of New Spain. Indigenous cartography and the maps of the 'Relaciones Geográficas'* (Chicago, 1996)
Muro, G., *La vida de la princesa de Eboli* (Madrid, 1877)
Murray, W. A., A. Bernstein and M. Knox, eds, *The making of strategy. Rulers, states and war* (Cambridge, 1994)
Musi, A., ed., *Nel sistema imperiale: l'Italia spagnola* (Naples, 1994)
Muto, G., 'Modelli di organizzazione finanziaria nell'esperienza degli stati italiani della prima età moderna', *Annali dell' istituto storico italo-germanico*, XXXIX (1995), 287–302
Neal, L., ed., *War finance*, III (Aldershot, 1994)
Neustadt, R., *Presidential power and the modern presidents. The politics of leadership from Roosevelt to Reagan* (2nd edn, New York, 1990)
Niccoli, O., *Prophecy and people in Renaissance Italy* (Princeton, 1990)
Nightingale, F., *Letters from Egypt: a journey on the Nile, 1849–50* (ed. A. Sattin, New York, 1987)
Noble, W. M., *Huntingdonshire and the Spanish Armada* (London, 1896)
Nolan, J. S., 'The muster of 1588', *Albion*, XXIII (1991), 387–407
O'Donnell y Duque de Estrada, H., 'El secreto, requísito para la Empresa de Inglaterra de 1588', *Revista de historia naval*, II.7 (1984), 63–74
O'Donnell y Duque de Estrada, H., *La fuerza de desembarco de la Gran Armada contra Inglaterra (1588)* (Madrid, 1989)
Ohlmeyer, J. H., 'Ireland independent: confederate foreign policy and international relations during the mid-seventeenth century', in Ohlmeyer, ed., *Ireland from independence to occupation, 1641–1660* (Cambridge, 1995), 89–111
Ohlmeyer, J. H., *Civil war and Restoration in the three kingdoms. The career of Randal McDonnell marquis of Antrim, 1609–83* (Cambridge, 1993)
Oliveira e Costa, J. L. and V. L. Gaspar Rodrigues, *Portugal y Oriente: el proyecto indiano del Rey Juan* (Madrid, 1992)
Oliveros de Castro, M. T. and R. Subiza Martín, *Felipe II: estudio médico-histórico* (Madrid, 1956)
Olivieri, A., 'Il significato escatologico di Lepanto nella storia religiosa del mediterraneo del 500', in G. Benzoni, ed., *Il Mediterraneo nella seconda metà del '500 alla luce di Lepanto* (Florence, 1974: Civiltà veneziani, studi XXX), 257–77
O'Neil, B. H. S., *Castles and cannon: a study of early artillery fortification in England* (Oxford, 1960)
O'Neil, B. H. S., 'The fortification of Weybourne Hope in 1588', *Norfolk Archaeology*, XXVII (1940), 250–62
Oosterhoff, F. G., *Leicester and the Netherlands 1586–87* (Utrecht, 1988)
Oppenheim, M., *A history of the administration of the Royal Navy 1509–1660* (London, 1896)
O'Rahilly, A., *The massacre at Smerwick (1580)* (Cork, 1928)
Orso, S. N., *Philip IV and the decoration of the Alcázar of Madrid* (Princeton, 1985)
Ozment, S., *Protestants: the birth of a revolution* (New York, 1992)
Pagden, A. R., *Lords of all the world. Ideologies of empire in Spain, Britain and France, c. 1500–c. 1800* (New Haven and London, 1995)
Pagden, A. R., *Spanish imperialism and the political imagination. Studies in European and Spanish-American social and political theory, 1513–1830* (New Haven and London, 1990)
Pape, R. A., 'Coercive air power in the Vietnam War', *International Security*, XV.2 (Fall, 1990), 103–46
Parente, G. et al., *Los sucesos de Flandes de 1588 en relación con la empresa de Inglaterra* (Madrid, 1988)
Parker, G., *The Army of Flanders and the Spanish Road 1567–1659. The logistics of Spanish victory and defeat in the Low Countries' Wars* (revised edn, Cambridge, 1990)
Parker, G., 'David or Goliath? Philip II and his world in the 1580s', in Kagan and Parker, *Spain, Europe and the Atlantic world*, 245–66

Parker, G., 'The *Dreadnought* revolution of Tudor England', *Mariner's Mirror*, LXXXII (1996), 269–300

Parker, G., *The Dutch Revolt* (revised edn, Harmondsworth, 1985)

Parker, G., *Guide to the archives of the Spanish institutions in or concerned with the Netherlands, 1556–1706* (Brussels, 1971)

Parker, G., 'The laws of war in early modern Europe', in M. Howard, G. Andreopoulos and M. Shulman, eds, *The laws of war. Constraints on warfare in the western world* (New Haven and London, 1994), 40–58

Parker, G., 'Maps and ministers: the Spanish Habsburgs', in D. Buisseret, ed., *Monarchs, ministers and maps: the emergence of cartography as a tool of government in early modern Europe* (Chicago, 1992), 124–52

Parker, G., *The Military Revolution. Military innovation and the rise of the West 1500–1800* (2nd. edn, Cambridge, 1996)

Parker, G., *Philip II* (3rd edn, Chicago, 1995)

Parker, G., *Spain and the Netherlands, 1559–1659. Ten studies* (revised edn, London, 1990)

Parker, G., 'El testamento político de Juan Martínez de Recalde', *Revista de historia naval*, XVI.1 (1998), 7–44

Parry, J. H., *The Spanish theory of empire in the sixteenth century* (Cambridge, 1940)

Partner, P., 'Papal financial policy in the Renaissance and Counter-Reformation', *Past and Present*, LXXXVIII (1980), 17–62

Patterson, A. T., *The other Armada: the Franco-Spanish attempt to invade Britain in 1779* (Manchester, 1960)

Pears, E. A., 'The Spanish Armada and the Ottoman Porte', *English Historical Review*, VII (1893), 439–66

Peña Cámara, J. de la, *Nuevos datos sobre la visita de Juan de Ovando al consejo de Indias, 1567–68* (Madrid, 1935)

Pereña Vicente, L., *Teoría de la guerra en Francisco Suárez*, I (Madrid, 1954)

Pérez Minguez, F., ed., *Reivindicación histórica del siglo XVI* (Madrid, 1928)

Persico, J. E., *Nuremberg: infamy on trial* (Harmondsworth, 1994)

Peytavin, M., *La Visite comme moyen de gouvernement dans la Monarchie Espagnole. Le cas des visites générales du Royaume de Naples, XVIe–XVIIe siècles* (Paris, 1997)

Phelan, J. L., *The hispanization of the Philippines. Spanish aims and Filipino responses, 1565–1700* (Madison, 1967)

Phelan, J. L., *The kingdom of Quito in the seventeenth century. Bureaucratic politics in the Spanish empire* (Madison, 1967)

Phelan, J. L., *The millenarial kingdom of the Franciscans in the New World. A study of the writings of Gerónimo de Mendieta (1525–1604)* (Berkeley, 1956)

Philippson, M., *Ein Ministerium unter Philipp II. Kardinal Granvella am spanische Hofe 1579–86* (Berlin, 1895)

Pi Corrales, M., *España y las potencias nórdicas. 'La otra invencible' 1574* (Madrid, 1983)

Pi Corrales, M., *Felipe II y la lucha por el dominio del mar* (Madrid, 1989)

Pierson, P. O., *Commander of the Armada. The seventh duke of Medina Sidonia* (New Haven, 1989)

Pincus, S., 'Popery, trade and universal monarchy', *English Historical Review*, CVII (1992), 1–29

Pipes, R., ed., *The unknown Lenin: from the secret archive* (New Haven and London, 1996)

Pissavino, P. and G. Signorotto, eds, *Lombardia borromaica, Lombardia spagnola, 1554–1659* (Milan, 1995)

Plaisant, M. J., *Aspetti e problemi di politica spagnola (1556–1619)* (Padua, 1973)

Pollitt, R., *Arming the nation, 1569–1586* (Navy Records Society, forthcoming)

Pollitt, R., 'Bureaucracy and the Armada: the administrator's battle', *Mariner's Mirror*, LX (1974), 119–32

Pollitt, R., 'Contingency planning and the defeat of the Spanish Armada', *American Neptune*, XLV (1984), 25–34

Potter, D. M., 'Jefferson Davis and the political factors in Confederate defeat', in D. Donald, ed., *Why the North won the civil war* (Baton Rouge, 1960), 91–114

Potter, L., *Secret rites and secret writing. Royalist literature 1641–1660* (Cambridge, 1989)

Prescott, W. H., *History of Philip the Second, king of Spain* (3 vols, London, 1855–9)

Preto, P., *I servizi segreti di Venezia* (Milan, 1994)

Quirino, C., *Philippine cartography* (2nd edn, ed. R. A. Skelton, Amsterdam, 1964)

Ramos, D., 'La crisis indiana y la Junta Magna de 1568', *Jahrbuch für Geschichte von . . . Lateinamerikas*, XXIII (1986), 1–61

Ramsay, G. D., *The City of London in international politics at the accession of Elizabeth Tudor* (Manchester, 1975)

Ramsay, G. D., *The queen's merchants and the revolt of the Netherlands* (London, 1986)

Rassow, P., *Die Kaiser-Idee Karls V dargestellt an der Politik der Jahre 1528–1540* (Berlin, 1932)

Rawlinson, H. G., 'The embassy of William Harborne to Constantinople, 1583–88', *Transactions of the Royal Historical Society*, 4th series V (1922), 1–27

Read, C., *Mr Secretary Walsingham and the policy of Queen Elizabeth* (3 vols, Oxford, 1925)

Read, C., 'Queen Elizabeth's seizure of the duke of Alva's pay-ships,' *Journal of Modern History*, V (1933), 443–64

Redworth, G., 'Felipe II y las soberanas de Inglaterra', *Torre de los Lujanes*, XXXIII (1997), 103–12

Reinhardt, V., *Uberleben in der frühneuzeitlichen Stadt. Annona und Getreideversorgung in Rom 1563–1797* (Tübingen, 1991)

Repgen, K., *Die römische Kurie und der westfälische Friede. I. Papst, Kaiser und Reich, 1521–1644* (Tübingen, 1962)

Riaño Lozano, F., *Los medios navales de Alejandro Farnesio (1587–1588)* (Madrid, 1989)

Riba y García, C., *El consejo supremo de Aragón en el reinado de Felipe II* (Valencia, 1914)

Ribot García, L. A., 'Milán, plaza de armas de la Monarquía', *Investigaciones históricas*, X (1990), 205–38

Ribot García, L. A., 'Las provincias italianas y la defensa de la Monarquía', *Manuscrits*, XIII (1995), 97–122

Ribot García, L. A., ed., *El Tratado de Tordesillas y su época* (3 vols, Valladolid, 1995)

Riley, C. D. G., 'The State of Milan in the reign of Philip II of Spain' (Oxford University D. Phil. thesis, 1977)

Rill, G., 'Reichsvikar und Kommissar. Zur Geschichte der Verwaltung Reichsitalien im Spätmittelalter und in der frühen Neuzeit', *Annali della Fondazione Italiana per la Storia Amministrativa*, II (1965), 173–98

Ritter, R., *La Soeur d'Henri IV. Catherine de Bourbon 1559–1604* (2 vols, Paris, 1985)

Rivero Rodríguez, M., 'Felipe II y los "potentados de Italia", *Bulletin de l'Institut Belge de Rome*, LXIII (1993), 337–70.

Rivero Rodríguez, M., 'El servicio a dos cortes: Marco Antonio Colonna', in Martínez Millán, *La corte de Felipe II*, 305–78

Rivers, E. L., ed., *Poesía lírica del Siglo de Oro* (Madrid, 1983)

Rizzo, M., 'Centro spagnolo e periferia lombarda nell'impero asburgico tra 500 e 600', *Rivista storica italiana*, CIV (1992), 315–48

Rizzo, M., 'Competizione politico-militare, geopolitica e mobilitazione delle risorse nell'Europa cinquecentesca. Lo Stato di Milano nell'età di Filippo II', in *La Lombarda spagnola. Nuovi indirizzi di ricerca* (Milan, 1997), 371–87

Rizzo, M., 'Finanza pubblica, impero e amministrazione nella Lombardia spagnola: le "visitas generales"', in P. Pissavino and G. Signorotto, eds, *Lombardia borromaica, Lombardia spagnola*, 303–61

Rizzo, M., 'Poteri, interessi e conflitti geopolitici nei territori della Lunigiana durante l'età di Filippo II', in *Studi lunigianesi in onore di Cesare Vasoli* (Florence, 1998), 261–88

Rocca, F. X., 'Court and cloister: Philip II and the Escorial' (Yale University Ph.D. thesis, 1998)

Rodger, N. A. M., *The safeguard of the sea. A naval history of Britain*, I (London, 1997)
Rodríguez de Diego, J. L. and F. J. Alvarez Pinedo, *Los Archivos de Simancas* (Madrid, 1993)
Rodríguez-Salgado, M. J., 'The Anglo-Spanish war: the final episode in the "Wars of the Roses"?', in Rodríguez-Salgado and Adams, *England, Spain and the Gran Armada*, 1–44
Rodríguez-Salgado, M. J., ed., *Armada 1588–1988* (London, 1988)
Rodríguez-Salgado, M. J., *The changing face of empire. Charles V, Philip II and Habsburg authority, 1551–1559* (Cambridge, 1988)
Rodríguez-Salgado, M. J., 'The Court of Philip II of Spain', in Asch and Birke, *Princes, patronage and the nobility*, 205–44
Rodríguez-Salgado, M. J. and S. Adams, eds, 'The count of Feria's dispatch to Philip II of 14 November 1558', *Camden Miscellany*, XXVIII (1984), 302–44
Rodríguez-Salgado, M. J. and S. Adams, eds, *England, Spain and the Gran Armada 1585–1604. Essays from the Anglo-Spanish conferences, London and Madrid, 1988* (Edinburgh, 1991)
Romani, M. A., 'Finanza pubblica e potere politico: il caso dei Farnese (1545–93)', in Romani, ed., *Le corti farnesiane di Parma e Piacenza*, I (Rome, 1978), 3–89, at pp. 27 and 38
Romano, R., 'La pace di Cateau-Cambrésis e l'equilibrio europeo a metà del secolo XVI', *Rivista storica italiana*, LXI (1949), 526–50
Romero García, E., *El imperialismo hispánico en la Toscana durante el siglo XVI* (Lérida, 1986)
Rose, J. H., 'Was the failure of the Spanish Armada due to storms?', *Proceedings of the British Academy*, XXII (1936), 207–44
Roth, R., 'Is history a process? Nonlinearity, revitalization theory and the central metaphor of social science history', *Social Science History*, XVI (1992), 197–243
Rowen, H. H., *The Low Countries in early modern times* (New York, 1972)
Ruiz Martín, F., 'El pan de los países bálticos durante las guerras de religión: andanzas y gestiones del historiador Pedro Cornejo', *Hispania*, XXI (1961), 549–79
Russell, J. G., *Peacemaking in the Renaissance* (London, 1986)
Sacchi, D., *Mappe dal nuovo mondo: cartografie locali e definizione della Nuova Spagna (secoli XVI–XVII)* (Turin, 1997)
Sánchez, M. S., 'Empress María and the making of policy in the early years of Philip III's reign', in A. Saint-Saëns, ed., *Religion, body and gender in early modern Spain* (San Francisco, 1991), 139–47
Sánchez Bella, I., *La organización financiera de las Indias (siglo XVI)* (Seville, 1968)
Sánchez Montes, J., *Franceses, protestantes, turcos. Los españoles ante la política internacional de Carlos V* (2nd edn, Granada, 1995)
Schäfer, E., *El consejo real y supremo de las Indias. Su historia, organización y labor administrativa hasta la terminación de la Casa de Austria* (2 vols, Seville, 1935–47)
Schelling, T., *Arms and influence* (New Haven, 1966)
Schilder, G., 'A Dutch manuscript rutter: a unique portrait of the European coasts in the late sixteenth century', *Imago mundi*, XLIII (1991), 59–71
Schöffer, I., ed., *Alkmaar ontzet, 1573–1973* (Alkmaar, 1973)
Schokkenbroek, J. C. S. A., '"Wherefore serveth Justinus with his shipping of Zeeland?" The Dutch and the Spanish Armada', in Gallagher and Cruickshank, *God's obvious design*, 101–11
Scholten, F. W. J., *Militaire topografische kaarten en stadsplattegronden van Nederland, 1579–1795* (Alphen-aan-de-Rijn, 1989)
Segre, R., *Gli ebrei lombardi nell'età spagnola: storia di un'espulsione* (Turin, 1973)
Setton, K. M., *The Papacy and the Levant, 1204–1571*, IV (Philadelphia, 1984)
Sharpe, K. M., *The personal rule of Charles I* (New Haven and London, 1992)
Skilliter, S. A., 'The Hispano-Ottoman armistice of 1581', in C. E. Bosworth, ed., *Iran and Islam* (Edinburgh, 1971), 491–515
Skilliter, S. A., *William Harborne and the trade with Turkey* (London, 1977)
Slavin, A. J., 'Daniel Rogers in Copenhagen, 1588. Mission and memory', in Thorp and Slavin, *Politics, religion and diplomacy*, 245–66

Slicher van Bath, B. H., *Een Fries landbouwbedrijf in de tweede helft van de 16 eeuw* (Wageningen, 1958)

Smith, A. G. R., 'The secretariats of the Cecils, *circa* 1580–1612', *English Historical Review*, LXXXIII (1983), 481–504

Snapper, F., *Oorlogsinvloeden op de overzeese handel van Holland 1551–1719* (Amsterdam, 1959)

Soons, A., *Juan de Mariana* (Boston, 1982)

Sorensen, T. C., *Decision-making in the White House: the olive branch or the arrows* (New York, 1963)

Spaans, J. W., *Haarlem na de Reformatie. Stedelijke cultuur en kerkelijk leven* (The Hague, 1989: Hollandse historische reeks, XI)

Sproxton, J., *Violence and religion. Attitudes towards militancy in the French civil wars and the English Revolution* (London, 1995)

Stern, V., *Sir Stephen Powle of court and country* (London, 1992)

Stone, L., *An Elizabethan: Sir Horatio Palavicino* (Oxford, 1956)

Storrs, C. 'The Army of Lombardy and the resilience of Spanish power in Italy in the reign of Carlos II (1665–1700)', *War in History*, IV (1997), 371–97, and V (1998), 1–22.

Stradling, R. A., *The Armada of Flanders. Spanish maritime policy and European war 1568–1668* (Cambridge, 1992)

Strasser, G., 'Diplomatic cryptology and universal languages in the sixteenth and seventeenth centuries', in K. Neilson and B. McKercher, eds, *Go spy the land. Military intelligence in history* (Westport, CT, 1992), 73–97

Suárez Fernández, L., 'La situación internacional en torno a 1492', in Ribot García, *El Tratado de Tordesillas*, II, 793–800

Sutherland, N. M., *The massacre of St Bartholomew and the European conflict 1559–1572* (London, 1973)

Sutherland, N. M., 'The origins of the Thirty Years War and the structure of European politics', *English Historical Review*, CVII (1992), 587–625

Sutherland, N. M., 'William of Orange and the revolt of the Netherlands: a missing dimension', *Archiv für Reformationsgeschichte*, LXXIV (1983), 201–31

Tanner, M., *The last descendant of Aeneas. The Hapsburgs and the mythic image of the Emperor* (New Haven and London, 1993)

Tazón, J. E., 'The menace of the wanderer: Thomas Stukeley and the Anglo-Spanish conflict in Ireland' (paper given at the Center for Renaissance Studies, Amherst, in November 1996)

Tellechea Idígoras, J. I., *Otra cara de la Invencible. La participación vasca* (San Sebastián, 1988)

Tenace, E. S., 'The Spanish intervention in Brittany and the failure of Philip II's bid for European hegemony, 1589–98' (University of Illinois Ph.D., 1997)

Terry, A., 'War and literature in sixteenth-century Spain', in J. R. Mulryne and M. Shewring, eds, *War, literature and the arts in sixteenth-century Europe* (London, 1989)

Tetlock, P. E. and A. Belkin, eds, *Counterfactual thought experiments in world politics. Logical, methodological and psychological perspectives* (Princeton, 1996)

Thatcher, M., *The Downing Street years, 1979–1990* (London, 1993)

Theibault, J., 'Jeremiah in the village: prophecy, preaching, pamphlets and penance in the Thirty Years' War', *Central European History*, XXVII (1994), 441–60

Thomas, L., 'To err is human', in J. Gross, ed., *The Oxford book of essays* (Oxford, 1992)

Thomaz, L. F. F. R., 'Factions, interests and messianism: the politics of Portuguese expansion in the East, 1500–21', *Indian Economic and Social History Review*, XXVIII (1991), 97–109

Thompson, I. A. A., 'Spanish Armada gun procurement and policy', in Gallagher and Cruickshank, *God's obvious design*, 69–84

Thompson, I. A. A., *War and government in Habsburg Spain, 1560–1620* (London, 1976)

Thompson, I. A. A., *War and society in Habsburg Spain. Selected essays* (London, 1992)
Thompson, I. A. A. and B. Yun Casalilla, eds, *The Castilian crisis of the seventeenth century* (Cambridge, 1994)
Thorp, M. R., 'Catholic conspiracy in early Elizabethan foreign policy', *The Sixteenth-century Journal*, XV (1984), 431–48
Thorp, M. R., 'William Cecil and the antichrist: a study in anti-Catholic ideology', in Thorp and Slavin, *Politics, religion and diplomacy*, 289–304
Thorp, M. R. and A. J. Slavin, eds, *Politics, religion and diplomacy in early modern Europe: essays in honor of De Lamar Jensen* (Kirksville, MO, 1994: Sixteenth Century Essays and Studies, XXVII)
Timmer, E. M. A., 'Een verweerschrift tegen Prins Willem's *Apologie*, en drie andere Spaanschgezinde pamfletten', *Bijdragen voor Geschiedenis en Oudheidkunde*, 6th series VI (1928), 61–94
Torres Lanzas, P. and F. Navas del Valle, eds, *Catálogo de los documentos relativos a las Islas Filipinas existentes en el Archivo General de Indias de Sevilla*, II (Barcelona, 1926)
Tosini, A., 'Cittadelle lombarde de fine '500: il castello di Milano nella prima età spagnola', in C. Cresti, A. Fara and D. Lamberini, eds, *Architettura militare nell'Europa del XVI secolo* (Siena, 1988), 207–17
Trachtenberg, M., *History and strategy* (Princeton, 1991)
Turner, H. A., 'Hitler's impact on history', in D. Wetzel, ed., *From the Berlin Museum to the Berlin Wall. Essays on the cultural and political history of modern Germany* (Westport, CT, 1996), 109–26
Ulloa, M., *La hacienda real de Castilla en el reinado de Felipe II* (revised edn, Madrid, 1977)
Ungerer, G., *A Spaniard in Elizabethan England: the correspondence of Antonio Pérez's exile*, II (London, 1976)
Usherwood, S. and E., *The Counter-Armada, 1596. The 'Journall' of the 'Mary Rose'* (London, 1983)
van Creveld, M., *Command in war* (Cambridge, MA, 1985)
van de Vrught, M., *De criminele ordonnantiën van 1570. Enkele beschouwingen over de eerste strafrechtscodificatie in de Nederlanden* (Zutfen, 1978)
van der Essen, L., *Alexandre Farnèse, prince de Parme et gouverneur-général des Pays-Bas* (5 vols, Brussels, 1932–37)
van der Essen, L., 'De auteur en de beteekenis van de *Liber relationum*', *Mededelingen van de koninklijke Vlaamse Academie. Letteren*, V part i (1943)
van der Woude, A., 'De crisis in de Opstand na de val van Antwerpen', *Bijdragen voor de Geschiedenis van Nederland*, XIV (1959–60), 38–57 and 81–104
van Deusen, N. E., '*Recogimiento* for women and girls in colonial Lima: an institutional and cultural practice' (University of Illinois at Urbana-Champaign Ph.D. thesis, 1995)
van Durme, M., *El Cardenal Granvela 1517–1586* (Barcelona, 1957)
van Herwerden, P. J., *Het verblijf van Lodewijk van Nassau in Frankrijk. Huguenoten en Geuzen, 1568–1572* (Assen, 1932)
van Hoof, J. P. C. M., 'Met een vijand als bondgenoot. De rol van het water bij de verdeding van het Nederlandse grondgebied tegen een aanval over land', *Bijdragen en Mededelingen betreffende de Geschiedenis der Nederlanden*, CIII (1988), 622–51
van Nierop, H., 'The Blood Council of North Holland: ordinary people, the war and the law during the revolt of the Netherlands' (Unpublished paper presented to the University of Minnesota Center for Early Modern History, October 1996)
van Oerle, H. A., *Leiden binnen en buiten de Stadsvesten. De geschiedenis van de stedebouwkundige ontwikkeling binnen het Leidse rechtsgebied tot het einde van de Gouden Eeuw* (2 vols, Leiden, 1975)
van Overeem, J., 'Justinus van Nassau en de Armada van 1588,' *Marineblad*, LIII (1938), 821–30
Vassberg, D. E., *Land and society in Golden Age Castile* (Cambridge, 1984)

Vázquez Maure, F., 'Cartografía de la península: siglos 16 a 18,' in *Historia de la cartografía española* (Madrid, 1982), 59–74
Vermaseren, B., *De katholieke Nederlandsche Geschiedschrijving in de XVIe en XVIIe eeuw over de Opstand* (Maastricht, 1941)
Vicente Maroto, M. I. and M. Esteban Piñero, *Aspectos de la ciencia aplicada en la España del Siglo de Oro* (Valladolid, 1991)
Vigo, G., *Uno stato nell'impero. La difficile transizione al moderno nella Milano di età spagnola* (Milan, 1994)
Vilar, J. B., *Mapas, planos y fortificaciones hispánicos de Tunez (siglos XVI–XIX)* (Madrid, 1991)
Villari, R., *La rivolta antispagnola a Napoli. Le origini (1585–1647)* (Bari, 1967)
Villari, R. and G. Parker, *La política de Felipe II. Dos estudios* (Valladolid, 1996)
von Aretin, K. O., 'Die Lehensordnungen in Italien im 16. und 17. Jahrhundert und ihre Auswirkungen auf die europäische Politik: ein Beitrag zur Geschichte des europäischen Spätfeudalismus', in H. Weber, ed., *Politische Ordnungen und soziale Kräfte im Alten Reich* (Wiesbaden, 1980), 53–84
von Clausewitz, C., *On war*, ed. and trans. M. Howard and P. Paret (Princeton, 1976)
von der Osten Sacken, C., *San Lorenzo el Real de El Escorial: Studien zur Baugeschichte und Ikonologie* (Munich, 1979)
von Greyerz, K., *Vorsehungsglaube und Kosmologie: Studien zu englischen Selbstzeugnissen des 17. Jahrhunderts* (Göttingen, 1990)
von Ranke, L., *Sämmtliche Werke*, XXXIV (Leipzig, 1884)
Warlimont, W., *Inside Hitler's headquarters, 1939–45* (London, 1964)
Watts, B., 'Friction in future war', in A. R. Millett and W. A. Murray, eds, *Brassey's Mershon American defense annual 1996–7* (Washington, D.C., 1996), 58–94
Waxman, M. C., 'Strategic terror: Philip II and sixteenth-century warfare', *War in History*, IV (1997), 339–47
Way, P., *Codes and cyphers* (London, 1977)
Wells, G. E., 'Antwerp and the government of Philip II, 1555–67' (Cornell University Ph.D. thesis, 1982)
Wernham, R. B., *After the Armada. Elizabethan England and the struggle for western Europe, 1588–95* (Oxford, 1984)
Wernham, R. B., *Before the Armada. The growth of English foreign policy 1488–1588* (London, 1966)
Wernham, R. B., *The expedition of Sir John Norris and Sir Francis Drake to Spain and Portugal, 1589* (London, 1988: Navy Records Society, CXXVII)
Wernham, R. B., *The making of English foreign policy 1558–1603* (Berkeley, 1980)
Wernham, R. B., *The return of the Armadas. The last years of the Elizabethan war against Spain, 1595–1603* (Oxford, 1994)
Wheeler, E., 'Methodological limits and the mirage of Roman strategy', *Journal of Military History*, LVII (1993), 7–41 and 215–41
Wheeler-Bennett, J. W., ed., *Action this day: working with Churchill* (London, 1968)
Whitehead, B. T., *Of brags and boasts. Propaganda in the year of the Armada* (Stroud, 1994)
Wiener, C. Z., 'The beleaguered isle. A study of Elizabethan and early Jacobean anti-Catholicism', *Past and Present*, LI (1971), 27–62
Williamson, J. A., *Hawkins of Plymouth* (2nd edn, London, 1969)
Wohlstetter, R., *Pearl Harbor: warning and decision* (Stanford, 1962)
Woltjer, J. J., *Friesland in hervormingstijd* (Leiden, 1962)
Wood, J. B., *The king's army. Warfare, soldiers and society during the Wars of Religion in France, 1562–1576* (Cambridge, 1996)
Woolf, D. R., *The idea of History in early Stuart England. Erudition, ideology and 'the light of truth' from the accession of James I to the Civil War* (Toronto, 1991)
Worden, B., 'Oliver Cromwell and the Sin of Achan', in D. E. D. Beales and G. Best, eds, *History, society and churches: Essays in honour of Owen Chadwick* (Cambridge, 1985), 125–45

Worden, B., 'Providence and politics in Cromwellian England', *Past and Present*, CIX (1985), 55–99

Yates, F., *Astraea. The imperial theme in the sixteenth century* (London, 1975)

Zijp, A., 'Hoofdstukken uit de economische en sociale geschiedenis van de Polder Zijpe in de 17e en 18e eeuw', *Tijdschrift voor Geschiedenis*, LXX (1957), 29–48 and 176–88

索　　引

（按汉语拼音字母顺序排列。所附页码为英文原书页码。）

A

B

C

D

E

F

G

H

J

K

L

M

N

O

P

Q

R

S

W

X

Y

Z

图书在版编目(CIP)数据

腓力二世的大战略/〔英〕杰弗里·帕克著;时殷弘,周桂银译.
—北京:商务印书馆,2010
(和平、战争和战略经典译丛)
ISBN 978-7-100-06260-2

Ⅰ. 腓… Ⅱ. ①杰…②时…③周… Ⅲ. 腓力二世-战略思想-研究 Ⅳ. E81

中国版本图书馆 CIP 数据核字(2008)第 196271 号

和平、战争和战略经典译丛
腓力二世的大战略
〔英〕杰弗里·帕克 著
时殷弘 周桂银 译

商务印书馆出版
(北京王府井大街36号 邮政编码 100710)
商务印书馆发行
北京瑞古冠中印刷厂印刷
ISBN 978-7-100-06260-2

2010年4月第1版 开本 787×960 1/16
2010年4月北京第1次印刷 印张 36
定价:60.00元